DÉPART IMMÉDIAT
Paris

Sommaire

LÉGENDE DES SYMBOLES

✚ Référence à une carte
✉ Adresse
☎ Téléphone
🕐 Horaires d'ouverture
✋ Prix d'entrée
Ⓜ Station de métro
🚌 Ligne d'autobus
🚆 Gare ferroviaire
⛴ Ferry
🚗 Itinéraire en voiture
ℹ Office de tourisme
📢 Visites guidées
📖 Guide
🍴 Restaurant
☕ Café
🏬 Boutique
🚻 Toilettes
🛏 Nombre de chambres
Ⓟ Parking
🚭 Non fumeur
❄ Air conditionné
🏊 Piscine
🏋 Salle de sport
❓ Autre information utile

P...

Cartes

Index

COMMENT UTILISER CE GUIDE

Comprendre Paris est une introduction à la ville, à sa géographie, son économie et à ses habitants. **La vie parisienne** donne un aperçu de la ville d'aujourd'hui, tandis que l'**Histoire de Paris** fait revivre son passé.

Pour savoir comment vous rendre à Paris et visiter la ville et ses environs, consultez le chapitre **En route**. **Préparer son voyage** détaille toutes les informations utiles, des prévisions météo aux services d'urgences.

Les principaux sites de Paris sont listés par ordre alphabétique dans le chapitre **Les sites** et localisés sur les cartes pages 66-69. Les **Quartiers incontournables** sont présentés pages 70-75 et cerclés de bleu sur la carte se trouvant en deuxième de couverture.

Le chapitre **À faire** est consacré aux magasins, aux divertissements, à la vie nocturne, aux sports, à la beauté et au bien-être, aux activités à proposer aux enfants ainsi qu'aux fêtes et festivals. Tous sont classés par thème puis par liste alphabétique. Les magasins sont localisés sur les cartes figurant pages 172-175 et les salles de spectacle pages 194-197. Les principales zones commerçantes sont présentées pages 177-181 et cerclées en vert sur la carte se trouvant en deuxième de couverture.

Se promener propose cinq promenades dans la ville, une croisière le long de la Seine et six excursions pour découvrir les environs.

Se restaurer et se loger sélectionne les meilleurs restaurants et hôtels, classés par ordre alphabétique. Les restaurants figurent sur les cartes des pages 256-259 et les hôtels sur celles des pages 282-285.

Les références au plan renvoient aux cartes et plans du chapitre **Cartes**, à la fin du guide. Pour exemple, la tour Eiffel possède le repère 🖪 66 G7, qui indique la page à laquelle se trouve le plan (66) et le carré où la tour est située (G7). Le carroyage reste le même quelle que soit la page sur laquelle se trouve la carte.

PARIS

...t charmeuse,
...ale de la gastronomie
...uté de son architecture
...s monuments historiques
...touristique et les règles
...ont très strictes. Très protégée,
...e manière discrète, dans les vitrines
...les modes vestimentaires, les styles alimentaires...
La ville dans son ensemble sait accueillir les visiteurs
et les Parisiens sont aimables et serviables
malgré une réputation tenace !

COMMENT SE DÉPLACER

Paris est riche en lieux à visiter mais si vous passez tout votre séjour entre la tour Eiffel, Notre-Dame, le Louvre et le Sacré-Cœur, vous risquez de passer à côté de l'âme même de la ville. Le secret, pour approcher le cœur de Paris, est d'apprécier les petits plaisirs autant que les sites que le monde entier connaît. Assis à la terrasse d'un café de Saint-Germain, prenez le temps de regarder les gens passer ; détendez-vous dans les paisibles jardins du Palais-Royal ou flânez dans les allées du marché aux fleurs.

Le métro et le bus sont de bons moyens pour se déplacer, avec des arrêts à proximité de tous les hauts lieux touristiques, mais pour vraiment connaître la topographie de la ville, rien de mieux que de marcher d'un quartier à l'autre. Baladez-vous de Saint-Germain-des-Prés à l'île de la Cité, en passant par le Quartier latin, ou de la Bastille au centre Georges-Pompidou par le Marais.

En plus de ces quartiers, identifiés par leur nom, Paris se repère par ses arrondissements, numérotés de 1 à 20, qui forment une spirale dans le sens des aiguilles d'une montre avec, en son cœur, le Louvre. Vous connaissez le numéro de l'arrondissement en regardant les deux derniers chiffres du code postal.

Paris est coupé en deux par la Seine, avec au nord la rive droite et au sud, plus petite en surface, la rive gauche. Trente-six ponts relient ces deux rives. Au nord-est du Quartier latin, deux îles sont situées au milieu de la Seine : l'historique île de la Cité et la petite île Saint-Louis.

L'ÉCONOMIE

L'Île-de-France concentre une part importante de la puissance économique de la France, avec 30 % du PIB. La région compte une population de 11 millions de personnes dont 2 millions à Paris même, et accueille plus de 650 000 entreprises dont 300 000 dans la capitale. Le tourisme est l'une des grandes forces de cette dernière. Paris a attiré 26 millions de visiteurs en 2004, soit 9 % de plus qu'en 2003. Les autres secteurs clés sont les services financiers, les technologies d'information, l'image digitale, la mode, le design et les industries créatrices. C'est une ville chère : une étude réalisée en 2005 sur le coût de la vie dans 144 villes l'a placée en douzième position dans le monde. Comme dans beaucoup d'autres villes européennes, sa croissance économique stagne et le taux de chômage est important. En septembre 2005, 11 % de la population active parisienne était à la recherche d'un emploi.

LES QUARTIERS DE PARIS EN UN COUP D'ŒIL

Quartier latin (rive gauche, à l'est) : le cœur du savoir depuis le Moyen Âge, avec également de nombreuses églises, des ruelles médiévales et le magnifique jardin du Luxembourg.

Saint-Germain-des-Prés (rive gauche, au centre) : longe le quartier Latin avec cafés et librairies.

Montparnasse (rive gauche, au sud) : dominé par l'immense tour Montparnasse.

Chaillot (rive droite, à l'ouest) : son site principal est le palais de Chaillot, avec sa magnifique vue sur la Seine et la tour Eiffel.

Champs-Élysées (rive droite, au centre-ouest) : l'avenue la plus célèbre de Paris est bordée de magasins, de cinémas et couronnée par l'Arc de Triomphe.

Faubourg Saint-Honoré (rive droite, au nord des Champs-Élysées) : un concentré du luxe parisien.

Le marché aux fleurs, sur l'île de la Cité   Le célèbre cabaret montmartrois   Plaisir d'un verre sur l'île Saint-Louis

Les Halles (rive droite, au centre) : autrefois le principal marché de gros de Paris, les Halles possèdent aujourd'hui un centre commercial très moderne et la principale station de métro de la ville.

Le Marais (rive droite, au centre-est) : ce quartier historique offre de nombreux cafés branchés, des boutiques et des galeries d'art d'avant-garde. Le centre Georges-Pompidou est situé à l'ouest.

Bastille (rive droite, à l'est) : lieu symbolique de la Révolution, c'est aujourd'hui un des hauts lieux de la vie nocturne, proche du Marais.

Île de la Cité (sur la Seine) : le berceau de Paris où s'élèvent Notre-Dame, la Conciergerie et la Sainte-Chapelle.

Île Saint-Louis (sur la Seine) : plus petite et calme que sa célèbre cousine, l'île de la Cité.

Pigalle (rive droite, au sud de Montmartre) : le quartier chaud de la ville.

Montmartre (rive droite, à l'extrême nord) : cet ancien village, sur la colline qui domine la ville, possède deux des hauts lieux de Paris, le Sacré-Cœur, et du côté de Pigalle, le Moulin Rouge.

LA POLITIQUE

Paris est indiscutablement au cœur du pouvoir national même si le gouvernement a fait des efforts pour décentraliser et donner du pouvoir aux régions. Depuis mars 2001, la ville est dirigée par le socialiste Bertrand Delanoë. Lors de ces élections, le PS a emporté la victoire dans 12 arrondissements sur les 20 que compte la capitale. Auparavant, la ville avait été dirigée pendant 18 ans par Jacques Chirac, de 1977 à 1995, puis par Jean Tibéri, de 1995 à 2001. Ce changement de couleur politique constitue une première dans l'histoire parisienne puisque, en dehors de la période de la Commune, en 1871, la capitale a toujours été administrée par des élus de droite. Les prochaines élections municipales auront lieu en 2008. L'équipe de Bertrand Delanoë a mis en place l'estivale Paris Plage, transformant les voies sur berge en un centre de loisirs aménagé avec du sable et des chaises longues, pour le plaisir des Parisiens et des touristes.

LANGUE ET SOCIÉTÉ

Paris est, de longue date, une ville multiculturelle. Si elle accueillait au début du XXe siècle des communautés venues essentiellement d'Europe de l'Est et du Sud, les flux migratoires se sont depuis diversifiés avec l'arrivée d'importantes communautés originaires notamment d'Afrique du Nord, du Vietnam, de Chine, et d'Afrique sub saharienne. Cette mixité se ressent plus fortement dans certains quartiers, à l'image d'une partie du 13e arrondissement, parfois appelée *China Town*, et qui offre au promeneur un délicieux dépaysement extrême-oriental.

Comme la plupart des grandes villes, le coût de la vie y augmente et les familles aux revenus modestes sont contraintes de s'installer en banlieue, les prix de l'immobilier dans la capitale étant de moins en moins accessibles.

Le taux de criminalité a augmenté ces dernières années mais Paris reste une ville assez sûre, à condition de prendre certaines précautions et de se protéger des pickpockets.

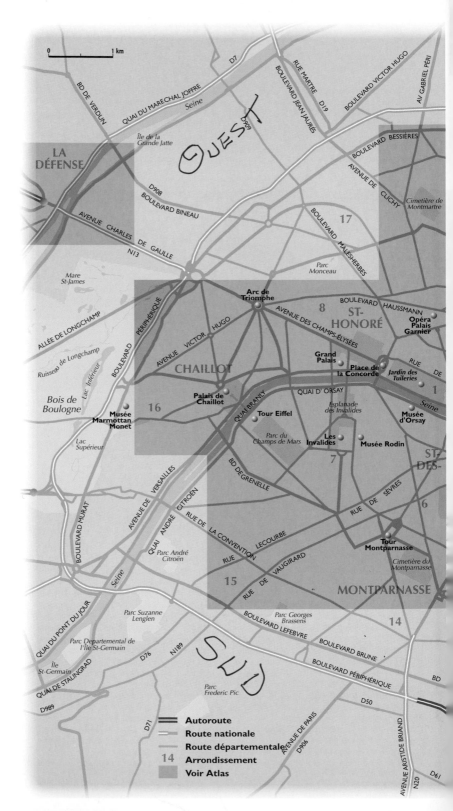

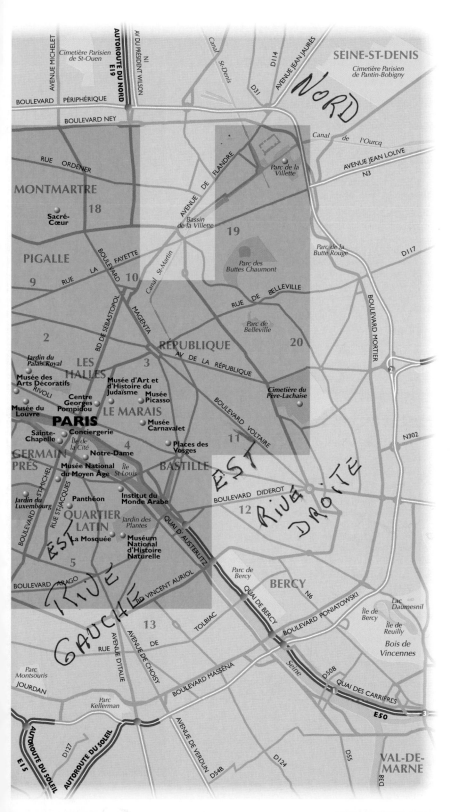

SEINE-ST-DENIS

Cimetière Parisien
de St-Ouen

AUTOROUTE DU NORD
E19

Cimetière Parisien
de Pantin-Bobigny

NORD

AVENUE MICHELET

N1

AV DU PRÉSIDENT WILSON

BOULEVARD   PÉRIPHÉRIQUE

Canal   St-Denis

D114

AVENUE JEAN JAURÈS

D31

BOULEVARD NEY

RUE   ORDENER

Canal   de   l'Ourcq

AVENUE JEAN LOLIVE
N3

Parc de la
Villette

MONTMARTRE   18

Sacré-
Cœur

AVENUE DE FLANDRE

Bassin
de la Villette

19

Parc de la
Butte Rouge

D117

PIGALLE

BOULEVARD   LA   FAYETTE

9   RUE   LA   10

Canal   St-Martin

MAGENTA

Parc des
Buttes Chaumont

RUE   DE   BELLEVILLE

BOULEVARD MORTIER

2

BD DE SÉBASTOPOL

RÉPUBLIQUE

AV DE LA RÉPUBLIQUE

3

Parc de
Belleville

20

2

Jardin du
Palais Royal

LES
HALLES

Musée des
Arts Décoratifs

RIVOLI

Musée d'Art et
d'Histoire du
Judaïsme

Musée
Picasso

Cimetière du
Père-Lachaise

N302

Centre
Georges
Pompidou

Musée du
Louvre

LE MARAIS

Musée
Carnavalet

BOULEVARD   VOLTAIRE

PARIS

Sainte-
Chapelle

Conciergerie

Île de
la Cité

Notre-Dame

4

Places des
Vosges

11

GERMAIN
PRÈS

Musée National
du Moyen Âge

Île
St-Louis

BASTILLE

EST

RIVE   DROITE

BOULEVARD   ST-MICHEL

Jardin du
Luxembourg

RUE ST-JACQUES

Panthéon

Institut du
Monde Arabe

BOULEVARD   DIDEROT

12

EST

Jardin des
Plantes

QUARTIER
LATIN

La Mosquée

Muséum
National
d'Histoire
Naturelle

QUAI D'AUSTERLITZ

5

BOULEVARD   ARAGO

BD VINCENT AURIOL

Parc de
Bercy

RIVE

BERCY

N6

Lac
Daumesnil

QUAI DE BERCY

BOULEVARD PONIATOWSKI

Île de
Bercy

Île de
Reuilly

GAUCHE

13

TOLBIAC

AVENUE D'ITALIE

AVENUE DE CHOISY

RUE   DE

Bois de
Vincennes

Parc
Montsouris

JOURDAN

Parc
Kellerman

Seine

D50B

QUAI DES CARRIÈRES

E50

BOULEVARD MASSÉNA

AUTOROUTE DU SOLEIL
E15

D127

AUTOROUTE DU SOLEIL

AVENUE DE VERDUN

D54B

D124

D55

BD 88

VAL-DE-
MARNE

LES MEILLEURS MUSÉES ET GALERIES D'ART

Centre Georges-Pompidou (▷ 82-86) : il n'est pas du goût de tout le monde mais ce temple de l'art moderne permet de découvrir les tendances les plus avancées de la création artistique.

Musée Carnavalet (▷ 114-115) : la mémoire de Paris est remarquablement mise en scène dans des salles consacrées à différentes périodes, de la préhistoire à la Révolution.

Musée du Louvre (▷ 118-123) : un des plus prestigieux musées du monde mais vous aurez à y jouer des coudes pour admirer l'incontournable *Mona Lisa*.

Musée national du Moyen Âge-Thermes de Cluny (▷ 128-129) : cet édifice du XVe siècle abrite une très belle collection illustrant la vie quotidienne et religieuse au Moyen Âge.

Musée d'Orsay (▷ 130-134) : cette ancienne gare accueille une remarquable collection de peintures impressionnistes et bien d'autres chefs-d'œuvre.

Musée Picasso (▷ 135) : des peintures, des sculptures et des dessins de ce maître du XXe siècle, dans le magnifique Hôtel Salé.

Musée Rodin (▷ 136) : ce musée mérite une mention toute particulière tant pour sa collection que pour son cadre. Les remarquables sculptures d'Auguste Rodin sont disposées dans un paisible jardin.

La merveilleuse horloge de l'ancienne gare au musée d'Orsay (ci-dessus)

Le Penseur (à gauche) prend la pose au musée Rodin

LES MEILLEURS REPÈRES

Arc de Triomphe (▷ 76-79) : le point de convergence des plus prestigieuses cérémonies officielles françaises.

Grande Arche (▷ 94) : elle n'est pas encore aussi célèbre que les autres sites mentionnés ici mais la grande arche de marbre symbolise le regard de Paris tourné vers le futur.

Notre-Dame (▷ 137-141) : le monument religieux le plus visité de France, avec une vue magnifique sur Paris du haut de ses tours.

Sacré-Cœur (▷ 154-157) : cette basilique éclatante de blancheur couronne la colline de Montmartre.

Tour Eiffel (▷ 164-169) : trois étages pour une tour de 280 m au-dessus du sol.

Un des personnages de style naïf de la fontaine Stravinsky, près du centre Georges-Pompidou

L'Arc de Triomphe (à gauche), commandé par Napoléon

LES MEILLEURES VUES

Tous les repères mentionnés ci-dessus offrent des vues remarquables mais les suivantes méritent aussi un arrêt photo :

Palais de Chaillot (▷ 143) : rendez-vous sur le parvis central pour une vue magnifique sur la tour Eiffel de l'autre côté de la Seine.

Panthéon (▷ 144) : vous pouvez apercevoir la tour Eiffel de l'escalier central mais pour un meilleur panorama, montez les 206 marches de la colonnade circulaire.

Parc de la Turlure (▷ 226) : un petit parc isolé dans Montmartre avec une jolie vue sur Paris et une vision insolite de la façade nord du Sacré-Cœur.

Place de la Concorde (▷ 148) : au nord-ouest, le long des Champs-Élysées jusqu'à l'Arc de Triomphe, au sud-est vers le jardin des Tuileries, et au sud-ouest vers la Seine jusqu'au palais Bourbon.

Pont des Arts (▷ 151) : une vue à couper le souffle qui embrasse tout le Louvre, le long de la rive droite.

Tour Montparnasse (▷ 170) : prenez l'ascenseur jusqu'à la terrasse au 59e étage pour une vue vertigineuse sur toute la ville.

Le Ciel de Paris, restaurant au 56e étage de la tour Montparnasse

LES MEILLEURES ADRESSES DE SHOPPING

Agnès B (▷ 189) : une mode typiquement parisienne.
Antik Batik (▷ 189) : une mode ethnique et chic.
Fauchon (▷ 182) : le très haut de gamme de l'alimentation.
Marché aux puces de Saint-Ouen (▷ 107) : un immense marché aux puces où l'on déniche encore la perle rare.
Antoine & Lili (▷ 189) : un lieu branché, pour se trouver une petite robe, un objet de déco ou boire un thé.
Vanessa Bruno (▷ 192) : une mode branchée autant qu'élégante.

On trouve tout à Paris

LES MEILLEURS ENDROITS OÙ SÉJOURNER

L'Hôtel (▷ 287) : cet hôtel quatre étoiles a connu les derniers jours d'Oscar Wilde.
Hôtel Duc de Saint-Simon (▷ 289) : dans un hôtel particulier du XVIIIe siècle, près du boulevard Saint-Germain.
Hôtel Square (▷ 292) : un hôtel quatre étoiles, très chic, à deux pas de la tour Eiffel.
Pavillon de la Reine (▷ 293) : l'épouse de Louis XIII a vécu dans cet hôtel particulier du XVIIe siècle, place des Vosges.
Ritz (▷ 293) : le summum du luxe et de l'élégance qui a accueilli Coco Chanel et Ernest Hemingway.
Terrass Hotel (▷ 293) : un hôtel quatre étoiles de Montmartre. La vue y est superbe depuis certaines chambres.

LES MEILLEURS ENDROITS OÙ SE RESTAURER

La Coupole (▷ 266) : une brasserie Art déco qui fut jadis fréquentée par Pablo Picasso, entre autres.
Georges (▷ 268) : la vue est magnifique de ce restaurant « nouvelle cuisine » situé au dernier étage du centre Georges-Pompidou.
Guy Savoy (▷ 269) : un temple de la gastronomie, proche des Champs-Élysées.
Market (▷ 270) : une salle moderne avec un bar de crudités.
La Tour d'Argent (▷ 276) : décoration élégante, belle vue, et cuisine traditionnelle raffinée.

LES MEILLEURS CAFÉS ET SALONS DE THÉ

Un dîner à la brasserie La Lorraine (ci-dessus), près de l'Arc de Triomphe Les Deux Magots (ci-dessous) est l'un des plus célèbres cafés de Paris

Café Beaubourg (▷ 213) : un café branché près du centre Georges-Pompidou.
Café de Flore (▷ 213) : de nombreux écrivains, comme Jean-Paul Sartre et Simone de Beauvoir, y avaient leurs quartiers.
Les Deux Magots (▷ 210) : Hemingway était un fidèle client de ce célèbre café de Saint-Germain-des-Prés.
Jean-Paul Hévin (▷ 270) : un des meilleurs chocolatiers de Paris.
Muscade (▷ 271) : savourez un thé dans les jardins du Palais Royal.

LES MEILLEURS BARS ET CLUBS

Les Bains (▷ 214) : vous pouvez y danser jusqu'à 6 h du matin.
Café de l'Industrie (▷ 210) : un bar branché dans le quartier non moins branché de la Bastille.
Fourmi (▷ 211) : ce bar, avec sa décoration rétro, est fréquenté par de nombreux artistes.
New Regine's Club (▷ 215) : un restaurant-club très réputé, à côté des Champs-Élysées.
VIP Room (▷ 215) : populaire auprès d'une clientèle aisée et « people ».

Dans une boîte de nuit

TOP 15 DES EXPÉRIENCES INOUBLIABLES

Tableaux de Paris (ci-dessus)
L'incontournable tour Eiffel (au centre)
Un concert de rue (à droite)

Pour une vue sur Paris la nuit, montez en haut de la tour Eiffel (▷ 164-169) ou au sommet de l'Arc de Triomphe (▷ 76-79).

Asseyez-vous à la terrasse d'un café de Saint-Germain-des-Prés ou sur un banc du jardin du Luxembourg ou du jardin des Tuileries et regardez les gens passer.

Prenez un bateau sur la Seine, un cliché peut-être, mais une façon très agréable de découvrir de grands chefs-d'œuvre d'architecture (▷ 234-235).

Découvrez la place des Vosges (▷ 150) un dimanche après-midi, quand les cafés sont pleins de Parisiens prenant leur temps, au son d'un concert de rue.

Profitez des nocturnes du Louvre (lundis et mercredis) et du Musée d'Orsay (jeudis), quand la foule est moins importante.

Adonnez-vous à une frénésie d'achats dans l'une des plus grandes capitales de la mode au monde (▷ 177-181 pour les meilleurs quartiers).

Baladez-vous sur les Champs-Élysées, la plus célèbre avenue de Paris.

Prenez le métro pour Montmartre et découvrez une atmosphère de village et un magnifique panorama sur la ville.

Le Moulin Rouge (ci-dessous)

Visitez la cathédrale Notre-Dame juste avant qu'une messe ne commence.

Promenez-vous dans l'un des nombreux marchés de la ville (▷ 188-189), où vous pouvez acheter aussi bien du fromage et des olives qu'un vieux fauteuil club et des chandeliers.

Oubliez votre ticket de métro et promenez-vous au hasard, la meilleure façon de découvrir la topographie de la ville (▷ 224-233 pour quelques suggestions).

Réservez dans un restaurant gastronomique, si vos finances vous le permettent.

Assistez à un spectacle au prestigieux Opéra du Palais Garnier ou à l'Opéra Bastille, ou encore au célèbre Moulin Rouge pour ses paillettes.

Échappez-vous de la ville au Bois de Vincennes ou au Bois de Boulogne (▷ 236-237).

Arpentez les allées de l'élégant grand magasin du XIXe siècle, les Galeries Lafayette (▷ 186).

Une balade avec son chien au bois de Vincennes (ci-dessus)
Brocante à la Bastille (à gauche)

La vie parisienne

Ce luxueux magasin d'épicerie fine (à gauche), sur la place de la Madeleine, vend de la moutarde depuis 1747

Une pause déjeuner dans les jardins du Palais Royal (à gauche) Des recettes à base de truffes pour un repas sophistiqué (en haut à droite)

Manger à Paris

Ici, on peut se définir par la table que l'on choisit. Manger est un art de vivre, la revendication d'un certain style, et une activité de loisir aussi. La cote des chefs valse au rythme des saisons. Chaque année, au mois de septembre, le guide Michelin peut faire, ou défaire, la réputation d'un restaurant à la mode aussi sûrement que le stylo d'un critique peut assurer la vie ou la mort d'une pièce de théâtre. Les lieux chics restent cependant le sommet de l'iceberg gastronomique. Les restaurants de cuisine régionale reflètent la diversité de la cuisine de nos terroirs, avec des spécialités de l'Auvergne, de la Loire ou de la Provence. La fréquentation des cafés fait également partie intégrante de la culture parisienne. Aux terrasses des restaurants des musées comme aux comptoirs de zinc rutilant d'un simple bistro de quartier, prenez le temps de savourer un petit café ou une salade sur le pouce.

Le Train bleu

Dominant la flotte des TGV du XXIe siècle en gare de Lyon, vous découvrirez une relique de l'âge d'or du voyage. *Le Train bleu* est une brasserie Belle Époque comme on n'en trouve plus nulle part dans les autres gares d'Europe qui ont préféré une utilisation plus rationnelle de l'espace. En 1990, le restaurant a servi de cadre au film *Nikita*, dans lequel apparaissait Anne Parillaud, et fut aussi le lieu d'une célèbre rencontre entre Margaret Thatcher et François Mitterrand. Les serveurs arborent la moustache et le tablier amidonné, naviguent entre les moulures, les lustres et les fresques restaurées. Le service est aussi paisible qu'autrefois et il n'est pas rare de passer plus de temps à déjeuner que ne prend le trajet de trois heures vers le sud de la France.

Un appétissant dessert (ci-dessous) du pâtissier Gérard Mulot

Un bon repas dans le Restaurant du Jour (au-dessus)
L'élégant Train Bleu (ci-dessous) ne correspond en rien au traditionnel « buffet de la gare »

Pas de glace s'il vous plaît, c'est l'été !

Quand le meilleur glacier de la ville ferme, vous pouvez être certain que l'été arrive. Le comble de l'ironie à Paris est que, de mi-juillet à fin août, la célèbre maison Berthillon, sur l'île Saint-Louis, est fermée, les vrais Parisiens passant le plus fort de l'été sur les côtes. Les propriétaires ont également résisté à franchiser le nom de Berthillon, et le reste de l'année, les files d'attente s'allongent jusqu'au coin de la rue tandis que les vendeuses confectionnent de délicates boules de glace et de sorbet maison.

Flâner au marché

Pour savourer un moment authentique et chaleureux, partez à la découverte des marchés parisiens, dans l'une des belles halles construites au XIXᵉ siècle ou bien à ciel ouvert, dans l'une des rues animées de la capitale. Vous aurez les papilles en émoi et pourrez choisir un petit encas sur l'étal de fromagers ou charcutiers des régions de France, ou déguster de délicieuses olives marinées chez un traiteur grec. Promenez-vous dans les allées du marché d'Aligre, dans le 12ᵉ arrondissement, ou bien encore au marché Mouffetard, dans le 5ᵉ arrondissement, tous deux ouverts du mardi au samedi ainsi que le dimanche matin, et laissez le charme opérer.

Le célèbre chef Alain Ducasse

Saveurs lointaines

La gastronomie parisienne illustre parfaitement l'aspect multiculturel de la ville. Vous trouverez en effet de dignes représentants de tous les terroirs français et pourrez aussi bien savourer une choucroute qu'une salade niçoise. Mais Paris ouvre également ses tables aux saveurs venues d'ailleurs. Au fil des quartiers, vous voyagerez à travers le monde. Ainsi, l'avenue de Choisy, dans le 13ᵉ, ou le carrefour de Belleville, dans le 10ᵉ arrondissement, sont-ils recommandés si vous souhaitez manger chinois ou vietnamien. Pour savourer de bons currys, rendez-vous plutôt passage Brady, dans le 10ᵉ arrondissement. Pour un bon poulet mafé, vous trouverez ce qu'il vous faut dans le 18ᵉ arrondissement. À chaque quartier ses spécialités !

Le *fast-food*

Auparavant ouvertement hostile à ces produits, Paris apprend à apprécier la restauration rapide *made in America*. Les enseignes nord-américaines comptent désormais de nombreux points de vente parisiens. Cette formule a d'ailleurs fait des émules et de grands chefs se sont amusés à reprendre le concept à leur manière, à l'image d'Alain Ducasse, qui a ouvert son «Be Boulangépicier». Dans son agréable boutique du boulevard de Courcelles, il propose des pains artisanaux mais aussi des repas rapides, permettant de gagner du temps sans perdre en goût ni en plaisir. Plus design mais un peu moins gastronomique, la chaîne Lina's offre une carte bien fournie de sandwiches et de salades. Vous pouvez vous confectionner un sandwich sur mesure et opter pour des produits bio (*www.linascafe.fr*).

Lèche-vitrine galerie Vivienne (en haut à droite) ou dans une boutique très chic de la place Vendôme (à droite)

Le style à Paris

Paris aime les styles et apprécie ceux qui en ont un et le portent beau. C'est à la fois une allure et un mode de vie. Il ne s'agit pas uniquement d'avoir les *bons* vêtements, il faut les porter dans les *bons* endroits, que ce soit dans un bar sophistiqué du 8e arrondissement ou dans un repaire de poètes du quartier de la Bastille ou de Ménilmontant. De même que de nouveaux stylistes émergent sans arrêt, les rues et les quartiers suivent les tendances.

Ceux qui recherchent des objets d'art et des antiquités se rendront dans les galeries proches du Louvre et du musée d'Orsay, ceux qui sont à la pointe de la mode préféreront les salles d'exposition des environs du quai d'Austerlitz ou le faubourg Saint-Honoré et enfin, ceux qui ont un goût très sûr et la main heureuse choisiront les marchés aux puces.

Paris, capitale de la mode

C'est à Paris que se tint le premier défilé de mode, organisé par le couturier britannique Charles Worth, pour proposer de nouveaux modèles à l'impératrice Eugénie, épouse de Napoléon III. C'est à Paris toujours que le créateur Lucien Poiret (1879-1944) fit voler en éclats le corset qui contraignait le corps de la femme depuis des générations. Il fut également le premier à lancer un parfum de haute couture, *Rosine*, qui allait ouvrir la voie à la production semi-industrielle de parfum. C'est à Paris encore que des femmes telles que Coco Chanel ou Elsa Schiaparelli ont, mieux que personne, compris la femme pour la rendre encore plus belle. Paris, c'est aujourd'hui Jean-Paul Gauthier ou Isabelle Marand, dignes dépositaires de ce souci d'élégance.

Secrets partagés de la rive gauche

Le seul moment où les marchands d'art et d'antiquités de la rive gauche consentent à faire l'article, c'est durant les Cinq Jours de l'Objet extraordinaire, à la fin du printemps. Le Carré Rive Gauche est une association de galeries situées autour de la rue du Bac et de la rue de Lille. Durant cinq jours, ces marchands, d'ordinaire si discrets, choisissent de faire étalage de leurs richesses et choisissent un objet en particulier. Des tapis rouges apparaissent devant les boutiques où d'abondantes décorations florales sont disposées. Ces dernières années, les visiteurs ont ainsi été invités à admirer des chandeliers vénitiens longtemps cachés dans un palais sicilien, des étoffes égyptiennes et de rares tapisseries de Beauvais.

CHANEL

Même les bus vous invitent à aller faire du shopping (ci-dessous)

Des officiers de police se joignent aux folles randonnées des patineurs

Histoire de parfum

S'il est bien un parfum associé à l'élégance parisienne, c'est Chanel n° 5. En 1921, Gabrielle Chanel décide de lancer son premier parfum. Pour cela, elle fait appel à l'un des meilleurs nez de son temps, Ernest Beaux, qui avait notamment exercé ses talents à la cour du tsar de Russie. Il lui présente plusieurs fioles, numérotées d'un simple chiffre. Coco Chanel choisit la fiole n° 5… une fragrance associant des essences de rose de mai et de jasmin. Le design du flacon et le choix de son nom rompent volontairement avec le style de l'époque, Chanel n° 5 est unique et son succès, considérable. Marilyn Monroe avouera, des années plus tard, ne porter pour dormir que quelques gouttes de ce précieux parfum…

Haute couture au chocolat

Depuis l'ouverture du Carrousel du Louvre, les podiums n'ont cessé d'être sous les projecteurs et le regard scrutateur des arbitres de la mode. Mais entre les défilés du prêt-à-porter et la Semaine de la Mode, un événement oblige tous les critiques à s'accorder pour dire que chaque pièce est suffisamment bonne pour être dégustée.
La couture comestible est le clou du Salon du Chocolat, en automne, avec un défilé présentant des créations combinant l'habileté des plus grands chocolatiers et des plus grands stylistes. Malgré toute l'ironie qu'il y a à habiller de chocolat des mannequins au régime, voilà de quoi faire rêver tous les gourmands aussi bien que les élégants.

Dans le vent

Paris n'est pas seulement la ville de l'élégance sophistiquée. Elle est aussi la ville de toutes les tendances, qu'il s'agisse de mode vestimentaire ou bien de mode de vie. C'est dans cette logique qu'au fil des années 1990, le roller s'est imposé comme une activité très en vogue. On aurait pu croire à un phénomène éphémère mais aujourd'hui les adeptes des traversées de Paris à rollers se comptent par milliers. L'association Paris Roller organise une grande échappée, tous les vendredis soir, tandis que Rollers et Coquillages vous invite à une grande ballade, le dimanche après-midi. Frissons et convivialité assurés !

Défilé de Jean-Charles de Castelbajac et de Jean-Paul Gaultier (à droite)

Le contemporain rencontre le classique : l'Institut du monde arabe (à l'extrême droite) et Le Louvre à travers la Pyramide de verre (ci-dessus)

Culture et
Design

La Géode futuriste au parc de La Villette (ci-dessus)

Particulièrement fier de son héritage culturel et architectural, Paris n'en est pas moins une ville ouverte aux idées nouvelles et stimulantes. D'une façon ou d'une autre, le mélange du classique et de l'avant-garde y est toujours une réussite. Une des audaces les plus controversées aura été la pyramide de I. M. Pei dans la cour du Louvre : une structure résolument moderne dans l'enceinte d'un palais historique. Le jeu d'eaux et de lumières n'a pas seulement permis de redécouvrir le musée mais a mis en valeur la beauté du bâtiment d'origine. De même, dans les années 1970, le Centre Georges-Pompidou s'est élevé juste à côté de l'église de Saint-Merri, du XVIe siècle, et sur la rive gauche les ombres de l'Institut du monde arabe, datant des années 1980, se mêlent à celles de Notre-Dame, sur l'île de la Cité. Cette attitude, revigorante, marque toute la vie culturelle de la ville. Le cinéma d'art et d'essai côtoie les dernières productions hollywoodiennes, la chorégraphie la plus moderne fait un pas de deux avec le répertoire classique, Molière tutoie les auteurs contemporains, l'opéra s'épanouit aux côtés de la scène rock…

Le film qui a sauvé la gare

Quand Orson Welles est venu en Europe pour tourner l'adaptation du *Procès* de Franz Kafka, il a sauvé de la démolition un haut lieu de Paris. Ayant appris que la production, à court d'argent, ne pourrait plus s'offrir d'onéreux lieux de tournage en Yougoslavie, il a regardé la Seine depuis la fenêtre de sa chambre à l'hôtel Meurice et a vu deux lunes, les rosaces de la gare d'Orsay désaffectée. Il lui vint alors l'idée d'y tourner la suite du film et c'est ainsi qu'Orsay est devenue une cathédrale et une cour de justice. Le tournage ayant retardé la démolition, les défenseurs de l'édifice eurent le temps de finaliser leur demande de conversion du site en musée, auprès du ministre de la Culture. Il est maintenant l'un des plus importants au monde.

Le styliste Jean-Paul Gaultier (à gauche).
Un concert au théâtre des
Champs-Élysées (ci-dessus)
La cour du Palais-Royal (ci-dessous)

Plus grand que le grand écran

Quelle que soit l'importance de la superproduction, un cinéma à Paris vole toujours la vedette. Le Grand Rex, sur le boulevard Poissonnière, est le dernier au monde de ces cinémas-palaces extravagants, datant des années 1930, et toujours en activité. Un ciel de nuit en Méditerranée décore le dôme de ce spectaculaire édifice et la scène a jadis accueilli de somptueux spectacles. Vous pouvez louer un audioguide pour suivre un fabuleux parcours interactif des coulisses, en apprenant comment se construit un film et les secrets des effets spéciaux. Vous pourrez finir dans la salle de projection où vous deviendrez la star d'une superproduction en compagnie des plus grands acteurs. Certaines séances consacrées au jeune public sont précédées d'animations et de spectacles.

Sur les boulevards

L'immeuble haussmannien, emblème du nouveau Paris voulu par Napoléon III, répondait à des règles strictes. Haut de cinq à sept étages, ce bâtiment suivait un agencement précis entre classes, illustrant bien les réalités sociales de l'époque. Le rez-de-chaussée était dévolu à des activités commerciales et le premier étage destiné à en loger les dirigeants. Le deuxième étage, appelé « étage noble », était occupé par des familles aisées. Il était souvent le plus soigné, avec un balcon traversant toute la façade et un intérieur magnifiquement orné de plafonds à caissons et de boiseries moulurées. Passé ce palier, les logements rétrécissaient pour aboutir sous les toits, à des petites chambres indépendantes avec installations d'eau communes, destinées aux domestiques des familles fortunées des étages nobles. Toute une société à échelle réduite, en somme.

Redessiner Paris

Il est l'homme qui a changé la face du monde des cafés, avec le célèbre Café Costes. Philippe Starck s'est fait connaître du grand public en redécorant les appartements de François Mitterrand à l'Élysée. Le mobilier Empire très chargé fut remplacé par un décor minimaliste. Aujourd'hui, dans une ville où le style compte plus que le budget, se mouvoir dans un cadre de Starck est un signe de réussite. Les boîtes de nuit, dont les Bains-Douches, et les bars qu'il a conçus sont toujours réservés à une soi-disant élite, comme en témoigne l'efficacité du filtrage à leurs portes. Mais ceux qui, plus modestement, vont à Londres pour le week-end peuvent s'imprégner de son style dans l'Eurostar.

Le presse-agrumes de Philippe Starck (ci-dessus, encart)
Une partie de la fontaine Stravinsky (ci-dessus, en haut)

Promenades élégantes

Paris compte quelques très belles galeries marchandes construites au XIXe siècle. Parmi elles, la galerie Véro Dodat, située dans le 1er arrondissement, fut construite par deux amis, le charcutier Benoît Véro et son associé Dodat. Cette très luxueuse galerie fut l'une des premières à bénéficier d'un éclairage au gaz et devint un lieu très à la mode dès son ouverture en 1826. La proximité des Messageries générales, terminus des diligences venant de tout le pays, assura à ce passage commerçant une importante clientèle, jusqu'à l'avènement du chemin de fer, qui sonna le glas de la galerie. Telle une belle endormie, elle a conservé toute sa beauté depuis. Avec sa belle verrière et ses élégantes boutiques, elle constitue un très agréable lieu de promenade.

Le tournage de *Drôle de frimousse*, en 1957 (ci-dessous), avec Audrey Hepburn et Fred Astaire

L'actrice Juliette Binoche (à gauche), la vedette du *Hussard sur le toit* (1995), du *Patient anglais* (1996) et de *Caché* (2005)

Se divertir à Paris

Pour les étrangers, Paris résonne comme une immense bande musicale. Cette ville a inspiré tant de chansons d'amour désormais célèbres qu'elle résonne comme l'une des destinations les plus romantiques de la planète.

Il est vrai que la musique fait son nid partout, dans le métro à toute heure du jour, au seuil des restaurants à minuit, à la porte des grands magasins le soir… Les musiciens de rue ont réinvesti la ville. En d'autres occasions, la Gay Pride en juin ou la Techno Parade en septembre, elle attire plusieurs milliers de participants. Mais c'est le jour de la Fête de la Musique, le 21 juin, que la fête s'empare de la capitale. Des scènes sont dressées sur chaque place et des groupes et des orchestres fleurissent spontanément à tous les coins de rue, pour une nuit de concerts gratuits et de liesse.

Dans les salles, les spectacles sont multiples et variés. Des concerts dans les deux grands opéras de la ville et les nombreuses églises aux revues à paillettes, tous les genres musicaux sont représentés : jazz, rock, comédie musicale… Indéniablement la « Ville lumière » est aussi celle des feux de la rampe.

Aussi immobile qu'une statue, un mime à Montmartre

Le fabuleux Paris d'Amélie

Le décor planté par Jean-Pierre Jeune dans *Le Fabuleux Destin d'Amélie Poulain* (2001) a réhabilité l'image du Paris intimiste. Pour retrouver ce cachet romantique, les visiteurs aiment à parcourir les lieux où les scènes les plus mémorables ont été filmées. La majeure partie en a été tournée dans le quartier de Montmartre, tout aussi animé et pittoresque que dans le film. Le café et les magasins sont situés dans la rue des Trois- Frères. D'autres scènes clés ont été tournées gare de l'Est et gare du Nord, derrière lesquelles se trouve l'écluse d'où Amélie faisait des ricochets, sur le canal Saint-Martin. La fête foraine, où l'actrice Audrey Tautou et l'acteur Mathieu Kassowitz se trouvent dans le train fantôme est la Foire du Trône, qui se tient chaque année en avril-mai, au bois de Vincennes.

Le palais Garnier (ci-dessous) a été l'un des plus grands opéras dans le monde entier

La scène musicale à Paris va des grandes discothèques (ci-dessus), aux fanfares dans le jardin du Luxembourg (à gauche, ci-dessus), sans oublier le célèbre *Moulin Rouge* (à gauche)

Un music-hall sur la colline

Les ailes du célèbre moulin dominent le quartier de Pigalle et de la place Clichy, au pied de la butte Montmartre. Le Moulin Rouge a servi, en 2001, de cadre au film éponyme de Baz Luhrmann. Juste derrière lui, se tiennent bien d'autres cabarets plus confidentiels. Rue des Martyrs, Michou, avec ses incomparables lunettes et ses costumes scintillants, présente tous les soirs la revue de travestis la plus célèbre de Paris. De l'autre côté de la rue se dresse l'établissement de son rival, *Madame Arthur*, tandis que l'on peut admirer des cancans, plus traditionnels mais un peu osés, au cabaret *La Nouvelle Ève* (25, rue Fontaine). Pour découvrir un lieu fréquenté jadis par les artistes fauchés, gravissez la butte jusqu'au *Lapin agile*, (22, rue des Saules), l'un des fiefs des chansonniers satiriques.

Nuit blanche à Paris

Chaque année depuis 2002, Paris est prise d'une enivrante insomnie pendant le premier week-end du mois d'octobre. Cette étonnante manifestation, appelée tout simplement Nuit Blanche, offre aux noctambules parisiens la possibilité d'explorer la ville sous un angle insolite. L'art contemporain est au cœur de cet événement qui propose plusieurs parcours à travers la ville. Tels des jeux de pistes, ces itinéraires sont construits autour de haltes créatives : défilés de mode, installations plastiques, théâtre de rue et autres expositions photographiques. Vous verrez également des fanfares ouvrir la voie sur certains tracés. Couche-tôt s'abstenir ! Pour l'occasion, certaines lignes de transports publics fonctionnent toute la nuit.

Le Pont-Neuf, le pont du cinéma

À Paris, les amoureux ne se mettent pas nécessairement tous à chanter et à danser sur le Pont Neuf, même si c'est ainsi qu'on le présente dans nombre de films. Ce célèbre pont sert de cadre à une scène mémorable où Gene Kelly entraîne Leslie Caron sur un air de George Gershwin, *Our Love is Here to Stay*, dans *Un Américain à Paris* (1951). Woody Allen lui a également rendu hommage dans *Tout le monde dit I Love You* (1996) avec Goldie Hawn, ainsi que Léo Carax dans *Les Amants du Pont-Neuf* (1991). Et c'est de là que Jeanne Moreau plonge dans la Seine dans *Jules et Jim* de François Truffaut (1962). L'amour y est aussi né entre Audrey Hepburn et Fred Astaire dans *Drôle de frimousse* (1957).

Le cinéma d'été

L'été est la saison du cinéma en plein air, dans les lieux les plus inattendus. De la mi-juillet à la fin du mois d'août, des écrans géants sont installés sur les pelouses du parc de La Villette pour le festival annuel du Cinéma en Plein Air. Les films sont projetés en version originale sous-titrée. Et pendant deux semaines en août, c'est toute la ville qui participe au Cinéma au Clair de Lune. Un écran géant itinérant est installé dans les lieux en adéquation avec le film présenté. C'est ainsi qu'ont été projetés *Le Fabuleux Destin d'Amélie Poulain* dans une rue de Montmartre, la version de 1947 des *Misérables* devant la maison de Victor Hugo, sur la place des Vosges, des aventures de marins sur les bords des canaux et des histoires champêtres dans les parcs environnants.

Le Palais de Justice (ci-dessous à gauche) et Notre-Dame (à droite) font partie des monuments les plus importants du bord de Seine

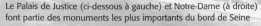

... et coule
La Seine

Tango-sur-Seine

Bien avant que la Mairie de Paris ne lance son opération Paris Plage, les quais de Seine étaient déjà le théâtre d'une activité festive intense. Charmés par le lieu et en quête de surfaces dégagées pour se lancer dans de fougueux pas de deux, des danseurs ont investi voici plusieurs années les alentours du quai Saint-Bernard, près de la gare d'Austerlitz. Du début du mois de mai à la fin septembre, quatre amphithéâtres et une esplanade accueillent des musiques latino-américaines mais aussi rock ou folkloriques traditionnelles. Quoi de plus magique qu'un tango argentin dansé sur les bords de Seine ? Les débutants peuvent participer aux cours donnés en début de soirée et se laisser prendre par l'atmosphère envoûtante de ces soirées dansantes.

Dire qu'un fleuve traverse Paris serait faire injure à la Seine. Il est plus juste de dire que Paris court le long de ses méandres. À l'origine, quand les Romains ont fondé Lutèce sur l'île de la Cité, l'intégralité de la ville était cernée par ses eaux.

D'avril à fin octobre, le Batobus s'arrête devant plusieurs édifices importants, de la tour Eiffel, à l'ouest, à la Bibliothèque nationale de France-Site François Mitterrand, à l'est. Toute l'année, pour ceux qui veulent admirer la ville tout en dînant, des bateaux-mouches proposent une incomparable promenade au fil de l'eau.

À chacun sa recette pour découvrir le véritable esprit des bords de Seine : une paisible promenade à pied, une soirée endiablée dans l'une des discothèques flottantes du quai François-Mauriac, le spectacle de la brigade des sapeurs pompiers s'entraînant le dimanche matin du côté du quai Voltaire… Vous pouvez aussi arpenter les quais et fouiner dans les boîtes des bouquinistes, à la recherche de la perle rare.

Paris Plage

Initiée en 2001, l'opération Paris Plage prend, chaque été, de l'ampleur. Ses plages de sable avec transats font le bonheur des Parisiens en mal de vacances et des touristes surpris de voir cette ville agitée redécouvrir les joies de la bronzette et du farniente. Entre mi-juillet et mi-août, les berges de la Seine se parent d'étonnants palmiers et les automobiles cèdent la place aux promeneurs détendus venus écouter un concert, prendre un verre dans l'une des guinguettes éphémères ou se lancer à l'ascension du mur d'escalade dressé pour l'occasion. Le succès est tel qu'on se croirait parfois aux heures de pointe. Si vous craignez les bains de foule, venez tôt le matin ou tard le soir. La plage sera toute à vous.

Flânerie à la librairie
Shakespeare & Company
(ci-dessous)

Une affiche de la
galerie Documents, rue
de Seine (à droite)

Pégase veille sur
le pont Alexandre III
(ci-dessous)

La Liberté

L'allée des Cygnes est l'île de la Seine la moins connue. Le soir, elle est le lieu de rendez-vous des amoureux mais le regard des touristes à bord des bateaux-mouches est davantage attiré par la statue de la Liberté au pied du pont de Grenelle, tournée à l'ouest, vers New York. La version miniature du célèbre chef-d'œuvre d'Auguste Bartholdi rappelle que sa version new-yorkaise fut un cadeau de la France, et témoigne de l'amitié entre les deux peuples. D'autres œuvres du célèbre sculpteur jalonnent Paris comme, dans le jardin du Luxembourg, *La Liberté éclairant le monde*. Sur la place Denfert-Rochereau s'élève une copie de son remarquable *Lion de Belfort*. L'original est enchâssé dans les célèbres fortifications de la ville de Belfort, dans l'est de la France.

Quand on se baignait « sur la Seine »

Quand les quais de la Seine ont laissé pour la première fois la place à Paris Plage, les vrais Parisiens n'ont pas été impressionnés. Ils se souviennent de l'ancienne piscine flottante, la piscine Deligny, construite en 1840 et amarrée sur le quai Voltaire. Bâtie avec la charpente de *La Dorade*, le navire qui a rapporté les cendres de Napoléon à Paris, la piscine était posée sur 14 pontons et possédait 340 cabines de bain. Après un lifting en 1954, les Parisiens chics ont continué à peaufiner leur bronzage dans la journée, tandis que le soir les lieux accueillaient des fêtes fastueuses. Mais en juillet 1993, la fête s'est brutalement interrompue, quand un des pontons s'est mis à bouger. La légendaire piscine a été avalée par le fleuve en moins d'une heure. La mairie de Paris, a prévu de reconstruire l'ensemble.

Le long des quais

Une collection éclectique de bateaux est amarrée à l'ombre de la Bibliothèque nationale de France. Le quartier est devenu celui des boîtes de nuit branchées où les jeunes envahissent les ponts jusqu'à l'aube. Les fêtes au bord de l'eau sont en effet la dernière sortie à la mode.

Plus loin sur les berges, juste derrière le bois de Vincennes, se trouve Joinville-le-Pont, au confluent de la Seine et de la Marne. Ici, on danse sur les bords du fleuve depuis des générations. De véritables guinguettes accueillent encore des accordéonistes interprétant des chansons naguère populaires ainsi que des airs de java, de tango et de valse. Ces éternels bals musette n'ont rien perdu de leur charme ni de leur attrait.

La tour Eiffel, la nuit, inoubliable vision du Paris éternel

Pas moyen d'échapper au romantisme de Paris, même au milieu des gratte-ciel du quartier de La Défense (ci-dessus)

La passerelle des Arts (à droite) est exclusivement réservée aux piétons

L'amour à Paris

Je t'aime

Dans les années 1990, Frédéric Baron, incorrigible romantique, a demandé aux visiteurs de Montmartre de lui écrire « je t'aime » dans leur propre langue. Il a ainsi collecté plus d'un millier de billets doux qui ont été ensuite retranscrits par la calligraphe Claire Kito sur des morceaux de terre cuite. L'artiste Daniel Boulogne s'en est servi pour ériger Le Mur des Je t'aime, dans le jardin Jean Rictus, sur la place des Abbesses. Ici, les amours de vacances sont scellées à jamais dans toutes les langues, du basque au navajo. Le jardin est un rendez-vous culte pour les amoureux et les amateurs de romances. Il possède son site (www.lesjetaime.com). Si vous voulez perfectionner votre vocabulaire avant un voyage amoureux…

Si cela semble appartenir au domaine du cliché, Paris est véritablement une ville romantique. Toute rencontre est un frisson dans cette ville qui prône la tolérance et cultive l'éloge de la passion. Les couples qui y célèbrent leurs noces d'argent ressentent à nouveau les émois de leur première rencontre. Les lieux romantiques abondent, de la passerelle des Arts, idéale pour admirer le coucher du soleil, au temple de l'amour perché au sommet du parc des Buttes-Chaumont. Les restaurants propices aux mots doux à la lumière des bougies sont innombrables. Un héritage littéraire d'amants tragiques et de grandes passions aide à entretenir cette atmosphère. Mais le romantisme parisien ne s'arrête pas aux dîners aux chandelles, il peut se poursuivre au petit matin devant une soupe à l'oignon dans un bistro des Halles, ou lors d'une traversée, main dans la main, du marché aux fleurs.

Un baiser sous le ciel de Paris

Édith Piaf chantait mieux que personne Paris, la ville des amoureux. Joséphine Baker fredonnait qu'elle avait deux amours, son pays et Paris. Aux côtés de ces chanteuses incomparables, bien d'autres images sont venues parfaire cette réputation de ville faite pour l'amour. Il suffit d'observer *Le Baiser*, d'Auguste Rodin, pour être ému par la douce et sensuelle étreinte de ces deux amants figés dans la pierre. Perle dans un bel écrin, cette sculpture vous attend dans l'ancienne maison de l'artiste, devenu Musée Rodin. Le fougueux *Baiser*, immortalisé par Doisneau sur la place de l'Hôtel de ville, raconte lui aussi, à travers un geste tendre et éphémère, toute la magie parisienne…

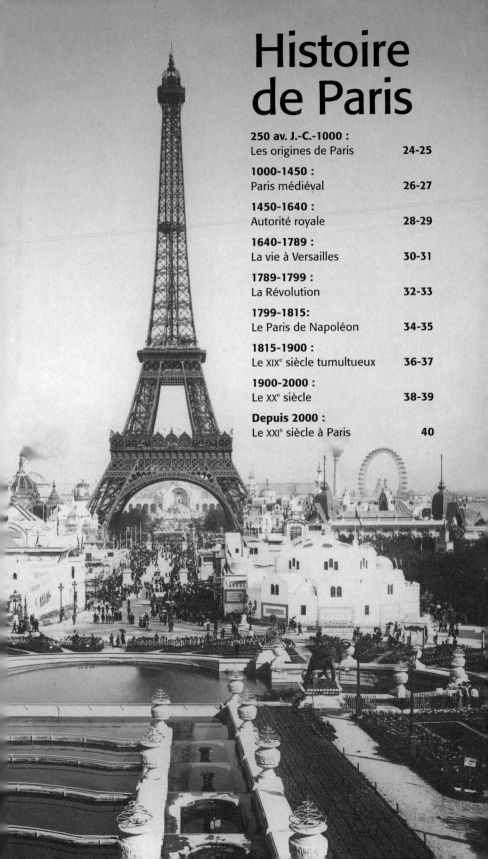

Histoire de Paris

Les origines de Paris

Paris est né sur l'île de la Cité, quand une tribu celte pacifique, connue sous le nom de *Parisii*, s'y implanta aux environs de 250 av. J.-C. Puis vinrent les Romains qui entamèrent leur progression depuis le sud de la France, vers 52 av. J.-C., après avoir colonisé ce qui est devenu la Provence dès 118 av. J.-C. Ils rencontrèrent une forte résistance des tribus celtes, unies sous l'autorité de Vercingétorix pour mieux les affronter. Mais les Celtes furent vaincus et tous les territoires, de la Méditerranée à la Belgique, et de l'Atlantique aux Alpes, furent rebaptisés « Gaule » par les envahisseurs.

La principale cité gauloise était alors Lyon, tandis que Paris, connu sous le nom de Lutèce, contrôlait une région tranquille, au nord. Avec le déclin du règne romain, au Ve siècle, les tribus germaniques traversèrent le Rhin et envahirent le territoire. Les plus puissants, parmi ces peuples restés au nord de la Gaule, étaient les Francs. Basés à Paris, ils ont considérablement étendu leur empire, jusqu'à contrôler, sous Charlemagne au VIIIe siècle, toute la Gaule romaine. En 987 apr. J.-C., Hugues Capet, comte de Paris, fut couronné roi de France et fit de Paris sa capitale.

Lutèce

La ville romaine s'est développée sur la rive gauche de la Seine. Elle possédait un théâtre, un forum et des arènes pouvant accueillir 10 000 personnes, pour le cirque et les divertissements populaires comme les combats entre hommes et animaux. Les Romains ont également construit des thermes luxueux où les gens se rencontraient pour se laver, se faire masser, discuter. Sur l'île, toujours occupée principalement par les *Parisii*, les Romains construisirent un temple de Jupiter. Puis ce fut le désastre. Au IIIe siècle, des tribus guerrières déferlèrent d'Allemagne, attaquèrent et détruisirent la ville avant d'être elles-mêmes vaincues. Lutèce, reconstruite, modernisée et agrandie, fut rebaptisée Paris. La défaite des Barbares alimenta le dernier spectacle dans les arènes.

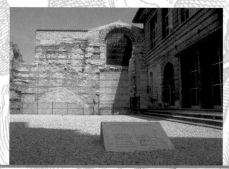

Ces bains (à gauche), dans ce qui est aujourd'hui le Quartier latin, étaient le centre de la vie sociale du Paris gallo-romain

Charlemagne entre dans Paris (ci-dessous)

Jules César (ci-dessus) ordonna à ses troupes de prendre Paris en 52

250 av. J.-C.

Saint Denis

Saint Denis, le saint patron de la France, né en Italie, était l'un des sept évêques envoyés par le pape pour convertir la Gaule au catholicisme en 250 apr. J.-C. Il devint le premier évêque de Paris et fut si efficace à convertir la population que les Romains le condamnèrent à mort. Il fut décapité à Montmartre (le mont des Martyrs) et, d'après la légende, il ramassa sa propre tête et se mit à marcher. C'est ainsi qu'il était souvent représenté, au Moyen Âge, la tête dans les mains. Mais il est plus vraisemblable de penser que son corps fut jeté à la Seine et retrouvé, plus tard, par des fidèles qui élevèrent, à l'endroit de leur découverte, la basilique de Saint-Denis.

Sainte Geneviève

Sainte Geneviève, la protectrice de Paris, était une femme énergique qui vainquit grâce à ses prières. Elle parvint même à sauver la cité des hordes d'Attila, le Hun. Née à Nanterre en 422 apr. J.-C., on raconte que saint Germain l'Auxerrois remarqua l'intensité de son regard alors qu'elle n'était âgée que de 7 ans et l'invita à consacrer sa vie à Dieu. Ce qu'elle fit, ne mangeant que deux fois par semaine, animée de fréquentes visions. L'évêque de la cité la nomma mère supérieure des religieuses de Paris et par sa foi et son énergie, elle aida les Parisiens à se défendre contre les armées d'Attila quand ils approchèrent de la ville en 451. Elle les invita à croire en Dieu et à se repentir de leurs péchés. Les Huns rebroussèrent chemin en direction de Châlons-en-Champagne.

Clovis, le chef des Francs

Les pouvoirs spirituels de Geneviève n'eurent en revanche aucun effet sur la nouvelle vague d'invasions. La puissance des Romains étant très amoindrie, les habitants de Paris étaient devenus incapables de repousser les envahisseurs. Emmenés par leur puissant chef, Clovis, les Francs envahirent Paris et prirent le contrôle de la ville. Clovis s'établit dans les quartiers du gouverneur romain chassé de l'île de la Cité et prit le commandement de ses troupes afin d'étendre son territoire. Geneviève rendit alors visite à Clovis, prêcha pour lui, et convertit finalement le roi-guerrier au christianisme. C'est en homme nouveau que Clovis fit construire une abbaye où sa femme Clotilde et lui reposent aux côtés de sainte Geneviève.

Charlemagne

Le pouvoir des Francs atteint son apogée avec l'ascension d'un chef à la fois majestueux et simple, Charlemagne, ou Carolus Magnus (Charles le Grand). Petit-fils de Charles Martel, qui avait triomphé des Maures, il fit l'objet d'un véritable culte et devint le héros de nombreuses poésies et chansons de geste. Il conduisit une armée invincible dans tous les recoins de la Gaule, et également dans une grande partie de l'Allemagne et de l'Italie, créant ainsi un vaste royaume. Il réussit également à imposer le christianisme et développa l'enseignement. En 800, le pape le couronne Premier Saint Empereur romain. Grâce à Charlemagne le Franc, la Gaule devient la France.

Ce buste, qui décore l'hôtel de Libéral Bruant érigé au XVIIe siècle, dans le Marais, rappelle les premiers siècles de la ville

Hugues Capet (à droite), roi de France, au Xe siècle

Sainte Geneviève (ci-dessous, à gauche), la sainte protectrice de Paris

Le chef celte Vercingétorix (ci-dessous)

1000

Paris médiéval

L'importance croissante de Paris à l'époque médiévale est en grande partie due à sa position géographique, au bord de la Seine. Les institutions de l'Église et du gouvernement siégeaient sur l'île de la Cité, tandis que la majorité de la population, des artisans qualifiés pour la plupart, vivait dans de simples maisons sur la rive gauche. D'importants sites religieux, notamment Saint-Denis et Saint-Germain, attiraient de grandes foires qui drainaient des milliers de marchands et de visiteurs. Tout était régi par l'Église, dont l'autorité n'était jamais contestée.

Ceux qui refusaient de se placer sous sa coupe risquaient leur vie. Ce fut notamment le cas de nombreux Juifs, massacrés à Paris comme dans bien d'autres régions de France. Mais l'Église assurait aussi l'éducation et les soins médicaux des pauvres. Elle fut également à l'origine du plus grand projet architectural de Paris : l'assèchement des marécages des îles et de la rive droite. Commença alors le véritable développement de la ville.

Notre-Dame

L'une des plus importantes cathédrales d'Europe, Notre-Dame, date de 1163 et sa construction dura près de deux siècles. Ce symbole de Paris a vécu une histoire tumultueuse. Le jubé fut démoli sous prétexte de modernisation en 1699 et les vitraux déposés au XVIIIe siècle pour plus de clarté. Les révolutionnaires la profanèrent, la transformant en temple de la Raison puis de l'Être suprême, décapitant les statues dans la galerie des Rois. Elle échappa de peu aux destructions de la Commune et de la Libération, et reste aujourd'hui le témoin des grandes heures de l'histoire de la capitale.

Charles VII (à gauche) a libéré Paris des Anglais en 1437

Notre-Dame (à gauche), l'un des plus importants monuments de France

La Sainte-Chapelle (ci-dessous), fut élevée par Louis IX pour abriter les saintes reliques

1000

La reine Isabelle, épouse de Charles VI, arrive à Paris au XIVe siècle

Héloïse et Abélard

Pierre Abélard, un savant du XIIe siècle, enseignait la philosophie à l'université de Paris. Il comptait Héloïse, la nièce du chanoine de Notre-Dame, Fulbert, parmi ses étudiantes. Ils tombèrent follement amoureux l'un de l'autre et se rencontraient secrètement chez l'oncle d'Héloïse. Quand elle fut enceinte, Abélard la supplia de l'épouser. Fulbert, fou de colère, fit castrer Abélard. Héloïse se fit religieuse et Abélard entra dans un monastère. Leurs lettres témoignent de la force de leur amour qui perdura jusqu'à la mort d'Abélard, en 1142. Héloïse vécut encore 21 ans, et fut enterrée auprès de son amant. Leurs dépouilles ont été transférées au cimetière du Père-Lachaise, au XIXe siècle.

Louis IX et la couronne d'épines

Louis IX passait pour être un roi très pieux : il écoutait deux messes par jour, s'agenouillait cinquante fois avant la prière et s'imposait de dures pénitences. Il appréciait les reliques religieuses et avait fait l'acquisition du bâton de Moïse et d'un fragment de la Sainte Croix. Mais son trésor le plus précieux était la couronne d'épines, qu'il avait achetée à l'empereur de Constantinople. Il fit élever pour l'abriter la Sainte-Chapelle, célèbre pour la beauté de ses vitraux, qui lui coûta trois fois le prix de la relique. La couronne d'épines fut ensuite transférée dans le Trésor de Notre-Dame où elle est vénérée, devant le maître-autel, les vendredis de Carême et le Vendredi saint.

La Sorbonne

Robert de Sorbon, qui était le chapelain de Saint-Louis, a fondé ce collège de l'université de Paris en 1253, grâce à la jouissance de trois maisons accordée par le roi. Les cours y étaient gratuits et les professeurs vivaient en communauté bien que n'ayant pas prononcé de vœux. Robert de Sorbon, prêtre et prêcheur respecté, était aussi un administrateur-né. Il avait établi un règlement pour les professeurs qui incluait un code vestimentaire et des directives strictes concernant le retour des livres à la bibliothèque. Recevoir des visites, particulièrement de la part de femmes, était désapprouvé comme l'était de manger et boire dans les espaces privés.

Le roi de France et d'Angleterre

Henri VI d'Angleterre, alors âgé de 10 ans, fut sacré roi de France dans la cathédrale Notre-Dame, le 14 décembre 1431, alors que les rois de France étaient d'ordinaire couronnés à Reims. Il prit ainsi la place de Charles VII, qui avait déjà dû se réfugier dans une partie de son royaume se résumant au Sud-Ouest et au Midi. Jeanne d'Arc, dans sa tentative de bouter les Anglais hors de France, permit à ce dernier de retrouver l'intégrité de son royaume. En effet, après avoir délivré Orléans, elle fit sacrer Charles à Reims. Henri VI ne profita pas longtemps de sa couronne, puisqu'en 1436 Charles VII « le victorieux » reprit le pouvoir en sa capitale.

Héloïse et Abélard, les amants tragiques

Henri VI d'Angleterre fut couronné roi de France en 1431

1450

La Sorbonne fut fondée au XIIIe siècle ; sa chapelle (à gauche) date du XVIIe siècle

Jeanne d'Arc (ci-dessous) s'est battue contre les Anglais au début du XVe siècle

Louis IX (à droite) a été sanctifié en 1297, vingt-sept ans après sa mort

Autorité royale

Il fallut plusieurs décennies pour que Paris se remette de la guerre de Cent Ans contre l'Angleterre (XIVe siècle-XVe siècle), de la peste noire (1348) et de la décadence de la cour royale. Mais à la fin du XVe siècle, la ville prit un nouveau départ. Elle s'inspira des idées et de l'esprit de la Renaissance italienne, ajoutant un style typiquement français à la nouvelle architecture, et prit conscience de son rôle de capitale de la nation française réunifiée.

Le roi François Ier – qui régna de 1515 à 1547 – incarne à merveille cette Renaissance française. Passionné d'art italien, il invita Léonard de Vinci à séjourner dans son château d'Amboise. L'artiste accepta, apportant avec lui le portrait de Mona Lisa, dont le roi fit la pièce maîtresse de sa collection. En 1528, François Ier annonça sa décision de s'installer au palais du Louvre et fit entreprendre d'importants travaux de reconstruction. Henri IV poursuivit l'entreprise et, après son assassinat en 1610, son fils Louis XIII lui succéda sur le trône comme dans la continuation de ce projet. Ces travaux prirent fin sous le règne de Louis XIV lorsque celui-ci quitta Paris pour Versailles.

François Ier commanda la somptueuse reconstruction du château de Fontainebleau (à gauche) au XVIe siècle

Léonard de Vinci présentant *Mona Lisa* à François Ier (ci-dessous)

François Villon

François Villon, né en 1431, est l'un des plus grands poètes français, mais son lien avec la capitale était amer. Diplômé de l'université de Paris, il se destinait à une carrière juridique ou religieuse, mais passait son temps dans les tavernes à fréquenter les voleurs. En 1455, il tua un prêtre durant une rixe. Il erra ensuite dans le pays, accumulant les séjours en prison avant d'être banni en 1463. Dès lors, on n'entendit plus jamais parler de lui. La poésie de François Villon est teintée de réalisme, avec pour thème récurrent son angoisse face à la mort. Il est considéré comme le premier grand intellectuel rebelle français, toujours entouré de mystère.

1450

Ce tableau, de Rosso de Rossi, se trouve dans la Galerie François Ier, à Fontainebleau

Conçu pour un roi

François Ier adorait le style Renaissance. Il avait grandi au château d'Amboise, sur la Loire, sans doute le premier bâtiment français redessiné à l'italienne. Il déménageait sans cesse d'un château à l'autre, et il avait deux autres palais, à Fontainebleau et à Chambord. Il finit par s'installer au Louvre, emportant avec lui sa collection d'art dont la célèbre *Mona Lisa*. Il ordonna la reconstruction du palais, mais mourut juste après le début des travaux. Il a laissé son empreinte sur de nombreux édifices parisiens, sous la forme d'une salamandre et de son initiale, F, une manière de dire que « François était là ».

Le jour du massacre de la Saint-Barthélemy

L'assassinat de milliers de protestants à Paris, le 24 août 1572, est l'une des pages les plus douloureuses de l'histoire de France. Le pays était en proie à des luttes entre protestants et catholiques, mais le mariage de la sœur du roi Charles IX, Marguerite de Valois la catholique, au protestant Henri de Navarre (le futur Henri IV) devait rapprocher les deux camps. Le contraire se produisit quand le roi, pressé par sa mère, Catherine de Médicis, ordonna le massacre des nobles protestants réunis au Louvre pour célébrer le mariage. Trois mille personnes moururent à Paris et beaucoup plus dans le reste du pays. La guerre civile ravagea le royaume pendant plus de vingt ans.

Le cycle des Médicis

Entre 1622 et 1625, Rubens a peint plus de 21 grands tableaux sur la vie de Marie de Médicis, la mère de Louis XIII, pour son palais parisien. Seconde épouse d'Henri IV, elle était d'un caractère difficile et Rubens dut faire preuve de beaucoup de diplomatie. Dans une extravagance toute baroque, c'est une Marie de Médicis charmante qui fut représentée à son arrivée en France pour diriger le pays. Cette image de propagande avait peu à voir avec la réalité, son mari allant jusqu'à dire qu'elle était la plus grande fauteuse de troubles qu'il ait jamais connue. Son fils la bannit hors de France. Ironiquement, elle mourut à Cologne, dans une maison qu'avait habitée Rubens.

L'Académie française

Cette institution, toujours active aujourd'hui, fut créée en 1635 par le cardinal de Richelieu, ministre en chef de Louis XIII. Les membres sont au nombre de 40 et ne sont remplacés qu'à leur mort. Ils portent tous une épée richement décorée. L'une des principales activités de l'Académie française est la rédaction du *Dictionnaire de la langue française* entreprise en 1638. Ce travail prenait tellement de temps qu'un homme d'esprit apprenant qu'ils avaient atteint la lettre F, souhaita haut et fort vivre jusqu'à la lettre G. En 1694, quelque 58 ans après avoir été commencé, le dictionnaire fut publié pour la première fois et il est toujours mis à jour régulièrement.

Le roi François Ier, despotique et capricieux, était également un amateur d'art éclairé

Richelieu, premier ministre de Louis XIII

1640

Catherine de Médicis (à droite), l'épouse d'Henri II

François Ier a choisi Le Louvre (ci-dessous) pour nouvelle résidence

Une scène des guerres de Religion, qui ont longtemps ravagé la France (ci-dessus)

La vie à Versailles

Louis XIII mourut en 1643, alors que son fils, le futur Louis XIV, n'était âgé que de cinq ans. La mère du jeune roi, Anne d'Autriche, et le cardinal Mazarin assurèrent la régence mais en 1661, Louis annonça qu'il gouvernerait désormais seul. Son autorité était totale et son égotisme, son extravagance et ses ambitions eurent une grande incidence sur Paris et le reste de la France. Il déménagea la cour à Versailles et adopta un soleil d'or comme emblème car, selon lui, sa propre lumière irradiait la nation. Tandis que le règne du Roi-Soleil incarnait l'apothéose de la monarchie française, son style de vie somptuaire et ses guerres incessantes ruinèrent le pays, engendrant une grande injustice sociale et conduisant à l'isolement politique de la France. Son rayonnement s'était en grande partie éteint bien avant sa mort, en 1715. L'accession au trône de Louis XV, alors âgé de cinq ans (R.1715-1774), et la régence au palais des Tuileries, déclencha la renaissance de la capitale. La cour et la noblesse revinrent à Paris pour se consacrer à une vie de plaisirs. Malgré le retour de la cour à Versailles en 1724, le château ne fut plus jamais le centre de la France. Au milieu du règne de Louis XVI (de 1774 à 1793) et de son épouse, la magnifique, frivole et impopulaire Marie-Antoinette, le léger mouvement réformiste de la première moitié du siècle s'était transformé en un véritable torrent de sédition.

La statue de Louis XIV (à gauche) sur la place des Victoires

La construction de Versailles

Quand Louis XIV ordonna la construction de Versailles en 1661, 30 000 ouvriers furent embauchés. Le grand architecte Louis Le Vau, le décorateur Charles Le Brun et l'architecte paysagiste André Le Nôtre furent chargés de construire une demeure royale d'une grandeur sans précédent, dans un style classique. Le roi ordonna d'immenses jardins à la française, ornés de statues, et un intérieur décoré par les artisans les plus doués d'Europe. Les travaux s'achevèrent en 1715, à la mort de XIV qui n'avait reculé devant aucune dépense. En drainant les sols, des milliers d'ouvriers moururent, victimes de la fièvre des marais. De grands arbres en provenance de toutes les régions de France furent replantés ici et une ville fut construite autour du château. La cour royale s'installa à Versailles en 1671.

1640

Une des somptueuses chambres de Versailles

Dans l'ombre du trône

De grands esprits travaillaient derrière le Roi-Soleil. D'abord, le premier ministre, le cardinal Mazarin qui conduisait les affaires du royaume. Il suivait les pas de son prédécesseur, le cardinal de Richelieu. Après la mort de Mazarin en 1661, le roi prit conseil auprès de Jean-Baptiste Colbert, un homme politique brillant, qu'il nomma à la tête du ministère des Finances. Celui-ci augmenta les impôts, imposa des droits de douane pour protéger le commerce français, fit construire de nouveaux canaux, relança des industries en difficulté, et permit à la marine de protéger le commerce. Mais les efforts de Colbert furent sans cesse ébranlés par la recherche perpétuelle de gloire personnelle du roi.

La dame de lettres

Quand la cour s'établit à Versailles, la vie intellectuelle parisienne s'épanouit, et tout particulièrement grâce aux femmes. En 1676, l'écrivain Mme de Sévigné passa une journée à Versailles, jouant, paressant sur les bateaux du canal et soupant à minuit. Mais tout cela n'était pas à son goût. Elle se tint à l'écart de la cour et entreprit une correspondance nourrie avec sa fille, un témoignage édifiant sur la vie à Paris au XVIIe siècle. À l'époque, d'autres femmes tenaient des salons littéraires fréquentés par des écrivains tels Voltaire et Diderot. Cette liberté établit les fondements de la Révolution, remettant en question « l'Église, la Loi et le Gouvernement ». Pendant ce temps, Versailles n'était consciente de rien…

« Ce pays-ci »

Versailles dériva peu à peu, loin des vibrations de Paris. Les courtisans, qui appelaient Versailles « ce pays-ci », avaient une démarche différente, développaient leur propre langage et finissaient par édicter des règles souvent dénuées de sens (dans les églises, par exemple, les ducs s'agenouillaient sur des coussins de travers et les princes de sang royal sur des coussins droits…). La bourgeoisie parisienne rendait visite à Versailles, mais ne pouvait y accéder vraiment. Et quand Jeanne Poisson, une jolie Parisienne, attira l'attention de Louis XV, ce n'est qu'en se faisant nommer marquise de Pompadour qu'elle put quitter Paris pour Versailles et devenir la maîtresse du roi.

Le langage des femmes de Paris

Les femmes de la classe ouvrière ne mâchaient pas leurs mots et les membres de la cour ignoraient tout du monde qui entourait la résidence royale. Ils redoutaient d'ailleurs l'accueil qui pourrait leur être fait par le peuple. Ainsi, Mme de Pompadour découvrit un jour son carrosse éclaboussé de boue et Louis XV dut même construire une route pour éviter les insultes. Elles étaient formulées en argot, un mélange anarchique de mots tronqués et d'une grammaire approximative. Cela devint une telle curiosité que Marie-Antoinette invita les femmes de poissonniers à venir à Versailles afin qu'elles lui apprennent, comme à ses amis, la langue « poissarde » pour jouer la comédie.

Voltaire

La princesse de Lamballe (à gauche), la grande amie de Marie-Antoinette

Mme de Pompadour, la maîtresse de Louis XV

1789

La cour quitte Paris pour s'installer à Versailles (à gauche) pendant le règne de Louis XIV

Marie-Antoinette, l'épouse de Louis XVI

La galerie des Glaces à Versailles

La Révolution

L'épisode la Fronde (1648-1652) fut un signe avant-coureur de la vague de colère qui allait s'abattre sur la royauté et la détruire. Le pouvoir de la monarchie et les privilèges décadents contrastaient radicalement avec la pauvreté des classes ouvrière et moyenne, alors en pleine expansion. Elles ressentaient très durement leur absence de poids politique et demandaient leur propre constitution. La cour continuait cependant de profiter d'une vie exceptionnellement gâtée. Les arts étaient florissants et les artisans au service de l'aristocratie réalisaient de véritables chefs-d'œuvre. Dans toute l'Europe, Paris devint synonyme de luxe et de somptuosité. Dans le même temps, l'État s'endettait et le peuple s'appauvrissait. Pour compenser l'immense déficit de l'État, de lourds impôts furent réclamés. Le 14 juillet 1789, une foule immense convergea spontanément vers les Invalides pour y prendre les armes qui y étaient entreposées. De là, elle prit le chemin de la Bastille. La Révolution avait commencé et allait conduire la France dans plusieurs années d'exactions et d'instabilité jusqu'à la naissance d'une nouvelle forme de gouvernement.

Le docteur Joseph-Ignace Guillotin fut l'inventeur de la machine à décapiter

1789

La guillotine

Le docteur Joseph-Ignace Guillotin, député à l'Assemblée nationale, conçut en 1789 une nouvelle machine servant à exécuter les condamnés à mort. Selon lui, cet engin était le moyen « le plus sûr, le plus rapide et le moins barbare ». Installée sur la place du Carrousel, elle fut utilisée pour la première fois le 21 août 1792, pour l'exécution d'un général royaliste. La Révolution progressant, le nombre des exécutions augmenta et en 1794, pendant la Grande Terreur, on guillotina jusqu'à 26 condamnés par jour. Le sang se déversait dans les caniveaux de la ville et les corps étaient jetés en nombre dans des fosses communes.

Le mur des Fermiers généraux

L'attaque de la Bastille, le 14 juillet 1789, fut précédée le 12 juillet par une attaque moins célèbre, celle du mur d'octroi cernant Paris et construit sur ordre du contrôleur général Calonne. Dans un effort désespéré pour récolter de l'argent et renflouer le Trésor, Callone imposa un impôt sur les biens qui entraient et sortaient de la cité. Il était collecté par des percepteurs privés qui en gardaient pour eux-mêmes une grande partie et étaient haïs par les Parisiens pour leurs méthodes brutales. Certains de ces « barrages » existent toujours comme la rotonde de la barrière de La Villette (actuelle place Stalingrad), la barrière du Trône (place de la Nation) et la barrière d'Enfer (actuelle place Denfert-Rochereau).

Le 14 juillet 1789

La Révolution fut longue à démarrer. Une pénurie de pain avait créé des mois de tension à Paris et le 12 et 13 juillet, des milliers d'émeutiers surgirent partout dans la ville. Le matin du 14 juillet, un groupe se fraya un chemin vers les Invalides, s'empara de son immense stock d'armes et marcha en direction de la Bastille, une prison-forteresse. La foule libéra les sept prisonniers qui s'y trouvaient, décapita le gouverneur et promena sa tête sur une pique. Cette attaque annonça un été de violences et le 5 octobre, des milliers de femmes marchèrent sur Versailles pour réclamer du pain à Louis XVI, poussant ainsi le roi à quelques maigres concessions. C'est le 10 août 1792 qu'il dut renoncer au trône et qu'il fut emprisonné avant d'être guillotiné le 21 janvier 1793.

Le Mariage de Figaro

La pièce de Beaumarchais, Le Mariage de Figaro, devait être jouée pour la première fois à Paris en 1783, dans un théâtre appartenant à la reine. Louis XVI, conscient que les attaques contre l'aristocratie n'étaient pas sans danger, fit interrompre la représentation et interdire la pièce, ce qui déclencha quelques émeutes dans la ville. Après certains aménagements, la pièce fut finalement jouée dans une autre salle, l'année suivante. Quand Figaro déclare dans la pièce : « Vous vous êtes donné la peine de naître et rien de plus », le peuple de Paris cria de joie, tout comme le firent les spectateurs nobles, dont Marie-Antoinette. Étonnamment, l'aristocratie se moquait facilement d'elle-même.

La fête de l'Être suprême

Le 9 juin 1794 (20 prairial de l'An 2 d'après le calendrier révolutionnaire), la Révolution et Paris assistaient à la fête de l'Être suprême, dans un faste qui n'était pas sans rappeler celui de la royauté abolie. Les députés de la Convention défilaient en portant des gerbes de blé, des jeunes filles vêtues de blanc distribuaient des fleurs, des bœufs tiraient une presse à imprimer sur un chariot… Au Champ-de-Mars, s'élevait un groupe de figures représentant l'Athéisme, l'Ambition, l'Égoïsme, la Discorde et la Fausse Simplicité, qui à travers les haillons de la misère laissaient apercevoir les attributs de la royauté. Maximilien Robespierre mit le feu à la statue de l'Athéisme. « Le premier jour de la Création brilla-t-il d'une lumière plus agréable ? » demanda-t-il. Sept jours plus tard, il était guillotiné.

Être un protagoniste majeur de la Révolution ne protégea pas Robespierre de la guillotine

Louis XVI (à gauche) est mort guillotiné en 1793

Le Dauphin Louis XVII (à droite), dans sa prison

La place de la Concorde fut le témoin de la décapitation de plus de 1 300 personnes

La place de la Bastille telle qu'elle est aujourd'hui (à l'extrême gauche) et pendant l'attaque de la forteresse le 14 juillet 1789 (à gauche)

La fête de l'Être suprême

Le Paris de Napoléon

Après les jours sanglants de la Terreur, la France fut dirigée par un gouvernement provisoire, appelé le Directoire (1795-1799). Les problèmes surgirent aussitôt, la guerre contre les pays voisins tourna au désavantage de la France et un fort mouvement royaliste tenta de restaurer l'ancien régime. Un jeune général corse, ambitieux, apparut alors, qui se sentait capable de triompher de la situation, Napoléon Bonaparte (1769-1821). Il obtint le commandement de l'armée en Italie en 1796, et remporta rapidement la victoire. Au vu de ses succès militaires, il se vit confier la conquête de l'Égypte, et sa soif de pouvoir ne devait plus jamais décliner. Il devint Premier Consul de la République après le coup d'État de 1799 qui renversa le Directoire. La puissance de Napoléon grandit avec les victoires, jusqu'à ce qu'il se fût proclamé empereur des Français. Mais la campagne de Russie et la retraite de l'armée française dans des conditions épouvantables marquèrent la fin de l'Empire. En 1814, Napoléon fut exilé sur l'île d'Elbe. Il fit un bref retour en 1815, avant de connaître sa défaite définitive à Waterloo quelques mois plus tard. Il fut exilé sur l'île de Sainte-Hélène où il mourut en 1821.

Un couronnement républicain

Du partisan jacobin anti-royaliste, au général d'armée servant sous le Directoire, et à son couronnement à la tête de l'État, Napoléon Bonaparte connut une carrière éclair. Ses succès militaires, sa capacité à restaurer l'ordre et à faire partager sa vision d'une France moderne ont inspiré la nation. En 1804, il estima qu'il méritait de porter une couronne. Au cours d'une grandiose cérémonie, digne d'un roi, Napoléon fut couronné empereur, à Notre-Dame. Le pape, convoqué pour l'occasion, donna sa bénédiction. Mais puisque personne, selon Napoléon, n'avait l'autorité de placer la couronne sur sa tête, dans un acte très symbolique, il le fit lui-même après avoir de façon chevaleresque couronné son épouse, Joséphine, impératrice.

La chambre de l'impératrice Joséphine (à gauche), au château de la Malmaison

Le jeune Napoléon Bonaparte

1799

Napoléon à son départ en exil sur l'Île de Sainte-Hélène

L'Arc de Triomphe

L'empereur garda la France dans un état de guerre constante contre le reste de l'Europe, distribuant les terres conquises à ses amis et à sa famille. Un an seulement après son sacre, il ne connaissait guère avec ses troupes françaises que des victoires, sur tous les fronts, jusque sur la puissante Autriche. Au sommet de sa puissance, Napoléon ordonna la construction d'un immense arc de triomphe, de style romain, sur la place du haut des Champs-Élysées, qui devait commémorer ses succès. Sa construction venait à peine de débuter quand les ennuis de Napoléon commencèrent. Les travaux furent interrompus et ne reprirent qu'après sa mort.

L'éléphant de Napoléon

Pour effacer le souvenir de la Révolution, Napoléon commanda un énorme éléphant en bronze, de 10 m de haut, pour le mettre sur l'emplacement de la prison de la Bastille démolie. Quand il fut finalement construit en 1814, l'Empire ne pouvait plus s'offrir qu'un éléphant en plâtre qui commença bien vite à se désagréger. Personne ne semblait savoir pourquoi il se trouvait là ni même pourquoi il s'agissait d'un éléphant. L'animal que Victor Hugo surnommait « le mystérieux et grandiose fantôme », apparaît dans *Les Misérables* puisque c'est là qu'habitait le jeune Gavroche. En 1846, il fut finalement démoli, enlevé de la place de la Bastille aussi mystérieusement qu'il était apparu.

Bistro ! Bistro !

Quand les soldats russes occupèrent Paris en 1814, ils aimaient fréquenter les petits cafés de la ville. Évidemment, l'accueil que leur réservaient les serveurs n'était pas des plus empressés. « Bistro ! Bistro ! » (Vite ! Vite !) criaient alors les cosaques. Ce mot n'est cependant pas entré dans le langage courant avant 1884 et il existe de nombreuses autres explications sur l'origine de ce nom. Bistrot pourrait venir du mot bistre (brun jaunâtre), pour signifier un endroit enfumé et sombre.

Les funérailles de Napoléon

Les funérailles de Napoléon aux Invalides, le 15 décembre 1840 ont été un événement considérable. À l'intérieur du dôme, des rois, des princes… sont restés assis des heures, dans un décor tendu de draps noirs et mauves bordés d'argent, éclairé par des centaines de cierges scintillant sur le marbre. Dehors, tout était bien différent. Le temps était glacial faisant grelotter la foule massée et les soldats alignés. Bientôt, quelques personnes ont commencé à danser, suivies par tous, même les soldats. Une vaste ronde joyeuse s'est ainsi formée le long du parcours des funérailles et ne s'est arrêtée que lorsque enfin le cercueil est apparu.

Napoléon en uniforme

Louis XVIII monta sur le trône en 1814, après l'exil de Napoléon

1815

L'Arc de Triomphe (à gauche), élevé pour célébrer les victoires de Napoléon

Un soldat russe en 1814 (à gauche)

Le cortège funéraire de Napoléon passe par la place de la Concorde (ci-dessous), en 1840

Le XIXe siècle tumultueux

Les turbulences de l'époque napoléonienne, son patriotisme belliqueux, les profonds changements sociaux et certaines visions politiques radicales perdurèrent jusqu'à la fin du XIXe siècle. Le peuple de Paris, marqué par la Révolution et plus passionné que ses compatriotes de province, continuait à se battre pour l'égalité, la démocratie et la défense des travailleurs. L'insurrection de 1830, menée contre la politique par trop réactionnaire de Charles X amena Louis-Philippe d'Orléans, « le roi-citoyen » sur le trône. Cependant, après la Révolution de 1848 qui mit définitivement fin à la monarchie française, une brève Deuxième République ouvrit la voie à un autre despote, Napoléon III, neveu de Napoléon, et à un nouvel empire. Il décida de mettre en valeur Paris, et entreprit de réaménager et moderniser la capitale. Il confia ces transformations au baron Haussmann. C'est donc une ville profondément modifiée qui fut le triste décor du sanglant épisode de la Commune, en 1871, au cours duquel un gouvernement révolutionnaire s'était formé à Paris, comme dans quelques villes de province, refusant la capitulation face aux armées prussiennes. Mais le premier pouvoir révolutionnaire prolétarien dut céder devant la violente répression des troupes.

Paris selon le baron Haussmann

À l'image de son oncle, Napoléon III adorait le luxe et le prestige. L'Impératrice Eugénie et lui fréquentaient les têtes couronnées d'Europe. Il avait de grandes ambitions pour sa capitale et confia au baron Haussmann d'importants travaux. Le baron démolit de vastes parties de la ville, dont presque toute l'île de la Cité. À la place des quartiers surpeuplés, il fit construire de larges boulevards, partant de la Seine. Les ouvriers, souvent rebelles, furent déplacés dans de nouveaux quartiers, éloignés du cœur de la ville.

Le baron Haussmann a redessiné une vaste partie de la capitale, en particulier les environs de la place de l'Étoile (à gauche)

1815

La tour Eiffel (à droite) fut très critiquée lors de sa construction, en 1889

Louis Pasteur (ci-dessous)

L'inauguration du boulevard du Prince Eugène, par Napoléon III en 1862

Le Petit Palais (à droite), construit pour l'Exposition universelle de 1900

Le siège de Paris

Paris devint la ville la plus moderne et la plus belle du monde. L'Empereur avait fini par améliorer la condition et les droits des travailleurs et une certaine joie de vivre régnait sur la ville. Mais la déclaration de guerre précipitée de Napoléon III contre la Prusse, en 1870, détruisit tout. Dès le début de l'affrontement, la France fut défaite et le pays tout entier demanda l'abdication de Napoléon III. Plus tard cette même année, les Prussiens encerclèrent Paris et le siège commença. Pendant six semaines d'hiver, rien ne pouvait entrer dans la ville et les Parisiens transis de froid, affamés, commencèrent à manger des rats, des chats et même les animaux du zoo. En janvier 1871, sous les premiers bombardements, la France se rendit avant de voir sa capitale complètement détruite.

La Commune

Les Parisiens rejetèrent la faute de l'échec contre la Prusse sur le système monarchique. Le gouvernement de la nouvelle Assemblée nationale, conservatrice, quitta la ville pour Versailles. En mars 1871, les Parisiens décidèrent de se faire justice eux-mêmes et d'établir une Commune insurrectionnelle afin de restaurer les acquis de la Révolution. Les Communards (fédérés) s'emparèrent des armes de la Garde nationale et organisèrent des batailles rangées dans les rues contre les troupes du gouvernement. Durant la Semaine sanglante, du 21 au 28 mai, l'armée reprit impitoyablement le contrôle. Les chefs fédérés furent exécutés dans le cimetière du Père-Lachaise. Environ 10 000 Parisiens furent tués et 40 000 arrêtés.

La sainte de la rue du Bac

En 1830, tandis que la Révolution ébranlait Paris, Catherine Labouré, une jeune paysanne illettrée, connut trois visions de la Vierge. Lors de l'une de ces apparitions, la Vierge ouvrait les bras et de ses mains sortaient des rayons lumineux. La jeune femme prononça ses vœux et fit part de la demande que Marie lui avait faite de frapper une médaille qui donnerait la grâce à tous ceux qui la porteraient. La première fut gravée en 1832. Pendant la Commune, Catherine Labouré, ne cessant d'invoquer la protection de la Vierge, alla distribuer la médaille miraculeuse jusque sur les barricades. Elle mourut en 1876 et fut canonisée en 1947 par Pie XII.

Le cancan

Dans les années 1890, Paris était la ville des plaisirs et des spectacles de danse furieusement audacieux. Immortalisé par les lithographies de Henri de Toulouse-Lautrec, le cancan est sans doute né en Bretagne au XVIe siècle, où les femmes interprétaient une danse comparable en soulevant leurs jupes et lançant leurs jambes vers le plafond, bien que la version qui arriva à Paris dans les années 1820 au Moulin Rouge était sans doute une adaptation coquine du quadrille. Jane Avril et La Goulue étaient deux des plus célèbres danseuses. Jane était élancée et élégante tandis que La Goulue, grande et truculente, devait son surnom à sa manie de finir le verre des clients. Elles connurent toutes deux une triste fin, alcooliques, pauvres et oubliées.

Napoléon III a constitué un Second Empire de 1852 à 1870

Jules Verne (1828 1905), l'auteur du *Tour du monde en 80 jours*

Victor Hugo (1802-1885)

1900

L'enseigne du métro dans le style Art nouveau

La célèbre affiche du Moulin Rouge de Henri Toulouse-Lautrec représentant la danseuse La Goulue

Le XXe siècle

Un siècle mouvementé se terminait mais le pire était à venir. Les deux guerres mondiales furent les deux grands désastres du XXe siècle. Dans les années qui suivirent, la population de Paris s'accrut rapidement, et la ville elle-même prospéra et se développa vers les banlieues. Une fois de plus, les préoccupations de Paris se concentrèrent sur le luxe et la mode, sur les loisirs, la bonne cuisine, l'art, la littérature et le cinéma. L'année 1968 vint cependant rappeler que Paris n'avait pas perdu sa capacité à s'engager dans les combats politiques. Pas plus qu'elle n'avait perdu son goût de l'architecture grandiose avec de gigantesques réalisations, comme celles conçues pendant le double mandat de François Mitterrand qui contribuent à faire de Paris, encore et toujours, une des plus belles villes au monde.

Le Sacre du Printemps

La première du ballet *Le Sacre du Printemps* en mai 1913 à Paris fut un immense scandale. La musique résolument moderne de Stravinsky et la chorégraphie extravagante de Nijinsky provoquèrent une véritable émeute. Le bruit des huées était si assourdissant que Nijinsky devait, depuis les coulisses, crier les rythmes pour ses danseurs. La comtesse de Pourtalès, la tiare de travers, cria que personne ne s'était jamais autant moqué d'elle. Gabriel Astruc, le propriétaire de la salle, commanda au public : « Commencez d'abord par écouter, vous sifflerez après ! »

La couverture de la revue *Art Goût Beauté* de septembre 1922 (à gauche)

Le compositeur russe Igor Stravinsky (1882-1971), dont le ballet *Le Sacre du Printemps* a provoqué un scandale lors de sa première à Paris, en 1913

1900

La conférence de Versailles au sujet de l'Armistice en 1919

Les troupes allemandes entrent dans Paris en 1940 (ci-dessus)

Le costume du danseur Vaslav Nijinsky, pour *L'Après-Midi d'un Faune* de Claude Debussy, en 1912, avec les Ballets russes

La ville de l'art et de la littérature

Le bar Le Consulat, au coin d'une rue de Montmartre, et À La Bonne Franquette, en face, étaient fréquentés par une faune de jeunes artistes. La réputation de Paris, dans les premières années du siècle, était telle que des artistes comme Pablo Picasso, Georges Braque et Marc Chagall vinrent s'y installer. Contrairement à d'autres peintres, Picasso, arrivé à Paris en 1904, ne s'est pas uniquement inspiré des gens, des rues et des bars de Montmartre, mais a traité ses sujets avec une plus grande inspiration qui annonçait le cubisme. Entre les deux guerres, de nombreux écrivains étrangers sont venus chercher l'inspiration à Paris parmi lesquels Gertrude Stein, Ernest Hemingway, Ezra Pound et Henry Miller.

L'Occupation et la Libération

L'Allemagne nazie a envahi la France en mai 1940 et, un mois plus tard, elle entrait dans Paris. Les troupes et les chars allemands remontèrent fièrement les Champs-Élysées. De nombreux Parisiens décidèrent de fuir la capitale et le gouvernement s'installa à Vichy. Pendant l'Occupation, les Parisiens souffrirent des restrictions. Le 27 mai 1943, le Conseil national de la Résistance se réunissait à Paris. La ville devint le siège des Forces françaises libres qui déclenchèrent l'insurrection du mois d'août 1944. Le jour de la Libération de Paris, des milliers de personnes se sont retrouvées sur les Champs-Élysées pour célébrer la victoire.

Mai 1968

Paris fut happé par le courant d'anti-autoritarisme et de liberté qui balayait le monde en 1968. Tout commença par une manifestation d'étudiants à l'université de Nanterre. Ils réclamaient la fin de l'autorité et de toute forme de répression de la société. La réaction sévère de la police fit naître un esprit de colère et d'affrontement. Le mouvement s'étendit rapidement à l'université de la Sorbonne puis gagna des millions de travailleurs mécontents qui le rejoignirent. L'armée fut appelée à l'aide, sans parvenir à contenir la situation. Mais à la mi-juin, moins d'un mois plus tard, l'ordre avait été rétabli. Ce vent de libéralisation de la société devait cependant laisser une trace profonde et durable.

Les « grands projets » de François Mitterrand

En devenant le premier président socialiste de la Cinquième République, François Mitterrand avait de grandes ambitions pour embellir la capitale. L'un de ces projets, l'érection de la gigantesque Grande Arche, dans le quartier des affaires de La Défense, marque la limite symbolique de l'ouest de la ville, reliant dans une longue perspective l'Arc de Triomphe, la Concorde et le Louvre. Le Louvre fut mis en valeur par une autre grande entreprise : la célèbre pyramide de verre.

La transformation du port fluvial de Bercy, l'Institut du monde arabe, l'Opéra-Bastille et la nouvelle Bibliothèque nationale font partie des autres réalisations marquantes de la fin du XXe siècle.

François Mitterrand (1916-1996), président de la République de 1981 à 1995

Jacques Chirac (1932), élu président en 1995

Le général de Gaulle (1890-1970) a brièvement gouverné la France après la Seconde Guerre mondiale et à nouveau de 1958 à 1969

2000

Le prestigieux Opéra-Bastille (à gauche)

La Grande Arche (ci-dessous) terminée à temps pour les festivités du bicentenaire de la Révolution en 1989

Le XXIe siècle à Paris

Paris, l'une des villes les plus admirées au monde, accueille tous les ans plus de 26 millions de visiteurs étrangers. La population de la capitale s'élève à un peu plus de 2 millions de personnes. En 1851, 3 % des Français étaient Parisiens et en 2004, ce chiffre s'élevait à presque 4 %. Environ 11 millions de personnes vivent en banlieue et dans les communes proches de l'Île-de-France, et se rendent dans la capitale grâce à un réseau ferroviaire d'un coût abordable, rapide et relativement confortable pour travailler, faire du shopping, dîner et voir des spectacles.

Paris cyclable

Si les rues de la capitale ont longtemps été la chasse gardée des automobiles et des véhicules de transports collectifs, il semblerait que le deux roues parvienne progressivement à sortir son épingle du jeu. Depuis l'adoption de certaines réglementations, parmi lesquelles le plan de déplacements urbains de région Ile de France (approuvé le 15 décembre 2000), la ville fait peau neuve, s'équipant progressivement de pistes cyclables. Les objectifs visés sont clairs : réduire la circulation automobile et la rendre « plus douce », doubler le nombre de déplacements à bicyclette et réduire l'insécurité routière. Vaste programme !

Les TGV à la gare de Lyon

Paris Plage

Paris Plage, la plage au bord de la Seine, est devenue un *must*. De la mi-juillet à la mi-août, quand la plupart des Parisiens ont déserté la ville, une partie de la rive droite est transformée en bord de mer. Des rangées de palmiers se balancent sur une bande de 100 m de sable équipée de 300 chaises longues, de 150 parasols et de cabines de plage rayées.

L'opération Paris Plage a été inaugurée en 2002 et le maire Bertrand Delanoë a promis qu'elle perdurerait de nombreuses années.

Sous les pavés, la protestation

Paris est, depuis des siècles, le théâtre d'une activité politique intense. La prise de la Bastille a sans doute ouvert la voie. Paris, ses pavés et ses barricades, au temps de la Commune en 1871, comme en mai 1968. Paris, une ville engagée qui se mobilise lors des élections présidentielles de 2001, ou pour la reconnaissance des droits des communautés homosexuelles à chaque édition de la Gay Pride... L'un des passages obligés de ces marches collectives est le tronçon qui sépare les places de la République et de la Bastille, tout un symbole !

Le maire de Paris, Bertrand Delanoë, (ci-dessus) dont le mandat s'achève en 2007

Paris Plage (ci-dessous)

2000...

De nombreux Parisiens ont voté « non » au référendum sur la constitution européenne en 2005

En route

ARRIVER

Par avion

De nombreux vols desservent Paris depuis la plupart des grandes villes de province, d'Europe et du monde. Les compagnies internationales arrivent et partent de l'aéroport de Roissy-Charles de Gaulle, à 23 km au nord-est de la capitale. L'aéroport d'Orly, à 14 km au sud, accueille des vols domestiques et internationaux aussi. Ces deux aéroports sont reliés au centre de Paris par des trains, le RER et des bus.

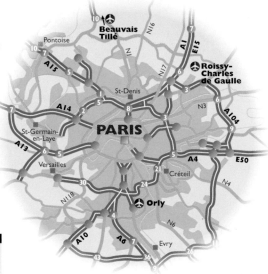

À SAVOIR

• Le bureau d'information, situé au niveau « Arrivées » d'Orly Ouest, est ouvert de 7 h 30 à 23 h. Celui du T1 de Roissy-Charles de Gaulle est fermé pendant les travaux du terminal.
• Fumer dans les aéroports est interdit sauf dans les zones désignées comme telles.
• En partant de Roissy-Charles de Gaulle, vérifiez votre numéro de terminal, les deux terminaux étant relativement éloignés l'un de l'autre.
• Quel que soit l'aéroport, prévoyez une marge de temps nécessaire pour les contrôles de sécurité.

ROISSY-CHARLES DE GAULLE

Cet aéroport, plus important que celui d'Orly, a trois terminaux : T1, T2 et T3 (ancien T9). Le Terminal 2 est subdivisé en 2A, 2B, 2C, 2D et 2F. Aer Lingus, British Midland, KLM, United Airlines et US Airways desservent le T1, Air France, American Airlines, British Airways et d'autres compagnies encore, le T2. Le T3 est réservé à la compagnie EasyJet. Attention : ces indications sont suceptibles de changer. Vous trouverez bureaux d'information, magasins, restaurants, banques, bureaux de change, de locations de voitures et premiers secours aux T1 et T2. Pour des raisons de sécurité, vous ne trouverez pas de consigne. Le T3 dispose de boutiques, cafés, guichets de location de voitures et de change.

L'aéroport est desservi par deux stations de RER : CDG1 pour les T1 et T3 et CDG2 pour le T2. Des navettes circulent entre terminaux et stations. Vous pouvez prendre la ligne B du RER ou des bus pour Paris (voir tableau ci-dessous).

SE RENDRE À PARIS DE L'AÉROPORT		
AÉROPORT	TAXI	RER
Roissy-Charles de Gaulle (CDG)	Prix : 40-50 €. Durée : 30 min-1 h.	La ligne B du RER conduit au centre de Paris (Gare du Nord, Châtelet ou Saint-Michel). Les trains partent toutes les 5-15 min, de 5 h à 22 h 40. Prix : 7,85 €. Durée : 35 min.
Orly (ORY)	Prix : environ 35 €. Durée : 15-30 min.	Le train Orlyval (lundi–samedi 6 h-22 h 30, dimanche 7 h-23 h) conduit, après un changement à Antony, à la ligne B du RER. Prix : 8,85 €. Durée : 35 min.
Beauvais Tillé (BVA)	Prix : environ 120 €. Durée : 1 h 20.	Aucun.

TÉLÉPHONES UTILES
NUMÉROS ET SITES INTERNET

ROISSY-CHARLES DE GAULLE

www.adp.fr Le site officiel de Roissy-Charles de Gaulle et Orly
Informations : 01 48 62 22 80
Objets trouvés, T1 : 01 48 62 13 34
Objets trouvés, T2 : 01 48 16 63 83
Police : 01 48 62 31 22
Air France : 0820 820 820
Air France bus pour Paris :
0892 350 820 ; www.cars-airfrance.com
RATP (RER) : 0892 68 77 14 ;
www.ratp.fr

ORLY

www.adp.fr Le site officiel d'Orly et Roissy-Charles de Gaulle
Informations : 01 49 75 15 15
Objets trouvés, Orly Sud : 01 49 75 34 10
Objets trouvés, Orly Ouest :
01 49 75 42 34
Police : 01 49 75 43 04
Air France bus pour Paris :
0892 350 820 ; www.cars-airfrance.com
Orlybus : 01 40 02 32 94 (services d'informations) ; 0892 687 714
(information)
RATP informations (Orlyval et RER B) :
0892 687 714 ; www.ratp.fr
SNCF informations (RER C) :
0890 36 10 10 (informations enregistrées)
0891 36 20 20 (état du trafic)

BEAUVAIS TILLÉ

www.aeroportbeauvais.com
Informations : 0892 682 066

ORLY

L'aéroport d'Orly possède deux terminaux : Orly Sud et Orly Ouest. Des navettes ou la ligne de train Orlyval relient les deux. Vous y trouverez magasins, restaurants, bureaux de change, de location de voitures et premiers soins médicaux. Aucune ligne de train ne relie Paris mais l'Orlyval vous conduira à Antony où vous pourrez prendre la ligne B de RER. Orlybus conduit à la station de métro et RER de Denfert-Rochereau ; le bus Air France vous mènera au centre de la capitale, aux Invalides. Vous pouvez aussi prendre une navette pour le RER de Pont de Rungis puis la ligne C

Tableau des départs à Roissy-Charles de Gaulle

du RER jusqu'à la gare d'Austerlitz, Saint-Michel-Notre-Dame ou Les Invalides.

BEAUVAIS TILLÉ

Beauvais Tillé est un petit aéroport situé à Beauvais, dans l'Oise, au nord de Paris. Il est réservé aux compagnies aériennes à petits prix. Vous y trouverez un marchand de journaux, un restaurant et un bureau de location de voitures. Une navette vous conduira à la Porte Maillot, à la limite nord-est de Paris. La solution taxi est assez onéreuse.

MÉTRO	BUS		VOITURE
Aucun.	Les bus Air France partent des terminaux 1 et 2 pour la gare Montparnasse et la gare de Lyon toutes les 30 min, de 7 h à 21 h. Coût : 12 €. Durée : 45 min-1 h. D'autres bus Air France conduisent à l'Arc de Triomphe toutes les 15 min, de 5 h 45 à 23 h. Prix : 12 €. Durée : 45 min-1 h. Les Roissybus partent toutes les 15 min des terminaux 1, 2 et 3 jusqu'à Opéra, de 6 h à 23 h. Prix : 8,30 €. Durée : 50 min.		Prenez la A1 au sud de Paris. Durée : 30 min-1 h, selon la circulation.
Aucun.	Les bus Air France partent d'Orly Sud et Ouest pour Les Invalides et la gare Montparnasse toutes les 15 min, de 6 h à 23 h 30. Prix : 8 €. Durée : 30 min. Les Orlybus partent d'Orly Sud et Ouest pour la station de métro Denfert-Rochereau toutes les 15-20 min, de 6 h à 23 h 30. Prix : 5,80 €. Durée : 30 min.		Prenez la A6, puis la A6A ou A6B pour Paris. Durée : 15-40 min, selon la circulation.
Aucun.	Les bus pour la Porte Maillot. Prix : 13 €. Durée : environ 1 h 15.		Prenez la N1, A16, N1 puis A1. Durée : 1 h 20.

Par le train

Avec ses sept gares, Paris est le point de convergence d'un efficace réseau ferroviaire, autant en provenance de province que du reste de l'Europe. Pour exemple, Marseille est à 3 heures, Lyon à 2 heures et Bruxelles à 1 h 30 de Paris. Quant à Londres, le tunnel sous la Manche a révolutionné la liaison avec Paris, permettant le trajet en moins de trois heures. C'est le plus long tunnel sous-marin au monde, avec 50 km de long dont 39 km sous la Manche.

LES GARES

• La gare du Nord accueille les trains venant du nord de la France et au-delà : le Thalys en provenance d'Amsterdam et Bruxelles. Elle est située sur la ligne de métro 4 (mauve) et 5 (orange). La ligne 4 (direction Porte d'Orléans) traverse la Seine en direction de la rive gauche. Deux lignes de RER la desservent : B (reliant les aéroports de Roissy et d'Orly) et D.

• La gare de l'Est accueille les trains venant de l'est de la France et d'Allemagne. Elle est située sur la ligne de métro 4 (mauve), 5 (orange) et 7 (ligne rose).

• La gare de Lyon accueille les trains venant du centre de la France, du sud, des Alpes, de toute la côte méditerranéenne, et de la Suisse. Elle est située sur la ligne de métro 1 (jaune) et 14 (violette). Deux lignes de RER la desservent : A et D.

• La gare d'Austerlitz accueille les trains Corail venant du sud-ouest de la France, proche de la gare de Lyon, est située sur la ligne 5 (orange) et 10 (marron clair).

• Notons la gare de Paris-Bercy, modeste, mais qui accueille les trains de nuit pour l'Italie

Paris est facilement accessible en train de toute l'Europe

notamment. Elle est accessible par la station « Bercy », sur la ligne 6 (vert clair) et 14 (violette).

• La gare Montparnasse accueille les trains venant de la Bretagne, de la Vendée et du sud-ouest de la France. Elle est située sur la ligne 4 (fuchsia), 6 (vert clair), 12 (vert foncé), 13 (bleu ciel).

• La gare Saint-Lazare accueille les trains venant de Normandie. Elle est située sur la ligne 3 (bronze), 12 (vert foncé), 13 (bleu ciel). Une ligne de RER la dessert : la ligne E.

SI VOUS POURSUIVEZ VOTRE VOYAGE OUTRE-MANCHE : EMBARQUEZ SUR L'EUROSTAR

• 16 trains par jour relient Londres à Paris, dont certains s'arrêtent à Ashford International (G.-B.) et Calais (France). Certains de ces trains desservent également Disneyland Paris. Le voyage dure 2 h 35.

• Les trains arrivent à la Gare internationale de Waterloo, dans le centre de Londres, avec un accès direct au métro et aux principales lignes ferroviaires.

Il est préférable de réserver ses billets à l'avance

• Vous trouverez dans la zone de départ des maisons de la presse, des cafés, des toilettes, des services Internet et une boîte aux lettres.
• L'embarquement débute 20 min avant le départ du train.

LE VOYAGE

• Un wagon-restaurant est à votre disposition, ainsi que des toilettes et des aménagements pour changer les bébés. Une annonce vous préviendra que vous entrez sous le tunnel. Cette portion du trajet dure environ 20 min.

ARRIVER À PARIS EN EUROSTAR

• En arrivant à la gare du Nord, il n'est pas nécessaire de présenter à nouveau votre passeport. Prenez garde aux pickpockets.
• La station de taxis est bien indiquée. Ne soyez pas affolé par la longueur de la file d'attente, elle avance généralement très vite. Un taxi vous conduira au cœur de Paris pour environ 10 €. Un supplément vous sera réclamé pour vos bagages, pour une course après 19 h ou le dimanche.
• Vous pouvez également prendre le métro ou l'un des nombreux bus qui y passent.

FAITS ET CHIFFRES

• La construction du tunnel a commencé en 1987 et s'est achevée en 1991.
• Le tunnel passe à 40 m sous le fond marin.
• Le train peut atteindre une vitesse de 300 km/h.
• Chaque train mesure 400 m de long.

• Il y a deux tunnels principaux et un tunnel de service. Ce dernier est conçu pour être étanche à la fumée en cas d'incendie.
• Les trains ont une voiture conductrice à chaque extrémité et ils peuvent donc rapidement changer de direction et sortir du tunnel en cas d'urgence.
• Philippe Starck a été nommé directeur artistique d'Eurostar et c'est lui qui s'est occupé de la décoration intérieure et des uniformes du personnel de bord.

La gare du Nord est animée quelle que soit l'heure

En voiture

En fonction de votre point de départ et de l'autoroute ou de la route nationale empruntées pour parvenir jusqu'à la capitale, vous expérimenterez sans doute le périphérique, voie rapide urbaine qui permet de contourner la ville et d'y pénétrer par la porte la plus proche de votre destination finale.

EN ROUTE

LE PÉRIPHÉRIQUE

Le boulevard périphérique parisien forme une boucle de 35 km autour de la capitale. Inauguré en avril 1973, son tracé marque la limite entre Paris et les communes limitrophes, à l'exception des bois de Vincennes et de Boulogne, qui appartiennent à Paris, mais en sont séparés par cette voie rapide.

Sur le périphérique, la vitesse est limitée à 80 km/h et les véhicules qui s'y engagent par la droite ont la priorité sur ceux qui y sont déjà, contrairement aux règles de priorité habituellement en vigueur sur les voies rapides.

BON À SAVOIR

● Les véhicules entrant sur le périphérique sont prioritaires sur ceux qui y circulent déjà. Mieux vaut le savoir, vous risqueriez d'attendre longtemps avant de vous y engager.
● La circulation est limitée à 80 km/h sur le périphérique parisien.
● La fluidité du trafic est annoncée à l'aide de panneaux lumineux qui indiquent les temps de trajets entre différentes portes.

Respectez bien ces limitations, des radars sont installés pour pénaliser les imprudents et garantir une sécurité optimale sur cette voie très fréquentée.

OPÉRATION PARIS RESPIRE

Nous ne saurions trop vous recommander de vous déplacer dans Paris par les transports en commun plutôt qu'avec votre véhicule. Si vous devez néanmoins circuler au volant de votre voiture, sachez que certaines voies sont régulièrement fermées aux automobilistes pour permettre aux piétons, aux cyclistes et aux rollers de profiter paisiblement de leur ville, le temps d'une promenade dominicale.

L'opération Paris respire, rencontrant un vif succès, se développe en effet au fil des années. Si vous vous déplacez en voiture, vous risquez donc de trouver une rue barrée sur votre itinéraire, notamment aux alentours du canal Saint-Martin ou bien sur les berges de la Seine.

Pour plus d'information sur les voies concernées par cette opération, consulter les sites déjà mentionnés ou le site de la mairie de Paris : www.paris.fr.

Renseignements sur l'état des routes et le trafic

08 36 68 20 00 ;
ou bien par Internet, pour une information en temps réel : www.sytadin.equipement.gouv.fr ou www.prefecture-police-paris.interieur.gouv.fr ou bien encore www.infotrafic.com.

STATIONNEMENT

Sans doute l'un des aspects les plus problématiques de la conduite à Paris, en dehors de la densité du trafic, et de la conduite de certains parisiens !

Si vous souhaitez prendre vos dispositions et vérifier l'emplacement du parking public le plus proche de votre destination, consultez la liste proposée par la préfecture de Paris : www.prefecture-police-paris.interieur.gouv.fr/circuler/stationnement.htm.

Pour de plus amples informations sur ce sujet, voir également la rubrique stationnement (▷ 60).

FAIRE LE PLEIN D'ESSENCE

Trouver une station-service dans cette grande ville n'est pas toujours évident. Vous pourrez vous approvisionner en essence dans l'une des stations situées à proximité des portes de Paris, à la sortie du périphérique. Pour vous ravitailler, en centre-ville cette fois, nous vous proposons les coordonnées de quelques stations, ouvertes 24h/24 :
338, rue saint-Honoré, 75001 ;
01 42 60 49 37
6, bd Raspail 75007 ;
01 45 48 43 12
152, rue Lafayette, 75010 ;
01 40 37 32 14
7/11, bd Garibaldi, 75015 ;
01 43 06 45 59

SE DÉPLACER

Paris possède un réseau de transports efficace, simple à comprendre et relativement peu onéreux. Le métro est l'épine dorsale de ce réseau. D'autres moyens de transports sont à votre disposition comme les bus, le Batobus et le RER. Mais n'oubliez pas non plus la marche à pied, qui reste la meilleure façon de découvrir cette ville somme toute assez compacte.

Le métro est souvent le meilleur transport d'un endroit à un autre, et avec ses 300 stations, vous êtes rarement à plus de cinq minutes à pied de l'une d'elles. Selon la ligne, les trains sont très modernes ou un peu vieillots, mais les services sont plutôt ponctuels (sauf en cas de grève). Une fois dans la station, préparez-vous à beaucoup marcher avant d'atteindre le quai, et ce particulièrement dans les stations très importantes où passent plusieurs lignes. Pendant les heures de pointe, les voitures sont véritablement bondées et vous aurez du mal à trouver une place assise. Les lignes desservant les principaux lieux touristiques (comme la ligne 1) peuvent être très fréquentées toute la journée.

Les bus permettent de voir la ville tout en se déplaçant et leurs trajets sont clairement signalés aux arrêts. Mais ils circulent moins rapidement que le métro et peuvent être tout aussi bondés aux heures de pointe.

Le métro, certaines lignes du RER et la plupart des bus sont régis par la RATP.

Les taxis sont pratiques si vous avez beaucoup de bagages ou si vous ne vous sentez pas en sécurité le soir dans le métro.

INFORMATIONS
- Vous trouvez des plans du métro dans chaque station.
- Pour une demande de renseignement (en français uniquement), composez le 0892 687 714.
- Le site www.ratp.fr vous donnera de nombreuses informations utiles. Cliquez sur Paris Visite.

Les machines automatiques sont un véritable gain de temps

- Vous trouvez des bureaux d'information sur les transports dans les aéroports.

SE DÉPLACER AVEC DES ENFANTS
- Les enfants de moins de 4 ans voyagent gratuitement dans le métro, le bus et le RER.
- Les enfants âgés de 4 à 10 ans payent demi-tarif.
- Certains bus ont des rampes pour les poussettes et les fauteuils roulants au niveau des portes centrales.
- Circuler en fauteuil roulant peut être compliqué dans le métro en raison des barrières d'accès et des nombreux escaliers.

LES TICKETS
- Les titres de transports, tickets et cartes (▷ 48) sont les mêmes dans le métro, les bus et dans le RER dans le centre de Paris.
- La capitale est divisée en deux zones tarifaires. La plupart des sites importants sont situés en Zone 1, mais

À SAVOIR
- Évitez autant que possible les bus et le métro aux heures de pointe, entre 7 h 30 et 9 h 30 et 16 h 30 et 19 h.
- Fumer est interdit dans les bus, le métro et le RER, ainsi que dans l'enceinte des stations.
- Les carnets de 10 tickets sont plus économiques que les billets à l'unité et vous n'aurez pas à attendre au guichet.
- Si vous êtes seul, évitez de prendre le métro tard le soir.

la Grande Arche est en Zone 3, l'aéroport Roissy-Charles de Gaulle en Zone 5 et l'aéroport d'Orly en Zone 4.
- Vous pouvez acheter des tickets de bus dans les stations de métro, dans les bus (à l'unité uniquement) et chez certains marchands de journaux et bureaux de tabacs.
- Pour gagner du temps, utilisez les machines automatiques dans les stations. Les instructions sont données en plusieurs langues.
- Les stations de métro ouvrent à 5 h 30 et ferment après le passage de la dernière rame, vers 0 h 30.
- Les principales cartes de crédit sont acceptées.
- À l'unité, un ticket coûte 1,40 € (▷ 48).
- Si vous avez l'intention de prendre souvent le métro ou le bus pendant votre séjour, il est plus économique d'acheter des carnets de dix tickets ou une carte de transport.
- Pour plus d'informations sur les titres de transport (▷ 48).

TICKETS			
TYPE	**PRIX**	**VALIDITÉ**	**COMMENTAIRE**
Ticket à l'unité	1,40 €	Les tickets sont valables dans le métro, le RER (Paris intra-muros) et la plupart des bus. Vous n'êtes pas obligé de les utiliser le jour de l'achat mais une fois composté (à la barrière automatique du métro ou dans la machine du bus), le ticket ne sera valable que pour ce seul trajet.	Vous pouvez prendre le métro et le RER au cours du même trajet avec le même ticket, mais vous ne pouvez pas prendre le métro puis le bus, ni changer de bus.
Carnet	10,50 € pour 10 tickets	Idem que pour les tickets à l'unité, voir ci-dessus.	Il est rentable si vous prévoyez de faire au moins huit trajets.
Mobilis	Zones 1-2 : 5,30 € Zones 1-3 : 7 € Zones 1-5 : 12,10 €	Valable pour une journée, dans le métro, le bus, le RER et le Transilien, sauf dans les navettes aéroport, Roissybus, Orlybus et Orlyval.	Une option plus économique que le coupon Paris Visite un jour (voir ci-dessous).
Paris Visite, Zones 1-3	1 jour : 8,35 € 2 jours : 13,70 € 3 jours : 18,25 € 5 jours : 26,65 € Enfants (4-11 ans) payent demi-tarif	Valable pour un nombre illimité de trajets dans le métro, le bus, le RER ou le Transilien, dans les zones 1-3.	Si vous ne vous déplacez qu'une journée ou si vous restez en zone 1, le coupon Mobilis (voir ci-dessus) est moins cher. Mais le coupon Paris Visite offre des tarifs préférentiels dans de nombreux sites. Dans les offices du tourisme ou les stations de métro.
Paris Visite, Zones 1-5	1 jour : 16,75 € 2 jours : 26,65 € 3 jours : 37,35 € 5 jours : 45,70 €	Valable pour un nombre illimité de trajets dans le métro, le bus, le RER et le Transilien, dans les zones 1–5 (comprend Versailles, Disneyland Paris, les aéroports d'Orly et Roissy–Charles de Gaulle).	Une option chère.
La Carte Orange-Coupon Hebdomadaire, Zones 1-2	15,40 €	Valable une semaine dans le métro, le bus, le RER, dans les zones 1-2.	Cette carte est officiellement réservée aux résidents d'Île-de-France et fonctionne du lundi au dimanche. Une photo d'identité est nécessaire.
La Carte Orange-Coupon Mensuel, Zones 1-2	50,40 €	Valable un mois dans le métro, le bus, le RER, dans les zones 1-2.	Voir ci-dessus.

Le métro à Paris

Le métro parisien (Métropolitain) est l'épine dorsale de la ville, transportant environ quatre millions de voyageurs par jour. Le premier train a circulé en 1900, pendant la Belle Époque. Le réseau s'est développé et compte aujourd'hui 16 lignes et 211 km de voies.

Ce moyen de transport est efficace, économique et assez bien entretenu. Il est le plus rapide pour la plupart des trajets dans la capitale.

Chaque ligne possède une couleur et un chiffre (1-14, 3b et 7b). Les stations sont identifiables par un grand M ou par la célèbre enseigne de style Art nouveau. Des escaliers, parfois des escalators, mènent dans un hall où vous pourrez acheter des tickets aux guichets ou aux machines automatiques. Les stations les plus importantes sont équipées de boutiques et de cafés.

Pour atteindre les quais, compostez votre ticket dans la barrière automatique, puis reprenez-le et gardez-le. Il pourra vous être demandé par des contrôleurs. Suivez attentivement les directions en gagnant le quai. Elles indiquent la couleur de la ligne et son numéro. Vous devez connaître la destination finale du train. Les rames sont fréquentes mais bondées aux heures de pointe. Sur le quai, un panneau orange de correspondance donne les directions des autres lignes partant de la station. Des panneaux bleus indiquent la sortie.

COMPRENDRE LE PLAN DU MÉTRO

Ces indications permettent de comprendre le plan du métro situé ▷ 52-53 et dans la couverture de dos. Les symboles utilisés sur la carte peuvent légèrement différer de ceux figurant sur les plans situés dans les stations.

STATION DE MÉTRO
Un petit triangle indique une station sans correspondance.

STATION DE GRANDE LIGNE
Elle est illustrée par le symbole de la SNCF.

LIGNES   Châtelet 11
Chaque ligne possède un code couleur et son numéro est marqué à chaque extrémité et sa destination.

CORRESPONDANCES
Les stations desservies par plus d'une ligne sont indiquées par un rond blanc.

TERMINUS   Châtelet 11
Le nom des stations de terminus apparait dans des carrés blancs.

LES TRAJETS
Un plan à bord du train vous permettra de suivre votre trajet.

LIGNES DE CORRESPONDANCE
Sur le plan, les lignes de correspondance sont indiquées sous le nom de la station.

COMMENT UTILISER LE MÉTRO

- Le service est assuré de 5 h 30 à environ 0 h 30.
- En attendant la rame, éloignez-vous de la bordure du quai.

- Pour ouvrir les portes, appuyez sur le bouton (sur les nouveaux trains) ou levez la poignée (sur les anciens trains). La plupart des trains de la ligne 1 s'ouvrent automatiquement.

- Laissez les passagers descendre avant de monter.
- Un signal sonore indique la fermeture imminente des portes. Restez bien en arrière.

- Gardez vos sacs contre vous et méfiez-vous des pickpockets. Ne transportez pas d'objets de valeur dans vos poches arrière.

- Gardez bien votre billet sur vous au cas où un contrôleur vous le demanderait.
- Prenez garde à l'espace entre le train et le quai quand vous montez et descendez.

- Si vous devez changer de ligne, ne quittez pas la station de correspondance, votre ticket ne serait plus valable.
- Si vous vous apercevez que vous êtes dans la mauvaise direction, descendez à la station suivante et revenez en arrière. Dirigez-vous vers le bon quai et restez toujours dans les limites des barrières automatiques.
- Une fois arrivé à destination, des panneaux dans la station vous indiqueront la sortie à prendre.

LE SAVIEZ-VOUS ?

- Les célèbres entrées du métro dessinées par Hector Guimard se trouvent aux stations Abbesses et Porte Dauphine.
- Une ville réputée pour ses parfums ne pouvait pas ne pas créer une fragrance spéciale pour son métro, à base de musc et de vanille, connue sous le nom de Madeleine.
- Admirez les décors du quai, souvent en rapport avec la station, comme à Bastille illustrant la Révolution, et à Louvre-Rivoli, avec ses vitrines de musée.
- La nouvelle ligne 14 est dotée de parois de verre qui séparent le quai de la rame. Dans les voitures, le nom de la station est annoncé à son approche.

LES LIGNES UTILES POUR ATTEINDRE LES PRINCIPAUX SITES

La ligne 1 (jaune) traverse la ville d'est en ouest, au départ de Château de Vincennes jusqu'à la Grande Arche de la Défense. Les principaux arrêts sont Gare de Lyon, Bastille, Louvre-Rivoli et Concorde. Cette ligne remonte les Champs-Élysées, avec des arrêts à Champs-Élysées-Clemenceau, Franklin D. Roosevelt, George V et Charles de Gaulle-Étoile.

La ligne 4 (mauve) relie Saint-Germain-des-Prés à la rive droite. Elle s'arrête également à la gare du Nord, le terminal de l'Eurostar.

La ligne 9 (vert clair) conduit à la limite du bois de Boulogne, à l'ouest de la ville, jusqu'au quartier des Grands Magasins sur la rive droite (Havre-Caumartin pour le Printemps et Chaussée d'Antin pour les Galeries Lafayette). Elle continue ensuite vers l'est par République et Nation.

La ligne 12 (vert foncé) se rend à Montmartre (descendez à Abbesses). Elle part de la rive gauche et dessert Solférino (pour le musée d'Orsay), Concorde et Madeleine.

La ligne 14 (violette) est pratique si vous résidez à l'est de la ville, à une courte distance

ODÉON

Voici un trajet typique, entre la station Odéon et Charles de Gaulle-Étoile (l'Arc de Triomphe).

• Notez d'après le plan les couleurs et les numéros de lignes que vous aurez à prendre.

• Munissez-vous d'un ticket ou utilisez votre carte de transports (▷ 48).

• Pour atteindre le quai, introduisez votre ticket dans la barrière automatique et reprenez-le une fois composté.

• Suivez les panneaux en direction de la Ligne 4 (mauve) en direction de Porte de Clignancourt.

• Une fois sur le quai, le train arrivera au bout de quelques minutes.

• Un plan à bord du train vous permettra de suivre votre trajet.

CHÂTELET

• Descendez à Châtelet et suivez les panneaux orange pour la correspondance avec la ligne 1 (jaune), en direction de La Défense.

• Gardez en tête que Châtelet est l'une des plus grandes stations, et les distances sont longues entre les quais.

• Montez dans le train et descendez à Charles de Gaulle-Étoile.

• Suivez le panneau bleu pour la sortie et consultez le plan du quartier affiché dans la station pour localiser votre destination finale.

CHARLES DE GAULLE-ÉTOILE

• Ne confondez pas les lignes de métro et les lignes de RER, les deux étant visualisées sur les plans du métro. Les lignes de RER comportent des lettres (RER A par exemple) plutôt que des numéros et leurs terminus, trop lointains, ne figurent pas sur le plan.
• Le site de la RATP (www.ratp.fr) vous aidera à organiser votre trajet et vous donnera des informations réactualisées sur le trafic.
• Pour estimer votre temps de trajet, comptez 2 min entre chaque station. Atteindre le quai peut prendre parfois 5 min, notamment à Châtelet.
• Pour des informations enregistrées en plusieurs langues, composez le 0892 684 114.
• Pour une demande de renseignement (en français seulement), composez le 0892 687 714.
• Conservez votre ticket jusqu'à ce que vous ayez quitté la station, il peut vous être demandé par un contrôleur.
• Un plan du quartier est affiché dans le hall de la station.

EN ROUTE

à pied de la gare de Lyon. Cette ligne ultramoderne est le moyen le plus rapide de se rendre dans le centre de Paris, vous conduisant directement à Châtelet puis à Pyramides et Madeleine. Dans l'autre sens, elle va à Bercy et, de l'autre côté de la Seine, jusqu'à la Bibliothèque François-Mitterrand.

L'entrée du métro Abbesses, à Montmartre

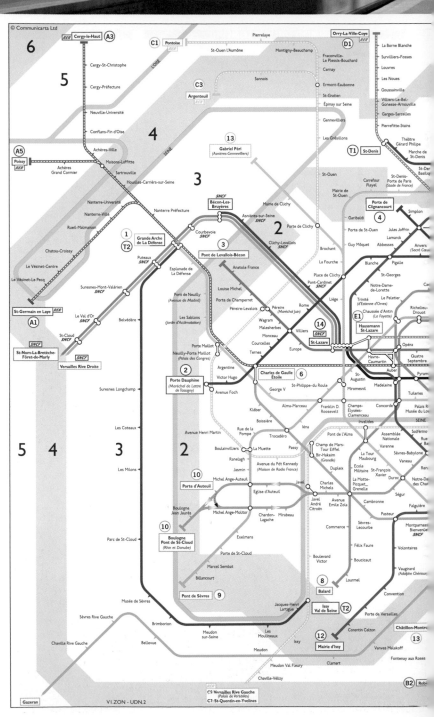

© Communicarta Ltd

6
5
4
3
2

AER Cergy-le-Haut **A3**

Cergy-St-Christophe

Cergy-Préfecture

Neuville-Université

Conflans-Fin d'Oise

Achères-Ville

A5
Poissy
AER

Achères
Grand Cormier

Maisons-Laffitte

Sartrouville

Houilles-Carrières-sur-Seine

Nanterre-Université

Nanterre-Ville

Rueil-Malmaison

Chatou-Croissy

La Vésinet-Centre

Le Vésinet-Le Pecq

St-Germain en Laye **AER**

A1

SNCF
St-Nom-La-Bretèche-
Fôret-de-Marly

SNCF
Versailles Rive Droite

Nanterre Préfecture

1
T2
Grande Arche
de La Défense

Puteaux
SNCF

Esplanade de
La Défense

Le Val d'Or
SNCF

Belvédère

St-Cloud
SNCF

Suresnes Longchamp

Les Coteaux

Les Milons

Parc de St-Cloud

Musée de Sèvres

Sèvres Rive Gauche

Chaville Rive Gauche

Gazeran

V1.ZON - UDN.2

C1 Pontoise
RER

St-Ouen l'Aumône

C3
Argenteuil

Pierrelaye

Montigny-Beauchamp

Sannois

13
Gabriel Péri
(Asnières-Gennevilliers)

Courbevoie
SNCF

3
Pont de Levallois-Bécon

Anatole France

Louise Michel

Pont de Neuilly
(Avenue de Madrid)

Les Sablons
(Jardin d'Acclimatation)

Porte de Champerret

Péreire-Levallois

Porte Maillot
(Palais des Congrès)

2
Porte Dauphine
(Maréchal de Lattre
de Tassigny)

Argentine

Victor Hugo

Avenue Foch

Avenue Henri Martin

Rue de la
Pompe

5 **4** **3** **2**

Boulainvilliers

Ranelagh

Jasmin

Michel Ange-Auteuil

10
Porte d'Auteuil

10
Boulogne
Jean Jaurès

10
Boulogne
Pont de St-Cloud
(Rhin et Danube)

Michel Ange-Molitor

Exelmans

Porte de St-Cloud

Marcel Sembat

Billancourt

9
Pont de Sèvres

Brimborion

Bellevue

Pierrelaye

Fraconville-
Le Plessis-Bouchard

Cernay

Ermont-Eaubonne

St-Gratien

Épinay sur Seine

Gennevilliers

Les Grésillons

Les Moulineaux

Orry-La-Ville-Coye **D1**
AER

La Borne Blanche

Survilliers-Fosses

Louvres

Les Noues

Goussainville

Villiers-Le-Bel-
Gonesse-Arnouville

Garges-Sarcelles

Pierrefitte-Stains

Théâtre
Gérard Philipe

T1 **St-Denis**

Marche de
St-Denis

St-Denis-
Porte de Paris
(Stade de France)

2
Porte de Clichy

Clichy-Levallois
SNCF

Brochant

La Fourche

Place de Clichy
Pont-Cardinet
SNCF

Blanche

Rome
(Maréchal Juin)

Wagram

Malesherbes

Monceau

Courcelles

Ternes

Charles de Gaulle
Étoile **6**

St-Philippe-du-Roule

George V

Alma-Marceau

Franklin D.
Roosevelt

Iéna

Boissière

Trocadéro

La Muette

Passy

14
St-Lazare

Liège

Mairie de Clichy

Asnières-sur-Seine
SNCF

Bécon-Les-
Bruyères

Mairie
de St-Ouen

Carrefour
Pleyel

St-Ouen

St-Der
Basilic

Garibaldi

Porte de St-Ouen

Guy Môquet

La Fourche

Péreire
(Maréchal Juin)

Villiers

Europe

St-Augustin

Miromesnil

Champs-
Élysées-
Clemenceau

Invalides

Pont de l'Alma

Champ de Mars-
Tour Eiffel
(Grenelle)

Bir-Hakeim
(Grenelle)

Dupleix

La Motte-
Picquet-
Grenelle

Javel
André
Citroën

Avenue
Émile Zola

Charles
Michels

Chardon-
Lagache

Mirabeau

Javel

Église d'Auteuil

Avenue du Pdt Kennedy
(Maison de Radio France)

Commerce

Sèvres-
Lecourbe

Boulevard
Victor

Boucicaut

Félix Faure

Lourmel

8
Balard

T2
Issy
Val de Seine

Corentin Celton

12
Mairie d'Issy

Vanves Malakoff

Fontenay aux Roses

Porte de Versailles

Châtillon-Montro

Jacques-Henri
Lartigue

Issy

Les
Moulineaux

Meudon
sur-Seine

Meudon

Meudon Val Fleury

Clamart

Chaville-Vélizy

AER

C5: Versailles Rive Gauche
(Palais de Versailles)
C7: St-Quentin-en-Yvelines

La Borne Blanche

Simplon

Porte de
Clignancourt
4

Jules Joffrin

Lamarck

Abbesses

Anvers
(Sacré Cœu

Pigalle

St-Georges

Notre-Dame-
de-Lorette

Le Peletier

Trinité
(d'Estenne d'Orves)

Chaussée d'Antin
(La Fayette)

Richelieu-
Drouot

E1

SNCF
Haussmann
St-Lazare

Havre-
Caumartin

Opéra

Quatre
Septembre

Auber

Madeleine

Concorde

Assemblée
Nationale

Varenne

St-François
Xavier

Duroc

Vaneau

Pasteur

Volontaires

Vaugirard
(Adolphe Chérioux)

Convention

Pyram

Tuileries

Palais R
Musée du Lou

SEINE

Solférino
Rue
Ba

Sèvres-Babylone

Ségur

Cambronne

Notre-
des Char

Ren

Falguière

Montparnasse
Bienvenüe
SNCF

La Tour
Maubourg

École
Militaire

13

B2 Robi

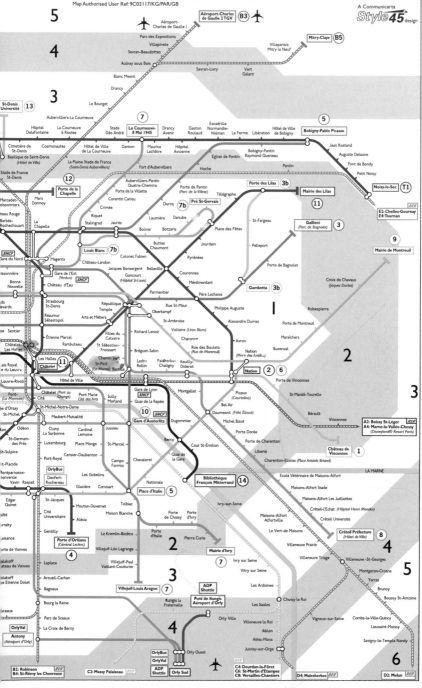

Map Authorised User Ref: 9C02117/KG/PAR/GB

A Communicarta
Style45 design

Les bus

Paris possède un bon réseau de bus avec plus de 1 300 véhicules en circulation. Le bus est une bonne solution si vous voulez voir la ville mais n'espérez pas atteindre votre destination rapidement, la vitesse moyenne n'est que de 13 km/h !

SE DÉPLACER EN BUS

● La plupart des bus, de couleur vert turquoise, circulent de 7 h à 20 h 30, certains jusqu'à 0 h 30. Vous devrez attendre entre 5 et 10 min du lundi au samedi. Le dimanche, les bus sont moins fréquents et certaines lignes ne circulent pas ce jour-là.
● Le numéro est affiché à l'avant du bus, ainsi que la destination finale.
● À la station, faites un signe pour arrêter le bus.
● Vous pouvez acheter des tickets à l'unité à bord mais il est préférable d'avoir la somme exacte, les chauffeurs ne transportant pas beaucoup de monnaie. Pour des informations sur les titres de transport (▷ 48).
● Entrez par la porte avant du bus et montrez votre carte au chauffeur (▷ 48). Les tickets doivent être compostés à la machine à l'entrée.
● Aux heures de pointe, vous aurez peu de chance de trouver une place assise et le trajet pourra être long et inconfortable.
● Si vous n'êtes pas sûr de votre chemin, vous pourrez suivre le trajet sur une carte dans le bus.

LES ARRÊTS DE BUS

Les numéros de bus
Les numéros sont marqués à l'arrêt du bus dans une couleur identique à celle figurant sur la carte. Ce numéro est également inscrit à l'avant du bus.

Les trajets
Le trajet figure sur une carte et chaque arrêt est marqué.

Les horaires
Les horaires et les jours de circulation du bus y figurent.

Les types d'arrêts de bus
● Les plus importants arrêts de bus sont abrités et possèdent un banc. Les petits arrêts de bus se limitent à un pilier indiquant le numéro des bus et les trajets, comme sur la photographie ci-contre.
● Vous trouvez dans les plus importants arrêts de bus une carte du quartier.

● Avant de descendre, appuyez sur le bouton pour demander l'arrêt. Le signal « arrêt demandé » s'allumera.
● Descendez par les portes centrales.

● Pour le retour, sachez que les bus ne suivent pas forcément la même route et vous aurez peut-être à changer de bus.

LES DIFFÉRENTES FORMULES DE TICKETS
● Les tickets sont les mêmes pour tous les transports. Un ticket est valide pour la plupart des trajets.
● Vous pouvez acheter des tickets à bord, mais pas de cartes ou de carnets. Préparez la monnaie.
● N'oubliez pas de composter votre ticket dans la machine située à côté du chauffeur, mais pas les coupons Paris Visite, Mobilis ou la Carte Orange. Conservez votre ticket jusqu'à votre descente du bus.

INFORMATIONS
● Le *Grand plan des lignes et des rues*, disponible dans

TRAJETS	SITE
27 (vers le sud)	● Opéra Palais Garnier ● Musée du Louvre ● Pont Neuf
29 (vers l'est)	● Opéra Palais Garnier ● Bourse ● Place des Victoires ● Centre ● Georges Pompidou ● Musée Carnavalet ● Place des Vosges ● Bastille
42 (vers le nord)	● Tour Eiffel ● Rond-Point des Champs-Élysées ● Place de la Concorde ● Place de la Madeleine
69 (vers l'ouest)	● Bastille ● Musée du Louvre ● Musée d'Orsay ● Les Invalides ● Champ de Mars
73 (vers l'est)	● Arc de Triomphe ● Champs-Élysées ● Place de la Concorde ● Assemblée Nationale ● Musée d'Orsay

LES TRAJETS (OU LES PORTIONS DE TRAJETS) POUR LES SITES TOURISTIQUES

les stations de métro, comporte également un plan de bus.
- www.ratp.fr donne des informations sur les bus en français et en anglais.
- Composez le 0892 684 114 pour des messages enregistrés en différentes langues ou le 0892 687 714 pour une demande de renseignement (en français).

AUTRES SERVICES
Liaisons avec les aéroports : ▷ 42-43.
Balabus : le Balabus, conçu pour les visiteurs, circule entre La Grande Arche et la gare de Lyon, sur la rive droite à l'est,

Le numéro de la ligne et le terminus sont affichés sur le bus

et la rive gauche, à l'ouest. Il fonctionne uniquement le dimanche (de l'après-midi en début de soirée), d'avril à septembre, et coûte de un à trois tickets de bus/métro.
Montmartrobus et le funiculaire : ▷ 108-109.

Noctambus : ces bus de nuit relient le Châtelet avec la banlieue de 1 h à 5 h. Ils sont identifiés par une lettre et le prix du ticket s'élève à 2,70 €. Avec une attente d'une heure en moyenne, vous pourrez préférer prendre un taxi.
Tours en bus : ▷ 248.

TABLEAU DES CHANGEMENTS DE BUS

CHANGEZ À OU MARCHEZ JUSQU'À/DE :

- ■ Place de la Concorde
- ■ Châtelet
- ■ Musée d'Orsay
- ■ Opéra Palais Garnier
- ■ Luxembourg
- ■ Rond-Point des Champs-Élysées
- ■ Trocadéro

P = à pied   * = à pied ou prenez le Montmartrobus de/pour Pigalle

Utilisez ce tableau pour trouver le bus qui vous mènera à votre destination. Suivez les lignes horizontalement et verticalement du nom des stations de départ et d'arrivée jusqu'à ce qu'elles se rencontrent. Vous trouverez ainsi le numéro du ou des bus à prendre. Les carrés blancs indiquent les bus directs. Les carrés de couleur indiquent qu'il faudra soit changer de bus soit prendre un bus et marcher un peu. Commencez par le premier bus indiqué puis le deuxième. L'arrêt du bus peut se trouver à quelques minutes à pied de votre destination. Les trajets sont susceptibles de changer et sont souvent différents le dimanche. Vérifiez donc les horaires mis à jour, une fois sur place.

Le nom du terminus est indiqué sur le bus.

Stations (en diagonale) : ARC DE TRIOMPHE · BASTILLE · CENTRE GEORGES POMPIDOU · CIMETIÈRE DU PÈRE-LACHAISE · CONCIERGERIE · GRANDE ARCHE · GRAND PALAIS · INVALIDES · JARDIN DU LUXEMBOURG · JARDIN DES TUILERIES · MONTMARTRE · MUSÉE DU LOUVRE · MUSÉE MARMOTTAN · MUSÉE D'ORSAY · NOTRE-DAME · OPÉRA PALAIS GARNIER · PLACE DE LA CONCORDE · PLACE DES VOSGES · QUARTIER LATIN · SACRÉ-CŒUR · TOUR EIFFEL

Destination \ Depuis	ARC DE TRIOMPHE	BASTILLE	CENTRE G. POMPIDOU	CIMETIÈRE PÈRE-LACHAISE	CONCIERGERIE	GRANDE ARCHE	GRAND PALAIS	INVALIDES	JARDIN DU LUXEMBOURG	JARDIN DES TUILERIES	MONTMARTRE	MUSÉE DU LOUVRE	MUSÉE MARMOTTAN	MUSÉE D'ORSAY	NOTRE-DAME	OPÉRA PALAIS GARNIER	PLACE DE LA CONCORDE	PLACE DES VOSGES	QUARTIER LATIN	SACRÉ-CŒUR
BASTILLE	22/20																			
CENTRE G. POMPIDOU	22/29	76/P																		
CIMETIÈRE PÈRE-LACHAISE	73/69	69	P																	
CONCIERGERIE	22/21	69	47	69/P																
GRANDE ARCHE	73	69/73	69/73	69/73	72/73															
GRAND PALAIS	73/P	69/72	P/72	69/72	P/72	73/P														
INVALIDES	92	69	P/69	69	69	73/28	93													
JARDIN DU LUXEMBOURG	73/84	69/21	P/21	69/21	21	73/84	72/84	83												
JARDIN DES TUILERIES	73	69	P/72	69	P/72	73/P	72	93/42	84											
MONTMARTRE	73/80	20/68	P/67*	69/67*	P/67*	69/80	73/80	P/80	85	95										
MUSÉE DU LOUVRE	73/72	69	P/72	69	21	73	72/72	69/72	21	P	*67									
MUSÉE MARMOTTAN	30/32	20/32	29/32		21/32	73/32	P/32	83/32	83/32	42/32	30/32	21/32								
MUSÉE D'ORSAY	73	69/69	P/69	69/69	P/69	73	P/69	73	69	84	P	69/73	69/63							
NOTRE-DAME	22/21	69	47	P/21	P	73/24	72	69	21	72	*67	21	P	21						
OPÉRA PALAIS GARNIER	22/21	20	P	69/81	P	73/42	72/42	83/42	21	81/42	21	32/22	42/42	21						
PLACE DE LA CONCORDE	73	69/72	P	69/72	P	73/72	P	83	84	P	81/42	72	73/42	P	42					
PLACE DES VOSGES	22/21	69	P	69/29	73/72	72/72	69	21	72/69	*67	69	32/69	69/69	P/69	21/69	72				
QUARTIER LATIN	22/21	86/87	47	69/21	P	73/24	72/21	82/21	P	24	85	21/24	63	21	24	96				
SACRÉ-CŒUR	73/80	69/67*	P	69/67*	P	73/80	P	93/80	85	P	67*/30*	68*/67*	85	67*	85					
TOUR EIFFEL	73/42	69	P	69/69	73/42	P/42	69	82/82	42/42	80	32/69	69	42	42	69/82	P/42	80	42		

Le RER et autres lignes ferroviaires

Le réseau du RER traverse Paris jusqu'à sa banlieue et peut vous faire gagner beaucoup de temps si vous vous rendez d'un bout à l'autre de la ville. Le réseau Transilien couvre, lui, toute la région Île-de-France.

LE RER

Le RER (Réseau Express Régional) date de 1969 et il est régi par la RATP et par la SNCF. Il dessert Disneyland Paris à l'est, l'aéroport Roissy-Charles de Gaulle au nord, Versailles à l'ouest et l'aéroport d'Orly au sud. Les trains sont souterrains à Paris et circulent à l'extérieur en banlieue. Prendre le RER peut être assez compliqué et pour un petit trajet, il est souvent préférable de circuler en métro.

Les tickets

● Un ticket de métro est valable pour les trajets en RER dans Paris intra muros et vous pouvez changer de ligne (y compris celles du métro) avec le même ticket. Pour des trajets plus éloignés, vous devez prendre un ticket spécifique.
● Les cartes de transports (▷ 48) sont valables si elles couvrent toutes les zones que vous traversez.
● Conservez votre ticket car il vous faudra le passer dans

la barrière automatique à la sortie de la station.

Prendre le RER

● Les trains circulent de 5 h 30 à 0 h 30.
● Le RER a cinq lignes, nommées de A à E. Chaque ligne se décompose en sous-sections, qui comportent un numéro après la lettre.
● Prenez un *Grand Plan de Paris* ou un plan du RER à la station pour identifier votre ligne. Les lignes du RER dans le centre de

À SAVOIR

● Le site de la RATP (**www**.ratp.fr) vous aidera à organiser votre trajet et vous donnera des informations réactualisées sur le trafic.
● Pour une demande de renseignement (en français seulement), composez le 0892 687 714.
● Vous verrez davantage de graffitis dans les stations et sur les quais du RER que dans le métro. En dehors des heures de pointe, les rames peuvent être pratiquement vides.
● Les trains circulent plus fréquemment dans le centre de Paris qu'en banlieue.
● Les lignes se terminent souvent par des embranchements, multipliant les destinations. Si vous allez au-delà de la bifurcation, prenez garde d'être dans la bonne rame.

OÙ ALLER					
DESTINATION	**LIGNE**	**ARRÊT**	**DURÉE**	**ZONE**	**NOTES**
Disneyland Paris	A4	Marne-la-Vallée Chessy (Parc Disneyland)	35 min	Zone 5	Vous pouvez acheter un billet d'entrée à Disneyland Paris dans certains bureaux de vente de tickets de la RATP ce qui vous fera gagner du temps.
Versailles	C5	Versailles-Rive Gauche	35 min	Zone 4	Versailles-Rive Gauche est la station la plus proche du château, mais vous pouvez aussi vous rendre à Versailles-Chantiers sur la C7 et C8. Vous pouvez acheter des tickets comprenant à la fois le trajet et l'entrée au château (▷ 244).
Aéroport de Roissy-Charles de Gaulle	B3	Aéroport Charles de Gaulle 1 ou 2	35 min	Zone 5	Prenez Charles de Gaulle 1 pour le Terminal 1 et Terminal 3. Prenez Charles de Gaulle 2 pour le Terminal 2.
Aéroport d'Orly	B4	Antony	30 min pour Antony	Zone 3 (Antony)	Depuis Antony, prenez le train Orlyval pour l'aéroport, situé en Zone 4.
Chantilly	SNCF (Gare du Nord)	Chantilly-Gouvieux	30 min	En dehors des zones	Le château est situé à 30 min à pied de la station.

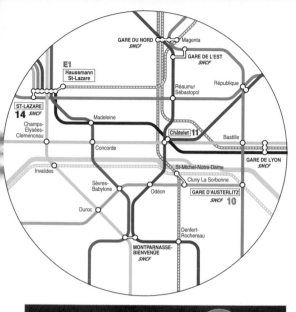

À SAVOIR

- Le site de la SNCF (www.sncf.fr) vous aidera à organiser votre trajet.
- Pour des informations par téléphone, composez le 0891 36 20 20.
- Prévoyez toujours le temps nécessaire pour acheter le billet et trouver le bon quai.
- Conservez votre billet, il peut vous être demandé par un contrôleur au cours du trajet.

Les principales stations parisiennes

EN ROUTE

Se déplacer avec le Transilien

- Achetez les tickets au bureau de vente ou aux machines automatiques. Le prix dépend de la destination. Les cartes de transports sont valables si elles couvrent les zones que vous avez à traverser.
- Compostez votre ticket soit à une barrière automatique, soit à la machine orange ou jaune près de l'entrée du quai.
- Les horaires sont disponibles dans la station. Le numéro du quai est indiqué sur un tableau dans le hall de la station.
- Renseignez-vous sur les horaires de retour.

Ces signes indiquent les lignes de RER s'arrêtant à la station

Paris figurent sur le plan du métro (▷ 52-53).

- Les écrans vous indiqueront le quai adéquat. Vous pouvez également vous adresser au bureau de vente de tickets.
- Introduisez votre ticket dans la barrière automatique sans oublier de le reprendre une fois composté.
- De plus en plus de quais sont dotés d'un écran annonçant l'heure d'arrivée des cinq prochains trains.
- En quittant le train, suivez le panneau bleu en direction de la sortie ou le panneau orange pour la correspondance si vous devez changer de ligne.
- Vous devez composter votre ticket dans la barrière automatique pour sortir de la station.

Une file d'attente pour l'achat des tickets

LE TRANSILIEN

Le réseau Transilien, géré par la SNCF, dessert toute l'Île-de-France. Vous l'utiliserez si vous partez en excursion, à Fontainebleau par exemple (▷ 242-243).

Les taxis et le Batobus

Les taxis parisiens sont relativement abordables et permettent de se rendre tranquillement d'un point à un autre. Les 14 900 voitures sont gérées par différentes compagnies mais toutes ont le même système de tarification.

PRENDRE UN TAXI

● Le meilleur moyen de trouver un taxi est de se rendre à l'une des 470 stations de la ville, signalées par un panneau bleu. Vous pouvez également appeler un taxi mais cela revient plus cher car le compteur tourne dès que le taxi se met en route pour venir vous chercher.

● Vous pouvez héler un taxi dans la rue. Une lumière blanche sur le toit indique un taxi libre.

● Fumer est autorisé dans certains taxis.

● Les chauffeurs ont le droit de refuser de vous prendre si vous êtes plus de trois passagers, si vous avez un animal ou si vous vous rendez en banlieue.

● Vous pouvez demander un reçu.

● Si vous voulez faire une réclamation, contactez la Préfecture de Police, Service des Taxis, 36, rue des Morillons, 75015 ; tél. : 01 55 76 20 00. N'oubliez pas de noter le numéro du taxi.

LE PRIX

● Les prix sont contrôlés et les tarifs affichés dans tous les taxis. Vérifiez toujours que le compteur tourne à votre entrée. Un trajet dans Paris, de jour, coûtera généralement moins de 12 €.

● Certains taxis acceptent les cartes de crédit mais il est préférable d'avoir la monnaie. Vous pourrez ajouter un pourboire de 10 % du prix de la course.

● Les trois tarifs (A, B et C) et les surcharges correspondent à la charte ci-contre.

LES COMPAGNIES DE TAXI

Les principales compagnies de taxi comprennent :
Alpha Taxis : tél. : 01 45 85 85 85
Artaxi : tél. : 01 42 06 67 10
Taxis Bleus : tél. : 0891 701 010 ; www.taxis-bleus.com
Taxis G7 : tél. : 01 47 39 47 39 ; www.taxisg7.fr

Prendre un taxi est une façon pratique de se déplacer

LE BATOBUS

Le Batobus est une agréable façon de se déplacer avec ses 8 escales sur la Seine. Il ne navigue pas au mois de janvier. De fin avril à fin septembre, il circule de 10 h à 22 h. Renseignez-vous pour le reste de l'année. Les bateaux partent toutes les 15-30 min, s'arrêtant au bord des quais : tour Eiffel, Champs-Élysées, Musée d'Orsay, Le Louvre, Saint-Germain-des-Prés, Notre-Dame, Hôtel de Ville et Jardin des Plantes. Le billet valable une journée coûte 11 €,

deux journées 13 € et cinq journées 16 € (demi-tarif pour les moins de 12 ans). Vous pouvez acheter les billets aux arrêts ou à l'office du tourisme. Tél. : 01 44 11 33 99 ; www.batobus.com.

LE PRIX DES TAXIS		
Prise en charge	2 € (ou 2,70 € aux principales stations)	
Tarif A	0,60 € par km	Centre de Paris 7 h-19 h, lun.–dim.
Tarif B	1 € par km	En banlieue 7 h–19 h, lun.–sam. Centre de Paris 19 h–7 h et toute la journée le dim. et les jours fériés. Trajets de jour de et pour les aéroports.
Tarif C	1,20 € par km	En banlieue 7 h-19 h et le dim. toute la journée et les jours fériés. Toute la journée, tous les jours hors banlieue. Trajets de nuit de et vers les aéroports.
Surcharges		Vous aurez à payer une surcharge de 2,60 € pour un quatrième passager, 0,60 € pour un animal et 0,90 € pour chaque bagage de plus de 5 kg. La charge minimum s'élève à 5 €.

La marche à pied, le vélo et le roller

Paris est de plus en plus ouvert aux moyens de transports écologiques. Un nombre croissant de Parisiens circulent à pied ou à vélo et certains sites touristiques sont plus aisément accessibles ainsi. Les cyclistes doivent rester en alerte constante mais ils gagnent beaucoup de temps. Le roller est également très populaire, et les adeptes sont plus de 12 000 lors des grandes randonnées du vendredi soir.

LA MARCHE À PIED

Les stations de métro sont situées partout dans Paris et il est tentant de le prendre même pour un court trajet. Mais si le temps est clément, marcher dans Paris est un moyen agréable de découvrir la ville. D'un quartier à l'autre, vous pouvez passer en un instant d'une rue populaire à un square résidentiel bordé d'arbres.

L'inconvénient est l'ampleur de la circulation, particulièrement place de la Concorde, sur le Pont Neuf et dans les rues proches de la Seine.

LE VÉLO

Avec plus de 200 km de pistes cyclables et de nombreux magasins de location, Paris

À SAVOIR

● Restez prudent lorsque vous traversez la rue. Sachez que le bonhomme vert à un feu ou que des passages cloutés n'impliquent malheureusement pas toujours qu'une voiture va s'arrêter. Attendez qu'elle le soit avant de vous lancer.
● Évitez de fréquenter les quartiers les plus déserts la nuit.

s'ouvre de plus en plus aux cyclistes. Mais la circulation est difficile, les automobilistes n'étant pas toujours attentifs. Même dans les voies réservées aux cyclistes, des voitures garées empêchent parfois le passage. Les endroits les plus agréables pour circuler sont le bois de Boulogne, à l'ouest de la capitale (▷ 236), le bois de Vincennes à l'est (▷ 237) et certains quais le long de la Seine le dimanche, quand les voitures sont interdites à la circulation (de mars à

novembre de 9 h à 17 h).
La carte Paris à Vélo est disponible à l'office du tourisme, dans les mairies et dans les magasins de location.

Sachez que vous devez rouler sur les pistes cyclables, s'il y en a, être équipé de phares et d'une sonnette. Verrouillez bien votre cadenas. Les vélos sont interdits dans le métro mais autorisés sur certaines lignes de RER, en dehors des heures de pointe.

Si vous aimez faire du vélo, participez à un circuit organisé par Paris à vélo, c'est Sympa ! ou par Roue Libre.

Contacts utiles
Paris à vélo, c'est sympa !
Organise des circuits de jour et de nuit. Location de vélos. Les départs ont lieu au 22, rue Alphonse Baudin 75011, et la réservation obligatoire.
Tél. : 01 48 87 60 01 ;
www.parisvelosympa.com

Roue libre
Location de vélos et circuits organisés. Géré par la RATP.
1, passage Mondétour (Forum des Halles), 75001
Tél. : 0810 441 534

LE ROLLER
Le roller est très populaire à Paris, notamment grâce aux randonnées organisées par Pari-Roller le vendredi soir, qui attirent plus de 12 000 participants. Vous devez être expérimenté pour participer à cette traversée de trois heures. Assurez-vous que vous êtes couvert par votre assurance. Le départ a lieu devant la gare Montparnasse à 22 h (seulement si le temps le permet).

Une découverte à la fois sportive et sympathique de Paris

Un circuit plus facile, proposé par Rollers et Coquillages, part du magasin Nomades, à Bastille, le dimanche à 14 h 30.

Si vous voulez faire du roller seul, sachez que la loi vous interdit d'en faire sur la chaussée, sur les trottoirs des Champs-Élysées, et de porter des rollers dans le métro, le bus ou le RER.

Contacts utiles
Pari-Roller
Les randonnées partent le vendredi soir devant la gare Montparnasse à 22 h, si le temps le permet.
www.paris-roller.com

Nomades
Locations de rollers
37, boulevard Bourdon, 75004
Tél. : 01 44 54 07 44
www.nomadeshop.com

Rollers et coquillages
Circuits le dimanche après-midi.
Tél. : 01 44 54 94 42
www.rollers-coquillages.org

CONDUIRE

Conduire à Paris

Le meilleur conseil pour conduire dans Paris est de l'éviter ! Vous allez devoir affronter la circulation, le casse-tête de trouver une place pour vous garer, les sens uniques, sans oublier la rareté des stations-service. Il est bien plus confortable d'utiliser les transports en commun ou de prendre un taxi. Voici tout de même quelques conseils.

À SAVOIR

● La vitesse est limitée, dans le centre de Paris, à 50 km/h et sur le périphérique à 80 km/h.

● Ne vous garez pas ou ne vous arrêtez pas sur l'un des axes rouges qui traversent la ville.

● Ne roulez pas dans les voies réservées aux bus.

● Essayez dans la mesure du possible d'éviter de conduire pendant les heures de pointe, en semaine de 7 h à 9 h 30 et de 16 h 30 à 19 h 30.

● La ville est beaucoup plus calme en août. Il est alors aisé de trouver une place de stationnement. Mais c'est aussi l'époque des travaux et les chantiers fleurissent.

TROUVER VOTRE CHEMIN

● Le nombre important de petites rues peut rendre la tâche difficile. Visualisez toujours votre trajet avant de partir.

● Ne partez pas sans le *Plan de Paris par arrondissement*, publié par Grafocarte, ou *Paris par arrondissement*, par les éditions L'Indispensable.

LES COUTUMES

● Les conducteurs parisiens ont la réputation d'être agressifs.

● Les voitures roulent vite dès qu'elles le peuvent.

● Les rues sont parfois bloquées par des véhicules de livraison.

LE PARKING
Dans la rue

● Les tarifs s'appliquent de 9 h à 19 h, du lundi au vendredi. Les dimanches et jours fériés sont généralement gratuits, mais vérifiez-le avant de vous garer dans cette rue.

● La durée du stationnement est limitée à deux heures.

● Les parcmètres acceptent des cartes. Vous les trouverez chez les marchands de tabac.

● L'heure de parking varie de 1 à 2 €.

Dans les parkings

● Vous trouverez généralement des parkings souterrains dans les centres commerciaux, les quartiers d'affaires et commerçants et les zones touristiques.

● Les tarifs varient selon les parkings et peuvent être calculés par heure, jour, semaine, mois et année.

● Pour de plus amples informations, procurez-vous le guide des *Parkings de Paris* (288 pages) qui recense plus de 200 parkings, souterrains ou non, et leurs tarifs. Il contient également un plan des rues, du métro, du RER et des bus. Il est disponible dans les librairies, à l'office du tourisme et aux Éditions Com 3000, 21 rue Lamartine, 75009 (*tél. : 01 45 26 59 74 ; www.parkingsdeparis.com*) au prix de 10 €.

Se garer en banlieue

● Pour économiser les frais de parking, certains se garent aux limites de la ville et prennent ensuite le métro, le RER ou le bus pour rejoindre le centre de Paris.

● Choisissez une commune plutôt protégée, Maison-Lafitte,

Ne pas oublier les parcmètres, sous peine d'amende…

Neuilly, Saint-Cloud ou Levallois-Perret (pour des informations sur les zones à l'extérieur du périphérique, ▷ 305).

● Il est possible de se garer gratuitement dans certains parkings de supermarché mais vous ne pourrez pas y rester la nuit.

Voiture enlevée

● Si vous ne trouvez plus votre voiture là où vous l'avez laissée, contactez le commissariat de police le plus proche ou le central (tél. : 01 53 71 53 71).

Généralités sur la conduite

Avoir une voiture est utile si vous voulez faire une excursion en dehors de Paris ou découvrir une autre région. Un excellent réseau d'autoroutes relie les grandes villes. La A1 se dirige vers le nord, la A13 vers la Normandie et le nord-ouest, la A4 vers l'est, la A10 vers le sud et le sud-ouest, et la A6 vers les Alpes et la Côte d'Azur.

LOCATION DE VOITURE
● ▷ 299.

ROUTES
● Les autoroutes sont symbolisées par un A sur les cartes et les panneaux. Certains tronçons d'autoroutes sont gratuits autour des grandes villes, mais le reste du réseau est payant. Si vous venez de l'étranger, munissez-vous d'espèces car certaines cartes de crédit étrangères risquent d'être refusées.
● Généralement en bon état, les autres routes forment un vaste réseau. On trouve, par ordre de largeur décroissante, des routes nationales (N), des départementales (D), et de petites routes de campagne.

LA LOI
Réglementation pour les voyageurs venant de l'étranger
● Les conducteurs de voitures particulières immatriculées à l'étranger sont exemptés de formalités douanières durant les 6 premiers mois (sur une période de 12 mois).
● Vous devez toujours vous munir des documents suivants : un passeport ou une carte d'identité en cours de validité, un permis de conduire (non provisoire), un certificat d'assurance et la carte grise du véhicule (ainsi que l'autorisation du propriétaire si la carte grise n'est pas à votre nom). Si vous circulez avec une voiture louée en Grande-Bretagne, procurez-vous un *Vehicle on Hire Certificate* (VE103) auprès de l'agence de location britannique.
● Informez votre assureur de votre intention de quitter le territoire national avec votre véhicule et souscrivez

éventuellement une police complémentaire. L'assurance responsabilité civile (couvrant les dommages causés au tiers mais pas les vôtres) est un minimum requis en France, mais il est fortement conseillé de souscrire une assurance tous risques.
● Vérifiez que vous êtes couvert pour les avaries de route, par exemple lorsque vous ne conduisez pas : sur un auto-train ou un ferry.
● La police peut contrôler votre véhicule à tout moment et vous demander d'en présenter les documents. Vérifiez que vos papiers sont en règle si vous ne voulez pas être pénalisé par une amende, voire vous faire confisquer votre voiture.
● Un autocollant indiquant le pays d'immatriculation du véhicule (sauf s'il est doté d'une plaque européenne) doit figurer à l'arrière de celui-ci ainsi que sur les caravanes et les remorques.
● La ceinture de sécurité est obligatoire.
● Les enfants de moins de 10 ans s'assoient à l'arrière, sur un rehausseur/siège enfant, adapté à leur âge. Les bébés de moins de 9 mois doivent être installés sur des sièges d'enfant dos à la route (sauf dans les voitures équipées d'airbags).

ÉQUIPEMENT
● En cas de panne, le triangle de présignalisation rouge vous sera fort utile si vos feux de détresse sont endommagés.
● Équipez-vous d'ampoules

CÉDEZ LE PASSAGE

de rechange car il est interdit de circuler avec des phares défectueux.

CARBURANT
● Vous trouverez de l'essence sans plomb (95 et 98 octanes), du super (ou supercarburant) et du diesel (gasoil ou gazole).
● De nombreux postes d'essence ferment le dimanche et à 18 h le reste de la semaine. Les stations-service ouvertes 24 h/24 ne sont pas légion et n'acceptent pas toujours les cartes bancaires étrangères.

PANNES
● Si vous conduisez votre voiture, vérifiez que votre assurance couvre les pannes.
● En cas de panne sur une autoroute ou sur le boulevard périphérique, contactez la gendarmerie ou le service de dépannage chargé du secteur depuis un téléphone de secours situé sur le bas-côté et non votre propre service d'assistance routière.

LIMITATION DE VITESSE	
En ville	50 km/h
Hors des agglomérations	90 km/h (80 km/h en cas de pluie)
Routes à chaussées séparées et autoroutes sans péage	110 km/h (100 km/h en cas de pluie)
Autoroutes à péage	130 km/h (110 km/h en cas de pluie)

Pendant les deux premières années, les nouveaux conducteurs ne doivent pas dépasser la limite de vitesse imposée par temps pluvieux.

VOYAGEURS HANDICAPÉS

Les aménagements pour les personnes à mobilité réduite s'améliorent de plus en plus. Les nouveaux bâtiments sont maintenant bien équipés et certains bus et stations de RER sont accessibles aux fauteuils roulants. Mais visiter Paris peut rester un véritable défi. Les trottoirs sont hauts, les rampes peu nombreuses et les escalators parfois très étroits.

EN ROUTE

L'ARRIVÉE

En avion

Les aéroports de Roissy-Charles de Gaulle et d'Orly sont bien équipés. Les navettes entre les terminaux possèdent des rampes pour les fauteuils roulants et des annonces pour les malvoyants. Les terminaux ont des toilettes aménagées, des téléphones accessibles et des espaces de parking réservés. Pour plus de renseignements, consultez le *Guide pratique Roissy* ou le *Guide pratique Orly Sud et Ouest* sur le site des Aéroports de Paris, www.adp.fr, ou vous pouvez en commander un exemplaire sur Internet. Des transports adaptés des aéroports vers le centre de Paris peuvent être organisés par AiHROP (*tél. : 01 41 29 01 29*) et ATAGH (*tél. : 01 40 05 12 15*). G7 HORIZON (*tél. : 01 47 39 00 91*) possède une flotte de taxis adaptés. Réservez à l'avance. Le train Orlyval (▷ 42-43) est accessible aux chaises roulantes. Aeroguide publie un guide des aéroports à l'intention des passagers à mobilité réduite. Pour plus de détails, consultez le site www.handica.com ou composez le 01 46 55 93 43.

En train

La conception très moderne des trains Eurostar et des terminaux est parfaitement adaptée aux fauteuils roulants. Ces passagers peuvent en outre bénéficier de réductions.

SE DÉPLACER

Le moyen de transport le plus pratique pour circuler dans Paris – le métro – est pratiquement inaccessible aux personnes à mobilité réduite, en raison de ses innombrables escaliers et des barrières automatiques. Seule la ligne 14 leur est adaptée et propose de plus des annonces pour les malvoyants. Quelques stations de RER sur les lignes A et B ont des ascenseurs qui permettent d'accéder aux quais, mais certains ne peuvent être utilisés qu'avec l'aide d'un employé.

La Mission Accessibilité de la RATP (*tél. : 01 49 28 18 84*) publie un *Guide pratique* qui recense les stations de RER accessibles aux fauteuils roulants. Sachez que même si une station est dite accessible, il peut vous falloir l'aide d'un employé.

Certains bus sont équipés de rampes. C'est le cas des lignes numéro 20, 21, 24, 26, 27, 30, 38, 39, 53, 60, 62, 80, 88, 91, 92, 94, 95 et 96. L'objectif est de rendre accessible 59 bus en 2006. Dans les bus numéro 26, 63, 80, 84, 91, 92, 94 et 96, des annonces informent du nom de la prochaine station pour les malvoyants. Pour plus d'informations, consultez le site de la RATP (www.ratp.fr) ou procurez-vous le *Grand Plan Lignes et Rues* dans les stations.

La RATP organise des services d'accompagnement (Les Compagnons du Voyage) pour aider les personnes à mobilité réduite à se déplacer. Les réservations se font à l'avance et ce service est payant (*tél. : 01 53 11 11 12*).

ORGANISMES UTILES

Les Compagnons du voyage

Tél. : 01 53 11 11 12
Un service d'accompagnement dans le métro, le RER et le bus.

Infomobi

www.infomobi.com
Tél. : 0810 646464

Informations sur les bus, métro et RER pour les personnes handicapées.

Mobile en Ville

www.mobile-en-ville.asso.fr
Tél. : 0682 917216
Une mine d'informations sur l'accès aux handicapés et les questions connexes.

Office du tourisme

www.parisinfo.com
Tél. : 0892 683000
Informations sur les accès aux fauteuils roulants dans les musées, le bus, le RER et dans les aéroports.

Mission Accessibilité de la RATP

www.ratp.fr
Adresse mail :
mission.accessibilite@ratp.fr
19, place Lachambaudie,
75570 Paris Cedex 12
Tél. : 01 49 28 18 84

SNCF

www.voyages-sncf.com
La SNCF édite une Mémento du voyageur handicapé, où sont présentés tous les services et équipements disponibles sur les lignes et dans les gares.

GÉNÉRALITÉS

● Tous les bâtiments récents doivent être pourvus d'un accès spécial et nombre de musées sont bien équipés. Dans les édifices plus anciens, les personnes en fauteuil roulant doivent parfois se faire ouvrir une porte par un employé.
● Les trottoirs ont été abaissés aux carrefours. Plusieurs zones piétonnières sont pourvues d'un dallage régulier.
● La plupart des zones de stationnement comportent des places pour les véhicules dotés du macaron « handicapé ».

QUITTER PARIS

La France possède un excellent réseau ferroviaire et se déplacer entre les villes de province ou vers d'autres capitales européennes est aisé. Ce réseau, géré par la SNCF, propose des grandes lignes et des lignes régionales. Les Grandes Lignes proposent des trains Corail et des TGV dont la vitesse peut atteindre 300 km/h. Les lignes régionales proposent des TER (Trains Express Régionaux), appelés Transilien à Paris. Paris possède sept grandes gares, chacune desservant différentes régions de France ainsi que des destinations européennes. Elles sont parfaitement reliées au métro, aux bus et parfois au RER.

LES BILLETS DE TRAIN

● La plupart des trains ont une première classe et une seconde classe. La première classe est environ 50 % plus chère.

● Les tarifs varient selon la classe, l'heure de départ et la période, bleue ou blanche (Corail) ou normale ou de pointe (TGV).

● Vous pouvez acheter vos billets dans les gares, les boutiques SNCF et certaines agences de voyage. Les places dans le TGV doivent être réservées à l'avance, ce qui peut être fait quelques minutes avant le départ mais en haute saison, il est préférable de réserver bien à l'avance. Les couchettes doivent être réservées au moins 75 min avant le départ du train.

● Compostez votre billet dans les machines de couleur orange (ou jaune pour les machines qui sont en train d'être mises en service), disposées sur les quais. En cas d'oubli, une amende pourra vous être réclamée.

● Si vous êtes âgé de moins de 26 ans, vous pouvez bénéficier d'une réduction de 25 %, appelée Découverte 12-25. Les seniors peuvent aussi profiter d'une réduction, appelée Découverte Senior.

● Les autres réductions comprennent les Découverte Séjour, les Découverte à 2 (de deux à neuf personnes) et les Prem's (seconde classe uniquement et en ligne).

● De nombreuses formules permettent de voyager partout en France ou en Europe. Vous les trouvez dans les agences de voyage, les boutiques SNCF et sur Rail Europe (▷ 64).

LES SERVICES DE RESTAURATION

● Des services de restauration, des sandwiches aux plats chauds, sont disponibles dans les TGV et dans les trains Corail, mais leurs prix sont relativement élevés.

● Un des avantages de la première classe, dans la plupart des TGV, est que vous pouvez être servi à votre place. Vous devez réserver ce service à l'avance sauf sur le TGV Méditerranée.

● Vous pouvez réserver votre repas en achetant votre billet.

● Des boissons chaudes et froides, des sandwiches et des repas légers sont servis dans la plupart des trains.

● Les trains de nuit (et certains trains de jour) proposent des machines distributrices de boissons chaudes et froides, et de friandises.

LES TRAINS DE NUIT

● La plupart des trains de nuit proposent des sièges inclinables (uniquement en seconde classe) ou des couchettes.

DURÉE APPROXIMATIVE DES TRAJETS DE PARIS
Amsterdam
4 h
Bordeaux
3 h
Bruxelles
1 h 30
Lille
1 h
Marseille
3 h

● En première classe, les compartiments comportent quatre couchettes, en seconde classe, six couchettes.

● Dans les trains de nuit, les compartiments wagon-lit comportent deux couchettes en première classe et jusqu'à trois couchettes en seconde classe.

● Ces trains circulent en France et vers d'autres pays Europe. Certains pays d'Europe sont même desservis par des TGV.

Les TGV sillonnent la France

L'ASSISTANCE DANS LES GARES

● Une pièce de 1 €, que vous récupérez lorsque vous rendez le chariot aux nombreux points prévus à cet effet, est nécessaire pour emprunter un chariot à bagages.
● Des porteurs sont à votre disposition dans les grandes gares. Ils portent une veste rouge et un képi bleu ou noir.

LES CONSIGNES À BAGAGES

● Certaines gares ont un bureau de consigne ou des consignes automatiques. Sachez pourtant que suite à la mise en place du plan de sécurité Vigipirate, les consignes automatiques ont été fermées, et ce pour une durée indéterminée.
● Pour les mêmes raisons de sécurité, même les bureaux de consigne ne sont pas disponibles partout.

Le tableau des départs (à droite) Le tableau (ci-dessous) indique les principales destinations desservies par les grandes gares parisiennes

● Ne mettez pas d'objets de valeur dans les consignes.

LES HORAIRES DE TRAIN

● Les horaires de la SNCF sont publiés deux fois par an, en été pour la période qui va de mi-juin/début juillet à mi-décembre, et en hiver, de mi-décembre à mi-juin/début juillet.
● Les trains sont généralement d'une grande ponctualité. Certains retards peuvent parfois survenir. S'il s'agit d'un retard supérieur de 30 minutes à l'heure d'arrivée prévue, sur une ligne de TGV et pour un trajet supérieur à 100 km, la SNCF s'engage, à titre commercial, à vous offrir une compensation sous forme de Bons Voyage. Il faut toutefois que la cause de ce retard soit imputable à la SNCF.
Pour obtenir cette compensation, il vous suffit de compléter l'enveloppe « régularité » qui vous sera remise à la descente du train. Vous y insérerez l'original de votre titre de transport et vous le posterez sans affranchissement.

CONTACTS UTILES

SNCF
www.sncf.com
Tél. : 3635
www.voyages-sncf.com
www.tgv.com
Tél. : 0033 892 353535
(hors de France)

Thalys
www.thalys.com
Tél. : 0892 353 536
Trains en direction des villes du nord de l'Europe.

INFORMATIONS SUR LES GARES PRINCIPALES

GARE	ZONES DESSERVIES	TRAINS	LIAISONS MÉTRO	RER	DESTINATIONS
Gare d'Austerlitz	Centre et sud-ouest de la France, Espagne et Portugal	CORAIL Trainhôtel Elipsos	Lignes 5, 10	Ligne C	Poitiers, Limoges, Madrid, Barcelone, les Alpes
Gare de l'Est	Est de la France, Allemagne, Luxembourg, Suisse, Autriche, Europe de l'Est	CORAIL	Lignes 4, 5, 7	Aucune	Strasbourg
Gare de Lyon	Sud-est de la France, Suisse, Italie	TGV	Lignes 1, 14	Lignes A, D	Lyon, Nice, Grenoble, Milan, Florence, Genève, Marseille
Gare Montparnasse	Ouest et sud de la France, Espagne	TGV	Lignes 4, 6, 12, 13	Aucune	Brest, Quimper, Nantes, Toulouse, Bordeaux, Biarritz
Gare du Nord	Nord de la France, Grande-Bretagne, Allemagne, Hollande, Belgique, Scandinavie	TGV, Thalys, Eurostar	Lignes 4, 5	Lignes B, D, E	Bruxelles, Londres, Amsterdam, Lille
Gare Saint-Lazare	Nord-ouest de la France Normandie	CORAIL	Lignes 3, 12, 13	Ligne E	Rouen, Trouville-Deauville
Une gare TGV dessert l'aéroport Charles-de-Gaulle TGV et Disneyland Paris à Marne-la-Vallée					

Ce chapitre est divisé en deux parties :
la partie appelée Quartiers Touristiques
présente les sites les plus intéressants
dans six quartiers de Paris (entourés d'un
cercle bleu sur le plan de la deuxième
de couverture) ; la partie appelée
Les Sites de A à Z est une présentation
alphabétique des lieux à visiter figurant
sur les plans des pages 66 à 69.

Les sites

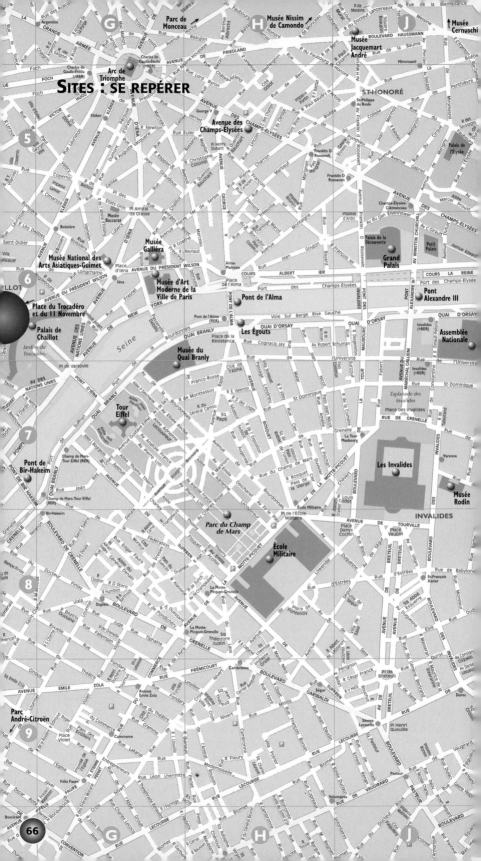

SITES : SE REPÉRER

SITES : SE REPÉRER

Canal St-Martin

Musée des Arts et Métiers

Les Halles

Fontaine des Innocents

Centre Georges Pompidou

IRCAM

St-Merri

Musée d'Art et d'Histoire du Judaïsme

Musée de la Chasse et de la Nature

Musée Picasso

Musée de l'Histoire de France

LE MARAIS

Musée Cognacq-Jay

Musée Carnavalet

Synagogue

Place des Vosges

Hôtel de Sully

Maison de Victor Hugo

Conciergerie

Île de la Cité

Hôtel de Ville

Maison Européenne de la Photographie

Mémorial de la Shoah

Bastille

Notre-Dame

St-Séverin

St-Julien-le-Pauvre

Mémorial des Martyrs de la Déportation

Pont Marie

Ile St-Louis

Pavillon de l'Arsenal

Opéra Bastille

QUARTIER LATIN

Panthéon

St-Étienne-du-Mont

Institut du Monde Arabe

Arènes de Lutèce

Jardin des Plantes

La Mosquée

Muséum National d'Histoire Naturelle

Bercy

Marché aux Puces
de St-Ouen

MONTMARTRE

Musée de
Montmartre

Espace Montmartre
Salvador Dali

Sacré-Cœur

Cimetière de
Montmartre

Moulin Rouge

Place des
Abbesses

Pigalle

Musée Gustave
Moreau

GARE
ST-LAZARE

Passage
Verdeau

Drouot

Passage
Jouffroy

Musée
Grévin

Passage des
Panoramas

Opéra
Palais Garnier

Place de la
Madeleine

La Bourse

Musée
Fragonard

Place
Vendôme

Bibliothèque
Nationale
de France

Galerie
Vivienne

Jeu de Paume

Galerie
Colbert

Place des
Victoires

Jardin du
Palais Royal

Les Halles

Jardin des
Tuileries

St-Eustache

Musée des Arts
Décoratifs

Galerie
Véro-Dodat

Seine

Fontaine des
Innocents

Musée
d'Orsay

Pont Royal

Musée du
Louvre

Centre Georges
Pompidou

69

Le Marais

COMMENT S'Y RENDRE ?

Place des Vosges

Ⓜ Saint-Paul, Bastille

🚌 29

Centre Georges-Pompidou

Ⓜ Rambuteau, Hôtel de Ville

🚌 29, 38, 47, 75

Enserré par Les Halles et la Bastille, ce quartier de la rive droite est rempli de musées, d'anciens hôtels particuliers et de boutiques branchées. Le centre Georges Pompidou est situé à l'ouest du quartier.

Le Marais est un quartier historique majeur de Paris. Avant la Révolution, les aristocrates y faisaient construire de superbes demeures rivalisant d'élégance. De nombreux hôtels particuliers des XVIIe et XVIIIe siècles, avec de superbes cours intérieures, sont encore dressés et certains, transformés en musées, sont ouverts au public. C'est dans ce

LES SITES

La place des Vosges, la plus ancienne de Paris

quartier que se trouve la place des Vosges, la plus ancienne de Paris, que l'on découvre par surprise en débouchant d'une des rues animées qui l'entourent. Elle est bordée de boutiques de luxe et de cafés. Autour de la rue des Rosiers, se trouve le quartier juif avec ses restaurants et boutiques élégantes.

Comme son nom l'indique, le quartier du Marais était à l'origine une zone marécageuse. Au Moyen Âge, la partie nord était sous la coupe des chevaliers du Temple. Au XVIIe siècle, les aristocrates investirent le quartier et y firent construire leurs somptueux hôtels. Pour en savoir plus, ▷ 107.

LES PRINCIPAUX SITES

Ne quittez pas le Marais sans visiter un ou deux musées, ne serait-ce que pour leurs cours intérieures. Prenez le temps d'entrer dans les boutiques de luxe et de prendre un café place des Vosges. Pour terminer, une visite s'impose au centre Georges-Pompidou, qui vous plongera au cœur du XXIe siècle.

Centre Georges-Pompidou

C'est l'un des plus grands musées d'art moderne du monde. Le Centre, qui date des années 1970, fut très contesté pour son architecture si particulière, qui fait passer conduits et escalators multicolores à l'extérieur du bâtiment (▷ 82-86).

Musée Carnavalet

Deux hôtels des XVIe et XVIIe siècles abritent le musée Carnavalet, consacré à l'histoire de Paris, particulièrement aux époques révolutionnaire et napoléonienne (▷ 114-115).

Musée Picasso

Le musée, abrité dans le magnifique hôtel Salé construit au XVIIe siècle, présente plus de 200 toiles du maître, ainsi que 160 sculptures et de nombreux dessins (▷ 135).

Place des Vosges

L'ancienne place Royale fut inaugurée en 1612 (▷ 150).

Autres lieux à visiter

Le musée Cognacq-Jay (▷ 113), le musée d'Art et d'Histoire du Judaïsme (▷ 112), la maison de Victor Hugo (▷ 106) et le musée de la Chasse et de la Nature (▷ 113). L'Hôtel de Ville de Paris est situé au sud-ouest du quartier.

L'étonnante fontaine Stravinsky, près du centre Georges Pompidou

OÙ MANGER ?

Au café du premier étage du centre Georges Pompidou ou au restaurant du sixième étage, avec un panorama magnifique sur Paris (▷ 268). Pour boire un verre dans un endroit relativement tranquille, rien ne vaut la place des Vosges.

Piccolo Teatro

Cuisine végétarienne, avec des influences culinaires du monde entier (▷ 272).

Trésor

Ce restaurant italien possède une des plus belles terrasses de Paris (▷ 276).

Montmartre

COMMENT S'Y RENDRE ?

🚇 Anvers, Abbesses, Blanche, Lamarck-Caulaincourt

🚌 Montmartrobus ; bus 30, 31, 54, 68, 74, 80, 85

Sur la rive droite de la Seine, la butte Montmartre recèle deux emblèmes importants de Paris : le Sacré-Cœur et le Moulin Rouge.

Situé au nord de Paris, le quartier de Montmartre est un petit monde à part, qui a gardé l'atmosphère des beaux jours de la fin du XIXe siècle, quand allaient s'y encanailler des artistes comme Toulouse-Lautrec. À l'écart du Sacré-Cœur et de la place du Tertre si animée, de tranquilles petites rues pavées vous ramènent des siècles en arrière – le plus vieil édifice de Montmartre date du milieu du XVIIe siècle.

Promenez-vous dans les petites rues pour découvrir les escaliers

mais ne manquez pas de flâner dans les petites rues de la butte Montmartre. Si vous êtes fatigué, empruntez le petit train de Montmartre (Promotrain) ou le Montmartrain pour visiter le quartier. Le musée de Montmartre vous fera revivre l'histoire du quartier.

Cimetière de Montmartre

Entre autres, le compositeur Hector Berlioz, les peintres Edgar Degas et Jean-Baptiste Greuze y sont inhumés (▷ 87).

Espace Montmartre-Salvador Dali

La plus importante exposition permanente des œuvres de l'artiste en France (▷ 92).

Moulin Rouge

Ce cabaret est mondialement connu pour le French Cancan (▷ 111).

Musée de Montmartre

Le plus vieil édifice de Montmartre abrite des collections relatives à l'histoire du quartier (▷ 126).

Sacré-Cœur

La basilique du Sacré-Cœur de Montmartre domine la butte Montmartre (▷ 154-157).

AUTRES LIEUX À VISITER

Place des Abbesses (▷ 145), se trouve l'une des dernières bouches de métro Art nouveau de Paris. **Rue des Saules**, on en vendange le premier samedi d'octobre. C'est au **Bateau-Lavoir** que Pablo Picasso et Georges Braque se lancèrent dans le cubisme. Cette vieille bâtisse,

autrefois située place Émile Goudeau, fut détruite en 1970 et remplacée par une structure en béton. Si le Sacré-Cœur est envahi par les visiteurs, préférez **Saint-Pierre de Montmartre**, à l'ouest de la basilique.

Entrée de l'espace Montmartre-Salvador Dali

bordés d'arbres, les placettes, les jardins et les petites maisons. Montmartre possède même une petite vigne à l'angle de la rue des Saules et de la rue Saint-Vincent.

De retour parmi les touristes, admirez la vue panoramique sur Paris depuis le parvis du Sacré-Cœur. Plus à l'ouest, les peintres et caricaturistes de la place du Tertre vous attendent pour faire votre portrait.

Pour en savoir plus, ▷ 108-109. Pour visiter Montmartre, ▷ 226-227.

LES PRINCIPAUX SITES

Comme de nombreux touristes, vous pourrez visiter le Sacré-Cœur,

Le Sacré-Cœur se détache sur le ciel de Paris

OÙ MANGER ?

Les restaurants de la place du Tertre sont assez chers. Pour manger un morceau, essayez plutôt les cafés de la place des Abbesses.

Au Pied du Sacré-Cœur

Ce restaurant propose une cuisine française traditionnelle à des prix raisonnables (▷ 261).

La Galerie

16, rue Tholozé, 75018
Tél. : 01 42 59 25 76
Bon rapport qualité-prix. Ouvert le soir seulement.

Champs-Élysées

H4 J5 K5

G4

Palais de l'Élysée

Avenue des Champs-Élysées

Place de la Concorde

Arc de Triomphe

Jardin des Tuileries K6

Grand Palais **Petit Palais**

Palais de la Découverte

Seine

0   250 m

G5   H6   J6

COMMENT S'Y RENDRE ?

Arc de Triomphe
Ⓜ Charles de Gaulle-Étoile
🚌 22, 30, 31, 52, 73, 92
Place de la Concorde
Ⓜ Concorde
🚌 24, 42, 72, 73, 84, 94

La célèbre avenue des Champs-Élysées s'étend de l'Arc de Triomphe à la place de la Concorde. Elle mesure 2 km de long pour 71 m de large.

fit aménager une élégante promenade au milieu des champs. Un peu plus tard, le célèbre architecte paysagiste André Le Nôtre prolongea la perspective des Tuileries par des allées arborées. Pour en savoir plus, ▷ 76-79.

LES PRINCIPAUX SITES

L'Arc de Triomphe est un monument incontournable. Au sud-est du rond-point des Champs-Élysées, le Grand Palais mérite une visite prolongée. En bas de l'avenue, la place de la Concorde est chargée d'histoire.

Arc de Triomphe

Commandé par Napoléon Ier, l'arc se dresse sur la place Charles de Gaulle – anciennement place de l'Étoile (▷ 76-79).

Champs-Élysées

Avenue historique grouillante de monde et supportant une importante circulation automobile (▷ 76-79).

Grand Palais

Ce magnifique palais Art nouveau accueille des expositions artistiques (▷ 95).

Jardin des Tuileries

Ces jardins jouxtent la place de la Concorde (▷ 105).

Palais de la Découverte

Célèbre musée des sciences avec un planétarium (▷ 95).

Place de la Concorde

Emplacement de la guillotine pendant la Révolution, on y décapita 1 300 personnes (▷ 148).

AUTRES LIEUX À VISITER

Après un long chantier de rénovation, le Petit Palais a rouvert ses portes (▷ 95). L'édifice, qui abrite le musée des Beaux-Arts de la ville de Paris, est situé en face du Grand Palais, au nord des Champs-Élysées. Le **palais de l'Élysée**, rue du Faubourg Saint-Honoré, est la demeure officielle du président de la République.

Le prestigieux hall du palais de la Découverte

OÙ MANGER ?

Si les restaurants et les cafés ne manquent pas sur les Champs-Élysées, on paie leur situation et il est parfois préférable de chercher dans les rues adjacentes. Essayez les cafés du Grand Palais et du palais de la Découverte ou les terrasses du jardin des Tuileries.

Asian

Salon de thé et restaurant asiatique (▷ 260).

Bistro romain

Cuisine italienne dans cet établissement qui appartient à une chaîne de restaurants (▷ 262).

LES SITES

L'Arc de Triomphe domine le flot ininterrompu des voitures

Cette avenue bordée d'arbres offre de larges espaces pour les piétons attirés par les boutiques, les cafés et, tout en haut de l'avenue, l'Arc de Triomphe. Le soir, on vient pour les cinémas, les boîtes de nuit et les restaurants, sur l'avenue elle-même et dans les rues voisines. De nombreux hôtels de luxe et des boîtes de nuit chic sont regroupés autour des Champs-Élysées – avenue Montaigne et Faubourg Saint-Honoré. De grands chefs exercent dans des restaurants du 8e arrondissement et du 17e, tout proche.
   C'est au XVIIe siècle que Marie de Médicis, épouse d'Henri IV,

Autour du Louvre

COMMENT S'Y RENDRE ?

Musée du Louvre

🚇 Palais-Royal/Musée du Louvre

🚌 21, 27, 39, 48, 67, 69, 72, 74, 75, 76, 81, 85, 95

Forum des Halles

🚇 Les Halles

🚌 29, 38, 47

🚆 RER A, B, D, Châtelet-Les Halles

Pendant des siècles, ce quartier de la rive droite fut celui de la royauté. Il n'a rien perdu de sa splendeur, avec la Seine à deux pas, le jardin des Tuileries à l'ouest et le Palais Royal au nord.

Le bâtiment qui abrite le musée du Louvre est un ancien palais royal qui donna en son temps tout son prestige à l'ensemble du quartier. Peu à peu, d'autres palais royaux furent bâtis à proximité, notamment le palais des Tuileries (détruit par un incendie en 1871) et le Palais-Royal. Saint-Germain

Le bassin du jardin des Tuileries

l'Auxerrois devint l'église paroissiale de la famille royale. Non loin de là, le grand marché couvert des Halles, fief des marchands au XIIᵉ siècle, offrait un contraste saisissant.

Aujourd'hui, ce sont les collections du musée du Louvre qui attirent les visiteurs, tandis qu'à deux pas, les tranquilles jardins du Palais-Royal permettent d'échapper à l'agitation de la ville. Plus au nord, vous découvrirez la Banque de France et la Bibliothèque nationale de France, ainsi que la place des Victoires, ceinte de boutiques de luxe. Le quartier des Halles perd un peu de son âme avec la destruction du marché en 1969. Un gigantesque centre commercial souterrain, le Forum

des Halles, le remplaça au début des années 1980. Au nord du Forum, la rue Montorgueil séduira les nostalgiques du vieux Paris.

LES PRINCIPAUX SITES

Le Louvre accueille chaque jour près de 30 000 visiteurs. Le musée des Arts décoratifs mérite aussi une visite. Vous irez vous détendre aux Tuileries ou dans le jardin du Palais-Royal. Pour le shopping, essayez le Forum des Halles, qui n'est pas un lieu très sûr le soir. Ne quittez pas le quartier sans visiter l'église Saint-Eustache, dont l'architecture suit le plan de construction de Notre-Dame.

Jardin du Palais-Royal

C'est un jardin tranquille et retiré, entouré d'arcades du XVIIIᵉ siècle (▷ 104).

Jardin des Tuileries

Ce majestueux jardin qui longe la Seine est le paradis des photographes (▷ 105).

Musée des Arts décoratifs

Consacré aux tissus et aux arts décoratifs (▷ 111).

Musée du Louvre

On peut y admirer *La Joconde* et des milliers d'œuvres célèbres dans le monde entier (▷ 118-123).

Saint-Eustache

La plus grande église parisienne après Notre-Dame (▷ 161).

Saint-Germain l'Auxerrois

Ancienne église paroissiale de la royauté (▷ 162).

AUTRES LIEUX À VISITER

Le **pont des Arts** (▷ 151) est le pont le plus romantique de la capitale, le **pont Neuf** (▷ 151) est le plus ancien. Vous pourrez faire du shopping **place des**

Église Saint-Eustache

Victoires (▷ 149) ou dans l'une des galeries du XIXᵉ siècle – **galerie Vivienne** et **galerie Colbert** (▷ 93). Si le Louvre et le musée des Arts décoratifs n'ont pas étanché votre soif de culture, rendez-vous au musée du **Jeu de Paume** (▷ 106) ou au musée de l'**Orangerie** (▷ 142), dans le jardin des Tuileries.

OÙ MANGER ?

Le Bar à Soupes (▷ 262).

Le Grand Colbert (▷ 268).

Muscade (▷ 271).

Les îles et le Quartier latin

COMMENT S'Y RENDRE ?

Notre-Dame
🚇 Cité, Saint-Michel, Châtelet
🚌 21, 24, 38, 47, 85, 96
🚆 RER lignes B, C Saint-Michel

Musée national du Moyen Âge-Thermes de Cluny
🚇 Cluny-La Sorbonne
🚌 21, 27, 38, 63, 85, 86, 87, 96
🚆 RER lignes B, C, Saint-Michel

Au milieu de la Seine, l'île de la Cité et l'île Saint-Louis sont très différentes l'une de l'autre. Au sud des deux îles, le Quartier latin renvoie le visiteur à l'époque médiévale.

LES SITES

La ville de Paris est née dans l'île de la Cité à l'époque où la tribu celte des Parisii l'occupait, vers 250 av. J.-C. Les Romains arrivèrent 200 ans plus tard et assiégèrent la ville alors appelée Lutetia. La prédominance de l'île se prolongea jusqu'au Moyen Âge,

L'île Saint-Louis est plus calme que sa voisine, l'île de la Cité

avec la construction d'un palais royal – aujourd'hui le palais de Justice et la Conciergerie – et de la cathédrale Notre-Dame. Aujourd'hui, l'île de la Cité est un quartier grouillant et touristique dans la journée (▷ 96-97). L'île Saint-Louis, plus petite, est plus tranquille et son histoire est nettement plus récente (▷ 98).

Cinq ponts relient l'île de la Cité au Quartier latin, le quartier universitaire de Paris (▷ 152-153). L'université de la Sorbonne fut fondée au XIIIe siècle ; elle doit son nom à Robert de Sorbon, fondateur du collège de théologie du même nom.

LES PRINCIPAUX SITES

La cathédrale de Notre-Dame est le site incontournable de l'île de la Cité. Quant au Quartier latin, le meilleur moyen d'en profiter est de flâner dans ses petites rues médiévales (voir Promenade Trois, ▷ 228-229). Ne quittez pas le quartier sans une visite au Musée national du Moyen Âge, au Panthéon et au jardin du Luxembourg. Dans l'île Saint-Louis, allez déguster un sorbet chez le célèbre Berthillon, (▷ 98) en admirant Notre-Dame.

Conciergerie
Première prison de Paris sous la Révolution (▷ 89-91).

Jardin du Luxembourg
Grand parc en plein cœur de Paris (▷ 102-103).

Musée national du Moyen Âge-Thermes de Cluny
Art et artisanat du Moyen Âge dans l'un des plus vieux édifices de la ville (▷ 128-129).

Notre-Dame
Site incontournable (▷ 137-141).

Panthéon
Vaste sanctuaire néoclassique (▷ 144).

Sainte-Chapelle
Vitraux remarquables (▷ 158-160).

AUTRES LIEUX À VISITER
L'église Saint-Séverin (▷ 162-163), l'église Saint Étienne du Mont (▷ 161) et Saint-Julien-le-Pauvre, l'une des plus vieilles églises

de Paris (▷ 162). Vous pourrez admirer la façade de la Sorbonne et pénétrer dans la cour d'honneur, mais le bâtiment n'est pas ouvert au public (▷ 163). Pour vous détendre, allez passer un moment dans le square René Viviani (▷ 152).

La construction de Notre-Dame commença au XIIe siècle

OÙ MANGER ?

Les nombreux restaurants sont souvent envahis par les touristes. Le quartier de Saint-Germain-des-Prés est célèbre pour ses cafés.

Le Bar à Huîtres
33, rue Saint-Jacques
Tél. : 01 44 07 27 37
Ouvert tous les jours de midi à 2 h du matin. Fruits de mer.

Mon Vieil Ami
69, rue Saint-Louis-en-l'Île,
Tél. : 01 40 46 01 35
Ouvert : mer.-dim. 12 h-14 h, 19 h-23 h
Restaurant branché d'Antoine Westermann.

Autour de La Tour Eiffel

COMMENT S'Y RENDRE ?

Tour Eiffel
- 🚌 42, 69, 82, 87
- 🚆 RER ligne C, Champ de Mars/Tour Eiffel

Palais de Chaillot
- 🚇 Trocadéro
- 🚌 22, 30, 32, 63, 72, 82

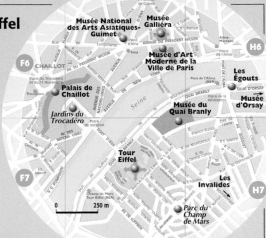

La tour Eiffel et la Seine, servent de frontière aux 7e et 16e arrondissements, tous deux résidentiels et très chics. Depuis la terrasse du palais de Chaillot, on a une vue magnifique sur la tour, de l'autre côté du fleuve.

Paris a su préserver plusieurs monuments construits à l'occasion des Expositions universelles, notamment le palais de Chaillot (1937) et la tour Eiffel (1889). Malgré de nombreuses critiques, dont celles de Guy de Maupassant et d'Émile Zola,

La tour Eiffel est particulièrement impressionnante la nuit

la tour attira deux millions de visiteurs dès la première année. Très rapidement, elle devint le symbole de Paris et des millions de visiteurs continuent d'affluer du monde entier pour admirer la prouesse technique que constitue sa construction et la vue panoramique exceptionnelle qu'elle offre sur Paris. Derrière la tour s'étend le Champ-de-Mars, où la tribu celte des Parisii fut vaincue par les Romains en 52 av. J.-C. Au XVIIIe siècle, l'endroit fut transformé en champ de manœuvres lors de la construction de l'École militaire, que Napoléon intégra à l'âge de 15 ans.

LES PRINCIPAUX SITES

La tour Eiffel arrive largement en tête avec près de six millions de visiteurs chaque année. De l'autre côté de la Seine, le palais de Chaillot abrite le musée de la Marine et le musée de l'Homme. Trois autres musées sont regroupés près de la place d'Iéna.

Musée d'Art moderne de la Ville de Paris
Collections d'art moderne et expositions importantes (▷ 112).

Musée national des Arts asiatiques Guimet
Collection d'antiquités orientales (▷ 126).

Palais de Chaillot
Constitué de deux ailes courbes et de colonnes, l'édifice abrite deux musées, un théâtre et offre des vues superbes sur la tour Eiffel (▷ 143).

Tour Eiffel
Symbole de Paris, conçue en 1889 comme une structure temporaire (▷ 164-169).

AUTRES LIEUX À VISITER
Le **musée Galliera** présente les collections du musée de la Mode de la Ville de Paris (▷ 116). Rive gauche, le **musée du Quai Branly** n'ouvrira qu'au printemps 2006 (▷ 126). Vous pourrez visiter **les égouts** de Paris, place de la Résistance (▷ 92), puis vous détendre près des fontaines des **jardins du Trocadéro** (▷ 149), en face du palais de Chaillot.

PLUS LOIN

À l'est de la tour Eiffel, l'église du **dôme des Invalides** abrite le tombeau de Napoléon (▷ 99-101). Plus à l'est se trouve le **musée d'Orsay** (▷ 130-134).

Vue du palais de Chaillot depuis les jardins du Trocadéro

OÙ MANGER ?

La tour Eiffel possède un snack-bar et deux restaurants : **Altitude 95** et le prestigieux **Jules Verne** (réservation indispensable).

Fakhr El Dine
Ouvert depuis plus de 15 ans. Pour les amateurs de bonne cuisine libanaise (▷ 267).

Le Sept Quinze
29, avenue de Lowendal
Tél. : 01 43 06 23 06
Ouvert : lun.-ven. 12 h-14 h 30, 20 h-23 h, sam. 20 h-23 h. Fermé trois semaines en août. Bistro accueillant près de l'École militaire.

LES SITES

Arc de Triomphe et Champs-Élysées

Tout en haut de la plus belle avenue de Paris, l'imposant Arc de Triomphe.

Les Champs-Élysées by night

Des boucliers commémorant des victoires françaises ornent le haut de la façade de l'Arc de Triomphe

DÉCOUVRIR L'ARC DE TRIOMPHE ET LES CHAMPS-ÉLYSÉES

La plus grande avenue de la capitale a souvent été le témoin d'événements marquants, comme la descente de l'avenue par le général de Gaulle en mars 1944 ou la célébration de la coupe du monde de football en 1998. Si l'avenue des Champs-Élysées reste l'une des artères les plus célèbres du monde, elle est aujourd'hui plutôt encombrée par des flots de véhicules et envahie de halls d'exposition de marques automobiles, de cinémas spectaculaires et de grands magasins. Si vous souhaitez ne voir que l'Arc de Triomphe, prenez le métro et descendez à la station Charles-de-Gaulle-Étoile. Si 20 min de marche ne vous effraient pas, sortez à Champs-Élysées-Clemenceau, il vous restera les deux tiers de l'avenue à parcourir. Vous croiserez le Grand Palais, avenue Winston Churchill (▷ 95) ; remontez ensuite vers la place Charles-de-Gaulle-Étoile. Les pelouses et les arbres sont omniprésents jusqu'au rond-point des Champs-Élysées, là où commence la partie commerçante de la célèbre avenue. Prenez le passage souterrain pour accéder à l'Arc de Triomphe, dont vous pourrez gravir les 284 marches – ou empruntez l'un des deux ascenseurs – jusqu'à la terrasse d'où la vue est exceptionnelle. Après cette visite, arrêtez-vous dans l'un des cafés du quartier ou reprenez le métro pour la Concorde – trois stations plus loin – d'où vous découvrirez une belle perspective, sous l'œil des célèbres chevaux de Marly, dont les originaux sont au Louvre.

AVENUE des CHAMPS ELYSEES 8eme

L'ESSENTIEL

ARC DE TRIOMPHE

Napoléon fit construire ce monument pour célébrer ses victoires militaires. Deux siècles plus tard l'Arc de Triomphe reste un symbole de la fierté nationale, associé à de nombreuses commémorations (l'armistice du 8 mai 1945, la fête nationale du 14 juillet ou l'armistice du

LES PLUS	
Histoire	● ● ● ●
Photo	● ● ● ●
Shopping	● ● ●
Facilité d'accès	● ● ●

À SAVOIR

● Il faut 30 min pour monter, ou descendre toute l'avenue des Champs-Élysées. En métro, prendre la ligne 1 (jaune), qui dessert toute l'avenue, des Tuileries à l'Arc de Triomphe.

● La plupart des cafés et des restaurants se trouvent dans le haut de l'avenue, mais le rapport qualité-prix est plus intéressant dans les établissements situés dans les rues adjacentes.

● Pour prendre des photos depuis la terrasse de l'Arc de Triomphe, choisissez le matin à l'heure de l'ouverture, la lumière est belle, ou bien le moment qui précède le coucher du soleil.

L'Arc de Triomphe est à la fois un lieu de mémoire et un site touristique (page de gauche)

MÉMO

Arc de Triomphe

✚ 66 G5•place Charles-de-Gaulle, 75008 ☎ 01 55 37 73 77

🕐 Avr.-fin sept. tlj 10 h-23 h ; le reste de l'année tlj 10 h-22 h 30. Fermé les 1ᵉʳ jan., 1ᵉʳ mai, 8 mai, 14 juil., 11 nov., 25 déc.

💶 Gratuit autour de la base. Terrasse : ad. 7 €, moins de 18 ans gratuit

🚇 Charles de Gaulle-Étoile

🚌 22, 30, 31, 52, 73, 92

🚃 RER ligne A, Charles de Gaulle-Étoile

🏪 Boutique de cadeaux 📖 6 €

ℹ Pour tous renseignements sur les

11 novembre 1918). Sous l'arche se trouve la Tombe du soldat inconnu, installée à la fin de la Première Guerre mondiale. La flamme du souvenir, ajoutée trois ans plus tard, est ravivée tous les jours à 18 h 30.

Depuis la terrasse du monument, située à 50 m au-dessus du sol, on jouit d'une superbe vue sur les rues tracées par Haussmann et sur la perspective Concorde-Grande Arche de la Défense, encore plus belle la nuit (voir ▷ 79). À l'intérieur de l'Arc de Triomphe se trouvent une boutique et un petit musée. Ne manquez pas d'admirer les sculptures de la façade, que l'on doit à trois artistes différents et tout particulièrement le haut-relief du *Départ des Volontaires en 1792* (dit *La Marseillaise*) de François Rude, appelant les Français à défendre leur pays (pilier nord-est, en face des Champs-Élysées). Sur le pilier sud-est, Napoléon est représenté comme un empereur romain victorieux. Chacun des 30 boucliers qui ornent le haut de la façade commémore une victoire révolutionnaire ou impériale.

L'avenue des Champs-Élysées

Depuis la terrasse de l'Arc de Triomphe, la vue est magnifique

Bouquets de fleurs sur la Tombe du soldat inconnu

visites guidées, appeler Monum au 01 44 54 19 30 📖 ℹ La flamme est ravivée sur la Tombe du soldat inconnu tous les jours à 18 h 30.

www.monum.fr (en français et en anglais, cliquer sur *Visitez les Monuments* pour voir l'Arc de Triomphe)

Avenue des Champs-Élysées

✚ 66 H5•75008

🚇 Charles de Gaulle-Étoile, Georges V, Franklin D. Roosevelt, Champs-Élysées Clemenceau

🚌 32, 42, 73 entre autres

🚃 Charles-de-Gaulle-Étoile

🍴 Restaurants (▷ 254)

☕ Cafés (▷ 254)

🏪 Nombreuses boutiques

Douze avenues convergent vers l'Arc de Triomphe

AVENUE DES CHAMPS-ÉLYSÉES

Cette célèbre avenue est toujours pleine de badauds qui se rendent dans les cinémas, les boutiques ou les cafés. On y rencontre à la fois des touristes bardés d'appareils photo et des Parisiens qui vaquent à leurs occupations. Bordée d'arbres, de plus de 2 km de long et 71 m de large, elle s'étend entre deux monuments extrêmement célèbres – l'Arc de Triomphe et l'Obélisque de la place de la Concorde. À quelques pas de celle-ci se dressent le Grand Palais (▷ 95) et le palais de l'Élysée, résidence officielle du président de la République.

Sur l'avenue des Champs-Élysées, les Français ont célébré des événements sportifs comme la coupe du monde de football en 1998 ou accueillent chaque année l'arrivée du Tour de France. D'autres événements importants y furent associés – obsèques de Victor Hugo en 1885, descente des Champs-Élysées par le général de Gaulle en mars 1944 ou bicentenaire de la Révolution Française en 1989. Tous les ans, le 14 juillet, l'armée française défile sur les Champs-Élysées.

HISTOIRE

Les Champs-Élysées ont vu le jour en 1616, lorsque Marie de Médicis fit aménager une élégante promenade : le Cours la Reine. Plus tard, Le Nôtre, créateur du parc de Versailles, ajouta des allées bordées d'arbres et des jardins. En 1824, furent créées des contre-

L'AXE HISTORIQUE DE PARIS

Une ligne droite imaginaire relie l'Arc de Triomphe du Carrousel à la Grande Arche de La Défense (▷ 92). Pour souligner la perspective le long de cet axe, la Grande Arche de La Défense est deux fois plus grande que l'Arc de Triomphe du Carrousel.

Une vitrine accrocheuse

L'ÉTOILE

La place est toujours connue sous le nom de place de l'Étoile bien qu'elle s'appelle aujourd'hui place Charles-de-Gaulle. L'image de l'étoile symbolise la forme des 12 avenues qui débouchent sur la place, dessinées au XIXᵉ siècle par le baron Haussmann. Depuis la terrasse de l'Arc de Triomphe, on découvre cet arrangement impressionnant. Au niveau du sol, on a l'impression que toutes les voitures de la capitale se sont donné rendez-vous ici…

allées et dressées des fontaines. L'avenue se couvrit de cafés et de restaurants fréquentés par une clientèle élégante. Désireux d'avoir un mémorial imposant à la gloire de l'armée française, Napoléon Bonaparte y avait fait construire l'Arc de Triomphe, dont les travaux commencèrent en 1806 et durèrent jusqu'en 1836, 15 ans après la mort de l'empereur. En 1810, on dressa une maquette en bois du monument grandeur nature, pour le mariage de l'empereur avec Marie-Louise. Plusieurs architectes et sculpteurs travaillèrent à l'Arc de Triomphe, inspirés par les arcs de Titus et de Septime Sévère, à Rome. La valeur symbolique de l'Arc de Triomphe se renforça après la Seconde Guerre mondiale, avec le défilé des armées victorieuses.

PLAN DE L'AVENUE DES CHAMPS-ÉLYSÉES

(plan/carte avec repères : H4, J5, K5, G4, Palais de l'Élysée, Avenue des Champs-Élysées, Place de la Concorde, K6, Arc de Triomphe, Jardin des Tuileries, Grand Palais, Petit Palais, Palais de la Découverte, G5, H6, J6, 0 250 m)

On joue à la pétanque dans les Arènes de Lutèce

Aujourd'hui, les boutiques et les cafés branchés font un peu oublier l'intérêt historique du quartier de la Bastille.

✚ 68 Q8•Place de la Bastille et les quartiers environnants, 75004/75011/ 75012 Ⓜ Bastille 🚌 20, 29, 65, 69, 76, 86, 87, 91 🍴 Sélection de cafés et de restaurants (▷ 254)

LES PLUS	
Histoire	● ● ●
Photo	● ● ●
Shopping	● ● ●

La place de la Bastille est aujourd'hui bordée de terrasses de cafés et occupée par le flot des voitures. Piétons et amateurs de rollers se croisent dans les rues qui furent envahies, en 1789, par une foule en colère venue prendre d'assaut et détruire la prison qui s'y dressait. C'est en effet dans ce quartier que se déroulèrent certains grands événements de la Révolution française. L'ancienne forteresse, construite dans les années 1380 pour garder l'entrée est de Paris, fut transformée par Louis XI en prison d'État pour les détenus politiques, parmi lesquels figurèrent, bien plus tard, le marquis de Sade et Voltaire. Il ne reste rien de l'édifice si ce n'est le tracé de son emplacement. Au centre de la place se dresse la colonne de Juillet qui mesure 50 m de haut. Elle fut construite entre 1833 et 1840 en hommage aux victimes d'une autre révolution, celle de 1830. La colonne est surmontée du *Génie de la Liberté* (communément appelé Génie de la Bastille).

Le quartier de la Bastille, récemment rénové, est aujourd'hui un quartier animé dont les cafés et restaurants sont pleins à toute heure. Dans la journée, les visiteurs font du shopping dans les rues qui donnent sur la place. Ils découvrent le port de plaisance du bassin de l'Arsenal, les galeries d'art et l'Opéra Bastille (▷ 142). En descendant la rue de Lyon, on arrive au viaduc des Arts, ancien viaduc de chemin de fer, où sont implantés des ateliers-boutiques de créateurs et d'artisans (du 9 au 129 avenue Daumesnil). **À ne pas manquer :** pour échapper au bruit et à la circulation, descendez la rue Saint-Antoine et tournez à droite dans la rue de Birague qui débouche sur la place des Vosges par un passage voûté (▷ 150).

Le Génie de la Liberté *domine la place de la Bastille*

LES SITES

ARÈNES DE LUTÈCE

✚ 68 N9•Entrée rue des Arènes, rue de Navarre et 47 rue Monge, 75005 🕐 Tlj 9 h-21 h30 en été, 8 h-17 h30 en hiver 💰 Gratuit Ⓜ Cardinal Lemoine, Jussieu 🚌 47, 67, 89 ❓ À éviter la nuit

Implantées à la fin du Ier siècle apr. J.-C, à l'époque où Paris s'appelait encore Lutèce, ces arènes gallo-romaines furent détruites en 280 de notre ère, redécouvertes en 1869 et restaurées au début du XXe siècle. Aujourd'hui, les vestiges de l'amphithéâtre et les jardins attirent étudiants, joueurs de boule et promeneurs.

ASSEMBLÉE NATIONALE (PALAIS-BOURBON)

✚ 66 J6•Palais Bourbon, 33, quai d'Orsay, 75007 ☎ 01 40 63 60 00 🕐 Visites guidées lun., ven., sam. sauf si les députés siègent à l'Assemblée (uniquement sur rendez-vous). Téléphonez au préalable. Admission aux débats publics sur rendez-vous 💰 Gratuit Ⓜ Assemblée nationale 🚌 24, 63, 73, 83, 84, 94 🚉 RER ligne C, Invalides **www.**assemblee-nationale.fr

Construit au XVIIIe siècle, le Palais-Bourbon se dresse, majestueux, sur la rive gauche. C'est ici que siègent les 577 députés qui composent l'Assemblée nationale. Les débats se déroulent dans l'hémicycle et des bureaux sont mis à la disposition des députés au sein du Palais. L'édifice, avec son imposante façade néoclassique, fut construit pour la fille de Louis XIV, Louise-Françoise de Bourbon. Un rôle politique fut attribué au palais dès 1798, lorsqu'il fut occupé par le Conseil des Cinq-Cents. **À ne pas manquer :** les coupoles de la bibliothèque (1838-1847) décorées par Eugène Delacroix.

Le Palais omnisport de Paris-Bercy

Les catacombes, déconseillées aux âmes sensibles

BERCY

✠ 68 Q9•Bercy, 75012 🚇 Bercy
🚌 24, 62, 87

À l'est de la gare de Lyon, le quartier de Bercy est un vaste ensemble de logements et de bureaux flambant neufs, construits sur le site des anciens entrepôts vinicoles des halles de Bercy. Le Palais omnisports de Paris-Bercy (POPB), reconnaissable à sa structure pyramidale recouverte de pelouse, rassemble les amateurs de spectacles et d'événements sportifs (**www**.bercy.fr). Ne manquez pas la visite du musée du Cinéma, abrité dans l'ancien Centre culturel américain, initialement conçu par Frank Gehry (▷ 113). Le parc de Bercy atténue la froideur du béton. À l'est du quartier, les boutiques, les bars et les restaurants de Bercy-Village remplacent les entrepôts à vin (www.bercyvillage.com).

BIBLIOTHÈQUE NATIONALE DE FRANCE-SITE FRANÇOIS MITTERRAND

✠ 332 Q11•quai François-Mauriac, 75013 ☎ 01 53 79 59 59 ; visites guidées 01 53 79 49 49 ⏰ Salles de lecture du haut-de-jardin : mar.-sam. 10 h-20 h, dim. 12 h-19 h 💶 Ad. pass pour 1 journée : 3€ ; moins de 16 ans non admis dans la salle de lecture 🚇 Bibliothèque François-Mitterrand 🚌 62, 89 🚉 Bibliothèque François-Mitterrand 🛍️ 📚 Librairie/boutique de cadeaux
www.bnf.fr

La Bibliothèque nationale, qui possède 12 millions de livres et de nombreux documents, a eu besoin de nouveaux locaux à la fin du XXe siècle. La nouvelle bibliothèque, sur la rive gauche de la Seine, se compose de quatre tours évoquant un livre ouvert. Le public a accès à certains livres, à Internet et aux outils audiovisuels – vidéos, CD et DVD.

BIBLIOTHÈQUE NATIONALE DE FRANCE - SITE RICHELIEU

✠ 67 M6•58 rue de Richelieu, 75002 ☎ 01 53 79 59 59 ; visites guidées 01 53 79 86 87 ⏰ Bibliothèque : lun.-ven. 9 h-18 h, sam. 10 h-17 h ; Galerie Mansart, Galerie Mazarine et Crypte : mar.-sam. 10 h-19 h, dim. 12 h-19 h (uniquement pendant les expositions) 💶 Ad. 4,50 € pour un pass de 2 jours 🚇 Bourse 🚌 20, 29, 39, 48, 67, 74, 85 🚶 Visites guidées le 1er mardi du mois www.bnf.fr

Au début du XVIIIe siècle, la bibliothèque royale s'installa dans cette ancienne résidence de Mazarin, premier ministre de Louis XIII, située à proximité du Louvre et du Palais Royal. En 1996, une partie des collections fut transférée à la nouvelle bibliothèque François Mitterrand (voir site précédent), laissant leur place aux manuscrits, cartes, estampes, ouvrages sur la musique, photographies et monnaies. L'accès à la salle de lecture est réservé aux chercheurs, mais des expositions temporaires sont ouvertes au public dans la galerie Mansart (consacrée à la photographie) et dans la Crypte.
À ne pas manquer : le plafond peint de la galerie Mazarine.

LA BOURSE

✠ 67 M5•Palais de la Bourse, rue Vivienne, 75002 ☎ 01 49 27 55 55 ⏰ Visites guidées entre 9 h et 16 h 30, lun.-ven. Réservation conseillée 💶 Ad. 8,50 €, enf. 5,50 € 🚇 Bourse 🚌 20, 29, 39, 74, 85
www.euronext.com

Le palais napoléonien néoclassique de la Bourse fut construit entre 1808 et 1826 par l'architecte Alexandre Brongniart. En 1902 et 1907, deux nouvelles ailes donnèrent à l'édifice la forme d'une croix. En juin 1998, l'informatisation conduisit à l'abandon des négociations à la criée.

CANAL SAINT-MARTIN

✠ 68 P4-5•Canal St-Martin
🚇 République, Jaurès, Jacques Bonsergent, Goncourt 🚌 26, 46, 75 🚢 Plusieurs sociétés, dont Canauxrama, organisent des croisières sur la Seine (▷ 248)

À l'est de la capitale, le canal Saint-Martin offre un véritable havre de paix. On peut y embarquer pour d'agréables croisières. Depuis son réaménagement, ses rives bordées d'arbres sont devenues un lieu de promenade idéal. Inauguré en 1825, le canal mesure près de 5 km de long, avec neuf écluses et deux ponts tournants. Ses passerelles métalliques rappellent le Paris du XIXe siècle. Le canal Saint-Martin apparaît dans le film *Le Fabuleux Destin d'Amélie Poulain* (2001) et dans *Hôtel du Nord*, tourné en 1938 par Marcel Carné.

LES CATACOMBES

✠ 330 L11•1 place Denfert-Rochereau, 75014 ☎ 01 43 22 47 63 ⏰ mar.-dim. 10 h-16 h 💶 Ad. 5 €, moins de 14 ans gratuit 🚇 Denfert-Rochereau 🚌 38, 68, 88 ❓ Déconseillé aux jeunes enfants.

Dans un labyrinthe de galeries souterraines gît le plus important ossuaire du monde, rassemblant les ossements de plus de six millions de Parisiens. Au-dessus de l'entrée, on peut lire l'inscription : « Arrête, c'est ici l'empire de la mort. » Des crânes et des membres sont entassés le long des parois, à 20 m sous terre. Les galeries sont d'anciennes carrières, déjà exploitées par les Romains. Les ossements du cimetière des Innocents y furent transférés en 1785, le cimetière étant surpeuplé. Au cours de la Seconde Guerre mondiale, les Résistants utilisèrent les catacombes pour leurs réunions secrètes. Attendez-vous à de nombreux escaliers et munissez-vous d'une lampe électrique.

LES SITES

Le centre Georges-Pompidou

**Le bâtiment le plus insolite de la capitale rassemble les plus
importantes collections d'art moderne du monde.
Près de six millions de visiteurs par an y admirent les œuvres de Pablo Picasso,
Andy Warhol, Jackson Pollock et de nombreux autres artistes.**

*Depuis le dernier étage,
on voit jusqu'au Sacré-Cœur*

*La librairie propose des ouvrages
consacrés aux expositions*

*Le public emprunte
les escalators « extérieurs »*

LES PLUS	
Culture	● ● ● ● ●
Pour les enfants	● ● ●
Photo (extérieur et panoramas)	● ● ●

PANORAMA
Ne manquez pas d'admirer Paris
depuis le dernier étage du
Centre. Amusez-vous à repérer
le Sacré-Cœur, la tour Eiffel,
Notre-Dame et le Panthéon.

*Un des personnages insolites de
la fontaine Stravinsky (à droite)*

*Le Défenseur du Temps,
une horloge à automates*

DÉCOUVRIR LE CENTRE GEORGES POMPIDOU

Au premier coup d'œil, l'aspect extérieur du centre Georges-
Pompidou (ou centre Beaubourg) a de quoi surprendre. Le centre
fut inauguré en 1977, dotant le quartier Beaubourg d'un édifice
moderne des plus insolites, sorte de navire aux couleurs vives
se dressant dans le cœur historique de Paris. L'entrée principale,
située place Georges Pompidou (appelée La Piazza), mène au
niveau zéro où vous pouvez vous procurer un plan du bâtiment et
acheter des billets pour les expositions et le musée. Pour une visite
combinée du Musée national d'Art moderne et des expositions
temporaires, achetez un *pass*. Si vous souhaitez visiter le Musée
national d'Art moderne, prenez l'escalator jusqu'au niveau 4, où
vous pourrez louer un audioguide. Une fois dans le musée, qui
présente nombre d'œuvres des années 1960 à nos jours, montez
au niveau 5 si vous souhaitez voir les œuvres datant de la première
moitié du XXe siècle. Les expositions temporaires sont présentées
aux niveaux 1 et 6. Vous pourrez manger un morceau au café situé au
niveau 1, feuilleter les ouvrages de la librairie du niveau zéro ou vous
offrir un objet de design présenté dans la boutique du niveau 1.

L'ESSENTIEL

MUSÉE NATIONAL D'ART MODERNE
Où s'arrête la chronologie des œuvres du musée d'Orsay (pages 130-
134) commence celle des œuvres du musée d'Art Moderne qui vont
de 1905 à nos jours. Près de 2 000 pièces, sur une collection totale
de 50 000 œuvres, sont exposées en permanence ; elles vont
du cubisme, avec Georges Braque et Picasso, à l'art multimédia
de l'artiste coréen Nam June Paik en passant par le Pop Art d'Andy
Warhol. Pour parvenir au musée, prenez l'escalator, énorme tube
transparent qui court à l'extérieur du bâtiment, jusqu'au niveau 4
qui rassemble des œuvres allant de 1960 à nos jours – Nouveaux
Réalistes français, photographes, architectes et artistes vidéo.
Certaines salles sont dédiées aux arts graphiques et aux
nouveaux médias. On change les pièces exposées chaque
année à l'automne. Pour un panorama chronologique, partez du
cinquième étage qui vous ramènera à la première moitié du XXe siècle.
Les expositions sont modifiées à chaque printemps ; elles comportent

NIVEAU -1
Spectacles vivants, cinéma 2.

NIVEAU 0
Accueil et information, guichets, bureau de poste, librairie, atelier des enfants.

NIVEAU 1
Bibliothèque, cinéma 1, expositions, café, boutique de design.

NIVEAUX 2 ET 3
Bibliothèque.

NIVEAUX 4 ET 5
Musée national d'Art Moderne.

NIVEAU 6
Grandes expositions temporaires, restaurant, librairie.

des œuvres de Matisse, Picasso, Braque, Juan Gris et Pollock. Sur les deux étages, la lumière du jour pénètre par les parois de verre, qui offrent des vues superbes sur Paris.

EXPOSITIONS TEMPORAIRES ET AUTRES ÉVÉNEMENTS

Les expositions temporaires des premier et sixième étages sont aussi intéressantes que le Musée national d'Art moderne. Parmi les thèmes d'exposition récents : « Dada » et les œuvres de William Klein. Le Centre propose également des activités pour les enfants, deux salles de cinéma, des productions chorégraphiques et théâtrales et une bibliothèque. Non loin de là, 1, place Igor Stravinsky, l'IRCAM (institut de Recherche et Coordination acoustique/Musique) organise des concerts, des ateliers et des conférences. De l'autre côté du centre Pompidou, rue Rambuteau, l'atelier Brancusi est une reconstitution de l'atelier du sculpteur roumain Constantin Brancusi, qui s'installa à Paris en 1904. Son atelier a été recréé tel qu'il le laissa à sa mort en 1957.

À L'EXTÉRIEUR

Par beau temps le parvis se remplit de jongleurs, de mimes, d'artistes, de cracheurs de feu et de musiciens. Ne manquez pas l'étonnante fontaine Stravinsky, place Igor Stravinsky, œuvre conjointe de Niki de Saint Phalle et de Jean Tinguely réalisée en 1983. Chacun des curieux personnages qui crachent de l'eau sur quiconque passe à proximité,

MÉMO

Centre Georges Pompidou

✚ 68 N7•place Georges-Pompidou, 75004

☎ 01 44 78 12 33

🕐 Centre Georges Pompidou : mer.-lun. 11 h-22 h. Musée national d'Art moderne et expositions : mer.-lun. 11 h-21 h (dernier billet vendu à 20 h), jeu. jusqu'à 23 h pour certaines expositions (dernier billet vendu à 22 h). Fermé le 1er mai. Bibliothèque : lun., mer.-ven. 12 h-22 h, sam., dim. 11 h-22 h

🎫 Pass Ad. 10 €. Musée national d'Art moderne, Atelier Brancusi et atelier des enfants : ad. 7 €, moins de 18 ans gratuit ; entrée gratuite le 1er dimanche du mois. Expositions : prix variables (moins de 13 ans gratuit)

🚇 Rambuteau, Hôtel de Ville

🚌 29, 38, 47, 75

🚇 Châtelet-Les-Halles

📖 12 € (français, anglais, allemand, italien, espagnol, japonais)

🎧 Audioguide 4,50 €

🍴 Restaurant Georges au 6e étage, avec vue panoramique ; tél. : 01 44 78 47 99

🛍 Au 1er étage

🏛 Librairies niveaux 0, 4, 6 ; boutique niveau 1 ; bureau de poste niveau 0

🚻

www.centrepompidou.fr
En français avec quelques informations en anglais ; photos de certaines pièces exposées, détail sur les événements et expositions, informations pratiques

IRCAM

1, place Igor Stravinsky

☎ 01 44 78 48 43

🕐 Procurez-vous une brochure ou visitez le site Internet pour les détails sur les concerts
www.ircam.fr

Atelier Brancusi

55, rue Rambuteau

🕐 Mer.-lun. 2 h-18 h

🎫 Billet combiné avec le Musée national d'Art moderne et l'atelier des enfants : ad. 7 €, moins de 18 ans gratuit ; gratuit le 1er dimanche du mois

LES SITES

porte le nom d'une œuvre du compositeur. Ne quittez pas le quartier sans avoir vu l'horloge à automates en cuivre et acier, rue Brantôme. *Le Défenseur du Temps* est aux prises avec trois adversaires symbolisant la terre, l'eau et l'air. Toutes les heures il combat l'un des trois, mais à midi, 18 h et 22 h, tous se battent en même temps.

HISTOIRE

Le centre Georges-Pompidou, appelé aussi centre Beaubourg, doit son existence à la volonté de Georges Pompidou, président de la République de 1969 à sa mort en 1974. Il imaginait un lieu pour les arts de notre époque. Il fallut cinq ans pour construire l'étrange bâtiment dans un quartier constitué de maisons des XVIIIe et XIXe siècles plus ou moins laissées à l'abandon. Les architectes Renzo Piano et Richard Rogers placèrent à l'extérieur du bâtiment les « tripes » – tuyauteries, escalators – habituellement dissimulées à l'intérieur, ce qui provoqua de vives réactions. Les éléments extérieurs sont de couleurs différentes : jaune pour les câbles électriques, bleu pour la climatisation, vert pour les circuits d'eau et rouge pour les escalators et les ascenseurs. Pompidou disparut avant l'inauguration en 1977, mais sa vision se révéla judicieuse puisque le centre accueillit très rapidement 22 000 visiteurs par jour, rivalisant ainsi avec Le Louvre. À l'automne 1997, le centre fut rénové pendant deux ans et rouvrit à temps pour le nouveau millénaire.

*L'espace d'accueil reçoit
des visiteurs toute la journée*

● Si vous souhaitez respecter
la chronologie, commencez
par visiter le musée d'Art
moderne au cinquième étage,
avec des œuvres allant de
1905 à 1960, et continuez par
le quatrième niveau consacré
aux œuvres allant de 1960
à nos jours.
● Les heures tardives de
fermeture permettent de dîner
de bonne heure avant d'aller
au centre Pompidou (dernier
billet vendu à 20 h ; fermeture
à 21 h).
● *Beaubourg* est le nom
donné au centre Georges-
Pompidou par les Parisiens.
● Le guide officiel comporte
des photos et des informations
sur les 150 pièces exposées
les plus importantes du
Centre. Il est conseillé
de l'acheter avant de visiter
le musée d'Art moderne.
● Si l'art moderne ne vous
inspire pas, allez écouter
un concert dans l'église
Saint-Merri toute proche
(▷ 162) – le sam. à 21 h
et le dim. à 16 h.

L'ART MODERNE EXPLIQUÉ AUX PROFANES

Expressionnisme abstrait : mouvement né aux États-Unis
comportant deux courants : Action Painting et Colour Field
(avec Robert Walker). L'Action Painting est davantage intéressé
par l'acte de peindre que par le résultat (Jackson Pollock trempait
un ustensile dans la peinture et laissait couler un filet de couleur
sur la toile).

Arte Povera : littéralement Art Pauvre, ce mouvement, né en Italie,
utilise des objets de récupération ou des matériaux naturels pour
créer des sculptures ou des installations. Parmi les représentants
de ce mouvement : Mario Merz et Giuseppe Penone.

Cubisme : mouvement initié au début du XXᵉ siècle par Picasso,
Georges Braque, Fernand Léger et Juan Gris. Le cubisme est né
en réaction contre l'impressionnisme. Personnages et objets sont
fragmentés et traités comme des formes géométriques.

Fauvisme : utilisation de blocs de couleur pure (Matisse).

Fluxus : avec Ben Patterson et Joseph Beuys. Lancé dans les années
1960, ce mouvement remet en question les normes artistiques
et se concentre sur la fluidité, le hasard, les objets et événements
du quotidien.

Minimalisme : l'accent est mis sur la simplicité et la répétition,
comme dans les œuvres de Donald Judd et Brice Marden.

Nouveau Réalisme : utilisation des objets quotidiens que l'on
compresse, ou que l'on brûle, pour une représentation plus
immédiate, moins élitiste, de la réalité. Voir l'accumulation des
masques à gaz intitulée *Home Sweet Home* par Arman.

Pop Art : l'artiste se tourne vers un art commercial, influencé
par la publicité. On a vu et revu la fameuse série des *Marilyn Monroe*
d'Andy Warhol. Parmi d'autres représentants du Pop Art, il faut citer
Claes Oldenburg, Roy Lichtenstein et David Hockney.

Surréalisme : rejet de la logique et du réalisme pour un rêve
libérateur. Ce mouvement fut populaire dans les années 1920
et 1930, avec des artistes comme René Magritte et Salvador Dalí.

Art vidéo : utilisation de la vidéo dans l'art, avec par exemple Nam
June Paik.

Napoléon Ier suivit une formation d'officier
à l'École militaire de Paris

Une des tombes insolites du
cimetière du Montparnasse

LES SITES

CHAMP DE MARS
ET ÉCOLE MILITAIRE

Champ de Mars
✚ 66-67 H8•Champ de Mars, 75007
☎ Information Mairie de Paris : 3975
🕐 Toujours ouvert 💳 Gratuit 🚇 École
militaire 🚌 42, 69, 80, 82, 87 🚊 RER
ligne C, Champ de Mars-Tour Eiffel

École militaire
✚ 66 H8•1, place Joffre, 75007
🕐 Visites sur demande écrite
uniquement 🚇 École Militaire 🚌 28,
80, 82, 87, 92

Les pelouses du Champ de Mars
forment une succession de
rectangles entre la tour Eiffel et
de l'École militaire du XVIIIe siècle,
très imposante. Ici, les Romains
chassèrent les Parisii en 52 av. J.-C.
Plus tard, les Parisiens
repoussèrent les Vikings.
   Le Champ de Mars fut
transformé en terrain de
manœuvres en 1765. Son nom
fait référence à Mars, dieu romain
de la guerre. S'y sont déroulés
des célébrations nationales,
des parades, des expositions
internationales, des courses de
chevaux et même le premier vol
en ballon des frères Montgolfier.
Aujourd'hui, c'est le rendez-vous
des joggers, des familles et
des touristes qui flânent à l'ombre
de la tour Eiffel.
   Avec son dôme et ses colonnes,
l'École militaire fait face à la tour
Eiffel. Louis XV et sa maîtresse,
madame de Pompadour,
commandèrent sa construction
en 1751, pour entraîner les
gentilshommes pauvres, futurs
officiers. L'architecte Jacques-Ange
Gabriel, également celui de la
Concorde et du Petit Trianon de
Versailles, dirigea les travaux. La
construction de l'École s'acheva
en 1773 et c'est un nouvel impôt
sur les jeux de cartes et la loterie
qui finança les uniformes des
cadets, et parmi eux, de Napoléon
Bonaparte, qui intégra l'école
en 1784, à l'âge de 15 ans.

CIMETIÈRE
DE MONTMARTRE

✚ 69 L2•20, avenue Rachel, 75018
☎ 01 53 42 36 30 🕐 Mi-mars-mi-oct.
lun.-sam. 8 h-18 h, dim. 9 h-18 h ; le
reste de l'année lun.-sam. 8 h 30-
17 h 30, dim. 9 h-17 h 30 (dernière
entrée 15 min. avant la fermeture)
💳 Gratuit 🚇 Place de Clichy/Blanche
🚌 30, 54, 74, 80, 95
www.paris.fr

Le cimetière de Montmartre
abrite les tombes de personnages
célèbres, parmi lesquels
les compositeurs Hector Berlioz
et Jacques Offenbach,
l'écrivain Henri Stendhal et
les peintres Edgar Degas et
Jean-Baptiste Greuze. La
sépulture d'Émile Zola est située
à côté d'un rond-point fleuri
proche de l'entrée principale, bien
que les restes
de l'écrivain
aient été
transférés
au Panthéon
en 1906
(▷ 144). Dans
ce cimetière, créé
en 1798, on
découvrira également les
tombes de Louise Weber,
danseuse du Moulin Rouge
surnommée La Goulue et
immortalisée par Toulouse-
Lautrec. Les amateurs de jazz
s'intéresseront peut-être à la
tombe d'Adolphe Sax, inventeur
du saxophone.
   À l'entrée principale, un
panneau indique les dates et
heures des visites guidées.

CIMETIÈRE DU
MONTPARNASSE

✚ 69 L2•20, avenue Rachel, 75014.
☎ tél. : 01 44 10 86 50 🕐 Mi-mars-
début nov., lun.-ven. 8 h-18 h, sam.
8 h 30-18 h, dim. 9 h-18 h, le reste de
l'année lun.-ven. 8 h-17 h 30, sam.
8 h 30-17 h 30, dim. 9 h-17 h 30
💳 Gratuit 🚇 Edgar Quinet, Raspail,
Montparnasse-Bienvenue, 🚌 28, 68

Le cimetière du Montparnasse
ouvrit en 1824 et devint la
nécropole de nombreux notables
des arrondissements proches.
Il abrite les sépultures
d'écrivains, de compositeurs,
de musiciens, de peintres et de
sculpteurs, en particulier Jean-Paul
Sartre, Simone de Beauvoir,
Charles Baudelaire, Guy de
Maupassant, Constantin Brancusi,
Camille Saint-Saëns, Ossip
Zadkine et Auguste Bartholdi,
père de la statue de la Liberté.
On y trouve également les
tombes du constructeur André
Citroën et du Premier ministre
Pierre Laval, exécuté pour trahison
après la Seconde Guerre
mondiale, sans compter celle de
Serge Gainsbourg. Dans le secteur
nord-est du cimetière, se trouve
une version du Baiser de
Brancusi, sculpture probablement
réalisée en écho au fameux
Baiser de Rodin.

LES SITES

Statue décorant une tombe
du cimetière du Montparnasse

Une avenue pavée du cimetière du Père-Lachaise

CIMETIÈRE DU PÈRE-LACHAISE

L'un des cimetières les plus célèbres du monde.

MÉMO

✚ 327 S6•boulevard de Ménilmontant, 75020 ☎ 01 55 25 82 10
◉ Mi-mars-début nov. lun.-ven. 8 h-18 h, sam. 8 h 30-18 h, dim. 9 h-18 h ; le reste de l'année lun.-ven. 8 h-17 h 30, sam. 8 h 30-17 h 30, dim. 9 h-17 h 30 ; dernière entrée 15 min avant la fermeture
🚇 Gratuit 🚇 Père-Lachaise, Gambetta 🚌 61, 69 💬 Visites guidées en anglais juil., août, sam.15 h (6 €)
🚻 🚫 Aux entrées principales (avenue du Père-Lachaise et boulevard de Ménilmontant), les marchands de journaux et les fleuristes vendent le plan du cimetière. Vous pouvez aussi vous adresser au bureau situé près de l'entrée de l'avenue du Père-Lachaise.

À SAVOIR

● Évitez les visites les jours de grand vent à cause des risques de chutes de branches d'arbres.
● Le cimetière est immense et des plans sont affichés un peu partout, mais il est conseillé de se procurer son propre plan pour trouver les tombes que l'on cherche (voir ci-dessus).

Tombe du journaliste du XIXᵉ siècle Victor Noir (en haut)

De grands personnages comme Frédéric Chopin, Marcel Proust et Oscar Wilde sont inhumés au Père-Lachaise. Implanté dans l'est parisien, le cimetière couvre 44 ha sur la colline de Ménilmontant et renferme près 70 000 sépultures. Les allées pavées et arborées séparent tombeaux et mausolées de différents styles. Loin d'être lugubre, une promenade au Père-Lachaise est plutôt paisible et enrichissante.

UN PEU D'HISTOIRE
Le cimetière doit son nom au confesseur de Louis XIV, le père de la Chaize, alors propriétaire de la colline. Dès 1803, l'architecte Brongniart voulut que les sépultures soient intégrées à la végétation, en s'inspirant des jardins à l'anglaise. La popularité du cimetière date du transfert des sépultures de Molière et de La Fontaine, et des amants tragiques Héloïse et Abélard. Le Père-Lachaise devint alors un cimetière en vogue.

DES TOMBES CÉLÈBRES
Le cimetière du Père-Lachaise est devenu un lieu de pèlerinage. Les tombes de Frédéric Chopin et de Georges Bizet sont parmi les plus visitées, sans oublier celles du baron Haussmann, des peintres Amedeo Modigliani et Eugène Delacroix, des chanteuses Édith Piaf et Maria Callas, des écrivains Marcel Proust, Honoré de Balzac et Oscar Wilde, des actrices Simone Signoret et Sarah Bernhardt, de l'acteur Yves Montand et de la danseuse Isadora Duncan. Jim Morrison, chanteur du groupe californien The Doors, mourut à Paris en 1971 et sa tombe attira très rapidement des centaines d'admirateurs, qui viennent aujourd'hui encore s'y recueillir et déposer des fleurs. Elle est souvent couverte de graffiti, que l'administration du cimetière fait nettoyer régulièrement. En août 2003, l'actrice Marie Trintignant y fut inhumée.

LIEU DE MÉMOIRE
Dans la partie est du cimetière, le mur des Fédérés rappelle la mort tragique de milliers de communards et les exécutions sommaires qui eurent lieu en 1871 à cet endroit – 147 survivants de la Commune furent alignés contre le mur, fusillés et ensevelis dans une fosse commune voisine. Une dizaine de monuments rappellent les souffrances des déportés dans les camps de concentration et la lutte des Résistants contre les Nazis au cours de la Seconde Guerre mondiale.

La Conciergerie

Dans ce palais gothique plane le souvenir des exécutions de la Révolution française.
Les prisonniers y passaient leurs derniers jours avant d'être guillotinés.
Le bâtiment abrite la plus ancienne salle médiévale d'Europe et des cuisines
réalisées vers 1350 pour le roi Jean le Bon.

Éclairage spectaculaire des tours gothiques de la Conciergerie

DÉCOUVRIR LA CONCIERGERIE

Lorsqu'on découvre la Conciergerie illuminée au cours d'une croisière nocturne à bord d'un bateau-mouche, on a peine à imaginer la terreur qui régna dans cette prison durant cinq siècles. Dans la première salle pourtant, l'oppression reste palpable.

Entrez par le boulevard du Palais, à deux pas du Palais de Justice. Vous pouvez acheter un billet combiné avec la Sainte-Chapelle (▷ 158-160). Prenez un plan à l'entrée, la signalisation étant confuse. La salle des Gens d'Armes, les cuisines et la salle des Gardes datent du Moyen Âge, quand la Conciergerie était un palais royal. Pour découvrir son rôle au cours de la Révolution, allez vers la galerie des Prisonniers, au sud-ouest de la salle principale. Vous y verrez une reconstitution de la cellule de Marie-Antoinette.

LES PLUS		
Histoire	●●●●
Photo (depuis la Seine)	●●●

L'ESSENTIEL

LES SALLES GOTHIQUES

Dès l'entrée, vous êtes plongé dans la pénombre d'une immense salle dont on dit qu'elle est la plus ancienne de l'époque médiévale en Europe. Un subtil éclairage renforce l'atmosphère de la salle des Gens d'Armes, de 63 m de long, 27,40 m de large et 8,50 m de haut. Datant du du XIVe siècle, elle formait autrefois le sous-sol de la Grand'Salle. La salle des Gens d'Armes servait de réfectoire aux gens du roi, qui pouvaient s'y tenir à 2 000 en même temps.

Les banquets et les mariages royaux étaient célébrés à l'étage supérieur. Plus tard, la salle fut divisée et louée à des commerçants. Au XIXe siècle, elle fut restaurée par Viollet-le-Duc. Un escalier en colimaçon mène aux cuisines, où quatre énormes cheminées pouvaient contenir chacune plusieurs moutons à la broche. Quittez les cuisines pour retourner dans la salle des Gens d'Armes et monter vers la salle des Gardes, au nord-est. Cette salle gothique se trouvait sous la Grand'Chambre, où la cour révolutionnaire délivrait ses sentences de mort.

RECONSTITUER LA RÉVOLUTION

La galerie des Prisonniers était alors la partie la plus animée de la prison. Là se croisaient avocats, visiteurs et détenus. Ne manquez pas de visiter la reconstitution des locaux du greffier et du concierge, ainsi que la salle de la Toilette, dans laquelle les barbiers coupaient les cheveux des futurs guillotinés. La reconstitution de la cellule de Marie-Antoinette est très émouvante. Le mobilier austère (qui n'est pas d'origine), le papier mural arraché et le regard noir du gardien donnent une idée des derniers jours de la reine.

Au 1er étage, on découvre sur un mur la liste des 2 780 personnes guillotinées entre mars 1793 et mai 1795. Plus loin, dans le sinistre couloir, une reconstitution des cachots rappelle les conditions de vie des prisonniers. La première cellule, sans lit ni lampe, était destinée aux indigents, appelés les *pailleux* (du mot *paille*). Les prisonniers plus fortunés partageaient une *chambre à la pistole*, avec des lits et des chaises. Enfin, les gens connus ou nantis avaient droit à une cellule individuelle, avec bureau, lit, lampe et livres.

La Loi et la Justice flanquent la tour de l'Horloge

✚ 67 M7•2, boulevard du Palais, Ile de
la Cité, 75001

☎ 01 53 40 60 93 ; 01 53 73 78 52

🕐 Tlj 9 h 30-18 h. Fermé les 1er jan.,
1er mai, 25 déc.

💳 Ad 6-10 € (9 € pour le billet   **7 €**
combiné avec la Sainte-Chapelle),
moins de 18 ans gratuit (papiers
d'identité demandés)

Ⓜ Cité, Châtelet

🚌 21, 24, 27, 38, 58, 81, 85, 96

Ⓡ RER ligne B, C Saint-Michel-Notre-
Dame

📢 Tlj visites guidées en français,
anglais, italien. Pas d'audioguides

🎧 6 €

📖 Librairie

🚻

www.monum.fr
En français, anglais ; site facile à utiliser,
avec photos et information historique

LES SITES

À SAVOIR

● Pour visiter la Sainte-
Chapelle, commencez par
la Conciergerie et achetez
un billet combiné pour éviter
de faire la queue à l'entrée
de la chapelle. Il y a moins
de monde le matin.

● Les principales salles
de la Conciergerie n'étant
pas meublées, il est difficile
d'imaginer les événements
qui s'y déroulèrent. Il faut faire
appel à son imagination.

● Côté fleuve, on aperçoit
la tour de l'Horloge, première
horloge publique parisienne,
installée en 1370. L'horloge
actuelle, flanquée de
sculptures représentant
la Loi et la Justice, date du
XVIe siècle.

LA CHAPELLE

Au bout du couloir situé à l'étage, un escalier conduit à la petite
chapelle royale, dite chapelle des Girondins, en souvenir des
21 condamnés Girondins qui passèrent, assis autour d'une table
de banquet, la nuit précédant leur exécution (les Girondins siégeaient
à gauche de l'Assemblée législative en 1791). La chapelle
expiatoire fut construite à l'emplacement de la véritable cellule
de Marie-Antoinette, sur ordre de Louis XVIII, à la mémoire
des membres de la famille royale tués pendant la Révolution.

*La salle des Gens d'Armes
(ci-dessus) serait la plus vieille
salle médiévale d'Europe*

HISTOIRE

Avant d'être une prison, la Conciergerie était un palais royal
faisant partie de l'ensemble Sainte Chapelle-Palais de Justice.
Les plus anciennes parties de la Conciergerie datent du début
du XIVe siècle – mais il semble qu'une forteresse gallo-romaine
se dressait déjà à l'ouest de l'île de la Cité à l'époque romaine.
À la fin du XIVe siècle, Charles V en eut assez de vivre dans
ce palais, qui devint une cour de justice et une prison, tout
en gardant quelques fonctions royales. C'est à cette époque que
le palais reçut son nom actuel, le concierge étant un personnage
important du Palais. Pendant la Révolution, 4 000 détenus
occupèrent la prison, jusqu'à 600 en même temps. Les cellules
étaient surpeuplées et les maladies sévissaient. Les prisonniers
y étaient enfermés, en attendant l'affreuse traversée de la ville
qui devait les conduire à la guillotine. La Conciergerie resta
une prison jusqu'en 1914. Aujourd'hui, elle offre aux visiteurs un
aperçu sur l'une des périodes les plus noires de l'histoire de Paris.

Immeuble de bureaux futuriste
à La Défense

Entrée de l'espace Montmartre
Salvador Dalí

Macarons chez Ladurée, rue Royale,
près du faubourg Saint-Honoré

LES SITES

LA DÉFENSE

✈ 333 B2•92044 🚇 Grande Arche
de La Défense 🚌 73 🚈 RER ligne A,
La Défense 🍴 Voir sélection

Après avoir visité le cœur
historique de Paris, La Défense
vous plonge dans un quartier
d'affaires, avec ses hauts
immeubles implantés à la limite
ouest de la capitale. En dehors
des bureaux, vous trouverez le
centre commercial des Quatre
Temps et l'immeuble du CNIT
(centre de Nouvelles Industries
et Technologies), qui ressemble
à une coquille retournée.
À ne pas manquer : l'attrait
touristique majeur du quartier
est la Grande Arche (▷ 94),
qui dresse ses 110 m de hauteur
au-dessus de la place piétonne
dite le Parvis. Du toit de cette
arche géante de 300 000 tonnes,
on découvre Paris et les
promeneurs du Parvis réduits
à la dimension de fourmis.

DROUOT

✈ 69 M5•9 rue Drouot, 75009
☎ 01 48 00 20 20 🕐 Sept.-fin juil.
lun.-sam. 11 h-18 h, dim. horaires
variables 🎟 Gratuit 🚇 Richelieu-
Drouot, Le Peletier 🚌 67, 74, 85
www.drouot.fr

Bâtie au XIXᵉ siècle, la salle
des ventes de l'Hôtel Drouot doit
son nom au comte de Drouot,
aide de camp de Napoléon Iᵉʳ.
Elle comporte 16 salles de vente,
dans lesquelles les enchères
commencent à 14 h. On peut
voir les objets la veille de la vente
de 11 h à 18 h et de 11 h à midi
le jour même. Pour en savoir plus,
consultez le site Internet et lisez
La Gazette de l'Hôtel Drouot,
publiée chaque semaine.

LES ÉGOUTS

✈ 66 H6•Place de la Résistance (Pont
de l'Alma). Entrée en face du 93, quai
d'Orsay, 75007 ☎ 01 53 68 27 81
🕐 Mai-fin sept., sam.-mer. 11 h-17 h ;

le reste de l'année sam.-mer. 11 h-16 h.
Fermé les trois dernières semaines de
jan. 🎟 Ad. 3,80 €, enf. 3,05 €, moins de
5 ans gratuit 🚇 Alma-Marceau 🚌 42,
63, 80, 92 🚈 RER ligne C, Pont-de-l'Alma
www.paris.fr

Aussi étrange que celui puisse
paraître, les égouts de Paris
attirent les visiteurs. Un guide
vous emmène dans un labyrinthe
souterrain d'environ 2 100 km,
avec une présentation
audiovisuelle. On doit les égouts
au baron Haussmann (fin du
XIXᵉ siècle). Pendant la Seconde
Guerre mondiale, les Allemands
y aménagèrent des bureaux. Les
égouts jouent un rôle important
dans Les Misérables de Victor
Hugo et le Fantôme de l'Opéra
de Gaston Leroux.

ESPACE MONTMARTRE
SALVADOR DALÍ

✈ 69 M3•11, rue Poulbot (près de la
place du Tertre), 75018 ☎ 01 42 64 40
10 🕐 Tlj 10 h-18 h 30 🎟 Ad. 8 €,
enf. 7 €, moins de 8 ans gratuit.
Audioguide 2 €
🚇 Abbesses 🚌 80, Montmartrobus
www.daliparis.com

Le musée présente une exposition
permanente de 300 œuvres du
peintre surréaliste catalan Salvador
Dali (1904-1989), qui s'installa
à Paris à la fin des années 1920.
Le cadre est fantasmagorique,
les murs noirs faisant ressortir
les sculptures et les gravures
du maître. C'est la plus importante
collection de Dali en France.

LES FAUBOURGS

Faubourg Saint-Honoré
✈ 66 J5•Autour de la rue du Faubourg
Saint-Honoré 🚇 Saint-Philippe-du-
Roule, Miromesnil, Ternes 🚌 43, 52, 93

Faubourg Saint-Antoine
✈ Carte 68Q8•Autour de la rue du
Faubourg Saint-Antoine 🚇 Bastille,
Ledru Rollin, Faidherbe Chaligny, Nation
🚌 76, 86 🚈 RER ligne A, Nation

Faubourg Saint-Germain
✈ 67 K8•À l'ouest de Saint-Germain-
des-Prés, y compris la rue de Varenne
🚇 Varenne
🚌 69, 87
🚈 RER ligne C, Invalides

Faubourg Montmartre
✈ 69 M4-5•Autour de la rue du
Faubourg Montmartre
🚇 Grands Boulevards, Le Peletier
🚌 48, 67, 74, 85

Les faubourgs (faux bourgs)
furent les premières banlieues
de la capitale et pendant
des années, ce mot eut
une connotation péjorative.
Aujourd'hui, au contraire,
les faubourgs parisiens sont
devenus des quartiers prisés.
L'un des plus anciens est le
Faubourg Saint-Honoré, qui
prolonge la rue Saint-Honoré,
sur la rive droite de la Seine. On
y trouve des magasins de luxe,
des boutiques design et le palais
de l'Élysée, résidence officielle
du président de la République.
Le faubourg Saint-Antoine,
qui va de Bastille à Nation,
fut le théâtre des manifestations
des ouvriers du meuble en 1789.
Aujourd'hui plus paisible,
le faubourg garde la mémoire
vivante du savoir faire de
ses premiers artisans.
Pour retrouver l'atmosphère
des faubourgs, visitez le quartier
compris entre le faubourg
Montmartre et le faubourg
Poissonnière. La rue du faubourg
Montmartre part des grands
boulevards en direction de Pigalle
et de la butte Montmartre.
Elle fourmille de bars et
de restaurants bon marché.
Au sud de la Seine,
le faubourg Saint-Germain,
terrain marécageux au Moyen
Âge, devint un quartier bourgeois
au XVIIIᵉ siècle. Les élégantes
demeures de l'époque sont
aujourd'hui des ambassades
ou des ministères.

La fondation Cartier se consacre aux expositions d'art contemporain

FONDATION CARTIER

✚ 330 L10•261, boulevard Raspail, 75014 ☎ 01 42 18 56 50 🕐 Mar.-dim. 12 h-20 h 🎫 Ad. 6,50 €, enf. (11-24 ans) 4,50 €, moins de 10 ans gratuit Ⓜ Raspail 🚌 38, 68, 91 ℹ Soirées nomades, certains jeudis à 20 h 30 (réservation nécessaire, tél. : 01 42 18 56 72)
www.fondation.cartier.fr

Depuis sa création en 1984, la Fondation Cartier a pour objectif de promouvoir l'art contemporain. En 1994, la fondation s'installa au centre de Paris dans un bâtiment de verre et d'acier dessiné par l'architecte Jean Nouvel. L'intérieur spacieux et lumineux est le lieu idéal pour présenter les expositions temporaires et permanentes d'art français et international. De vastes baies vitrées ouvrent sur le jardin et le petit amphithéâtre créés par Lothar Baumgarten.

FONTAINE DES INNOCENTS

✚ 67 N6/7•square des Innocents, près du Forum des Halles, 75001 Ⓜ Châtelet, Les Halles 🚌 38, 47 (et tous les bus qui longent la rue de Rivoli) Ⓜ Châtelet- les-Halles 🍴 Nombreux dans les Halles ⚠ À éviter seul la nuit

Cette fontaine Renaissance, qui date du milieu XVIe siècle, n'a pas toujours été installée au centre du square des Innocents. À l'origine, elle se dressait à l'angle de la rue Berger et de la rue Saint-Denis, avant d'être déplacée, à la fin du XVIIIe siècle, sur le site du cimetière des Saints Innocents, surpeuplé. Les deux millions de squelettes du cimetière furent transférés aux catacombes (▷ 81). On ajouta alors une quatrième face à la fontaine, sculptée par Augustin Pajou. Les trois faces d'origine avaient été dessinées par Pierre Lescot et sculptées par Jean Goujon.

LES GALERIES

Au début du XIXe siècle, Parisiens et Parisiennes faisaient leurs achats dans les élégantes boutiques de passages couverts ornés de verrières et de sols décorés.

Galerie Vivienne ✚ 67 M6•4, rue des Petits-Champs/6, rue Vivienne/5, rue de la Banque, 75002 Ⓜ Bourse
Galerie Colbert ✚ 67 M6•6, rue des Petits-Champs, 75002 Ⓜ Bourse
Passage des Panoramas ✚ 69 M5•11, boulevard Montmartre/10 rue Saint-Marc, 75002 Ⓜ Grands Boulevards
Galerie Véro-Dodat ✚ 67 M6•19, rue Jean-Jacques Rousseau, 75001 Ⓜ Palais-Royal-Musée du Louvre
Passage Jouffroy ✚ 69 M5•10, boulevard Montmartre, 75009 Ⓜ Grands Boulevards
Passage Verdeau ✚ 69 M5•31bis, rue du Faubourg-Montmartre, 75009 Ⓜ Le Peletier
http://parisinconnu.com/passages (uniquement en français)

LES PLUS			
Histoire	●	●	●
Shopping	●	●	● ●
Prix justifié			GRATUIT

À SAVOIR

Profitez d'un jour de pluie pour visiter les galeries parisiennes et prenez le temps de flâner devant les vitrines des magasins ou d'admirer simplement les verrières et les sols décorés.
Prenez un verre à l'une des tables de café sorties dans le passage et laissez-vous emporter dans le Paris du XIXe siècle.

Entre la fin du XVIIIe et le début du XIXe siècle, on construisit un réseau de galeries sur la rive droite. Il reste moins de 30 passages sur les 140 qui existaient à l'origine. Beaucoup ont été restaurés ; d'autres ne sont plus que vestiges poussiéreux. La galerie Vivienne, construite en 1823, est certainement la plus élégante, avec portes en fer forgé, verrière d'origine, lustres et sols en mosaïque. Legrand, un excellent caviste, y est installé, ainsi qu'un magasin de jouets, une librairie fondée en 1826, des boutiques élégantes et un joli salon de thé avec des tables installées sous la haute verrière.
Parallèle à la galerie Vivienne, la galerie Colbert, édifiée en 1826, est aujourd'hui une annexe de la Bibliothèque nationale de France. On y trouve de belles boutiques et la célèbre brasserie Le Grand Colbert. Des expositions sont organisées dans les galeries et les auditoriums. Le passage des Panoramas, construit en 1800, abrite des boutiques, des cafés-restaurants et une trattoria italienne.
La pittoresque galerie Véro-Dodat fut percée en 1826, pour le compte de deux charcutiers à qui elle doit son nom. Elle fut la première artère parisienne éclairée au gaz. Le sol en marbre noir et blanc, les devantures de bois sombre et le plafond somptueux créent un cadre idéal pour ses restaurants rétro et ses boutiques d'antiquités. Ne quittez pas le quartier sans visiter les passages Jouffroy et Verdeau.

La galerie Vivienne est l'une des plus élégantes de la capitale

La Grande Arche domine La Défense du haut de ses 110 m (ci-dessus)
Une des installations contemporaines du quartier (ci-contre)

MÉMO

✚ 333 A2•1 parvis de La Défense, 92044

☎ 01 49 07 27 57

🕐 Avr.-fin sept. dim.-ven. 10 h-19 h, sam. 10 h-20 h ; le reste de l'année tlj 10 h-19 h ; dernière entrée 30 min avant la fermeture

💰 Ad. 7,50 €, enf. (6-17 ans) 6 €

🚇 Grande Arche de La Défense

🚌 73

🚉 RER ligne A, La Défense

🅿 6 €

🍴 Restaurant du toit de la Grande Arche, sans aucun panorama

📚 Petite librairie/boutique de cadeaux au dernier étage

🚻

www.grandearche.com
En français et en anglais ; informations sur les expositions et les photos des panoramas

À SAVOIR

● Pour apprécier une vue sur l'Arc de Triomphe, arrêtez-vous sur la 54e marche de l'escalier en marbre qui conduit aux ascenseurs de la Grande Arche.

● Pour s'imprégner de l'agitation du quartier d'affaires de La Défense, il faut venir un jour de semaine.

LA GRANDE ARCHE

Le monument contemporain le plus étonnant de la capitale.

Vue d'en dessous, la Grande Arche est plus impressionnante que Notre-Dame par sa hauteur et que les Champs-Élysées par sa largeur. À la fois monument et bâtiment fonctionnel, elle fut conçue pour faire partie de l'axe historique de Paris. Attraction principale du centre d'affaires de La Défense (▷ 92), l'Arche fut terminée en 1989, juste à temps pour célébrer le bicentenaire de la Révolution française.

UNE VISION VERTIGINEUSE

Découvrir la Grande Arche lorsque l'on se trouve dessous donne le frisson. Au-dessus de notre tête, un gigantesque cube de béton évidé de 300 000 tonnes, recouvert de verre et de marbre s'élève à 110 m de haut. Mais le vertige est encore plus grand lorsqu'on emprunte l'un des ascenseurs panoramiques qui mène jusqu'au belvédère. L'ascenseur dépose les visiteurs dans un endroit fermé, sans baies vitrées. Pour profiter de la vue, il faut sortir et faire quelques pas pour admirer le panorama (malheureusement partiellement bouché par une rambarde métallique et par les tours de la Défense). La vue depuis la Grande Arche offre un spectacle totalement différent de celui de la tour Eiffel et de l'Arc de Triomphe. Par temps clair, on a un regard nouveau sur l'axe historique de Paris (▷ 79), l'Arc de Triomphe, la Concorde, les Tuileries et la cour du Louvre. Vers la droite, on découvre la tour Eiffel et la tour Montparnasse dans son alignement. De retour à l'intérieur de l'Arche, on trouvera un restaurant et un espace consacré à des expositions temporaires.

VINGT ANS APRÈS

Après 20 ans de polémiques, la Grande Arche de La Défense put enfin voir le jour. L'architecte danois Otto von Spreckelsen fut choisi en 1983, après un concours international. Et l'Arche, cet arc de triomphe moderne, fit partie des « grands projets » de François Mitterrand (▷ 39). La Jetée, une promenade qui débute derrière la Grande Arche et surplombe les jardins, fut inaugurée quelque temps avant l'achèvement de l'Arche.

Des statues étincelantes gardent
le toit de l'Hôtel de Ville

GRAND PALAIS

Avec les Galeries nationales et le palais de la Découverte, ce bâtiment est à la fois temple de l'art et musée de la science.

Grand Palais

⊞ 66 J6•avenue Winston Churchill, 75008 (entrée avenue du Général Eisenhower) ☎ 01 44 13 17 17 ; réservations 0892 684694 🕔 Jeu.-lun. 10 h-20 h, mer. 10 h-22 h 🚇 En fonction des expositions 🚇 Champs-Élysées-Clemenceau 🚌 42, 73, 83, 93 🚍 En fonction des expositions 🎧 Audioguides disponibles 📷 📖 Librairie 🛍 www.rmn.fr/galeriesnationalesdu grandpalais

Palais de la Découverte

⊞ 66 J6•avenue Franklin D. Roosevelt, 75008 ☎ 01 56 43 20 21 🕔 Mar.-sam. 9 h 30-18 h, dim. 10 h-19 h 💰 Ad. 6,50 €, enf. (5-18 ans) 4 €, 3,50 € en plus pour le Planétarium 🚇 Champs-Élysées-Clemenceau 🚌 28, 42, 72, 73, 83, 93 📷 📖 🛍 www.palais-decouverte.fr

LES PLUS			
Culture	●	●	● ●
Histoire	●	● ●	
Photo (extérieur)	●	● ●	

MÉMO
● Il est conseillé de réserver pour les expositions du Grand Palais, surtout si vous souhaitez vous y rendre avant midi. Réservez par téléphone ou sur le site www.fnac.com ● Les expositions du palais de la Découverte peuvent être d'un intérêt limité pour les enfants qui ne parlent pas français. ● Même si vous ne visitez pas le musée de la Science, jetez un coup d'œil dans le hall prestigieux avec son sol incrusté de mosaïque et son dôme en verre.

Remarquable pour ses verrières et ses dômes métalliques, le Grand Palais occupe une situation idéale entre la Seine et les Champs-Élysées. Il fut construit pour l'Exposition universelle de 1900, comme le pont Alexandre III et le Petit Palais, tout proches. L'idée était de former un axe prestigieux entre le dôme doré des Invalides et les Champs-Élysées. Le Grand Palais est un mélange surprenant d'Art nouveau et de néoclassicisme et il est conseillé d'admirer ses façades avant d'entrer voir les expositions.

Le bâtiment accueille d'importantes expositions temporaires, très prisées du public – les files d'attente peuvent être interminables, les réservations valent donc bien quelques euros de plus. Dans la partie ouest se trouve le palais de la Découverte, musée parisien des sciences, principalement destiné à la jeunesse, avec le Planétarium. Les enfants y apprennent toutes sortes de choses – des changements climatiques au fonctionnement du cœur humain.

Juste en face, le Petit Palais vient de rouvrir ses portes après d'importants travaux de rénovation qui s'élèvent à près de 264 millions d'euros – et a repris sa fonction de musée des Beaux-Arts de la capitale, avec un choix éclectique de peintures datant essentiellement du XIXe siècle. À l'extérieur, vous pourriez voir une statue de Winston Churchill réalisée par Jean Cardot.
À ne pas manquer : les magnifiques frises des façades est et ouest du Grand Palais.

LES HALLES

⊞ 68 N6•75001 (quartier délimité par la rue Beaubourg, la rue du Louvre, la rue Réaumur et la rue de Rivoli) 🚇 Les Halles 🚌 29, 38, 47 🚍 Châtelet-Les-Halles 🍴 Au Pied de Cochon, 6, rue Coquillière 🔶 Les Halles : quartier peu sûr la nuit, surtout rue Saint-Denis www.forum-des-halles.com

Le quartier qu'Émile Zola nommait « le ventre de Paris » est un mélange d'ancien et de moderne, de pittoresque et d'équivoque. Au XIIe siècle, déjà, le quartier abritait l'énorme marché alimentaire qui approvisionnait Paris. En 1969, on supprima les pavillons construits dans les années 1860. Dix ans plus tard, ils furent remplacés par le forum des Halles, centre commercial souterrain. Ne quittez pas le quartier sans visiter l'église Saint-Eustache (▷ 161) et sans voir la fontaine des Innocents (▷ 93).
À ne pas manquer : on retrouve l'atmosphère d'antan dans quelques rues environnantes, en particulier la rue Montorgueil.

HÔTEL DE VILLE

⊞ 68 N7•place de l'Hôtel de Ville, 75004 ☎ 01 42 76 40 40 🕔 Visites guidées hebdomadaires en français, uniquement sur rendez-vous ; appelez le 01 42 76 54 04 au moins 7 jours à l'avance 🕔 Visites guidées gratuites 🚇 Hôtel de Ville 🚌 38, 47, 58, 67, 70, 72, 74, 75, 96 www.paris.fr

Cet imposant édifice de style néo-Renaissance date de la fin du XIXe siècle. Incendié en 1871 par les Communards, il fut reconstruit à l'identique entre 1873 et 1882.
À ne pas manquer : la place de l'Hôtel de Ville est piétonne. Les jets d'eau couvrent en partie le bruit des voitures et c'est l'endroit idéal pour admirer les 136 statues qui ornent la façade de l'édifice.

LES SITES

Île de la Cité

Cœur historique de Paris, l'île de la Cité présente une concentration de monuments prestigieux et débouche sur l'un des plus beaux paysages la capitale. La Conciergerie, la Sainte-Chapelle et l'incomparable cathédrale Notre-Dame sont incontournables.

La pointe occidentale de l'île de la Cité est reliée aux rives droite et gauche par le Pont-Neuf (ci-dessus)
Intérieur du Mémorial des martyrs de la déportation (en haut)

LES PLUS

Pour les enfants	● ● ●
Histoire	● ● ● ● ●
Photo	● ● ● ● ●

MÉMO

✚ 68 N7•Île de la Cité, 75001 et 75004

🚇 Cité (ou Pont-Neuf, St-Michel, Châtelet, Hôtel de Ville)

🚌 21, 24, 27, 38, 47, 58, 70, 85, 96

🚈 RER ligne B, C, Saint-Michel-Notre-Dame

🔲 Dans l'île de la Cité, l'île Saint-Louis toute proche et le Quartier Latin

📖 Sélection

Portail du palais de Justice

DÉCOUVRIR L'ÎLE DE LA CITÉ

L'histoire de Paris commença dans l'île de la Cité, il y a plus de 2 000 ans. Aujourd'hui, l'île est l'un des quartiers les plus vivants de la capitale, avec ses visiteurs, sa circulation et son architecture admirable. Elle s'étend au milieu de la Seine, tenant compagnie à l'île Saint-Louis. Pour apprécier pleinement son architecture, prenez un bateau au Pont Neuf, le plus ancien pont de Paris. Vous découvrirez la majestueuse cathédrale Notre-Dame qui domine la rive gauche du fleuve et la façade austère de la Conciergerie, prison redoutée sous la Révolution. Le soir, les illuminations rendent l'île de la Cité encore plus belle. À pied, son charme est plus difficile à apprécier : densité de la circulation, sirènes des voitures de police (la Préfecture est située là) et flot ininterrompu des touristes gâchent un peu la promenade. Votre persévérance sera récompensée par quelques-uns des plus beaux monuments de Paris.

L'ESSENTIEL

LES MONUMENTS

L'île de la Cité abrite trois des monuments historiques majeurs de la capitale – Notre-Dame (▷ 137-141), la Conciergerie (▷ 89-91) et la Sainte-Chapelle (▷ 158-160). Le plus célèbre est Notre-Dame, ce qui ne justifie pas de délaisser les deux autres. L'austérité des salles de la Conciergerie contraste avec l'élégance légère de la Sainte-Chapelle, moins intime que Notre-Dame, bien qu'elle soit plus petite.

UN PEU DE CALME

Après les visites incontournables, recherchez les endroits calmes où vous pourrez vous détendre et apprécier les panoramas. Le square Jean XXIII est le lieu idéal pour admirer tranquillement la cathédrale. À l'extrémité est de l'île, le square de l'Île de France offre de beaux panoramas sur la Seine et l'île Saint-Louis (▷ 98). C'est aussi là que vous trouverez le Mémorial des martyrs de la déportation (▷ 107).

À ne pas manquer : le marché aux fleurs, place Louis Lépine (▷ 190), le plus connu et l'un des rares de la capitale.

HISTOIRE

Le marché aux fleurs

La tribu celte des Parisii s'installa dans l'île de la Cité vers 250 av. J.-C.
Deux siècles plus tard, les Romains arrivèrent et fondèrent la ville
de Lutetia, qui se développa sur la rive gauche de la Seine.
Ils construisirent un palais fortifié pour le gouverneur dans la partie
occidentale de l'île de la Cité. En l'an 508 de notre ère, le roi des
Francs fit de l'île sa capitale et au Moyen Âge, l'île redevint le siège
du pouvoir politique, gagnant ainsi un palais royal (actuels palais
de Justice et Conciergerie). Au XIXe siècle, le baron Haussmann fit
raser une partie de l'île, seule méthode d'assainissement connue
à l'époque. Aujourd'hui, l'île de la Cité n'est plus une base politique,
mais elle reste un quartier administratif, avec le Palais de Justice
et la Préfecture de Police. L'île est également le cœur de la capitale
et de la France – l'étoile de bronze du parvis de Notre-Dame
marquant le point zéro à partir duquel les distances sont calculées.

Le fleuriste Patrick Allain,
rue Saint-Louis-en-l'Île

INSTITUT DU MONDE ARABE

**Incontournable pour tous ceux qui s'intéressent au monde
arabo-islamique et à l'architecture contemporaine.**

✚ 68 N8•1 rue des Fossés-Saint-
Bernard, 75005 ☎ 01 40 51 38 38
🕐 Mar.-dim.10 h-18 h. Bibliothèque :
sept.-fin juin 13 h-20 h ; juil., août
13 h-18 h 🚻 Ad. 5 €, enf. 4 €, moins

LES PLUS			
Culture	●	●	● ●
Histoire	●	●	●
Photo (extérieur et vue)	●	●	●

de 12 ans gratuit 🚇 Jussieu, Cardinal-Lemoine, Sully-Morland 🚌 24, 63, 67,
86, 87, 89 🗣 Visites guidées (en français) : sam., dim. 15 h. La visite dure
1 h 30, 3 € (ajoutés au prix d'entrée) 🍴 Le Ziryab, restaurant panoramique
et gastronomique (9e étage) ☕ Café Littéraire (r. de c) et le self-service
Le Moucharabieh (9e étage) 🏪 Boutique (r. de c) vend des livres, des CD, des
poteries et des cadeaux 🛍

www.imarabe.org (site en français, riche en informations sur le musée, la
bibliothèque, les expositions et les événements dans l'Institut ; informations
sur les pays arabes)

En 1974, la France et 19 États arabes décidèrent de créer
l'Institut du Monde arabe (IMA). L'acte fut signé en 1980 et
l'Institut ouvrit ses portes en 1987 sur la rive gauche de la Seine.
Le bâtiment de verre et d'aluminium est l'œuvre des architectes
Jean Nouvel, Pierre Soria, Gilbert Lezenes et de l'Architecture
Studio. L'édifice est une synthèse entre architecture occidentale
et architecture traditionnelle arabe. La façade sud consiste en
240 diaphragmes photosensibles qui s'ouvrent et se ferment
électroniquement. Ce dispositif reprend le principe des balcons
grillagés, appelés *moucharabiehs*, du Maroc. Les ascenseurs
transparents ultrarapides justifieraient à eux seuls une visite
à l'IMA. Empruntez-les jusqu'au 9e étage pour admirer la vue
sur la Seine ou manger dans l'élégant restaurant de l'Institut.

On entre au musée par le 7e étage et les expositions suivent
l'ordre chronologique jusqu'au 4e étage, avec plus de 600 pièces
exposées. De l'Espagne à l'Inde et de la préhistoire au
XIXe siècle, céramiques, bronzes, ivoires, astrolabes, calligraphies,
tapisseries, textiles et tapis reflètent la richesse de la civilisation
arabo-islamique. L'IMA présente aussi des expositions
temporaires de photos ou d'art contemporain.

L'Institut est beaucoup plus qu'un musée. Il abrite un centre
où l'on enseigne la langue et la civilisation arabes, un cinéma,
un auditorium, une bibliothèque riche de plus de 50 000
ouvrages et un espace audiovisuel. L'IMA favorise la recherche
et publie deux magazines : *Qantara*, sur les cultures arabe et
méditerranéenne, et *Al Moukhtarat*, une revue de presse des pays
arabes. Il propose des événements divers : conférences, musique,
danse et théâtre, ateliers de création et activités éducatives.

Les cellules photoélectriques filtrent la lumière du soleil à l'IMA

LES SITES

ÎLE SAINT-LOUIS

✚ 68 P8•Ile Saint-Louis, 75004
🚇 Pont Marie, Sully Morland 🚌 67,
86, 87 🍴 Sélection

Plus discrète que sa voisine, l'île
de la Cité, l'île Saint-Louis a su
garder une atmosphère de village.
Dans l'étroite rue Saint-Louis-en-
l'Île, les promeneurs font leur
shopping avant de déguster
un sorbet chez le célèbre glacier
Berthillon (*fermé lun., mar. et en
août*). Au XVIIe siècle, l'architecte
Louis Le Vau fit construire plusieurs
hôtels particuliers dans l'île. Heureux
du résultat, il décida de s'y installer.
À ne pas manquer : depuis la
pointe occidentale de l'île, vous
aurez une vue superbe sur
Notre-Dame.

INSTITUT DE FRANCE

✚ 67 L7•23, quai de Conti, 75006
☎ 01 44 41 44 41 🗣 Visites guidées
uniquement : sam., dim. à 15 h ;
réservation obligatoire, tél. : 01 44 41
44 35 🚻 Ad. 3,10€ 🚇 Pont Neuf,
Odéon, Louvre-Rivoli 🚌 24, 27, 58, 70
www.institut-de-france.fr

Dominé par sa célèbre coupole,
l'édifice de l'Institut de France
fut dessiné en 1663 par Louis
Le Vau et financé par le cardinal
Mazarin, qui souhaitait créer
un collège pour les étudiants
de province. Le collège ferma en
1790 et Napoléon y fit transférer
l'Institut de France en 1805.
Fondé en 1795, il a pour
vocation de protéger les arts,
la littérature et les sciences.
Il abrite cinq académies :
Inscriptions et Belles Lettres,
Sciences, Beaux-arts, Sciences
morales et politiques, ainsi
que la prestigieuse Académie
Française. Cette dernière, fondée
en 1635, est limitée à 40
membres. Elle est chargée
de définir la langue française et
de réactualiser le *Dictionnaire
de l'Académie française*.

Les Invalides

**Le musée de l'Armée est consacré aux campagnes militaires de Napoléon Ier.
On peut voir son tombeau sous le magnifique dôme doré des Invalides.**

La façade des Invalides mesure 195 m de long

*Le dôme des Invalides abrite
le tombeau de Napoléon Ier*

DÉCOUVRIR LES INVALIDES

Une visite de l'Hôtel national des Invalides, sur les pas de tant
de héros militaires parmi lesquels figurent le général de Gaulle
et Winston Churchill, offre un voyage passionnant dans
l'histoire. Cet ancien hôpital destiné aux soldats blessés abrite
aujourd'hui le musée de l'Armée. Sous le Dôme, est installé
le tombeau de Napoléon Ier. Le musée de l'Armée est l'un des
plus importants au monde. Parmi les imposantes collections
d'armes, d'armures, de drapeaux, d'uniformes et de tableaux,
allant du Moyen Âge à nos jours, on découvre de véritables
merveilles. Le musée est divisé en trois ailes – est, sud et ouest.
L'exposition consacrée à la Seconde Guerre mondiale est située
dans l'aile sud. Pour visiter le musée des Plans-Reliefs avec ses
imposantes maquettes de villes fortifiées françaises, rendez-
vous au quatrième étage de l'aile est. On pénètre dans l'église
du Dôme par la façade sud du complexe. Les collections
de figurines historiques constituent un fonds de quelque
150 000 figurines du XVIIIe au milieu du XXe siècle.

L'ESSENTIEL

LES CENDRES DE NAPOLÉON Ier

Le musée de l'Armée expose la redingote de l'empereur, son
chapeau, la selle du cheval de son couronnement et même l'un de
ces chevaux favoris naturalisé, le Vizir. Le musée présente également
une reconstitution de la chambre de Longwood, où il mourut, à
Sainte-Hélène, et quelques tableaux, parmi lesquels l'un de ses
portraits avant son abdication en 1814, par Paul Delaroche.

LES ESPACES DE LA SECONDE GUERRE MONDIALE

Sur trois étages de l'aile sud, les visiteurs ont accès à une
présentation chronologique des années de guerre, grâce à des films
d'archives, des photos et des objets du quotidien, qui évoquent
les horreurs de la guerre et le courage de ceux qui se sont dressés
contre Hitler. Vous trouverez par exemple un micro de la BBC,
des équipements de la Résistance française et une robe bleu, blanc,
rouge portée au cours des célébrations de la libération de Paris.

LES PLUS	
Pour les enfants	● ● ●
Histoire	● ● ● ●
Photo (extérieur)	● ● ●

MÉMO
✚ 66 J7•Hôtel national des Invalides, 129, rue de Grenelle, 75007
☎ 01 44 42 38 77
⊘ Avr.-fin sept. tlj 10 h-18 h (Église du Dôme mi-juin- mi-sept. également 6 h-19 h) ; le reste de l'année tlj 10 h-17 h. Fermé les 1er jan., 1er mai, 1er nov., 25 déc. et 1er lun. du mois
🎟 Ad. ✖€, moins de 18 ans gratuit
Ⓜ La-Tour-Maubourg, Invalides, Varenne
🚌 28, 63, 69, 82, 83, 93
🚆 RER ligne C, Invalides
🗺 Visites guidées
🎦 12 €
🍴 Salades, pizzas et sandwiches
🎁 Boutique de cadeaux/librairie
♿

8,50

www.invalides.org
En français et en anglais ; informations
pratiques et historiques

À SAVOIR

● Pour apprécier l'architecture majestueuse de l'Hôtel national des Invalides, il est conseillé d'arriver par le pont Alexandre III (▷ 151).

● Évitez la visite du musée de l'Armée entre 11 h et 13 h, à cause de la foule.

● Après la visite des Invalides, vous pourrez vous détendre dans le jardin du musée Rodin tout proche (▷ 136).

LA COUR D'HONNEUR

L'architecture imposante de la cour d'honneur mérite qu'on s'y arrête. Sur deux étages, les arcades étaient des lieux de passage très fréquentés à la fin du XVIIe siècle et au début du XVIIIe. À l'époque, il s'agissait d'une véritable petite ville, abritant 1 500 anciens combattants. Les postes étant très demandés, il fallait 20 ans de service pour y avoir accès. Dès leur arrivée, on prenait les mesures des soldats pour l'uniforme bleu et le chapeau noir et on leur fournissait un peigne, un couteau et une cuillère en bois. Le tabac était interdit et l'on ne pouvait sortir sans permission. Ceux qui désobéissaient étaient mis au régime à l'eau. Sur place, on trouvait un hôpital avec 40 infirmières. Au premier étage, on voit encore les petites portes grises qui ouvraient sur les dortoirs. Les murs des salles à manger des soldats étaient couverts de tableaux représentant des batailles. Aujourd'hui, l'Hôtel national des Invalides accueille encore une centaine d'anciens combattants.

L'ÉGLISE DU DÔME

Le dôme doré s'élève à 107 m au-dessus du monument, dédié a deux des plus grands et des plus charismatiques souverains de France, Louis XIV et Napoléon Ier. Le tombeau de l'empereur est gardé dans la crypte située à l'aplomb du dôme. Napoléon mourut en exil, dans l'île de Sainte-Hélène en 1821, mais et ses cendres ne furent transférées en France qu'en 1840. Il fallut encore 21 ans pour que soit achevé le mausolée – à cause de la polémique soulevée par les travaux d'excavation à l'intérieur de l'église. Les cendres de l'empereur sont conservées dans un sarcophage de porphyre rouge fixé sur un socle de granit vert. Les douze statues qui entourent le tombeau rappellent ses campagnes militaires. On pénètre dans l'église Saint-Louis des Invalides (ou église des Soldats) par la cour d'honneur, située derrière l'église du Dôme. Édifiée par Jules Hardouin-Mansart, elle faisait partie d'un vaste ensemble muni de deux entrées, l'une pour le roi Louis XIV (sur le côté sud de l'actuelle église du Dôme), l'autre pour les soldats (du côté nord de l'église des Soldats). Aujourd'hui, les deux églises – l'église du Dôme et l'église Saint-Louis-des-Invalides – sont séparées.

HISTOIRE

L'hôtel des Invalides fut créé pour hospitaliser les soldats blessés et les vétérans qui avaient servi le roi. Louis XIV fit appel à Libéral Bruant pour dessiner les plans de l'énorme bâtisse, dont la façade mesure 195 m. Les premiers soldats, arrivés en 1674, furent reçus par le roi en personne. Quant à l'église du Dôme, elle ne fut achevée qu'au bout de 32 ans. Pour dessiner les plans de l'église, le roi remplaça Bruant par l'architecte de Versailles Jules Hardouin-Mansart, en 1676. L'église, dédiée à saint Louis fut achevée en 1706 et inaugurée en grande pompe en présence du Roi Soleil.

La cour d'honneur et le dôme doré de l'église du Dôme (page de gauche)

Le tombeau de Napoléon dans la crypte de l'église du Dôme (à gauche)

L'hôtel des Invalides illuminé

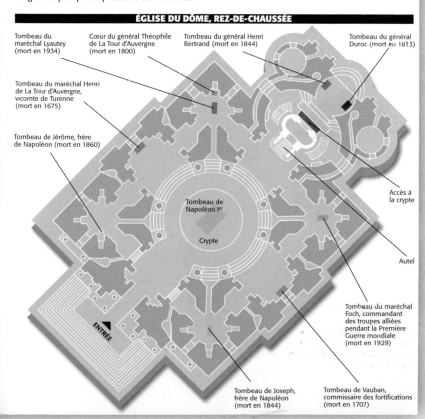

ÉGLISE DU DÔME, REZ-DE-CHAUSSÉE

Tombeau du maréchal Lyautey (mort en 1934)

Cœur du général Théophile de La Tour d'Auvergne (mort en 1800)

Tombeau du général Henri Bertrand (mort en 1844)

Tombeau du général Duroc (mort en 1813)

Tombeau du maréchal Henri de La Tour d'Auvergne, vicomte de Turenne (mort en 1675)

Tombeau de Jérôme, frère de Napoléon (mort en 1860)

Accès à la crypte

Tombeau de Napoléon Ier

Crypte

Autel

ENTRÉE

Tombeau du maréchal Foch, commandant des troupes alliées pendant la Première Guerre mondiale (mort en 1929)

Tombeau de Joseph, frère de Napoléon (mort en 1844)

Tombeau de Vauban, commissaire des fortifications (mort en 1707)

Jardin du Luxembourg

Le jardin du Luxembourg est l'un des plus fréquentés de la capitale. Jeux pour enfants, petits voiliers sur le grand bassin, parterres de fleurs et palais d'influence italienne permettent d'échapper à l'agitation du Quartier latin et de Saint-Germain-des-Prés.

Promenade à dos d'âne dans une allée du jardin

Voiliers miniatures dans le bassin

Le palais du Luxembourg abrite le Sénat

LES PLUS			
Pour les enfants	● ● ● ●		
Photo	● ● ●		
Prix			GRATUIT
Facilité d'accès	● ● ● ●		

Les oiseaux préfèrent les statues aux chaises métalliques

DÉCOUVRIR LE JARDIN DU LUXEMBOURG

Le jardin, qui s'étend sur 24 ha, est situé au sud du Quartier latin et de Saint-Germain-des-Prés. Les étudiants vont s'y détendre après leurs cours et les promeneurs peuvent s'y reposer entre deux visites touristiques. Il y a des entrées tout autour du jardin et de larges allées conduisent aux principaux pôles d'attraction, en particulier le grand bassin et le théâtre de marionnettes. On peut s'y reposer et y boire un verre. Le palais du Luxembourg, siège du Sénat, est situé au nord du jardin. Il est conseillé de réserver pour les visites guidées.

L'ESSENTIEL

UN HAVRE DE PAIX

Promenez-vous dans ce jardin public paysagé qui mélange les styles français, anglais et italien et admirez les plus beaux massifs de fleurs de Paris. Au centre, se trouve un grand bassin octogonal entouré de statues de reines et de dames de France. Par beau temps, les Parisiens vont au Luxembourg pour bronzer, jouer aux boules ou aux échecs, ou courir dans les allées ombragées. Le jardin possède des courts de tennis, un kiosque à musique et une école d'apiculture. Le musée du Luxembourg, ancienne orangerie, présente des expositions temporaires. Malgré la foule qui s'y prélasse, le jardin du Luxembourg reste un lieu de repos – mais il suffit d'apercevoir la tour Eiffel et la tour Montparnasse dans le lointain pour savoir qu'on est en plein cœur de Paris.

LE PALAIS DU LUXEMBOURG

L'architecture de ce palais témoigne de son inspiration florentine : c'est en effet Marie de Médicis qui le fit construire en 1615. Pendant la Révolution, le palais servit de prison et aujourd'hui il abrite le Sénat.

Les moineaux sont peu farouches

ACTIVITÉS POUR ENFANTS

Les promenades à dos de poney (vacances scolaires uniquement), le célèbre *Guignol* (mer., sam., dim. à partir de 14 h), les balançoires, le manège et les voiliers miniatures, en location, pour le grand bassin font de ce jardin un endroit rêvé pour les enfants.

STATUES

À l'est du palais du Luxembourg, la fontaine Médicis est particulièrement romantique. La grotte fut commandée par Marie de Médicis au XVIIe siècle. Elle est ornée de sculptures comprenant des personnages allégoriques parfois, comme la Seine et le Rhône, ainsi que les armoiries de la reine. Plus loin, une autre sculpture représente Acis et la nymphe Galatée menacés par le géant Polyphème prêt à écraser Acis sous un rocher. À l'extrémité ouest du jardin, on découvre une reproduction miniature de la statue de la Liberté.

HISTOIRE

Lassée du Louvre, Marie de Médicis fit aménager le jardin et le palais en 1615, en souvenir de sa Florence natale. Elle acheta le terrain au duc François de Luxembourg et pria l'architecte Salomon de Brosse de s'inspirer du palais Pitti, demeure de la famille Médicis. Les travaux s'achevèrent au milieu des années 1620 mais Marie, veuve d'Henri IV, profita très peu de son palais et des jardins puisqu'elle fut condamnée à l'exil par le cardinal de Richelieu et termina sa vie dans le dénuement, à Cologne. Au milieu du XIXe siècle, une pétition de 12 000 signatures sauva une partie du jardin menacé par le baron Haussmann et ses plans de développement de la capitale. Et le jardin du Luxembourg demeura un refuge pour les peintres, les écrivains et les philosophes, notamment Ernest Hemingway, Victor Hugo et Jean-Paul Sartre.

MÉMO

✚ 67 L9•rue de Vaugirard/rue de Médicis/boulevard Saint-Michel, 75006
☎ Parc : 01 42 34 23 89. Sénat : 01 42 34 20 00. Musée du Luxembourg : 01 42 34 25 95
🕐 Horaires variables selon la saison ; habituellement de l'aube au crépuscule
🎫 Gratuit
Ⓜ Odéon
🚌 21, 27, 38, 58, 82, 83, 84, 85, 89
🚉 RER ligne B, Luxembourg
👉 Visites guidées du palais du Luxembourg le 1er sam. du mois. Pour réserver, appelez le 01 44 54 19 49. Pour assister à un débat au Sénat, appelez le 01 42 34 20 00
☕ Cafés en plein air, kiosque restaurant
📖 Kiosque
❓ Un chêne dédié aux victimes des attentats du 11 septembre à New York a été planté près de la statue de la Liberté 👫

www.senat.fr
Site en français, anglais, allemand et espagnol, avec informations historiques et photos

Fontaine de la cour d'honneur (ci-dessus)
Promenade sous les arcades (à gauche)

JARDINS DU PALAIS-ROYAL

Une oasis de calme à deux pas de l'agitation de la ville

<table>
<tr><td colspan="2">LES PLUS</td></tr>
<tr><td>Pour les enfants</td><td>● ● ●</td></tr>
<tr><td>Photo</td><td>● ● ●</td></tr>
<tr><td>Shopping</td><td>● ● ●</td></tr>
<tr><td>Prix</td><td>GRATUIT</td></tr>
</table>

MÉMO

✚ 67 M6•place du Palais-Royal, 75001 (entrée des jardins par une arche à gauche du Palais Royal)

🕐 Juin-fin août tlj 7 h-23 h ; avr.-fin mai tlj 7 h-22 h 15 ; sept. tlj 7 h - 21 h 30 ; oct.-fin mars tlj 7 h 30-20 h 30

💶 Gratuit

🚇 Palais-Royal/Musée du Louvre

🚌 21, 48, 67, 69, 72, 81

🍴 Restaurants et salons de thé à l'extérieur du jardin-salon de thé Muscade (▷ 271)

🏬 Nombreuses petites boutiques sous les arcades

Après une visite au musée du Louvre, ces jardins offrent un havre de paix planté d'arbres et de fleurs, isolé de l'agitation du XXIᵉ siècle par une rangée d'élégantes arcades du XVIIIᵉ siècle. Des salons de thé et des boutiques de vêtements, bijoux, argenterie ou soldats de plomb sont installés sous les arcades. Par beau temps, les Parisiens viennent s'y reposer, lire ou prendre le soleil. Au milieu des massifs de fleurs, un bassin déploie ses jets d'eau. Quelques statues en marbre datant du XIXᵉ siècle ornent les jardins. Dans la cour d'honneur du Palais-Royal, des jeunes en rollers s'exercent autour des très contestées colonnes de Daniel Buren, installées en 1986.

LE PALAIS

Le Palais-Cardinal fut construit au XVIIᵉ siècle sur ordre du cardinal de Richelieu, conseiller de Louis XIII. À la mort du cardinal en 1642, le roi hérita du palais qui devint le Palais Royal. Molière et sa troupe avaient coutume de jouer dans la salle du « Petit Cardinal », alors située à l'angle de la rue Saint-Honoré et de la rue de Valois. C'est là que Molière eut un malaise en 1673, alors qu'il jouait Arguan dans *Le Malade imaginaire* et qu'il succomba quelques heures plus tard. La Comédie-Française toute proche continue à présenter les pièces du célèbre auteur dramatique. Louis XIV passa une partie de son enfance dans le Palais Royal. Jean Cocteau vécut rue Montpensier et Colette, rue de Beaujolais. Aujourd'hui, le Palais abrite le ministère de la Culture et est fermé au public.

UN VENT DE RÉVOLTE

Les arcades et les maisons qui entourent les jardins datent du XVIIIᵉ siècle. Le 12 juillet 1789, sous une galerie du Palais-Royal, Camille Desmoulins appela les Parisiens à prendre les armes dans un discours passionné qui fut l'un des éléments déclencheurs de la prise de la Bastille deux jours plus tard (▷ 33).

Halte reposante autour du bassin

JARDIN DES TUILERIES

Ce jardin remarquable offre des vues exceptionnelles sur quelques-uns des sites touristiques les plus célèbres de la capitale.

Lorsqu'on flâne dans le jardin des Tuileries, situé le long de la seine entre la place de la Concorde et le Louvre et bordé par d'importants axes de circulation, il est difficile d'oublier qu'on est au cœur de la ville. Ce jardin public est le paradis des photographes qui ont dans leur objectif Le Louvre, la tour Eiffel, l'Arc de Triomphe, le musée d'Orsay et l'obélisque de la Concorde.

ART ET NATURE

On franchit l'entrée principale, située sur la place de la Concorde pour découvrir le premier des deux bassins construits à chaque extrémité du jardin. La galerie nationale du Jeu de Paume (▷ 106) et le musée de l'Orangerie (▷ 142) sont installés de chaque côté de l'entrée. Ne manquez pas la *Figure étendue*, réalisée en 1951 par le sculpteur Henry Moore, à l'entrée de l'Orangerie. Suivez ensuite l'allée centrale en direction du Louvre – le gravier de la partie occidentale du jardin cède peu à peu la place aux pelouses et aux parterres de fleurs. Au passage, vous verrez des statues allégoriques, des cafés en plein air, des espaces de jeux pour les enfants.

À l'autre extrémité du jardin, l'Arc de Triomphe du Carrousel, construit entre le palais du Louvre et celui des Tuileries est le premier Arc de l'axe historique de Paris, ligne droite imaginaire qui relie le Louvre, l'Arc de Triomphe et la Grande Arche de la Défense.

INFLUENCES ITALIENNES

Catherine de Médicis voulait un parc de style italien pour agrémenter le palais des Tuileries construit en 1564. Très vite, un public élégant vint apprécier les bals, les concerts et les feux d'artifice qui s'y déroulaient. Tel qu'il est aujourd'hui, le jardin date de 1649. C'est André Le Nôtre, grand jardinier paysagiste de Louis XIV, qui en fit un jardin à la française. Il ajouta l'avenue centrale et une allée surélevée de chaque côté du jardin, qui devint un lieu de promenade à la mode. Le palais fut incendié en 1871 par les communards, mais le jardin fut épargné. Après des années de négligence et de pollution, le jardin des Tuileries fit peau neuve pour entrer dans le XXIe siècle.

LES PLUS	
Pour les enfants	●●●●
Photo	●●●
Prix	GRATUIT
Facilité d'accès	●●●●

MÉMO

⊞ 67 K6•place de la Concorde, 75001
☎ 01 40 20 90 43
🕐 Avr.-fin sept. tlj 7 h-21 h ; le reste de l'année tlj 7 h 30-19 h
💶 Gratuit
Ⓜ Tuileries, Concorde
🚌 24, 68, 72, 73, 84, 94
☕ Cafés en plein air
📖 Librairie côté Concorde
🚻
🚫 Interdit aux chiens

À SAVOIR

● Pour les enfants, location de voiliers à faire naviguer sur le bassin, côté Louvre du jardin.
● Les mois d'été, visites guidées gratuites. Pour en savoir plus, consultez les panneaux ou appelez le 01 49 26 07 59.

Statue de Balzac
par Auguste Rodin

Tapisserie moderne de la
manufacture des Gobelins

La maison de Victor Hugo
est devenue un musée

JEU DE PAUME

⊞ 67 K6•1, place de la Concorde, 75008 ☎ 01 47 03 12 50 ◑ Mar.-ven. 12 h- 19 h, sam., dim. 10 h-19 h, et mar. 19 h-21 h 🖭 6€ 🄼 Saint-Paul 🚍 24, 42, 52, 72, 73, 84, 94 🄲 🄵 Fermé entre les expositions temporaires ; programme des expositions au 01 47 03 12 52 (information enregistrée) www.jeudepaume.org

Le bâtiment néoclassique du Jeu de Paume, situé dans le jardin des Tuileries (▷ 105) fut commandé par Napoléon III pour jouer à la paume, ancêtre du tennis. Quand la popularité du tennis en plein air l'emporta définitivement, le bâtiment fut consacré à des expositions artistiques. En 1947, la galerie nationale du Jeu de Paume accueillit les œuvres des impressionnistes jusqu'à leur transfert au musée d'Orsay en 1986. Le Jeu de Paume fait aujourd'hui partie du Centre national de la Photographie. Il est associé au site Sully, abrité dans l'hôtel Sully, construit au XVIIᵉ siècle rue Saint-Antoine, dans le Marais. On y présente des expositions temporaires de photographies allant du XIXᵉ siècle à nos jours.

MAISON DE BALZAC

⊞ 321 F7•47, rue Raynouard, 75016 ☎ 01 55 74 41 80 ◑ Mar.-dim. 10 h - 18 h 🖭 Gratuit (sauf pour les expositions temporaires) 🄼 Passy, La Muette 🚍 52, 70, 72 www.paris.fr

L'écrivain Honoré de Balzac (1799-1850) vécut de 1840 à 1847 dans cette jolie maison construite sur la colline de l'ancien village de Passy. Poursuivi par les créanciers, il y vivait sous une fausse identité, travaillant souvent jour et nuit, emporté par la création de certains chefs-d'œuvre tels que La Comédie humaine. La maison de l'écrivain est aujourd'hui un musée littéraire

dédié à sa vie et à son œuvre. Le visiteur y découvrira des éditions originales, des estampes et des manuscrits. Dans la bibliothèque, on peut consulter ses ouvrages. Le musée organise également des expositions temporaires.

MAISON EUROPÉENNE DE LA PHOTOGRAPHIE

⊞ 68 P7•5-7, rue de Fourcy, 75004 ☎ 01 44 78 75 00 ◑ Mer.-dim. 11 h- 20 h (dernière entrée à 19 h 30 ; fermé pendant les changements d'exposition) 🖭 Ad. 6 €, enf. 3 €, moins de 8 ans gratuit ; gratuit pour tous le mer. 15 h- 20 h 🄼 Saint-Paul 🚍 67, 69, 76, 96 🄲 Au sous-sol www.mep-fr.org

La maison européenne de la photographie présente des expositions consacrées à la photographie contemporaine. Les galeries sont réparties sur les cinq étages de l'hôtel Hénault de Cantobre construit au XVIIIᵉ siècle et dans une aile supplémentaire ouverte en 1996. Dans l'auditorium de 100 places, des films relatifs aux expositions sont projetés et une bibliothèque/ vidéothèque est également à la disposition des visiteurs.

MAISON DE VICTOR HUGO

⊞ 68 P7•6, place des Vosges, 75004 ☎ 01 42 72 10 16 ◑ Mar.-dim. 10 h- 18 h 🄲 Collections permanentes gratuites. Expositions temporaires : Ad. 6 €, moins de 14 ans gratuit 🄼 Bastille, Saint-Paul 🚍 29 www.paris.fr

La maison de Victor Hugo est un ancien hôtel particulier situé sur l'une des plus belles places de la capitale. Elle évoque la vie littéraire à Paris au XIXᵉ siècle. Dans cet hôtel de Rohan-Guéménée, l'écrivain vécut de 1832 à 1848 avec sa femme et ses quatre enfants. C'est là qu'il écrivit

en partie Les Misérables, et qu'il reçut d'autres écrivains, en particulier Alexandre Dumas et Alphonse de Lamartine.
En montant les marches de pierre vers les étages supérieurs, on découvre de vieilles affiches de théâtre des Misérables.
Au deuxième étage, le musée évoque les différentes demeures de Victor Hugo, notamment celle qu'il occupa à Guernesey, où il fut obligé de s'exiler pour des raisons politiques. Parmi les souvenirs exposés, un buste de l'écrivain par Auguste Rodin et du mobilier provenant de la chambre de l'actrice Juliette Drouet à Guernesey – certains meubles furent sculptés et décorés par Hugo lui-même. On visite également une reconstitution de la chambre dans laquelle l'écrivain mourut en 1885.
Des expositions temporaires se tiennent au premier étage et il y a une bibliothèque au troisième étage – sur rendez-vous.
À ne pas manquer : le papier peint luxueux au deuxième étage et le salon chinois.

MANUFACTURE DES GOBELINS

⊞ 331 N11•42, avenue des Gobelins, 75013 ☎ 01 44 08 52 00 ◑ Visites guidées uniquement (en français) : mar.- jeu. à 14 h et 14 h 45. Arrivez 10 min avant le début de la visite 🖭 Ad. 8 €, enf. 6 €, moins de 7 ans gratuit 🄼 Les Gobelins 🚍 27, 47, 83, 91

Les frères Jean et Philibert Gobelin, teinturiers, s'établirent au XVᵉ siècle sur le site de l'actuelle manufacture des Gobelins. En 1662, Louis XIV et son ministre Colbert rachetèrent l'entreprise qui devint la tapisserie royale. Celle-ci se développant rapidement, ils ouvrirent des ateliers de meubles et de tapis. Colbert proposa ensuite au roi d'y adjoindre d'autres activités artistiques, notamment

L'un des pittoresques magasins du Marais

Flânerie au marché aux Puces de Saint-Ouen

la peinture, la gravure et l'ébénisterie. Une grande partie de la décoration intérieure de Versailles fut réalisée dans ses ateliers.

Aujourd'hui, des tapissiers expérimentés travaillent sur des métiers à tisser vieux de plusieurs siècles. Une visite guidée de 90 min entraîne le visiteur dans les ateliers de Beauvais et de la Savonnerie.

LE MARAIS

⊞ 68 P7•Le Marais ⊚ Saint-Paul, Rambuteau, Hôtel de Ville, Bastille ⊟ 29, 69, 75, 76, 96

Le quartier du Marais s'étend d'ouest en est, entre Les Halles et la Bastille, et du nord au sud de la place de la République à la Seine. Le quartier est aujourd'hui un mélange d'histoire, avec ses hôtels particuliers vieux de plusieurs siècles, et de boutiques branchées, de bars, de restaurants et de galeries d'art. Marécages au Moyen Âge, d'où son nom actuel, le Marais dévoile aujourd'hui des trésors architecturaux – cours intérieures pavées, rues médiévales et vieilles demeures – son quartier juif très animé et la plus vieille place de Paris, la place des Vosges (▷ 150).

Au XVIIᵉ siècle, il connut une véritable course à la demeure la plus élégante chez les aristocrates. Le Marais fut ensuite abandonné quand Louis XIV délaissa Paris pour Versailles. En 1962, André Malraux alors ministre de la Culture, fit du Marais le premier « secteur sauvegardé » de la capitale – pour réhabiliter ses monuments d'une valeur historique indéniable.

Aujourd'hui, on découvre à chaque coin de rue un chef-d'œuvre architectural. Beaucoup des anciens hôtels particuliers abritent à présent des musées, comme le musée Picasso (▷ 135), le musée Carnavalet (▷ 114-115) et le musée d'Art et d'Histoire du Judaïsme (▷ 112).

MARCHÉ AUX PUCES DE SAINT-OUEN

⊞ Page 69 M1•Porte de Clignancourt, 75018 (à la sortie du métro, tournez à droite avenue de la Porte de Clignancourt, après le pont du boulevard périphérique et les petits marchands ☎ 0892 705 765 ⊚ Sam., dim., lun. 9 h-19 h (certains stands ouvrent plus tôt) ⊪ Gratuit ⊚ Porte de Clignancourt ⊟ 56, 85 ⑪ Cafés et restaurants rue des Rosiers ❓ Attention aux pickpockets www.parispuces.com

À la périphérie de la capitale, découvrez un peu des Puces d'autrefois avec l'un des plus grands marchés d'antiquités et l'une des plus grandes brocantes du monde, installé sur 7 ha au nord de Montmartre, derrière le boulevard périphérique. Même sans acheter, promenez-vous au milieu de cette gigantesque caverne d'Ali Baba, offrant des objets allant d'un miroir Louis XV à un lustre sophistiqué du XIXᵉ siècle, en passant par le mobilier postmoderne des années 1970.

Passés les objets insignifiants étalés à même le sol le long des boulevards périphériques, on pénètre dans les Puces de Saint-Ouen, avec ses 13 marchés officiels qui représentent plus de 2 000 baraques ou stands. Attention aux pickpockets et n'oubliez pas que les prix sont fluctuants : c'est le royaume du marchandage.

Pour éviter la foule du dimanche après-midi, arrivez de bonne heure.

MÉMORIAL DES MARTYRS DE LA DÉPORTATION

⊞ 68 N8•square de l'Île de France, Île de la Cité, 75004 ☎ 01 46 33 87 56 ⊚ Tlj 10 h-12 h, 14 h-19 h (14 h-17 h en hiver) ⊪ Gratuit ⊚ Cité ⊟ 24, 47 ⊚ Saint-Michel-Notre-Dame ⑪ Nombreux dans l'Île de la Cité

Ce haut lieu de la mémoire rend hommage aux 200 000 déportés français morts dans les camps de concentration pendant l'Holocauste. Le bâtiment est installé à la pointe est de l'île de la Cité, dans un square qui offre des vues magnifiques sur la Seine et sur l'île Saint-Louis.

À l'intérieur du mémorial, l'atmosphère change lorsqu'on pénètre dans la pénombre de la crypte. La vue sur le fleuve est limitée par les barreaux de fer et on frissonne en songeant à la détresse des prisonniers. L'accès à la crypte se fait par un long couloir obscur dont les murs sont couverts de 200 000 clous de verre représentant les victimes – 100 000 sur chaque mur. Tout au fond, une lumière symbolise l'espoir. L'édifice à la fois majestueux et sobre perpétue le souvenir terrifiant des horreurs de la Seconde Guerre mondiale.

MÉMORIAL DE LA SHOAH

⊞ 68 N7•17 rue Geoffroy-l'Asnier, 75004 ☎ 01 42 77 44 72 ⊚ Dim.-ven. 10 h-18 h (le musée : jeu. 18 h-22 h, Salle des Noms. jeu. 18 h-19 h 30) ⊪ Musée, crypte, centre multimédia, salle de lecture : gratuit ; exposition : 5 € ⊚ Saint-Paul, Pont-Marie ⊟ 67, 69, 76, 96 www.memorialdelashoah.org

Inauguré en janvier 2005 pour le 60ᵉ anniversaire de la libération d'Auschwitz, le mémorial abrite dans sa crypte la tombe du martyr juif inconnu, le mur des Noms qui développe les noms des 76 000 juifs de France déportés et un musée relatant le sort du peuple juif au cours de la Seconde Guerre mondiale. Ce centre de recherche et d'information est le plus important d'Europe.

Montmartre

●

Véritable village dans la ville, Montmartre est tout de vieilles rues pavées, de musées insolites, de panoramas sur Paris, dominé par son imposante basilique du Sacré-Cœur. Marchez sur les traces de Toulouse-Lautrec, de Pierre Auguste Renoir, de Picasso…

Pour le prix d'un ticket de métro, le funiculaire vous emmène jusqu'au Sacré-Cœur (ci-dessus)

Réplique d'un manège d'autrefois

LES PLUS	
Pour les enfants	● ● ●
Histoire	● ● ● ●
Photo	● ● ● ● ●

MÉMO
✚ 69 M2•75018

🚇 Anvers, Abbesses, Blanche, Lamarck

🚌 Montmartrobus ; 30, 31, 54, 68, 74, 80, 85 arrêts tout autour de la butte Montmartre

🍴 La Maison Rose, rue de l'Abreuvoir ; tél. : 01 42 57 66 75 (ouvert 12 h-15 h, 19 h-23 h ; fermé mer. pour le déjeuner et mar. et jeu. pour le dîner). Nombreux restaurants et cafés dans le quartier, très touristiques pour la plupart

🎫 Sélection

www.montmartrenet.com
Français, anglais ; avec énormément d'informations et de photos historiques et pratiques

DÉCOUVRIR MONTMARTRE

Au nord de Paris, la butte Montmartre est un mélange de pièges à touristes – place du Tertre et parvis du Sacré-Cœur – et de rues pavées bordées de maisons blanches qui ont tout du village. Les stations de métro sont au pied de la butte et il faut monter à pied ou emprunter le Montmartrobus, qui suit un itinéraire circulaire, de la place Pigalle au Sacré-Cœur en passant par la station de métro Jules Joffrin. Pour éviter de gravir les marches qui montent à la basilique, empruntez le funiculaire square Willette (tarif : un ticket de métro).

L'ESSENTIEL

LE MONTMARTRE TOURISTIQUE

La butte Montmartre est dominée par la masse imposante de la basilique du Sacré-Cœur (▷ 154-157). Les tours et les dômes étincelants de cet édifice néobyzantin se découpent sur le ciel parisien. Depuis le parvis de la basilique, le vaste panorama s'étend sur près de 50 km. La place du Tertre toute proche est le point le plus haut de Paris. Elle grouille de touristes attirés par les peintres montmartrois qui exécutent volontiers leur portrait. Au numéro 6 de la place, le restaurant de la Mère Catherine, fondé en 1793, serait à l'origine du mot bistrot. On raconte qu'en 1814, les soldats russes, clients fidèles du restaurant, criaient *bistro !* (« vite ! ») pour être servis (▷ 35). Non loin de la place, rue des Saules, la vigne, qui a survécu, donne un vin assez médiocre mais qui est le plus rare des vins de France.

LE VILLAGE DE MONTMARTRE

Tous les visiteurs se retrouvent place du Tertre, mais il suffit de s'éloigner un peu pour découvrir des rues tranquilles qui ont gardé leurs vieux pavés – rue de l'abreuvoir, rue des Saules ou rue Girardon –, leurs escaliers romantiques et même deux moulins. Prenez un peu de temps pour flâner dans cet autre Montmartre (voir Promenades ▷ 226-227).

Au 22 rue des Saules, Le Lapin Agile, cabaret jadis fréquenté par Picasso entre autres, est toujours ouvert. À deux pas, au 12 de la rue Cortot, le musée de Montmartre est consacré à l'histoire du quartier (▷ 126). Rue Lepic, au n° 83, le Moulin de la Galette, construit en 1622, s'appelait à l'origine le Moulin du Blute-Fin. La légende veut qu'en 1814 son propriétaire, le meunier Debray, se soit fait happer par une aile du moulin en essayant d'arrêter les envahisseurs cosaques. Mais peut-être a-t-il simplement été tué par une balle perdue. Plus tard, la famille Debray transforma le moulin en guinguette, où Auguste Renoir et Vincent Van Gogh étaient de fidèles clients. Le moulin Radet, situé à l'angle de la rue Girardon et de la rue Lepic, fait partie du restaurant qui s'appelle aujourd'hui le Moulin de la Galette.

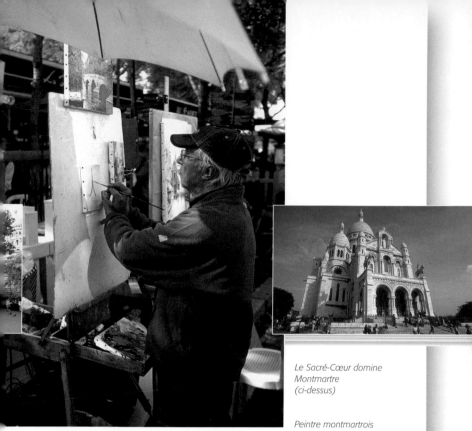

Le Sacré-Cœur domine
Montmartre
(ci-dessus)

Peintre montmartrois
sur la place du Tertre

LE MONTMARTRE DES ARTISTES

À la fin du XIXe siècle, Montmartre était le centre de la vie artistique et de « la vie de bohème » de la capitale. Toulouse-Lautrec immortalisait les danseuses du Moulin Rouge (▷ 111), tandis que Renoir peignait l'une de ses meilleures toiles, *Le Moulin de la Galette*. À partir de 1820, des peintres s'installèrent sur la colline de Montmartre. Picasso et Braque donnèrent naissance au cubisme dans leurs ateliers du Bateau-Lavoir, place Émile-Goudeau. Détruit par un incendie en 1970, le bâtiment en bois fut reconstruit en béton. Pour voir des œuvres du XXe siècle, rendez-vous à l'espace Montmartre-Salvador Dali (▷ 92) qui expose près de 300 toiles du peintre.

HISTOIRE

Dès l'origine, Montmartre fut associée aux dieux. On a découvert à Montmartre des temples gallo-romains dédiés à Mars et à Mercure. Mons Mercurii devint plus tard le Mont des Martyrs, après le meurtre de saint Denis, premier évêque de Paris et de ses compagnons, au IIIe siècle de notre ère. On raconte que le saint ramassa sa tête souillée de sang pour la laver dans une fontaine avant de s'effondrer (sa statue se trouve dans le square Suzanne Buisson). Au XIIe siècle, Louis VI fonda un monastère de bénédictines à Montmartre – c'est la première abbesse qui aurait décidé d'y planter une vigne.

À la fin du XVIIe siècle, il y avait une trentaine de moulins au sommet de la butte et Montmartre devait sa prospérité à la production de vin, de farine et de gypse (plâtre de Paris). L'exploitation des carrières de gypse cessa au début du XIXe siècle à cause des risques de glissement de terrain. À la fin du XIXe siècle, Montmartre était connu pour ses cabarets. Aujourd'hui, ce n'est plus la vie nocturne qui attire les visiteurs, mais plutôt le souvenir de la vie de bohème qu'on menait sur la butte.

À SAVOIR

● Le petit train de Montmartre (Promotrain) propose une visite de 40 min des principaux sites de Montmartre – départ place Blanche avec un arrêt place du Tertre (*10 h-18 h ; jusqu'à minuit le week-end et l'été ; ad. 5,50 €, enf. 3,50 €*). Le Montmartrain effectue le même circuit.

● Parmi les tombes des compositeurs et des écrivains inhumés dans le cimetière de Montmartre (▷ 87), vous trouverez celles d'Hector Berlioz, de Jacques Offenbach et d'Émile Zola.

À Montparnasse, la fréquentation des cafés n'a pas faibli

LA MOSQUÉE

Véritable joyau de l'architecture islamique européenne du XXᵉ siècle, la mosquée de Paris nous offre ses arcades finement sculptées et son minaret de 33 m de hauteur.

🗺 68 N9•La Mosquée : place du Puits-de-l'Ermite, 75005 ; Hammam : 39, rue Geoffroy Saint-Hilaire ☎ La Mosquée : 01 45 35 97 33 ; Hammam : 01 43 31 18 14 🌐 La Mosquée : visites guidées en français : sam.-jeu. 9 h-12 h, 14 h-18 h. Hammam : hommes : mar. 14 h-21 h, dim. 10 h-21 h ; femmes : lun., mer., jeu., sam. 10 h-21 h, ven. 14 h-21 h 🎟 La Mosquée : ad. 3 €, enf. 2 €, moins de 7 ans gratuit. Hammam : tarifs en fonction des différents traitements 🚇 Jussieu, Place Monge, Censier-Daubenton 🚌 47, 67, 89 🍴 Restaurant : 39, rue Geoffroy Saint-Hilaire 🫖 Salon de Thé : 39 rue Geoffroy Saint-Hilaire 📚 Petite librairie dans La Mosquée ; le souk du 39, rue Geoffroy Saint-Hilaire vend, notamment, des céramiques, des bijoux, des sacs, des cartes postales, des abat-jour 🛁 Au Hammam www.la-mosquee.com (en français et en anglais, avec des informations pratiques sur le Hammam)

LES PLUS	
Culture	●●●●
Histoire	●●●
Shopping	●●●

MONTPARNASSE

🗺 329 K10•Montparnasse
🚇 Montparnasse-Bienvenue, Vavin, Edgar Quinet 🚌 28, 58, 82, 88, 89, 91, 92, 94, 95, 96

Dès le début du XXᵉ siècle, de nombreux artistes vécurent à Montparnasse. Des lieux mythiques comme La Coupole (▷ 266) existent encore et sont toujours hantés par le souvenir d'Amedeo Modigliani, de Marc Chagall ou d'Ernest Hemingway, qui les fréquentaient entre les années 1920 et 1930.

Les principaux boulevards du quartier, défigurés par la surconsommation, ont perdu beaucoup de leur charme, mais un grand nombre de théâtres, de brasseries, de cinémas et de cabarets sont toujours en activité.

La tour Montparnasse (▷ 170) offre la plus belle vue sur Paris depuis le 56ᵉ étage, à 209 m au-dessus du sol. Construite au début des années 1970, la tour faisait partie d'un important projet de développement urbain. Une immense esplanade est délimitée par la tour Montparnasse et la gare Montparnasse, vaste station ferroviaire dans laquelle il est parfois difficile de se repérer.

La rénovation du quartier a remplacé les petites rues pittoresques par des ensembles immobiliers totalement dénués de charme. Mais il reste encore des coins à découvrir. Au n° 18 de la rue Bourdelle, le musée Bourdelle expose dans ses salles et ses jardins les œuvres du sculpteur (1861-1929), ancien élève d'Auguste Rodin, qui vécut et travailla dans cette maison restée intacte (*mar.-dim. 10 h-18 h*).

Le cimetière du Montparnasse (▷ 87) abrite, entre autres, les tombes de Jean-Paul Sartre, Simone de Beauvoir et Guy de Maupassant.

La Grande Mosquée de Paris est l'un des sites touristiques les plus intéressants de la rive gauche. Elle fut construite entre 1922 et 1926 avec des fonds français, en hommage au soutien militaire de l'Afrique du Nord pendant la Première Guerre mondiale.

D'influence hispano-mauresque, la Mosquée nous offre ses toits de tuiles vert émeraude, ses fontaines de marbre rose, ses portes finement sculptées et son minaret carré. Le grand Patio rappelle l'Alhambra de Grenade, en Espagne, avec ses mosaïques et ses boiseries d'eucalyptus et de cèdre. Les arcades sont sculptées et ornées de mosaïques. La salle de prières est remarquable pour ses portes ajourées et sa coupole en bois de cèdre. Le jardin de la cour d'honneur symbolise le paradis musulman. La Grande Mosquée de Paris possède aussi une bibliothèque religieuse et propose un enseignement des pratiques de l'Islam.

La partie de la Mosquée accessible par la rue Geoffroy Saint-Hilaire comprend un restaurant, un salon de thé et un hammam, havre de bien-être à l'écart des bruits de la ville. À côté d'une fontaine en marbre, au milieu des mosaïques, vous laisserez votre esprit s'évader vers des horizons exotiques. Après le hammam, dégustez un thé à la menthe dans la jolie cour du salon de thé ; et pourquoi ne pas terminer par un délicieux couscous au restaurant et un peu de shopping dans la petite boutique de la mosquée.

Arcades ornées de mosaïques

LES SITES

Le célèbre Moulin Rouge

MOULIN ROUGE

🔲 69 L3•82, Boulevard de Clichy, 75018 ☎ 01 53 09 82 82
🕐 Spectacles à 21 h et 23 h ; dîner à 19 h 🍽 Dîner et spectacle 135 €- 165 € ; spectacle seul 85 €-95 €
Ⓜ Blanche 🚌 30, 54, 68, 74

Le Moulin Rouge est l'un des emblèmes de Montmartre. Toulouse-Lautrec immortalisa par ses toiles les spectacles légers et insouciants dont il était friand. Le Moulin Rouge, qui ne fut jamais un vrai moulin, ouvrit ses portes en 1889. Ses spectacles licencieux, avec les célèbres danseuses de French Cancan, attirèrent à l'époque une foule de toutes conditions sociales. Par la suite, des vedettes internationales s'y sont produites, dont Édith Piaf, Frank Sinatra, Liza Minelli et Elton John. Aujourd'hui, cette vénérable institution présente des revues et des attractions internationales, tout en restant fidèle au French Cancan.

MUSÉE DES ARTS ET MÉTIERS

🔲 68 N6•60 rue Réaumur, 75003 ☎ 01 53 01 82 00 🕐 Mar.-dim. 10 h- 18 h (et le jeu. 18 h-21 h 30).
🍽 Ad. 6,50 €, moins de 18 ans gratuit Ⓜ Arts et Métiers, Réaumur-Sébastopol 🚌 20, 38, 39, 47 📶
www.arts-et-metiers.net

Le musée des Arts et Métiers est abrité dans le bâtiment du conservatoire des Arts et Métiers, fondé en 1794. Le musée présente une collection unique au monde d'« inventions neuves et utiles », comme la machine à calculer inventée par Blaise Pascal, l'un des phonographes créés par Thomas Edison ou un jouet mécanique fabriqué pour Marie-Antoinette. Un bolide de Formule I est exposé dans l'ancienne chapelle.

MUSÉE DES ARTS DÉCORATIFS
Le musée présente une collection remarquable d'arts décoratifs, du Moyen Âge à nos jours.

🔲 67 L6•107 rue de Rivoli, 75001 ☎ 01 44 55 57 50 🕐 La majeure partie du musée est fermée pour rénovation jusqu'en juin 2006 ; mar.-ven. 11h-18 h , sam., dim. 10 h-18 h ; dernière entrée 30 min avant la fermeture. Fermé pendant les vacances 🍽 Ad. 6 €, moins de 18 ans gratuit. Ⓜ Palais-Royal/Musée du Louvre, Tuileries 🚌 21, 27, 39, 48, 69, 72, 81, 95 📞 Téléphonez à l'avance pour les visites guidées : 01 44 55 59 26 📚 Librairie/boutique de cadeaux 👫 www.ucad.fr

LES PLUS	
Culture	●●●○
Histoire	●●●○

L'Union centrale des Arts décoratifs (UCAD) fut fondée à la fin du XIXe siècle par un groupe d'industriels dont le but était de réaliser « le beau dans l'utile ». Aujourd'hui, l'UCAD possède une bibliothèque consacrée aux arts décoratifs, trois écoles et quatre musées. Trois de ces musées, dont le musée des Arts décoratifs, sont abrités dans les ailes de Marsan et de Rohan du palais du Louvre.

Le musée des Arts décoratifs expose près de 150 000 œuvres représentant les techniques les plus diverses : céramique, verre, broderie de perles, bois et métal. Différents styles y sont représentés : médiéval, Renaissance, Art nouveau, Art déco, moderne et contemporain. Cinq départements spécialisés présentent du verre, des jouets, des dessins, des papiers peints et des bijoux.

Les galeries dédiées au Moyen Âge et à la Renaissance contiennent une riche collection consacrée à l'art religieux et à la vie domestique du XIIIe au XVIe siècle. La galerie des Retables contient une collection de retables sculptés en bois et en pierre réalisés en Europe. Une autre salle aborde la vie rurale à travers la tapisserie. La salle du Maître de la Madeleine expose des sculptures et des peintures médiévales. Le cabinet de Travail, délicieuse pièce d'époque, est décoré de panneaux de marqueterie. La salle des Vitraux contient du mobilier français et italien, des tapisseries flamandes, des vitraux et des objets d'art du XVIe siècle.

La plus grande partie du musée est restée fermée jusqu'en juin 2006 pour travaux de rénovation. Seule la galerie des bijoux, inaugurée en 2004, est restée ouverte au cours des travaux. Elle expose près de 1 200 objets, du Moyen Âge à nos jours.

Tapisserie de la collection médiévale du musée (en haut)

Art moderne et design

MUSÉE D'ART ET D'HISTOIRE DU JUDAÏSME

Découvrez l'héritage culturel de la communauté juive en France et à l'étranger.

✚ 68 N6•Hôtel de Saint-Aignan, 71, rue du Temple, 75003 ☎ 01 53 01 86 60 🕐 Lun.-ven. 11 h-18 h, dim. 10 h-18 h. Fermé sam. 🎫 Ad. 6,80 €, moins de 18 ans gratuit 🚇 Rambuteau, Hôtel de Ville 🚌 29, 38, 47, 75 🎧 Audioguides inclus dans le prix d'entrée 🍴 Café 📚 Bonne librairie ♿ www.mahj.org (uniquement en français ; photos des collections et renseignements sur les expositions temporaires)

LES PLUS				
Culture	●	●	●	●
Histoire	●	●	●	
Shopping	●	●	●	

Ce musée a pour vocation de rendre hommage à la culture juive du Moyen Âge à nos jours, en France et dans d'autres pays. Il témoigne de la contribution des membres de la communauté juive à la vie et à l'art en Europe. L'accent est mis sur la communauté française, mais le musée possède aussi des acquisitions en provenance du reste de l'Europe et d'Afrique du Nord.

Un audioguide, compris dans le prix d'entrée, vous permet de suivre une visite chronologique – Moyen Âge, émancipation des Juifs après la Révolution française, réalisations intellectuelles et artistiques au XIXᵉ siècle, tragédies et triomphes dans la période moderne. Dans la collection médiévale, on découvre un candélabre de Hanukkah exceptionnel, datant d'avant l'expulsion des Juifs au XIVᵉ siècle. Un contrat de mariage juif de 1752 et un costume de mariage algérien du XIXᵉ siècle sont également exposés. Amedeo Modigliani et Marc Chagall figurent parmi les peintres exposés. Les archives de l'affaire Dreyfus représentent près de trois mille lettres, photographies, livres et documents officiels. Victime de l'antisémitisme ambiant de l'époque, le capitaine Alfred Dreyfus, d'origine juive alsacienne, fut accusé, sur la base de faux documents, d'espionnage au profit de l'Allemagne en 1894.

Le musée ouvrit en 1998 dans l'hôtel de Saint-Aignan, restauré au XVIIᵉ siècle et portant le nom d'un de son premier propriétaire, duc de Saint-Aignan. Au XIXᵉ siècle, l'hôtel hébergea des immigrants juifs d'Europe de l'Est. Pendant la Seconde Guerre mondiale, ses résidents furent arrêtés par les Allemands et déportés. *Les habitants de l'hôtel de Saint-Aignan en 1939*, installation réalisée en 1998 par Christian Boltanski, est dédiée à leur mémoire.

Sculpture en fer forgé du XVIIᵉ siècle, à l'hôtel Saint-Aignan

LES SITES

MUSÉE D'ART MODERNE DE LA VILLE DE PARIS

✚ 66 G6•11, avenue du Président Wilson, 75016 ☎ 01 53 67 40 00 🕐 Mar.-ven. 10 h-18 h, sam., dim. 10 h-19 h 🎫 Gratuit. Expositions temporaires : ad. 4,50 €, moins de 13 ans gratuit 🚇 Iéna, Alma-Marceau 🚌 32, 63, 72, 92 www.paris.fr

Les expositions temporaires du musée occupent une place de choix dans l'art international. Les collections couvrent le fauvisme, le cubisme, le surréalisme, l'abstraction et le nouveau réalisme. *La Danse* (1932), peinture murale d'Henri Matisse est exposée dans une salle consacrée à l'artiste.

À côté du musée, le palais de Tokyo abrite le centre d'Art contemporain (▷ 198).

À ne pas manquer : *La Fée Électricité* de Raoul Dufy (1937), peinture murale de 60 m par 10 m.

MUSÉE BACCARAT

✚ 66 G5•11, place des États-Unis, 75016 ☎ 01 40 22 11 00 🕐 Lun. et mer.-sam. 10 h-18 h 30. 🎫 Ad. 7 € 🚇 Boissière, Kléber 🚌 22, 30, 32, 82 🎧 Visites guidées en français, anglais, allemand et japonais 📚 Boutique de cadeaux www.baccarat.fr

La verrerie de Baccarat vit le jour en 1764 pour créer des vitres, des miroirs et des verres à pied dans le village de Baccarat, en Meurthe-et-Moselle. Transformée en cristallerie en 1816, elle accueillit des clients prestigieux comme Louis XVIII, le tsar Nicolas II de Russie et Napoléon III. En 1831, la cristallerie s'implanta à Paris, rue de Paradis. Le musée actuel expose près de 5 000 objets en cristal de Baccarat.

À ne pas manquer : les objets fabriqués par Baccarat pour les foires internationales.

Le musée Cernuschi

Une vue du Grand Canal et de Santa Chiara par Canaletto

MUSÉE CARNAVALET

Voir pages 114-115

MUSÉE CERNUSCHI

 Page 66 J4•7, avenue Vélasquez, 75008 ☎ 01 45 63 50 75 🕐 Mar.-dim. 10 h-17 h 40. 🎫 Gratuit (sauf expositions temporaires) Ⓜ Monceau, Villiers 🚌 30, 94
www.paris.fr

Dans les années 1870, le banquier Henri Cernuschi entreprit un tour du monde de 18 mois dont il rapporta un choix exceptionnel d'œuvres anciennes de Chine et du Japon. À sa mort en 1896, il légua sa collection à la Ville de Paris, ainsi que sa demeure près du parc Monceau (▷ 145). Parmi les acquisitions plus récentes du musée figure un tableau du VIIIe siècle, *Chevaux et palefreniers*. Le musée présente des statuettes anciennes, des objets en jade, des poteries, ainsi que des peintures chinoises contemporaines. Pour accéder au musée, traversez le parc Monceau ou franchissez la magnifique porte dorée qui sépare l'avenue Vélasquez du boulevard Malesherbes.

MUSÉE DE LA CHASSE ET DE LA NATURE

 68 P6•Hôtel de Guénégaud, 60, rue des Archives, 75003 ☎ 01 53 01 92 40 🕐 Mar.-dim. 11 h-18 h. 🎫 Ad. 8,50 €, moins de 17 ans gratuit Ⓜ Rambuteau 🚌 29, 75 Fermé pour travaux ; réouverture prévue fin 2006
www.chassenature.org

Le musée présente des animaux naturalisés, des armes de chasse, des tableaux et des œuvres d'art. Les objets exposés témoignent d'une activité qui remonte à la nuit des temps. La collection des armes couvre une période allant de la préhistoire au XIXe siècle. Certains objets concernent la chasse au gros gibier, avec des souvenirs

du fondateur du musée, François Sommer. Parmi les peintures relatives à la chasse, on trouve des œuvres de François Desportes (peintre à la cour de Versailles), de Jean-Baptiste Siméon Chardin et de Carle Vernet. Le musée est situé dans l'hôtel de Guénégaud, hôtel particulier du Marais construit en 1650. À sa réouverture en 2006, des salles se sont ouvertes dans l'hôtel de Mongelas (XVIIe et XVIIIe siècles), attenant au musée actuel.

MUSÉE DU CINÉMA

 Page 68 Q9•51, rue de Bercy, 75012 ☎ 01 71 19 33 33 🕐 Visitez le site Internet pour les horaires Ⓜ Bercy 🚌 24, 62, 87
www.51ruedebercy.com

L'architecte Frank Gehry a construit ce nouveau musée du cinéma dans l'ancien Centre culturel américain. Le site inclut le musée du cinéma Henri Langlois, quatre salles de cinéma, la Cinémathèque française, une bibliothèque, une salle d'exposition, une librairie et un restaurant.

MUSÉE COGNACQ-JAY

 68 P7•Hôtel Donon, 8, rue Elzévir, 75003 ☎ 01 40 27 07 21 🕐 Mar.-dim. 10 h-18 h. Jardin ouvert mi-mai-mi-sept. (si le temps le permet) : 10 h-12 h 15, 16 h-17 h 35 🎫 Gratuit Ⓜ Saint-Paul 🚌 29, 96
www.paris.fr

Le petit musée Cognacq-Jay est un musée discret au charme indéniable, dû en partie à sa situation dans un élégant hôtel particulier garni d'un mobilier du XVIIIe siècle. Des couloirs et des escaliers étroits conduisent à des pièces remplies de lustres, de tableaux, de porcelaines, de sculptures et d'objets d'art. La collection a été rassemblée

au début du XXe siècle par Ernest Cognacq et son épouse Louise Jay, fondateurs des magasins de la Samaritaine. Leurs bustes accueillent les visiteurs à côté de l'entrée.

C'est en 1990, que les collections furent installées à l'hôtel Donon construit au XVIe siècle dans le Marais. On peut y admirer des œuvres de Rembrandt, Fragonard et Tiepolo. On visite le jardin en été et une petite librairie est à la disposition du public.

Vous trouverez des fiches de renseignements sur les collections partout dans le musée. Savourez l'atmosphère raffinée du cadre de vie des Parisiens aisés du XIXe siècle.
À ne pas manquer : les magnifiques scènes vénitiennes peintes par Canaletto.

MUSÉE ÉDITH PIAF

 327 R6•5, rue Crespin du Gast, 75011 ☎ 01 43 55 52 72 🕐 Uniquement sur rendez-vous : oct.-fin mai, juil., août lun.-mer. 13 h-18 h, mar. 10 h-12 h 🎫 Gratuit (contributions appréciées) Ⓜ Ménilmontant 🚌 96

La Môme Piaf – de son vrai nom Édith Giovanna Gassion, vit le jour à Paris en 1915. Élevée dans un quartier ouvrier de l'est parisien, elle commença à chanter dans les cafés et dans les bars. Dans les années 1930, on la voit dans des films et des pièces de théâtre, mais ce qu'on retient surtout, c'est *La Vie en rose* et *Non, je ne regrette rien*.

Le petit musée Édith Piaf est rempli de souvenirs de la chanteuse – affiches, lettres, photos, robes et chaussures. Pendant la visite, on entend des enregistrements originaux de ses chansons. Sa tombe se trouve à deux pas, au cimetière du Père-Lachaise (▷ 88). Des milliers de personnes assistèrent à son enterrement en 1963.

Musée Carnavalet

La visite du musée Carnavalet est une immersion dans l'histoire de Paris, des origines à nos jours. Des clés de prison ayant servi pendant la Révolution, du mobilier datant du règne de Louis XV et le nécessaire de pique-nique de Napoléon Bonaparte y sont exposés.

Arcades couvertes de lierre

Le musée occupe deux superbes hôtels particuliers (page de droite)

LES PLUS	
Culture	● ● ●
Histoire	● ● ● ● ●
Prix justifié	GRATUIT

À SAVOIR

● En raison d'une pénurie de personnel, certaines salles risquent d'être fermées. Les panneaux explicatifs sont en français uniquement. On peut acheter un guide avant de commencer la visite.

PRÉSENTATION GÉNÉRALE

HÔTEL CARNAVALET
Rez-de-chaussée : du Moyen Âge au XVIe siècle. Grand salon de l'hôtel d'Uzès.
1er étage : XVIIe et XVIIIe siècles (jusqu'à la fin du règne de Louis XVI).

HÔTEL LE PELETIER DE SAINT-FARGEAU
Rez-de-chaussée : XIXe siècle, de Napoléon Ier à 1848.
1er étage : XIXe et XXe siècles (à partir de Napoléon III).
2e étage : la Révolution.

ORANGERIE
Les origines de Paris, de la préhistoire à l'époque romaine.

DÉCOUVRIR LE MUSÉE CARNAVALET

En pénétrant dans les deux hôtels particuliers mitoyens, on entreprend un voyage dans le passé de la capitale. Tableaux, souvenirs et reconstitutions somptueuses de salles d'époque évoquent l'esprit de la ville, en particulier pendant la Révolution française et sous le règne de Napoléon Ier. L'accent est mis sur l'atmosphère de l'époque et non sur les faits historiques, le visiteur ne doit donc pas s'attendre à un récit détaillé concernant les différentes périodes. Mais si vous êtes intéressé par la vie mondaine au temps de Louis XV ou par les horreurs de la Révolution, c'est là qu'il faut aller. Le musée est installé dans un ensemble architectural articulé autour de l'hôtel Carnavalet et de l'hôtel Le Peletier de Saint-Fargeau. Utilisez l'entrée principale de la rue de Sévigné, plutôt que celle de la rue des Francs-Bourgeois, pour pénétrer directement dans l'hôtel Carnavalet. Procurez-vous un plan du musée au guichet de renseignements pour comprendre l'agencement des lieux. Pour entrer dans l'hôtel Le Peletier de Saint-Fargeau, empruntez la galerie du premier étage.

L'ESSENTIEL

LA RÉVOLUTION

Le musée présente une collection de souvenirs émouvants de la Révolution française, au deuxième étage de l'hôtel Le Peletier de Saint-Fargeau. On y découvre des clés de la prison de la Bastille, des œuvres de Le Sueur et des meubles utilisés par la famille royale alors en prison. On découvre aussi des tableaux d'Hubert Robert, lui-même emprisonné pendant la Révolution, ainsi qu'un portrait du révolutionnaire Robespierre, qui finit guillotiné. Des éventails, des assiettes, des pendules et des meubles montrent comment les slogans révolutionnaires imprégnaient la vie quotidienne.

COMMENT VIVAIT L'AUTRE MOITIÉ DE LA POPULATION

Loin des horreurs de la Révolution, on entrevoit les goûts luxueux des Parisiens aisés en visitant des reconstitutions de leurs lieux de vie. Au rez-de-chaussée de l'hôtel Carnavalet, le grand salon de l'hôtel d'Uzès rappelle l'opulence de l'époque prérévolutionnaire, avec une profusion d'or, de miroirs et de lustres. L'architecte Claude Nicolas Ledoux dessina le salon original en 1767. Au premier étage, les salles 21 à 23 sont consacrées à la plus célèbre des habitants de l'hôtel particulier, la marquise de Sévigné, avec deux portraits de l'épistolière. Les salles 27 à 48 nous montrent Paris sous le règne de Louis XV (1715-1774). La vie littéraire et théâtrale est illustrée dans la salle 47 avec des personnages en bois peint du théâtre de marionnettes et d'ombres Séraphin. Le règne de Louis XVI (1774-1793) est évoqué dans les salles 49 à 64. Ne manquez pas le charmant boudoir circulaire, salle 51, et les étonnantes tentures du premier étage réalisées par les ateliers des Gobelins (▷ 107) à partir de dessins du XVIIIe siècle.

LES XIXᵉ ET XXᵉ SIÈCLES

Parmi les souvenirs de l'époque napoléonienne, vous découvrirez le nécessaire de pique-nique de l'empereur, constitué de 110 pièces, ainsi que son masque mortuaire (au rez-de-chaussée de l'hôtel Le Peletier de Saint-Fargeau). Au premier étage du même bâtiment se trouvent la reconstitution de l'intérieur Art nouveau des fameux joailliers Fouquet (1900) et la salle de bal *reine de Saba* de Mme Wendel dans les années 1920. Ne manquez pas la reconstitution de la chambre de Marcel Proust, tapissée de liège pour isoler du bruit l'écrivain solitaire.

HISTOIRE

L'édifice à lui seul mérite une visite. Il fut construit dans les années 1540 pour le compte de Jacques de Ligneris président du parlement de Paris. En 1660, le nouveau propriétaire confia la rénovation et l'adjonction d'une aile à l'architecte François Mansart. Mme de Sévigné s'y installa en 1676. L'idée d'un musée consacré à l'histoire de Paris vient du baron Haussmann, responsable de la rénovation de la capitale au XIXᵉ siècle (▷ 36). C'est l'hôtel Carnavalet qui fut choisi et le musée ouvrit en 1880. Un siècle plus tard, en 1989, l'hôtel Le Peletier de Saint-Fargeau accueillit une partie des collections.

MÉMO

✚ 68 P7•23, rue de Sévigné, 75003 (autre entrée rue des Francs-Bourgeois)

☎ 01 44 59 58 58

🕐 Mar.-dim. 10 h-18 h

💷 Gratuit (sauf expositions temporaires)

🚇 Saint-Paul

🚌 29, 96

✈ Visites guidées en français, certaines en anglais avec des horaires variables ; information : 01 44 59 58 31

🖼 9 €

📖 Librairie avec un grand choix de titres liés à l'histoire

🚻

www.paris.fr/musees/musee_carnavalet En français, avec photos des collections et plan du musée facilement accessibles

La chambre,
musée Gustave Moreau

Face à face au musée Grévin entre le couturier Jean-Paul Gaultier
et la cantatrice Maria Callas

MUSÉE FRAGONARD

🚇 67 L5•Musée du Parfum :
9, rue Scribe, 75009. Théâtre-Musée
des Capucines : 39, boulevard des
Capucines, 75002 ☎ Musée du
Parfum : 01 47 42 04 56. Théâtre-
Musée des Capucines : 01 42 60 37 14
🕐 Lun.-sam. 9 h-18 h (Musée du
Parfum également ouv. avr.-fin oct. dim.
9 h 30-16 h) 💶 Gratuit 🚇 Opéra
🚌 21, 27, 42, 68
www.fragonard.com

Le musée raconte 3 000 ans
de fabrication de parfums, depuis
l'Égypte antique jusqu'à nos
jours. Situé en face de l'opéra
Garnier, le musée est divisé
en deux parties. Le musée du
Parfum est une maison de ville
du XIXe siècle bâtie rue Scribe et
le théâtre-musée des Capucines
est un joli théâtre qui date
de 1895. Tous deux proposent
une belle collection d'objets de
parfumerie – flacons, brûleurs,
tableaux et photographies. On y
apprend la fabrication du parfum,
avec une présentation des
matières premières. Au musée
des Capucines, une usine
miniature avec des appareils de
distillation en cuivre du XIXe siècle
explique les méthodes d'extraction.
  La maison Fragonard fabrique
des parfums depuis 1926 usant
de techniques traditionnelles
et modernes. Les parfums sont
en vente à prix de fabrique dans
la boutique cadeaux du musée.

MUSÉE GALLIERA-
MUSÉE DE LA MODE
DE LA VILLE DE PARIS

🚇 66 G6•Palais Galliera, 10 avenue
Pierre Ier de Serbie, 75016 ☎ 01 56 52
86 00 🕐 Mar.- dim. 10 h-18 h
(pendant les expositions uniquement).
💶 Ad. 8 €, moins de 14 ans gratuit
(tarifs variables en fonction des
expositions) 🚇 Iéna 🚌 32, 63, 72, 92
🚈 RER ligne C, Pont de l'Alma
🎧 Audioguide inclus dans le prix
d'entrée
www.paris.fr

Inauguré en 1977, ce musée
fait revivre la mode du XVIIIe
siècle à nos jours à travers des
expositions temporaires, prises
sur un fonds de 80 000 pièces.
Parmi les vêtements exposés,
le visiteur peut admirer
des robes créées par Jean-Paul
Gaultier, des costumes portés
par Marlene Dietrich et
des robes de bal du XIXe siècle.

MUSÉE GRÉVIN

🚇 69 M5•10, boulevard Montmartre,
75009 ☎ 01 47 70 85 05 🕐 Lun.-ven.
10 h-18 h 30, sam., dim. 10 h-19 h
(dernière entrée 1 heure avant la
fermeture) 💶 Ad. 17 €, enf. (6-14 ans)
10 €, moins de 6 ans gratuit 🚇 Grands
Boulevards 🚌 20, 39, 48, 74, 85
❓ On peut acheter un billet à l'avance
aux guichets FNAC, Carrefour, Auchan,
Virgin Mégastore et offices de tourisme
www.grevin.com

Ce musée de cire vous permettra
de côtoyer des personnages de
l'histoire de France et des
célébrités contemporaines. Vous
assisterez à un cocktail avec Sean
Connery, Julia Roberts et Bruce
Willis, vous rencontrerez George
W. Bush, la reine Elizabeth II
et Vladimir Poutine à l'Élysée
et vous admirerez Auguste Rodin
et Salvador Dali au travail dans
leur atelier. Elvis Presley, Marilyn
Monroe et même Lara Croft
vous attendent au milieu de
300 figures de cire.
  Le visiteur quitte le XXIe siècle
pour plonger dans l'histoire de
France – assassinat d'Henri IV,
Louis XVI, la Révolution française
ou Napoléon.
  Le musée Grévin fut inauguré
en 1882 par le caricaturiste
et sculpteur Alfred Grévin
et le journaliste Arthur Meyer.
Depuis 2001, les journalistes
qui constituent l'académie Grévin
se réunissent deux fois par an
pour choisir les personnalités
qui seront immortalisées dans le
musée. Le philosophe Bernard-

Henri Lévy, la sénatrice Hillary
Clinton et la chanteuse Céline
Dion font partie des récents élus.

MUSÉE
GUSTAVE MOREAU

🚇 69 L4•14, rue de la Rochefoucauld,
75009 ☎ 01 48 74 38 50 🕐 Mer.-lun.
10 h-12 h 45, 14 h-17 h15 💶 Ad. 4 €,
moins de 18 ans gratuit, gratuit pour
tous les 1er dimanche du mois 🚇 Trinité
📖 Librairie

Cette maison d'artiste, située
près de Pigalle, nous montre
comment vivait un peintre à la fin
du XIXe siècle. Aux deuxième
et troisième étages, vous visiterez
les ateliers du peintre symboliste
Gustave Moreau (1826-1898),
qui eut Henri Matisse pour
élève. Au premier étage, une
reconstitution de son appartement
dévoile les tableaux, les objets
et les meubles qui faisaient
son cadre de vie. Sur les murs,
des toiles d'Edgar Degas et
de Théodore Chassériau.
  C'est le peintre lui-même
qui souhaita que sa demeure
soit transformée en musée.
Son vœu a été exaucé et
le musée expose aujourd'hui
près de 800 de ses toiles et
de ses dessins dont un grand
nombre sont d'influences biblique
et mythologique.

MUSÉE DE
L'HISTOIRE DE FRANCE
(HÔTEL DE SOUBISE)

🚇 68 P7•Hôtel de Soubise, 60, rue des
Francs-Bourgeois, Hôtel de Rohan, 87,
rue Vieille-du-Temple, 75003
☎ 01 40 27 60 96 🕐 Lun. et mer.-
ven. 10 h-12 h 30, 14 h-17 h 30, sam.,
dim. 14 h-17 h 30 💶 Ad. 3 €, moins de
18 ans gratuit 🚇 Rambuteau, Hôtel de
Ville 🚌 29, 75, 96 📖 Boutique de
cadeaux/librairie

La situation géographique
et l'architecture de cet hôtel
particulier constituent l'intérêt
majeur de la visite. Situé dans

Musée Jacquemart André, dans un hôtel particulier du XIXᵉ siècle

Hôtel de Soubise, construit pour la princesse de Soubise

le quartier du Marais (▷ 107), il fut construit par Pierre Alexis Delamair au début du XVIIIᵉ siècle pour la princesse de Soubise, en même temps que l'hôtel de Rohan, rue Vieille-du-Temple, destiné à son fils, le futur cardinal de Rohan.

Delamair y ajouta la grande porte fortifiée flanquée de deux tourelles, vestige d'une demeure médiévale qui existait à l'angle de la rue des Archives au XIVᵉ siècle.

L'appartement du Prince, au rez-de-chaussée, est somptueux, décoré d'œuvres des peintres Carle Van Loo et François Boucher. D'autres œuvres sont exposées à l'étage dans l'appartement de la Princesse.

Le musée, abrité dans les deux hôtels particuliers, présente surtout des documents passionnants pour ceux qui s'intéressent à l'histoire. Dans l'hôtel de Soubise, on peut consulter des documents des Archives nationales, notamment

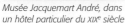

des lettres écrites par Charlemagne et par Jeanne d'Arc, les testaments de Louis XIV et de Napoléon Iᵉʳ, ainsi que la dernière correspondance de Marie-Antoinette avant son exécution.

MUSÉE JACQUEMART ANDRÉ

⊞ 66 J4•158, boulevard Haussmann, 75008 ☎ 01 45 62 11 59 🕐 Mar.-dim. 10 h-18 h, lun. 10 h-21 h 30 💶 Ad. 9,50 €, enf. 6,50 €, moins de 7 ans gratuit, familles (2 ad. et 3 enf.) 31 € 🍴 Tlj 11 h 45-17 h 30 🚇 Saint-Philippe-du-Roule, Miromesnil 🚌 22, 28, 43, 52, 80, 83, 84, 93 🚊 RER ligne A, Charles-de-Gaulle-Étoile www.musee-jacquemart-andre.com

Le banquier Édouard André et sa femme Nélie Jacquemart, elle-même peintre, étaient collectionneurs d'œuvres d'art. Ils amassèrent une collection impressionnante de chefs-d'œuvre européens.

En 1875, ils firent construire une somptueuse demeure pour exposer leurs acquisitions. Le bâtiment comporte une salle de bal, une galerie de tableaux et un escalier en colimaçon qui relie les deux niveaux. À la mort de son époux, Nélie légua la maison et son contenu à l'institut de France pour en faire un musée, qui ouvrit ses portes au public en 1913.

Aujourd'hui, on visite les salons d'apparat, la salle de musique, la galerie de tableaux et d'autres parties de la maison remplie de peintures, de sculptures et de tapisseries. On y découvre des peintres italiens – Canaletto, Botticelli et Della Robbia –, des Flamands et des Hollandais – Van Dyck, Rembrandt et Hals – et des Français – Boucher,

David et Fragonard. En dehors de la collection permanente, le musée organise des expositions temporaires très prisées du public. Un audioguide inclus dans le prix d'entrée est disponible en six langues.

À ne pas manquer : l'ancienne salle à manger (actuel café) possède un plafond peint par Giovanni Batista Tiepolo. Les murs sont décorés de tapisseries du XVIIᵉ siècle qui viennent de Bruxelles.

MUSÉE DU LOUVRE

Voir pages 118-123

MUSÉE MARMOTTAN MONET

Voir pages 124-125

MUSÉE DE LA MONNAIE

⊞ 67 M7•Hôtel de la Monnaie, 11, quai de Conti, 75006 ☎ 01 40 46 55 35 🕐 Mar.-ven. 11 h 17 h 30, sam., dim. 12 h 17 h 30 💶 Ad. 8 €, moins de 16 ans gratuit, gratuit pour tous le 1ᵉʳ dim. du mois 🚇 Pont Neuf, Odéon 🚌 27, 58, 70 🎧 Audioguide compris dans le prix d'entrée. Visite guidée des ateliers (sur réservation) : mer. et ven. 14 h 15, 3 € (gratuit pour les moins de 16 ans) 🛍 À la boutique : vente de collections de pièces de monnaie, de livres, de médailles historiques et d'affiches. Les boutiques de la Monnaie de Paris, 2, rue Guénégaud (lun.-sam. 10 h-18 h 15), vendent des objets fabriqués dans leurs ateliers www.monnaiedeparis.fr

L'élégant hôtel de la Monnaie situé sur la rive gauche de la Seine a abrité les ateliers de la Monnaie de Paris du XVIIIᵉ siècle à 1973.

Aujourd'hui, les ateliers fabriquent des pièces et des médailles commémoratives. Le bâtiment héberge également le musée de la Monnaie qui date du XIXᵉ siècle. Le visiteur s'y familiarise avec les techniques de fabrication de la monnaie.

Musée du Louvre

Dans ce musée – l'un des plus grands du monde –, on peut admirer des chefs-d'œuvre légendaires comme la *Joconde* et la *Vénus de Milo* ou un sphinx égyptien vieux de 4 000 ans.

L'entrée du musée

Papyrus illustré de la collection égyptienne

Le billet d'entrée au musée est valable toute la journée

DÉCOUVRIR LE MUSÉE DU LOUVRE

Célèbre dans le monde entier, ce musée rassemble des collections qui s'échelonnent de 7 000 av. J-C. à 1848. Il est impossible de voir les 35 000 œuvres d'art du Louvre en une seule visite, il faut donc faire un choix. Si vous ne savez par où commencer, suivez l'une des visites guidées Visite-Découverte. Le plan gratuit du musée, disponible aux comptoirs d'information, sera d'une aide précieuse.

L'entrée principale est aujourd'hui abritée par la pyramide de verre construite, au centre de la cour Napoléon, par l'architecte Ieoh Ming Pei. De là, des escalators descendent jusqu'au magnifique sous-sol en marbre, avec un vestiaire, la banque d'information et l'entrée aux trois pavillons du musée : Richelieu, Sully et Denon. Si vous avez déjà votre billet, ou un pass, entrez directement par le passage Richelieu, rue de Rivoli, où les files d'attente sont habituellement moins longues. On peut aussi accéder au musée par la galerie du Carrousel ou par la porte des Lions (fermée le vendredi). Pour les moments de détente, le musée propose un choix de cafés et de restaurants. Vous pouvez également trouver un café à l'extérieur puisque votre billet vous permet de sortir et d'entrer à nouveau dans le musée dans la même journée.

L'ESSENTIEL

LA *JOCONDE*

En peignant *Monna Lisa* (ou *Mona Lisa*) au début du XVIe siècle, Léonard de Vinci pressentait-il qu'elle deviendrait l'œuvre d'art la plus célèbre de tous les temps ? Le tableau, de 77 cm par 53 cm, exposé au premier étage du pavillon Denon, est protégé par une vitre blindée. L'identité du modèle est incertaine, mais il s'agirait de l'épouse de Francesco del Giocondo, d'où le second titre du tableau. Léonard de Vinci travailla à cette toile entre 1503 et 1506 et François Ier en fit l'acquisition dès son achèvement. Le tableau fut ensuite conservé quelque temps à Versailles puis dans l'ancien palais des Tuileries, dans la chambre même de Napoléon. En 1911, un Italien déroba le portrait pour le rendre à sa Florence natale. Le chef-d'œuvre fut retrouvé deux ans plus tard et réinstallé au Louvre après une longue enquête policière qui lui valut sa renommée mondiale.

À l'intérieur de la pyramide (page de gauche)

LES PLUS				
Culture	●	●	●	●
Histoire	●	●	●	
Shopping (livres d'art)	●	●	●	

LES SITES

✚ Page 67 M7•99, rue de Rivoli, 75001
☎ 01 40 20 50 50. Information en
français et en anglais : 01 40 20 53 17.
Auditorium : 01 40 20 55 55
🕐 Jeu., sam.-lun. 9 h-18 h, mer., ven.
9 h-21 h 45 (dernière entrée 45 min
avant la fermeture). Certaines salles
sont fermées à tour de rôle.
💳 Ad. 8,50 € (6 € après 18 h le mer.
et le ven.), moins de 18 ans gratuit.
Expositions temporaires hall Napoléon
8,50 €. Billets valables toute la journée,
nouvelle entrée possible. Billets couplés
train-musée en vente dans les gares
ferroviaires. Le musée est gratuit
le 1ᵉʳ dimanche de chaque mois
et le 14 juil. (sauf pour les expositions
du hall Napoléon)
🚇 Palais-Royal/Musée du Louvre
🚌 21, 27, 39, 48, 67, 68, 69, 72, 74, 75,
76, 81, 85, 95
🚈 Châtelet-les-Halles
🎧 Différentes visites guidées
en français et en anglais, y compris
la Visite-Découverte en anglais à 11 h,
14 h et 15 h 45 (11 h30 uniquement
le dim. ; sauf le 1ᵉʳ dimanche du mois)
et en français à 11 h 30. Audioguides
disponibles en français, anglais,
allemand, espagnol, italien et japonais
aux entrées des trois pavillons du
musée (5 €). Visites spéciales pour les
personnes à mobilité réduite. Moulages
de sculptures pour malvoyants et non-
voyants (espace tactile). Voir la banque
d'information pour en savoir plus.
📖 Guides. Plan et dépliants gratuits
à la banque d'information
🍴 Cafés et restaurants
📚 Grande librairie 🛍️

www.louvre.fr
En français, anglais, espagnol
et japonais ; découverte des œuvres
et visite virtuelle

9 €

La cour Puget (page de droite)

*Vestiges du Louvre médiéval
au niveau inférieur*

LA *VÉNUS DE MILO* ET LA *VICTOIRE DE SAMOTHRACE*

La *Vénus de Milo* (aile Sully, rez-de-chaussée) est la plus connue des antiquités grecques du musée. Elle fut découverte en 1820 sur l'île de Mélos. Identifiée comme représentant Aphrodite, déesse de l'amour, elle est l'image de la beauté parfaite. Cette statue de marbre fut réalisée vers 100 av. J.-C. pendant la période helléniste de la Grèce, mais la pureté des formes reflète plutôt la période classique.

Ne pas manquer la *Victoire de Samothrace* (1ᵉʳ étage, pavillon Denon), qui mesure 3,28 m de hauteur. La statue fut sculptée en 190 av. J.-C. pour célébrer une victoire navale. Elle représente une Victoire posée sur la proue d'une galère. La fluidité de l'œuvre donne l'impression que le vent du large souffle dans les plis de sa robe et dans ses ailes. La *Victoire de Samothrace* fut découverte brisée en 300 morceaux sur l'île de Samothrace en 1820 et reconstituée en 1863.

ART ÉTRUSQUE ET ROMAIN

La civilisation étrusque naquit au nord de l'Italie quand la civilisation grecque antique était à son apogée. Parmi les objets exposés au Louvre, le *Sarcophage des époux* (vers 530 av. J.-C.) est une pièce en terre cuite représentant un couple étendu sur un lit d'apparat (rez-de-chaussée, pavillon Denon). Les deux époux arborent le sourire heureux caractéristique de la sculpture étrusque. Dans la collection d'art romain du Louvre (rez-de-chaussée, pavillon Denon), on peut admirer des mosaïques, des sculptures, des assiettes, des vases et différents sarcophages.

LES ANTIQUITÉS ÉGYPTIENNES

Les collections de l'aile Sully (rez-de-chaussée) dévoilent un pan passionnant de l'histoire des pharaons, il y a 5 000 ans. Il s'agit de la plus grande collection hors d'Égypte, avec un fonds de 55 000 objets, dont 5 000 sont exposés. On découvre des sphinx imposants et des statues de pharaons tout puissants, ainsi que des petits objets de la vie quotidienne tout aussi intéressants : miroirs, peignes, colliers et cuillères à fard finement gravées. À l'entrée de la salle, ne manquez pas le sphinx colossal en granite rose, mi-pharaon mi-lion, qui gardait l'entrée d'un tombeau. Son âge exact est inconnu, mais certains détails indiquent qu'il aurait plus de 4 600 ans.

Les collections, présentées par thème au rez-de-chaussée de l'aile Sully concernent notamment la pêche, les enterrements et l'écriture. Au premier étage, on suit la chronologie, en commençant par la préhistoire, avec le règne des pharaons, pour finir avant l'arrivée des Romains en 333 av. J.-C. Pour comprendre comment la culture égyptienne s'est développée sous la domination romaine, continuez la visite à l'entresol du pavillon Denon.

ŒUVRES FRANÇAISES HISTORIQUES ET ALLÉGORIQUES

Les grandes toiles du premier étage du pavillon Denon nous plongent au cœur de l'action par leurs dimensions et par la précision du détail. Inspirés d'événements contemporains, certains sujets ont provoqué le scandale. Ainsi, le *Radeau de la Méduse* de Théodore Géricault (1819) représente 15 des 150 survivants d'un naufrage qui eut lieu en 1816 au large du Sénégal. On y voit les malheureux qui s'accrochent à leur radeau construit à la hâte et agitent des linges. Dès le début, l'œuvre impressionna par le réalisme de la scène. D'ailleurs, peu après le naufrage, des rumeurs de traîtrise et de cannibalisme avaient circulé.

Des cadavres, on en voit aussi dans la *Liberté guidant le peuple* d'Eugène Delacroix (1830). L'allégorie de la Liberté incarne la révolte et la victoire en brandissant le drapeau tricolore, à la tête des insurgés de 1830.

Le style néoclassique du tableau de Jacques-Louis David, Le *Sacre de l'empereur Napoléon Iᵉʳ* (achevé en 1807) paraît bien froid au regard de la passion perceptible dans les deux œuvres de Delacroix et de Géricault. La toile, qui mesure 9,79 m par 6,21 m, fut commandée par l'empereur lui-même.

À SAVOIR

● Ne manquez pas la galerie d'Apollon (1ᵉʳ étage du pavillon Denon), rouverte depuis fin 2004. Commandée par Louis XIV en 1661, elle servit de modèle à la galerie des glaces de Versailles. Il fallut attendre deux siècles pour qu'elle soit achevée. Le Brun et Delacroix participèrent à sa décoration. Aujourd'hui, elle abrite les diamants de la couronne.

● Le billet coûte 6 € après 18 h le mercredi et le vendredi. Pour éviter les longues files d'attente, utilisez la carte Musées-Monuments (▷ 307) ou réservez par téléphone, par Internet, à la FNAC (01 41 57 32 28, pour un supplément minime). Vous pourrez ainsi entrer par le passage Richelieu.

● Pour faire un choix avant de vous rendre au musée du Louvre, consultez le site Internet sur lequel vous pourrez voir des tableaux et d'autres objets exposés.

● Toutes les salles ne sont pas ouvertes tous les jours. Avant la visite, consultez le site Internet pour avoir des précisions.

● Le billet d'entrée est valable dans la même journée pour les collections et les expositions temporaires du Musée national Eugène Delacroix (▷ 126).

LES AUTRES INCONTOURNABLES
● *La Dentellière*, de Jan Vermeer (1670-1671 ; Richelieu, 2ᵉ étage)
● *L'Esclave mourant* de Michel-Ange (1513-1515 ; Denon, rez-de-chaussée)
● *Les Chevaux de Marly* de Coustou (1743-1745 ; Richelieu, cour Marly)
● Cour Khorsabad (Richelieu, rez-de-chaussée)
● *Les Noces de Cana* par Véronèse (1562-1563 ; Denon, 1ᵉʳ étage)
● Fortifications médiévales (sous-sol)

L'ancien rencontre le moderne dans la cour Napoléon (ci-dessus à droite)

Dans cette coupe transversale du Louvre, l'aile Sully est derrière vous

HISTOIRE

Au XIVᵉ siècle, Charles V transforma la forteresse de Philippe-Auguste (XIIᵉ siècle) en château médiéval. Deux siècles plus tard, le roi François Iᵉʳ entreprit de transformer le Louvre en palais Renaissance et initia la collection du Louvre en faisant venir en France la *Joconde* et son créateur Léonard

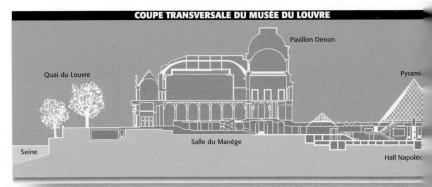

COUPE TRANSVERSALE DU MUSÉE DU LOUVRE

Pavillon Denon

Quai du Louvre

Pyrami

Seine

Salle du Manège

Hall Napoléo

GUIDE DES GALERIES

GUIDE DES GALERIES

Le Louvre utilise un ingénieux système de code couleur sur ses plans. On distingue :
Antiquités égyptiennes (vert) : collections principales au rez-de-chaussée et au 1er étage de Sully. Égypte romaine et Égypte copte à l'entresol de Denon.
Antiquités grecques, étrusques et romaines (bleu) : rez-de-chaussée et 1er étage de Sully, rez-de-chaussée de Denon. Grèce préclassique à l'entresol de Denon.
Antiquités orientales (jaune) et **Arts de l'Islam (vert foncé) :** Arts de l'Islam au sous-sol de Richelieu. Cour Khorsabad au rez-de-chaussée de Richelieu et Iran antique et Levant au rez-de-chaussée de Sully.
Peinture (rouge) : France, Flandres, Hollande et Allemagne au 2e étage de Richelieu et de Sully ; grandes toiles françaises au 1er étage de Denon. Peinture espagnole et italienne : 1er étage de Denon. Peinture anglaise au 1er étage de Sully.
Dessins et gravures (rose) : dessins français au deuxième étage de Sully ; dessins allemands, flamands et hollandais au 2e étage de Richelieu ; dessins italiens au 1er étage de Denon.
Objets d'art (mauve) : 1er étage de Richelieu, Denon et Sully.
Sculpture (beige) : française, au rez-de-chaussée et au sous-sol de Richelieu ; italienne, au rez-de-chaussée et au sous-sol de Denon.
Histoire du Louvre (marron) : vestiges de la forteresse médiévale au sous-sol de Sully.
Arts d'Afrique, d'Asie, d'Océanie et des Amériques (blanc) : rez-de-chaussée de Denon (prêtés par le musée du quai Branly ▷ 126).

LES SITES

de Vinci. Plusieurs rois apportèrent des améliorations au bâtiment jusqu'à ce que Louis XIV installe la cour à Versailles au XVIIe siècle.

Pendant la Révolution, un musée d'art fut ouvert au public dans la Grande Galerie. C'est au Louvre que Napoléon célébra son mariage avec Marie-Louise en 1810, alors qu'il vivait dans le palais des Tuileries voisin, qui brûla plus tard. Très rapidement, il fit ajouter une cour centrale dominée par l'arc de triomphe du Carrousel, une nouvelle aile et plusieurs étages. Ses nombreuses victoires à l'étranger et le butin qu'il en rapporta alimentèrent la collection du Louvre. Les années 1980 et 1990 virent la construction de la pyramide de verre par I. M. Pei et les rénovations entreprises dans les galeries du musée.

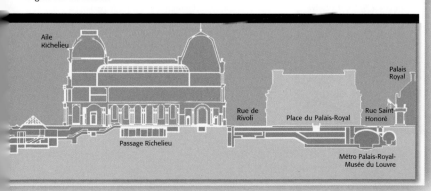

Musée Marmottan-Monet

**Il s'agit de la plus importante collection d'œuvres de Claude Monet, abritée dans un bel hôtel particulier parisien.
Le musée présente également des manuscrits datant du Moyen Âge, du mobilier napoléonien et des toiles de peintres contemporains de Monet.**

LES SITES

Impression soleil levant
de Claude Monet, qui a donné son nom à l'impressionnisme

LES PLUS	
Culture	● ● ● ●
Histoire	● ● ●

DÉCOUVRIR LE MUSÉE MARMOTTAN MONET

Après 10 min de marche à pied, en sortant du métro La Muette, on parvient à ce musée du 16e arrondissement, qui possède une superbe collection de toiles de Monet et d'artistes contemporains. L'atmosphère intimiste et discrète de cet ancien hôtel particulier du XIXe siècle constitue un agréable contraste avec les vastes musées parisiens, plus impersonnels. En dehors des œuvres impressionnistes, la collection comprend des peintures et des meubles de la période napoléonienne et plus de 300 pages enluminées de manuscrits médiévaux et de la Renaissance.

Pour accéder au musée qui est bien signalé, on traverse les jolis jardins du Ranelagh. Il n'y a pas de café dans le musée, mais si vous apportez votre boisson, vous pourrez vous désaltérer dans le joli parc, sur le chemin du retour.

L'ESSENTIEL

MONET

Le musée possède la plus importante collection au monde des œuvres de Monet, rassemblées pendant 50 ans grâce à des donations de son fils Michel et d'autres collectionneurs. La plupart des 60 toiles sont exposées dans la galerie du sous-sol construite à cet effet. La salle est très bien éclairée malgré sa situation. Les tableaux peuplés d'iris, de glycines et de nénuphars sont inspirés par les 43 années passées par le peintre à Giverny. Des vues de la Tamise, sont également exposées – *Le Parlement de Londres* et *Reflets sur la Tamise* (1899-1901). Monet réalisa près de 100 toiles sur la Tamise au cours d'un séjour à Londres au début du XXe siècle. La galerie du musée propose également quelques toiles de la série consacrée à la cathédrale de Rouen, commencée au cours de deux séjours dans cette ville en 1892 et en 1893. Ne manquez pas *Impression, soleil levant* (vers 1873), qui donna son nom au mouvement impressionniste. La toile représente l'avant-port du Havre. Elle illustre parfaitement l'un des thèmes chers à Monet : le jeu de la lumière sur l'eau. C'est le seul tableau protégé par une vitre – il fut volé en 1985 et retrouvé en Corse cinq ans plus tard.

Lettre R « enluminée » représentant sainte Catherine d'Alexandrie

LES AUTRES IMPRESSIONNISTES

D'autres peintres impressionnistes sont exposés au 1er étage, parmi lesquels Edgar Degas, Gustave Caillebotte, Camille Pissarro, Berthe Morisot et Pierre-Auguste Renoir. Monet gardera jusqu'à sa mort le très beau portrait peint par Renoir en 1872 – *Claude Monet lisant*.

LA COLLECTION EMPIRE

La pendule géographique (1813), au rez-de-chaussée du musée, fut conçue à la gloire de Napoléon Ier, puis acquise et modifiée par Louis XVIII en 1822.

LES ENLUMINURES

Au rez-de-chaussée, le musée expose un ensemble unique de 300 pages enluminées du Moyen Âge et de la Renaissance, réunies par le marchand d'art Georges Wildenstein et léguées au musée par son fils en 1980. Cet ensemble regroupe de nombreuses pages illustrées de saints et de personnages bibliques, extraites de manuscrits religieux français et italiens. D'autres proviennent de livres d'heures, dont certains représentent des scènes de la vie au XVe siècle.

HISTOIRE

Le musée fut créé en 1932 par l'historien d'art Paul Marmottan, qui légua à l'État français sa maison et sa collection de tableaux et d'objets illustrant le premier empire. Cette collection, réunie par Paul et son père Jules, possède également des peintures de primitifs flamands, italiens et allemands. Plus tard, des donateurs dotèrent le musée d'œuvres impressionnistes, devenues le principal attrait du musée.

Monet naquit à Paris en 1840 et mourut à Giverny à 86 ans. Toute sa vie, il tira son inspiration de ses voyages en France, à Londres, en Norvège, en Hollande et en Italie. Mais c'est à Giverny, où il vécut de 1883 à sa mort, en 1926, qu'il réalisa ses œuvres les plus célèbres. Près de l'escalier qui mène à la galerie du sous-sol, on peut admirer des portraits de la famille Monet.

MÉMO

✚ Page 321, E7•2, rue Louis-Boilly, 75016

☎ 01 44 96 50 33

🕐 Mar.-dim. 10 h-18 h (dernière entrée 17 h 30). fermé le lun. et 1er jan., 1er mai, 25 déc.

🎫 Ad. 7 €, enf. 4,50 €, moins de 8 ans gratuit

Ⓜ La Muette (10 min de marche à pied ; signalisation depuis la station de métro)

🚌 22, 32, 52

Ⓡ RER ligne C, Boulainvilliers

🚗 8,50 €

👫 🛍 Boutique cadeaux/librairie

www.marmottan.com
En français et en anglais ; site très complet montrant les principales œuvres, avec des informations pratiques sur le musée

À SAVOIR

● Ne manquez pas la série de caricatures exécutées par Monet au Havre vers 1858, très différentes de ses œuvres les plus connues.

● Le musée présente quelques-unes des toiles de Monet les plus célèbres, dans un décor calme et agréable. Si vous n'êtes à Paris que pour quelques jours, allez voir la collection des Impressionnistes au musée d'Orsay, plus facile d'accès (▷ 130-134).

● Si vous avez le temps, vous pouvez coupler une visite au musée Marmottan et au musée national des Arts asiatiques-Guimet (▷ 126), ou au musée Galliera (▷ 116), métro Iéna, sur la ligne 9.

GUIDE DES GALERIES

ENTRESOL
Collection Monet.

REZ-DE-CHAUSSÉE
Enluminures, primitifs, collection Empire et librairie.

PREMIER ÉTAGE
Autres impressionnistes et expositions temporaires.

Mobilier de la collection empire du musée

Deux grues au bord d'un étang

Tableaux exposés au musée Eugène Delacroix, dans l'ancienne demeure du peintre

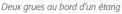

LES SITES

MUSÉE DE MONTMARTRE

➕ Page 69 M2•12, rue Cortot, 75018
☎ 01 46 06 61 11 🕐 Mar.-dim.
10 h-18 h 🎫 Ad. 5,50 €, enf. 3,50 €,
moins de 10 ans gratuit 🚇 Lamarck
🚌 Montmartrobus ; 80

Montmartre est l'un des quartiers
les plus atypiques de la capitale,
avec son saint décapité marchant
encore, ses moulins et sa vie nocturne
animée. Le musée est installé dans
l'une des plus vieilles maisons
de la butte Montmartre (XVIIᵉ siècle),
qui appartint à Rose de Rosimond,
membre de la troupe de Molière.
La maison, située derrière la vigne
de Montmartre, accueillit plus tard
le peintre Pierre-Auguste Renoir.

MUSÉE NATIONAL DES ARTS ASIATIQUES-GUIMET

➕ Page 66 G6•6, place d'Iéna, 75016
☎ 01 56 52 53 00 🕐 Mer.-lun.
10 h-18 h 🎫 Musée et expositions
temporaires : ad. 8 €, moins de 18 ans
gratuit. Expositions temporaires
seulement : ad. 5,50 €, moins de
18 ans gratuit, gratuit pour tous le
1ᵉʳ dim. du mois 🚇 Iéna, Boissière
🚌 22, 30, 32, 63, 82 🎧 Audioguides
gratuits (durée : environ 90 min)
disponibles en plusieurs langues.
Pour en savoir plus sur les visites
guidées, voir horaires à l'entrée
www.museeguimet.fr

Fondé en 1889 par l'industriel Émile
Guimet (1836-1918), ce musée possède
une collection exceptionnelle
d'antiquités orientales. Près de
45 000 sculptures et peintures
sont exposées, ainsi que des objets
en provenance de Corée, de Chine,
du Japon, du Tibet, d'Afghanistan,
de Thaïlande, du Pakistan et d'Inde.
L'impressionnante collection d'art
khmer (du VIᵉ au XIXᵉ siècle) comporte
des bouddhas de pierre et des dieux
hindous. Le musée expose également
des tankas richement peints du Tibet

et du Népal. Dans le département d'art
de l'Inde, on découvre des dieux
en bronze d'Inde méridionale et
des miniatures mogholes et Rajput.
Le département d'art chinois présente
une importante collection
de céramiques.

L'art religieux japonais est présenté
dans l'annexe du musée, le Panthéon
bouddhique, 19 avenue d'Iéna (*ouv.
mer.-lun. 9 h 45-17 h 45*).

MUSÉE NATIONAL EUGÈNE DELACROIX

➕ Page 67 L7•6, rue de Furstenberg,
75006 ☎ 01 44 41 86 50
🕐 Mer.-lun. 9 h 30-17 h (dernière
entrée 16 h 30)
🎫 Ad. 5 €, moins de 18 ans gratuit,
gratuit pour tous le 1ᵉʳ dim. du mois
🚇 Saint-Germain-des-Prés, Mabillon
🚌 39, 63, 95
www.musee-delacroix.fr

Le peintre Eugène Delacroix
(1798-1863) passa les six dernières
années de sa vie dans cet appartement.
Les pièces d'habitation et l'atelier
sont aujourd'hui un petit musée.
On y admire ses toiles, ses dessins,
ses pastels, ses croquis, ses meubles
et ses documents personnels.
Beaucoup de ses œuvres majeures
sont exposées au Louvre
(▷ 118-123) et au musée d'Orsay
(▷ 130-134).

MUSÉE NATIONAL DU MOYEN ÂGE-THERMES DE CLUNY

▷ 128-129

MUSÉE NISSIM DE CAMONDO

➕ Page 66 H4•63, rue de Monceau,
75008 ☎ 01 53 89 06 50
🕐 Mer.-dim.10 h-17 h 30 🎫 Ad. 6 €,
moins de 18 ans gratuit 🚇 Villiers,
Monceau 🚌 30, 84, 94
www.ucad.fr

Derrière l'ensemble exceptionnel de
meubles et d'œuvres d'art qui ornent
cette demeure aristocratique du
XVIIIᵉ siècle se cache une histoire

familiale tragique. À sa mort, en 1935,
Moïse de Camondo légua sa maison
et ses collections à l'État en demandant
que la maison porte le prénom de
son fils, Nissim, mort au combat
en 1917. Moins de 10 ans après la mort
de Moïse, sa fille périt à Auschwitz
avec sa famille.

Le musée est la reconstitution d'une
demeure du XVIIIᵉ siècle, qui recèle
une superbe collection d'objets d'art
datant principalement de la seconde
moitié du XVIIIᵉ siècle. Ne manquez pas
les quelques pièces du service à dîner
en argent commandé par Catherine II
de Russie pour le comte Orloff, les
vases ayant appartenu à Marie-
Antoinette et le magnifique secrétaire à
cylindre de Jean-François Oeben.

La demeure, construite au début
du XXᵉ siècle d'après des plans
inspirés du Petit Trianon de Versailles,
possède un remarquable ensemble
de meubles du XVIIIᵉ siècle.

MUSÉE D'ORSAY

▷ 130-134

MUSÉE PICASSO

▷ 135

MUSÉE DU QUAI BRANLY

➕ Page 66 G7•29-55, quai Branly,
75007 (à l'est de l'angle avec l'avenue
de la Bourdonnais) ☎ Pendant
la construction : 01 56 61 70 00
🕐 Ouverture prévue vers fin 2006
🚇 Pont de l'Alma 🚌 42
🚆 Champ de Mars-Tour Eiffel
www.quaibranly.fr

Les collections d'objets des civilisations
d'Afrique, d'Asie, d'Océanie et
des Amériques seront hébergées
dans ce nouveau musée situé près
de la tour Eiffel, inauguré en juin 2006.
Des thèmes très divers sont
proposés – des instruments de
musique africains aux relations entre
l'Homme et la Nature.

Certains objets proviennent
de l'ancien musée des Arts d'Afrique et
d'Océanie et du musée de l'Homme,
au palais de Chaillot (▷ 143).

Une avenue bordée d'arbres au Jardin des Plantes (ci-dessus)
Une serre se découpe sur le ciel parisien (à droite)

MUSÉUM NATIONAL D'HISTOIRE NATURELLE ET JARDIN DES PLANTES

Ce magnifique Jardin des Plantes abrite plusieurs musées d'Histoire naturelle, des serres tropicales et l'un des plus vieux zoos du monde.

Le Jardin des Plantes est l'un des plus beaux parcs de Paris. Foulée par des générations de promeneurs, sa large avenue bordée d'arbres est flanquée d'un côté par des laboratoires, de l'autre par le jardin, magnifique en toutes saisons. Les fleurs et les statues peuplent le jardin qui débouche sur la Grande Galerie de l'Évolution (voir plus bas). Héritier du Jardin royal des plantes médicinales, créé en 1626 par deux médecins de Louis XIII, il s'ouvrit au public en 1640 et fut développé par le naturaliste Buffon, au XVIIIe siècle.

MUSÉUM D'HISTOIRE NATURELLE

Le Muséum d'Histoire naturelle est constitué de plusieurs galeries séparées, situées à l'intérieur du Jardin des Plantes. La Grande Galerie de l'Évolution, immense structure surmontée d'une verrière, fut construite en 1889 et rénovée au début des années 1990. Elle permet au visiteur d'aborder des thèmes allant de l'évolution à la diversité du monde vivant, en passant par les espèces en voie de disparition. La galerie de Paléontologie, ouverte en 1898, présente une collection de fossiles datant de plusieurs millions d'années. La galerie d'Anatomie comparée est consacrée à la classification de plus de 1 000 vertébrés. La galerie de Minéralogie et de Géologie raconte l'histoire du monde minéral, avec des pierres précieuses, des minéraux et des cristaux géants.

PLANTES ET ANIMAUX

Les grandes serres du Jardin des Plantes (fermées pour rénovation jusqu'en 2007) comprennent un jardin d'hiver et une serre mexicaine, abritant des milliers d'espèces végétales. Le Jardin alpin réunit 2 000 espèces originaires des Alpes, de Corse et de l'Himalaya. La ménagerie, ouverte en 1794, abrite près de 1 100 mammifères, oiseaux et reptiles. Elle comprend également un Microzoo pour les insectes et les araignées.

LES PLUS	
Pour les enfants	●●●●●
Histoire	●●●
Photo	●●●

MÉMO

✚ Page 68 P9 ☎ 01 40 79 56 01; 01 40 79 30 00 (information enregistrée) 🚇 Gare d'Austerlitz, Jussieu, Place Monge 🚌 24, 57, 61, 63, 67, 89, 91 🎁 Cadeaux et librairie 🛒 🚻 www.mnhn.fr (en français)

Jardin des Plantes
57, rue Cuvier, 75005 🕐 Tlj du lever au coucher du soleil 💶 Gratuit
Grande Galerie de l'Évolution
36, rue Geoffroy Saint-Hilaire, 75005 🕐 Mer.-lun. 10 h-18 h. Fermé 1er mai 💶 Ad. 8 €, enf. (4-13 ans) 6 €, moins de 4 ans gratuit 🎧 4,60 €
Galeries de Paléontologie et d'Anatomie comparée
57, rue Cuvier, 75005 🕐 Lun., mer.-ven. 10 h-17 h, sam., dim. 10 h-18 h. Fermé 1er mai 💶 Ad. 6 €, enf. (4-13 ans) 4 €, moins de 4 ans gratuit
Galerie de Minéralogie et Géologie
36, rue Geoffroy Saint-Hilaire, 75005 🕐 Mer.-lun. 10 h-17 h. Fermé 1er mai 💶 Ad. 6 €, enf. 4 €, moins de 4 ans gratuit
Les serres (tropicales)
57, rue Cuvier, 75005 🕐 Les serres tropicales sont fermées jusqu'en 2007
Ménagerie (zoo)
57, rue Cuvier, 75005 🕐 Tlj 9 h-18 h 💶 Ad. 7 €, enf. 5 €, moins de 4 ans gratuit

Musée national du Moyen Âge-Thermes de Cluny

Le musée rassemble une collection de tapisseries, de retables et de statues qui évoquent l'amour courtois et la vie au Moyen Âge.

La Dame à la Licorne, XVᵉ siècle, « La Vue »

Gros plan d'un vitrail

Sculptures à l'extérieur de l'hôtel du XVᵉ siècle

LES PLUS	
Culture	● ● ● ●
Histoire	● ● ● ●
Photo (extérieur)	● ● ●

MÉMO

✚ Page 67 M8•6, place Paul-Painlevé, rue du Sommerard, 75005
☎ 01 53 73 78 16 ; 01 53 73 78 00
🕐 Mer.-lun. 9 h 15-17 h 45
💶 Ad. 5,50 € (dim. 4 €), moins de 18 ans gratuit, gratuit pour tous le 1ᵉʳ dim. du mois
Ⓜ Cluny-la-Sorbonne
🚌 21, 27, 38, 63, 85, 86, 87, 96
🚆 RER ligne B, 🚇 Saint-Michel
🎧 Visites guidées disponibles en anglais 🔖 13,90 €
📖 Librairie/boutique

www.musee-moyenage.fr
Site en français seulement ; boutique : français, anglais. Photos, informations historiques, visite de la boutique, information sur les concerts, visites guidées et activités pour la famille

DÉCOUVRIR LE MUSÉE NATIONAL DU MOYEN ÂGE-THERMES DE CLUNY

Le musée de Cluny offre un aperçu sur la vie à l'époque médiévale. Abrité dans une demeure gothique du Quartier latin, le musée rassemble quelque 23 000 pièces, parmi lesquelles des tapisseries, des bijoux, des statues et de nombreux objets religieux. Ce qui fait l'intérêt du lieu, c'est que le visiteur peut admirer de très près ce qu'il voit habituellement de loin. Des vitraux qu'il apercevrait ailleurs en se tordant le cou sont ici au niveau de l'œil. Les retables, situés habituellement au fond des églises, sont ici face à lui. Tous les détails sont visibles en gros plan.

On pénètre dans le musée par une magnifique cour gothique, dont les gargouilles et les tourelles vous plongent déjà dans l'atmosphère de l'intérieur du musée. Procurez-vous un plan, gratuit, au guichet et commencez la visite en traversant la librairie jusqu'à la salle 2. À partir de là, il ne vous reste plus qu'à suivre l'ordre numérique, de 2 à 12 à l'entresol et de 13 à 23 à l'étage supérieur. Après la visite, détendez-vous dans le jardin médiéval dont l'entrée se trouve à l'angle des boulevards Saint-Michel et Saint-Germain.

L'ESSENTIEL

TAPISSERIES

Les tapisseries présentent une image charmante, voire idéalisée, de la vie au Moyen Âge. Promenade, baignade et lecture semblent être les activités quotidiennes telles que décrites par la série du XVIᵉ siècle intitulée La Vie seigneuriale (salle 4). Le fond floral, appelé mille fleurs, était un procédé artistique répandu à l'époque. Ne manquez pas Les Vendanges (XVIᵉ siècle), salle 12, réalisé au sud des Pays-Bas, qui représente des vendangeurs au travail. Les six tapisseries allégoriques qui constituent la série La Dame à la Licorne (salle 13) furent tissées au XVᵉ siècle au Pays-Bas, avec des fils de soie et de laine. Chacune des cinq premières tapisseries représente une dame exprimant l'un des cinq sens. Dans la sixième pièce, À mon seul désir, la dame replace dans son écrin un collier qu'elle vient de porter, ce qui illustrerait le refus de céder aux passions terrestres.

LES TÊTES DE NOTRE-DAME

La salle de concert (salle 8) expose une collection surréaliste de têtes en pierre arrachées à des statues de la façade occidentale de Notre-Dame par des fanatiques révolutionnaires qui pensaient qu'elles représentaient les rois de France. En fait, ces statues qui datent du XIIIe siècle représentaient des personnages bibliques. Les historiens pensaient qu'elles avaient été détruites, jusqu'à ce qu'on les retrouve dans le sous-sol d'une banque parisienne en 1977.

LES THERMES GALLO-ROMAINS

Le musée est situé sur le site des thermes gallo-romains les plus anciens et les mieux conservés de Paris. Au IIe siècle de notre ère, les thermes se composaient d'une série de bains de plus en plus chauds – froid dans le *frigidarium*, tiède dans le *tepidarium*, chaud dans le *caldarium*. Une partie du *frigidarium* subsiste et se trouve à l'entresol du musée (salle 9) : une chambre imposante, avec des murs de 2 m d'épaisseur et de 15 m de haut. Dans un angle, on découvre la plus vieille sculpture de la capitale, le *Pilier des Nautes* (30 apr. J.-C.), récemment rénovée. Depuis le boulevard Saint-Germain, on aperçoit les ruines du gymnasium romain.

HISTOIRE

L'hôtel de Cluny est l'une des plus vieilles demeures parisiennes. Il fut construit au XVe siècle pour servir de pied-à-terre au riche ordre bénédictin de Cluny (Saône et Loire). Parmi les résidents les plus illustres de l'édifice, on trouve Marie Tudor, sœur d'Henry VIII et veuve de Louis XII à l'âge de 16 ans après trois mois de mariage, ainsi que Jacques V, roi d'Écosse. Au XIXe siècle, le collectionneur d'art Alexandre du Sommerard acheta l'hôtel et ce sont ses collections qui ont permis la fondation du musée.

Le musée est abrité dans l'une des plus vieilles demeures de la ville (ci-dessus)

À SAVOIR

● L'accès à la cour gothique, place Painlevé, est gratuit. L'endroit est idéal pour se reposer quelques minutes et admirer les gargouilles et les tourelles.

● Les panneaux explicatifs sont rédigés en français et en anglais.

Musée d'Orsay

Le musée est consacré aux Impressionnistes, ainsi qu'à la production artistique allant du milieu du XIXᵉ siècle au début du XXᵉ siècle. Installé dans l'ancienne gare d'Orsay, symbole de l'âge industriel, le musée possède une impressionnante verrière à structure métallique et une grande horloge sur la façade ouest.

Grâce à sa verrière, le musée est inondé de lumière

Une des nombreuses danseuses d'Edgar Degas

L'ancienne gare d'Orsay

Enfants assis devant La Danse de Carpeaux *(page de droite)*

DÉCOUVRIR LE MUSÉE D'ORSAY

Les collections du musée couvrent les années 1848 à 1914. Cette période capitale de l'art occidental a compté des talents majeurs comme Claude Monet, Pierre-Auguste Renoir et Paul Cézanne. Sur le plan chronologique, le musée d'Orsay se situe entre le Louvre et le centre Georges Pompidou. La majorité des visiteurs vient admirer l'exceptionnelle collection des impressionnistes, avec *Maison du parlement* de Claude Monet, *L'Église d'Auvers-sur-Oise*, de Vincent Van Gogh et le *Bal au moulin de la Galette* d'Auguste Renoir. Mais l'impressionnisme ne représente qu'un tiers des collections du musée qui rassemble toutes les formes d'art – sculpture, peinture symboliste et historique, photographie et mobilier Art nouveau. Le bâtiment à lui seul vaut le déplacement, avec son imposant vestibule, son ancienne salle de bal et son énorme horloge.

Depuis quelques années, les files d'attente s'allongent le long de la Seine. L'entrée a été réaménagée et des distributeurs automatiques de billets vont être installés. Pour respecter la chronologie des œuvres exposées, commencez par l'entresol, prenez ensuite l'escalator jusqu'au niveau supérieur, pour terminer par le niveau intermédiaire.

L'ESSENTIEL

MONET

Impressionnistes et post-impressionnistes sont exposés au niveau supérieur, dans des galeries spacieuses qui permettent d'admirer des œuvres de Renoir, Degas, Monet, Manet, Van Gogh et de bien d'autres artistes. Monet, l'un des pères de l'impressionnisme, est bien représenté, avec *Régate à Argenteuil* (vers 1872), *Nymphéas bleus* (vers 1916-1919) et *la gare St Lazare* (1877). Il y a aussi cinq toiles de la série des 28 *Cathédrale de Rouen*, peinte entre 1892 et 1894. Monet avait loué un atelier en face de la cathédrale pour la peindre sous des lumières et des conditions atmosphériques différentes. La plupart des autres toiles de la série sont exposées au musée Marmottan (▷ 124-125).

La gigantesque horloge
de la gare d'Orsay

RENOIR
Son célèbre *Bal au moulin de la Galette* (1876 ; niveau supérieur)
évoque le Montmartre nocturne de la fin du XIXe siècle et le bal en
plein air du fameux moulin (▷ 108). Remarquez les jeux de lumière
et d'ombre, l'un des thèmes les plus chers aux impressionnistes,
et la manière dont les personnages se fondent dans le décor.
Comme de nombreux artistes de l'époque, Renoir avait un atelier
à Montmartre et était un familier du moulin de la Galette.

VAN GOGH
Le musée expose plusieurs toiles de Van Gogh, notamment
La Chambre de Van Gogh à Arles (1889), *L'Église d'Auvers-sur-Oise*
(1890) et la *Sieste* (1889-1890). Son *Autoportrait* au visage vert
émeraude (1889) fut peint l'année où il entra à l'asile psychiatrique
de Saint-Rémy-de-Provence. C'est l'un des derniers des
40 autoportraits de l'artiste, qui le montre pâle et émacié.
Le peintre souffrait alors de dépression grave et d'hallucinations,
et un an après avoir peint cet autoportrait, il se suicidait.

L'Église d'Auvers-sur-Oise,
Van Gogh (1890)

LA SCULPTURE (AU NIVEAU INFÉRIEUR)
Si vous visitez le musée pour les impressionnistes, passez tout
de même un moment dans l'aile centrale de l'entresol pour vous
pénétrer de l'atmosphère du bâtiment, ancienne gare ferroviaire
de style Belle Époque, avec son énorme horloge, sa verrière, son sol
et ses murs de pierre. C'est à ce niveau que se trouve la galerie qui
abrite les collections de sculptures néoclassiques du XIXe siècle.
À l'extrémité est, admirez *La Danse* de Jean-Baptiste Carpeaux
(1869), sculpture qui faisait partie de la façade de l'opéra Garnier
(▷ 142) et qui fit grand bruit à cause des personnages féminins
dénudés. Le *Génie de la Patrie* de François Rude (1836) est exposé
à l'entrée du musée. Il s'agit d'un détail moulé sur un bas-relief
de l'arc de Triomphe.

LES ESSENTIELS (AU NIVEAU INTERMÉDIAIRE)
La visite de ce niveau vous ramène à la période qui précède
la Première Guerre mondiale. Vous y découvrirez des naturalistes
(Jules Dalou, Fernand Cormon), des symbolistes (Edward Burne-
Jones et Arnold Böcklin), et des Nabis, ainsi que des sculptures

de Rodin – en particulier la *Statue monumentale de Balzac* – et de Camille Claudel, Medardo Rosso, Émile-Antoine Bourdelle et Aristide Maillol. À cet étage, les arts appliqués ne sont pas oubliés, avec des meubles et des objets Art nouveau, parmi lesquels on découvre des créations de Charles Rennie Mackintosh (salle 27, extrémité est du musée).

LA SALLE DE BAL

Ne manquez pas la somptueuse salle des Fêtes, ancienne salle de bal de l'hôtel de la gare d'Orsay, qui servit de salle de réception et de lieu privilégié pour toutes sortes d'événements (salle 51, tout au bout du niveau intermédiaire). C'est dans cette salle que le général de Gaulle déclara son retour au pouvoir en 1958, lors d'une conférence de presse.

Une partie des sculptures du musée (ci-dessous à gauche)

Salle à manger Art nouveau dessinée par Alexandre Charpentier (ci-dessous au centre)

Étude des maîtres dans la galerie des impressionnistes (ci-dessous)

HISTOIRE

La gare d'Orsay et son hôtel furent construits au bord de la Seine en moins de deux ans, juste à temps pour l'Exposition universelle de 1900. Victor Laloux fut chargé de concevoir le toit en verre et en métal, ainsi que le restaurant et la salle de bal de style Belle Époque, qui sont restés intacts. La gare était dotée d'équipements modernes – notamment d'ascenseurs et de 16 voies en sous-sol. En 1939, les voies ferrées étant devenues trop courtes pour accueillir les longs trains modernes des grandes lignes, la gare ne reçut plus que des trains de banlieue. Pendant la Seconde Guerre mondiale, la gare d'Orsay devint un centre d'expédition de courrier, puis elle servit à recevoir les rescapés, à la fin de la guerre. En 1963, Orson Welles tourna *Le Procès* dans la gare désaffectée. Celle-ci fut sauvée de la démolition par l'émotion suscitée dans l'opinion publique et, en 1977, il fut décidé d'en faire un musée. On confia l'aménagement intérieur à l'architecte italienne Gae Aulenti, qui recouvrit de pierre les murs et les sols. Le président François Mitterrand inaugura le musée en décembre 1986.

MÉMO

✚ Page 67 K7•62, rue de Lille, 75007. Entrée sur la place en face du bâtiment, 1, rue de la Légion d'Honneur.
☎ 01 40 49 48 14 ; 01 40 49 48 00
🕐 Fin juin-fin sept. mar., mer. et ven.-dim. 9 h-18 h, jeu. 9 h-21 h45 ; le reste de l'année : mar., mer. et ven., sam. 10 h-18 h, dim. 9 h-18 h, jeu. 10 h-21 h 45 ; dernier billet 45 min avant la fermeture. Fermé 1er jan., 1er mai, 25 déc.
💶 Ad. 7,50 €, moins de 18 ans gratuit, gratuit pour tous le 1er dim. du mois. Expositions temporaires en supplément
🚇 Solférino
🚌 24, 63, 68, 69, 73, 83, 84, 94
🚆 RER ligne C, Musée d'Orsay
🍴 Niveau intermédiaire (11 h 45-14 h 45, 15 h 30-17 h 30 ; dîner 19 h-21 h 15 le jeu.)
☕ Café des Hauteurs, avec vue sur la vieille horloge de la gare ; café self-service juste au-dessus
📚 Grand choix de livres, notamment les *Guides Pocket* (5,50 €) et le *Guide du Musée d'Orsay* (14,50 €)
🎧 Visites guidées (6 €) en anglais mar.-sam. 11 h 30 ; en français sam. 14 h 30. Audioguides (5 €) anglais, français, italien, espagnol, japonais, allemand
📖 Librairie/boutique
♿ Fermé à 17 h 15

www.musee-orsay.fr
En anglais, français et espagnol. Information pratique et historique, photos de certains tableaux

Collection de sculptures dans l'aile centrale, avec l'horloge de la gare

GUIDE DES GALERIES

Si vous choisissez une visite chronologique, commencez par la sculpture et la peinture au niveau inférieur, prenez l'escalator au bout de la salle jusqu'au niveau supérieur, en gardant le niveau intermédiaire pour la fin (les salles sont numérotées en conséquence).

CODE

- ■ **Architecture**
- □ **Arts décoratifs**
- ■ **Peinture**
- ■ **Photographie**
- ■ **Sculpture**
- ■ **Expositions temporaires**

Seine

Salle d'opéra

Rue de Lille

Galerie Seine

Galerie Lille

ENTRÉE

NIVEAU INFÉRIEUR

Aile centrale : Sculpture, avec *Ugolin*, de Carpeaux (1860) et le *Lion assis*, de Antoine-Louis Barye (1847).
Galeries latérales :
Peintures pré-impressionnistes, avec des œuvres d'Eugène Delacroix et de Gustave Courbet. Peintures historiques et premières toiles de Monet, Renoir et Manet.

Terrasse Rodin

Terrasse Seine

Salle de bal

Terrasse Lille

Restaurant

NIVEAU INTERMÉDIAIRE

Salle de bal
Galeries latérales :
symbolisme ; naturalisme, Nabis. Arts décoratifs.
Terrasse Seine (mezzanine) : sculpture, avec *L'Âge mur*, de Camille Claudel (1899-1903).
Terrasse Lille (mezzanine) : sculpture, avec *Ours polaire* de François Pompon (1922-1923).
Terrasse Rodin : sculptures de Rodin, avec la *Porte de l'Enfer* (1880-1917) et *Balzac* (1897).
Restaurant.

Terrasse en plein air

Café

NIVEAU SUPÉRIEUR

Galeries : peinture impressionniste et post-impressionniste ; sculptures de Degas, Renoir et Paul Gauguin.
Café des Hauteurs.

LES SITES

Le musée Picasso rassemble plus de 200 tableaux du peintre

MUSÉE PICASSO

Le musée présente une collection remarquable d'œuvres de Picasso – incontournable pour tous ceux qui s'intéressent à l'art du XXe siècle.

L'ouverture du musée en 1985 mit fin à 11 ans de querelles autour de la succession de l'artiste (1881-1973). Grâce à une loi qui autorisait le règlement de cette succession sous forme d'œuvres d'art, l'État français reçut des héritiers un quart de la collection de Picasso, c'est-à-dire 203 tableaux, 158 sculptures, 16 collages et plus de 1 500 dessins et gravures, auxquels s'ajouta une dation importante après la mort de l'épouse de Picasso, en 1990. Le musée expose également des œuvres de certains mentors et contemporains de l'artiste, parmi lesquels Paul Cézanne, Pierre-Auguste Renoir, Juan Miró, Georges Braque et Henri Matisse.

LES ŒUVRES
La collection se présente sous forme chronologique, des périodes Bleue et Rose du début des années 1900 aux années 1930 et au-delà, en passant par l'expérience cubiste avec Braque. Admirez *Trois femmes à la fontaine* (1921) en haut à gauche de l'escalier et la sculpture *La Guenon et son petit* (1951), dont la tête est constituée de deux voitures miniatures (salle 18).

Parmi les autres œuvres majeures, découvrez l'*Autoportrait* (1901) (salle 1), *La Chèvre* (1950) (salle 16) *Les Baigneuses* (vers 1918), *Deux femmes courant sur la plage* (1922) (salle 6) et un autre autoportrait, *Vieil homme assis* (1970-1971) (salle 20). Cette collection témoigne de la fraîcheur et de la créativité qui habitèrent Picasso tout au long de sa vie.

L'HÔTEL SALÉ
Cet hôtel restauré du Marais date du XVIIe siècle. Après avoir changé plusieurs fois de mains, il fut acquis par la Ville de Paris en 1962. En 1976, l'architecte Roland Simounet commença à transformer l'intérieur en musée. Les lustres et le mobilier furent dessinés par Diego Giacometti et d'importants travaux de rénovation furent nécessaires avant que le musée puisse ouvrir ses portes au public. Dans une petite pièce consacrée à l'histoire de l'hôtel Salé, le visiteur a accès à des photographies en noir et blanc et à une information sur l'édifice et ses occupants au cours des siècles.

L'Homme qui marche (1900-1907)

LES PLUS

Culture	● ● ● ○
Pour les enfants (jardin)	● ● ● ○
Photo (jardin)	● ● ● ○
Prix justifié (gratuit)	● ● ● ○

MÉMO

✚ Page 66 J7•77, rue de Varenne, 75007 ☎ 01 44 18 61 10
🕐 Avr.-fin sept. mar.-dim. 9 h 30-17 h 45 (jardin ouv. jusqu'à 18 h 45) ; le reste de l'année mer.-dim. 9 h 30-16 h 45
🎟 Ad. 5 €, moins de 18 ans gratuit, gratuit pour tous le 1er dim. du mois. Jardin seulement : 1 € 🚇 Varenne
🚌 69, 82, 87, 92
🚈 RER ligne C, Invalides
🎧 Audioguides 4 €. Visites guidées une fois/semaine 9,50 € ☕ Cafétéria du jardin 📖 Librairie/boutique
👫 Dans le jardin

www.musee-rodin.fr
En français et en anglais, avec des photos de Rodin et de ses œuvres

À SAVOIR

● Le billet d'entrée pour le jardin seul vous permet d'admirer quelques œuvres majeures de Rodin (1 €). Aire de jeux pour les enfants.
● Si le musée Rodin vous a mis en appétit, allez au musée de la Sculpture en Plein Air, quai Saint-Bernard : 40 œuvres d'avant-garde (dans la journée).
● Il y a peu de plaques explicatives dans le jardin du musée Rodin : mais vous pouvez louer un audioguide ou vous procurer une brochure dans l'hôtel Biron.

MUSÉE RODIN

Dans le jardin du musée, caché au cœur de la ville, le visiteur se promène au milieu des roses et des sculptures d'Auguste Rodin, célèbres dans le monde entier.

Le jardin du musée Rodin offre ses 3 ha au visiteur désireux de fuir l'agitation de la ville. D'autres œuvres du grand sculpteur sont exposées dans l'hôtel Biron, hôtel particulier du XVIIIe siècle où il vécut.

LE JARDIN
Ne manquez pas *Le Penseur*, célèbre sculpture en bronze, (1880-1904), censée représenter le poète italien Dante et installée à l'origine à l'extérieur du Panthéon ; la *Porte de l'Enfer* (1880-1917) œuvre inspirée par *La Divine Comédie* de Dante. *Les Bourgeois de Calais* (1884-1889) représente un groupe de six bourgeois qui sacrifièrent leur vie pour sauver leur ville assiégée par les Anglais en 1347. La statue de Balzac (1891-1898) est une représentation de l'écrivain, enveloppé dans sa robe de chambre.

L'HÔTEL BIRON
Dans cette élégante demeure, on suit l'évolution artistique de Rodin dans l'ordre chronologique, des croquis académiques et des toiles du début à ses vigoureuses aquarelles. Il ne faut surtout pas manquer *Le Baiser* (1882-1898), qui figure parmi les œuvres les plus connues. Le musée expose également des sculptures de contemporains de Rodin : Camille Claudel, Pierre-Auguste Renoir, Vincent Van Gogh et Claude Monet.

L'ARTISTE
Rodin naquit à Paris en 1840 et montra dès son jeune âge une aptitude pour le dessin. En 1857, il échoua à l'École des Beaux-Arts parce que ses professeurs trouvaient son style démodé.
Ses œuvres les plus connues datent de la seconde moitié de sa vie. En 1908, Rodin s'installa au rez-de-chaussée de l'hôtel Biron (1730) où vivaient également Jean Cocteau, Henri Matisse et Isadora Duncan. En 1916, il accepta de transformer la maison en musée pour accueillir ses œuvres, mais il mourut en 1917, deux ans avant que ce projet voie le jour.

Notre-Dame

Cette magnifique cathédrale gothique est l'un des monuments religieux les plus visités de France. Tout en haut des tours, on a une vue exceptionnelle sur la ville. Depuis un bateau-mouche, on peut admirer les célèbres arcs-boutants de la cathédrale.

Une gargouille de Notre-Dame *Présentoir de cartes postales en face de la cathédrale* *Soleil couchant derrière Notre-Dame*

DÉCOUVRIR NOTRE-DAME

À la pointe sud-est de l'île de la Cité, Notre-Dame dresse sa majestueuse stature et témoigne de 850 ans d'histoire. Comme la tour Eiffel, la cathédrale attire chaque année près de 10 millions de visiteurs. Et pourtant, cet autre symbole de Paris reste un lieu de calme et de recueillement.

On pénètre dans la cathédrale par les trois portails de la façade occidentale, sur le parvis. Procurez-vous un guide à l'entrée avant de vous aventurer dans la pénombre. Le matin, il y a moins de monde et la cathédrale baigne dans une belle lumière. Si vous avez le temps, ne manquez pas le Trésor, auquel on accède par le côté sud du chœur. L'entrée de la crypte se trouve à l'extérieur de la cathédrale, sous le parvis.

L'architecture extérieure de Notre-Dame, avec ses arcs-boutants richement décorés, mérite qu'on s'y attarde. Une promenade en bateau autour de l'île de la Cité est la meilleure manière de l'admirer. Si vous avez le courage de monter au sommet des tours, vous bénéficierez d'une vue exceptionnelle. Les files d'attente sont moins longues le matin, du mardi au vendredi.

LES PLUS	
Histoire	● ● ● ○
Photo (vues)	● ● ● ● ●

À SAVOIR

● Essayez de visiter la cathédrale avant le début d'un service, quand on allume les lumières et que les fidèles entrent pour prier.
● Pour éviter les pièges à touristes, pique-niquez dans le square Jean XXIII, sur le côté sud de Notre-Dame.

L'ESSENTIEL

LA FAÇADE OCCIDENTALE

Dominée par deux tours quadrangulaires, la façade occidentale présente une symétrie parfaite. Elle paraît plus lourde que la façade orientale, ou « chevet », avec ses courbes élégantes et ses flèches. Elle est ornée de sculptures destinées à l'origine à servir de Bible aux analphabètes. Les 28 statues alignées entre les portes et les fenêtres forment la galerie des Rois. Ces statues représentaient en fait des personnages bibliques et non des rois, ce qui n'empêcha pas des révolutionnaires de les décapiter. Les statues que vous voyez aujourd'hui sont des copies réalisées au XIXe siècle, mais vous pourrez en voir des originaux au Musée national du Moyen Âge (▷ 128-129). Sous la galerie des Rois, le portail de gauche est dédié à la Vierge Marie, celui du centre représente le Jugement dernier et celui de droite, dit portail de Sainte-Anne, révèle des épisodes de la vie de Marie – avec l'enfant Jésus, Louis VII et l'évêque Maurice de Sully agenouillés en adoration.

LES TOURS

Arrivé à 69 m au-dessus du sol, après une ascension difficile jusqu'au sommet des tours, vous découvrirez un panorama grandiose sur Paris et vous serez au plus près des gargouilles. Vous penserez peut-être alors à Quasimodo, le sonneur de cloches de Notre-Dame. Au bout d'environ 300 marches, la galerie des chimères relie les tours nord et sud – de là, on découvre le Quartier Latin, la tour Montparnasse, l'île de la Cité et la Sainte-Chapelle. Vous pouvez admirer les gargouilles, ajoutées au XIXe siècle par Viollet-le-Duc (voir Histoire, ▷ 140). Dans la tour sud, un escalier en bois conduit au bourdon Emmanuel de 13 tonnes, fondu en 1686. Un autre escalier en colimaçon mène au sommet de la tour sud (encore 115 marches à gravir !), d'où l'on voit le Sacré-Cœur au nord, l'Arc de Triomphe à l'ouest,

MÉMO

Cathédrale

⊞ Page 68 N8•place du Parvis Notre-Dame, 75004

☎ 01 42 34 56 10

🕐 Tlj 8 h-18 h 45. Fermée lors de certaines fêtes religieuses

💶 Gratuit

🚇 Cité, Saint-Michel, Châtelet

🚌 21, 24, 38, 47, 85, 96

🚆 RER lignes B, C, Saint-Michel

📖 Choix en plusieurs langues

👤 Visites guidées : en français, tlj à midi et lun., sam. à 14 h ; en anglais, mer., jeu.

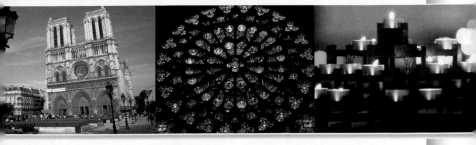

Notre-Dame, symbole de Paris   La magnifique rosace sud   Cierges

la Grande Bibliothèque à l'est et le Panthéon au sud. Depuis le sommet, on découvre une ville bien différente de ce qu'elle était en 1245...

LES VITRAUX

Il est difficile d'imaginer Notre-Dame sans ses vitraux, et pourtant plusieurs furent remplacés au XVIIIe siècle par de simples vitres transparentes pour donner davantage de lumière. La plupart des vitraux actuels datent des XIXe et XXe siècles. La rosace sud, de 13 m de diamètre, prend des reflets mauves sous les rayons du soleil. Au centre de la rosace, le Christ est représenté entouré d'anges, d'apôtres, de martyrs et de scènes du Nouveau Testament. À l'opposé, le centre de la rosace nord montre Marie tenant l'enfant Jésus. Les prophètes de l'Ancien Testament, les prêtres et les rois peuplent les autres fenêtres, éléments originaux de la cathédrale.

LA GRILLE DU CHŒUR, L'AUTEL ET NOTRE-DAME DE PARIS

Une petite grille peinte et décorée de scènes bibliques ferme le chœur du XIVe siècle restauré dans les années 1960. Ces scènes représentent les Rois Mages apportant leurs présents à l'enfant Jésus, Jésus entrant dans Jérusalem sur un âne et la Cène.

Au milieu de la cathédrale, le maître-autel moderne en bronze fut consacré en 1989. Il met en scène Matthieu, Marc, Luc et Jean et les prophètes de l'Ancien Testament, Isaïe, Ézéchiel, Daniel et Jérémie.

À côté, se trouve la plus célèbre des 37 statues de la Vierge Marie que compte la cathédrale. Connue sous le nom de Notre-Dame de Paris, elle date du XIVe siècle et fut installée dans la cathédrale au XIXe siècle.

LES CHAPELLES

Ajoutées aux XIIIe et XIVe siècles, les petites chapelles de la cathédrale sont consacrées à des saints. Des confréries s'y réunissaient et le 1er mai de chaque année elles offraient une peinture à la cathédrale. Certaines de ces œuvres sont encore visibles aujourd'hui, notamment des pièces de Charles Le Brun et Eustache Le Sueur (XVIIe siècle).

à midi, sam. à 14 h 30. Visites guidées supplémentaires en anglais en août

🍴 Nombreux dans l'île de la Cité et au Quartier latin tout proche

🏪 Petite librairie dans la cathédrale. Librairie plus importante/boutique à mi-chemin du sommet de la tour

❓ Concerts d'orgue à 16 h 30 le dimanche

Les tours

✉ Rue du Cloître Notre-Dame (entrée à l'angle nord-ouest de la cathédrale)

☎ 01 53 10 07 00/02

🕐 Juil.-fin août lun.-ven. 9 h-19 h 30, sam., dim. 9 h-23 h ; avr.-fin juin, sept. tlj 9 h 30-19 h 30 ; le reste de l'année 10 h-17 h 30 ; dernière entrée 45 min avant la fermeture

👤 Ad. 7 €, moins de 18 ans gratuit

Le Trésor

✉ Accès à l'intérieur de la cathédrale, côté nord près du chœur

🕐 Lun.-dim. 9 h 30-17 h 30

👤 Ad. 2,50 €, enf. 1 €

La crypte

✉ 1 place du Parvis Notre-Dame

☎ 01 55 42 50 10

🕐 Mar.-dim. 10 h-18 h

👤 Ad. 3,30 €, enf. 2,20 €

www.monum.fr
En français et en anglais

Portail du Jugement dernier, façade occidentale (page de gauche)

- La cathédrale mesure 128 m de long et son transept 48 m de large.
- La flèche mesure 90 m de haut et les tours 69 m de haut.
- Il fallut abattre plus de 1 300 chênes pour fabriquer la charpente de Notre-Dame.
- L'orgue date du début du XVIIIe siècle ; il possède 7 800 tuyaux.

LE TRÉSOR ET LA CRYPTE

Le Trésor de Notre-Dame comporte des manuscrits médiévaux, des objets religieux et des reliques, y compris la couronne d'épines, achetée à un prix exorbitant par Louis IX (▷ 160). Les objets en or et incrustés de pierres précieuses donnent une idée de la richesse accumulée par l'Église au cours des siècles. Les visiteurs oublient souvent de visiter la crypte, peut-être parce qu'elle est située sous le parvis et qu'on y accède par l'extérieur. La crypte abrite des vestiges gallo-romains et des vestiges archéologiques.

HISTOIRE

Au XIIe siècle, l'évêque Maurice de Sully décida que Paris devait posséder sa propre cathédrale et c'est le pape Alexandre III qui posa la première pierre en 1163. Le chœur fut construit en moins de 20 ans mais il fallut 200 ans pour que la cathédrale soit achevée (en 1345), grâce au travail gigantesque réalisé par les confréries de charpentiers, de tailleurs de pierre, de forgerons et de verriers. Pendant des années, Notre-Dame hébergea d'importantes corporations et accueillit des sans-abri. Son école cathédrale était connue dans toute l'Europe. Mais lors du couronnement de Napoléon Ier en 1804, la cathédrale était en très mauvais état. Victor Hugo, auteur de *Notre-Dame de Paris*, mena une campagne pour sa restauration. Il s'inquiétait de l'absence des nombreuses statues mises à mal pendant la Révolution, du manque de vitraux et de l'amputation de la flèche en 1787. Sa colère fut entendue. Des reproductions des statues de la galerie des Rois furent réalisées et une flèche de 90 m fut érigée au milieu du XIXe siècle par Viollet-le-Duc. Ce dernier fit remplacer les vitres des fenêtres par des vitraux et fit ajouter au milieu des apôtres une statue le représentant. Le reste des vitraux ne fut remplacé qu'après la Seconde Guerre mondiale. Aujourd'hui Notre-Dame est à la fois un lieu de culte et l'un des sites touristiques les plus visités de la capitale.

Silhouette de Notre-Dame au soleil couchant (ci-dessus)

L'intérieur de la cathédrale (à gauche)

PLAN DE NOTRE-DAME

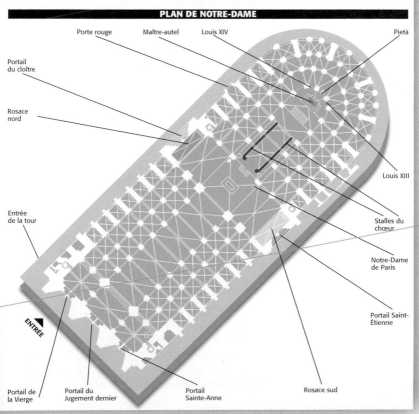

Porte rouge

Maître-autel

Louis XIV

Pietà

Portail du cloître

Rosace nord

Louis XIII

Entrée de la tour

Stalles du chœur

Notre-Dame de Paris

Portail Saint-Étienne

ENTRÉE

Portail de la Vierge

Portail du Jugement dernier

Portail Sainte-Anne

Rosace sud

Le bâtiment ultramoderne de l'opéra Bastille

OPÉRA BASTILLE

🟦 Page 68 Q8•place de la Bastille (location : 120, rue de Lyon), 75012 ☎ 01 40 01 19 70 (information) ; 0892 899 090 (réservations) 🅾 Location : lun.-sam. 12 h-18 h 30 🅾 Visites guidées (1 h 15 min) : ad. 11 €, enf. (moins de 19 ans) 6 € ; téléphoner pour plus de détails au 01 41 10 08 10 🅾 Bastille 🚌 20, 29, 69, 76 www.opera-de-paris.fr

Ce bâtiment moderne aux formes géométriques, marqué par ses façades de béton et de verre, domine la place de la Bastille (▷ 80). La salle de 2 700 places permet des productions prestigieuses (▷ 202). Lancé par le président François Mitterrand au début des années 1980, le projet fut très controversé à cause du choix d'un architecte relativement peu connu, Carlos Ott, sélectionné parmi plus de 700 participants. Une fois terminé, le bâtiment fut critiqué parce trop massif et trop coûteux. Les travaux s'achevèrent à temps pour le bicentenaire de la Révolution française, en 1989.

ORANGERIE

🟦 Page 67 K6•Jardin des Tuileries, 75001 🅾 Fermé jusqu'en 2006, horaires prévus : mer.-lun. 10 h-18 h 🅾 Concorde 🚌 24, 42, 52, 72, 73, 84, 94

Ancienne orangerie au Second Empire, ce musée a été créé en 1927 pour abriter les *Nymphéas* de Monet. Le bâtiment de 1852, était une serre de style de l'époque dans laquelle on protégeait les orangers du jardin des Tuileries en hiver (▷ 105). Aujourd'hui, le musée abrite la collection de Walter-Guillaume (140 peintures impressionnistes, et des œuvres du XXᵉ siècle, de Pierre-Auguste Renoir, Paul Cézanne et Pablo Picasso…)

OPÉRA GARNIER

Ce chef-d'œuvre architectural dessiné par Charles Garnier était le plus grand théâtre du monde lorsqu'il ouvrit ses portes en 1875.

🟦 Page 67 L5•place de l'Opéra, 75009 ☎ 01 41 10 08 10. Location : 08 92 89 90 90. Musée : 01 40 01 22 63 🅾 Mi-juil.-mi-sept. tlj 10 h-18 h ; le reste de l'année tlj 10 h-17 h. Fermé

LES PLUS	
Culture	●●●●
Histoire	●●●
Photo (extérieur)	●●●

1ᵉʳ jan., 1ᵉʳ mai et quand il y a matinée ou événement particulier. Salle fermée pendant les répétitions et événements 💶 Ad. 7 €, enf. (10-19 ans) 4 €, moins de 10 ans gratuit 🅾 Opéra 🚌 20, 21, 22, 27, 29, 42, 52, 53, 66, 68, 81, 95 🎫 Visites guidées d'1 h 30 : 11 € (enf. 6 €) ; en français mer. à 14 h et 15 h 30, sam., dim. à 11 h 30, 14 h et 15 h 30 ; en anglais sam., dim. à 11 h 30. Téléphoner à l'avance. 📷 6 € 🎁 Boutique de cadeaux ♿ www.opera-de-paris.fr (site d'information, en français, avec quelques pages en anglais, informations pratiques, historiques, calendrier des événements et photos)

Commandé par Napoléon III, le magnifique Palais Garnier fut inauguré en 1875. Charles Garnier l'emporta sur plus de 170 concurrents et les travaux s'achevèrent 15 ans après l'acceptation officielle du bâtiment dont la façade suscita de nombreuses critiques.

Ce théâtre somptueux de 11 000 m², symbole de l'architecture du Second Empire, est l'un des plus grands du monde. La scène peut recevoir jusqu'à 450 artistes et la salle accueille 2 200 spectateurs sous le plafond en coupole peint par Marc Chagall en 1964. La salle à l'italienne rouge et or en forme de fer à cheval est surmontée d'un grand lustre en cristal.

Extérieurement, l'édifice fait penser à un énorme gâteau de mariage. Les statues torchères de Carrier-Belleuse et *La Danse* de Carpeaux ornent la façade (l'original de cette sculpture réalisée en 1869 est exposé au musée d'Orsay ▷ 130). Un petit musée-bibliothèque raconte l'histoire du lieu, avec des peintures, des photographies et des objets ayant trait à l'opéra. On y organise des expositions temporaires toute l'année. Aujourd'hui, de nombreux opéras sont présentés à l'Opéra Bastille (voir à gauche), l'Opéra Garnier étant principalement réservé au ballet (▷ 202).

À ne pas manquer : l'escalier d'honneur marbre et or et le grand foyer baroque.

L'Opéra Garnier surmonté d'une statue d'Apollon

Maquette exposée au musée de la Marine

PALAIS DE CHAILLOT

La terrasse du palais de Chaillot offre une vue à couper le souffle sur la Seine, la tour Eiffel et le Champ-de-Mars.

L'édifice, construit pour l'Exposition universelle de 1937, se compose de deux ailes courbes ornées de statues en bronze. La terrasse, qui domine les fontaines des jardins du Trocadéro, est toujours peuplée de vendeurs de souvenirs et de sandwichs, d'artistes de rue et de visiteurs venus admirer la tour Eiffel. Le palais abrite actuellement plusieurs musées et le Théâtre national de Chaillot (*tél. : 01 53 65 30 00 ; www.theatre-chaillot.fr*), situé sous la terrasse entre les deux ailes du bâtiment.

LES MUSÉES

Le musée de la Marine et le musée de l'Homme occupent l'aile ouest du palais.

Le musée de la Marine, fondé par Charles X en 1827, est le plus grand musée maritime du monde, consacré à l'histoire navale de la France, du XVIIIe siècle à nos jours. Il rassemble des tableaux, des instruments de navigation et de nombreux modèles réduits de navires. On visite également l'atelier de réparations des maquettes de bateaux.

Le musée de l'Homme, consacré à l'anthropologie et à la préhistoire, illustre l'évolution de l'espèce humaine, la croissance de la population mondiale, les différences et les ressemblances des êtres humains qui peuplent notre planète. Les collections ethnologiques sont allées rejoindre le musée du quai Branly (▷ 126).

L'AVENIR

L'aile est du palais fut sérieusement endommagée par un incendie en 1997, ce qui provoqua la fermeture de deux musées. L'un d'eux, le musée des Monuments français, a été créé en 1882 par l'architecte Viollet-le-Duc. Au moment de la rédaction de ce guide, cette aile, qui fera partie de la cité de l'Architecture et du Patrimoine, était en rénovation et la fin des travaux annoncée pour février 2007. Le musée sera consacré à l'architecture française, du Moyen Âge au XXe siècle. L'autre musée, le musée du Cinéma Louis Langlois et la Cinémathèque française font partie de la Maison du Cinéma qui s'est ouverte à Bercy fin 2005, à l'autre bout de la ville, sur le site de l'ancien Centre culturel américain (▷ 113).

LES PLUS	
Pour les enfants	● ● ●
Histoire	● ● ●
Photo (vues)	● ● ● ●

MÉMO
✚ Page 66 F6•17, place du Trocadéro et du 11 Novembre, 75016

Musée de la Marine
☎ 01 53 65 69 69
🕐 Mer.-lun. 10 h-18 h (dernière entrée 17 h 15). Fermé 1er jan., 1er mai et 25 déc.
🎫 Ad. (musée + exposition + audioguide) 9 €, enf. (6-18 ans) 5 €, moins de 6 ans gratuit
🚇 Trocadéro
🚌 22, 30, 32, 63, 72, 82
🎧 Audioguides (français, anglais ; compris dans le prix d'entrée)
📖 Librairie/boutique
🚻
www.musee-marine.fr

Musée de l'Homme
☎ 01 44 05 72 72
🕐 Mer.-ven. et lun, 9 h 45-17 h 15, sam., dim. 10 h-18 h 30 (dernière entrée 30 min avant la fermeture)
🎫 Ad. 7 €, enf. 5 €
🚇 Trocadéro
🚌 22, 30, 32, 63, 72, 82
🍴 Café-restaurant place du Trocadéro
📖 Librairie/boutique
🚻
www.mnhn.fr

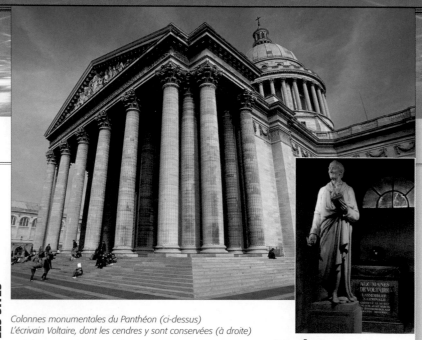

Colonnes monumentales du Panthéon (ci-dessus)
L'écrivain Voltaire, dont les cendres y sont conservées (à droite)

LES PLUS

Histoire	● ● ●
Photo (extérieur et vues)	● ● ●

MÉMO

🏠 Page 67, M9•place du Panthéon, 75005 ☎ 01 44 32 18 00
🕐 Avr.-fin sept tlj 10 h-18 h 30 ; le reste de l'année tlj 10 h-18 h ; dernière entrée 45 min avant la fermeture
🎫 Ad. 7 €, moins de 18 ans gratuit
Ⓜ Cardinal-Lemoine
🚌 21, 27, 84, 85, 89
🚆 RER B, Luxembourg
💶 6 €
👥 Visites guidées en français. Téléphoner pour les autres langues
📖 Petite librairie/boutique
♿ Près de la crypte

www.monum.fr
En français et en anglais ; cliquer sur le symbole Panthéon pour une information historique ou pour ajouter vos commentaires au livre d'or virtuel des visiteurs.

À SAVOIR

● Consultez le panneau d'affichage à l'extérieur du Panthéon pour les horaires des visites guidées jusqu'à la colonnade circulaire du dôme.
● Si vous ne souhaitez pas monter jusqu'à la colonnade, vous pouvez simplement admirer la tour Eiffel du haut des marches du Panthéon.

LE PANTHÉON

Ancienne basilique, le Panthéon est aujourd'hui la nécropole des grands hommes de France.

Au cœur du Quartier latin, ce mausolée colossal qui surplombe la montagne Sainte-Geneviève renferme les tombeaux de citoyens illustres, notamment d'écrivains – Victor Hugo, Émile Zola, Voltaire, Alexandre Dumas ; de scientifiques – Marie et Pierre Curie, Louis Braille, inventeur de la méthode de lecture et d'écriture pour les aveugles ; d'un grand résistant de la Seconde Guerre mondiale, Jean Moulin. Être « panthéonisé » est un honneur et le choix des disparus donne souvent lieu à d'âpres discussions.

RECONNAISSANCE

Louis XV commanda la basilique du Panthéon, pour remercier sainte Geneviève, patronne de Paris, d'avoir été guéri de la goutte. Le roi posa la première pierre en 1764. Les travaux s'achevèrent en 1790, après la mort du premier architecte, Jacques Germain Soufflot. En 1791, l'Assemblée constituante fit fermer l'église et murer les fenêtres de la basilique qui deviendra le Panthéon.

VISITE DU PANTHÉON

On entre dans le monument par un péristyle impressionnant, inspiré du Panthéon de Rome. Sur le fronton sculpté, on peut lire : « Aux grands hommes, la patrie reconnaissante ». L'intérieur en forme de croix est empreint de grandeur. Les nombreux tableaux ornant les nefs représentent des héros religieux, en particulier sainte Geneviève (nef occidentale et chœur), saint Denis décapité (nef occidentale), Jeanne d'Arc (nef nord) et saint Louis (nef nord), mais la Révolution est également présente dans les peintures et les sculptures. N'oubliez pas le dôme – auquel est suspendu le pendule du scientifique Léon Foucault (1851) destiné à prouver la rotation de la terre.
Pour monter jusqu'à la colonnade située sous le dôme, à 35 m de hauteur, il faut gravir 206 marches (visites guidées). Dans la crypte, on découvre les tombes de Victor Schoelcher (abolition de l'esclavage), René Cassin et Jean Monnet.

5ᵉ Arr!
PLACE
DU
PANTHÉON

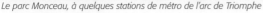

Le parc Monceau, à quelques stations de métro de l'arc de Triomphe

La bouche de métro Art nouveau de la station Abbesses

PARC ANDRÉ CITROËN

Page 66, F9•rue Balard, rue Leblanc, quai André-Citroën, 75015
Information : Mairie de Paris 3975
Lun.-ven. 8 h au crépuscule, sam., dim. 9 h au crépuscule Gratuit
Balard, Javel 42, 88 RER ligne C, Boulevard Victor
www.paris.fr

Situé au sud-ouest de la capitale, ce parc futuriste a été aménagé sur le site des anciennes usines de construction automobile Citroën. Au milieu des 14 ha de jardins paysagers, six serres portent des noms associés à une couleur. Les jardins descendent jusqu'à la Seine. L'orangerie de style postmoderne présente deux gigantesques serres high-tech. Le parc André Citroën fut ouvert au public en 1992, le constructeur automobile ayant décidé de transférer son usine en dehors de Paris dans les années 1970.

PARC MONCEAU

Page 66, H4•boulevard de Courcelles, 75008 Information : Mairie de Paris 3975 Avr.-fin sept. tlj 7 h-22 h ; le reste de l'année tlj 7 h-20 h Gratuit
Monceau 30, 84, 94
www.paris.fr

Situé au nord-est de l'arc de Triomphe, dans un quartier chic, le parc Monceau est un jardin public hors du temps, avec fausses ruines, imposante grille d'entrée en fer forgé et bassin bordé d'arbres. Pendant le week-end, le parc fourmille de joggers, de familles et d'habitants du quartier. En sortant de la station Monceau, avec son entrée de métro Art nouveau, on franchit la magnifique grille du parc. À l'intérieur, on découvre un bassin entouré de fausses colonnes romaines, une pyramide, une rotonde et des statues entourés d'arbres et de fleurs. Les enfants peuvent se promener à dos d'âne, faire de la balançoire

et des tours de manège. En 1783, Thomas Blaikie fit du parc Monceau un jardin à l'anglaise qui fut ouvert au public en 1861. Non loin de là se trouvent le musée Cernuschi (▷ 113) et le musée Nissim de Camondo (▷ 126).

PARC MONTSOURIS

Page 330 L11•boulevard Jourdan/avenue Reille, 75014
Information Mairie de Paris 3975
Avr.-fin oct. tlj 8 h-20 h 30 ou 21 h 30 ; le reste de l'année tlj 8 h- 17 h 30 ou 18 h Gratuit Porte d'Orléans 21, 88
RER ligne B, Cité Universitaire

Au sud de Paris, le parc Montsouris est un grand parc à l'anglaise créé en 1878 sur une ancienne carrière de granit jadis parsemée de moulins. Les allées serpentent en pente douce au milieu d'une grande quantité d'arbres et de plantes. Le promeneur peut profiter des aires de jeu et du lac avec sa cascade. Le parc abrite également l'observatoire météorologique de Montsouris. Georges Braque et Salvador Dalí vécurent dans des ateliers d'artistes construits autour du parc.

PARC DE LA VILLETTE
▷ 146-147

PAVILLON DE L'ARSENAL

Page 68, P8•21, boulevard Morland, 75004 01 42 76 33 97 Mar.-sam. 10 h 30-18 h 30, dim. 11 h-19 h
Gratuit Sully-Morland 67, 86, 87
www.pavillon-arsenal.com

Ce pavillon est le centre d'information, de documentation et d'exposition d'urbanisme et d'architecture de la ville de Paris. Au rez-de-chaussée, une exposition permanente de dessins, maquettes, documents, photographies sur l'aménagement de la capitale. Ne manquez pas la grande maquette de Paris, la librairie, et un espace où l'on peut lire la presse française et

étrangère. Les deux niveaux supérieurs abritent des expositions temporaires. Ce pavillon de verre et de métal fut construit en 1879 près d'une ancienne manufacture d'armes, d'où son nom.

PIGALLE

Page 69 L3•au sud de Montmartre 75009/75018 Pigalle 30, 54, 67 ; Montmartrobus

De nombreux touristes vont à Pigalle pour sa vie nocturne agitée, ses bars interlopes, ses sex-shops et ses peep-shows installés sur le boulevard Rochechouart et dans les rues adjacentes. Au XIXe siècle, Pierre-Auguste Renoir et Henri de Toulouse-Lautrec fréquentaient le quartier autour de la place Pigalle, en quête de modèles qu'ils trouvaient souvent parmi les danseuses.

PLACE DES ABBESSES

Page, 69 M3•place des Abbesses, Montmartre, 75018 Abbesses
Montmartrobus

Moins fréquentée que la place du Tertre située au sommet de la butte Montmartre, la place des Abbesses est l'endroit idéal pour s'arrêter boire un verre.
L'entrée de métro de la station Abbesses est l'une des dernières de style Art nouveau intactes. Pour prendre le métro, il faut descendre à 40 m sous terre, dans la station la plus profonde de Paris. L'église Saint-Jean-de-Montmartre (1904) emprunte à l'Art nouveau avec ses vitraux magnifiques qui égaient les murs de brique rouge – l'église reçut d'ailleurs le surnom de Saint-Jean-des-Briques. La place des Abbesses doit son nom à l'abbaye qui s'élevait jadis sur le site. D'après la légende, Henri de Navarre, futur roi Henri IV, y aurait courtisé une abbesse en 1590.
À ne pas manquer : le Mur des Je t'aime (square Jehan Rictus, ▷ 22).

Parc de la Villette

Ce parc urbain est l'un des plus grands sites scientifiques et culturels du monde. Il associe avec bonheur l'art, les sciences et la nature.

MÉMO

Cité des Sciences et de l'Industrie

✚ Page 320, S1•30, avenue Corentin-Cariou, 75019 ☎ 01 40 05 80 00

🕐 Expositions Explora : mar.-sam. 10 h-18 h, dim. 10 h-19 h. Planétarium : mar.-dim., spectacle toutes les heures 11 h-17 h (sauf à 13 h). Aquarium : mar.-sam. 10 h-18 h, dim. 10 h-19 h. Géode : mar.-sam. 10 h 30-21 h 30, dim. 10 h 30-19 h 30 (horaires différents lun. et vacances scolaires). *Argonaute* : mar.-ven. 10 h 30-17 h 30, sam., dim. 11 h-18 h. Cinaxe : mar.-dim., spectacle toutes les 15 min 11 h-13 h et 14 h-17 h (vacances scolaires : horaires différents)

💶 Expositions Explora : ad. 7,50 €, enf. 5,50 €, moins de 7 ans gratuit. Planétarium : ad. 3 € (plus admission à Explora), moins de 7 ans gratuit. Cité des Enfants : 5 € par personne pour une séance de 90 min. Aquarium : gratuit. Géode : 9 €, enf. 7 €. *Argonaute* : 3 €. Cinaxe : 5,40 €, enf. 4,80 €

🚇 Porte de la Villette

🚌 75, 152, PC2, PC3

🚤 Canauxrama : promenades sur le canal vers le parc de La Villette, ▷ 248

🎧 Expositions Explora : Audioguides (4 €) en plusieurs langues. Géode : casques à écouteurs gratuits

📖 Mini-guide des expositions : 3 €. Guide de la Cité des Enfants : 3 €

🍴 Le Hublot, niveau -2

🛍 Plusieurs 🏬 Boutique/librairie

❓ Géode, *Argonaute*, Cinaxe, Planétarium et Cité des Enfants : enf. de moins de 3 ans, non admis www.cite-sciences.fr, www.lageode.fr

Cité de la Musique

✚ Page 320 S2•221, avenue Jean-Jaurès, 75019

☎ 01 44 84 44 84 (information et réservations)

🕐 Mar.-sam. 12 h-18 h, dim. 10 h-18 h (concerts : horaires variables)

💶 Musée : ad. 6,50 €, moins de 18 ans gratuit

🚇 Porte de Pantin

🚌 75, PC2, PC3

☕ Café de la Musique

🏬 Librairie/boutique cadeaux www.cite-musique.fr

DÉCOUVRIR LE PARC DE LA VILLETTE

Une promenade dans le parc de La Villette entraîne le visiteur dans un monde futuriste. L'ensemble aménagé de 55 ha est consacré à la culture et aux loisirs, avec un musée des Sciences, un musée de la Musique, un cinéma hémisphérique, un hall d'expositions et une salle de concert.

Le parc, situé au nord-est de la capitale, est facilement accessible en métro. Pour la Cité des Sciences et de l'Industrie, prendre la ligne 7, direction Porte de la Villette. Pour la cité de la Musique, prendre la ligne 5, direction Porte de Pantin. Une galerie couverte relie le nord et le sud du parc. La promenade dure environ 15 min. Les bureaux de réception de la cité des Sciences et de l'Industrie renseignent sur les spectacles, les films et les événements qui s'y déroulent. Réservez vos places dès votre arrivée car l'endroit est très fréquenté.

L'ESSENTIEL

CITÉ DES SCIENCES ET DE L'INDUSTRIE

Ce gigantesque musée consacré à la science et à la technologie propose des expositions high-tech, des spectacles, des présentations audiovisuelles, des illusions d'optique et des expériences interactives. Les expositions d'Explora, niveaux 1 et 2, couvrent cinq thèmes principaux : l'univers, l'eau et la terre, les défis du monde vivant, l'industrie et la communication. Le planétarium se trouve au niveau 2 et la cité des Enfants au niveau 0. Les jeunes y découvrent les techniques et les sciences en s'amusant. Au niveau 0, le cinéma Louis Lumière projette des films en 3D. L'Aquarium, niveau -2, possède plus de 200 espèces animales et végétales provenant de la Méditerranée.

La cité des Sciences et de l'Industrie abrite également une médiathèque, un village santé, une cyber-base et la cité des Métiers, consacrée à la formation et l'emploi.

LA GÉODE, L'*ARGONAUTE* ET LE CINAXE

Au sud de la Cité des Sciences, la Géode est située sur un plan d'eau. Cette structure sphérique de 36 m de diamètre est recouverte de plaques triangulaires d'aluminium poli qui reflètent le paysage environnant. À l'intérieur, les films sont projetés sur un écran hémisphérique de 1 000 m^2 – l'image est 10 fois plus grande que sur un écran normal. Près de la Géode, l'*Argonaute* est un sous-marin construit en 1957 et désarmé à Toulon 25 ans plus tard. À l'ouest de la Cité des Sciences, le Cinaxe est une salle de 56 places, l'une des plus grandes salles de simulation du monde. La salle mobile accompagne tous les mouvements des films en relief projetés sur l'écran.

CITÉ DE LA MUSIQUE

La Cité de la Musique est un musée passionnant qui rassemble près de 900 instruments de musique allant de la Renaissance à nos jours. Au cours de la visite, un audioguide infrarouge joue la musique de l'instrument qui se trouve en face du visiteur. Des peintures, des sculptures et des maquettes de salles de concert sont également exposées. On peut assister à des concerts dans l'amphithéâtre doté d'un orgue baroque. La cité de la Musique abrite aussi une

LES SITES

médiathèque et des salles d'information sur la musique et la danse. Le Conservatoire national supérieur de Musique et de Danse de Paris est situé au sud du parc.

HISTOIRE

Conçu par l'architecte Bernard Tschumi dans les années 1980, le parc de La Villette est situé sur le site des anciens abattoirs de Paris. Dans une ambiance aquatique, cet espace vert paysager contient des jardins à thème, des espaces de jeux pour les enfants, des sites culturels, des cafés et des lieux de spectacle. Le canal de l'Ourcq passe au milieu du parc, rythmé par les folies de métal rouge. Les abattoirs occupèrent le site de 1867 à 1974 et les halles d'abattage ont été remplacées par la Grande

CONCERTS

À l'est du parc, le Zénith est une salle de 6 000 places qui programme des concerts de musique pop et rock. Avec ses 15 000 places, la Grande Halle accueille aussi des concerts.

Halle, utilisée aujourd'hui comme espace polyvalent. La Cité des Sciences et de l'Industrie ouvrit ses portes en 1986, le jour du passage de la comète de Halley. Sa structure de béton, de verre et d'acier fut conçue par Adrien Fainsilber. La cité de la Musique, dessinée par Christian de Portzamparc, ouvrit ses portes en 1995.

La cité des Sciences et de l'Industrie (ci-dessus à gauche)
Le Café de la Musique (ci-dessus au milieu)
Toboggan du dragon (ci-dessus)

PARC DE LA VILLETTE

Avenue Corentin-Cariou
Porte de La Villette
Cité des Sciences et de l'Industrie
Canal Saint-Denis
Géode
Argonaute
Cinaxe
Zénith
Canal de l'Ourcq
Boulevard Sérurier
Canal de l'Ourcq
Grande Halle
Cité de la Musique
Porte de Pantin
Conservatoire national
Avenue Jean-Jaurès

Une fontaine de la place de la Concorde (ci-dessus)
Hiéroglyphes de l'obélisque, le plus vieux monument de Paris (à gauche)

· LES PLUS

Histoire	● ● ● ●
Photo	● ● ● ●

MÉMO

✚ Page 67 K6•place de la Concorde, 75008
💵 Gratuit
Ⓜ Concorde
🚌 24, 42, 72, 73, 84, 94
🌳 Dans le jardin des Tuileries voisin

À SAVOIR

● Utilisez les passages pour piétons pour vous rendre au centre de la place – attention, les voitures ne laissent pas toujours la priorité aux piétons.
● Prenez le temps d'admirer la vue depuis le centre de la place, particulièrement la perspective des Champs-Élysées.

PLACE DE LA CONCORDE

La plus vaste place de Paris abrite le plus vieux monument de la capitale. Des événements dramatiques se sont déroulés sur cette place pendant la Révolution française.

Située à l'emplacement d'anciens marécages, la place de la Concorde est aujourd'hui grouillante de monde et envahie par la circulation. Elle se trouve à l'intersection de deux axes : les Champs-Élysées à l'ouest, jusqu'à l'arc de Triomphe, le jardin des Tuileries à l'est, en allant vers Le Louvre. Vers le nord, elle s'ouvre sur la rue Royale et l'église de la Madeleine et vers le sud, sur le palais Bourbon, siège de l'Assemblée Nationale, à l'autre bout du pont de la Concorde.

UNE PLACE ROYALE

La place fut conçue par Jacques-Ange Gabriel et construite entre 1755 et 1775 pour recevoir une statue équestre du roi Louis XV. On doit également à Gabriel les deux bâtiments qui flanquent la rue Royale, l'hôtel Crillon et l'Hôtel de la Marine, ainsi que les huit piédestaux en pierre installés autour de la place octogonale et ornés de statues représentant des villes françaises – Lille, Strasbourg, Lyon, Marseille, Bordeaux, Nantes, Brest et Rouen.

LES HORREURS DE LA RÉVOLUTION

D'abord appelée place Louis XV, elle fut rebaptisée place de la Révolution en 1792. La statue de Louis XV fut renversée et remplacée par la guillotine. Entre 1793 et 1795, plus de 1 300 personnes furent décapitées sur la place, et parmi elles Louis XVI et la reine Marie-Antoinette. Les passions révolutionnaires s'étant quelque peu apaisées, la place devint la place de la Concorde en 1795, dans l'espoir d'un avenir plus serein. Un peu plus tard les *Chevaux de Marly* (1743-1745) de Guillaume Coustou furent ajoutés à l'entrée des Champs-Élysées. Ceux que l'on voit aujourd'hui sont des répliques, les originaux étant exposés au Louvre (▷ 118).

L'OBÉLISQUE ÉGYPTIEN

En 1831, Méhémet Ali, vice-roi d'Égypte, offrit au roi Louis-Philippe cet obélisque de granit rose de 230 tonnes et de 23 m de haut couvert de hiéroglyphes. La colonne, vieille de 3 300 ans, se trouvait à l'origine près du pylône du temple de Louksor (Thèbes). L'obélisque arriva à Paris en 1833 avant d'être érigé en 1836.

Produits alimentaires de luxe, place de la Madeleine

Statues dorées devant le palais de Chaillot, place du Trocadéro

Shopping place Vendôme…

PLACE DE LA MADELEINE

✚ Page 67 K5•place de la Madeleine, 75008 🚇 Madeleine
🚌 24, 42, 52, 84, 94

L'église de la Madeleine domine la place *(ouv. lun.-sam. 8 h 30-19 h, dim. 7 h 30-19 h)*. Soutenue par 52 piliers de style corinthien, elle ressemble à un temple grec. Le fronton triangulaire est orné d'une frise représentant le Jugement dernier. Sa construction commença en 1764 et ne s'acheva qu'en 1842. L'église faillit être transformée en gare ferroviaire, puis tour à tour en établissement bancaire, en bourse et en temple à la gloire des armées de Napoléon. Depuis de longues années, elle accueille les grands mariages et les obsèques de personnages célèbres, de Frédéric Chopin à Marlène Dietrich.

En haut des marches qui conduisent à l'entrée principale, retournez-vous pour admirer la rue Royale et l'obélisque de la place de la Concorde (▷ 148) et, de l'autre côté de la Seine, le palais Bourbon (▷ 80), et encore plus loin, la coupole dorée des Invalides (▷ 99-101).
À ne pas manquer : les gastronomes visiteront l'épicerie Fauchon, l'une des références alimentaires de la capitale. Il y a beaucoup d'autres magasins d'alimentation de luxe et de restaurants sur la place, sans oublier un petit marché aux fleurs.

PLACE DU TROCADÉRO ET DU 11 NOVEMBRE

✚ Page 321 F6•place du Trocadéro et du 11 Novembre, 75016 🚇 Trocadéro
🚌 22, 30, 32, 63

Cette place semi-circulaire est située en face des ailes monumentales du palais de Chaillot (▷ 143), des fontaines des jardins du Trocadéro et, de l'autre côté de la Seine, de la tour Eiffel. Six avenues partent de la place et, en son centre, se dresse la statue équestre du maréchal Foch, héros de la Première Guerre mondiale.

La place doit son nom à un fort andalou pris par les Français en 1823. Sa forme actuelle date de 1858, année de la construction d'un premier palais, remplacé par le palais de Chaillot en 1937 pour l'Exposition universelle. On trouve beaucoup de cafés et de restaurants dans le quartier.

PLACE VENDÔME

✚ Page 67 L5•place Vendôme, 75001 🚇 Opéra, Tuileries 🚌 21, 27, 29, 68, 72, 81, 95
www.paris.fr

Ensemble architectural prestigieux, la place Vendôme symbolise l'élégance et le luxe parisiens. Il faut un compte en banque bien garni pour s'aventurer dans ses boutiques de luxe ou séjourner dans ses grands hôtels, en particulier le Ritz, célèbre dans le monde entier. Frédéric Chopin mourut au n° 12 de la place et Anton Mesmer, père du mesmérisme, fit ses expériences au n° 16. Marcel Proust, Ernest Hemingway et Coco Chanel séjournèrent au Ritz et la princesse Diana y dîna avant l'accident qui lui coûta la vie en août 1997.

En 1685, Louis XIV demanda à Jules Hardouin-Mansart, architecte de Versailles et responsable de la place des Victoires (voir ci-contre), de concevoir ce projet gigantesque. Au centre, on fit ériger une statue équestre du roi, détruite par la foule en 1792. En 1810, la statue fut remplacée par une colonne en bronze de 44 m de haut, inspirée de la colonne Trajan de Rome. La colonne fut renversée en 1871, pendant la Commune de Paris. Reconstruite en 1873, elle porte en son sommet une statue qui représente Napoléon en César. Le bronze de la colonne vient des canons ennemis pris au cours de la bataille d'Austerlitz.

Le nom de la place a changé plusieurs fois au fil des années : place des Conquêtes, place Louis le Grand, place des Piques et enfin place Internationale.

Attention aux voitures, la place, qui a gardé ses pavés, n'est pas piétonnière.

PLACE DES VICTOIRES

✚ Page 67 M6•place des Victoires, 75002 🚇 Bourse, Sentier 🚌 29
www.paris.fr

Cette élégante place circulaire est située à l'extrémité de la rue Étienne Marcel. Ses magnifiques bâtiments abritent des boutiques de luxe comme celle de Kenzo ou de Cacharel. La place fut construite en 1685 par Mansart, architecte de Versailles, et commandée par le maréchal de la Feuillade pour célébrer les victoires du Roi Soleil, Louis XIV. La statue du roi fut déboulonnée pendant la Révolution et une nouvelle statue équestre fut commandée au sculpteur Bosio.
À ne pas manquer : le bâtiment de la Banque de France, au bout de la rue Catinat.

Une statue de Napoléon surmonte la colonne de la place Vendôme

LES SITES

La place des Vosges (ci-dessus)
Motif ornant la façade d'une maison de la place (à gauche)

MÉMO

✚ Page 68 P7•place des Vosges, 75004 🚇 Bastille, Saint-Paul, Chemin Vert
🚌 29, 96

À SAVOIR

● Le dimanche après-midi est un bon moment pour visiter la place, en compagnie des musiciens des rues et des promeneurs parisiens.
● Pour en savoir plus sur l'histoire de Paris à l'âge d'or de la place des Vosges, rendez-vous au musée Carnavalet voisin (▷ 114-115)

PLACE DES VOSGES

La plus vieille place de Paris est l'endroit idéal pour se détendre un moment et boire un verre dans l'un des cafés qui la bordent.

À deux pas du quartier moderne et grouillant de la Bastille, la place des Vosges a su garder le souvenir de son histoire. Elle illustre l'un des paradoxes de la capitale : on passe en quelques minutes d'une rue grouillante, envahie par les voitures, au calme de cette place bordée d'arbres, à l'écart de l'agitation du XXIᵉ siècle. Sous les arcades on découvre des boutiques d'antiquités et des galeries d'art et on peut boire un verre dans l'un des cafés de la place.

PLACE ROYALE

L'hôtel des Tournelles qui s'élevait sur le site fut démoli au XVIᵉ siècle sur ordre de Catherine de Médicis après la disparition de son époux Henri II mortellement blessé au cours d'un tournoi. Plus tard, Henri IV fit construire la place Royale, premier exemple d'un plan d'urbanisme à Paris. La place fut inaugurée en 1612, au cours de célébrations spectaculaires. En 1800, elle fut rebaptisée place des Vosges pour honorer le premier département français à payer ses impôts.

SYMÉTRIE

Chaque côté de ce vaste carré est bordé de 36 façades en brique et en pierre, avec leurs arcades et leur toit pentu. Les bâtiments entourent un jardin agrémenté de fontaines, d'arbres, d'allées de gravier, d'un espace de jeux pour les enfants, de lampadaires décorés et d'une statue de Louis XIII. Les façades nord et sud de la place ont conservé une touche royale, chacune étant dotée d'un bâtiment central plus grand, respectivement le pavillon de la Reine et le pavillon du Roi. Le pavillon de la Reine est aujourd'hui un hôtel quatre étoiles (▷ 293).

RÉSIDENTS CÉLÈBRES

Des princesses, des duchesses et des maîtresses officielles ont vécu dans les hôtels particuliers de la place. Le cardinal de Richelieu, le duc de Sully, l'écrivain Alphonse Daudet et, plus récemment, le peintre Francis Bacon et l'architecte Richard Rogers comptèrent au nombre des habitants de la place des Vosges. Victor Hugo écrivit de nombreux manuscrits au nº 6, où il vécut de 1832 à 1848 – la maison est aujourd'hui un musée consacré à l'écrivain (▷ 106).

L'un des Pégases dorés du pont Alexandre III

Le pont des Arts, qui relie le Louvre à l'Institut de France

Le Pont-Neuf, le plus ancien pont de Paris

PONT ALEXANDRE III

✚ Page 66 J6•cours La Reine/ quai d'Orsay
Ⓜ Invalides, Champs-Élysées-Clemenceau
🚌 63, 83, 93
Ⓡ RER ligne C, Invalides

Quatre Pégases de bronze doré gardent ce pont richement décoré qui scintille au soleil couchant. Le pont relie Les Invalides (▷ 99-101), sur la rive gauche, au grand Palais et au Petit Palais (▷ 95) sur la rive droite. Hélas, la circulation automobile empêche les visiteurs de s'y attarder.

Symbole de l'esprit insouciant de la Belle Époque, le pont Alexandre III fut construit pour l'Exposition universelle de 1900 et dédié à l'alliance franco-russe. Le tsar Nicolas II, fils d'Alexandre III, posa la première pierre et les clés de voûte portent les armes de la Russie et celles de la France. Plus de 15 artistes ont participé à la décoration du pont.

PONT DE L'ALMA

✚ Page 66 H6•place de l'Alma/place de la Résistance
Ⓜ Alma-Marceau
🚌 42, 63, 72, 80, 92
Ⓡ RER ligne C, Pont de l'Alma

Le premier pont de l'Alma fut construit en 1856 pour commémorer une victoire franco-britannique sur les Russes au cours de la guerre de Crimée. L'ouvrage commençant à s'affaisser, il fut remplacé en 1974. Le tunnel construit sous le pont fut le théâtre du tragique accident de voiture qui causa la mort de la princesse Diana en 1997. La Flamme de la liberté, placée au-dessus du tunnel depuis 1987, a été offerte par l'*International Herald Tribune* pour symboliser l'amitié franco-américaine.
À ne pas manquer : la statue du Zouave du pont de l'Alma, qui mesure les crues de la Seine.

PONT DES ARTS

✚ Page 67 L7•quai du Louvre/quai de Conti Ⓜ Louvre-Rivoli 🚌 24, 27, 39, 69, 72

Le pont le plus romantique de Paris est en fait une passerelle où l'on rencontre promeneurs et artistes, pour lesquels on organise parfois des expositions temporaires. La passerelle, qui relie le Louvre à l'institut de France, fut reconstruite en 1984, avec sept arches en acier. Le pont original de neuf arches en fonte, réalisé sur ordre de Napoléon, constitua une première en France sur le plan technique. Il fut achevé en 1804.

PONT DE BIR HAKEIM

✚ Page 321 F7•quai Branly Ⓜ Bir-Hakeim, Passy 🚌 72

Le pont de Bir Hakeim fut construit entre 1903 et 1905 pour remplacer une passerelle du XIXᵉ siècle. Cet ouvrage Art nouveau à deux niveaux accueille à la fois le métro, les piétons et la circulation automobile. La structure métallique prend appui sur l'allée des Cygnes. Le métro circule au niveau supérieur, soutenu par des piles en fonte. Ancien viaduc de Passy, le pont de Bir Hakeim fut ainsi baptisé en 1949 en souvenir de la victoire du général Koenig sur Rommel en Libye, en 1942.

PONT MARIE

✚ Page 68 P8•quai des Célestins/Île Saint-Louis Ⓜ Pont Marie 🚌 67

Ce pont de pierre, qui relie l'île Saint-Louis à la rive droite, fut controversé lors de sa conception. Christophe Marie, architecte urbaniste de l'île Saint-Louis, en eut l'idée en 1605, mais sa construction ne s'acheva qu'en 1635 à cause des objections des chanoines du chapitre de Notre-Dame.

En 1658, à la suite du dégel, deux arches disparurent dans la Seine, avec 20 maisons construites sur le pont. Boutiques, maisons et habitants furent emportés par le fleuve. Le pont fut reconstruit 12 ans plus tard, mais sans plus aucune maison.

PONT NEUF

✚ Page 67 M7•Île de la Cité Ⓜ Pont Neuf 🚌 24, 27, 58, 70

Malgré son nom, le Pont Neuf est le plus ancien pont de Paris (1604). Henri II souhaita sa construction en 1556 pour faciliter ses déplacements entre le palais du Louvre et l'abbaye de Saint-Germain-des-Prés. Henri IV inaugura le pont en 1607 en le traversant sur son cheval au galop. La statue équestre du roi, encore visible aujourd'hui, remplace la statue originale détruite pendant la Révolution. Le Pont Neuf ne cessa jamais d'être un lieu de fêtes. En 1985, le pont fut « emballé » par le plasticien Christo, caché ainsi aux regards des passants. Il connut récemment une importante restauration.

PONT ROYAL

✚ Page 67 L7•quai des Tuileries/quai Voltaire Ⓜ Palais-Royal 🚌 24, 68, 69, 72 Ⓡ RER ligne C, Musée d'Orsay

Le Pont Royal était un présent de Louis XIV destiné à remplacer un pont en bois détruit par un incendie. Le roi fit appel à son architecte favori, Jules Hardouin-Mansart, pour dessiner la structure de pierre et le pont fut en place en 1689. Les nobles l'utilisaient pour aller du faubourg Saint-Germain au palais des Tuileries. Au XVIIIᵉ siècle, le pont devint un lieu de festivités et de réjouissances d'où l'on tirait des feux d'artifice. L'échelle hydrographique indique le niveau des crues de la Seine.

Quartier latin

Les restaurants et cafés installés dans les petites rues médiévales du quartier étudiant historique, un musée du Moyen Âge, des ruines romaines, une église du XIIe siècle et le jardin du Luxembourg favorisent une agitation permanente.

Saint Michel terrassant le dragon, dans la fontaine du même nom

Éventaires de livres sur le boulevard Saint-Michel

Terrasse de café du Quartier latin

LES PLUS	
Histoire	● ● ● ●
Photo	● ● ● ●
Shopping	● ● ●
Facilité d'accès	● ● ●

MÉMO
✚ Page 68 N9•Rive gauche entre le Carrefour de l'Odéon et le Jardin des Plantes, 75005
Ⓜ Saint-Michel, Cluny La Sorbonne, Odéon, Maubert-Mutualité, Cardinal-Lemoine
🚌 21, 24, 27, 38, 63, 84, 85, 86, 87, 89
Ⓡ RER ligne B, C, Saint-Michel-Notre-Dame, Luxembourg
🍴 Sélection de restaurants et de cafés (▷ 254)
🏬 Boutiques de vêtements et librairies

À SAVOIR

Pour une promenade au Quartier latin, ▷ 228-229.
Vous pourrez passer une heure ou deux dans les nombreuses librairies du quartier (▷ 182) ou admirer les gargouilles et les tourelles de la cour gothique du Musée national du Moyen Âge (▷ 128-129).

La célèbre librairie Shakespeare & Co (en haut à droite) témoigne du caractère cosmopolite du quartier

DÉCOUVRIR LE QUARTIER LATIN

Le Quartier latin est un lieu qui mérite à coup sûr une visite. Ses ruelles ont gardé leur caractère médiéval et les nombreux étudiants français et étrangers créent une atmosphère vivante et pittoresque. C'est le quartier des librairies, des grands lycées, des églises historiques, de la plus ancienne université parisienne, des cinémas, des clubs de jazz et des bistros. Le mythe de l'étudiant passant des heures à refaire le monde dans les cafés n'est pas tout à fait mort.

Commencez par la place Saint-Michel, avec sa fontaine imposante représentant saint Michel terrassant le dragon. De là, on aperçoit Notre-Dame (▷ 137-141) dans l'île de la Cité. Le boulevard Saint-Michel (le Boul' Mich des étudiants), qui va de la place au boulevard du Montparnasse, grouille d'étudiants et surtout de touristes, attirés par les librairies et les boutiques de vêtements. Dans les ruelles qui entourent le boulevard, les restaurants sont très nombreux.

L'ESSENTIEL

LES RUES MÉDIÉVALES

À l'est de la place Saint-Michel, on découvre un dédale de ruelles moyenâgeuses. Les petits restaurants se succèdent rue de la Huchette et rue de la Harpe. Ne manquez pas les petites boutiques spécialisées des quais, l'église Saint-Julien-le-Pauvre du XIIe siècle (▷ 162) et les superbes vitraux de l'église Saint-Séverin (▷ 162-163). Dans le square René Viviani, près du quai de Montebello, se dresse le plus vieil arbre parisien, planté au début du XVIIe siècle.

VIE LITTÉRAIRE

Plus au sud, autour de la Sorbonne, vous entrerez peut-être dans un café jadis fréquenté par des intellectuels tels que Paul Verlaine ou Jean-Paul Sartre. Et pourquoi ne pas visiter le Panthéon (▷ 144), dernière demeure des scientifiques, des écrivains et des hommes politiques qui ont compté pour la France ?

Le pont des Arts

THERMES GALLO-ROMAINS
À l'angle des boulevards Saint-Michel et Saint-Germain, les thermes de Cluny, dont le *frigidarium* (bains froids) est magnifiquement préservé, font partie du Musée national du Moyen Âge (▷ 128-129).

ESPACE VERT
Au sud du Quartier latin, le jardin du Luxembourg est l'endroit idéal pour se détendre au milieu des fleurs et de la verdure (▷ 102-103).

HISTOIRE

Le Quartier latin est né sur l'actuelle montagne Sainte-Geneviève, ancien repaire d'étudiants en théologie venus de toute l'Europe qui finirent par créer une sorte de ville chrétienne dans la ville. Le quartier acquit au XIIIe siècle sa réputation littéraire, artistique et scolastique autour de l'illustre Sorbonne (▷ 163). L'église dispensait l'enseignement en latin, ce qui explique le nom de ce quartier universitaire. Au XVe siècle, l'arrivée des presses typographiques fit de la rue Saint-Jacques le quartier général de l'édition. Plus tard, le quartier fut connu pour ses étudiants indisciplinés et « bohèmes » et devint un terrain fertile pour la Révolution de 1789. En mai 1968, la contestation estudiantine envahit la Sorbonne et les rues du Quartier latin (▷ 39).

RIVE DROITE
✚ • Au nord de la Seine

La rive droite est plus vaste et plus difficile à définir que la rive gauche. Les rois y firent bâtir leurs palais, le baron Haussmann y créa de larges artères et chaque chef d'État y laissa au moins un monument pour la postérité. La rive droite abrite le musée du Louvre, le centre Georges-Pompidou et les deux opéras parisiens. De nouveaux quartiers s'y sont créés, notamment Bercy et La Villette et des vieux quartiers, comme le Marais, ont été réhabilités. La rive droite est aussi le quartier des banques et des affaires. Au nord, se trouve l'ancien village de la butte Montmartre.

RIVE GAUCHE
✚ • Au sud de la Seine

Certains habitants de la rive gauche prétendent ne franchir la Seine qu'occasionnellement. Ils sont attachés aux ruines romaines, aux galeries, aux cafés littéraires et aux grands lycées du quartier Latin et de Saint-Germain. Députés et sénateurs siègent respectivement au palais Bourbon et au Sénat (palais du Luxembourg) et le 7e arrondissement peut s'enorgueillir de ses belles avenues résidentielles. C'est le berceau de la tour Eiffel, des Invalides et, plus récemment de la tour Montparnasse. Les quatre tours en verre de la bibliothèque François Mitterrand dominent une partie du 13e arrondissement en pleine rénovation. C'est le point de départ de la toute dernière ligne de métro creusée, la ligne 14, qui va jusqu'à la station Madeleine.

Sacré-Cœur

Depuis le parvis de la basilique néobyzantine, on a une vue panoramique sur Paris. À l'intérieur, la vaste coupole du chœur est ornée de la plus grande mosaïque du monde et le campanile renferme la plus grosse cloche de France.

Vue panoramique sur Paris (ci-dessus)

Une gargouille de la basilique

Le cardinal Guibert approuva les plans de la basilique en 1872

DÉCOUVRIR LE SACRÉ-CŒUR

Au sommet de la butte Montmartre, la basilique du Sacré-Cœur est l'une des attractions majeures de la capitale. Son dôme d'inspiration orientale est le deuxième plus haut point de Paris et la vue s'étend à 50 km à la ronde. De nombreux visiteurs affluent sur les marches de la basilique et assistent parfois aux différents services.

Le Sacré-Cœur n'est pas d'un accès facile. Par le métro, il faut descendre à la station Anvers ou Abbesses, puis monter jusqu'au square Willette et prendre le funiculaire ou les escaliers jusqu'à la basilique. Une fois franchies les portes qui donnent sur le parvis, on peut visiter tranquillement l'intérieur de l'église en dehors des offices religieux. Pour monter au dôme ou visiter la crypte, il faut ressortir et tourner à droite jusqu'à une porte latérale située à l'ouest de l'édifice. Pour le dôme, prenez un ticket au distributeur à l'extérieur de la basilique.

L'ESSENTIEL

PANORAMA

Même sans visiter la basilique, le panorama sur Paris vaut le déplacement. Par temps clair, la vue porte loin et les dômes du Sacré-Cœur se détachent sur le bleu du ciel. Si vous êtes pressé, prenez au moins le temps de faire des photos de Notre-Dame, du dôme doré des Invalides et de la tour Montparnasse, Pour photographier la tour Eiffel, rendez-vous rue Azaïs.

Si vous avez le temps et le courage, grimpez les 200 marches qui conduisent au dôme. L'entrée commune à la crypte et au dôme est située sur la façade occidentale de la basilique, rue du Cardinal Guibert. Du haut de l'escalier en colimaçon, on a une vue sur l'intérieur de la basilique et sur Paris.

La statue de bronze érigée en face de la colonnade représente saint Michel terrassant le dragon. Derrière le dôme, le clocher renferme l'une des plus grandes cloches du monde, la Savoyarde, qui pèse 19 tonnes. Depuis la place Saint-Pierre, au sud du square Willette, on a une vue en contre-plongée de la basilique, qui semble

Si vous n'empruntez pas le funiculaire, il faut gravir les nombreuses marches jusqu'à la basilique (à droite)

LES PLUS				
Histoire	●	●	●	●
Photo (vues extérieures)	●	●	●	●

À SAVOIR

● Le Sacré-Cœur est à 10 min à pied des stations de métro Anvers et Abbesses. On peut prendre le Montmartrobus jusqu'au pied du funiculaire qui, pour un ticket de métro, vous évite de gravir les nombreuses marches jusqu'à la basilique.

● L'église est un peu triste quand elle est vide, mieux vaut la visiter avant le début d'un service (voir horaire sur le site Internet).

Une messe au Sacré-Cœur (page de gauche)

● La situation du Sacré-Cœur au sommet de la butte Montmartre fait de son campanile le deuxième point le plus haut de Paris après la tour Eiffel. Il mesure 84 m de haut, c'est-à-dire 67 cm de plus que le dôme de la basilique.

● À l'origine, l'église fut conçue par Paul Abadie, élève de Viollet-le-Duc, et six architectes supplémentaires furent sollicités au cours des 39 années que dura la construction.

● En raison de l'instabilité du sol sous la basilique, les piliers de soutien ont dû être enfoncés à 33 m de profondeur.

● La grosse cloche baptisée la Savoyarde joue un *do*, alors que les quatre autres, plus petites – Félicité, Louise, Élisabeth et Nicole – jouent un *do*, un *ré*, un *sol* et un *mi*.

relier la terre et le ciel. Pour d'autres vues intéressantes, promenez-vous derrière le Sacré-Cœur (▷ 226-227).

MOSAÏQUE

À l'intérieur de la basilique, la mosaïque qui orne la voûte du chœur mesure 475 m². Luc-Olivier Merson travailla à sa réalisation entre 1900 et 1922. Au centre se trouve le Christ, bras écartés et cœur doré, entouré de personnages en vénération : la Vierge Marie, Jeanne d'Arc, Saint-Michel, le pape et un personnage représentant la France. Plus à gauche, les personnages de la rangée du bas représentent l'Église terrestre ; ceux qui sont alignés au-dessus sont des membres de l'Église céleste, dont saint Pierre et saint Paul. À droite, la rangée du bas représente les constructeurs du Sacré-Cœur et au-dessus d'eux des saints parmi lesquels saint Louis et sainte Geneviève. Dieu le Père et le Saint-Esprit sont représentés au plafond. À la base de la mosaïque, on peut lire : « Au cœur très saint de Jésus, la France fervente, pénitente et reconnaissante ».

STATUES

Des statues équestres en bronze de Jeanne d'Arc et de saint Louis gardent l'entrée de la basilique. Une statue en pierre du Christ est placée au-dessus d'eux dans une niche. Les portes en bronze sont ornées de scènes bibliques. À l'intérieur, dans la chapelle de la Vierge, ne manquez pas les statues : *Notre Dame de Paix*,

réalisée par Georges Serraz, *Le Sacré-Cœur*, Christ argenté d'Eugène Benet et une *Vierge à l'Enfant* argentée de Paul Brunet. Dans la crypte, on découvre la statue du cardinal Guibert, qui approuva la construction de la basilique en 1872, ainsi qu'une Pietà de Jules Coutan.

HISTOIRE

La construction du Sacré-Cœur fut commandée pour expier la mort de 58 000 victimes pendant la guerre franco-allemande de 1870-1871 et les événements sanglants de la Commune (▷ 37). L'argent afflua de toute la France et la première pierre fut posée en 1875. De nombreux problèmes ayant retardé la construction, notamment l'instabilité du sol de la colline truffé de carrières de gypse, la basilique ne fut achevée qu'en 1914. Mais la Première Guerre mondiale repoussa la consécration jusqu'en 1919. Les vitraux furent détruits par les bombes en 1944. Malgré ces contretemps et le flot ininterrompu de visiteurs, la basilique reste un lieu de culte. Plus de 130 ans après la pose de la première pierre, les prêtres se relaient en prière pour le pardon des horreurs de la guerre.

MÉMO

✚ Page 69 M2•place du Parvis du Sacré-Cœur

☎ 01 53 41 89 00

🕐 Basilique : tlj 6 h-23 h. Dôme et crypte : tlj 9 h 15-17 h 30 (et aussi 17 h 30-19 h en été)

💶 Basilique : gratuit. Dôme : ad./enf. 5 €

Ⓜ Anvers/Abbesses, puis marcher jusqu'au funiculaire

🚌 Montmartrobus

📷 5 € (en français, anglais, allemand, espagnol et italien)

🍴 Cafés et restaurants à Montmartre (▷ 254)

🏪 Petite librairie/boutique cadeaux

❓ Ascenseur : 35, rue du Chevalier de la Barre pour l'accès à la basilique aux personnes à mobilité réduite

www.sacre-coeur-montmartre.com
En français, pour en savoir plus sur l'histoire et la vie de la basilique.

La basilique est plus impressionnante encore vue d'en bas

LES SITES

Sainte-Chapelle

D'admirables vitraux ont transformé en un véritable joyau cette chapelle royale du XIIIe siècle, enserrée dans les bâtiments du Palais de Justice. Saint Louis y apporta les saintes reliques au XIIIe siècle.

Sculptures finement décorées dans la chapelle haute

Vitrail représentant la prière de Judith

Voûtes dorées de la chapelle basse

DÉCOUVRIR LA SAINTE-CHAPELLE

Le jour qui traverse les vitraux de la Sainte-Chapelle éclaire ce sanctuaire royal d'une lumière quasi céleste, bleu, rouge et or. Malheureusement, comme à la chapelle Sixtine de Rome, les nombreux visiteurs qui envahissent ce lieu de prière le détournent de sa vocation de calme et de recueillement.

L'entrée de la chapelle étant la même que celle du Palais de Justice, boulevard du Palais, vos sacs seront passés au détecteur. De là, avancez jusqu'à l'entrée principale de la chapelle. La file d'attente pour les billets est très longue, il est donc conseillé de se procurer la carte Musées-Monuments (▷ 307) ou un billet couplé avec la Conciergerie (▷ 89-91). On entre directement dans la chapelle basse, où se trouve une petite boutique de cadeaux. Un escalier en colimaçon conduit à la chapelle haute.

L'ESSENTIEL

LES VITRAUX

En pénétrant dans la chapelle haute, on est frappé par les couleurs émanant non seulement des vitraux, mais aussi du sol décoré, des colonnes dorées et des murs peints. Quinze vitraux d'environ 15 m de haut, ainsi que la grande rosace, dépeignent plus de 1 100 scènes bibliques, de la Création à l'Apocalypse. Deux tiers des vitraux sont des originaux du XIIIe siècle, ce sont les plus anciens que possède Paris. Les scènes de la Bible commencent avec la Genèse sur le vitrail situé à gauche en entrant. On fait ensuite le tour de la chapelle dans le sens des aiguilles d'une montre, jusqu'à l'Apocalypse sur la rosace. L'unique scène non biblique se trouve sur le dernier vitrail, qui représente l'arrivée à Paris des saintes reliques.

SCULPTURES

Les vitraux constituent sans conteste l'attraction majeure de la chapelle haute, mais n'oubliez pas d'admirer les détails des feuillages dorés sur le chapiteau des colonnes (feuilles de chêne, de houx, de chardon et de houblon), ainsi que les statues des apôtres qui semblent soutenir les piliers (allusion aux apôtres, « piliers » de la foi chrétienne). Certaines statues sont des copies datant du XIXe siècle, les originaux étant au Musée national du Moyen Âge (▷ 128-129).

LES PLUS	
Culture	● ● ●
Histoire	● ● ● ●

MÉMO

✚ Page 67 M7•4, boulevard du Palais, Ile de la Cité, 75001

☎ 01 53 40 60 97

🕐 Mars-fin oct. tlj 9 h 30-18 h (dernière entrée 17 h 30) ; le reste de l'année tlj 9 h-17 h. Fermé 1er jan., 1er mai, 25 déc.

💶 Ad. 6,10 €, moins de18 ans gratuit. Billet couplé avec la Conciergerie 9 €

Ⓜ Cité, Châtelet

🚌 21, 24, 27, 38, 85, 96

Ⓡ RER ligne B, C, Saint-Michel-Notre-Dame

🕑 Tlj à 11 h et à 15 h

💶 6 €

🛍 Petite boutique de cadeaux dans la chapelle basse

🍽 Dans la cour de la Sainte-Chapelle, située dans l'enceinte du Palais de Justice

www.monum.fr
En français et en anglais.

Louis IX (Saint Louis) fit construire la Sainte-Chapelle pour y abriter les reliques de la Passion (page de gauche)

- Il y a souvent beaucoup de monde dans la chapelle haute. Visitez-la plutôt le matin, du mardi au vendredi.
- Achetez un billet couplé avec la Conciergerie (▷ 89-91), vendu à la Conciergerie où les files d'attente sont souvent moins longues. Pour mieux comprendre les vitraux de la chapelle haute, procurez-vous une carte explicative près de la sortie. Pour profiter de la meilleure lumière, essayez de visiter la Sainte-Chapelle quand il y a du soleil. La grande rosace est une merveille au coucher du soleil, mais attention, c'est l'heure où il y a le plus de monde.
- Apportez des jumelles pour admirer les vitraux les plus hauts.
- Pour les concerts aux chandelles dans la chapelle, renseignez-vous au guichet de vente des billets ou à l'office du tourisme.

LA CHAPELLE BASSE

Avant d'atteindre la chapelle haute magnifiquement éclairée, traversez la pénombre de la chapelle basse, utilisée à l'origine par le personnel du palais et dédiée à la Vierge Marie. Son plafond bleu, rouge et or orné de fleurs de lys symbolise la monarchie française ; sur certains piliers, les tours de Castille rendent hommage à Blanche de Castille, mère de saint Louis. Le décor peint datant du XIXᵉ siècle tente de reproduire le style médiéval. Cette rénovation était destinée à réparer les dommages causés pendant la Révolution – la chapelle servant alors d'entrepôt pour la farine.

HISTOIRE

Au XIIIᵉ siècle, Louis IX (saint Louis) fit édifier la Sainte-Chapelle pour abriter les saintes reliques et conforter l'autorité du roi en tant que chef de droit divin. La chapelle fut construite en trois ans dans l'enceinte du palais royal (actuel Palais de Justice) d'après les plans de l'architecte Pierre de Montreuil, qui participa également à la construction de la cathédrale Notre-Dame. Il conçut des piliers discrets pour soutenir les 670 m² de vitraux qui se substituent aux murs. Les reliques furent exposées sur une châsse de 3 m de haut encore visible aujourd'hui, en face de l'autel. Elles comprenaient la couronne d'épines du Christ, des morceaux du bois de la sainte Croix et des gouttes de sang du Christ. Louis IX désirait tellement acquérir ces objets qu'il offrit 135 000 livres à l'empereur de Constantinople pour la seule Couronne d'épines – plus de trois fois le coût de la construction de la chapelle. Aujourd'hui, la Couronne d'épines se trouve dans le Trésor de Notre-Dame. Les autres reliques, ainsi que le reliquaire recouvert d'argent et de cuivre qui les contenait, furent détruites pendant la Révolution.

Après la Révolution, la chapelle servit d'archives pour les documents de la cour. Elle fut restaurée au milieu du XIXᵉ siècle et la flèche de 75 m de haut fut construite en 1857.

PLAN AU SOL DE LA CHAPELLE HAUTE

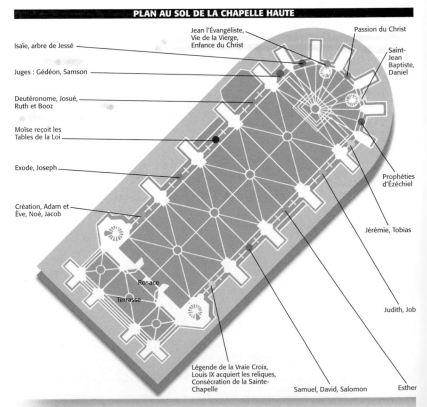

Isaïe, arbre de Jessé

Juges : Gédéon, Samson

Deutéronome, Josué, Ruth et Booz

Moïse reçoit les Tables de la Loi

Exode, Joseph

Création, Adam et Ève, Noé, Jacob

Rosace

Terrasse

Jean l'Évangéliste, Vie de la Vierge, Enfance du Christ

Passion du Christ

Saint-Jean Baptiste, Daniel

Prophéties d'Ézéchiel

Jérémie, Tobias

Judith, Job

Légende de la Vraie Croix, Louis IX acquiert les reliques, Consécration de la Sainte-Chapelle

Samuel, David, Salomon

Esther

L'Écoute, *sculpture d'Henri de Miller, devant Saint-Eustache*

SAINT-ÉTIENNE-DU-MONT

🖽 Page 68 N9•place Sainte-Geneviève, 75005 ☎ 01 43 54 11 79 🕙 Lun. 14 h-19 h 30, mar.-dim. 8 h-19 h 30 🎟 Gratuit 🚇 Cardinal Lemoine 🚌 84, 89

Située au sommet de la montagne Sainte-Geneviève, à deux pas du Panthéon, l'église Saint-Étienne-du-Mont est l'une des plus belles églises de Paris, avec sa façade sculptée et son superbe clocher.

Sa construction commença en 1492, en remplacement d'une petite chapelle qui faisait partie de l'abbaye Sainte-Geneviève. Les travaux s'achevèrent en 1626, ce qui explique le mélange des styles gothique, Renaissance et classique. L'archevêque de Paris y fut assassiné en 1857.
À ne pas manquer : le jubé délicatement ajouré.

SAINT-EUSTACHE

🖽 Page 67 M6•2, impasse Saint-Eustache, 75001 ☎ 01 42 36 31 05 🕙 Tlj 9 h-19 h 30 (jusqu'à 20 h en été) 🎟 Gratuit 🚇 Les Halles 🚌 29, 67, 74, 85 🚇 RER lignes A, B, D, Châtelet-les-Halles
www.saint-eustache.org

La deuxième plus grande église de Paris, après Notre-Dame, est située au cœur du quartier des Halles (▷ 95), près du Forum. Sa structure gothique s'inspire de celle de Notre-Dame. La construction commença en 1532 et dura plus de cent ans. Louis XIV y reçut sa première communion, le cardinal de Richelieu y fut baptisé et on y joua pour la première fois la *Grand-messe* de Liszt et le *Te Deum* de Berlioz.

Aujourd'hui encore, l'église est réputée pour ses concerts et ses récitals d'orgue le dimanche, de 17 h 30 à 18 h.

SAINT-GERMAIN-DES-PRÉS

Ce quartier mythique offre, autour de la plus vieille église de Paris, des rues étroites, des boutiques de luxe, d'antiquités, des galeries d'art, des cafés et des restaurants.

🖽 Page 67 L7•75006 🚇 Saint-Germain-des-Prés, Odéon, Saint-Sulpice, Mabillon 🚌 39, 63, 70, 86, 87, 95, 96

LES PLUS	
Histoire	● ● ● ●
Shopping	● ● ●

Au cœur de la rive gauche, Saint-Germain-des-Prés charme toujours autant les touristes et les habitants du quartier par une apparente décontraction, qui contraste avec l'atmosphère de l'autre rive de la Seine. L'église Saint-Germain-des-Prés, construite au XIᵉ siècle, est la plus vieille église de Paris (▷ 162). Son clocher-porche est l'une des plus anciennes tours de France. Non loin de là, rue de Fürstenberg, se trouve le musée Eugène Delacroix (▷ 126).

Le boulevard Saint-Germain, qui va du Quartier latin aux bâtiments administratifs et aux demeures bourgeoises du très huppé 7ᵉ arrondissement, fut longtemps le rendez-vous des intellectuels et des artistes, qui se retrouvaient au Café de Flore – jadis fréquenté par Jean-Paul Sartre – à la brasserie Lipp ou au café Les Deux Magots – ancien repaire d'Ernest Hemingway.

Au sud du boulevard Saint-Germain, les rues deviennent plus larges et l'atmosphère change. Le secteur de l'église Saint-Sulpice (▷ 163) et du jardin du Luxembourg (▷ 102-103), ainsi que la rue Bonaparte, la rue de Sèvres et la rue de Grenelle, constituent le quartier des boutiques de mode et des maisons d'édition. Les bars branchés remplacent les petits cafés bondés d'autrefois et les magasins de meubles bordent le boulevard Raspail jusqu'au carrefour Sèvres-Babylone, où se trouve Le Bon Marché, premier grand magasin parisien. Le nord du boulevard Saint-Germain reste un quartier plus décontracté, plein de petits cinémas, de galeries d'art, de magasins d'antiquités, sans oublier l'École nationale supérieure des Beaux-Arts et l'hôtel de la Monnaie (▷ 117).
À ne pas manquer : les bouquinistes installés sur les quais de la Seine.

La terrasse des Deux Magots, face à l'église Saint-Germain-des-Prés

L'église Saint-Germain-l'Auxerrois, près du Louvre

Saint-Julien-le-Pauvre est l'une des plus anciennes églises de Paris

L'église Saint-Germain-des-Prés est la plus vieille de Paris

LES SITES

SAINT-GERMAIN-L'AUXERROIS

✚ Page 67 M7•place du Louvre, 75001 ☎ 01 42 60 13 96 🕐 Tlj 8 h 20-19 h. Pas de visites pendant les services (Messe : lun.-sam. 8 h 20, 12 h 15, 18 h 30 ; dim. 10 h, 11 h 15, 17 h 30, 21 h 15) 🎫 Gratuit 🚇 Louvre-Rivoli, Pont Neuf 🚌 21, 67, 69, 74, 85

Jusqu'à la Révolution française, Saint-Germain-l'Auxerrois fut l'église paroissiale des rois, qui vivaient au palais du Louvre voisin. À côté de la chaire, on voit encore le banc d'œuvre royal surmonté d'un dais, réservé au roi et à sa famille, les superbes vitraux, les grilles ciselées du chœur et l'orgue du XVIIIe siècle transféré en 1791 de la Sainte-Chapelle.
En 500 apr. J.-C., un oratoire fut construit sur le site. Plus tard, on y baptisa à la hâte les enfants dont la vie était menacée par les crues de la Seine. L'église actuelle fut construite entre les XIIIe et XVIe siècles. Pendant la Révolution, elle devint tour à tour un poste de police, un hôtel de ville, une grange et une imprimerie. Viollet-le-Duc restaura l'édifice au XIXe siècle.
La cloche, installée en 1529, signala le début du massacre de la Saint-Barthélemy en 1572 (▷ 29).
À ne pas manquer : après une visite au Louvre, l'église constitue une halte agréable. On peut s'asseoir sur un banc à l'extérieur et admirer la façade du Palais.

SAINT-GERMAIN-DES-PRÉS (ÉGLISE)

✚ Page 67 L8•3, place Saint-Germain-des-Prés, 75006 ☎ 01 55 42 81 33 🕐 Lun.-sam. 8 h-19 h 40, dim. 9 h-20 h 🎫 Gratuit 🚇 Saint-Germain-des-Prés 🚌 39, 63, 86, 95 www.eglise-sgp.org

L'église Saint-Germain-des-Prés, la plus vieille église de Paris,
se dresse au cœur du quartier qui porte son nom (▷ 161). Au VIe siècle, le roi mérovingien Childebert Ier fonda une abbaye sur le site. L'église actuelle fut consacrée par le pape Alexandre III en 1163 – le clocher date du siècle précédent. Les remaniements successifs expliquent le mélange des styles roman et gothique. L'édifice fut très endommagé pendant la Révolution et il ne reste qu'une seule des trois tours d'origine. Les arcs-boutants du XIIe siècle sont restés intacts. Au XIXe siècle, l'église fut restaurée plusieurs fois et la décoration de la nef et du chœur fut confiée à Hippolyte Flandrin.
À ne pas manquer : la dalle funéraire du philosophe René Descartes (1596-1650) dans la chapelle Saint-Benoît qui borde le déambulatoire.

SAINT-JULIEN-LE-PAUVRE

✚ Page 67 M8•1, rue Saint-Julien-le-Pauvre, 75005 ☎ 01 43 54 52 16 (pour les concerts appelez le 01 42 28 43 85) 🕐 Tlj 9 h 30-13 h, 15 h-18 h 30 🎫 Gratuit 🚇 Saint-Michel 🚌 24, 47 🚊 RER lignes B, C, Saint-Michel-Notre-Dame

Cette petite église située près du square Viviani (▷ 152), dans un coin discret du Quartier latin, est l'une des plus vieilles églises de Paris. Elle fut construite au XIIe siècle, probablement sur le site d'un cimetière mérovingien. Au Moyen Âge, des liens très forts unissaient cette église à l'université voisine, dont les recteurs étaient élus dans son enceinte. Pendant la Révolution, Saint-Julien-le-Pauvre fut transformée en magasin à sel puis, en 1889, affectée au culte catholique melkite.
À l'intérieur de l'édifice bas de plafond, les peintures et les sculptures religieuses sont
difficiles à apprécier dans la pénombre du lieu. L'iconostase (cloison décorée d'icônes orthodoxes) qui ferme l'abside date d'environ 1900. Des concerts de musique classique sont donnés dans l'église.

SAINT-MERRI

✚ Page 68 N7•78, rue Saint-Martin, 75004 ☎ Pour toute information sur les concerts : 01 42 71 40 75 🕐 Tlj 15 h-19 h 🎫 Gratuit 🚇 Hôtel de Ville 🚌 38, 47 🚊 RER lignes A, B, D, Châtelet-Les-Halles

À deux pas du centre Georges Pompidou, l'église Saint-Merri doit son nom au saint patron de la rive droite. L'édifice construit au XVIe siècle, est un bel exemple de gothique flamboyant. Il abrite la plus vieille cloche de Paris (1331), vestige de la chapelle médiévale jadis érigée sur le site. Les vitraux représentent Joseph en Égypte, saint Nicolas de Myre, sainte Agnès et Étienne Marcel, grand marchand drapier parisien.
Camille Saint-Saëns, compositeur du *Carnaval des animaux*, fut organiste à Saint-Merri dans les années 1850. Aujourd'hui, des concerts gratuits sont donnés le samedi à 9 h et le dimanche à 16 h.
À ne pas manquer : la chaire décorée réalisée en 1753 par le sculpteur P.A. Slodtz, l'un des deux frères qui décorèrent l'église au XVIIIe siècle.

SAINT-SÉVERIN

✚ Page 67 M8•1, rue des Prêtres Saint-Séverin, 75005 ☎ 01 42 34 93 50 🕐 Lun.-sam. 11 h-19 h 30, dim. 9 h-20 h 30 🎫 Gratuit 🚇 Saint-Michel 🚌 21, 24, 27, 38, 47, 85 🚊 RER lignes B, C, Saint-Michel-Notre-Dame ♿ Derrière l'église, rue Saint-Jacques, une rampe permet aux personnes en fauteuil de pénétrer dans l'église. www.saint-severin.com

Gargouilles de l'église
Saint-Séverin

La fontaine de la place
Saint-Sulpice

S comme Sorbonne

Cette belle église du Quartier latin aurait davantage de visiteurs sans la proximité de la cathédrale Notre-Dame (▷ 137), sur l'autre rive de la Seine. L'église Saint-Séverin reste donc discrète, mais ses vitraux magnifiques valent une visite.

En grande partie endommagée par un incendie, cette église du XIIIe siècle fut reconstruite au XVe siècle. Ne manquez pas la chapelle du Saint-Esprit, le déambulatoire et les voûtes en palmier. L'église doit son nom à un ermite du VIe siècle, Séverin le Solitaire. Elle fit ensuite allégeance à un abbé suisse du Ve siècle portant le même nom et dont on découvre aujourd'hui la statue à l'extérieur.

Procurez-vous un plan de l'église au bureau d'information, pour mieux profiter de votre visite.

À ne pas manquer : parmi les vitraux anciens, on découvre des vitraux modernes représentant les Sept Sacrements, conçus par Jean Bazaine et installés en 1970.

SAINT-SULPICE

✚ Page 67 L8•place Saint-Sulpice, 75006
☎ 01 46 33 21 78 🕐 Lun.-dim. 8 h-19 h 30 💰 Gratuit 🚇 Saint-Sulpice
🚌 63, 70, 86, 87, 96

L'église Saint-Sulpice est un chef-d'œuvre de l'architecture classique. Il fallut six architectes et 134 années pour construire ce vaste édifice de 119 m de long et de 57 m de large dont les travaux s'achevèrent en 1780. L'imposante façade est flanquée de deux tours asymétriques – la tour sud, toujours inachevée, mesure 5 m de moins que la tour nord. L'un des architectes responsables des tours était Jean-François Chalgrin.

L'église abrite des orgues qui sont parmi les plus grandes du monde. Elle recèle également

d'autres trésors, parmi lesquels des vitraux du XVIIe siècle, des peintures de Carle van Loo et des statues d'Edme Bouchardon, Jean-Baptiste Pigalle, des frères Slodtz et de Louis-Simon Boizot.

La chaire dorée richement sculptée fut conçue en 1788 par Charles de Wailly. Les peintures réalisées par 17 artistes de renom furent commandées au XIXe siècle pour décorer le transept et les chapelles.

Cherchez le gnomon astronomique (cadran solaire) sous forme d'un méridien de bronze qui s'étend du transept sud au transept nord. À midi, le jour du solstice d'hiver, les rayons du soleil viennent se refléter sur un obélisque en marbre blanc ; à midi, le jour du solstice d'été, la lumière frappe une plaque de marbre dans le transept sud – ce dispositif est un bel héritage de l'esprit scientifique français du XIXe siècle.

À ne pas manquer : les peintures d'Eugène Delacroix dans la première chapelle à droite, appelée chapelle des Anges.

LA SORBONNE

✚ Page 67 M8•1, rue Victor Cousin, 75005 ☎ 01 40 46 22 11 🕐 Fermé au public (visites guidées pour les groupes : téléphonez pour réserver au 01 40 46 23 49) 🚇 Cluny la Sorbonne
🚌 21, 27, 38, 63, 85, 86, 87 🚈 RER B, C, Cluny La Sorbonne
www.sorbonne.fr

Ancien siège de la faculté des Lettres et des Sciences, la Sorbonne fut fondée au XIIIe siècle par Robert de Sorbon, chapelain de Saint-Louis, pour permettre aux écoliers pauvres d'accéder aux études théologiques. Pendant des siècles, l'université resta indépendante de l'État. Mais au XVe siècle, elle reconnut Henry V d'Angleterre comme roi de France, condamna Jeanne d'Arc, puis s'opposa

farouchement aux philosophes du XVIIIe siècle. En mai 1968, la Sorbonne fut le point de départ des manifestations étudiantes (▷ 39).

Au XVIIe siècle, le cardinal de Richelieu entreprit la reconstruction de l'université délabrée. La chapelle construite par Lemercier, où repose aujourd'hui Richelieu, est tout ce qu'il reste de la Sorbonne du cardinal. Les amphithéâtres et les immenses couloirs datent du XIXe siècle.

La Sorbonne abrite actuellement quatre universités : Panthéon-Sorbonne (Paris 1), Sorbonne-Nouvelle (Paris 3), Paris-Sorbonne (Paris 4) et René-Descartes (Paris 5).

La chapelle de la Sorbonne accueille des expositions occasionnelles et l'on capte encore un peu de l'atmosphère de l'université au milieu des étudiants qui envahissent la place de la Sorbonne.

À ne pas manquer : la cour dont l'entrée se trouve rue de la Sorbonne, l'université est fermée au public, mais vous pouvez y jeter un œil de la rue.

SYNAGOGUE

✚ Page 68 P7•10, rue Pavée, 75004
☎ 01 48 87 21 54 🕐 Visites sur demande uniquement. Téléphonez du dim. au jeu. 10 h-16 h 💰 Gratuit
🚇 Saint-Paul 🚌 69, 76, 96

La synagogue est située au cœur du quartier juif du Marais (▷ 107). Elle fut construite en 1913 par l'architecte Hector Guimard, plus connu pour ses entrées de métro Art nouveau. Guimard fut l'un des chefs de file de ce mouvement artistique en France et ses réalisations furent nombreuses entre 1895 et 1910. Il travailla jusqu'en 1930 puis, bouleversé par la montée du fascisme, il émigra avec sa femme juive et mourut aux États-Unis en 1942.

Tour Eiffel

La tour Eiffel est incontestablement le monument le plus symbolique de Paris et l'un des plus célèbres du monde. De son sommet, la vue est époustouflante sur la ville et ses environs.

Le Champ-de-Mars et la tour Montparnasse

La tour Eiffel illuminée la nuit   *La tour Eiffel vue de dessous*

LES PLUS				
Pour les enfants	●	●	●	
Histoire	●	●	●	
Photo	●	●	●	●	●

À SAVOIR

● Pour éviter les files d'attente devant les ascenseurs, montez à pied jusqu'au niveau 1 et prenez l'ascenseur jusqu'au niveau 2.

● Pour accéder à l'ascenseur, l'attente est moins longue le soir.

● Seules les poussettes pliantes sont autorisées dans la tour.

● Pour dîner au restaurant Jules Verne, il faut réserver très longtemps à l'avance.

DÉCOUVRIR LA TOUR EIFFEL

Célèbre dans le monde entier, la tour Eiffel symbolise Paris. Sa silhouette découpée, haute de 324 m figure sur la majorité des cartes postales de la ville.

La Dame de Fer accueille près de six millions de visiteurs par an, ce qui explique les longues files d'attente.
Le prix du billet varie selon que vous choisissez le niveau 1 (57 m), le niveau 2 (120 m) ou le niveau 3 (280 m) et que vous vous prenez l'ascenseur ou l'escalier (jusqu'aux niveaux 1 et 2 seulement). L'escalier commence au pilier sud.
Les ascenseurs du niveau 2, prévus pour 80 personnes, se trouvent aux piliers nord, ouest et est – un ou deux seulement sont constamment opérationnels. Les ascenseurs ne montent qu'aux niveaux 1 et 2, ensuite il faut encore attendre pour prendre le petit ascenseur qui monte au niveau 3 en 3 min. On prend un ascenseur spécial près du pilier sud pour monter au restaurant Jules Verne, situé au niveau 2.

L'ESSENTIEL

LA VUE

On visite la tour Eiffel pour la vue à couper le souffle sur Paris, de la deuxième plate-forme, à 120 m de hauteur.
Pendant 40 ans, la tour fut le plus haut monument du monde. Depuis la galerie du niveau 3 le regard porte à 75 km par temps clair. Si le vertige vous interdit le dernier niveau, la vue est également magnifique depuis le niveau 2 et on discerne mieux les détails de la ville. Sur la première plate-forme, on peut consulter les panneaux d'information. Amusez-vous à repérer l'Arc de Triomphe au nord, les colonnades du palais de Chaillot au nord-ouest, le Champ-de-Mars au sud-est, avec la tour Montparnasse en arrière-plan, et le dôme doré des Invalides à l'est. La vue est splendide juste avant le coucher du soleil et la lumière est plus flatteuse pour prendre des photos. Le soir, c'est un nouveau panorama qui s'offre à vous, avec les centaines de milliers de lumières qui dessinent la ville.

La tour se compose de 18 000 pièces métalliques reliées par 2 500 000 rivets (page de droite)

Le palais de Chaillot, place du Trocadéro, est l'endroit idéal pour admirer la tour Eiffel, de l'autre rive du fleuve

LES LUMIÈRES

Il faut voir la tour Eiffel de nuit, même si l'on envisage une visite de la Dame de Fer en plein jour. Près de 10 000 ampoules scintillent dans la nuit, plus de 350 projecteurs éclairent la structure métallique surmontée de deux faisceaux lumineux d'une portée de 80 km. Découvrez cette féerie lumineuse, à bord d'un bateau-mouche sur la Seine (▷ 234-235), au détour du pont de l'Alma. De la terre ferme, la tour Eiffel vue du palais de Chaillot constitue un spectacle inoubliable (▷ 143).

Jadis éclairée au gaz, la tour bénéficia de l'électricité juste à temps pour l'Exposition universelle de 1900. En 1925, le constructeur automobile André Citroën commanda des illuminations spectaculaires du monument pour faire la publicité de sa firme. Le 31 décembre 1985 fut inauguré le nouvel éclairage de la tour Eiffel, obtenu grâce à 350 projecteurs à sodium haute pression, pour remplacer les projecteurs du Champ-de-Mars braqués sur le monument, qui aveuglaient les visiteurs. Les faisceaux lumineux furent installés en 1999. Un dispositif spécial marqua le centenaire de la tour en 1989 et le compte à rebours de l'an 2000. Aujourd'hui, de la tombée de la nuit à 2 heures du matin, pendant 10 minutes au début de chaque heure, 20 000 ampoules supplémentaires ajoutent un scintillement de diamant à l'éclairage doré de la tour.

EXTRAVAGANCES

La tour Eiffel a inspiré plus d'un comportement dangereux. En 1912, un « homme-oiseau » sauta de la tour et s'écrasa sur le sol parce que sa cape ne lui avait pas servi d'ailes comme il l'espérait. En 1928, un horloger essaya un nouveau type de parachute, mais le pauvre homme y laissa sa vie, le parachute refusant de s'ouvrir. En 1923, un homme dévala les escaliers de la tour à vélo, mais il fut arrêté à son arrivée en bas des marches. Des alpinistes escaladèrent

le monument, des pilotes tentèrent de passer en avion entre ses quatre pieds métalliques et, en 1909, le comte de Lambert tourna à 100 m au-dessus de la tour dans une machine volante. Plus récemment, en 1984, un couple de Britanniques survécut à un saut en parachute du haut du troisième étage et, en 1989, le funambule Philippe Petit marcha sur un fil tendu entre la tour et le palais de Chaillot.

Et bien que les animaux soient interdits sur la tour Eiffel, on fit monter les escaliers à un éléphant de cirque en 1948…

CENTRES D'INTÉRÊT

Au troisième étage du monument, des tables panoramiques permettent de repérer les principaux sites parisiens. Le visiteur peut également prendre connaissance des distances entre la tour et les différentes capitales. Au niveau 1, Cineiffel projette un court-métrage sur l'histoire du monument. Au même étage, un observatoire retrace les oscillations du sommet de la tour et le Feroscope explique les techniques d'assemblage du monument. On peut voir la pompe hydraulique originale de l'ancien ascenseur et un tronçon de l'escalier en colimaçon d'origine utilisé par Gustave Eiffel lui-même.
Au premier étage, le bureau de poste vous propose l'oblitération « Paris-Tour Eiffel » pour vos cartes postales (*ouv. 10 h -19 h*).

HISTOIRE

DES DÉBUTS DIFFICILES

Surnommée « chandelier creux » ou « tour de Babel » par ses détracteurs, la tour Eiffel devint rapidement le symbole de Paris. Gustave Eiffel réalisa les travaux de construction en deux ans et la tour fut achevée pour l'Exposition universelle de 1889. Au plus fort des travaux, la tour s'élevait de 30 m par mois. Le jour de l'inauguration, Gustave Eiffel et les représentants de l'État durent

FAITS ET CHIFFRES

- Lors des tempêtes de 1999, l'oscillation du sommet de la tour était de 9 cm.
- La tour pèse 10 100 tonnes. Elle possède 18 000 pièces métalliques et 2,5 millions de rivets.
- Quand il fait très chaud, le métal se dilate de près de 15 cm.
- 370 personnes se sont suicidées en sautant de la tour, jusqu'à la pose de filets de protection en 1971.
- Près de 200 millions de personnes ont déjà visité la tour.
- Il y a 1 665 marches jusqu'au sommet.
- 60 tonnes de peinture sont nécessaires pour repeindre la tour.
- Les ascenseurs parcourent l'équivalent de 100 000 km par an.

Page 66 G7•quai Branly, Champ de Mars, 75007

☎ 01 44 11 23 23

🕐 Mi-juin-fin août tlj 9 h-minuit ; le reste de l'année tlj 9 h 30-23 h (les escaliers sont fermés à 18 h 30) ; dernière entrée 30 min avant la fermeture

💶 Ascenseur : ad./enf. de plus de 12 ans 4,10 € (niveau 1), 7,50 € (niveau 2), 10,70 € (niveau 3) ; enf. (3-11 ans) 2,30 € (niveau 1), 4,10 € (niveau 2), 5,90 € (niveau 3). Escaliers : plus de 25 ans 3,80 € , moins de 25 ans 3 €, moins de 3 ans gratuit.

🚇 Bir-Hakeim

🚌 42, 69, 82, 87

🚆 RER ligne C, Champ de Mars-Tour Eiffel

🍴 Altitude 95 au premier étage, Jules Verne au 2e étage

☕ Snack bars aux rez-de-chaussée, niveau 1 et niveau 2

📞 Pour les visites guidées (tél. : 01 44 54 19 33)

🗣 En plusieurs langues

🎁 Boutiques de cadeaux niveaux 1 et 2. Bureau de poste, niveau 1

🚻

♿ Personnes en fauteuil : 1er et 2e étage seulement. Concerts de musique classique organisés par l'association Musique et Patrimoine (tél. : 01 42 50 96 18) www.ampconcerts.com

www.tour-eiffel.fr (en français et en anglais)

NIVEAU 1
Cineiffel, observatoire, Feroscope, boutique de cadeaux, bureau de poste, galerie panoramique, restaurant Altitude 95, snack-bar, ascenseur hydraulique, morceau de l'escalier en colimaçon d'origine.

NIVEAU 2
Restaurant Jules Verne, galerie vitrée, boutiques de cadeaux, snack-bar.

NIVEAU 3
Galerie vitrée, tables panoramiques, reconstitution du bureau de Gustave Eiffel.

Pilier nord de la tour
(ci-dessus à droite)

La tour Eiffel et les jardins du Trocadéro (page de gauche)

gravir les 1 665 marches jusqu'au sommet, les ascenseurs ne marchant pas. Il était prévu de démolir au bout de 20 ans cette prouesse technique, avec ses 10 000 tonnes et ses 18 000 pièces métalliques. Mais personne n'aurait pu deviner que la tour deviendrait l'emblème de Paris. Au bout de deux décennies, elle avait autant de défenseurs que de détracteurs, mais on la garda afin d'installer une antenne géante pour la radio naissante. La popularité grandissante du monument donna raison à des écrivains et des peintres comme Guillaume Apollinaire, Raoul Dufy, Maurice Utrillo et Camille Pissarro. Les critiques de Paul Verlaine, qui faisait un détour pour « ne pas voir ça », de Guy de Maupassant qui la disait « squelette disgracieux » ou d'Alexandre Dumas fils qui la qualifiait de « lampadaire vraiment tragique », furent jetées aux oubliettes. Pendant 40 ans, la tour Eiffel s'enorgueillit d'être le plus haut monument du monde, jusqu'à ce que la tour Chrysler de New York revendique le titre. Depuis 1957, la tour Eiffel mesure 20 m de plus avec les antennes de télévision installées à son sommet.

UNE SILHOUETTE IMPOSANTE
En vue de l'Exposition universelle de 1889, un concours fut organisé pour la construction d'un édifice de 300 m de haut et Gustave Eiffel l'emporta sur une centaine de concurrents. La tour fut la dernière création du « magicien du fer » qui avait déjà à son actif des centaines d'autres constructions dans le monde entier. Né en Bourgogne en 1832, il réalisa le pont ferroviaire de Bordeaux à l'âge de 26 ans. Les ponts devinrent alors son terrain de prédilection : le fer et les vérins hydrauliques qu'il utilisait pour supporter les charpentes établirent sa réputation. On lui doit des usines, des églises, une synagogue rue des Tournelles, des grands magasins (le Bon Marché), des banques et, sur une période de 18 ans, 31 viaducs ferroviaires et 17 ponts importants. Eiffel a réalisé des ouvrages en Égypte, au Pérou, au Portugal, en Hongrie et en Bolivie. Il est également responsable de la structure de la statue de la Liberté à New York. Jusqu'à sa mort, il garda un bureau au sommet de la tour qui porte son nom. Au niveau 3 du monument, on visite la reconstitution de son bureau, avec des personnages en cire. Un buste de l'ingénieur réalisé par Bourdelle se trouve près du pilier nord. Eiffel mourut en 1923 à l'âge de 91 ans.

Vue sur la tour Eiffel, depuis la terrasse du 59ᵉ étage (ci-dessus)
La tour Montparnasse vue d'en bas (à gauche)

LES PLUS

Photo ●●●●

MÉMO

67 K9•33 avenue du Maine, 75015
01 45 38 52 56
Avr.-fin sept. tlj 9 h 30-23 h 30 ; le reste de l'année dim.-jeu. 9 h 30-22 h 30, ven., sam. 9 h 30-23 h ; dernier ascenseur pour monter : 30 min avant la fermeture
Ad. 8,50 €, enf. (5-14 ans) 5,80 €. 56ᵉ étage seulement : ad. 7 €, enf. 5 €
Montparnasse-Bienvenue
28, 82, 89, 92, 94, 95, 96
Gare Montparnasse
2,50 €
Le Ciel de Paris

www.tourmontparnasse56.com
En anglais, français, allemand, information pratique et historique.

À SAVOIR

- La terrasse en plein air du 59ᵉ étage est fermée quand il y a beaucoup de vent.
- Si vous êtes pressé, ne regardez pas le film, allez directement admirer la vue.
- Le guide contient des photos de Paris sous différents points de vue. Les principaux sites sont identifiés et accompagnés d'une brève description.

LA TOUR MONTPARNASSE

Cette tour gigantesque offre une vue exceptionnelle sur Paris.

Avec ses 209 m de haut, la tour domine le quartier Montparnasse et la capitale tout entière. L'ascenseur vous emmène en 38 secondes dans sa cabine fermée et climatisée jusqu'au 56ᵉ étage (attention aux oreilles !). De là-haut, vous découvrirez les principaux sites parisiens : tour Eiffel, Invalides, Arc de Triomphe, Sacré-Cœur, Louvre, musée d'Orsay, centre Georges Pompidou, Saint-Germain-des-Prés, église Saint-Sulpice, Notre-Dame, Panthéon…
Un mini-cinéma projette un film de 20 min d'Albert Lamorisse qui montre des vues aériennes de Paris. Des expositions temporaires se tiennent au même étage. Au 59ᵉ étage, la terrasse la plus haute de Paris est déconseillée aux cœurs sensibles. Par temps clair le regard porte à 40 km.

IMMEUBLE DE BUREAUX

La tour possède 58 étages de 2 000 m² chacun. Au 59ᵉ étage, la terrasse domine le bâtiment. Environ 5 000 personnes travaillent dans les bureaux répartis sur 52 étages. Seuls, deux étages sont ouverts au public – le 56ᵉ et le 59ᵉ avec la terrasse. La structure en acier et verre fumé mesure 62 m de long, 32 m de large et pèse 120 000 tonnes. Elle repose sur des piliers qui s'enfoncent à 70 m dans le sol.

UNE HORREUR ?

Construite entre 1969 et 1973, la tour faisait partie d'un vaste projet de modernisation du quartier Montparnasse. Ses concepteurs, les architectes Beaudoin, Cassan, de Marien et Saubot l'érigèrent sur le site de l'ancienne gare ferroviaire. Le métro passe sous la tour. Le bâtiment fut fortement critiqué dès le début : le président Georges Pompidou qui avait autorisé la construction aurait dit à ses urbanistes au cours d'un survol de la tour en hélicoptère : « Ça suffit, on arrête là ! » De nombreux Parisiens la trouvent affreuse, c'est le bâtiment le moins aimé de la capitale, malgré la vue exceptionnelle qu'elle offre au visiteur.

Ce chapitre vous apporte des informations sur ce que vous pouvez faire à Paris en dehors des visites des sites touristiques. Les magasins et autres lieux de distraction sont signalés sur les plans figurant au début de la rubrique correspondante.

À faire

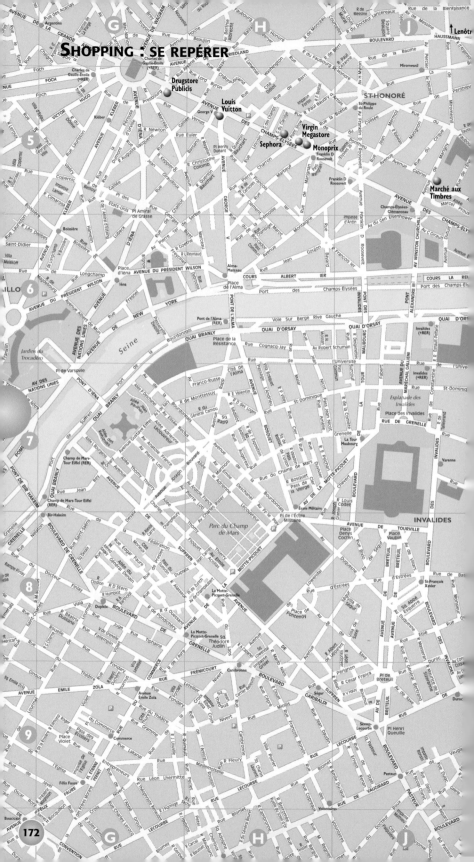

SHOPPING : SE REPÉRER

Pl Henri Bergson
GARE ST-LAZARE
ST-LAZARE
RUE DE LA PÉPINIÈRE
BOULEVARD HAUSSMANN

Le Printemps
Galeries Lafayette

Judith Lacroix

Du Pareil au Même

Gien Boutique

Comme des Garçons
Fauchon

Lavinia

Chanel

Maria Luis

Un Dimanche à Venise par Kallisté

WHSmith
Vanessa Bruno

Colette

Le Shop

Bill Tornade

Salons du Palais Royal Shiseido

Kiliwatch
Agnès B

Barbara Bui

La Droguerie

Jardin des Tuileries

Why?

Agatha

Xuly Bët

Zara
Biche de Bère

La Samaritaine

Cité de la Femme - Etam

Seine

Galerie Captier

Galerie Yves Gastou

Marché aux Fleurs

Maître Parfumeur et Gantier

L'Occitane

ST-GERMAIN-DES-PRÉS

Lagerfeld Gallery

Taschen

Barthélémy

La Hune

Galerie Antoinette Jean

Shakespeare and Company

Sonia Rykiel

Lollipops

The Conran Shop

Christian Tortu

Poilâne

Marithé & François Girbaud

Marché Saint-Germain

Pierre Hermé

Le Bon Marché

Au Nom de la Rose

Gibert Joseph

Au Vieux Campeur

Marché du Boulevard Raspail

La Galerie Scandinave

Jardin du Luxembourg

QUARTIER LATIN

Anne Maisonneuve

Marché de la Création

Salle Raspail
Méphisto

GARE MONTPARNASSE

Cimetière du Montparnasse

173

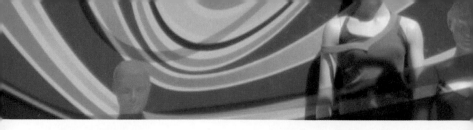

SHOPPING

Incarnant à lui seul l'art de vivre et l'élégance française, Paris propose un large éventail de commerces, des boutiques chics aux grandes surfaces, des chaînes de magasins aux marchés aux puces.

LA MODE

Paris reste la capitale de la mode, malgré la concurrence de plus en plus féroce de Londres, New York et Milan. Tous les grands stylistes y ont une boutique, que ce soit rue du Faubourg Saint-Honoré, avenue Montaigne ou à Saint-Germain-des-Prés. Pour ceux qui ont un petit budget, les dépôts-vente et les boutiques de déstockage offrent l'occasion, pour madame

Vous trouvez un grand choix d'élégantes boutiques de chaussures

comme pour monsieur, d'acheter des vêtements de la saison précédente à des prix souvent très raisonnables. La rue d'Alésia est bordée de magasins de grandes marques offrant des réductions pouvant atteindre 70 %.

Dans la Vallée Village, hors de Paris (prenez la ligne A4 du RER en direction de Val d'Europe, à 45 min de Paris), vous trouverez plus de 70 enseignes à prix réduits.

Trois grands magasins dominent la ville : le très élégant Bon Marché, sur la rive gauche, le Printemps et les Galeries Lafayette, sur la rive

droite. Le BHV, moins cher, n'est pas aussi chic et il est surtout réputé pour son immense rayon bricolage au sous-sol. Les grandes chaînes de magasins sont essentiellement concentrées au Forum des Halles, sur les Champs-Élysées, la rue de Rivoli et boulevard Saint-Michel, alors que les boutiques plus branchées se trouvent davantage dans le Marais, à Saint-Germain-des-Prés, le long du canal Saint-Martin, à Montmartre, près du métro Abbesses, et dans le quartier de la rue Oberkampf.

Si les chaussures sont votre péché mignon, vous trouverez tous les grands noms du côté de la rue du Cherche-Midi et de la rue de Grenelle, dans les 6e et 7e arrondissements.

LES PARFUMS

Paris est aussi la capitale mondiale du parfum. Vous pourrez en acheter dans les grands magasins ou les nombreuses parfumeries de quartier. Vous aurez aussi la possibilité de visiter la maison mère de grands parfumeurs comme Guerlain, Chanel, Serge Lutens et beaucoup d'autres.

LA GASTRONOMIE

Les gourmets trouveront les meilleurs produits à Paris, chez Hédiard et Fauchon, sur la place de la Madeleine, à la Grande Épicerie du Bon Marché et au Lafayette Gourmet des Galeries Lafayette mais aussi dans les boutiques spécialisées, boulangeries, pâtisseries, chocolatiers, cavistes…

ANTIQUITÉS ET LIVRES

Pour les antiquités et les occasions, le Marché aux Puces de Saint-Ouen (▷ 107) est un immense bric-à-brac où peuvent

se côtoyer un meuble de style et un vieux chapeau, tandis que les marchés de la Porte de Montreuil et de la Porte de Vanves sont plus populaires. Le week-end, des brocantes, un peu partout dans Paris, offrent l'occasion d'une balade toujours distrayante.

Les antiquaires se concentrent autour du quai Voltaire et de la rue de Beaune, dans le 7e arrondissement, et dans les 250 boutiques du Louvre des Antiquaires, sur la rue de Rivoli juste en face du musée. Pour les bouquinistes, arpentez plutôt les 5e et 6e arrondissements et les quais de la Seine.

Poilâne, l'un des meilleurs boulangers de Paris

INFORMATIONS PRATIQUES

Les magasins ouvrent généralement entre 9 h et 10 h et ferment à 19 h ou 19 h 30. La plupart sont fermés le dimanche, sauf dans le Marais où de nombreuses boutiques sont ouvertes l'après-midi. Les petits magasins sont parfois fermés le lundi et à l'heure du déjeuner.

LES QUARTIERS

Les cinq pages suivantes présentent les meilleurs quartiers pour faire du shopping

Faubourg Saint-Honoré

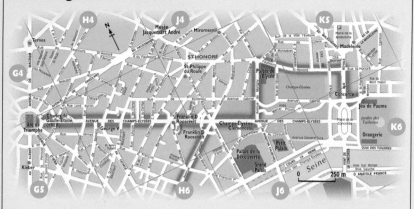

🚇 Concorde

Si vous aimez vraiment la mode, vous ne pouvez pas rater la rue du Faubourg Saint-Honoré et l'avenue Montaigne, où se situent toutes les grandes maisons

Lanvin, l'une des grandes maisons du Faubourg Saint-Honoré

de couture. Ceux qui ont un plus petit budget peuvent se promener sur les Champs-Élysées, dans les magasins des grandes chaînes (voir guide des chaînes de magasins, ▷ 190-191) et les petites boutiques pas chères.

RUE DU FAUBOURG SAINT-HONORÉ

Assurez-vous avant de vous y rendre que votre carte de crédit n'est pas limitée ! De la station de métro Concorde, remontez la rue Royale, où vous trouverez le nouveau magasin

Gucci (n° 21). Prenez la rue du Faubourg Saint-Honoré, où défilent les enseignes Prada (n° 6), Lanvin (n° 15-22), Hermès (n° 24), Valentino (n° 27), Givenchy (n° 28), Yves Saint Laurent Rive Gauche (n° 38), Dior (n° 46), Chloé (n° 54), Versace (n° 62), Christian Lacroix (n° 73) et Pierre Cardin (27, avenue de Marigny).

Vous trouvez également Cartier (n° 17), Fred (n° 58) et Chopard (n° 72).

AVENUE MONTAIGNE

Si votre compte en banque n'est toujours pas épuisé en atteignant la place Beauvau, tournez à gauche sur l'avenue de Marigny et traversez les Champs-Élysées pour rejoindre la spacieuse et magnifique avenue Montaigne, où Dior (n° 30), Lacroix (n° 26), Chanel (n° 42) et Nina Ricci (n° 39) ont ouvert leurs boutiques.

AVENUE DES CHAMPS-ÉLYSÉES

Les magasins, les cinémas, les halls d'exposition d'automobiles et les cafés de la « plus belle avenue du monde », se situent entre les stations de métro Franklin D. Roosevelt et Charles-de-Gaulle-Étoile. Depuis sa rénovation par la Ville de Paris, ses trottoirs ont été agrandis et les rangées d'arbres doublées, une foule bigarrée, encore plus importante, « monte » et « descend » l'avenue à toute heure du jour. Le Virgin Megastore (n° 52)

s'est installé dans un magnifique hôtel particulier ancien, pourvu d'une façade néo-classique et d'un escalier d'honneur. Vous trouverez également une grande parfumerie Séphora (n° 70), let de très nombreuses galeries marchandes.

Les vitrines de luxe se succèdent sur les Champs-Élysées

LADURÉE
75, avenue des Champs-Élysées, 75008
Tél. : 01 40 75 08 75
www.laduree.fr
Ouvert tous les jours de 7 h 30 à minuit
Ladurée a bâti sa célébrité sur ses macarons avec des saveurs originales (rose, citron-basilic, abricot-gingembre), mais ses autres desserts, sandwiches, plats chauds et chocolats sont tout aussi délicieux.

Vous pouvez savourer un thé ou vous approvisionner dans sa boutique. Ce salon de thé est près du métro Franklin D. Roosevelt.

Le Marais

🚇 Saint-Paul-le-Marais

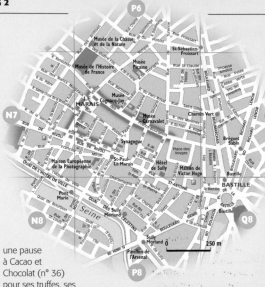

Ce quartier historique, avec ses vieilles rues, ses placettes, ses hôtels particuliers du XVIIᵉ et XVIIIᵉ siècle, recèle quantité de boutiques branchées, ouvertes le dimanche après-midi. Le Marais est devenu un quartier très fréquenté par les homosexuels. Il est historiquement très important pour la communauté juive. Dans la rue des Rosiers, vous trouverez de nombreuses boulangeries juives, des restaurants et des magasins très tendance comme L'Éclaireur (n° 3*ter*) et ses créations de grands stylistes d'avant-garde.

RUE DU ROI-DE-SICILE

De la station de métro Saint Paul-le-Marais, prenez la rue Pavée jusqu'à la rue du Roi-de-Sicile

Les amateurs de chocolats se rendront rue Vieille-du-Temple

et tournez à gauche. Faites un premier arrêt à Mizoram (n° 10), qui vend des vêtements raffinés en provenance d'Inde et une sélection d'accessoires faits main. Alternatives (n° 18) est un dépôts-vente pour hommes et femmes qui vend des marques comme Helmut Lang et Comme des Garçons. La boutique Noir Kennedy (n° 22) cible l'exclusif et le peu diffusé avec les dernières créations de Delphine Murat et les accessoires de Paul Seville.

RUE VIEILLE-DU-TEMPLE

Tournez à droite rue Vieille-du-Temple. Si vous avez une soudaine envie de chocolat, faites

une pause à Cacao et Chocolat (n° 36) pour ses truffes, ses macarons et son chocolat chaud. Juste à côté, Nil Darende vend des accessoires et des vêtements pour femmes, dessinés par des stylistes de renommée internationale et à des prix abordables. Catherine Martineau (n° 42) fabrique tous les bijoux et les accessoires de sa boutique et c'est toujours un plaisir d'entrer dans la Fiesta Galerie (n° 43) pour admirer des meubles des années 1950 aux années 1980.

RUE DES FRANCS-BOURGEOIS

Tournez encore à droite pour arriver dans la rue des Francs-Bourgeois. Au coin de la rue, la boutique A.P.C. créée par Issey Miyake (n° 47), présente une ligne de vêtements dans des matières originales. Juste à côté, l'Art du Bureau vend des accessoires, des montres, des sacs, et son voisin Muji (n° 47) présente ses lignes de vêtements pour hommes et femmes, des objets pour la maison et des accessoires, à des prix abordables. La Chaise Longue (n° 20) est une bonne adresse pour trouver des idées de cadeaux, pour soi ou pour les autres, avec des objets et accessoires inspirés des années 1950. Pour des vêtements faciles à porter avec une touche d'exotisme, Abou d'Abi Bazar (n° 10) vous attend quelques boutiques plus loin. Autour du Monde présente des objets pour la maison et des vêtements pour femmes aux couleurs éclatantes.

L'ÉTOILE MANQUANTE

34, rue Vieille du Temple, 75004
Tél. : 01 42 72 48 34
www.cafeine.com
Ouvert tous les jours de 9 h à 2 h

Lèche-vitrines rue des Francs-Bourgeois

Un café moderne et agréable qui sert des repas légers, salades, soupes, sandwiches, assiettes de charcuterie ou de fromage. Des plats chauds sont proposés à l'heure du déjeuner. Pour le dessert, laissez-vous tenter par une glace de Christian Constant.

COUDE FOU

12, rue du Bourg-Tibourg, 75004
Tél. : 01 42 77 15 16
Ouvert lun.-sam. de 11 h-22 h 30, dim. 19 h-22 h 30
Un petit restaurant très animé, décoré dans un style rustique. Cuisine française traditionnelle et goûteuse.

À FAIRE

Le quartier de l'Opéra

COMMENT S'Y RENDRE

🚇 Chaussée d'Antin-La Fayette

🚉 Auber

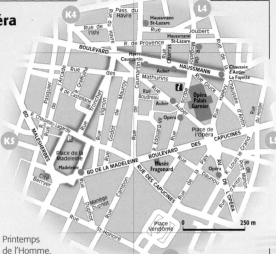

À quelques encablures du magnifique Opéra Garnier s'élèvent deux célèbres grands magasins, les Galeries Lafayette et le Printemps. Dans l'un comme dans l'autre, vous trouvez tout ce qui est imaginable en matière de vêtements, d'accessoires, de chaussures, de parfums, de produits de beauté, d'objets pour la maison. À une courte distance se trouve la place de la Madeleine, où vous trouverez de quoi satisfaire vos envies de produits de gastronomie de luxe.

BOULEVARD HAUSSMANN

À la sortie du métro Chaussée d'Antin-La Fayette, vous arrivez juste en face des Galeries

Le dôme centenaire des Galeries Lafayette

Lafayette (n° 40). Le magasin à la célèbre coupole vend de tout sauf des vêtements pour hommes que l'on trouve juste à côté au Lafayette Homme, tout près du Lafayette Gourmet. Des passerelles au premier et au deuxième étage du Magasin Coupole conduisent directement au Lafayette Homme.

Plus bas dans la rue, au n° 64, s'élève son concurrent, le Printemps, logé dans trois bâtiments : le Printemps de la Mode, avec ses huit étages ; le Printemps de la Maison, qui vend tout pour la maison, des casseroles aux meubles exotiques ; le

Printemps de l'Homme. Pour une vue panoramique sur Paris et admirer de plus près la coupole de style Art nouveau, prenez l'ascenseur jusqu'au neuvième étage du Printemps de la Maison.

Les deux magasins proposent les services d'un « personal shopper » qui vous accueille dans un salon particulier, des défilés de mode, des cafés et des restaurants.

Les rues aux alentours sont très commerçantes avec, notamment, des magasins de chaînes comme Gap, H&M et C&A.

RUE TRONCHET ET PLACE DE LA MADELEINE

La rue Tronchet (Jacadi au n° 17, La Bagagerie au n° 12) conduit sur la place de la Madeleine, où vous trouverez des épiceries-traiteurs de luxe. Le célèbre Fauchon (n° 26), qui propose des produits du monde entier, a ouvert une pâtisserie et un salon de thé. De l'autre côté de la place, Hédiard (n° 21) propose des produits similaires et un restaurant.

Le caviste Nicolas (n° 31) y possède son plus grand magasin et vend des vins légers et peu coûteux aux plus grands crus.

Vous trouverez aussi d'autres traiteurs de luxe comme Caviar Kaspa, la boutique et le restaurant (n° 17), et la Maison de la Truffe (n° 19), spécialisée dans la truffe et le foie gras. Baccarat (n° 11) décline le cristal sous toutes ses formes dans un lieu épuré, discrètement luxueux.

OÙ MANGER ?

LAFAYETTE GOURMET

40, boulevard Haussmann, 75009
Tél. : 01 42 82 34 56
Ouvert lun.-sam. 9 h 30-20 h 30, jeu. 9 h 30-21 h

Shopping place de la Madeleine, non loin de l'Opéra Garnier

Que peut-il y avoir de plus chic que de déjeuner dans une épicerie gastronomique ? Choisissez une salade, une soupe de légumes ou un jus de fruit, à moins que vous ne préfériez, au stand italien, une viande ou un plat de pâtes.

L'ÉCLUSE

15, place de la Madeleine, 75008
Tél. : 01 42 65 34 69
www.leclusebaravin.com
Ouvert tlj 11h 30-13 h
Cette chaîne de six bars à vin est réputée pour son excellente cuisine, son service aimable et bien sûr, ses vins raffinés.

À FAIRE

Palais-Royal/Les Halles

COMMENT S'Y RENDRE
Palais-Royal-Musée du Louvre

Le Forum des Halles est un centre commercial souterrain, sous une curieuse construction de verre en forme de palmier. Vous y trouverez toutes les grandes chaînes de magasin mais le lieu n'est pas typiquement parisien. Le Carrousel du Louvre est un autre grand espace souterrain avec des boutiques de musées et un magasin Nature et Découvertes.

Si vous voulez découvrir Paris tout en faisant du shopping, rendez-vous dans les merveilleux jardins du Palais-Royal, dans la galerie Vivienne et place des Victoires, un quartier élégant et d'une très belle architecture.

les Salons du Palais Royal-Shiseido (n° 142), dans un décor de style directoire, se cachent les fragrances créées par Serge Lutens. Vous découvrirez aussi des galeries d'art et des boutiques étonnantes comme Drapeaux de France (1, place Colette) et son incroyable collection de soldats de plomb.

GALERIE VIVIENNE
Quittez le Palais-Royal du côté de la galerie de Beaujolais et remontez la rue Vivienne jusqu'à la galerie du même nom. Commencez par une visite de la boutique du styliste Jean-Paul Gaultier (n° 6), installée dans les anciennes écuries du Palais-Royal. De là, promenez-vous dans ce passage datant du début du XIXe siècle, éclairé par des verrières, et connecté à la galerie Colbert, parallèle. Décor de Cuisine (n° 32) vend des ustensiles et des meubles de cuisine anciens. La Marelle (n° 21), un excellent dépôt-vente, propose des vêtements pour femmes et enfants de marques. Legrand Filles et Fils (1, rue de la Banque) ravira les amateurs de vins avec des livres, une épicerie fine, un bar à vin et des séances de dégustation.

PLACE DES VICTOIRES
Quittez la galerie Vivienne par la rue des Petits-Champs (qui devient rue de la Feuillade), tournez à gauche et marchez un peu jusqu'à la place des Victoires, d'une très belle ordonnance, avec ses façades élégantes du XVIIe siècle et sa statue centrale à l'effigie de Louis XIV. Les boutiques se succèdent : Kenzo

(n° 3), Thierry Mugler (n° 8), Esprit de Corps (n° 9) et Victoire (n° 10). Pour continuer votre shopping, descendez la rue Croix-des-Petits-Champs vers la rue de Rivoli, ou la rue Étienne Marcel vers la rue Tiquetonne.

Une extravagante vitrine de Jean-Paul Gaultier

JARDIN DU PALAIS ROYAL
Entrez dans le Jardin du Palais Royal du côté de la rue Saint-Honoré. Contemplez les colonnes rayées de Daniel Buren, incongrues mais intéressantes, avant de profiter du jardin, à moins que vous ne préfériez vous promener sous les arcades. Didier Ludot, marchand en haute couture vintage, y présente dans ses trois boutiques les robes de légende de chez Chanel, Dior et Balenciaga (n° 20 galerie de Montpensier), les accessoires (n° 24) et, de l'autre côté, rien d'autre que les petites robes noires et les manteaux de fourrure (n° 125 galerie de Valois). Non loin, dans

La magnifique galerie Vivienne date du XIXe siècle

OÙ MANGER ?
A PRIORI THÉ
35-37, galerie Vivienne, 75002
Tél. : 01 42 97 48 75
Ouvert lun.-ven. 9 h-18 h, sam. 9 h-18 h 30, dim. 12 h 30-18 h 30
Ce salon de thé sert plats chauds et salades au déjeuner et de délicieux gâteaux à l'heure du thé. Brunch le dimanche.

RESTAURANT DU PALAIS ROYAL
43, rue de Valois, 75001
Tél. : 01 40 20 00 27
Ouvert lun.-dim. 12 h 30-14 h 40, 19 h-22 h
Un agréable restaurant avec des tables à l'extérieur, sur les jardins du Palais Royal.

À FAIRE

Saint-Germain-des-Prés

COMMENT S'Y RENDRE
🚇 Saint-Germain-des-Prés

Autrefois domaine des galeries d'art, des libraires et des antiquaires, Saint-Germain-des-Prés a changé depuis ces dix dernières années avec l'arrivée des boutiques de mode. Devenu très chic, ce quartier n'a pas encore remplacé le Faubourg Saint-Honoré et il flotte toujours dans l'air une atmosphère intellectuelle et un charme bohème.

RUE BONAPARTE

En sortant du métro Saint-Germain-des-Prés, admirez la tour gracieuse de l'église Saint-Germain-des-Prés. De l'autre côté de la rue, Louis Vuitton (6, place Saint-Germain-des-Prés) expose ses fameuses malles et des bagages plus modernes. Dirigez-vous vers

Paris accueille toutes les grandes marques

la rue Bonaparte. Vous ne pouvez manquer la boutique Emporio Armani, au coin du boulevard Saint-Germain. Rue Bonaparte, vous passerez devant les vitrines Hugo Boss (n° 47), Georges Rech (n° 54), Max Mara (au coin de rue du Four), Ventilo (n° 59) et Cacharel (n° 64). Faites une pause chez Pierre Hermé (n° 72), le chocolatier parisien le plus en vogue, et laissez-vous tenter par une de ses exquises pâtisseries, macarons ou chocolat. Préparez-vous à attendre, surtout le week-end. Traversez la rue pour vous rendre chez Yves Saint Laurent Rive Gauche (6, place Saint-

Sulpice), le premier grand couturier à s'être installé rive gauche. Derrière l'église Saint-Sulpice se trouve Maison de Famille (29, rue Saint-Sulpice), une boutique de décoration sobre, cosy et originale. Vous pouvez ensuite continuer rue Saint-Sulpice et vous aventurer dans les rues avoisinantes pour découvrir d'autres charmantes boutiques.

RUE DU CHERCHE-MIDI

De la place Saint-Sulpice, prenez la rue du Vieux-Colombier (Agnès B au n° 6) jusqu'à la rue du Cherche-Midi, où les magasins de chaussures, chics et moins chics, se succèdent, autour de Robert Clergerie (n° 5). Tournez à droite sur la place Alphonse Deville et à gauche rue de Sèvres pour vous balader au Bon Marché (n° 24), le plus élégant grand magasin de Paris, ouvert par Aristide Boucicaut et son épouse en 1852. Tournez à droite le long de la rue de Sèvres et à gauche, rue de Grenelle.

RUE DE GRENELLE

Vous trouverez ici des magasins de chaussures (Stephane Kélian au n° 13*bis* et Patrick Cox au n° 21), ainsi que de grands créateurs comme Sonia Rykiel (n° 4 et 6), Prada (n° 5), Miu Miu (n° 16) et Martine Sitbon (n° 13). Pour quelque chose d'un peu différent, découvrez le magasin de décoration En Attendant les Barbares (n° 35) et le créateur de parfums très exclusifs, Éditions de Parfums Frédéric Malle (n° 37).

OÙ MANGER ?

CAFÉ DE FLORE
172, boulevard St-Germain, 75006
Tél. : 01 45 48 55 26
www.cafe-de-flore.com
Ouvert tlj de 7 h 30 à 1 h 30

Voir et être vu à la terrasse du Café de Flore

Vous ne pouvez pas espérer plus parisien que le Flore, toujours fréquenté par les célébrités malgré l'invasion des touristes. Les prix sont élevés pour ce type de cuisine (club sandwiches, omelettes et salades), mais mérités pour l'intérieur Art déco, et l'ambiance si particulière.

LE PETIT SAINT-BENOÎT
4 rue Saint-Benoît, 75006
Tél. : 01 42 60 27 92
Ouvert lun.-sam. de 12 h-14 h 30, 19 h-22 h 30
Cuisine simple et chaleureuse dans cette institution de la rive gauche.

À FAIRE

Carnet d'adresses

Cette sélection de magasins, classés par thèmes, comprend seulement quelques-uns des innombrables grands magasins, boutiques de mode, épiceries, marchés, librairies et antiquaires parisiens.

- ▷ 172-175 pour localiser les magasins sur un plan
- ▷ 190-191 pour les chaînes de magasins
- ▷ 298 pour les tailles de vêtements

ALIMENTATION ET BOISSONS

BARTHÉLÉMY
Plan 173 K7
51, rue de Grenelle, 75007
Tél. : 01 42 22 82 24
Fondée en 1904, cette grande maison, l'un des meilleurs fromagers de Paris, offre de délicieux produits affinés dans ses propres caves : brie, mont-d'or, roquefort… Elle fournit l'Élysée, Matignon mais aussi certaines des toques les plus prestigieuses de la capitale.
☺ Mar.-sam. 8 h-13 h, 16 h-19 h 30
🚇 Rue du Bac

DRUGSTORE PUBLICIS
Plan 172 G5
133, avenue des Champs-Élysées, 75008
Tél. : 01 44 43 79 00
www.publicisdrugstore.com
Le paradis des oiseaux de nuit. Quand les autres magasins sont fermés, le drugstore est toujours là pour vous fournir en cigarettes, journaux, alcool, produits pharmaceutiques et bien plus encore. Vous y trouverez aussi un restaurant pour grignoter un repas léger.
☺ Tlj 8 h-2 h
🚇 Charles de Gaulle-Étoile, George V

FAUCHON
Plan 173 K5
26, place de la Madeleine, 75008
Tél. : 01 70 39 38 00
L'épicerie la plus luxueuse (mais aussi la plus chère) de Paris. Foie gras, condiments, grands vins, primeurs : le meilleur de la cuisine française, depuis 1886. Mais vous y trouverez aussi du caviar Beluga, des alcools du monde entier, des produits exotiques… Salon de thé.
☺ Lun.-sam.8 h-19 h 🚇 Madeleine

LAVINIA
Plan 173 K5
3-5, boulevard de la Madeleine, 75001
Tél. : 01 42 97 20 20
www.lavinia.es (en espagnol)
Plus de 5 000 vins français et étrangers, 1 000 spiritueux sur trois étages. Température stabilisée à 19 °C, éclairage dosé, bouteilles couchées, tout est prévu pour respecter

*L'Orient lointain
à la Galerie Captier*

la « divine bouteille ». Une grande surface mais avec l'esprit d'un caviste. Vous y trouverez aussi un bar et un restaurant.
☺ Lun.-ven. 10 h-20 h, sam. 9 h-20 h
🚇 Madeleine

LENÔTRE
Plan 172 hors J4
15, boulevard de Courcelles, 75008
Tél. : 01 45 63 87 63
www.lenotre.fr
Lenôtre a longtemps été réputé pour ses pâtisseries et son rayon traiteur mais le lancement du macarré, un surprenant macaron de forme carrée, a remis la maison au goût du jour. Mélanges

étonnants comme le chocolat-cerise et l'anis-cassis.
☺ Tlj 9 h-21 h 🚇 Villiers

MARIAGE FRÈRES
Plan 174 N7
30 et 35, rue du Bourg-Tibourg, 75004
Tél. : 01 42 72 28 11
www.mariagefreres.com
Fondée en 1854, cette maison est une véritable institution. Des centaines de variétés de thés, en provenance du monde entier, sont proposées ainsi qu'une gamme de thé maison. Le musée du thé expose de rares objets du XVIIe siècle et des copies sont à vendre à la boutique. Deux autres adresses : 13, rue des Grands-Augustins, 75006, et 260, faubourg Saint-Honoré, 75008. On peut également y prendre le thé…
☺ Tlj 10 h 30-19 h 30 🚇 Hôtel de Ville

NICOLAS
Plan 174 hors Q9
24, cour Saint-Émilion, 75012
Tél. : 01 44 74 62 65
www.nicolas.com
Cette chaîne de cavistes propose une sélection de vins, du petit cépage aux crus exceptionnels. Ce magasin possède un bar à vins attenant, idéal pour goûter avant d'acheter. De nombreuses autres adresses dans Paris.
☺ Magasin : tlj 10 h-21 h ; bar à vins : tlj 12 h-23 h 🚇 Cour Saint-Émilion

OLIVIERS & CO
Plan 174 P7
47, rue Vieille-du-Temple, 75004
Tél. : 01 42 74 38 40
www.oliviers-co.com
Spécialisé dans l'huile d'olive, Oliviers & Co propose des crus venus de toute la Méditerranée ainsi que de la tapenade, des biscuits à l'huile d'olive, des épices, des bols en bois, des ustensiles…
☺ Tlj 11 h-20 h 🚇 Hôtel de Ville

À FAIRE

PIERRE HERMÉ
Plan 173 L8
72, rue Bonaparte, 75006
Tél. : 01 43 54 47 77
Pâtisserie haute couture ?
Le chef Pierre Hermé travaille
en collaboration avec des
stylistes pour parfaire ses
créations, à la fois esthétiques
et délicieuses. Son gâteau
au chocolat à la feuille d'or
est légendaire. La file d'attente
est souvent longue devant
sa petite boutique mais ça
en vaut vraiment la peine.
🕐 Mar.-dim. 9 h-19 h
Ⓜ Saint-Sulpice, Mabillon

POILÂNE
Plan 173 L8
8, rue du Cherche-Midi, 75006
Tél. : 01 45 48 42 59
www.poilane.fr
Sa grosse boule de pain bis
est tellement connue qu'on
l'appelle couramment du
poilâne. Ce qui est considéré
par beaucoup comme
le meilleur pain de France
est toujours préparé selon des
recettes familiales. Ses petits
seigles aux noix et aux raisins
sont un régal, ainsi que
sa baguette traditionnelle
et ses croissants.
🕐 Lun.-sam. 7 h 15-20 h 15
Ⓜ Sèvres-Babylone, Saint-Sulpice

ANTIQUITÉS

DÉPÔT-VENTE DE PARIS
Plan 174 hors Q8
81, rue de Lagny, 75020
Tél. : 0890 711777
www.depotventedeparis.com
Ce magasin d'occasions est
le plus grand de France. Plus
de 1 000 meubles et près de
100 000 objets sont à vendre.
Huit fois par an, arrivages
en provenance d'Asie.
🕐 Lun.-sam. 10 h-19 h
Ⓜ Nation

GALERIE CAPTIER
Plan 173 L7
33, rue de Beaune, 75007
Tél. : 01 42 61 00 57
Toutes ces antiquités chinoises
(du XVIIe au XIXe siècle) et ces
paravents japonais ont été
choisis par les propriétaires
Bernard et Sylvie Captier, qui
se rendent régulièrement en
Asie à la recherche d'œuvres
d'art raffinées et exotiques.
🕐 Mar.-sam. 10 h-19 h,
lun. 14 h 30-19 h Ⓜ Rue du Bac

LA GALERIE SCANDINAVE
Plan 173 L8
31, rue de Tournon, 75006
Tél. : 01 43 26 25 32
www.lagaleriescandinave.com
Cette galerie de la rive gauche,
logée dans un élégant hôtel
particulier du XVIIe siècle, est
spécialisée dans le mobilier
scandinave des années 1950
à 1970. Elle expose des pièces
originales, chaises, canapés,

*Prenez le temps de flâner
chez Taschen*

bureaux, mais aussi des
luminaires et de la vaisselle,
dessinés par des designers
pleins d'avenir ou déjà célèbres
comme Arne Jacobsen, Kaare
Klint, Poul Henningsen, Grete
Jalk et Ilmari Tapiovaara.
🕐 Mar.-sam. 11 h-20 h
Ⓜ Odéon

GALERIE YVES GASTOU
Plan 173 L7
12, rue Bonaparte, 75006
Tél. : 01 53 73 00 10
www.galerieyvesgastou.com
Cette galerie expose
des meubles, des sculptures
et des objets des années 1940
aux années 1970. On peut
y admirer des créations
de Jacques Adnet,
Marc du Plantier, Paul Dupré-
Lafon et Gilbert Poillerat.
🕐 Mar.-sam. 11 h-19 h
Ⓜ Saint-Germain-des-Prés

SALLE RASPAIL
Plan 173 L10
224, boulevard Raspail, 75014
Tél. : 01 56 54 11 90
Ce dépôt-vente de 400 m²
est délibérément orienté vers
le vintage signé, des XVIIIe,
XIXe et XXe siècles. En
parfait état de conservation,
sièges, tables et luminaires,
sont toujours d'excellente
facture.
🕐 Mar.-ven. 11 h-20 h,
sam. 11 h-19 h
Ⓜ Raspail

XXO
Plan 174 hors Q8
78, rue de la Fraternité, 93200
Romainville
Tél. : 01 48 18 08 88
www.xxo.com
XXO pour Extra Extra Original.
Le mobilier, des années 1950
aux années 1980, y est
effectivement très original.
Vous y trouvez aussi bien
de grands classiques comme
des chaises dessinées par
Joe Colombo que des canapés
en forme de bouche, à la Dalí.
L'industrie du cinéma y loue
souvent des meubles pour
ses décors.
🕐 Lun.-ven. 9 h-18 h 30,
sam. 13 h 30-18 h 30
🚗 À quelques minutes en voiture
de la Porte de Bagnolet

BEAUTÉ ET BIEN-ÊTRE

MAÎTRE PARFUMEUR
ET GANTIER
Plan 173 K7
84bis, rue de Grenelle, 75007
Tél. : 01 45 44 61 57
www.maitre-parfumeur-et-gantier.com
Cette boutique s'inspire
des salons à parfums de
XVIIe siècle. À cette époque,
les élégants venaient
y parfumer leurs gants, leurs
perruques, et pratiquer l'art
de la conversation. Outre
les fragrances pour hommes

et femmes, vous découvrirez une large gamme de parfums d'ambiance, d'objets décoratifs et des gants en cuir.
🕐 Lun.-sam. 10 h 30-18 h
Ⓜ Rue du Bac

L'OCCITANE
Plan 173 K7
90, rue du Bac, 75007
Tél. : 01 42 22 55 28
www.loccitane.fr
Toute l'essence de la Provence est ici, sous forme d'huiles pour le bain, de gels pour la douche, de crèmes et de shampoings à base d'huile d'olive, de parfums. Vous découvrirez aussi de délicieuses bougies parfumées aux senteurs de santal et de figuier.
🕐 Lun.-sam. 10 h 30-19 h (fermé mer.-jeu. 14 h 30-15 h 30, lun., mar., ven. 14 h 30-15 h)
Ⓜ Rue du Bac, Sèvres-Babylone

PATYKA
Plan 174 N7
14, rue Rambuteau, 75003
Tél. : 01 40 29 49 49
Dans cette *patyka* (pharmacie en hongrois), vous trouvez des produits de beauté naturels formulés selon des recettes françaises et hongroises. Leur « huile absolue », une concentration d'huiles essentielles, est remarquable. Leurs produits sont joliment présentés dans des bouteilles en verre.
🕐 Tlj 12 h-20 h Ⓜ Rambuteau

SALONS DU PALAIS ROYAL SHISEIDO
Plan 173 M6
142, Galerie de Valois, 75001
Tél : 01 49 27 09 09
www.salons-shiseido.com
Tout ici est exceptionnel : le proche Palais Royal, le boudoir Directoire dans les tons prune et lilas, le plafond constellé d'étoiles et bien sûr les parfums de Serge Luytens, présentés dans des flacons de cristal et gravés à votre nom, si vous le souhaitez. Vous

trouverez aussi toute la gamme des produits de soins et de beauté Shiseido. Un lieu magique.
🕐 Lun.-sam. 10 h-19 h
Ⓜ Louvre-Rivoli, Palais Royal-Musée du Louvre

SEPHORA
Plan 172 H5
70, avenue des Champs-Élysées, 75008
Tél. : 01 53 93 22 50
www.sephora.fr
Cette immense parfumerie possède un décor presque futuriste avec ses immenses rangées de produits alignés le long de murs brillants, rouge et noir. Les parfums sont présentés par ordre

Le cadre splendide des Galeries Lafayette

alphabétique, avec la liste de leurs composants et une description de leur senteur. Une très large gamme de cosmétiques est également disponible ainsi qu'un certain nombre de marques difficiles à trouver ailleurs. Ferme tard, idéal pour un cadeau de dernière minute, ou pour se faire parfumer avant de sortir en discothèque…
🕐 Tlj 10 h-minuit
Ⓜ Franklin D. Roosevelt

BIJOUX
AGATHA
Plan 173 L6
Galerie Commerciale du Carrousel du Louvre, 99, rue de Rivoli 75001

Tél. : 01 42 96 03 09
www.agatha.fr
Agatha présente des bijoux classiques à des prix raisonnables. La collection change souvent mais reste fidèle aux pierres semi-précieuses, à l'argent et à sa petite mascotte, un fox-terrier.
🕐 Lun.-sam. 10 h-19 h Ⓜ Châtelet

BICHE DE BÈRE
Plan 174 N7
15, rue des Innocents, 75001
Tél. : 01 40 28 94 47
Nelly Biche de Bère crée des bijoux originaux mais faciles à porter. Les matériaux sont plaqués or ou argent et présentent souvent un aspect martelé et des formes géométriques. Une autre adresse : 71, rue de Rennes, 75006.
🕐 Lun.-sam.11 h-19 h 30 Ⓜ Châtelet

CADEAUX
ANNE MAISONNEUVE
Plan 173 L9
112, boulevard Raspail, 75006
Tél. : 01 42 22 42 70
www.annemaisonneuve.com
Ce magasin vous donnera envie de voyager. Vous êtes accueilli par la musique zen d'une petite fontaine et les senteurs de bois exotiques. Anne Maisonneuve a rapporté d'Indonésie et des Philippines, de magnifiques bols en bois, des napperons, des bijoux… Elle crée aussi sa propre ligne d'objets raffinés dont de très jolies cartes de vœux.
🕐 Lun.-sam. 11 h-20 h 30
Ⓜ Notre-Dame des-Champs, Vavin, Saint-Placide

DOM CHRISTIAN KOBAN
Plan 174 N7
21, rue Sainte-Croix-de-la-Bretonnerie, 75004
Tél. : 01 42 71 08 00
www.dom-shop.com
Le designer Christian Koban crée pour des maisons résolument urbaines, à des prix très abordables. Les meubles et les objets,

aux lignes épurées, ont toujours une petite note originale. Le magasin recèle aussi des petits gadgets kitsch et amusants.

Ⓒ Lun.-sam. 11 h-20 h, dim. 14 h-20 h

Ⓜ Hôtel de Ville

LES FÉES D'HERBE

Plan 174 hors Q8

23, rue Faidherbe, 75011

Tél. : 01 43 70 14 76

Dans cette charmante boutique-jardin, Les Fées d'Herbe (joli jeu de mots…) propose des cerfs-volants, des fleurs artificielles et de la vaisselle aussi bien que des fleurs véritables, des plantes aromatiques pour la cuisine et de magnifiques, et très rares, orchidées. Plein de délicieux cadeaux pour tous les âges.

Ⓒ Mar.-ven. 10 h-13 h, 13 h 30-19 h 30, sam. 10 h 30-19 h 30

Ⓜ Faidherbe Chaligny

WHY ?

Plan 175 N6

93, rue Rambuteau, 75001

Tél. : 01 40 26 39 56

www.why.fr

C'est l'une des sept boutiques Why à Paris. Attendez-vous au plus étonnant, au plus drôle, au plus kitsch. Vous allez craquer pour des objets dont vous ne soupçonniez pas l'existence et dont vous n'avez sans doute nul besoin, mais vous allez bien vous amuser. Des idées cadeaux à foison.

Ⓒ Tlj 11 h-20 h Ⓜ Les Halles

CHAUSSURES ET ACCESSOIRES

GALERIE ANTOINETTE JEAN

Plan 173 M8

65, rue Saint-André des Arts, 75006

Tél. : 01 43 26 23 29

www.galerie-antoinettejean.com

Antoinette Jean expose sa collection privée libre à la vente. Cette galerie, véritable centre culturel haïtien, aide à promouvoir de jeunes artistes et designers. Vous pourrez admirer des tableaux mais aussi des sacs,

des foulards, des bijoux.

Ⓒ Tlj 12 h-19 h

Ⓜ Odéon, Saint-Michel

JAMIN PUECH

Plan 175 N4

61, rue d'Hauteville, 75010

Tél. : 01 40 22 08 32

Brodé, paré de petites fleurs en cuir ou décoré d'une chaîne dorée, chaque sac réserve de petits détails précieux et uniques. Jamin Puech, qui a réalisé des bijoux en cuir, est aujourd'hui un styliste reconnu et très apprécié dans le monde de la mode.

Ⓒ Mar.-ven. 10 h-19 h, lun. sam. 11 h-19 h

Ⓜ Poissonnière, Bonne Nouvelle

Chanel reste l'icône de la mode parisienne

JEAN-CLAUDE MONDERER

Plan 174 P7

22, rue des Francs-Bourgeois, 75004

Tél. : 01 48 04 51 41

Dans la pittoresque rue des Francs-Bourgeois, ce magasin ravira ceux et celles qui apprécient une mode décontractée et élégante. Les matières et les finitions, de belle qualité, sont la marque de fabrique de Monderer.

Ⓒ Mar.-sam. 10 h 30-19 h 30, dim. 14 h-19 h, lun. 10 h 30-19 h Ⓜ Saint-Paul

LOLLIPOPS

Plan 173 L8

40, rue du Dragon, 75006

Tél. : 01 42 22 09 29

www.lollipops.fr

Des sacs, des foulards, des chapeaux et des bijoux font partie de cette collection à la fois chic et gaie. Le jeu des matières comme la laine, le cuir, le velours est très réussi. Les articles sont rangés par couleur et il est ainsi facile de les assortir.

Ⓒ Mer.-ven. 10 h 30-19 h, sam.10 h 30-19 h 30, lun. 12 h-19 h, mar. 11 h-19 h Ⓜ Saint-Sulpice

LOUIS VUITTON

Plan 172 H5

101, avenue des Champs-Élysées, 75008

Tél. : 01 53 57 52 00

www.vuitton.com

Le motif beige et marron aux initiales LV entrelacées est la signature de la maison et le symbole du chic par excellence. Rouverte après deux ans de travaux, vous trouverez dans cet immense espace toute la gamme d'articles en cuir, des valises aux porte-clés en passant par les portefeuilles, mais aussi des vêtements classiques de grande qualité. Des expositions prestigieuses y sont régulièrement organisées.

Ⓒ Lun.-sam. 10 h-20 h Ⓜ George V

MEPHISTO

Plan 173 hors L10

116, avenue du Général Leclerc, 75014

Tél. : 01 45 40 74 75

www.mephistoparis-sud.com

Ce grand espace n'expose que des chaussures en cuir, des sandales et des chaussures de golf pour hommes et femmes. Elles sont réputées pour leur confort incomparable, leurs semelles et talons absorbent les chocs.

Ⓒ Mar.-sam. 10 h-19 h, lun. 11 h-19 h

Ⓜ Alésia

UN DIMANCHE À VENISE PAR KALLISTÉ

Plan 173 L6

318, rue Saint-Honoré, 75001

Tél. : 01 40 20 47 37

Ici, les collections changent tout le temps. En hiver, on voit apparaître des bottes à talons en faux crocodile, en été, des

À FAIRE

stilettos imprimés de papillons aux couleurs pastel. Mais les finitions et les lignes sont toujours impeccables.
🕐 Mar.-sam. 10 h 30-19 h, dim.-lun. 14 h 30-19 h
🚇 Saint-Paul

VENTILO
Plan 174 P7
11, rue de Sévigné, 75004
Tél. : 01 44 54 09 82
L'ethno-chic attitude.
Cette marque de vêtements a étendu sa gamme aux accessoires. Dans cette ancienne épicerie hongroise, au décor aujourd'hui chinoisant, vous trouverez des chaussures, des châles brodés, des sacs peints à la main mais aussi des bougies et de l'encens.
🕐 Mar.-sam. 10 h 30-14 h, 15 h-19 h, dim. 13 h-19 h 🚇 Saint-Paul

À FAIRE

AU NOM DE LA ROSE
Plan 173 L8
4, rue de Tournon, 75006
Tél. : 01 46 34 10 64
www.aunomdelarose.fr
Une seule fleur est vendue ici : la rose. Les variétés sont innombrables que ce soit pour offrir une simple fleur, rare et unique, ou un bouquet original. Cette boutique est la première à avoir été ouverte en 1991. On en compte aujourd'hui une vingtaine en France.
🕐 Tlj 9 h-21 h (fermé le dimanche en été) 🚇 Odéon

CHRISTIAN TORTU
Plan 173 M8
6, carrefour de l'Odéon, 75006
Tél. : 01 43 26 02 56
Christian Tortu est le premier à avoir introduit dans ses bouquets des éléments autres que des fleurs, des fruits ou des branches par exemple. Il crée aussi des vases (certains en cire) et des bougies parfumées. Chic, élégance et prix en conséquence.
🕐 Lun.-sam. 10 h-20 h
🚇 Odéon

BHV (BAZAR DE L'HÔTEL DE VILLE)
Plan 174 N7
52, rue de Rivoli, 75001
Tél. : 01 42 74 90 00
www.bhv.fr
Créé en 1856 par un jeune marchand ambulant, il eut de tout temps pour vocation première le bricolage, mais on y trouve aussi de tout, des vêtements aux meubles…
🕐 Lun.-mar., jeu-sam. 9 h 30-19 h 30, mer. 9 h 30-21 h 🚇 Hôtel de Ville

LE BON MARCHÉ
Plan 173 K8
24, rue de Sèvres, 75007
Tél. : 01 44 39 80 00

Au Nom de la Rose, le paradis des amoureux des roses

www.lebonmarche.fr
Vous trouvez ici toutes les marques, des plus branchées aux plus classiques dans le célèbre magasin de la rive gauche fondé en 1852.
La décoration intérieure crée une atmosphère élégante.
Ne manquez pas le « Théâtre de la Beauté », au rez-de-chaussée, et La Grande Épicerie, juste à côté.
🕐 Lun.-mer., ven. 9 h 30-19 h, jeu. 10 h-21 h, sam. 9 h 30-20 h
🚇 Sèvres-Babylone, Vaneau

CITÉ DE LA FEMME-ETAM
Plan 173 M7
67-73, rue de Rivoli, 75001
Tél. : 01 44 76 73 73

Ce magasin, sur sept étages, offre toute la gamme de vêtements de la marque (lingerie, ligne Tammy pour les adolescentes et ligne Maternité pour les femmes enceintes). Vous y trouverez également des produits pour la maison, un restaurant avec une vue sur la rue de Rivoli, et même une crèche pour les enfants (mercredi, samedi et jours fériés).
🕐 Lun.-mer., ven.-sam. 10 h-20 h, jeu. 10 h-21 h
🚇 Châtelet

GALERIES LAFAYETTE
Plan 175 L5
40, boulevard Haussmann, 75009
Tél. : 01 42 82 34 56
www.galerieslafayette.com
Inauguré en 1912, le bâtiment principal de ce grand magasin, l'un des plus grands au monde, est doté d'un dôme remarquable, de balcons et de balustrades. Des centaines de marques sont référencées ici. Mode, beauté, accessoires, produits pour la maison, épicerie…
🕐 Lun.-mer., ven.-sam. 9 h 30-19 h 30, jeu. 9 h 30-21 h
🚇 Chaussée d'Antin

MONOPRIX
Plan 172 H5
52, avenue des Champs-Élysées, 75008
Tél. : 01 53 77 65 65
www.monoprix.fr
Monoprix offre toutes les commodités d'une grande surface en centre-ville. On y trouve un rayon alimentation bien sûr, mais tout le reste aussi, dont un service de photocopies et de développement photo. Pratique, il reste ouvert très tard.
🕐 Lun.-sam. 9 h-minuit
🚇 Franklin D. Roosevelt

PRINTEMPS
Plan 175 L4
64, boulevard Haussmann, 75009
Tél. : 01 42 82 50 00
www.printemps.com
Depuis son ouverture en 1865,

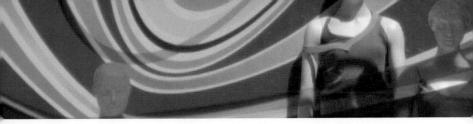

ce grand magasin a pour ambition d'être le plus moderne de son époque. Sous sa coupole de verre, cet immeuble classé est un superbe témoignage de l'architecture du XIXe siècle. Six étages sont consacrés à la mode féminine et à la beauté. Printemps de la Maison et Printemps de l'Homme, juste à côté.

🕙 Lun.-mer., ven.-sam. 9 h 35-19 h, jeu. 9 h 35-22 h

🚇 Havre-Caumartin

LIVRES

ARTAZART
Plan 174 P5
83, quai de Valmy, 75010
Tél. : 01 40 40 24 00
www.artazart.com
Cette librairie, sur le bord du canal Saint-Martin, est spécialisée dans les ouvrages d'art, de design, d'architecture, de photo et de mode. Une petite galerie accueille les travaux de jeunes artistes. Le personnel y est aimable et compétent.

🕙 Lun.-ven. 10 h 30-19 h 30, sam.-dim. 14 h-20 h

🚇 Jacques Bonsergent ou République

L'ATELIER
Plan 327 S4
2bis, rue du Jourdain, 75020
Tél. : 01 43 58 00 26
Cette librairie de quartier accueillante est une mine d'or. Vous y trouverez de tout, du polar au roman, en passant par les beaux livres. L'équipe est dynamique et très disponible. Sur le trottoir d'en face, L'atelier d'en face est réservé aux livres pour enfants et à la BD.

🕙 Mar.-sam. 10 h-20 h, dim. 10 h 30-13 h 30 🚇 Jourdain

LA HUNE
Plan 173 L8
170, boulevard Saint-Germain, 75006
Tél. : 01 45 48 35 85
Sous le clocher de l'église Saint-Germain, cette librairie est devenue une institution comme le prestigieux café de Flore, juste à côté. Des

signatures et des soirées littéraires sont régulièrement organisées. À noter un important rayon de revues littéraires.

🕙 Lun.-sam. 10 h-minuit, dim. 11 h-20 h

🚇 Saint-Germain-des-Prés

LE MARCHÉ AUX LIVRES
Plan 328 Hors H8
Parc Georges Brassens, 104, rue Brancion, 75015
Sous la Halle aux chevaux des anciens abattoirs de Vaugirard, se tient tous les week-ends un marché aux livres particulièrement intéressant. Le lieu est agréable et

Fauchon, épicier de luxe depuis plus d'un siècle

les ouvrages proposés, du livre d'enfant et des livres de poches mais également de très beaux ouvrages illustrés, parfois très anciens, sauront ravir les amateurs. Vous trouverez des livres et magazines d'occasion pour toutes les bourses.

🕙 Sam.-dim. 9 h-18 h,

🚇 Convention ou Porte de Vanves

SHAKESPEARE AND COMPANY
Plan 173 M8
37, rue de la Bûcherie, 75005
Tél. : 01 43 25 40 93
www.shakespeareco.org
Cette librairie américaine, nommée d'après la célèbre

librairie de Sylvia Beach dans les années 1920, est un lieu étonnant avec ses nombreux recoins et ses étagères jusqu'au plafond. Le fonds comprend des ouvrages neufs et d'occasion. Ce paradis pour amateurs de littérature américaine organise des lectures et des signatures.

🕙 Tlj midi-minuit

🚇 Saint-Michel

TASCHEN
Plan 173 M8
2, rue de Buci, 75006
Tél. : 01 40 51 79 22
www.taschen.com (en anglais seulement)
Dessinée par Philippe Starck (tons fauves, grand écran diffusant des films sans le son), cette librairie d'art est elle-même une œuvre d'art. L'éditeur allemand publie des livres de photos, des ouvrages sur la culture populaire, le design, la peinture, l'érotisme et l'architecture.

🕙 Dim.-jeu. 11 h-20 h, ven.-sam. 11 h-minuit

🚇 Odéon

UN REGARD MODERNE
Plan 173 M8
10, rue Gît-le-Cœur, 75006
Tél. : 01 43 29 13 93
La rue Gît-le-Cœur, parallèle à la rue Séguier, recèle un vrai trésor, une mine d'or pour les amoureux de bandes dessinées. Malgré sa surface très réduite, vous y trouverez quantité d'excellents ouvrages et un nombre incomparable de raretés.

🕙 Lun.-sam. 11 h 30-20 h

🚇 Saint-Michel

MAISON ET JARDIN
CONRAN SHOP
Plan 173 K8
117, rue du Bac, 75007
Tél. : 01 42 84 10 01
www.conran.com
Sir Terence Conran a ouvert son magasin dans un immeuble dessiné par Gustave Eiffel, juste à côté du Bon Marché. Les matériaux, de

À FAIRE

bonne qualité, et les lignes laissent deviner une certaine influence des années 1970, avec parfois une pointe ethnique. Les accessoires de salles de bains, de cuisine et de jardins complètent la gamme. Des produits d'épicerie du monde entier sont également en vente, ainsi que de nombreux livres « art de vivre ».
🕒 Mar.-sam. 10 h-19 h, lun. 12 h-19 h
Ⓜ Sèvres-Babylone

LA DROGUERIE
Plan 175 M6
9, rue du Jour, 75001
Tél. : 01 45 08 93 27
www.ladroguerie.com
Des boutons, des rubans, de la laine… tout ici invite à laisser courir son imagination et réaliser ses propres bijoux, tricots, vêtements et objets de décoration.
🕒 Mar.-sam. 10 h 30-18 h 45, lun. 14 h-18 h 45
Ⓜ Les Halles

GIEN BOUTIQUE
Plan 173 K5
18, rue de l'Arcade, 75008
Tél. : 01 42 66 52 32
www.gien.com
Cette manufacture de faïence traditionnelle, installée dans le centre de la France rend hommage à la capitale dans l'une de ses dernières collections intitulée « Joli Paris ».
🕒 Mar.-ven. 10 h 30-19 h, sam. 11 h-18 h 30
Ⓜ Madeleine

NATURE ET DÉCOUVERTES
Plan 174 hors Q9
8-10, cour Saint-Émilion, 75012
Tél. : 01 53 33 82 40
www.natureetdecouvertes.com
Cette chaîne de magasins a été conçue pour célébrer la nature et en promouvoir la protection. Vous y trouverez des meubles de jardin, des instruments tels que des télescopes, des microscopes, des baromètres,

ainsi que des jeux éducatifs, des CD, des bougies et des beaux livres.
🕒 Tlj 11 h–21 h
Ⓜ Cour Saint-Émilion

RÉSONANCES
Plan 174 hors Q9
13, cour Saint-Émilion, 75012
Tél. : 01 44 73 82 82
Chaque objet évoque ici une atmosphère particulière : de vieilles céramiques vous rappelleront la maison de votre grand-mère, des vases aux lignes épurées vous feront penser à une demeure futuriste… Ce magasin est situé dans Bercy Village, une rue

Le design créatif de Dom Christian Koban

piétonne bordée de commerces à la mode.
🕒 Tlj 11 h-21 h
Ⓜ Cour Saint-Émilion

MARCHÉS

MARCHÉ D'ALIGRE
Plan 174 hors Q8
Place d'Aligre, 75012
Il est l'un des marchés les plus animés et des plus populaires de Paris. De nombreux restaurants de la capitale viennent s'y fournir. On brade, on discute et l'ambiance est vraiment réjouissante.
🕒 Mar.-dim. 6 h 30-13 h
Ⓜ Ledru-Rollin, Faidherbe Chaligny

MARCHÉ DU BOULEVARD RASPAIL
Plan 173 K8
Boulevard Raspail, 75006
Des fruits et des légumes biologiques, ainsi que du miel, du pain, du vin. Tout y est plus cher qu'ailleurs mais le retour à la nature a son prix. Un autre marché bio se tient sur le boulevard des Batignolles (75017), le samedi matin.
🕒 Mar., ven., dim. 9 h-13 h
Ⓜ Rennes

MARCHÉ DE LA CRÉATION
Plan 173 K9
Boulevard Edgar Quinet, 75014
www.marchecreation.com
Quelque 100 artistes et artisans exposent et vendent leurs créations, tableaux, sculptures, peintures sur soie… Une manifestation similaire se tient près de Bastille (samedi 9 h-19 h).
🕒 Dim. 9 h-19 h
Ⓜ Edgar-Quinet

MARCHÉ AUX FLEURS
Plan 174 N7
Place Louis Lépine, Île de la Cité, 75004
Ce marché est remarquablement situé sur l'Île de la Cité, près de Notre-Dame. Vous y trouverez une grande variété de plantes et de fleurs, présentées au bord du quai ou dans de petites maisons vertes, ainsi que des stands plus spécialisés notamment dans les orchidées, les espèces tropicales ou les plantes de jardin.
🕒 Lun.-sam. 8 h-19 h ; marché aux oiseaux, dim. 9 h-19 h
Ⓜ Cité

MARCHÉ AUX PUCES DE SAINT-OUEN
Voir sites, ▷ 107.

MARCHÉ AUX TIMBRES
Plan 172 J5
À l'angle des avenues Marigny et Gabriel, 75008
Les amoureux des timbres, professionnels ou amateurs,

À FAIRE

se rencontrent toutes les
semaines, à un jet de pierre
de l'Élysée. Environ soixante-dix
stands patentés occupent alors
le trottoir.
🕐 Jeu., sam.-dim. 9 h-19 h
Ⓜ Champs-Élysées-Clemenceau

MARCHÉ RÉUNION
Plan 174 Q8
Place de la Réunion, 75020
Les fruits et les légumes y
sont vendus à des prix
extrêmement bas. Venez le
plus tard possible car après
midi, tout est vendu aux
enchères.
On y parle alors en français
et en arabe, et le marché
ressemble à un véritable souk.
Vous y trouverez aussi
des poissons, des fleurs
et du pain.
🕐 Jeu., dim. 8 h-14 h
Ⓜ Alexandre Dumas

MARCHÉ SAINT GERMAIN
Plan 173 L8
Sur la petite place au coin
des rues Mabillon, Clément,
Félibien et Lobineau.
Un marché se tient à cet
emplacement depuis
le XIIIᵉ siècle. Le marché couvert
a été entièrement restauré
entre 1985 et 1995. On y vient
pour les produits frais mais
aussi pour les magasins
de vêtements à la mode,
comme Gap.
🕐 Mar.-sam. 8 h 30-13 h,
16 h-19 h 30, dim. 8 h 30-13 h pour le
marché alimentaire
Ⓜ Mabillon, Saint-Germain-des-Prés

▮ MATÉRIELS DE SPORT
AU VIEUX CAMPEUR
Plan 173 M8
48, rue des Écoles, 75005
Tél. : 01 53 10 48 48
www.auvieuxcampeur.fr
Pas moins de 22 boutiques
attenantes ou voisines,
consacrées aux équipements
sportifs, de l'escalade
à la plongée sous-marine.
Le personnel est très
compétent et vous pouvez
tester le matériel notamment
sur le mur d'escalade intérieur.

🕐 Lun., mar., mer., ven. 11 h-19 h 30,
jeu. 11 h-21 h, sam. 10 h-19 h 30
Ⓜ Maubert Mutualité

▮ MODE
AGNÈS B
Plan 175 M6
6, rue du Jour, 75001
Tél. : 01 45 08 56 56
www.agnesb.fr
Sobre mais branchée, Agnès B
est la quintessence de la
mode parisienne chic. Ses
vêtements sont bien coupés,
avec des détails originaux
et son gilet à boutons-pression
est désormais un grand
classique. Ses trois magasins
de la rue du Jour sont
consacrés à la femme,

*Laissez s'exprimer vos talents
créatifs grâce à La Droguerie*

l'homme et l'enfant. La styliste
est également connue pour
ses engagements artistiques
et elle soutient de nombreux
jeunes artistes, peintres
et photographes.
🕐 Lun.-sam. 10 h-19 h, dim. 9 h-14 h,
15 h-18 h
Ⓜ Les Halles

ANTIK BATIK
Plan 174 P7
18, rue de Turenne, 75004
Tél. : 01 44 78 02 00
Une mode chic et ethnique :
des blouses brodées
en coton ou en soie,
des grands châles imprimés,
des jupes aux couleurs
chatoyantes, des sacs qui

ont l'air de provenir d'un souk
mais dont les finitions
sont parfaites.
🕐 Mar.-sam. 11 h-19 h,
dim.-lun. 14 h-19 h Ⓜ Hôtel de Ville

ANTOINE ET LILI
Plan 174 P4
95, quai de Valmy, 75010
Tél. : 01 40 37 41 55
www.antoineetlili.com
Accessoires originaux
du monde entier, produits
de beauté orientaux, matières
raffinées, couleurs gaies
et mélanges inattendus, c'est
le paradis des hippies chics !
Vous trouvez ici deux
magasins, un pour
les vêtements, un pour
la décoration et les cadeaux,
ainsi qu'un petit restaurant.
Tout ici reflète la joie de vivre.
🕐 Mar.-ven. 11 h-20 h,
sam. 10 h-20 h, dim. 9 h-14 h, 15 h-18 h,
lun. 11 h-19 h
Ⓜ Jacques Bonsergent, Gare de l'Est

BARBARA BUI
Plan 175 N6
23, rue Étienne Marcel, 75001
Tél. : 01 40 26 43 65
www.barbarabui.com
Les lignes sont pures,
originales avec toujours un
petit truc sexy mais jamais
provocant. Vous y trouvez des
tailleurs parfaitement coupés,
des petits hauts ajustés,
des pantalons et une
impressionnante collection
de chaussures à talons.
La clientèle est ultra-féminine,
classique et moderne à la fois.
🕐 Tlj 10 h 30-19 h 30
Ⓜ Étienne Marcel

BILL TORNADE
Plan 175 M6
44, rue Étienne Marcel, 75002
Tél. : 01 42 33 66 47
www.billtornade.com
Bill Tornade vend, à une
clientèle assez exclusive, des
vestes dans l'esprit des années
1960, des tailleurs à rayures
et des chaussures italiennes.
Certaines pièces sont uniques.
🕐 Lun.-sam. 11 h-19 h 30
Ⓜ Étienne Marcel

	Prêt-à-porter pour hommes	Prêt-à-porter pour femmes	Pour les enfants	Chaussures	Produits d'hygiène et de beauté	Vêtements de sports	Accessoires	Objets pour la maison	Livres, musique et DVD	Parfums	NUMÉRO DE TÉLÉPHONE
MARQUE											
Alain Manoukian	✔	✔	✔				✔				04 75 07 50 50
André		✔	✔				✔				01 53 26 28 28
Bata			✔	✔			✔				01 47 76 40 04
The Body Shop					✔		✔			✔	01 53 05 51 51
Caroll		✔		✔			✔				0810 304030
Celio	✔						✔				01 49 48 13 00
Courir		✔	✔				✔				01 45 62 50 77
Du Pareil au Même		✔	✔				✔				01 69 81 46 46
Etam		✔		✔			✔				01 55 90 70 70
FNAC									✔		01 53 56 20 00
Foot Locker		✔	✔	✔		✔	✔				01 42 33 03 33
Gap	✔	✔	✔	✔			✔		✔		01 44 88 28 28
Go Sport	✔	✔	✔	✔		✔	✔				01 55 34 34 03
H&M	✔	✔	✔				✔				01 53 20 71 00
Kookaï		✔					✔				01 40 26 59 11
Mango		✔		✔			✔				+34 93 860 24 24
Marionnaud										✔	01 48 08 69 69
Minelli			✔	✔			✔				01 53 35 86 10
Monoprix	✔	✔	✔	✔	✔		✔	✔		✔	01 55 20 70 00
Morgan		✔					✔				01 49 34 06 95
Naf Naf	✔	✔	✔	✔			✔				01 48 13 88 88
Pimkie		✔	✔	✔			✔				03 20 23 32 32
Promod		✔	✔				✔				03 20 01 13 39
Virgin Mégastore									✔		01 49 53 50 00
Zara	✔	✔	✔				✔				01 55 78 88 88

À FAIRE

CHANEL
Plan 173 K5
31, rue Cambon, 75001
Tél. : 01 42 86 28 00
www.chanel.com
Le tailleur en tweed et la petite robe noire sont sans cesse réinterprétés par Karl Lagerfeld qui dirige la maison depuis 1984, mais l'ombre de la Grande Demoiselle plane encore rue Cambon. Classique, sexy, féminine, toute l'élégance Chanel.
Lun.-sam. 10 h-19 h Madeleine

COLETTE
Plan 173 L6
213, rue Saint-Honoré, 75001
Tél. : 01 55 35 33 90
www.colette.fr
La boutique branchée par excellence ! Venez ici pour admirer ou vous étonner des créations des plus grands stylistes du moment, pour vous approvisionner en produits de beauté étrangers difficiles à trouver ailleurs, ou encore feuilleter les magazines les plus tendance du monde entier. Le restaurant « water bar », au sous-sol, offre un choix de plus de cent eaux minérales.
Lun.-sam. 11 h-19 h Tuileries, Pyramides

COMME DES GARÇONS
Plan 173 K5
54, rue du Faubourg Saint-Honoré, 75008
Tél. : 01 53 30 27 27
L'approche du styliste japonais Rei Kawakubo en matière de mode est quasi architecturale. Ses coupes asymétriques créent une ligne très pure. Ce style convient à ceux et celles qui recherchent quelque chose d'unique, moderne avec un esprit très couture. Le parfum maison est également vendu ici.
Lun.-sam. 11 h-19 h Madeleine, Concorde

ISABEL MARANT
Plan 174 Q8
16, rue de Charonne, 75011
Tél. : 01 49 29 71 55
Habituée des défilés de collections, Isabel Marant a bousculé l'élégance parisienne en lui donnant une petite touche bohème. Blouses en soie, hauts drapés, petits sacs en tissu, des vêtements aux influences venues des quatre coins du monde.
Lun.-sam. 10 h 30-19 h 30 Bastille

Paris, comme beaucoup de capitales de pays d'Europe, abrite de nombreuses chaînes de magasins, vêtements, décoration pour la maison… Vous trouverez de nombreuses enseignes, qui ont chacune plusieurs adresses, en parcourant la ville. C'est le cas d'Etam (▷ 183), de Monoprix (▷ 184), de Virgin Mégastore (▷ 191) et de Zara (▷ 186).

NOMBRE DE MAGASINS	DESCRIPTION	SITE INTERNET
10	Vêtements classiques et accessoires pour hommes et femmes.	www.alain-manoukian.com
70	Chaussures pour hommes, femmes et enfants.	www.vivarte.fr
51	Chaussures pour hommes, femmes et enfants.	www.bata.com
9	Maquillage et produits de soins naturels pour hommes et femmes.	www.thebodyshop.com
20	Vêtements élégants et confortables pour femmes.	www.caroll.com
24	Une marque populaire de vêtements et accessoires pour hommes.	www.celio.com
14	Chaussures de sport et accessoires (montres et sacs) pour toute la famille.	www.courir.com
30	Vêtements, jouets, poussettes et équipements pour bébés et enfants.	www.dpam.com
35	Vêtements pour femmes et lingerie à des prix abordables.	www.etam.com
7	Produits culturels et techniques, et tickets de spectacles.	www.fnac.com
10	Chaussures de sport et accessoires (lunettes, montres et sacs).	www.footlocker.com
6	Vêtements et accessoires pour toute la famille.	www.gap.com
10	Vêtements de sports, chaussures, équipements et accessoires pour tous.	www.gosport.fr
6	Pour ceux qui aiment la mode à petit budget. Les prix sont imbattables.	www.hm.com
13	Mode jeune et branchée et accessoires pour femmes.	www.kookai.com
6	Mode jeune et branchée et accessoires pour femmes.	www.mango.es
09	Parfumerie à des prix intéressants. Succursales partout dans la ville.	www.marionnaud.com
12	Chaussures branchées.	www.vivarte.fr
47	Grande surface généraliste.	www.monoprix.fr
14	Mode jeune et branchée et accessoires pour femmes.	www.morgandetoi.com
11	Vêtements pour femmes et enfants (Naf Naf) et pour hommes (Chevignon).	www.nafnaf.com
8	Vêtements et accessoires à des prix plancher pour les filles.	www.pimkie.fr
15	Vêtements pour femmes à des prix raisonnables.	www.promod.com
5	DVD, vidéos, livres, CD, affiches, jeux vidéo et tickets de concerts.	www.virginmegastore.fr
21	Vêtements de style et accessoires pour hommes et femmes.	www.zara.com

JUDITH LACROIX

Plan 175 M4
15, rue Hippolyte Lebas, 75009
Tél. : 01 42 82 12 50
www.judithlacroix.com
Cette jeune styliste s'est fait un nom en créant une collection pour enfants qui semble sortie tout droit d'un de leurs contes favoris. Son travail est référencé dans les magasins les plus exigeants du monde, comme Barneys, à New York.
Après l'ouverture de ses magasins à Paris (le deuxième se situe rue Bonaparte), elle compte bien élargir sa ligne aux vêtements pour femmes.
🕐 Lun.-sam.10 h-19 h
Ⓜ Notre-Dame-de-Lorette

KILIWATCH

Plan 175 M6
64, rue Tiquetone, 75002
Tél. : 01 42 21 17 37
Kiliwatch offre le meilleur du rétro branché. Chaque vêtement a été soigneusement choisi, de la chemisette hawaïenne à la petite jupe plissée des années 1970 et les prix en témoignent… Une ligne de jeans complète la collection. Vous pourrez y consulter les magazines de mode les plus pointus du monde entier.
🕐 Mar.-ven. 11 h-19 h, sam. 11 h-19 h 30, lun. 14 h-19 h
Ⓜ Étienne Marcel

LAGERFELD GALLERY

Plan 173 L7
40, rue de Seine, 75006
Tél. : 01 55 42 75 51
Karl Lagerfeld vend dans cette « galerie » ses propres créations de prêt-à-porter, imaginées entre deux collections Chanel.
🕐 Mar.-sam. 11 h-18 h 30
Ⓜ Saint-Germain-des-Prés

MARIA LUISA

Plan 173 K6
40, rue du Mont Thabor, 75001
Tél. : 01 47 03 48 08
Maria Luisa Poumaillou est l'une des grandes prêtresses de la tendance parisienne. Le meilleur de la mode d'avant-garde est exposé dans sa boutique : les chapeaux de Philip Treacy, les chaussures de Manolo Blahnik. Les visiteurs apprécieront aussi le lieu pour sa décoration intérieure

très design, conçue par l'architecte Laurent Buttazzoni.
🕐 Lun.-sam. 10 h 30-19 h
🚇 Concorde

MARITHÉ + FRANÇOIS GIRBAUD
Plan 173 L8
7, rue du Cherche-Midi, 75006
Tél. : 01 53 63 53 63
www.girbaud.com
Un prêt-à-porter décontracté conçu par le couple de stylistes, dans des matières et des lignes innovantes. Les jeans sont particulièrement avant-gardistes. Dans cette boutique, vous pourrez admirer l'impressionnant jardin suspendu mural, qui compte plus de 200 plantes, conçu par le botaniste Patrick Blanc.
🕐 Mar.–sam. 10 h-19 h, lun. 11 h-21 h
🚇 Sèvres-Babylone, Saint-Sulpice

DU PAREIL AU MÊME
Plan 173 L5
15, rue des Mathurins, 75008
Tél. : 01 42 66 93 80
www.dpam.fr
Cette chaîne de magasins vend des vêtements pour enfants aux couleurs vives et aux lignes originales, de bonne qualité et à des prix abordables. De la naissance à 10 ans.
🕐 Lun.-sam. 10 h-19 h
🚇 Havre-Caumartin

LE SHOP
Plan 175 M6
3, rue d'Argout, 75002
Tél. : 01 40 28 95 94
www.leshop-paris.com
Cet immense espace industriel recèle ce qui se fait de mieux en matière de streetwear : Carhartt, Loona, Lady Soul, Tim Bargeot. La musique d'ambiance est mixée par de grands *DJ*s. Bar.
🕐 Mar.-sam. 11 h-19 h, lun. 13 h-19 h
🚇 Étienne Marcel

SONIA RYKIEL
Plan 173 L8
175, boulevard Saint-Germain, 75006
Tél. : 01 49 54 60 00
www.soniarykiel.com

La plus grande boutique de prêt-à-porter de la célèbre styliste : des vêtements sexy et fluides aux lignes allongeantes, du jersey uni ou à rayures, des robes du soir, de la lingerie, des sacs cloutés, de grands chapeaux…
🕐 Lun.-sam. 10 h 30-19 h
🚇 Saint-Germain-des-Prés

VANESSA BRUNO
Plan 173 L6
12, rue Castiglione, 75001
Tél. : 01 42 61 44 60
Ses fameux sacs bordés de paillettes ont fait sa renommée. Les créations de cette styliste parisienne sont classiques mais

Des accessoires signés Louis Vuitton

revisitées avec une pointe d'originalité. La boutique marie également l'ancien et le nouveau, avec ses boiseries, ses piliers et ses murs laqués. Une autre boutique Vanessa Bruno se trouve rue Saint-Sulpice (*n° 25, tél. : 01 43 54 41 04*) dans le quartier de Saint-Germain-des-Prés.
🕐 Lun.–sam. 10 h 30-19 h 30
🚇 Tuileries

XULY BËT
Plan 174 N6
1, rue Pierre-Lescot, 75001
Tél. : 01 42 33 50 40
Lamine Kouyate, le styliste malien, associe ethnique

et glamour. Ses créations montrent l'influence de son Afrique natale, notamment dans le choix des tissus, mais les coupes sexy rappellent davantage le travail de grands couturiers comme Versace. Vous trouverez des robes mais aussi une collection d'objets pour la maison, réalisés par des artisans africains.
🕐 Tlj 11 h-14 h, 15 h-19 h
🚇 Les Halles

ZARA
Plan 173 M7
128, rue de Rivoli, 75001
Tél. : 01 44 82 64 00
www.zara.com (en espagnol seulement)
Cette marque, nettement influencée par Emporio Armani (tons neutres et lignes chics), offre un rapport qualité-prix imbattable. À côté de la collection principale, vous trouverez des vêtements plus originaux pour les adolescentes et les enfants, et une petite ligne pour hommes.
🕐 Lun.-sam. 10 h-20 h
🚇 Châtelet

MUSIQUE

VIRGIN MÉGASTORE
Plan 172 H5
52-60, avenue des Champs-Élysées, 75008
Tél. : 01 49 53 50 00
www.virginmegastore.fr
Ce mégastore reste ouvert tard le soir. Vous pouvez donc y faire un saut pour écouter les derniers CD, choisir un DVD ou un livre avant un film ou après un verre. Vous trouvez aussi un café-restaurant à l'étage.
🕐 Lun.-sam. 10 h-minuit, dim. midi-minuit
🚇 Franklin D. Roosevelt

DIVERTISSEMENTS

À Paris, les sollicitations sont constantes : un opéra classique, un concert rock, un groupe de jazz, un théâtre de chansonniers, un orchestre de chambre, une revue, etc. Les possibilités sont infinies et témoignent de la riche tradition de la ville en matière d'art et de spectacles. Pour en profiter, lisez les hebdomadaires comme *Pariscope* et *L'Officiel des spectacles* ou suivez les pages spectacles des grands quotidiens.

LE THÉÂTRE
La création de la Comédie-Française (www.comedie-francaise.fr) en 1680 a initié l'attachement des Parisiens à cette forme d'art. La capitale offre aujourd'hui un large choix de pièces, des plus classiques aux plus contemporaines. Les théâtres tendent à proposer une palette plutôt culturelle

Paris dispose d'un grand nombre de clubs de jazz

et la Comédie-Française (▷ 206) est toujours dédiée aux grands classiques. De nombreux théâtres sont fermés de mi-juillet à septembre.

LA DANSE
La danse moderne et contemporaine compte pour beaucoup dans la vie artistique parisienne. L'actualité du centre Georges-Pompidou (▷ 82-86), qui a rouvert ses portes en 2002, est particulièrement dynamique et intéressante.

LA MUSIQUE CLASSIQUE
Paris possède certains orchestres renommés et

sa programmation est relativement riche. Quelques ensembles, comme l'Orchestre de Paris, (www.orchestredeparis.com), ont un calendrier annuel très fourni. Les Grandes Eaux musicales de Versailles (▷ 246) sont également très populaires. Les églises accueillent, à des prix souvent raisonnables, des concerts de musique classique.

LE JAZZ
Paris abrite de nombreux clubs de jazz dont le célèbre New Morning, un lieu éclectique où se sont produits les plus grands noms du jazz (▷ 205). Le festival d'Automne et le Paris Jazz Festival au Bois de Vincennes rassemblent chaque année un large public.

LES BALLETS ET L'OPÉRA
Vous pourrez admirer la magnificence de la salle du palais Garnier (▷ 202) ornée, depuis 1964, d'un plafond peint par Chagall et l'Opéra-Bastille (▷ 202) qui tente d'allier vocation populaire, spectacles grandioses et performance technique. Il est indispensable de réserver à l'avance.

LES CINÉMAS
Les Français aiment le cinéma et le nombre de salles multiplex et d'écrans géants en témoigne. Le Quartier latin dispose de nombreuses salles d'art et d'essai où vous pourrez voir des films anciens et des rétrospectives.

LES CABARETS
Les cabarets attirent davantage les touristes que les Parisiens. Certains proposent des dîners-spectacle mais les prix sont souvent exorbitants.

LES RÉSERVATIONS
La plupart des théâtres vendent des places pour leurs spectacles et acceptent les réservations par téléphone. Les magasins FNAC (www.fnac.com) vendent également des places mais prélèvent une commission. Pour les concerts de rock, pop et jazz, adressez-vous plutôt au Virgin Megastore (www.virginmega.fr), ou bien

La façade monumentale du Palais Garnier

encore à l'office du tourisme. Le Kiosque Théâtre (15, place de la Madeleine et devant la gare Montparnasse) vend des billets à prix réduits pour des représentations ayant lieu le jour même. Pour les places moins chères, choisissez les spectacles en matinée ou sur place, pour le jour même.

LES CODES VESTIMENTAIRES
Il est préférable de porter une tenue correcte, sans nécessairement être très chic, le soir au théâtre, à l'opéra et aux concerts.

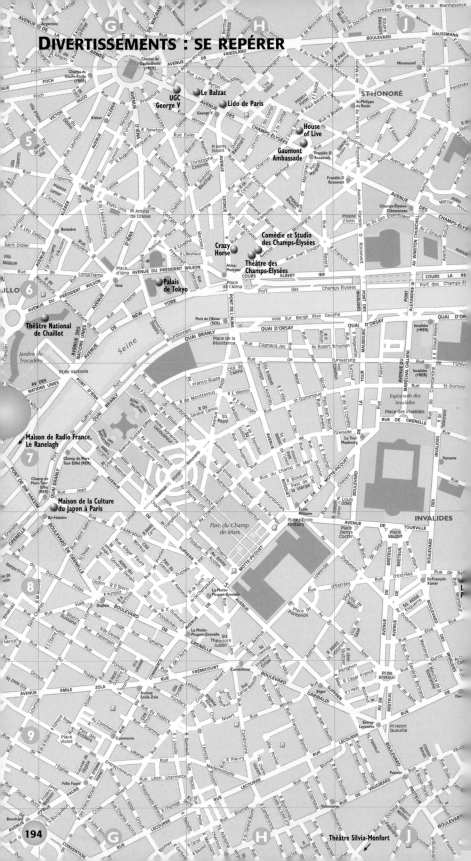

UGC George V

Le Balzac

Lido de Paris

House of Live

Gaumont Ambassade

Comédie et Studio des Champs-Élysées

Crazy Horse

Théâtre des Champs-Élysées

Palais de Tokyo

Théâtre National de Chaillot

Maison de Radio France, Le Ranelagh

Maison de la Culture du Japon à Paris

Théâtre Silvia-Monfort

New Morning

Château d'Eau

Le Brady

Java

Le Grand Rex

Palais des Glaces

5

RÉPUBLIQUE

Cité
Les Luciole
La Maroquineri
Théâtre National de la Collin
Vingtième Théât

LES HALLES

Ménagerie de Verre

6

Théâtre Molière

Satellit Café

Cirque d'Hiver Bouglione

Sunside Sunset

Duc des Lombards

Café de la Gare

Guinness Tavern

Essaion
IRCAM

Les Blancs Manteaux
LE MARAIS
Point-Virgule

Théâtre de la Bastille

7

Café de la Danse

Caveau de la Huchette

BASTILLE

Espace Marais

La Scen

Studio Galande

Opéra Bastille

8

Paradis Latin

QUARTIER LATIN

9

GARE DE LYON

Théâtre Mouffetard

Images d'Ailleurs

La Cartoucherie,
Opéra du Château de Versailles,
Parc Floral de Paris

Paris Cancan

GARE D'AUSTERLITZ

N

P

Gaumont Grand Écran Italie,
Théâtre Dunois

Q

Batofar

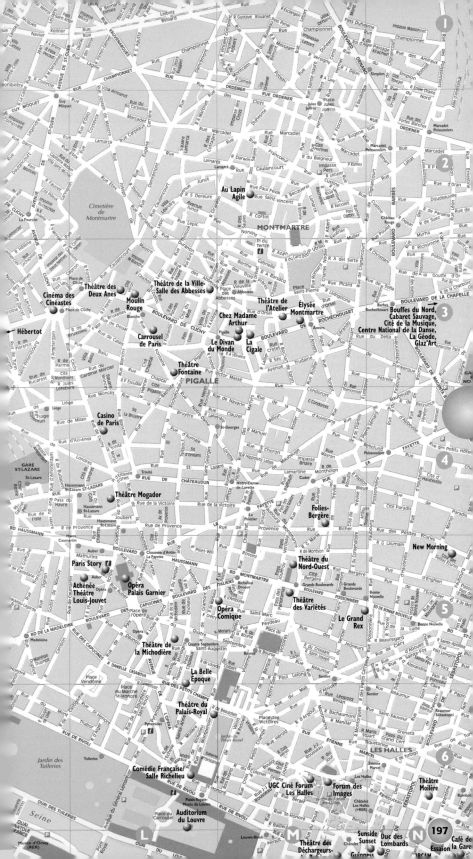

Au Lapin Agile

MONTMARTRE

Cimetière de Montmartre

Théâtre des Deux Anes

Cinéma des Cinéastes

Moulin Rouge

Théâtre de la Ville-Salle des Abbesses

Hébertot

Théâtre de l'Atelier

Élysée Montmartre

Chez Madame Arthur

Bouffes du Nord, Cabaret Sauvage, Cité de la Musique, Centre National de la Danse, La Géode, Glaz'Art

Carrousel de Paris

Le Divan du Monde

La Cigale

Théâtre Fontaine

PIGALLE

Casino de Paris

Théâtre Mogador

Folies-Bergère

New Morning

Paris Story

Théâtre du Nord-Ouest

Athénée Théâtre Louis-Jouvet

Opéra Palais Garnier

Théâtre des Variétés

Opéra Comique

Le Grand Rex

Théâtre de la Michodière

La Belle Époque

Théâtre du Palais-Royal

LES HALLES

Théâtre Molière

Comédie Française/Salle Richelieu

Jardin des Tuileries

UGC Ciné Forum Les Halles

Forum des Images

Théâtre des Déchargeurs-

Sunside Sunset

Duc des Lombards

Café de Essaion la Gare

Place du Carrousel

Auditorium du Louvre

Seine

Musée d'Orsay (RER)

CABARETS

AU LAPIN AGILE
Plan 197 M2
22, rue des Saules, 75018
Tél. : 01 46 06 85 87
Ce cabaret montmartrois a été le rendez-vous des artistes pendant près de 150 ans. Les murs et les plafonds en gardent les traces qui sont autant de souvenirs de cette époque. Les plus grands noms de la chanson et de la poésie française ont été accueillis ici et le sont encore du mardi au dimanche, dans une chaleureuse atmosphère.
🕐 Spectacles : mar.-dim. 21 h-2 h
💶 Spectacle et une boisson : 24 €
🚇 Lamarck-Caulaincourt

LA BELLE ÉPOQUE
Plan 195 L5
36, rue des Petits-Champs, 75002
Tél. : 01 42 96 33 33
www.belleepoqueparis.com
La revue présente tous les soirs des spectacles de french cancan et des ballets torrides dans un cadre Belle époque. Cuisine française.
🕐 Spectacles : tlj 21 h 💶 Dîner-spectacle : 70 €-100 € 🚇 Pyramides

CARROUSEL DE PARIS
Plan 197 L3
40, rue Fontaine, 75009
Tél. : 01 42 82 09 16
www.carrouseldeparis.fr
On ne compte plus les vedettes qui ont joué sur la scène du Carrousel mais on se souviendra de Brassens, Trénet, Piaf… Après un spectacle éclectique avec french cancan, comédiens et magiciens, ce sera à votre tour de venir danser sur scène. Un des rares cabarets-clubs de Paris.
🕐 Spectacles : tlj. 20 h 30
💶 Spectacle et dîner : 49 €
🚇 Blanche

CHEZ MADAME ARTHUR
Plan 197 M3
75bis, rue des Martyrs, 75018
Tél. : 01 42 54 40 21
Au cours d'un dîner-spectacle de deux heures, vous pourrez admirer des imitations de célèbres chanteurs français, comme Johnny Hallyday, Sheila ou Sylvie Vartan, des transformistes, du french cancan… Si le cœur vous en dit, vous pourrez ensuite y danser jusque tard dans la nuit.
🕐 Spectacles : tlj 21 h 💶 47 € (week-ends et jours défiés 63 €) 🚇 Pigalle

CRAZY HORSE
Plan 194 H6
12, avenue George-V, 75008
Tél. : 01 47 23 32 32
www.crazy-horse.fr
On ne présente plus cette institution qui existe depuis 1951. Sa revue *Taboo* est éclairée d'une façon si habile

Le Lapin agile à Montmartre, une véritable institution

qu'elle semble habiller parfois les danseuses très dénudées. Le dîner est servi pendant le spectacle.
🕐 Spectacles : dim.-ven. 20 h 30, 23 h, sam. 19 h 30, 21 h 45, 23 h 50
💶 Spectacle et dîner : 135 €
🚇 Alma-Marceau, George V

FOLIES-BERGÈRE
Plan 197 M4
32, rue Richer, 75009
Tél. : 01 44 79 98 60
Les Folies-Bergère ont ouvert en 1869 et ont fait leur célébrité grâce à leurs spectacles osés. Elles accueillent aujourd'hui des comédies musicales, des spectacles de variétés et des concerts. Le dîner est servi avant ou après le spectacle.
🕐 Spectacles : mar.-dim. 19 h
💶 Spectacle et dîner : 127 €-132 €
🚇 Cadet, Grands Boulevards

LIDO DE PARIS
Plan 194 H5
116bis, avenue des Champs-Élysées, 75008
Tél. : 01 40 76 56 10
www.lido.fr
L'adresse est aussi mythique que prestigieuse, comme le sont les revues, les tours de magie et l'excellente cuisine dirigée par le chef Paul Bocuse.
🕐 Spectacles : tlj 19 h 30
💶 Spectacle : 80 €-100 € Spectacle et dîner : 140 €-200 € 🚇 George V

MOULIN ROUGE
Plan 197 L3
82, boulevard de Clichy, 75018
Tél. : 01 53 09 82 82
www.moulin-rouge.fr
Fondé en 1889, ce cabaret, absolument féerique, est devenu encore plus populaire après la sortie du film hollywoodien qui lui a été consacré en 2001 (▷ 111). La cuisine raffinée est servie pendant le spectacle.
🕐 Spectacles : tlj 21 h, 23 h
💶 Spectacle : 85 €-95 €. Spectacle et dîner : 135 €-165 € 🚇 Blanche

OPÉRA COMIQUE
Voir Musique classique, Danse et Opéra, ▷ 202.

PARADIS LATIN
Plan 196 N8
28, rue Cardinal-Lemoine, 75005
Tél. : 01 43 25 28 28
www.paradis-latin.com
Construit par Gustave Eiffel, ce cabaret connut le succès au début du XXe siècle, et à nouveau à la fin des années 1970. Ses revues illustrent parfaitement la grande tradition du genre.
🕐 Mer.-lun. 20 h ; spectacle 21 h 30
💶 Spectacle et dîner : 114 €-200 € ; spectacle : 80 € 🚇 Cardinal Lemoine

PARIS CANCAN
Plan 196 Q9

À FAIRE

Port de la Rapée, 75012
Tél. : 01 45 85 07 43
www.pariscancan.net
Lors de cette croisière fluviale, une dizaine d'artistes vous feront revivre les nuits du Paris d'autrefois, celles du french cancan de Toulouse-Lautrec. Vous dégusterez un dîner gastronomique sur le pont panoramique de l'Alizé et terminerez la soirée en beauté, en dansant jusque tard dans la nuit.
Jeu.-ven. 19 h 45 ; renseignez-vous pour les autres jours
Croisière, dîner et spectacle : 115 €
Gare de Lyon

CINEMAS

LE BALZAC
Plan 194 H5
1, rue Balzac, 75008
Tél. : 01 45 61 10 60
www.cinemabalzac.com
Le Balzac est célèbre pour ses projections de films américains indépendants (films en V.O.) et ses débats. Il accueille aussi des expositions de photos. Bar.
Tlj 14 h-22 h Ad. 8 €, enf. 6 €
George V, Charles de Gaulle-Étoile

LE BRADY
Plan 196 N5
39, boulevard de Strasbourg, 75010
Tél. : 01 47 70 08 86
Dans ce cinéma appartenant à Jean-Pierre Mocky, vous pourrez voir des films d'action, des classiques et des séries B.
Tlj 13 h 30-22 h Ad. 6,50 €, enf. 5,40 € Château d'Eau

LE CHAMPO
Plan 195 M8
51, rue des Écoles, 75005
Tél. : 01 43 54 51 60
Pour voir et revoir les grands classiques. De nombreuses rétrospectives s'attachent au travail de réalisateurs aussi divers que les Marx Brothers et Jacques Tati. Films en V.O.
Tlj 13 h 50-22 h Ad. 7 €, enf. 5,50 € Saint-Michel, Odéon, Cluny-La Sorbonne

CINÉMA DES CINÉASTES
Plan 197 K3

7, avenue de Clichy, 75017
Tél. : 01 53 42 40 20
Lieu de rencontres, d'avant-premières et d'événements, cet ancien cabaret conçu par Gustave Eiffel, s'est peu à peu développé comme une vitrine parisienne du cinéma européen et mondial. Trois salles. Bar-restaurant.
Tlj 13 h 30-22 h 30 Ad. 7,70 €, enf. 6 € Place de Clichy

L'ENTREPÔT
Plan 195 hors K10
7-9, rue Francis-de-Pressensé, 75014
Tél. : 01 45 40 07 50
Ce cinéma propose des films culte et du cinéma d'auteur du monde entier, d'hier et

Le Moulin Rouge s'élève sur le boulevard de Clichy

d'aujourd'hui. De nombreuses rétrospectives. Bar-restaurant.
Tlj 14 h-22 h Ad. 7 €, enf. 4 €
Pernety

FORUM DES IMAGES
Plan 195 M6
Porte Saint-Eustache, Forum des Halles, 75001
Tél. : 01 44 76 62 00
www.forumdesimages.net
Ce complexe propose dans ses quatre salles, des films en V.O. par thème et des rétrospectives sur Paris. Des séances sont prévues pour les enfants l'après-midi et une grande sélection de films consacrés à la capitale est diffusée sur des écrans individuels.

Mar.-dim. 13 h-21 h (mar. 22 h)
Pass une journée : ad. 5,50 €, enf. 4,50 € Les Halles

GAUMONT AMBASSADE
Plan 194 H5
50, avenue des Champs-Élysées, 75008
Tél. : 0892 696696 ext. 120
www.gaumont.com
Projection à la fois de films pour tous publics à gros budgets et de films d'auteurs plus confidentiels mais toujours en V.O. Des premières y sont parfois organisées.
Tlj 12 h-22 h Ad. 9,80 €, enf. 6,90 € Franklin D. Roosevelt

GAUMONT GRAND ÉCRAN ITALIE
Plan 196 hors P10
30, place d'Italie, 75013
Tél. : 0892 696 696 ext. 111
www.gaumont.com
Les films hollywoodiens sont projetés dans les meilleures conditions grâce au son digital et à l'écran de 240 m², le plus grand de la capitale. Deux plus petites salles offrent une programmation plus diversifiée. Les films étrangers sont généralement en V.O.
Tlj 13 h-22 h Ad. 9,50 €, enf. 5,70 € Place d'Italie

LA GÉODE
Plan 197 hors N3
26, avenue Corentin-Cariou, 75019
Tél. : 0892 684 540
www.cite-sciences.fr
La Géode se trouve au Parc de la Villette (▷ 146-147). Un gigantesque écran hémisphérique et un son digital stéréo vous donnent une saisissante impression de réalité. Vous y verrez des films scientifiques et culturels mais pas de films issus du circuit classique car ils ne sont pas adaptés à cette technologie.
Tlj 10 h 30-21 h 30 Ad. 9 €, enf. 7 € Porte de la Villette

LE GRAND REX
Plan 197 N5
1, boulevard Poissonnière, 75002
Tél. : 0892 680 596

Le dernier grand cinéma de Paris, construit en 1936, possède un magnifique auditorium et l'un des plus grands écrans d'Europe. Les films grand public y dominent, certains sont projetés en V.O. 🎬 Tlj 10 h-19 h 🎟 Ad. 7,80 €, enf. 6,10 € 🚇 Bonne Nouvelle

IMAGES D'AILLEURS
Plan 196 N9
21, rue de la Clef, 75005
Tél. : 01 45 87 18 09
Comme son nom le suggère, ce cinéma projette des films et des documentaires du monde entier, parfois suivis de débats. Séances pour les enfants. Films en V.O. 🎬 Ven.-lun. 14 h-22 h 🎟 Ad. 5,10 €, enf. (moins de 12 ans) 4,70 € 🚇 Censier-Daubenton

MK2 PARNASSE
Plan 195 L9
11, rue Jules-Chaplain, 75006
Tél. : 0892 698484 ext. 494
www.mk2.com
À quelques minutes de la tour Montparnasse, ce petit cinéma fait partie de la chaîne MK2 qui s'attache à promouvoir le cinéma indépendant. Des rétrospectives sont consacrées à des thèmes particuliers. V.O. 🎬 Tlj 13 h 30-22 h 🎟 Ad. 7,50 €, enf. 5,50 € 🚇 Vavin

LA PAGODE
Plan 194 J8
57, rue de Babylone, 75007
Tél. : 01 45 55 48 48
Logé dans une pagode, ce cinéma (le seul du 7e arrondissement !) possède deux salles dont la plus grande dispose d'un magnifique décor chinois. Il diffuse des films culte classiques aussi bien que les dernières sorties. Films en V.O. Petit salon de thé. 🎬 Tlj 14 h-22 h 🎟 Ad. 8 €, enf. 6,50 € 🚇 Saint-François-Xavier

PARIS STORY
Plan 197 L5
11bis, rue Scribe, 75009
Tél. : 01 42 66 62 06
www.paris-story.com

Remontez le temps dans cette salle située en plein cœur du quartier de l'Opéra. Victor Hugo en personne vous conduira pendant 45 min à travers l'histoire de Paris, depuis la fondation de Lutèce jusqu'à la Grande Arche de la Défense. Vous pourrez également voir une exposition consacrée à l'architecture des grands monuments parisiens. 🎬 Tlj 9 h-19 h à chaque heure ; projeté en 12 langues 🎟 Ad. 8 €, enf. 5 € 🚇 Opéra

STUDIO GALANDE
Plan 195 M8
42, rue Galande, 75005
Tél. : 01 43 54 72 71

Paris est le paradis des amateurs de cinéma

Le film culte *Rocky Horror Picture Show* y est projeté tous les vendredis et samedis soir. L'ambiance est garantie. Le reste de la semaine, la programmation est plus variée et classique. 🎬 Tlj 14 h-22 h 30 🎟 Ad. 7 €, enf. 5,50 € 🚇 Saint-Michel, Maubert Mutualité

UGC CINÉ FORUM LES HALLES
Plan 195 M6
7, place de la Rotonde, 75001
Tél. : 0892 700 000 ext. 11
www.ugc.fr
Au cœur du Forum des Halles, ce lieu permet aux passionnés d'assouvir leur soif de cinéma.

Avec plus de 3 millions de spectateurs, c'est le cinéma le plus fréquenté de France. Animations de qualité, avant-premières, événements, expositions… Des soirées courts-métrages permettent à de jeunes réalisateurs de se faire connaître. 🎬 Tlj 9 h-22 h 30 🎟 Ad. 9 €, enf. 5,50 € 🚇 Châtelet-Les Halles

UGC GEORGE V
Plan 194 G5
146, avenue des Champs-Élysées, 75008
Tél. : 0892 700 000
www.ugc.fr
Un de plus grands cinémas des Champs-Élysées, et celui qui offre le plus grand choix de films. Films en V.O. 🎬 Tlj 10 h-22 h 30 🎟 Ad. 9 €, enf. 7 € 🚇 Charles de Gaulle-Étoile

CIRQUE

CIRQUE D'HIVER BOUGLIONE
Plan 196 Q6
110, rue Amelot, 75011
Tél. : 01 47 00 28 81
www.cirquedhiver.com
Ce magnifique cirque du XIXe siècle appartient à la famille Bouglione depuis 1934 et perpétue une mémoire populaire et séculaire. Des spectacles traditionnels, du trapèze, des clowns, des animaux sauvages y sont présentés, ainsi que des concerts, des spectacles et des tours de chant. 🎬 Selon le spectacle 🎟 10 €-37 € 🚇 Oberkampf, Filles du Calvaire

COMÉDIE

LES BLANCS-MANTEAUX
Plan 196 P7
15, rue des Blancs Manteaux, 75004
Tél. : 01 48 87 15 84
Ce café-théâtre, logé dans un hôtel particulier du XVIIe siècle, présente surtout des one-man shows. Il a fait découvrir de nombreux artistes dont Higelin, Renaud, Marc Jolivet. Fidèle à cette tradition, il organise tous les premiers mercredis du mois des soirées de jeunes talents, les « Plateaux d'Humour ».

À FAIRE

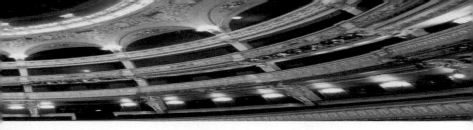

Spectacles : tlj 20 h 14 €
Hôtel-de-Ville

CAFÉ D'EDGAR-THÉÂTRE D'EDGAR
Plan195 K9
58, boulevard Edgar-Quinet, 75014
Tél. : 01 42 79 97 97
Créé dans les années 1970, il est l'un des pionniers du café-théâtre. Il propose toujours des petites productions de spectacles comiques et lance de nouveaux talents.
Spectacles : lun.-sam. 20 h ou 20 h 15
12 € et 18 € Edgar Quinet

CAFÉ DE LA GARE
Plan 196 N7
41, rue du Temple, 75004
Tél. : 01 42 78 52 51
Bien cachée au fond d'une cour, cette salle perpétue avec talent la grande tradition du café-théâtre. Coluche et Patrick Dewaere y ont fait leurs débuts.
Tlj, horaires selon le spectacle
Environ 20 € Hôtel-de-Ville

GUICHET MONTPARNASSE
Plan 195 K10
15, rue du Maine, 75014
Tél. : 01 43 27 88 61
Cette petite salle de 50 places invite souvent de jeunes et prometteurs talents.
Spectacles : mer.-sam. 19 h, 20 h 30 ou 22 h 17 € Montparnasse-Bienvenüe

PALAIS DES GLACES
Plan 196 Q5
37, rue du Faubourg-du-Temple, 75010
Tél. : 01 42 02 27 17
Ce théâtre, un ancien cinéma, accueille dans ses deux salles des spectacles comiques de toutes sortes, mais surtout des one-man shows.
Spectacles : mar.-sam. soirs
17 €-30 € République

POINT-VIRGULE
Plan 196 N7
7, rue Sainte-Croix-de-la-Bretonnerie, 75004
Tél. : 01 42 78 67 03
Une petite salle très conviviale qui met en scène de nouveaux

talents et des artistes confirmés. Elle est célèbre pour son festival de l'Humour, en septembre. Les cartes de crédit ne sont pas acceptées.
Spectacles : tlj 20 h, 21 h 15, 22 h 30 15 € Hôtel de Ville

THÉÂTRE DES DÉCHARGEURS-LA BOHÈME
Voir Théâtre, ▷ 207.

THÉÂTRE DES DEUX ÂNES
Voir Théâtre, ▷ 207.

THÉÂTRE DE LA MICHODIÈRE
Voir Théâtre, ▷ 207.

THÉÂTRE DES VARIÉTÉS
Voir Théâtre, ▷ 208.

La Pagode, un cinéma au décor exceptionnel

MUSIQUE CLASSIQUE, DANSE, OPÉRA

AUDITORIUM DU LOUVRE
Plan 195 L6
Le Louvre, 75001 (entrée par la Pyramide)
Tél. : 01 40 20 55 00
www.louvre.fr
Cet auditorium de 420 places est remarquablement situé sous la Pyramide du Louvre. L'excellente programmation présente de la musique sacrée, des projections de films sur un thème particulier, des récitals.
Concerts : mer. 20 h, jeu. 12 h 30
30 € (20 h), 10 € (heure du déjeuner) Louvre-Rivoli

CENTRE NATIONAL DE LA DANSE
Plan 197 hors N3
1, rue Victor-Hugo, 93507 Pantin
Tél. : 01 41 83 27 27
www.cnd.fr
Le Centre national de la Danse, le lieu de la danse par excellence, présente ses formations et des compagnies étrangères. Des débats, des lectures, des projections de films sont régulièrement organisés. Ateliers pour danseurs professionnels.
Selon le spectacle Selon le spectacle Hoche

CITÉ DE LA MUSIQUE
Plan 197 hors N3
221, avenue Jean-Jaurès, 75019
Tél. : 01 44 84 44 84
www.cite-musique.fr
Ce bâtiment réalisé par Christian de Portzamparc, dans le Parc de la Villette (▷ 146-147), se consacre à l'étude de la danse et de la musique et accueille des spectacles d'opéras, de jazz, de musique classique et de world music.
Selon le spectacle Selon le spectacle Porte de Pantin

ÉGLISE DE LA MADELEINE
Plan 195 K5
Place de la Madeleine, 75008
Tél. : 01 44 51 69 00
www.eglise-lamadeleine.com
Cette église de style néo-classique datant de 1842, accueille des récitals d'orgue gratuits au moins deux dimanches par mois. Musique de chambre, orchestres symphoniques, chants.
Gratuit pour les récitals d'orgue : certains dimanches à 16 h. Les horaires des autres concerts varient.
Selon le spectacle Madeleine

MAISON DE LA CULTURE DU JAPON À PARIS
Plan 194 G7
101*bis*, quai Branly, 75015
Tél. : 01 44 37 95 00
www.mcjp.asso.fr
Ce bâtiment de verre a pour vocation de faire découvrir la culture japonaise aux Français.

À FAIRE

Des spectacles de danse, moderne et traditionnelle, sont mis en scène. L'auditorium modulable peut accueillir jusqu'à 300 personnes.
🎫 Selon les spectacles
🎟 Selon les spectacles 🚇 Bir-Hakeim

MAISON DE RADIO-FRANCE
Plan 194 hors F7
116, avenue du Président-Kennedy, 75016
Tél. : 01 56 40 15 16
www.radio-france.fr
La Maison de Radio-France accueille des orchestres symphoniques de grande qualité, des concerts de jazz et des opéras, en direct ou enregistrés à l'étranger. La salle Olivier-Messian abrite également le chœur et l'orchestre de Radio France.
🎫 Selon le spectacle 🎟 Gratuit (ou tarif peu élevé)
🚇 Kennedy Radio France

MÉNAGERIE DE VERRE
Plan 196 off Q6
12, rue Léchevin, 75011
Tél. : 01 43 38 33 44
Cet édifice à l'architecture tout à fait remarquable est dédié à la création contemporaine. Tous les nouveaux courants artistiques s'y produisent, avec chorégraphies modernes, festivals combinant danse et vidéo, arts visuels. Les cartes de crédit ne sont pas acceptées.
🎫 Spectacles : tlj 20 h 30
🎟 Selon le spectacle
🚇 Parmentier

MUSÉE NATIONAL DU MOYEN ÂGE-THERMES DE CLUNY
Plan 195 M8
6, place Paul-Painlevé, 75005
Tél. : 01 53 73 78 16
www.musee-moyenage.fr
Ce qui fut le superbe hôtel des abbés de Cluny est aujourd'hui un musée consacré au Moyen Âge (▷ 128-129), mais il accueille aussi des concerts de musique de chambre et de musique classique.
🎫 Spectacles : ven. 12 h 30, sam. 16 h
🎟 Gratuit avec l'entrée du musée (5,50 €) 🚇 Cluny-La Sorbonne

OPÉRA BASTILLE
Plan 196 Q8
120, rue de Lyon, 75012
Tél. : 0892 899 090
www.opera-de-paris.fr
Ce grand opéra de 2 700 places, ouvert en 1989, a suscité de nombreuses controverses (▷ 142). Les opéras et les orchestres symphoniques bénéficient de son exceptionnelle acoustique. Vous pourrez également y assister à des ballets.
🎫 Selon le spectacle 🎟 10 €-130 €
🚇 Bastille

L'Opéra Comique fut construit en 1780

OPÉRA DU CHÂTEAU DE VERSAILLES-OPÉRA ROYAL
Plan 196 hors Q9
Château de Versailles, RP 834, 78008
Tél. : 01 30 83 78 98
www.chateauversailles.fr
L'auditorium du château de Versailles fut à l'origine construit pour le mariage de Louis XVI. Des ballets, des opéras, des pièces de théâtres se produisent dans un cadre exceptionnel, au milieu de statues, de trompe l'œil en marbre et sous un magnifique plafond peint.
🎫 Selon le spectacle 🎟 Selon le spectacle 🚇 Versailles Rive Droite, Versailles Rive Gauche, Versailles Chantier

OPÉRA-COMIQUE
Plan 197 M5
5, rue Favart, 75002
Tél. : 0825 000 058
www.opera-comique.com
On l'appelle aussi la salle Favart. Les amateurs de musique apprécient sa programmation éclectique, des orchestres symphoniques aux opérettes, au milieu des fresques et des dorures.
🎫 Selon le spectacle 🎟 Selon le spectacle 🚇 Richelieu-Drouot

OPÉRA PALAIS GARNIER
Plan 197 L5
Place de l'Opéra, 75009
Tél. : 0892 899 090
www.opera-de-paris.fr
Construit par Charles Garnier (▷ 142) au XIXe siècle, ce bâtiment à l'ornementation luxueuse, offre un cadre exceptionnel aux compagnies de danse , et aux orchestres qui viennent s'y représenter.
🎫 Selon le spectacle 🎟 10 €-130 €
🚇 Opéra

PARC FLORAL DE PARIS
Plan 196 hors Q9
Esplanade du château de Vincennes, 75012
Tél. : 01 73 04 75 75
www.parcfloraldeparis.com
Le magnifique parc, avec ses centaines de variétés de plantes, accueille un festival annuel de jazz de juin à juillet et un festival de musique classique d'août à septembre. Les cartes de crédit ne sont pas acceptées.
🎫 Concerts : mai-fin sept. sam, dim. après-midi 🎟 Concerts : gratuit. Entrée du parc : 1,50 € lun.-mar, jeu.-ven. 3 € mer., sam.-dim.
🚇 Château de Vincennes

THÉÂTRE DE LA BASTILLE
Plan 196 hors Q7
76, rue de la Roquette, 75011
Tél. : 01 43 57 42 14
www.theatre-bastille.com
Cet ancien cinéma met aujourd'hui sur scène du théâtre et de la danse d'avant-

À FAIRE

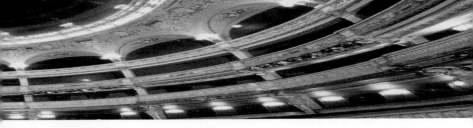

garde. Désireux d'accueillir de jeunes talents, il reçoit aussi des compagnies aussi célèbres que celle de la chorégraphe allemande Pina Bausch.
🕐 Spectacles : mar.-sam. 19 h 30, 21 h, dim. 15 h 30, 17 h 💶 19 € 🚇 Bastille

THÉÂTRE DES CHAMPS-ÉLYSÉES
Plan 194 H6
15, avenue Montaigne, 75008
Tél. : 01 49 52 50 50
www.theatrechampselysees.fr
Dans ce grand auditorium, aux balcons et aux sièges de velours rouge, se produisent des chanteurs, de jazz notamment, ainsi que des ballets, de l'opéra et de la musique classique.
🕐 Spectacles : presque tlj vers 20 h-20 h 30 🚇 Selon le spectacle 🚇 Franklin D. Roosevelt, Alma-Marceau

THÉÂTRE DE LA CITÉ INTERNATIONALE
Plan 195 hors L10
21, boulevard Jourdan, 75014
Tél. : 01 43 13 50 50
Toujours à l'affût de ce qui renouvelle les arts de la scène, le théâtre de la Cité internationale avec ses trois auditoriums (500, 280 et 150 places) a été créé en 1968. Le programme est essentiellement consacré à la danse et au théâtre contemporain.
🕐 Spectacles : lun. mar-jeu. soir dim. après-midi 💶 15 €-18 € 🚇 Porte d'Orléans 🚊 Cité Universitaire

THÉÂTRE MUSICAL PARIS CHÂTELET
Plan 195 M7
2, rue Édouard-Colonne, 75001
Tel 01 40 28 28 40
www.chatelet-theatre.com
Construite en 1862, cette salle est célèbre pour la somptuosité de son cadre et la qualité de sa programmation. Elle attire un public amateur de musique classique qui aime s'habiller pour sortir.
🕐 Spectacles : tlj (concerts 20 h/opéras 19 h 30) 🚇 Selon le spectacle 🚇 Châtelet

THÉÂTRE LE RANELAGH
Voir Théâtre, ▷ 208.

THÉÂTRE SILVIA-MONFORT
Voir Théâtre, ▷ 208.

THÉÂTRE DE LA VILLE
Voir Théâtre, ▷ 208.

THÉÂTRE DE LA VILLE-SALLE DES ABBESSES
Voir Théâtre, ▷ 208.

SALLES DE CONCERTS DE MUSIQUE CONTEMPORAINE

LA BALLE AU BOND
Plan 195 L7
Devant le 3, quai Malaquais, 75006 (avr.-fin sept.) ; devant le 55, quai de la Tournelle, 75005 (oct.-fin mars)

La Balle au Bond (▷ 204) offre une vue exceptionnelle sur Paris

Quartier latin et Saint-Germain-des-Prés
Tél. : 01 40 46 85 12
www.laballeaubond.fr
Amarrée sur les bords de la Seine, cette péniche organise toutes sortes de concerts, rock, blues et chanson française.
🕐 Concerts : tlj vers 21 h 💶 8 € ; boisson obligatoire (à partir de 5 €) 🚇 Pont-Neuf (site 1), Maubert-Mutualité (site 2)

BATOFAR
Plan 196 hors Q10
Port de la Gare, 75013
Tél. : 01 53 60 17 30
www.batofar.org
Ce bateau est amarré entre Bercy et le pont de Tolbiac, sur les rives du quai de la Gare. On y écoute le meilleur de la musique techno et de la house et l'on peut assister à des soirées d'art vidéo. Bar et restaurant sur le pont.
🕐 Dim.-jeu. 20 h-3 h, ven.-sam. 20 h à l'aube 💶 10 € 🚇 Quai de la Gare, Bibliothèque François-Mitterrand

CABARET SAUVAGE
Plan 197 hors N3
Parc de la Villette, 75019
Tél. : 01 42 09 01 09
Cette architecture moderne tout en verre et acier rouge et argent dispense de la world music, de la R & B, de la musique électronique et bien plus encore. Des bals, très conviviaux, sont organisés le dimanche.
🕐 Spectacles : tlj vers 20 h 30. Bal du dimanche : 18 h 💶 Spectacle : 29 € ; bal : 20 € 🚇 Porte de la Villette

CAFÉ DE LA DANSE
Plan 196 Q8
5, passage Louis-Philippe, 75011
Tél. : 01 47 00 57 59
www.chez.com/cafedeladanse
L'ambiance est chaleureuse dans cette salle de 500 places, avec sa petite scène et ses murs de brique. Pop, rock et world music dominent la programmation. Bar. Les cartes de crédit ne sont pas acceptées.
🕐 Spectacles : tlj vers 20 h 30 💶 Environ 20 € 🚇 Bastille

CAVEAU DE LA HUCHETTE
Plan 195 M8
5, rue de la Huchette, 75005
Tél. : 01 43 26 65 05
À quelques minutes de la Sorbonne, ce club de deux étages a accueilli les plus grands noms du jazz.
🕐 Spectacles : tlj 21 h 30 💶 9 €-13 € 🚇 Saint-Michel, Cluny-La Sorbonne

LA CIGALE
Plan 197 M3
120, boulevard de Rochechouart, 75018
Tél. : 01 49 25 89 99 (informations enregistrées) ;
réservations : 0892 683622
Cet ancien théâtre, construit en 1887, a été redécoré par

Philippe Starck. Il accueille des artistes de variété et des groupes de pop et de rock.
🕐 Selon le spectacle 💷 Selon le spectacle 🚇 Anvers, Pigalle

CITÉ DE LA MUSIQUE
Voir Musique classique, Danse et Opéra, ▷ 201.

CITHÉA
Plan 196 hors Q6
114, rue Oberkampf, 75011
Tél. : 01 40 21 70 95
www.cithea.com
Le programme éclectique propose des concerts de world music, du jazz, du rock, de la techno ainsi que des projections vidéo. Le lieu idéal quand les bars alentours ferment.
🕐 Mar.-jeu. 22 h-5 h 30, ven.-sam. 22 h-6 h 30 💷 Entrée : gratuite-7 € 🚇 Parmentier

LE DIVAN DU MONDE
Plan 197 M3
75, rue des Martyrs, 75018
Tél. : 01 40 05 06 99
www.divandumonde.com
Cette petite salle de concert organise des soirées à thèmes avec un accent particulier sur la world music. Elle accueille aussi de jeunes talents. Le lieu s'articule entre deux espaces : une salle de concert et une mezzanine rebaptisée Divan Japonais en hommage à l'ancien nom de ce haut lieu des nuits parisiennes fréquenté par Baudelaire, Toulouse-Lautrec et Picasso.
🕐 Selon le spectacle. Sam. : 22 h 💷 10 € et au-delà 🚇 Pigalle

DUC DES LOMBARDS
Plan 196 N7
42, rue des Lombards, 75001
Tél. : 01 42 33 22 88
Une véritable institution. Ce club de jazz reçoit régulièrement les plus grands musiciens.
🕐 Spectacles : lun.-sam. 21 h 💷 19 €-25 € 🚇 Châtelet

ÉLYSÉE MONTMARTRE
Plan 197 M3
72, boulevard Rochechouart, 75018
Tél. : 01 44 92 45 36

www.elysee-montmartre.com
Après plus d'un siècle, cet établissement accueille maintenant d'excellents concerts de pop-rock, un bal et des nuits techno.
🕐 Selon le spectacle 💷 Environ 23 € (selon le spectacle) 🚇 Anvers

GUINNESS TAVERN
Plan 196 N7
31*bis*, rue des Lombards, 75001
Tél. : 01 42 33 26 45
Cette salle mythique propose des concerts rock tous les soirs, des années 1970 aux sonorités modernes. La bière réchauffe l'atmosphère.
🕐 Concerts : tlj 22 h 💷 Gratuit 🚇 Châtelet

Faites la fête à l'Élysée-Montmartre

HOUSE OF LIVE
Plan 194 H5
124, rue de la Boétie, 75008
Tél. : 01 42 25 18 06
Les concerts de rock et de blues sont gratuits dans ce bar, proche des Champs-Élysées.
🕐 Concerts : 22 h 30 💷 Gratuit 🚇 George V

IRCAM
Plan 196 N7
1, place Igor-Stravinsky, 75004
Tél. : 01 44 78 48 43
www.ircam.fr
Créé en 1975 par Pierre Boulez, cet institut dédié à la recherche musicale contemporaine, réunit musiciens et chercheurs.
Il est affilié au centre Georges-

Pompidou, où il produit des spectacles.
🕐 Selon le spectacle 💷 Selon le spectacle 🚇 Rambuteau, Hôtel de Ville, Châtelet

JAVA
Plan 196 Q5
105, rue du Faubourg-du-Temple, 75010
Tél. : 01 42 02 20 52
Autrefois un cabaret, cette salle existe depuis 1920 et a accueilli Édith Piaf à ses débuts. Aujourd'hui, des groupes viennent jouer des airs de salsa et de latino et de talentueux DJ vous feront danser jusqu'au bout de la nuit.
🕐 Concerts : 20 h 30 💷 Selon le spectacle 🚇 Goncourt

MAISON DE RADIO-FRANCE
Voir Musique classique, Danse et Opéra, ▷ 202.

NEW MORNING
Plan 196 N5
7-9, rue des Petites-Écuries, 75010
Tél. : 01 45 23 51 41
Ce célèbre club a accueilli les plus grands noms du jazz. On y joue aussi bossa et salsa.
🕐 Concerts : 21 h (dépend des jours) 💷 Environ 25 € 🚇 Château d'Eau

LE PETIT JOURNAL MONTPARNASSE
Plan 195 K10
13, rue du Commandant-Mouchotte, 75014
Tél. : 01 43 21 56 70
Le Petit Journal Montparnasse est un club de jazz qui a reçu les plus grands artistes comme Didier Lockwood, Richard Galliano, Manu di Bango, Claude Nougaro… Le Petit Journal au Quartier latin, sur le boulevard Saint-Michel, est dirigé par la même équipe.
🕐 Concert : mar.-sam. 22 h 💷 16 € 🚇 Montparnasse-Bienvenüe

SATELLIT CAFÉ
Plan 196 Q6
44, rue de la Folie-Méricourt, 75011
Tél. : 01 47 00 48 87
www.satellit-cafe.com

À FAIRE

Ambassadeur de la world music à Paris, ce café peut accueillir 250 personnes pour un programme très éclectique comprenant du Latino, du blues, de la musique balte, africaine, méditerranéenne… 🎧 Concert : mar.-sam. 21 h 💶 Environ 10 € 🚇 Oberkampf, Saint-Ambroise

SUNSET SUNSIDE
Plan 196 N7
60, rue des Lombards, 75001
Tél. : 01 40 26 21 25
www.sunset-sunside.com
De jeunes talents européens fréquentent cette petite cave pour des concerts improvisés. Une bonne adresse pour les amateurs de jazz. 🎧 Concerts : tlj 21 h, 22 h (parfois fermé le lun.) 💶 18 € 🚇 Châtelet

THÉÂTRE DES CHAMPS-ELYSÉES
Voir Musique classique, Danse et Opéra, ▷ 203.

SALLES DE SPECTACLES
CITHÉA
Voir concerts musique contemporaine ▷ 204.

ESPACE MARAIS
Plan 196 P8
22, rue Beautreillis, 75004
Tél. : 01 48 04 91 55
www.theatreespacemarais.com
Ce petit théâtre, qui occupe l'aile gauche d'un hôtel particulier du XVIIe siècle où vécut Baudelaire et où Cézanne avait son atelier, offre une programmation très variée. Danse, concerts et théâtre. 🎧 Dépend des spectacles 💶 24 €-34 € 🚇 Bastille

GLAZ'ART
Plan 197 hors N3
7-15, avenue de la Porte de la Villette, 75019
Tél. : 01 40 36 55 65
www.glazart.com
Logé dans un blockhaus orange installé porte de la Villette, ce café expérimental propose de l'avant-garde (concerts,

expositions d'arts plastiques, projections vidéo) dans une atmosphère très particulière. 🎧 Dim.-ven. 20 h 30-2 h, sam. 22 h-5 h 💶 Environ 10 € 🚇 Porte de la Villette

LES LUCIOLES
Plan 196 hors Q6
102, boulevard de Ménilmontant, 75011
Tél. : 01 40 33 10 24
Ce petit café sans prétention est le royaume du *slam*, un mélange de poésie et de rap, où les poèmes sont davantage chantés que lus. Tout le monde est invité à essayer. Un verre offert par poème. 🎧 Spectacles : dim 15 h 💶 Gratuit 🚇 Ménilmontant

Le centre Georges-Pompidou accueille des spectacles de l'IRCAM

LA MAROQUINERIE
Plan 196 hors Q6
23, rue Boyer, 75020
Tél. : 01 40 33 35 05
Autrefois magasin d'articles de cuir, La Maroquinerie est une rampe de lancement pour les jeunes talents. Sa programmation, éclectique et audacieuse, invite à des conversations littéraires, des concerts de musique techno, des représentations théâtrales et plus encore… 🎧 Lun.-sam. 23 h-1 h 💶 15 €-17 € 🚇 Gambetta

PALAIS DE TOKYO
Plan 194 G6

13, avenue du Président-Wilson, 75016
Tél. : 01 47 23 54 01
www.palaisdetokyo.com
Dédié à l'art contemporain, ce lieu cherche à recréer l'esprit de la Factory d'Andy Warhol. Détonant dans ce quartier chic, ce grand espace accueille expositions, concerts, projections de films et débats. 🎧 Mar.-dim. midi-minuit 💶 Galerie : 6 € 🚇 Iéna, Trocadéro

LA SCÈNE
Plan 196 hors Q8
2*bis*, rue des Taillandiers, 75011
Tél. : 01 48 06 50 70
www.la-scene.com
Cette salle de concert et son restaurant sont situés dans un ancien entrepôt. Vous y trouvez un lounge bar à l'étage, où voir (mais sans entendre) des concerts enregistrés. Concerts électro et acoustiques, parfois accompagnés de projections vidéo. 🎧 Dépend du spectacle 💶 12 € 🚇 Ledru-Rollin

THÉÂTRE MOLIÈRE-MAISON DE LA POÉSIE
Plan 196 N6
157, rue Saint-Martin, 75003
Tél. : 01 44 54 53 00
www.maisondelapoesie-moliere.com
Le théâtre de Molière, fondé en 1791, accueille aujourd'hui la maison de la Poésie qui a pour vocation de faire découvrir cet art à travers des lectures, des spectacles de danse, des concerts. Des festivals permettent de découvrir le patrimoine étranger. 🎧 Selon les spectacles 💶 5 € à 23 € 🚇 Rambuteau

THÉÂTRE
ATHÉNÉE THÉÂTRE LOUIS-JOUVET
Plan 195 L5
24, rue Caumartin, 75009
Tél. : 01 53 05 19 19
www.athenee-theatre.com
Louis Jouvet fit la renommée de ce théâtre qui peut accueillir aujourd'hui 700 personnes et qui vit le jour en

À FAIRE

1896. Le programme propose des pièces dramatiques classiques, de l'opéra et de la musique de chambre.
🎫 Spectacles : sept.-fin juin mar.-sam. soir, dim. matinée 💶 16 €-22 €
🚇 Havre-Caumartin

BOUFFES-DU-NORD
Plan 197 hors N3
37*bis*, boulevard de la Chapelle, 75010
Tél. : 01 46 07 34 50
www.bouffesdunord.com
Fermé en 1954, il a été rouvert à l'initiative de Peter Brook, en 1974, qui continue de mettre en scène certaines des pièces qui y sont présentées. Vous pourrez également assister à des concerts de musique classique.
🎫 Spectacles : mar.-sam. 20 h 30, sam.-dim. matinée (horaires selon le spectacle) 💶 18 €-25 €
🚇 La Chapelle

LA CARTOUCHERIE
Plan 196 hors Q9
Route du Champ-de-Manœuvre, 75012
Tél. : 01 43 74 72 74 (Aquarium)
    01 43 74 24 08 (Soleil)
    01 43 28 36 36 (Tempête)
    01 43 28 97 04 (Chaudron)
    01 48 08 39 74 (Épée de Bois)
www.theatre-du-soleil.fr
Au cœur du bois de Vincennes, cet ancien dépôt de munitions, dirigé par Ariane Mnouchkine, accueille dans ses cinq salles des spectacles d'avant-garde.
🎫 Spectacles : mar.-sam. soirs, dim. après-midi 💶 À partir de 18 €
🚇 Château de Vincennes (puis navette gratuite, bus 112 ou marche à pied)

CASINO DE PARIS
Plan 197 L4
16, rue de Clichy, 75009
Tél. : 01 49 95 22 22
www.casinodeparis.fr
Vous ne trouvez pas de machines à sous ici mais une salle de concerts légendaire qui a notamment accueilli Joséphine Baker, dans les années 1920.
🎫 Spectacles : lun.-sam. 20 h ou 20 h 30, dim. 16 h ou 17 h
💶 33 €-53 €
🚇 Trinité-d'Estienne d'Orves

COMÉDIE DES CHAMPS-ÉLYSÉES
Plan 194 H6
15, avenue Montaigne, 75008
Tél. : 01 53 23 99 19
Située au milieu de boutiques de luxe, cette salle élégante de style Art nouveau, avec ses 631 places, accueille des pièces de théâtre, comédies ou drames, et parfois des spectacles de variétés. (Ne confondez pas avec le théâtre des Champs-Élysées, à la même adresse.)
🎫 Selon le spectacle
💶 Selon le spectacle
🚇 Alma-Marceau, Franklin D. Roosevelt

La Comédie des Champs-Élysées offre une large programmation

COMÉDIE-FRANÇAISE/ SALLE RICHELIEU
Plan 195 L6
2, rue de Richelieu, 75001
Tél. : 01 44 58 15 15
www.comedie-francaise.fr
La Comédie-française a été fondée par Molière, en 1680. Aujourd'hui, sa troupe prestigieuse interprète le répertoire classique français et étranger.
🎫 Spectacles: tlj 20 h 30, matinées le sam.-dim. 💶 12 €-35 € 🚇 Palais Royal-Musée du Louvre

COMÉDIE FRANÇAISE/ THÉÂTRE DU VIEUX-COLOMBIER
Plan 195 L8

21, rue du Vieux-Colombier, 75006
Tél. : 01 44 39 87 00
www.comedie-francaise.fr
Cette salle moderne de 330 places, associée à la Comédie-française (voir ci-dessus), a pour vocation de promouvoir les auteurs contemporains.
🎫 Spectacles : mar.-sam. soir, dim. après-midi 💶 27 € 🚇 Saint-Sulpice

ESSAÏON
Plan 196 N7
6, rue Pierre-au-Lard, 75004
Tél. : 01 42 78 46 42
Ces anciennes caves du XIIe siècle possèdent aujourd'hui deux salles : Genet (100 places) et Beckett (70 places). Vous y assisterez à des pièces écrites par des auteurs vivants et à des spectacles musicaux.
🎫 Spectacles : mar.-sam. 20 h, 20 h 30 ou 21 h 30 💶 Environ 15 €
🚇 Rambuteau, Hôtel de Ville

HÉBERTOT
Plan 197 off K3
78*bis*, boulevard des Batignolles, 75017
Tél. : 01 43 87 23 23
Construite en 1830, cette belle salle à l'italienne tient son nom de son directeur de 1940 à 1973, Jacques Hébertot. La programmation, de qualité, propose des pièces classiques et contemporaines.
🎫 Spectacles : mar.-sam. 19 h ou 21 h 💶 15 €-40 € 🚇 Villiers, Rome

LUCERNAIRE/CENTRE NATIONAL D'ART ET D'ESSAI
Plan 195 L9
53, rue Notre-Dame-des-Champs, 75006
Tél. : 01 45 44 57 34
www.lucernaire.fr
Ce complexe ne possède pas moins de trois cinémas, une école d'art dramatique, une galerie d'art, un bar, un restaurant et deux théâtres. Les salles « Rouge » et « Noir », de 130 places chacune, présentent des pièces de qualité, classiques et contemporaines.
🎫 Spectacles : mar.-sam. soir 💶 30 € 🚇 Vavin, Notre-Dame-des-Champs

À FAIRE

THÉÂTRE DE L'ATELIER

Plan 197 M3
Place Charles-Dullin, 75018
Tél. : 01 46 06 49 24

Ancienne théâtre de Montmartre, cette salle a été créée en 1922 par Charles Dullin qui y a livré une dure bataille pour la rénovation de l'art dramatique. La programmation est variée et contemporaine.
Spectacles : mar.-sam. 19 h ou 21 h, dim. après-midi 15 h ou 18 h 🖑 7 €-40 € 🚇 Anvers

THÉÂTRE DE LA CITÉ INTERNATIONALE

Voir Musique classique, Danse et Opéra, ▷ 203.

THÉÂTRE DES DÉCHARGEURS-LA BOHÈME

Plan 195 M7
3, rue des Déchargeurs, 75001
Tél. : 01 42 36 00 02 (théâtre)

Cet élégant bâtiment du XVIIe siècle héberge un petit théâtre de 100 places au répertoire varié et dans son sous-sol, un café-théâtre, La Bohème, qui met en scène des humoristes et d'autres spectacles comiques.
Spectacles : mar.-sam. vers 20 h 🖑 15 € 🚇 Châtelet-Les Halles

THÉÂTRE DES DEUX ÂNES

Plan 197 L3
100, boulevard de Clichy, 75018
Tél. : 01 46 06 10 26
www.2anes.com

Depuis 1922, ce théâtre de 300 places est resté fidèle à sa devise : « Bien braire et laisser rire. » C'est aujourd'hui encore un théâtre de chansonniers qui accueille essentiellement des revues satiriques, souvent sur le thème de la politique française.
Spectacles : mar.-ven. 20 h 30, sam. 16 h 30, 20 h 30, dim. 15 h 30 🖑 35 €-39 € 🚇 Blanche

THÉÂTRE DUNOIS

Plan 196 hors P10
108, rue du Chevaleret, 75013
Tél. : 01 45 84 72 00

Ce théâtre, fondé en 1987, s'adresse à un jeune public. On y assiste à des spectacles de marionnettes, à des adaptations de contes pour enfants et à des chorégraphies aussi magiques que poétiques.
Spectacles : mar., sam., dim. après-midi 🖑 16 €, moins de 15 ans 7 € 🚇 Chevaleret

THÉÂTRE FONTAINE

Plan 197 L3
10, rue Fontaine, 75009
Tél. : 01 48 74 74 40

Cette ancienne salle de danse de 650 places présente des pièces de grande qualité, contemporaines et classiques, et toujours interprétées par des comédiens reconnus.

L'élégant Théâtre national de Chaillot

Spectacles : mar.-ven. 21 h, sam. 18 h, 21 h 🖑 16 €-32 € 🚇 Blanche, Saint-Georges, Pigalle

THÉÂTRE DE LA HUCHETTE

Plan 195 M8
23, rue de la Huchette, 75005
Tél. : 01 43 26 38 99

Deux pièces de Ionesco, *La Cantatrice Chauve* et *La Leçon*, y sont jouées six jours par semaine depuis plus de 50 ans, avec toujours autant de succès. Une véritable institution du Quartier latin.
Selon le spectacle 🖑 18 €-30 € 🚇 Saint-Michel

THÉÂTRE DE LA MICHODIÈRE

Plan 197 L5

4*bis*, rue de la Michodière, 75002
Tél. : 01 47 42 95 22

Inaugurée en 1925, cette salle rouge et or peut accueillir 900 spectateurs. Elle fut dirigée par Yvonne Printemps, Pierre Fresnay, Jean Anouilh et présente aujourd'hui surtout des comédies à succès.
Spectacles : mar.-ven. 20 h 30, sam. 17 h, 20 h 30, dim. 15 h 🖑 8 €-40 € 🚇 Quatre-Septembre

THÉÂTRE MOGADOR

Plan 197 L4
25, rue de Mogador, 75009
Tél. : 01 53 32 32 00

Ce théâtre de 1 700 places accueille musique classique, comédies musicales, opérettes, chanteurs. Le plus grand théâtre privé à Paris.
Spectacles : mar., ven., sam. soirs, mer., sam., dim. après-midis 🖑 15 €-60 € 🚇 Trinité-d'Estienne d'Orves

THÉÂTRE MOLIÈRE-MAISON DE LA POÉSIE

Voir Salles de spectacles, ▷ 198.

THÉÂTRE MOUFFETARD

Plan 196 N9
73, rue Mouffetard, 75005
Tél. : 01 43 31 11 99
www.theatremouffetard.com

Ce théâtre, pour tous les goûts et tous les âges présente des pièces classiques, contemporaines, des spectacles humoristiques, musicaux et même de marionnettes pour les enfants.
Mar.-sam. 19 h ou 21 h ; spectacles pour les enfants mer. 14 h 15, sam. 15 h et vacances scolaires 🖑 Soirs : 20 €-22 € ; après-midi : 8 € 🚇 Place Monge

THÉÂTRE NATIONAL DE CHAILLOT

Plan 194 G6
1, place du Trocadéro, 75016
Tél. : 01 53 65 30 00
www.theatre-chaillot.fr

Situé dans l'imposant Palais de Chaillot et autrefois appelé TNP, il connut Jean Vilar comme directeur et Gérard Philipe comme comédien, et propose du contemporain et du classique.
Spectacles : mar.-sam. 20 h 30, dim. 15 h 🖑 19,50 €-39 € 🚇 Trocadéro

À FAIRE

THÉÂTRE NATIONAL DE LA COLLINE
Plan 196 hors Q6
15, rue Malte-Brun, 75020
Tél. : 01 44 62 52 52
www.colline.fr
Logé dans un bâtiment moderne, il est le premier théâtre national à être entièrement dédié aux auteurs contemporains. Deux auditoriums : le Grand Théâtre (760 places) et le Petit Théâtre (200 places).
🎭 Spectacles : mar.-sam. soirs, dim. après-midi 🎟 26 €
🚇 Gambetta

THÉÂTRE DE NESLE
Plan 195 M7
8, rue de Nesle, 75006
Tél. : 01 46 34 61 04
Niché dans la cave voûtée d'un hôtel particulier du XVIIe siècle, ce théâtre propose une programmation éclectique et de qualité ainsi que des spectacles pour enfants.
🎭 Spectacles : mar.-sam. soirs, mer. et sam. après-midis 🎟 6 €-15 €
🚇 Odéon, Pont-Neuf

THÉÂTRE DU NORD-OUEST
Plan 197 M5
13, rue du Faubourg-Montmartre, 75009
Tél. : 01 47 70 32 75
Édith Piaf y a chanté dans les années 1930 quand ce théâtre était encore un cabaret. Aujourd'hui, les textes classiques y sont réinterprétés par de jeunes troupes de comédiens.
🎭 Selon le spectacle 🎟 20 €
🚇 Grands Boulevards

THÉÂTRE DU PALAIS ROYAL
Plan 195 L6
38, rue Montpensier, 75001
Tél. : 01 42 97 59 81
www.theatrepalaisroyal.com
C'est dans ce théâtre, qui brûla en 1781, que Molière conçut ses plus grandes œuvres. Merveilleusement situé près des jardins du Palais Royal, cet établissement propose une programmation pour le moins variée

qui comprend parfois des concerts de musique classique.
🎭 Spectacles : mar.-ven. 20 h 30, sam. 21 h, dim. 15 h 30
🎟 Selon le spectacle
🚇 Bourse, Palais Royal-Musée du Louvre

THÉÂTRE LE RANELAGH
Plan 194 off F7
5, rue des Vignes, 75016
Tél. : 01 42 88 64 44
Ce théâtre de 340 places, construit en 1890, a un petit air rococo avec ses panneaux de bois sculptés et son plafond à caissons. La programmation, de qualité, propose à la fois des pièces

Surveillez les programmes sur les affiches

classiques et contemporaines et de l'opéra.
🎭 Spectacles : mar.-sam. soirs, dim. après-midi 🎟 23 € et 30 € 🚇 La Muette

THÉÂTRE SILVIA-MONFORT
Plan 194 hors J10
106, rue Brancion, 75015
Tél. : 01 56 08 33 88
La grande comédienne Silvia Monfort s'est vue confier ce théâtre par la Ville de Paris pour y produire des pièces, des spectacles de danse et des concerts. Aujourd'hui, la programmation reste plus éclectique que jamais.
🎭 Spectacles : mar.-sam. 20 h 30, dim. 16 h 🎟 22 € 🚇 Porte de Vanves

THÉÂTRE DES VARIÉTÉS
Plan 197 M5
7, boulevard Montmartre, 75002
Tél. : 01 42 33 09 92
www.theatre-des-varietes.fr
Fondé en 1807, ce théâtre de 900 places, à la façade classée, accueille des pièces de qualité. Il est dirigé par Jean-Paul Belmondo depuis 1991.
🎭 Spectacles : mar.-ven. 20 h 30, sam., lun. 21 h, dim. 15 h 30 🎟 12 €-46 €
🚇 Bourse, Grands-Boulevards

THÉÂTRE DE LA VILLE
Plan 195 M7
2, place du Châtelet, 75004
Tél. : 01 42 74 22 77
www.theatredelaville-paris.com
À jamais associé à Sarah Bernhardt, qui y joua au début du XXe siècle, ce grand théâtre de 1 000 places qui occupe l'emplacement de l'ancienne forteresse du Châtelet, accueille du théâtre, de la musique, des musiques du monde et de la danse moderne.
🎭 Spectacles : lun.-ven. 20 h 30, sam. 17 h, 20 h 30 🎟 16 €-23 € 🚇 Châtelet

THÉÂTRE DE LA VILLE-LES ABBESSES
Plan 197 L3
31, rue des Abbesses, 75018
Tél. : 01 42 74 22 77
www.theatredelaville-paris.com
Cette salle dépend du Théâtre de la Ville (voir ci-dessus) dont elle partage la programmation.
🎭 Spectacles : mar.-sam. 20 h 30, dim. 15 h 🎟 16 €-23 € 🚇 Abbesses

VINGTIÈME THÉÂTRE
Plan 196 off Q6
7, rue des Platrières, 75020
Tél. : 01 43 66 01 13
Cette petite salle accueille des spectacles de danse, de comédies, des chanteurs et bien plus encore. Des conférences et des débats sur des sujets pertinents y sont également organisés.
🎭 Spectacles : mar.-ven. soirs, sam. matinée et soir 🎟 19 €
🚇 Ménilmontant

À FAIRE

VIE NOCTURNE

Tout change très vite à Paris, mais le *Pariscope* et *L'Officiel des Spectacles* devraient permettre de vous y retrouver. Rien ne commence vraiment avant minuit dans la plupart des boîtes de nuit et se prolonge souvent jusqu'à l'aube, notamment le week-end. Il vous faudra généralement payer un droit d'entrée et vous habiller un peu pour passer le cap des videurs. Si les boîtes de nuit ne sont pas votre tasse de thé, des milliers de bars vous attendent, du plus intime au Latino enfiévré en passant par le bar d'hôtel chic et à la mode.

BARS

L'ATELIER RENAULT
53, avenue des Champs-Élysées, 75008
Tél. : 01 49 53 70 70
www.atelier-renault.com
L'atelier Renault propose un bar, un restaurant et un immense espace d'exposition pour mettre en scène

Paris dispose de bars pour tous les goûts

le lancement de nouveaux véhicules mais aussi organiser des événements artistiques, des défilés de mode, des dédicaces… Le lieu n'a plus rien à voir avec le hall du concessionnaire automobile qu'il était autrefois.
🕐 Tlj midi-minuit
Ⓜ Franklin D. Roosevelt

BAR HEMINGWAY
Hôtel Ritz, 15, place Vendôme, 75001
Tél. : 01 43 16 33 65
www.ritzparis.com
L'écrivain appréciait son atmosphère et ses excellents daïquiris. Dans un cadre « so british » (boiseries, fauteuils

club), ce bar propose des whiskies pur malt, du champagne, de savants cocktails. Le cigare s'y porte bien, et est même de rigueur.
🕐 Lun.-sam. 18 h 30-2 h
Ⓜ Opéra, Madeleine

BAR DU MARCHÉ
75, rue de Seine, 75006
Tél. : 01 43 26 55 15
Décor rétro, terrasse sur la rue, serveurs affairés. Très populaire auprès des habitants du quartier.
🕐 Tlj 8 h-2 h Ⓜ Mabillon

BARFLY
49-51, avenue George-V, 75008
Tél. : 01 53 67 84 60
Ce bar, naguère un dépôt de journaux, est fréquenté par des hommes d'affaire qui y viennent pour un verre ou pour sa cuisine créative.
🕐 Tlj midi-2 h Ⓜ George V

BARRAMUNDI
3, rue Taitbout, 75009
Tél. : 01 47 70 21 21
Rencontre de l'Inde et de l'Afrique pour le style et world music pour relever l'atmosphère. Le repaire des gens de la mode qui y viennent pour boire un verre, déjeuner ou dîner au restaurant.
🕐 Lun.-ven. 12 h-14 h 30, 19 h-2 h, sam. 19 h-5 h Ⓜ Richelieu-Drouot

BATACLAN CAFÉ
50, boulevard Voltaire, 75011
Tél. : 01 49 23 96 33
Du nom de la salle de concert voisine, ce bar attire une clientèle branchée et ceux qui vont au spectacle. Le décor est

superbe : statues, murs ocre, mobilier en rotin…
🕐 Tlj 19 h-2 h Ⓜ Oberkampf

BELLE HORTENSE
31, rue Vieille-du-Temple, 75004
Tél. : 01 48 04 71 60
www.cafeine.com
À la fois cave à vins et libraire, la Belle Hortense choisit aussi bien ses crus que ses auteurs. Des lectures sont régulièrement organisées.
🕐 Tlj 17 h-2 h Ⓜ Hôtel de Ville

BOCA CHICA
58, rue de Charonne, 75011
Tél. : 01 43 57 93 13
www.labocachica.com
Un air de fête règne dans ce bar à tapas avec ses tabourets,

Certains établissements sont plus intimes et calmes que d'autres

son bar en acier et son éclairage superbe. Venez ici pour un verre ou pour manger un morceau, au son des rythmes Latino.
🕐 Dim.-jeu. 10 h-2 h, ven.-sam. 10 h-5 h Ⓜ Ledru-Rollin

BOTTLE SHOP
5, rue Trousseau, 75011
Tél. : 01 43 14 28 04
Ce bar modeste mais très animé dans le quartier de la Bastille possède un décor chaleureux et convivial et une petite terrasse extérieure. Brunchs servis le dimanche.
🕐 Tlj 11h 30-2 h
Ⓜ Ledru-Rollin

BUDDHA BAR
8, rue Boissy-d'Anglas, 75008
Tél. : 01 53 05 90 00
Bar et restaurant à la mode où vous pourrez croiser des célébrités tout en écoutant de la bonne musique. Le service est assez indifférent à moins bien sûr que vous ne soyez vous-même une célébrité !
🕐 Bar : tlj à partir de 16 h ; restaurant : tlj à partir de 19 h 🚇 Concorde

CAFÉ DES ANGES
66, rue de la Roquette, 75011
Tél. : 01 47 00 00 63
Cette petite terrasse, où ne tient qu'une rangée de petites tables bistro, est idéale pour regarder les gens passer. À l'intérieur, le décor rétro avec ses tables en bois et son carrelage en mosaïque, crée une atmosphère chaleureuse.
🕐 Tlj 8 h-2 h 🚇 Bastille

CAFÉ CHARBON
109, rue Oberkampf, 75011
Tél. : 01 43 57 55 13
Dans cet ancien entrepôt de charbon, un café-bar plein de caractère au milieu de grands miroirs piqués et de fresques. Un des nombreux bars branchés de la rue Oberkampf, bondés tous les soirs.
🕐 Tlj 8 h-2 h 🚇 Rue Saint-Maur

CAFÉ DE L'INDUSTRIE
16, rue Saint-Sabin, 75011
Tél. : 01 47 00 13 53
www.cafe-de-lindustrie.com
Cet immense café, qui a connu son heure de gloire lors de l'engouement initial pour le quartier de la Bastille, continue d'attirer de nouveaux fidèles sur sa terrasse et dans ses deux salles boisées, décorées d'objets coloniaux et de portraits de comédiens.
🕐 Dim.-ven. 10 h-2 h
🚇 Bréguet Sabin, Bastille

CAFÉ MARTINI
11, rue du Pas-de-la-Mule, 75004
Tél. : 01 42 77 05 04
Les murs ocre, les tapis profonds, les airs de jazz

créent une atmosphère accueillante dans ce café situé à deux pas de la place des Vosges.
🕐 Tlj 8 h 30-2 h 🚇 Chemin Vert

LE CAFÉ RUC
159, rue Saint-Honoré, 75001
Tél. : 01 42 60 97 54
Velours rouge, colonnes, lumières indirectes, le décor est élégant et l'adresse prestigieuse, face à la Comédie-française.
🕐 Tlj 8 h-2 h 30 🚇 Palais Royal-Musée du Louvre

CANNIBALE CAFÉ
93, rue Jean-Pierre Timbaud, 75011
Tél. : 01 49 29 95 59

Les Deux-Magots, une véritable institution

Le décor rétro, long bar, sièges en moleskine, grands miroirs, attire une clientèle d'habitués mais accueille aussi avec plaisir les consommateurs de passage.
🕐 Tlj 8 h-2 h 🚇 Couronnes

CHAO BA CAFÉ
22, boulevard de Clichy, 75018
Tél : 01 46 06 72 90
Un havre de paix dans le quartier chaud du centre de Paris. Mobilier en bambou, lumières indirectes, musique exotique et cocktails savoureux. DJ tous les week-ends.
🕐 Dim.-jeu. 8 h 30-2 h, ven.-sam. 8 h 30-5 h 🚇 Pigalle

CHINA CLUB
50, rue de Charenton, 75012
Tél. : 01 43 43 82 02
www.chinaclub.cc
Un mélange d'Art déco et d'influences coloniales. Le grand bar et les canapés profonds en font une adresse idéale pour boire un verre ou déguster une cuisine chinoise raffinée. Fumoir à l'étage. Concerts de jazz les jeudis, vendredis et samedis.
🕐 Dim-jeu. 19 h-2 h, ven.-sam. 19 h-3 h 🚇 Bastille, Ledru-Rollin

CORCORAN'S
110, boulevard de Clichy, 75018
Tél. : 01 42 23 00 30
Bienvenue à Dublin avec la Guinness à la pression et les publicités irlandaises sur les murs. Excellente cuisine de pub, dont des fish and chips et des ragoûts typiques, à l'heure du déjeuner.
🕐 Dim.-mer. 11 h-3 h 30, jeu. 11 h-4 h 30, ven.-sam. 11 h-5 h 30 🚇 Place de Clichy

CUBANA CAFÉ
45, rue Vavin, 75006
Tél. : 01 40 46 80 81
www.cubanacafe.com
Au cœur d'un des quartiers chic de Paris, toute l'ambiance de La Havane. Cigares et cocktails à base de rhum.
🕐 Dim.-jeu. 11 h-3 h, ven.-sam. 11 h-5 h 🚇 Vavin

DE LA VILLE CAFÉ
36, boulevard Bonne-Nouvelle, 75010
Tél. : 01 48 24 48 09
La double volée d'escaliers, les baies vitrées, les canapés, donnent à ce café une touche théâtrale. D'excellents DJ mixent au premier étage.
🕐 Tlj 11 h-2 h
🚇 Bonne-Nouvelle

LES DEUX MAGOTS
170, boulevard Saint-Germain, 75006
Tél. : 01 45 48 55 25
Repaire des philosophes et des artistes dans les années 1950, cet établissement a su conserver son esprit

À FAIRE

intellectuel en partie grâce
à la librairie La Hune, voisine.
Une institution parisienne.
◉ Tlj 7 h 30-1 h
🚇 Saint-Germain des-Prés

LES ÉDITEURS
4, carrefour de l'Odéon, 75006
Tél. : 01 43 26 67 76
www.lesediteurs.fr
Les Éditeurs est fréquenté
par le monde littéraire.
L'atmosphère chaleureuse,
les chaises de velours rouge,
les lumières tamisées,
les étagères couvertes de livres
à disposition, en font un lieu
idéal pour bouquiner. Des
lectures, des signatures et des
expositions y sont organisées.
C'est dans cette brasserie qu'est
décerné le Prix des Éditeurs.
◉ Tlj 8 h-2 h 🚇 Odéon

L'ENDROIT
67, place du Docteur-Félix-Lobligeois,
75017
Tél. : 01 42 29 50 00
Le décor a du style. Grand bar
semi-circulaire, sièges et murs
couverts de cuir noir, lumières
indirectes. Le lieu dégage
de bonnes vibrations et la
musique techno et trip hop
ravit une clientèle très
branchée.
◉ Tlj midi-2 h 🚇 Rome

LES ÉTAGES
35, rue Vieille-du-Temple, 75004
Tél. : 01 42 78 72 00
Des fauteuils et des canapés
qui ont dû avoir leur heure
de gloire, donnent du charme
au lieu. Des cocktails
très imaginatifs sont servis
au bar. Pour une ambiance
plus intime, montez dans
les salons, à l'étage.
◉ Tlj 15 h 30-2 h
🚇 Hôtel de Ville

L'ÉTOILE MANQUANTE
34, rue Vieille-du-Temple, 75004
Tél. : 01 42 72 48 34
www.cafeine.com
Sur le thème de l'espace,
ce café est une véritable
invitation à la rêverie. Admirez
le plafond pop-art et n'oubliez

pas d'aller voir la superbe
installation vidéo sur fond de
2001, l'Odyssée de l'espace
dans les toilettes.
◉ Tlj 9 h-2 h 🚇 Hôtel-de-Ville

FAVELA CHIC
18, rue du Faubourg-du-Temple, 75011
Tél. : 01 40 03 02 66
www.favelachic.com
Cocktails (le caipirinha est
un must), world music
et excellents DJ sont au
programme de ce bar-
restaurant à l'ambiance
brésilienne. Cuisine sud-
américaine.
◉ Lun.-jeu. 19 h 30-2 h, ven.-sam.
19 h 30-4 h 🎵 Entrée gratuite
(la plupart du temps) 🚇 République

*Le légendaire Harry's New York
Bar et ses fameux cocktails*

FOOTSIE
10-12, rue Daunou, 75002
Tél. : 01 42 60 07 20
Près de la Bourse, ce bar
fonctionne sur le même
principe : les prix varient selon
l'offre et la demande.
◉ Lun.-jeu. 12 h-15 h, 18 h-2 h, ven.-
sam. 12 h-15 h, 18 h-4 h 🚇 Opéra

FOURMI
74, rue des Martyrs, 75018
Tél. : 01 42 64 70 35
Nommé ainsi en hommage
à la fable de La Fontaine,
ce bar fréquenté par de
nombreux artistes, possède
un décor rétro, un grand bar,
des tables en bois et des
murs ocre. La salle de concert,

la Cigale (▷ 204), se trouve
juste à côté.
◉ Lun.-jeu. 8 h-2 h, ven.-sam. 8 h-4 h,
dim. 10 h-2 h 🚇 Pigalle

FUMOIR
6, rue de l'Amiral-de-Coligny, 75001
Tél. : 01 42 92 00 24
Non loin du Louvre, dans un
cadre très chic, venez vous
caler dans un bon gros fauteuil
et lire les journaux. Vous
pouvez fumer le cigare.
La clientèle est très chic.
◉ Tlj 11 h-2 h 🚇 Louvre-Rivoli

GUILLAUME
32, rue de Picardie, 75003
Tél. : 01 44 54 20 60
Cet espace, avec sa mezzanine,
ses poutrelles métalliques sous
une immense verrière, fut jadis
l'atelier d'un orfèvre. C'est
aujourd'hui un restaurant qui
abrite également une galerie
d'art branchée.
◉ Lun.-ven. 8 h 30-2 h, sam. 11 h-2 h,
dim.11 h-minuit 🚇 Temple

HARRY'S NEW YORK BAR
5, rue Daunou, 75002
Tél. : 01 42 61 71 14
www.harrys-bar.fr
Une véritable institution,
depuis 1911. Des centaines
de cocktails sont préparés
par des barmen hautement
qualifiés. Mélange de boiseries
et de moleskine rouge,
le décor est très raffiné.
◉ Tlj 11 h-4 h 🚇 Opéra

HAVANITA
11, rue de Lappe, 75011
Tél. : 01 43 55 96 42
Une excellente adresse
pour un dépaysement total.
Fauteuils club, palmiers,
éventails, cette petite antenne
de Cuba est située dans une
rue piétonne bordée de bars,
à quelques pas de la Bastille.
◉ Tlj 16 h-2 h 🚇 Bastille

KLEIN HOLLAND
36, rue du Roi de Sicile, 75004
Tél. : 01 42 71 43 13
Le repaire de tous les
Hollandais de Paris,
particulièrement les soirs

À FAIRE

où leur équipe nationale joue au foot. La bière est à prix raisonnable et l'ambiance digne d'un vrai pub.
🕐 Tlj 17 h-2 h 🚇 Hôtel de Ville

LIZARD LOUNGE
18, rue du Bourg-Tibourg, 75004
Tél. : 01 42 72 81 34
www.hip-bars.com
Très apprécié des Anglais, ce pub toujours très animé propose de la bière à la pression, dans un chaleureux décor. Des concerts ont lieu au sous-sol.
🕐 Tlj midi-2 h 🚇 Hôtel de Ville

LA MERCERIE
98, rue Oberkampf, 75011
Tél. : 01 43 38 81 30
Autrefois une mercerie, les murs sont patinés, les canapés usés et confortables, les murs couverts de tableaux de jeunes artistes. Une adresse idéale pour boire un verre ou lire.
🕐 Lun. -ven. 17 h-2 h, sam.-dim. 15 h-2 h 🚇 Ménilmontant

OPA
9, rue Biscornet, 75012
Tél. : 01 49 28 12 90
Musique électronique et classiques des années 1980. Ouvert très tard, ce bar vous accueille avant ou après votre sortie en boîte.
🕐 Mar.-jeu. 19 h-2 h, ven.-sam. 19 h-6 h 💷 Gratuit tous les soirs de semaine ou presque, ven.-sam. environ 10 € 🚇 Bastille

PAPOU LOUNGE
74, rue Jean-Jacques Rousseau, 75001
Tél. : 01 44 76 00 03
Venez ici si vous avez envie de changement : des curiosités asiatiques et africaines, de la cuisine inventive, et de la musique comme vous en écoutez rarement ailleurs.
🕐 Lun.-ven. 10 h-2 h, sam. 11 h-2 h, dim. 17 h-minuit
🚇 Étienne Marcel, Les Halles

LE PETIT FER À CHEVAL
30, rue Vieille-du-Temple, 75004
Tél. : 01 42 72 47 47
www.cafeine.com

Accoudé au superbe bar en forme de fer à cheval, vous pouvez commander un café ou un verre de vin. Petite terrasse et salle à manger au décor rétro. Cuisine de bistro.
🕐 Tlj 9 h-2 h 🚇 Hôtel de Ville

LES PHILOSOPHES
28, rue Vieille-du-Temple, 75004
Tél. : 01 42 72 47 47
www.cafeine.com
Les murs de ce petit bistro sont couverts de tableaux. Mais la principale attraction reste sa jolie terrasse donnant sur un calme et pittoresque cul-de-sac. On y joue parfois du piano.
🕐 Tlj 9 h-2 h 🚇 Hôtel de Ville

Le bar du Lizard Lounge
(▷ 211)

LE PISTON PÉLICAN
Rue de Bagnolet, 75020
Tél. : 01 43 70 35 00
L'ambiance est très conviviale dans ce petit bistro branché mais sans prétention.
Bar, peintures aux murs et petite terrasse.
🕐 Lun.-ven. 8 h-2 h, sam.-dim. 10 h-2 h 🚇 Alexandre Dumas

THE POLO ROOM
3, rue Lord-Byron, 75008
Tél. : 01 40 74 07 78
L'atmosphère rappelle celle d'un vieux club de polo : salons, alcôves, intérieur boisé et vert bouteille. Les cocktails sont délicieux. Soirées jazz, projections de films culte,

retransmissions sportives.
À deux pas de l'Étoile.
🕐 Lun.-jeu. 17 h-1 h, ven. 17 h-2 h, sam. 18 h-2 h, dim. 18 h-1 h
🚇 Charles de Gaulle-Étoile

RÉSERVOIR
16, rue de la Forge-Royale, 75011
Tél. : 01 43 56 39 60
www.reservoirclub.com
Ce décor luxueux mélange les imprimés léopard, le velours rouge et des luminaires choisis. L'ambiance est chaleureuse et des concerts occasionnels attirent une foule branchée.
🕐 Mar.-sam. 20 h-tard dans la nuit ; dim.-lun. sur invitations seulement 🚇 Ledru-Rollin

RHUMERIE
166, boulevard Saint-Germain, 75006
Tel 01 43 54 28 94
www.larhumerie.com
Une institution. Le punch, les palmiers, les meubles en rotin vous feront oublier qu'il ne fait pas toujours beau à Paris et si c'est le cas, il y a la terrasse !
🕐 Tlj 9 h-2 h 🚇 Mabillon

SANCERRE
35, rue des Abbesses, 75018
Tél. : 01 42 58 08 20
www.lesancerre.com
Le cadre rappelle l'univers du *Fabuleux Destin d'Amélie Poulain* : un décor rétro et la vue, depuis la petite terrasse, sur l'une des petites rues de Montmartre. Le bar est fréquenté par de nombreux artistes.
🕐 Tlj 7 h-2 h 🚇 Abbesses

SANZ SANS
49, rue du Faubourg Saint-Antoine, 75011
Tél. : 01 44 75 78 78
Or et velours rouge dominent en ce lieu apprécié des DJs qui viennent mixer de la techno et de la R & B. Restaurant à l'étage. À deux pas de la Bastille.
🕐 Mar.-sam. 9 h-5 h, dim. 18 h-2 h, lun. 9 h-2 h 🚇 Bastille

SCHERKHAN
144, rue Oberkampf, 75011
Tél. : 01 43 57 29 34
L'un des très nombreux bars

du quartier de la rue Oberkampf. De la musique douce, des canapés récupérés mais confortables, l'accueil ici est vraiment chaleureux.
🕐 Tlj 17 h-2 h
Ⓜ Ménilmontant

CAFÉS

APPAREMMENT CAFÉ
18, rue des Coutures-Saint-Gervais, 75003
Tél. : 01 48 87 12 22
On s'y sent comme à la maison ! Des fauteuils confortables, une bibliothèque, des fléchettes et de quoi grignoter un en cas savoureux.
🕐 Lun.-ven. midi-2 h, sam. 16 h-2 h, dim. 12 h 30-minuit
Ⓜ Saint-Paul, Fille-du-Calvaire

BAZOOKA CAFÉ
9, rue Nicolas-Flamel, 75004
Tél. : 01 42 74 45 82
Anciennement l'Onix café, cette adresse chic et branchée, près du Centre Georges-Pompidou et du quartier gay du Marais, propose tous les soirs de la bonne musique.
🕐 Tlj 15 h-2 h
Ⓜ Châtelet

CAFÉ DE L'ATELIER
95, boulevard du Montparnasse, 75014
Tél. : 01 45 44 98 81
Ce café vous accueille toute la journée pour un verre ou un repas léger, à l'intérieur ou sur sa terrasse chauffée. C'est une adresse jeune et branchée mais plutôt calme. On s'y donne rendez-vous, comme en face, à La Coupole (▷ 266).
🕐 Tlj 24 heures sur 24   Ⓜ Vavin

CAFÉ BEAUBOURG
43, rue Saint-Merri, 75004
Tél. : 01 48 87 63 96
La terrasse de ce café au décor moderne donne directement sur la place Beaubourg. L'une des meilleures adresses pour regarder pendant des heures les gens passer ou marquer une pause après avoir visité une exposition au Centre Georges-Pompidou, juste en face. Cuisine simple et réussie.
🕐 Dim.-jeu. 8 h-1 h, ven.-sam. 8 h-2 h
Ⓜ Rambuteau

CAFÉ DE FLORE
172, boulevard Saint-Germain, 75006
Tél. : 01 45 48 55 26
Autrefois fréquenté par de célèbres écrivains et philosophes (Jean-Paul Sartre et Simone de Beauvoir étaient des fidèles), ce café a su garder son âme tout en accueillant une clientèle très variée.
🕐 Tlj 7 h 30-1 h 30
Ⓜ Saint-Germain-des-Prés

CAFÉ DE LA MAIRIE
8, place Saint-Sulpice, 75006
Tél. : 01 43 26 67 82

Le plaisir d'observer les passants du très chic Café Beaubourg

Donnant sur le parvis de l'église, la terrasse de ce café typiquement parisien est idéale pour un verre ou un repas léger, tout en observant les badauds. Les cartes de crédit ne sont pas acceptées.
🕐 Lun.-ven. 7 h-2 h, sam. 8 h-2 h
Ⓜ Saint-Sulpice, Mabillon

CHAISE AU PLAFOND
10, rue du Trésor, 75004
Tél. : 01 42 76 03 22
www.cafeine.com
Niché dans un paisible cul-de-sac, ce café possède une charmante terrasse chauffée. Mais l'intérieur est tout aussi agréable avec ses détails amusants comme le décor de science-fiction dans les toilettes. Bonne cuisine de bistro.
🕐 Tlj 9 h-2 h
Ⓜ Saint-Paul, Hôtel-de-Ville

LOU PASCALOU
14, rue des Panoyaux, 75020
Ménilmontant
Tél. : 01 46 36 78 10
L'assurance d'un accueil aimable dans un lieu sincère et sans prétention. La délicieuse terrasse est idéale pour y savourer un des meilleurs thés à la menthe de Paris.
🕐 Tlj 9 h-2 h
Ⓜ Ménilmontant

LE MABILLON
164, boulevard Saint-Germain, 75006
Tél. : 01 43 26 62 93
Une institution. À deux pas de la Sorbonne, le Mabillon est très populaire auprès des étudiants et des trentenaires branchés.
🕐 Tlj 7 h 30-6 h
Ⓜ Mabillon, Saint-Germain-des-Prés

NO STRESS CAFÉ
2, place Gustave-Toudouze, 75009
Tél. : 01 48 78 00 27
Comme son nom le suggère, ce café branché situé dans le quartier de la Nouvelle-Athènes, juste au sud de Pigalle, vous reçoit dans une atmosphère paisible. Les tables empiètent sur le petit square aux premiers rayons du soleil.
🕐 Fermé dim. soir et lun.
Ⓜ Saint-Georges

PAUSE CAFÉ BASTILLE
41, rue de Charonne, 75011
Tél. : 01 48 06 80 33
Sa terrasse fait l'angle de la rue de Charonne et de la rue Keller, derrière la Bastille. Les hauts plafonds, le vieux carrelage, le bar en forme de U, le lieu est typiquement parisien tout comme l'est la jeunesse que l'on voit passer, installé à une table de la terrasse, dès les premiers beaux jours.
🕐 Lun.-sam. 7 h 45-2 h, dim. 9 h-8 h
Ⓜ Bastille, Ledru-Rollin

À FAIRE

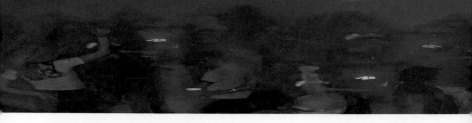

LES BAINS
7, rue du Bourg-l'Abbé, 75003
Tél. : 01 48 87 01 80
Autrefois le rendez-vous des célébrités, ce club a beaucoup changé depuis le départ des Guettas, ses anciens propriétaires et véritables roi et reine des nuits parisiennes. Il demeure toutefois une bonne adresse pour faire la fête. Vous pouvez dîner au restaurant à l'étage avant d'aller danser.
Tlj 23 h 30-6 h
20 €
Étienne Marcel

DUPLEX
2bis, avenue Foch, 75016
Tél. : 01 45 00 45 00
www.leduplex.fr
Près des Champs-Élysées, ce club est fréquenté par une jeunesse aisée. Tenue chic de rigueur. Une piste de bowling. On y danse sur de la house et de la techno.
Mar.-dim. 23 h 30-6 h
Ven.-sam. 20 €, dim., mar.-jeu. 15 € (comprend une boisson)
Charles de Gaulle-Étoile

L'ÉTOILE
12, rue de Presbourg, 75016
Tél. : 01 45 00 78 70
www.letoileparis.com
Vous avez toutes les chances de pénétrer dans ce temple de la nuit parisienne chic et branchée mais à une condition : soignez votre tenue ! Le cadre est magnifique et sa terrasse donne sur l'Arc de Triomphe. Disco et techno.
Lun.-sam. 23 h-5 h
Gratuit
Charles de Gaulle-Étoile

LA FABRIQUE
53, rue du Faubourg-Saint-Antoine, 75011
Tél. : 01 43 07 67 07
Dans ce quartier aux très nombreux bars, vous pouvez savourer une bière brassée sur place et danser sur de la techno. Restaurant.
Mer.-ven. midi-5 h, sam.-dim. 17 h-5 h, lun.-mar. midi-2 h

Gratuit jusqu'à minuit, 10 € après (comprend une boisson) Bastille

FOLIE'S PIGALLE
11, place Pigalle, 75009
Tél. : 01 48 78 55 25
www.folies-pigalle.com
Un club emblématique fréquenté par la communauté gay. L'atmosphère est intense. Essentiellement de la house mais les rythmes sont plus variés le dimanche.
Mar.-ven. minuit-6 h, sam.-dim. minuit-midi 20 € Pigalle

LE GIBUS
18, rue du Faubourg-du-Temple, 75011
Tél. : 01 47 00 78 88
www.gibus.fr

Tout commence après minuit à Paris

Autrefois le temple de la culture underground, ce club est devenu le paradis des fêtards. La clientèle est essentiellement gay. Transe les mercredis et vendredis, house le samedi.
Mer., ven.-sam. minuit-7 h
Gratuit le mer., 13 € ven., 20 € sam.
République

LA LOCO
90, boulevard de Clichy, 75018
Tél. : 01 53 41 88 88
www.laloco.com
Dans les années 1960, ce club, alors la Locomotive, a reçu les Beatles ! Aujourd'hui, ses trois pistes de danse proposent de la pop, de

l'électronique, house. La Loco invite les plus grands DJ de la planète. Des concerts y sont organisés presque tous les soirs, à partir de 18 h 30.
Lun.-mer., dim. 23 h-5 h, jeu.-sam. 23 h-6 h Lun.-jeu. 14 € (comprend une boisson), ven. 10 €-18 €, sam. 20 €, dim. Gratuit avant minuit Blanche

LOUNGE BAR DU ZEBRA SQUARE
3, place Clément-Ader, 75016
Tél. : 01 44 14 91 91
Ce lieu plaira aux trentenaires et plus, confortablement installés dans les canapés Chesterfield… Il fait partie d'un complexe qui comprend l'Hôtel Square (▷ 292) et le restaurant le Zebra Square.
Lun.-sam. 20 h-4 h
Gratuit Passy, Ranelagh

LE MEMPHIS
3, impasse de Bonne-Nouvelle, 75010
Tél. :01 45 23 34 47
www.le-memphis.fr
Dirigée par la même famille depuis trois générations, cette boîte est devenue une véritable institution, réputée pour faire découvrir de nouveaux sons et des éclairages innovants. Le jeudi, la « fièvre de Memphis » propose la meilleure musique des années 1980.
Mer.-jeu., dim. 23 h 30-5 h 45, ven.-sam. 23 h 30-6 h 30
Mer.-jeu., dim. 11 €, ven.-sam. 16 €
Bonne-Nouvelle

MOLOKO
26, rue Fontaine, 75009
Tél. : 01 48 74 50 26
Dans le quartier chaud de Paris, ce club propose une musique éclectique, de la R & B à la salsa. Danse floor en bas et lounge bar à l'étage.
Tlj 23 h-7 h Gratuit
Blanche

NEW RÉGINE'S CLUB
48, rue de Ponthieu, 75008
Tél. : 01 43 59 21 60
Ce club a beau se dire nouveau, Régine est au cœur de la vie nocturne parisienne

depuis toujours. Le restaurant-club attire une clientèle élégante tandis qu'un public plus jeune occupe la piste de danse. Chaque soir est différent mais les jeudis et les samedis sont particulièrement courus.

🕐 Mar.-dim. 23 h-5 h
💶 Gratuit
🚇 Franklin D. Roosevelt

NIRVANA

3, avenue Matignon, 75008
Tél. : 01 53 89 18 91
Imaginé par Claude Challe, ce restaurant-club à la déco nettement influencée par l'Inde, est l'une des clubs les plus incroyables de Paris. Voiturier.

🕐 Tlj 20 h-4 h
💶 Gratuit
🚇 Franklin D. Roosevelt

LE NOUVEAU CASINO

109, rue Oberkampf, 75011
Tél. : 01 43 57 57 40
www.nouveaucasino.net
Il n'a pas fallu longtemps à ce club pour se faire connaître et se créer une clientèle de fidèles. Les DJ sont excellents, le décor magnifique (beaucoup d'acier et de couleurs éclatantes) et l'adresse, près de la Bastille, idéale.

🕐 Jeu.-sam. minuit-6 h ; concerts presque tous les soirs à 19 h 30 ou 20 h
💶 Environ 15 €
🚇 Parmentier, Ménilmontant, Rue Saint-Maur

QUEEN

102, avenue des Champs-Élysées, 75008
Tél. : 01 53 89 08 90
www.queen.fr
Ce club branché, dont l'adresse est pour le moins prestigieuse, attire une clientèle variée, plutôt gay. DJ du monde entier, house music le mardi. Les thèmes et l'atmosphère changent tous les soirs.

🕐 Tlj minuit-7 h 💶 15 € lun., 10 €, mar.-jeu. et dim., 20 € ven.-sam.
🚇 George V

REX CLUB

5, boulevard Poissonnière, 75002
Tél. : 01 42 36 10 96

Les meilleurs DJ de la scène internationale sont venus mixer ici, dont Carl Cox, Daft Punk, Laurent Garnier… Pour un public de connaisseurs en house et techno.

🕐 Mer.-sam. 23 h 30-5 h
💶 10 €-14 €
🚇 Bonne Nouvelle

LA SUITE

40, avenue Georg- V, 75008
Tél. : 01 53 57 49 49
www.lasuite.fr
Imaginé et mis en scène par Cathy et David Guetta, c'est un lieu d'élégance. Les 1 000 m² surplombent l'avenue Georges-V et offrent d'étonnants volumes et

Le très populaire Nouveau Casino à la pointe du design

courbes dessinées par un designer indien.

🕐 Mar.-sam. 20 h-4 h 🚇 George V

LE TRIPTYQUE

142, rue Montmartre, 75001
Tél. : 01 40 28 05 55
www.letriptyque.com
Implanté dans une ancienne imprimerie, ce lieu se présente comme le temple de la musique contemporaine. Concerts de jazz, d'electro-jazz et de rock-funk en début de soirée ; house music plus tard.

🕐 Concerts : mar.-dim à partir de 20 h ; disco : jeu.-sam. 23 h 30-6 h, dim. 23 h 30-4 h 💶 Concerts : selon le spectacle ; disco : jeu. 3 €-5 €, ven.-sam. 10 €-12 €, dim. 5 € 🚇 Bourse

VIP ROOM

76, avenue des Champs-Élysées, 75008
Tél. : 01 56 69 16 66
www.viproom.fr
Une clientèle de VIP qui vient là pour le magnifique décor baroque (velours rouge, imprimé léopard, candélabres). L'entrée est sélective : les célébrités n'ont aucune difficulté à y pénétrer, pour les anonymes, c'est parfois plus compliqué…

🕐 Mar.-dim. 23 h 30-5 h
💶 Free 🚇 Franklin D. Roosevelt

LE VOGUE

25, boulevard Poissonnière, 75002
Tél. : 01 40 26 28 30
Une foule plutôt gay y danse au son de la house et de la techno jusqu'aux petites heures du jour. Adresse branchée dans le quartier de l'Opéra.

🕐 Mer.-sam. minuit-7 h
💶 À partir de 12 €
🚇 Grands Boulevards

WAGG

62, rue Mazarine, 75006
Tél. : 01 55 42 22 00
www.alcazar.fr
Un petit dance floor (jusqu'à 350 personnes) donne à cette salle une atmosphère chaleureuse. La house et la dance music attirent une clientèle de jeunes trentenaires au cœur de Saint-Germain-des-Prés.

🕐 Mer.-dim. 23 h 30-5 h
💶 Ven.-sam. 12 €, dim. 10 €, mer. gratuit 🚇 Saint-Germain-des-Prés, Odéon

ZED CLUB

2, rue des Anglais, 75005
Tél. : 01 43 54 93 78
Cette boîte ravira ceux qui préfèrent passer du rock'n' roll au jazz, du swing à la salsa. Ici pas de techno ni de rap. Musique des années 1960 aux années 1990, le vendredi et le samedi.

🕐 Ven.-sam. 23 h-5 h 30, jeu. 22 h 30-3 h
💶 Jeu. 10 € ; ven.-sam. 18 €
🚇 Maubert-Mutualité, Saint-Michel

ACTIVITÉS SPORTIVES

Le tournoi international de Roland Garros (fin mai à début juin), l'arrivée du Tour de France en juillet (▷ 222) et le Prix de l'Arc de Triomphe en octobre, sont les principales manifestations sportives à Paris. Vous pourrez également assister à de nombreux matchs de foot et de rugby. L'équipe du Paris-Saint-Germain joue au Parc des Princes, tandis que les rencontres internationales de foot et de rugby ont lieu au Stade de France (tél. : 01 55 93 00 00 ; tickets 0892 700 900 ; www.stadefrance.fr).

Durant une visite de la capitale, il est rare de vouloir faire du sport mais si vous voulez brûler quelques calories, rendez-vous au Bois de Boulogne (▷ 236) et au Bois de Vincennes (▷ 237) pour faire du vélo, du jogging ou de la barque. Il y a aussi de nombreuses salles de sports et des piscines. Pour le golf, contactez la Fédération française de Golf (tél. : 01 41 49 77 00). Boules ou pétanque sont une alternative moins fatigante et très populaire dans les parcs et les squares.

Des carrés pour boulistes dans les squares et jardins de la capitale

ARTS MARTIAUX

ÉCOLE D'ARTS MARTIAUX ÉRIC PARISET
21, boulevard Richard-Lenoir, 75011
Tél. : 01 47 00 34 38
www.jujitsuericpariset.com
Le jujitsu est la principale activité mais on y pratique aussi d'autres sports de défense tels que le judo et l'atemi-waza. Son centre d'informations est très fourni et Éric Pariset donne la plupart des cours.
🕐 Varie 💶 Cours particulier avec Éric Pariset 46 € (pas de carte de membre) 🚇 Bréguet-Sabin

ENJOY BY FKC
36, rue de Nantes, 75019

Tél. : 01 40 35 05 05
www.enjoy-fkc.com
Créée par un spécialiste du full-contact, cette salle propose une grande variété de cours d'arts martiaux, kick-boxing, kung-fu et tae kwon do. Des cours de fitness et un sauna sont également à votre disposition.
🕐 Lun.-ven. 9 h-22 h, sam. 9 h-19 h, dim. 9 h-13 h
💶 20 € par jour, environ 40 €-60 € par mois ou sur une base annuelle 🚇 Corentin Cariou

FALUN GONG
Jardin du Luxembourg, 75006
Apparenté au tai-chi, le falun gong consiste en une série d'exercices visant à combattre l'anxiété et à augmenter l'énergie. Les pratiquer dans le jardin du Luxembourg est un avantage certain. Rendez-vous au pied de la statue de Marie de Médicis.
🕐 Sam.-dim. 9 h 30-11 h 💶 Gratuit 🚇 Luxembourg

BILLARDS

CERCLE CLICHY-MONTMARTRE
84, rue de Clichy, 75009
Tél. : 01 48 78 32 85
www.academie-billard.com
Sur les lieux d'une ancienne brasserie construite en 1880,

cette académie, ouverte à tous, a fait sa notoriété en accueillant de célèbres figures du billard français. Elle vous propose ses billards français et américain, pool et snooker.
🕐 Tlj 11 h-6 h 💶 Environ 10 € de l'heure 🚇 Place de Clichy

BOWLING

BOWLING DE MONTPARNASSE
25, rue du Commandant-Mouchotte, 75014
Tél. : 01 43 21 61 32
Seize pistes et des jeux vidéo. Les samedis et vendredis soir, on joue dans le noir sur des pistes fluorescentes.

Le vélo est un moyen très populaire d'entretenir sa forme

🕐 Dim.-jeu. 10 h-2 h, ven. 10 h-4 h, sam. 10 h-5 h 💶 4,30 €-5,80 € la partie, par personne 🚇 Montparnasse-Bienvenüe

CLUBS DE SPORTS

CLUB MONTMARTROIS
50, rue Duhesme, 75018
Tél. : 01 42 54 49 88
www.club-montmartrois.fr
Ce club permet de pratiquer une trentaine d'activités dont des cours de fitness, de cardio-training, du yoga, du stretching et de la danse. Vous pourrez également profiter du hammam (réservé aux femmes) et de deux saunas, un pour hommes, un pour femmes.

Lun.-ven. 8 h-21 h 30, sam. 8 h 30-19 h, dim. 9 h-17 h 30 🖐 15 € par jour 🚇 Lamarck-Caulaincourt

CLUB QUARTIER LATIN
19, rue Pontoise, 75005
Tél. : 01 55 42 77 88
www.clubquartierlatin.com
Aucune carte de membre n'est requise pour entrer dans ce club ouvert très tard et qui propose toute une gamme d'activités : aquagym, cardio-training, squash et sauna. Il est très fréquenté par les étudiants du quartier.
🕐 Lun.-ven. 9 h-minuit, sam.-dim. 9 h 30-19 h 🖐 15 € par jour 🚇 Cardinal Lemoine

CENTRE DE DANSE DU MARAIS
41, rue du Temple, 75004
Tél. : 0892 686870
www.parisdanse.com
Cet hôtel particulier, bâti en 1617, accueille une école de musique, un restaurant (Le Studio), un café-théâtre (Café de la Gare) et une école de danse très réputée.
On y enseigne la danse classique, le rock, le flamenco, la salsa, le tango, la danse africaine, les claquettes et plus encore…
🕐 Selon les cours
🖐 16 € pour un cours de 90 min
🚇 Rambuteau, Hôtel de Ville

CENTRE DE DANSE MOMBOYE
25, rue Boyer, 75020
Tél. : 01 43 58 85 01
www.ladanse.com/momboye
Ce centre de danse pluri-africaines enseigne diverses danses du Sénégal, du Congo et de la Côte-d'Ivoire mais aussi la salsa et le tango. Cours de percussions et de gospel.
🕐 Cours : lun.-ven. 17 h 45, 19 h 15, 20 h 45, sam.-dim. 10 h, 11 h 30, 13 h
🖐 25 € pour deux heures
🚇 Gambetta

DANCENTER PARIS
6, impasse Lévis, 75017
Tél. : 01 43 80 90 23
www.cours-de-danse.com

Le spécialiste de la danse à deux : rock, salsa, boogie-woogie, valse, tango, Cha Cha Cha… Les soirées training du vendredi sont consacrées au rock et celles du samedi à la salsa.
🕐 Lun.-jeu. 18 h 30-20 h 30, sam. 13 h-18 h 🖐 Selon le cours 🚇 Villiers

HARAS DES HAUTES FONTAINES
Rue Maria-Valla, 77111 Solers
Tél. : 01 64 06 74 21
www.haras-de-solers.com
Ce centre équestre, près de Paris, organise compétitions, cours et promenades dans la forêt. Un poney club accueille les enfants de plus de 3 ans.

France Montgolfières offre une perspective unique sur la région

🕐 Varie 🖐 Environ 20 € de l'heure
🚏 Gare de Gretz
🚗 Prenez la D319 en direction de Provins

PARC DES PRINCES
24, rue du Commandant-Guilbaud, 75016
Tél. : 0825 075 078 (fermé vendredi et jours fériés)
www.psg.fr
Inauguré en 1972, ce parc est lié au Paris-Saint-Germain (PSG) depuis 1990. Vous pourrez visiter le Musée national du Sport (*tél. : 01 40 71 45 48*), vous rendre à la boutique qui propose des produits dérivés aux couleurs du club et au restaurant, le « 70 ».

🖐 Varie 🚇 Porte d'Auteuil, Porte de Saint-Cloud

GOLF DU BOIS DE BOULOGNE
Hippodrome d'Auteuil, 75016
Tél. : 01 44 30 70 00
www.golfduboisdeboulogne.com
C'est le plus grand practice de Paris, au centre de l'hippodrome d'Auteuil. Aire de petit jeu composée de greens agrémentés de bunkers et de passages d'eau et aire de grand jeu où vous pourrez taper fers et bois.
🕐 Tlj 8 h-20 h (fermé les jours de courses) 🖐 Pas de carte de membre. 4 € par seau de balles, 5 € pour 1/2 heure de petit jeu 🚇 Porte d'Auteuil

KART'IN
23, rue du Puits Dixme, 94320 Thiais
Tél. : 01 49 79 79 79
www.kart-in.fr
Le circuit est régulièrement modifié pour ne pas céder à la routine. Les temps sont affichés sur un grand écran augmentant la tension. Vous pouvez suivre la piste du restaurant qui la borde.
🕐 Mar.-jeu. 18 h-minuit, ven. 18 h-2 h, sam. 15 h-2 h, dim. 15 h-21 h
🖐 Environ 20 € pour 10 mn

100% LOISIRS
6, place Léon-Deubel, 75016
Tél. : 01 45 27 87 04
www.paintballidf.com
Ce magasin spécialisé dans l'équipement de paintball, vous ouvre son terrain de jeux dans l'est de Paris, près de Disneyland Paris. 28 ha de forêt sont divisés en plusieurs terrains à thèmes.
🕐 Toute la journée 11 h-17 h 🖐 35 € par jour 🚇 Porte de Saint-Cloud

PARC DE BELLEVILLE
Rue des Couronnes, 75020
Accroché à la colline de Belleville, ce très beau jardin en terrasses offre une vue magnifique sur Paris. C'est

le paradis des flâneurs et des coureurs. On peut aussi y jouer au foot et au basket.

🕐 Tlj 6 h-tombée de la nuit 💶 Gratuit 🚇 Couronnes, Belleville

PARCS AQUATIQUES

AQUABOULEVARD
4-6, rue Louis Armand, 75015
Tél. : 01 40 60 10 00
www.aquaboulevard.com

La principale attraction est le parc aquatique, mi-couvert, avec toboggans, grosses vagues, bains bouillonnants. La qualité de l'eau est très contrôlée. Vous pourrez profiter de courts de tennis, terrains de squash, restaurants et boutiques. Cours de danse et de fitness.

🕐 Lun.-jeu. 9 h-23 h, ven. 9 h-minuit, sam. 8 h-minuit, dim. 8 h-23 h 💶 Entrée au parc aquatique : 20 €, 10 € enf. (3 ans-11 ans) 🚇 Balard, Porte de Versailles

PELOTE BASQUE

LE TRINQUET
8, quai Saint-Éxupéry, 75016
Tél. : 01 40 50 09 25

Ce club de pelote basque, très convivial, organise des parties couvertes et en extérieur. Bar à l'étage.

🕐 Tlj 7 h-minuit 💶 28 € par heure 🚇 Porte de Saint-Cloud

PISCINES

PISCINE DE LA BUTTE AUX CAILLES
5, place Paul-Verlaine, 75013
Tél. : 01 45 89 60 05

Cette piscine, construite en 1925 et dont la façade est classée, fait figure de doyenne à Paris. Son bassin intérieur est ouvert toute l'année, la piscine extérieure l'été.

🕐 Mar. 7 h-8 h, 11 h 30-13 h, 16 h 30-18 h 30, mer. 7 h-18 h 30, jeu.-ven. 7 h-8 h, 11 h 30-18 h, sam. 7 h-8 h, 10 h-18 h, dim. 8 h-17 h 30 J3 € 🚇 Place d'Italie

PISCINE GEORGES-VALLEREY
148, avenue Gambetta, 75020
Tél. : 01 40 31 15 20

Construite en 1924 pour les jeux Olympiques et rénovée en 1989, cette grande piscine

possède un solarium sur le toit, une terrasse de 1 500 places et un café. Vous pourrez assister à des compétitions. Les cartes de crédit ne sont pas acceptées.

🕐 Lun., ven. 10 h-17 h, mar., jeu. 10 h-22 h, mar. 10 h-17 h, sam., dim. 9 h-17 h 💶 Entrée 4 € 🚇 Porte des Lilas

PISCINE JEAN TARIS
16, rue Thuin, 75005
Tél. : 01 55 42 81 90

Cette piscine est bien située, dans le Quartier latin, près du Panthéon, et sa grande baie vitrée donnant sur un jardin éclaire deux bassins. Cartes de crédit non acceptées.

🕐 Mar., jeu. 7 h-8 h, 11 h 30-13 h, mer. 7 h-8 h, 11 h 30-5 h 30, ven. 7 h-

Certains courts de tennis sont situés en centre-ville

8 h, 11 h 30-13 h, 5 h-20 h, sam. 7 h-17 h 30, dim. 8 h-17 h 30 💶 3 € 🚇 Cardinal-Lemoine

PISCINE MUNICIPALE DE REUILLY
13, rue Hénard, 75012
Tél. : 01 40 02 08 08

Avec ses baies vitrées, cette piscine moderne est claire et aérée. Un solarium, deux grands bassins et un plus petit pour les enfants. Les cartes de crédit ne sont pas acceptées.

🕐 Lun. 12 h-13 h, mar., ven. 7 h-8 h, 12 h-13 h, mer. 7 h-8 h, 12 h-17 h 30, mar. 12 h-13 h, 16 h-22 h, sam. 10 h-17 h 30, dim. 8 h-17 h 30 💶 3 € 🚇 Montgallet

ROLLERS

RANDONNÉE EN ROLLERS
Point de rendez-vous à Nomades : 37, boulevard Bourdon, 75004
Tél. : 01 44 54 07 44

En partenariat avec le magasin de sports Nomades, Rollers et Coquillages organise des randonnées les dimanches après-midi. Le circuit de 3 heures change régulièrement.

🕐 Dim. 14 h 39 💶 Gratuit 🚇 Bastille

SALLES DE SPORTS

CENTRE T.E.P. DAVOUT
134, boulevard Davout, 75020
Tél. : 01 43 61 39 26

Cet espace multidisciplinaire propose deux courts de tennis, un terrain de boules, une aire pour faire du roller, deux terrains pour jouer au handball ou au volley-ball et une piste pour courir.

🕐 Lun.-ven. 8 h-22 h, sam. 8 h-20 h 30, dim. 8 h-18 h 30 💶 Gratuit (sauf courts de tennis : 6,50 € de l'heure)
🚇 Porte de Montreuil, Porte de Bagnolet G57, 76

SQUASH

SQUASH FRONT DE SEINE
21, rue Gaston-de-Caillavet, 75015
Tél. : 01 45 75 35 37

Huit courts vous attendent ainsi qu'un sauna et un bar où vous réconcilier avec votre partenaire après une partie. Une leçon d'initiation vous sera offerte le lundi sur rendez-vous. Vous pouvez aussi prendre des cours.

🕐 Lun.-ven. 9 h-23 h, sam.-dim. 9 h-20 h 💶 12 € par personne pour 30 min 🚇 Charles Michels

SQUASH MONTMARTRE
14, rue Achille-Martinet, 75018
Tél. : 01 42 55 38 30
www.slot-montmartre.com

Ce club à l'esprit très convivial propose quatre courts de squash, une salle de gymnastique, un sauna, un solarium et un restaurant.

🕐 Lun.-ven. 10 h-22 h 30, sam.-dim. 10 h-19 h 💶 10 € pour 30 min, 14 € pour 45 min
🚇 Lamarck-Caulaincourt

STADES

STADE PIERRE DE COUBERTIN
82, avenue Georges-Lafont, 75016
Tel 01 45 27 79 12
Construit en 1937 pour l'Exposition internationale de 1937, bombardé pendant la Seconde Guerre mondiale et reconstruit en 1946, ce stade de 4 500 places reste l'âme du patrimoine sportif parisien et accueille toutes sortes de compétitions, judo, boxe, karaté, escrime, basket-ball, hand-ball…
🖐 Varie 🚇 Porte de Saint-Cloud

STADE ROLAND-GARROS
2, avenue Gordon-Bennett, 75016
Tél. : 01 47 43 48 00
www.rolandgarros.fr
Ce stade prestigieux abrite chaque année les célèbres championnats de tennis (▷ 222) et possède 24 courts. Inauguré en 2003, le Musée du tennis permet de revisiter l'histoire.
🕐 Musée : mars-fin oct. mar.-dim. 10 h-18 h sauf pendant les tournois ; reste de l'an. Mer., ven.-sam. 10 h- 18 h
🖐 Varie ; musée : 7,50 € (4 € moins de 18 ans) 🚇 Porte d'Auteuil

TENNIS

PARIS TENNIS
25, allée du Capitaine-Dronne, 75015
Tél. : 01 43 27 45 88
Au-dessus de la gare Montparnasse, au milieu du jardin Atlantique qui est un véritable havre de tranquillité, cinq courts de tennis extérieurs.
🕐 Tlj 9 h-22 h 🖐 9,15 € de l'heure lun.-sam. 9 h-12 h et 14 h-17 h. Autres horaires, 18,25 € 🚇 Montparnasse-Bienvenüe

TENNIS DU LUXEMBOURG
Jardin du Luxembourg, 75006
Tél. : 01 43 25 79 18
Six courts merveilleusement situés au cœur du jardin du Luxembourg. L'absence de carte de membre et les prix très compétitifs en rendent l'accès difficile.
🕐 Tlj 8 h 30-16 h 30, 21 h 30 en été 🖐 3,50 € la demi-heure, 6,50 € de l'heure 🚇 Luxembourg

TOURS EN BALLON

FRANCE MONTGOLFIÈRES
63, boulevard de Ménilmontant, 75011
Tél. : 01 47 00 66 44
www.franceballoons.com
France Montgolfières vous propose une ballade au-dessus des environs de Paris ou au-dessus de la vallée de la Loire. Certaines formules prévoient une nuit à l'hôtel.
🕐 Tours de mi-mars à fin-nov. ; réserver 🖐 À partir de 175 € pour un tour de 3 h 30 🚇 Père Lachaise

MONTGOLFIÈRES AVENTURES
8, villa Hallé, 75014
Tél. : 01 40 47 61 04
www.montgolfieres-aventures.fr
Admirez une vue stupéfiante

Paris possède de nombreuses et agréables piscines

sur les châteaux de la Loire, le Périgord ou les environs de Paris. Champagne et certificat de baptême de l'air sont offerts à l'atterrissage.
🕐 Toute l'année ; réserver 🖐 220 €-250 € par personne 🚇 Mouton Duvernet

TOURS EN HÉLICOPTÈRE

PARIS HÉLICOPTÈRE
Zone Aviation Affaires, Aéroport, 93350 Le Bourget
Tél. : 01 48 35 90 44
www.paris-helicoptere.com
Vous voulez voir les plus importants sites parisiens en moins de 30 min ? Il vous faudra prendre alors un hélicoptère ! D'autres vols sont possibles par exemple

au-dessus du château de Versailles, des châteaux de la Loire ou plus loin encore.
🕐 Tous les dim. après-midi (réserver) 🖐 Environ 122 € pour un tour de 25 min 🚇 Le Bourget G152 (Arrêt Musée de l'Air)

VÉLO

PARIS À VÉLO C'EST SYMPA
22, rue Alphonse-Baudin, 75011
Tél. : 01 48 87 60 01
www.parisvelosympa.com
Un bon moyen de découvrir la capitale, si vous n'êtes pas effrayé par la circulation ! Des circuits sont organisés : le cœur de Paris, Paris à la tombée de la nuit, Paris insolite… Vous pouvez également y louer des vélos ou des tandems.
🕐 Circuit à 10 h et 15 h, le jour dépend du nombre de réservations 🖐 32,50 € pour une balade de 3 heures 🚇 Richard-Lenoir

VOL

AÉROCLUB PARIS NORD
Aérodrome de Persan Beaumont, 95340 Bernes-sur-Oise
Tél. : 01 30 34 70 02 36
http://aeroclub.parisnord.free.fr
Leçons de pilotage pour tous niveaux. Une formule adaptée aux débutants (FIP) propose trois heures de vol, dont la moitié en place copilote.
🕐 Dépend des disponibilités et de la météo 🖐 FIP : 250 € (3 leçons)
🚗 N1 vers le nord puis la deuxième à droite après le pont qui traverse l'Oise et à gauche au cinquième rond-point.

YOGA

CENTRE SIVANANDA DE YOGA VEDANTA
123, boulevard de Sébastopol, 75002
Tel 01 40 26 77 49
www.sivananda.org/paris
Dirigée par les maîtres Vedanta, fidèles aux traditions indiennes, cette salle propose une approche holistique du yoga et des cours de relaxation ainsi qu'une introduction à la philosophie et à la pensée positive.
🕐 Tlj 11 h-20 h 🖐 99 € les 8 cours de 90 min ou 13 € par cours 🚇 Réaumur Sébastopol

BEAUTÉ ET BIEN-ÊTRE

Paris offre de nombreuses solutions pour échapper quelques instants à la pression de la ville et prendre soin de soi.

BAINS TURCS
HAMMAM DE LA MOSQUÉE DE PARIS
▷ 110.

SALONS DE BEAUTÉ
AQUARELLE INSTITUT
9, rue Saint-Didier, 75016
Tél. : 01 45 53 09 09
www.aquarelle-institut.fr
Vers le Trocadéro, ce salon propose soins, manucures et différents massages (réflexologie et shiatsu) dans une atmosphère reposante.
🕐 Mar.-mer., ven. 10 h-19 h, jeu. 10 h-21 h, sam. 10 h -13 h, lun. 14 h-19 h

Savourez un massage après une fatigante journée de tourisme

💶 Soins du visage 42 €-68 €, soins corporels 47 €, manucure 27 €, massages 55 €-70 €, soins visage et corps + manucure + maquillage 152,50 € 🚇 Boissière

INSTITUT LANCÔME
29, rue du Faubourg-Saint-Honoré, 75008
Tél. : 01 42 65 30 74
www.lancome.com
Vous pourrez bénéficier de soins personnalisés, masques, soins du visage, massages (60 ou 90 min) pour hommes et femmes. Des programmes relaxants ou dynamisants sont élaborés en association avec le Centre international de musicothérapie.

🕐 Lun.-sam. 10 h-19 h 💶 Soins du visage 85 €-115 €, soins corporels aux environs de 90 € 🚇 Concorde, Madeleine

VÉNUS ET MARS
26-28, avenue Marceau, 75008
Tél. : 01 56 89 10 01
Choisissez un soin du visage ou un massage, avant de vous faire couper les cheveux. N'oubliez pas ensuite de jeter un coup d'œil à la boutique de vêtements et de savourer un jus de fruits naturels. Ce petit salon pimpant vous bichonnera comme vous en rêviez.
🕐 Lun.-sam. 9 h-19 h 💶 Coupe de cheveux 75 € ; massage tibétain, chinois, marocain 37 €-110 € 🚇 Alma-Marceau

SOINS DE BEAUTÉ
LE AMAK
45, avenue George-V, 75008
Tél. : 01 40 73 40 73
L'une des rares adresses à Paris à utiliser le Botox (sous forme de poudre uniquement). Le Amak propose aussi des traitements relaxants, comme des massages et des cours de fitness. Les hommes sont également bienvenus. À deux pas des Champs-Élysées.
🕐 Lun.-sam. 10 h-20 h 💶 Botomax 120 €, massage indien 90 min 120 €, massage chinois 130 € 🚇 George V

INDRAJIT GARAI
10, place de Clichy, 75009
Tél. : 01 48 78 21 39
Indrajit Garai propose des massages ayurvédiques dans les règles de l'art. Après avoir travaillé en Espagne et à Londres, il s'installe à Paris et collabore avec des physiothérapeutes. Les cartes de crédit ne sont pas acceptées.
🕐 Varie. Réservation obligatoire
💶 90 € pour 90 min 🚇 Place de Clichy

SENSO PIU
71, avenue Raymond-Poincaré, 75016
Tél. : 01 45 53 29 23

Chez Senso Piu, vous pourrez choisir parmi une gamme de traitements d'inspiration orientale : massages ayurvédiques aux huiles, biokinergie qui agit sur l'esprit et l'équilibre du corps, et massages tchong-mo qui stimulent les points méridiens. Ce dernier, créé ici, reste une exclusivité de l'institut. Les hommes sont les bienvenus.
🕐 Lun.-ven. 10 h 30-19 h, sam. 10 h 30-13 h 💶 Massage tchong-mo 60 min 61 € 🚇 Victor Hugo, Trocadéro

THALASSOTHÉRAPIE
VILLA THALGO
218-220, rue du Faubourg Saint-Honoré, 75008

L'Institut Lancôme offre un grand choix de soins

Tél. : 01 45 62 00 20
www.thalgo.fr
Ce spa de luxe, situé en plein cœur de Paris, propose les soins marins les plus sophistiqués. Le forfait de 7 heures comprend un gommage corporel, des enveloppements d'algues, de la balnéothérapie, une douche au jet, de l'aquagym et des massages. Vous trouverez également des soins plus simples. Hommes et femmes.
🕐 Lun., mar., jeu. 8 h 30-20 h 30, mer., ven. 8 h 30-19 h, sam. 9 h-19 h
💶 Soin de 60 mn environ 75 €, 30 mn environ 40 €
🚇 Ternes, Charles-de-Gaulle-Étoile

POUR LES ENFANTS

La plupart des musées de la ville proposent des activités pour les enfants (souvent le mercredi ou le samedi). L'entrée est souvent gratuite pour les moins de 18 ans. De nombreux parcs feront leur bonheur dont celui du Luxembourg avec des aires de jeux, des spectacles de marionnettes et des bateaux sur le grand bassin. Hors de la capitale, vous pourrez vous rendre à Disneyland Paris (▷ 240-241) et au Parc Astérix.

CLUB MED WORLD

39, Cour Saint-Émilion, 75012
Tél. : 0810 810 410 ou 01 44 68 70 09
www.clubmedworld.fr
Cet espace de loisirs propose nombre d'activités selon trois thèmes : le voyage, les goûts et les talents (cirque, danse et trapèze volant).
🕒 Mar.-jeu. 11 h-2 h, ven.-sam. 11 h-6 h, dim. 11 h-20 h 💷 Varie 🚇 Cour Saint-Émilion

Activités ludiques à la Cité des Sciences et de l'Industrie

FERMES ET PARCS
FERME OUVERTE DE GALLY
Route de l'aérodrome,
78000 Saint-Cyr-l'École
Tél. : 01 30 14 60 60
www.gally.com
Dans cette ferme, les enfants pourront approcher toutes sortes d'animaux, prendre part à la collecte du miel et au pressage des pommes, faire des mangeoires à oiseaux.
🕒 Ferme : lun., mar., jeu., ven. 16 h-17 h 30, mer. 10 h-12 h 30, 14 h-18 h, sam.-dim. 10 h-18 h 30. Jardin : tlj 9 h 30-19 h 💷 Ferme : ad. 3,30 €, enf. (3-12 ans) 2,50 € ; 2 € par enfant pour chaque activité 🚇 Saint-Cyr 🚗 A13

sortie 6 prenez la direction Bailly Noisy-le-Roi sortie Saint-Cyr-l'École

PARC ZOOLOGIQUE DE PARIS
▷ 237.

PARC ZOOLOGIQUE DE THOIRY
Château de Thoiry, 78770 Thoiry
Tél. : 01 34 87 52 25
www.thoiry.tm.fr
Vous y frôlerez en voiture des animaux sauvages. Une partie du parc peut se parcourir à pied.
🕒 Tlj 10 h-18 h (17 h en hiver)
💷 Zoo : ad. 20 €, enf. (3-12 ans) 14 €
🚗 A13 vers Versailles, sortie Bois d'Arcy vers Dreux. Prenez la N12 sortie Pontchartrain puis la D11 vers Thoiry

MUSÉES
CITÉ DES SCIENCES ET DE L'INDUSTRIE
▷ 146-147.

MUSÉE GRÉVIN
▷ 116.

MUSÉUM NATIONAL D'HISTOIRE NATURELLE
▷ 127.

PARCS À THÈMES
AQUABOULEVARD
▷ 216.

DISNEYLAND PARIS
▷ 240-241.

PARC ASTÉRIX
Autoroute A1 Paris-Lille, 60128 Plailly
Tél. : 03 44 62 31 31
www.parcasterix.fr
Tous les personnages d'Astérix vous attendent avec quantité d'attractions et de spectacles.
🕒 Avr.-mi-oct. généralement lun.-ven. 10 h-18 h, sam., dim. 9 h 30-19 h
💷 Ad. 33 €, enf. (3-11 ans) 23 €, moins de 3 ans gratuit 🚇 Roissy-Pôle

PARCS ET JARDINS
JARDIN D'ACCLIMATATION
Entrée principale : boulevard des Sablons, Bois de Boulogne, 75016
Tél. : 01 40 67 90 82
Avec ses allées arborées, ce jardin est le paradis des marcheurs. Mais les enfants préféreront les attractions : mini-golf, terrains de jeux, bowling… Une maison de thé, un pont laqué de rouge et bientôt un jardin coréen.
🕒 Tlj 10 h-19 h (18 h en hiver) 💷 Ad. 2,50 €, enf. (moins de 3 ans) gratuit 🚇 Les Sablons

MAISON DU JARDINAGE
41, rue Paul-Belmondo, 75012
Tél. : 01 53 46 19 30

Fous rires et frayeurs garantis chez Astérix, Obélix et ses amis

Depuis 1997, dans cette ancienne demeure du régisseur des entrepôts de Bercy ont été aménagées une terrasse et une cour. Elle accueille des expositions, des cours de jardinage et même un potager.
🕒 Avr.-fin sept. mar.-dim. 13 h 30-17 h 30 (18 h 30 sam., dim.) reste de l'an mar.-dim. 13 h-17 h 💷 Parking : gratuit. 2 heures de cours de jardinage 6 € 🚇 Bercy

PARC FLORAL
▷ 237.

THÉÂTRE
THÉÂTRE MOUFFETARD
▷ 207.

FESTIVALS ET ÉVÉNEMENTS

▷ 307 pour les dates des jours fériés.

JANVIER

NOUVEL AN CHINOIS
Fin janvier/début février
Célébré entre l'avenue d'Ivry
et l'avenue de Choisy.
🚇 Tolbiac

AVRIL

MARATHON INTERNATIONAL DE PARIS
Premier dimanche d'avril
Tél. : 01 41 33 15 68
www.parismarathon.com
Il part des Champs-Élysées
et s'achève derrière l'Arc
de Triomphe.
🚇 Charles de Gaulle-Étoile

*Le marathon de Paris attire
plus de 30 000 coureurs*

MAI

FOIRE DE PARIS
Paris Expo, Porte de Versailles, 75015
Tél. : 01 49 09 60 00
www.foiredeparis.fr
Sur le thème du jardin,
de la maison et des loisirs.
🚇 Porte de Versailles

FÊTE DU TRAVAIL
1ᵉʳ mai
Manifestations dans les rues
de la capitale.

PRINTEMPS DES RUES
Tél. :01 47 97 36 06
www.leprintempsdesrues.com
Une manifestation culturelle
le temps d'un week-end :

spectacles de rues, cirque,
musique, danse, avec chaque
année, un thème différent.

MAI-JUIN

ROLAND-GARROS
Stade Roland Garros,
2, avenue Gordon-Bennett, 75016
Tél. : 01 47 43 48 00
www.rolandgarros.com
Le prestigieux tournoi de tennis
dure deux semaines.
🚇 Porte d'Auteuil

JUIN

FÊTE DE LA MUSIQUE
21 juin
Tél. : 01 40 03 94 70
www.fetedelamusique.culture.fr
Des concerts gratuits partout,
du classique à la techno.

JUIN-JUILLET

FOIRE SAINT-GERMAIN
Sur et autour de la place Saint-Sulpice
Tél. : 01 43 29 61 04
www.foiresaintgermain.org
Cette foire existait déjà au XIIᵉ
siècle. Animations et spectacles
gratuits, foire aux antiquaires,
marché de la poésie…
🚇 Saint-Sulpice

JUILLET

14 JUILLET
Feux d'artifice le 13 et
parade militaire le 14, sur
les Champs-Élysées.

TOUR DE FRANCE
Tél. : 01 41 33 15 00 www.letour.fr
L'arrivée du tour sur les
Champs-Élysées.

JUILLET-AOÛT

PARIS QUARTIER D'ÉTÉ
Tél. : 01 44 94 98 00
www.quartierdete.com
Cirque, théâtre, musique, danse
en tous lieux de la capitale.

FESTIVAL DE CINÉMA EN PLEIN AIR
Parc de la Villette, 75019
Tél. : 01 40 03 75 75
www.villette.com

Festival du Film sur la Prairie du
Triangle de la Villette avec un
nouveau thème chaque année.
🚇 Porte de la Villette, Porte de Pantin

SEPTEMBRE-DÉCEMBRE

FESTIVAL D'AUTOMNE
Mi-septembre à décembre
Tél. : 01 53 45 17 17
www.festival-automne.com
Un festival culturel d'avant-
garde. Arts plastiques, danse,
théâtre, musique…

OCTOBRE

FIAC (FOIRE INTERNATIONAL D'ART CONTEMPORAIN)
5 jours en octobre
Pavillon du Parc, Paris Expo,
Porte de Versailles

Feux d'artifice du 14 juillet

Tél. : 01 41 90 47 47 ; réservations 0892
692 694
www.fiacparis.com
La grande foire de l'art
contemporain.
🚇 Porte de Versailles

NUIT BLANCHE
Tél. : 3975 (information Mairie de Paris)
Concerts et spectacles ont lieu
partout dans la capitale durant
toute la nuit.

NOVEMBRE

BEAUJOLAIS NOUVEAU
Troisième jeudi de novembre
On célèbre dans tous les bars
de la capitale l'arrivée
du beaujolais nouveau.

Paris peut aussi se découvrir à pied et ce chapitre vous propose six promenades à travers quelques-uns des quartiers les plus intéressants de la ville, dont une sur la Seine. Les quartiers concernés sont signalés sur le plan figurant sur la deuxième de couverture. Sont présentées aussi des excursions dans les environs de Paris.

Se promener

LE MARAIS

**Le Marais est l'un des plus beaux quartiers historiques de Paris.
Vous en parcourrez les rues médiévales, longerez les nobles hôtels particuliers
aux portes cochères ouvrant sur d'agréables jardins, sans oublier le quartier juif
et la plus ancienne place de la capitale, la place des Vosges.**

LE PARCOURS

Distance : 3 km
Durée : 2 heures
Départ/arrivée : station de métro Saint- Paul-le-Marais
Comment s'y rendre : 🚇 Saint Paul-Le-Marais 🚌 69, 76, 96

En sortant du métro Saint-Paul-le-Marais, dirigez-vous vers l'est, le long de la rue Saint-Antoine, en passant devant l'impressionnante façade de l'église de Saint-Paul-Saint-Louis (1627-1641), à droite. Au n° 62, sur votre gauche s'élève ❶ l'hôtel de Sully.

Ce magnifique hôtel particulier du XVIIe siècle fut occupé par le ministre d'Henri IV, le duc de Sully. Il héberge aujourd'hui, en partie, le centre des Monuments nationaux.

Tournez à gauche dans la paisible rue de Birague qui conduit à ❷ la place des Vosges (▷ 150).

Cette place, commandée par Henri IV et achevée en 1612, était le lieu de résidence du cardinal de Richelieu et de Molière. Ses 36 pavillons ont été conçus selon les vœux royaux : alternance de pierre et revêtement de fausses briques. Victor Hugo y a vécu et sa maison, au n° 6, est aujourd'hui un musée (▷ 106).

Faites le tour de la place sous les arcades, en longeant les restaurants, les galeries d'art et les boutiques. Au n° 28, le pavillon de la Reine, aujourd'hui un hôtel (▷ 293), fait face au pavillon du Roi.
Quittez la place par la rue des Francs-Bourgeois. Sur votre droite, l'hôtel Carnavalet (▷ 114-115), construit en 1548, fut la résidence de l'écrivain Mme de Sévigné. Vous pourrez admirer la cour et les trois jardins successifs. La Ville de Paris en fit l'acquisition en 1886 pour en faire ❸ le musée Carnavalet et installer ses collections historiques retraçant l'histoire de la capitale.

Tournez à droite dans la rue Payenne. Les jardins sur votre droite et les cours intérieures sur votre gauche sont typiques de l'architecture du Marais au XVIIe siècle. Au n° 13, de remarquables portes en bois ouvragé ouvrent sur l'hôtel de Châtillon et sa cour pavée. Suivez la rue du Parc-Royal sur votre gauche, faites le tour de la place de Thorigny puis tournez à droite dans la rue de Thorigny pour gagner l'hôtel de Salé, construit en 1656, aujourd'hui ❹ le musée Picasso (▷ 135).

Vous découvrirez plus de 250 tableaux, 160 sculptures et 1 500 dessins du maître sans oublier des œuvres de ses contemporains, Paul Cézanne, Joan Miró, Georges Braque et Henri Matisse.

Tournez à gauche et prenez la rue Debelleyme, longeant des galeries d'art contemporain, puis à nouveau à gauche dans la rue Vieille-du-Temple. Sur votre gauche, vous apercevrez les magnifiques jardins du musée Picasso.
Au n° 87, les portes sculptées ouvrent sur l'hôtel de Rohan, où se succédèrent quatre cardinaux. Au coin de la rue des Francs-Bourgeois, l'hôtel Hérouet, avec sa pittoresque tourelle datant de 1510, fut presque entièrement reconstruit après les bombardements du 6 août

1944. Tournez à droite, longez les élégants hôtels particuliers et le Crédit municipal au n° 55, sur votre gauche. Sur la droite, s'élève ❺ l'hôtel de Soubise.

La construction de cet hôtel fut achevée entre 1705 et 1708 et il héberge aujourd'hui les Archives nationales et le musée de l'Histoire de France (▷ 116-117).

Tournez à gauche rue des Archives et prenez la première rue à gauche, la rue des Blancs-Manteaux qui vous conduira à nouveau rue Vieille-du-Temple. Tournez à droite puis à gauche pour suivre ❻ la rue des Rosiers.

Cette rue animée se trouve au cœur du quartier juif. Hormis le samedi, jour du sabbat, les boutiques de cette rue, et jusqu'à la rue Pavée, proposent des produits rituels. De la petite restauration typique, des librairies, des spécialités orientales se dressent au milieu des magasins de mode et de décoration.

Tournez à droite dans la rue Pavée. Sur la gauche, vous passerez devant une synagogue, conçue par Hector Guimard (▷ 163). Continuez vers le sud pour revenir à la station de métro Saint-Paul-le-Marais.

SE PROMENER

QUAND ?

Dans la journée, quand les magasins et les musées sont ouverts.

OÙ MANGER ?

La place des Vosges est bordée de cafés. Ma Bourgogne, au n° 19, et Nectarine, au n° 16, ont l'avantage d'avoir des tables dehors, sous les arcades.

Les cloîtres de l'église des Billettes, rue des Archives

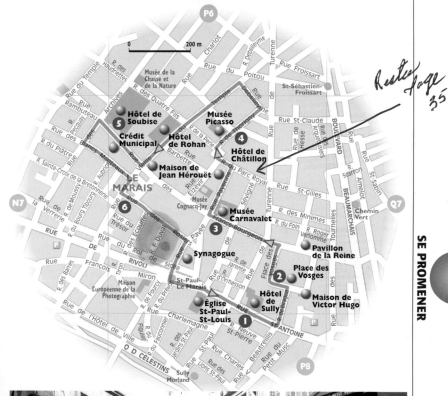

Restes page 35

SE PROMENER

Une rue animée du Marais (ci-dessus)
La jolie façade du bar L'Oiseau bariolé (à gauche)
L'élégance classique de l'hôtel de Soubise (page de gauche)

MONTMARTRE

Montmartre réserve plus que le Sacré-Cœur, aussi impressionnant soit-il ! Cette promenade sur la butte vous fera découvrir un aspect plus méconnu de ce village dans la ville, maisons pittoresques, ruelles pavées, montées d'escaliers et vue exceptionnelle sur la capitale.

LE PARCOURS

Distance : 3 km	
Durée : 2 heures	
Départ : place Blanche	
Retour : place des Abbesses	
Comment s'y rendre : 🚇 Blanche	
🚌 30, 54, 68, 74	

Au départ de la place Blanche, marchez vers l'ouest, le long du boulevard de Clichy et passez devant le ❶ Moulin Rouge sur votre droite.

Quand le Moulin Rouge (▷ 111) ouvrit ses portes en 1889, ses danseuses de french cancan, immortalisées par Toulouse-Lautrec, remportèrent aussitôt un vif succès.

Tournez à droite dans l'avenue Rachel et continuez jusqu'au ❷ cimetière de Montmartre (▷ 87).

Ce cimetière abrite entre autres les tombes de Stendhal, d'Hector Berlioz ainsi que celle de l'inventeur du saxophone, Adolphe Sax et de Michel Berger.

Quittez le cimetière par l'avenue Rachel et gravissez les marches à droite vers la rue Caulaincourt. Tournez à droite et marchez jusqu'au croisement avec la rue Joseph de Maistre. Tournez à droite et après quelques minutes, tournez à gauche rue Lepic. Van Gogh vécut au n° 54 de cette rue sinueuse, de 1886 à 1888.

Suivez la courbe jusqu'à la rue Tholozé. Sur la gauche, passée l'arche verte, le ❸ Moulin de la Galette est l'un des deux derniers rescapés des trente anciens moulins de la butte. Il a longtemps fait double emploi avec le moulin à farine voisin, le moulin Radet, rue Girardon.

Le moulin de la Galette est devenu une guinguette au XIXᵉ siècle et a inspiré à Pierre-Auguste Renoir son célèbre tableau, *Le Bal du Moulin de la Galette* (1876). Le moulin Radet est

aujourd'hui en partie un restaurant que l'on nomme parfois, improprement, le Moulin de la Galette.

Tournez à gauche dans la rue Girardon, traversez l'avenue Junot et entrez dans le charmant petit ❹ square Suzanne-Buisson, sur la gauche.

Ce square a été nommé en hommage à une héroïne de la résistance de la Seconde Guerre mondiale. La statue qui s'y dresse est celle de saint Denis qui fut décapité par les Romains au IIIᵉ siècle. La légende veut qu'il ait ramassé sa tête et en ait lavé le sang dans la fontaine.

Faisant face à la statue, tournez à droite et quittez le square par la place Casadesus, dans la rue Simon-Dereure. Tournez à droite dans l'allée des Brouillards. Renoir a vécu dans l'une des maisons de gauche, dans les années 1890. Le bâtiment du XVIIIᵉ siècle sur la droite fut autrefois une salle de danse et un abri pour les artistes désargentés.

Continuez par la place Dalida, inaugurée en 1997 en hommage à la célèbre chanteuse, puis marchez le long de la rue de l'Abreuvoir. Autrefois une route de campagne, cette rue pavée tient son nom de l'abreuvoir qu'il y avait autrefois au n° 15. Le n° 14 a attiré de nombreux artistes de Montmartre quand il était le café de l'Abreuvoir, tandis que le n° 12 fut jadis occupé par Camille Pissarro. Arrêtez-vous si vous le souhaitez pour déjeuner à La Maison Rose.

Tournez à gauche après La Maison rose et descendez la rue des Saules jusqu'au cabaret légendaire, Au Lapin agile. Tournez à droite le long de la rue Saint-Vincent et passez devant les vignes de Montmartre, sur votre droite. Traversez la rue du Mont Cenis où Hector Berlioz a habité (n° 22), et montez la rue de la Bonne. Elle conduit vers le discret ❺ parc de la Turlure.

Ce tranquille petit parc, loin des sentiers touristiques, permet une vue magnifique sur Paris et une perspective inhabituelle sur le Sacré-Cœur.

Une fois savourée cette halte reposante, puis sortez par la rue du Chevalier-de-la-Barre. Continuez le long de la rue du Cardinal-Guibert jusqu'à l'entrée du ❻ Sacré-Cœur, sur la place du parvis.

Après le désastre de 1870, des catholiques firent vœu d'élever une église consacrée au cœur du Christ. La construction de l'église néobyzantine du Sacré-Cœur (▷ 154-157) dura près de 45 ans.

Quittez le Sacré-Cœur et tournez à gauche dans la rue Azaïs, avec une vue impressionnante sur la capitale. Tournez directement dans la rue Saint-Éleuthère jusqu'à ❼ Saint-Pierre-de-Montmartre.

Plus humble que le Sacré-Cœur, cette paisible église faisait autrefois partie de l'abbaye bénédictine de Montmartre, au XIIᵉ siècle.

Entrez sur la place du Tertre (▷ 108), très touristique, et quittez-la par la rue Norvins, bordée de boutiques de souvenirs. Tournez à droite dans la deuxième rue, vers la place Jean-Baptiste-Clément. Tournez à droite rue Ravignan, et continuez jusqu'à ❽ la place Émile-Goudeau.

À droite de la place s'élève le Bateau lavoir, où Pablo Picasso, Juan Gris et Georges Braque avaient leurs ateliers et où le cubisme vit le jour. Il fut détruit par un incendie en 1970, et entièrement reconstruit depuis.

Quittez la place en descendant quelques marches et continuez par la rue Ravignan avant d'atteindre la rue des Abbesses. Tournez à gauche vers ❾ la place des Abbesses (▷ 145).

Avant de vous arrêter boire un verre place des Abbesses, admirez la bouche de métro de style Art nouveau et l'étonnante façade de l'église Saint-Jean-l'Évangéliste-de-Montmartre (1904), aussi nommée Saint-Jean-des-Briques en raison de la profusion de briques rouges.

Le restaurant le Moulin de la Galette, dominé par le moulin Radet

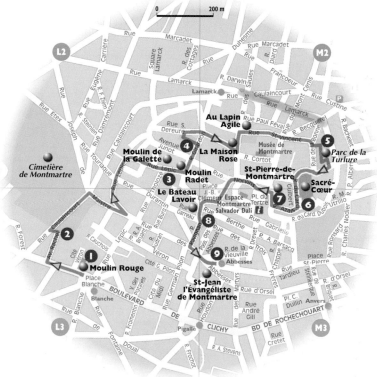

Il règne une atmosphère de village sur l'architecture montmartroise

De pittoresques montées d'escaliers bordées d'arbres

QUAND ?

Il est préférable de suivre ce parcours de jour, certains coins de Montmartre peuvent s'avérer peu sûrs la nuit.

OÙ MANGER ?

La Maison rose ou l'un des cafés de la place des Abbesses.

À SAVOIR

Pour une belle vue sur le Sacré-Cœur, partez de la place des Abbesses vers la rue Yvonne-Le-Tac jusqu'au départ du funiculaire.

QUARTIER LATIN

Cette balade vous entraînera du boulevard Saint-Michel, toujours très animé, aux petites ruelles pavées, aux jardins paisibles et aux nombreux cafés du Quartier latin.

LE PARCOURS

Distance : 2,5 km

Durée : 1 heure 30

Départ/retour : sur la place Saint-Michel

Comment s'y rendre : 🚇 Saint-Michel
🚌 21, 24, 27, 38, 85, 96 🚆 RER ligne C, Saint-Michel-Notre-Dame

Partez de la place Saint-Michel vers ❶ la fontaine Saint-Michel.

La sculpture représente saint Michel terrassant le dragon. Cette place marque l'entrée du Quartier latin lorsqu'on vient de l'île de la Cité. Elle est le plus célèbre lieu de rendez-vous des étudiants du quartier.

Traversez le boulevard Saint-Michel et empruntez la petite rue médiévale de la Huchette. Traversez la rue de Petit-Pont. Tournez à gauche puis tout de suite à droite, rue de la Bûcherie, d'où l'on découvre une très belle vue sur Notre-Dame. Continuez jusqu'au ❷ square René-Viviani.

Il est agréable de s'asseoir et de savourer la douce musique de la fontaine. Ce square a été conçu pour préserver la perspective sur Notre-Dame. L'acacia est l'un des plus vieux arbres de Paris, datant sans doute du début du XVIIe siècle.

Quittez le square en longeant l'église gothique ❸ Saint-Julien-le-Pauvre (▷ 162).

Cette petite église du XIIe siècle, basse de plafond, est l'une des plus anciennes de Paris. Sombre à l'intérieur, ses sculptures et ses peintures sont difficiles à voir. Le puits, à droite du portail, était dans l'église avant la démolition en 1675 de sa façade.

De l'église, suivez la rue formant une courbe jusqu'à la rue Saint-Jacques. Traversez-la avant de descendre la rue Saint-Séverin, le long de ❹ l'église (▷ 162-163).

Cette église, gothique flamboyant, date du XIIIe siècle bien qu'une grande partie ait été reconstruite au XVe siècle

après un incendie. Pour la visiter, tournez à gauche dans la rue des Prêtres-Saint-Séverin. Ne manquez pas les vitraux des sept sacrements du XVe siècle.

Continuez le long de la rue Saint-Séverin jusqu'à la rue de la Harpe qui, sur la gauche, conduit au boulevard Saint-Germain. Avancez jusqu'au jardin médiéval du Musée national du Moyen Âge-Thermes de Cluny. Tournez à droite sur le boulevard, puis remontez ❺ le boulevard Saint-Michel.

Cette rue bordée de boutiques de prêt-à-porter, de librairies et de kiosques à journaux est l'une des artères principales du Quartier latin et la circulation y est intense.

Remontez le boulevard Saint-Michel, puis tournez à droite rue de l'École-de-Médecine. Tournez à gauche rue André-Dubois, puis montez quelques marches pour gagner ❻ la rue Monsieur-le-Prince. Vous y tournerez à gauche.

La rue Monsieur-le-Prince suit le vieux mur de Paris tracé par le roi Philippe-Auguste, qui régna fin XIIe-début du XIIIe siècle. Elle est aujourd'hui bordée

de boutiques et de restaurants dont le bistro Polidor, au n° 41, fondé en 1845.

Juste avant le bistro Polidor, tournez à droite rue Racine, puis dirigez-vous vers la place de l'Odéon et le théâtre de l'Europe. Descendez tranquillement la rue de l'Odéon bordée de boutiques pour atteindre ❼ le carrefour de l'Odéon.

Vous pourrez vous arrêter à l'un des nombreux cafés de la place.

Continuez sur le boulevard Saint-Germain. Traversez le boulevard puis engagez-vous dans ❽ la rue de l'Ancienne-Comédie.

Sur votre droite, le plus vieux restaurant de Paris, le Procope, fut fondé en 1686 (▷ 273). Voltaire, Diderot et Rousseau étaient des habitués et il a vu naître *L'Encyclopédie*.

Au carrefour de Buci, tournez tout de suite à droite dans la rue Saint-André-des-Arts où se trouve l'ancien collège d'Autin, ouvert par Louis XV. Elle vous ramènera sur la place Saint-Michel. Vous pourrez traverser le pont Saint-Michel pour explorer l'île de la Cité.

SE PROMENER

QUAND ?

Faire ce circuit de jour quand magasins et églises sont ouverts.

OÙ MANGER ?

Vous trouverez un grand choix de cafés carrefour de l'Odéon, ou vous pouvez aller à la Pizza Milano sur la place Saint-Michel.

ATTRACTIONS

Le Quartier latin a de quoi vous occuper et notamment le Musée national du Moyen-Âge-Thermes de Cluny (▷ 128-129), le Panthéon (▷ 144) et le jardin du Luxembourg (▷ 102-103). Mais vous pouvez aussi rester des heures à une terrasse de café ou faire du lèche-vitrines boulevard Saint-Michel (voir photo à droite).

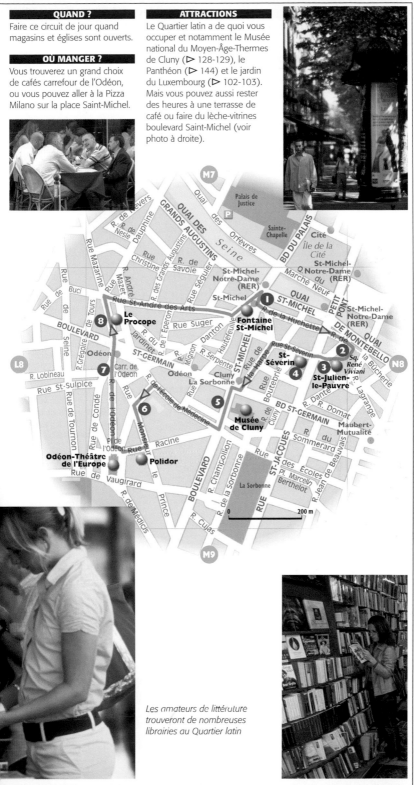

SE PROMENER

Les amateurs de littérature trouveront de nombreuses librairies au Quartier latin

RIVE DROITE

Une promenade qui combine la découverte de jardins paisibles et celle de boutiques raffinées.

LE PARCOURS

Distance : 3,5 km

Durée : 2 heures

Départ/arrivée : sur la place de la Concorde

Comment s'y rendre : 🚇 Concorde
🚌 24, 42, 72, 73, 84, 94

Traversez avec précaution l'intense flot de voitures en provenance de ❶ la place de la Concorde pour admirer l'obélisque dressé au cœur de cette place historique (▷ 148).

La place de la Concorde fut aménagée au milieu du XVIIIᵉ siècle pour accueillir la statue équestre de Louis XV. Cette place, à l'origine appelée du nom du roi, fut rapidement rebaptisée place de la Révolution à l'arrivée de la guillotine. L'obélisque de granit rose fut rapporté de Louxor, en Égypte, dans les années 1830 et date environ de 3 300 ans.

Passez les superbes grilles du jardin des Tuileries ❷ et promenez-vous dans ce vaste parc orné de statues (▷ 105).

Les Tuileries sont l'un des plus anciens jardins publics à Paris et offre une belle perspective sur le Louvre, la tour Eiffel, la place de la Concorde et l'Arc de Triomphe. Les Parisiens s'y reposent près des deux grands bassins ou sur les majestueuses allées, de chaque côté.

Au bout du parc, tournez à gauche pour rejoindre la rue de Rivoli. Tournez à droite et marchez le long du ❸ Louvre (▷ 118-123).

De nombreux souverains de France ont laissé leur empreinte sur Le Louvre, parmi lesquels Charles V, François Iᵉʳ et Napoléon. La forteresse d'origine a été transformée en château au XIVᵉ siècle, puis devint une demeure royale avant d'être transformé en musée, l'un des plus prestigieux au monde.

Partir ici

Traversez la rue de Rivoli jusqu'à la place du Palais Royal. Là, traversez la rue Saint-Honoré et dirigez-vous vers la gauche en direction de la Comédie-française. Entrez dans le jardin du Palais Royal ❹ par une arche à gauche du palais.

Ce jardin (▷ 104) est seulement à quelques minutes de la circulation de la rue de Rivoli mais à des années-lumière sur le plan de son atmosphère. Vous entrez par la cour d'honneur où s'élèvent les colonnes inégales en noir et blanc de Daniel Buren (1986). Ce jardin fleuri est entouré d'arcades du XVIIIᵉ siècle sous lesquels s'alignent des boutiques au charme désuet.

Traversez le jardin et sortez par le côté gauche, devant le restaurant le Grand Véfour (jetez un œil à travers les rideaux sur le plafond peint). Rue de Beaujolais, tournez à droite, puis à gauche dans la rue Vivienne, qui donne à gauche dans la rue des Petits-Champs. Vous passerez devant ❺ la Bibliothèque nationale de France (▷ 81) en remontant cette rue.

Cet édifice fut jadis le palais du cardinal Mazarin au XVIIᵉ siècle, mais abrite la bibliothèque de France depuis le XVIIIᵉ siècle. Cette immense collection a été transférée en partie (elle conserve notamment les manuscrits, les estampes, les photographies, les cartes et plans), en 1996, dans la bibliothèque François-Mitterrand (▷ 81) située dans le 13ᵉ arrondissement.

Continuez jusqu'à l'avenue de l'Opéra, traversez-la et dirigez-vous vers ❻ l'Opéra (▷ 142).

Le somptueux opéra du Palais Garnier fut conçu par l'architecte Charles Garnier et inauguré en 1875. Tout en théâtralité, la beauté de l'édifice réside dans la magnificence de sa salle, l'extravagance de ses marbres, de l'or et des sculptures. Il fut longtemps le plus grand opéra du monde.

Juste avant la place de l'Opéra, tournez à gauche dans la rue de la Paix, bordée d'élégants joailliers. Elle conduit à la ❼ place Vendôme (▷ 149), l'une des plus belles places royales de Paris.

Il vous faudra un solide compte en banque pour faire du shopping sur cette place où les devantures de joailliers se succèdent, interrompues seulement par un palace connu dans le monde entier, le Ritz. Faites attention à la circulation, les pavés donnant la fausse impression que la place est piétonne.

Traversez la place et marchez en direction de la rue de Castiglione, bordée d'élégantes arcades. Tournez à droite rue de Rivoli, qui revient vers la place de la Concorde. De retour sur la place, ne manquez pas la perspective du bas des Champs-Élysées vers l'Arc de Triomphe.

La cour du Palais Royal

QUAND ?

Le meilleur moment pour faire cette promenade est sans doute aux heures d'ouverture des magasins. Si vous optez pour le soir, évitez le jardin des Tuileries et marchez plutôt rue de Rivoli.

OÙ MANGER ?

Pour prendre un repas, rendez-vous à la brasserie Le Grand Colbert, chic et traditionnelle, au 4, rue Vivienne, près du jardin du Palais Royal (*tous les jours, midi-1 h*). Pour un thé et une pâtisserie, arrêtez-vous au salon de thé Muscade, 36, rue Montpensier/ 67, galerie Montpensier (*mai-fin août, mar.-dim. 10 h-11 h 30, 15 h-18 h ; reste de l'an. 10 h-11 h 30, 15 h-20 h*).

L'obélisque de la place de la Concorde (ci-dessus) Une pause lecture au jardin des Tuileries (en bas, à gauche)

La Bibliothèque historique de la ville de Paris (ci-dessus) L'élégante place Vendôme (en bas à droite)

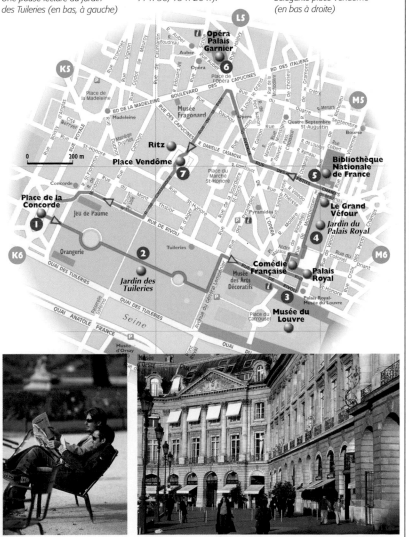

SAINT-GERMAIN-DES-PRÉS

Cette promenade vous entraînera dans les rues pittoresques de Saint-Germain-des-Prés, le long de la rive gauche et aux abords du merveilleux jardin du Luxembourg.

LE PARCOURS

Distance : 3 km	
Durée : 2 h 30	
Départ : à la station de métro Saint-Sulpice	
Retour : à la station de métro Saint-Germain-des-Prés	
Comment s'y rendre : 🚇 Saint-Sulpice 🚌 63, 70, 84, 86, 87, 96	

Quittez la station de métro Saint-Sulpice et dirigez-vous vers l'est, le long de la rue du Vieux-Colombier jusqu'à la place Saint-Sulpice. Traversez la place pour admirer ❶ l'église Saint-Sulpice (▷ 163) et, au centre, la fontaine.

Six architectes se sont succédés en 134 ans pour la construire et aujourd'hui encore la tour sud, moins haute et moins ornée que celle du nord, reste inachevée. La façade principale a été dessinée par Servandoni, en 1732. À l'intérieur, ses proportions sont imposantes. Les peintures murales sont de Delacroix (1849-1861). Le buffet d'orgue, œuvre de Chalgrin (1776), est l'un des instruments les plus grands au monde. Un organiste y joue encore chaque dimanche et les jours de fête.

De l'entrée principale de l'église, dirigez-vous vers le sud par la rue Férou. Au bout, traversez la rue de Vaugirard. Sur votre droite s'ouvrent les grilles du jardin du ❷ Luxembourg (▷ 102-103).

Le jardin du Luxembourg, commandé par Marie de Médicis au début du XVIIe siècle, est un des parcs les populaires de Paris. Le palais du Luxembourg abrite aujourd'hui le Sénat.

Quittez le jardin par la sortie nord, à droite du palais du Luxembourg. Traversez la rue et empruntez la rue Rotrou. L'Odéon-Théâtre de l'Europe de style néoclassique s'élève sur votre droite. Faites le tour de la place du théâtre pour admirer les façades à colonnades de l'édifice.

Descendez la rue de l'Odéon jusqu'au carrefour de l'Odéon et tout de suite après, le boulevard Saint-Germain. Traversez-le, tournez à droite puis tout de suite à gauche dans la ❸ cour du Commerce-Saint-André.

Ce passage pavé fut construit en 1776, à l'emplacement du fossé de l'enceinte de Philippe-Auguste. Il devint le centre des activités révolutionnaires. Jean-Paul Marat y imprimait son journal, *L'Ami du peuple*, au n° 8, tandis qu'au n° 20, le docteur Guillotin y a perfectionné sa « machine philanthropique à décapiter ».

Tournez à gauche dans la rue Saint-André-des-Arts et tout de suite à droite, au carrefour de Buci avec la rue Dauphine. Remontez cette rue animée jusqu'au Pont-Neuf, le plus vieux pont de Paris. Tournez à gauche, avant le pont, sur le quai de Conti. Sur votre gauche s'élève la façade néoclassique de ❹ l'hôtel de la Monnaie.

Les ateliers de frappe y étaient installés au XVIIIe siècle. Cet hôtel, aux lignes simples et remarquables, abrite le musée de la Monnaie (▷ 117) qui retrace l'historique du monnayage et l'évolution de l'art de la médaille. Environ 2 000 pièces et plusieurs centaines de médailles sont exposées, ainsi que des documents, des imprimés et des gravures.

Traversez la rue pour marcher le long du quai de la Seine. Juste à côté de l'hôtel de la Monnaie, sur la gauche, se dresse le dôme de l'Institut de France (▷ 98), siège de l'Académie française. La vue est superbe sur le pont des Arts, réservé aux piétons, composé de sept arches en fonte, et qui traverse la Seine devant le Louvre. Vous passerez devant les ❺ nombreux bouquinistes installés sur le quai. Les célèbres boîtes vertes datent d'il y a plus de 300 ans, depuis la construction du Pont-Neuf. À l'origine, les commerçants transportaient leurs marchandises dans des brouettes. Elles contiennent des livres d'occasion, des cartes postales, des affiches.

Engagez-vous dans la rue Bonaparte. Sur votre droite, vous passerez devant l'école d'art la plus prestigieuse de Paris, l'École nationale supérieure des Beaux-Arts. Tournez à gauche rue Jacob puis à droite, rue de Furstenberg. Au n° 6, au coin d'une charmante petite place, vous trouverez le ❻ musée National Eugène Delacroix (▷ 126).

L'artiste Eugène Delacroix a vécu à Saint-Germain-des-Prés durant les six dernières années de sa vie, de 1857 à 1863. Son appartement a été converti en musée où vous pourrez admirer des tableaux et esquisses, au milieu de ses objets personnels. Le petit jardin, à l'arrière, est un havre de paix.

Prenez à gauche la rue de l'Abbaye. Continuez vers l'est dans la rue de Bourbon-le-Chateau. Quand vous atteindrez la rue de Buci, où se tient un marché animé (fermé le lundi), tournez à droite. Puis encore à droite et remontez le long du boulevard Saint-Germain, en direction de ❼ l'église Saint-Germain-des-Prés (▷ 162). Sur la place Saint-Germain-des-Prés, tournez à droite, où se trouve l'entrée de l'église.

L'église Saint-Germain-des-Prés, la plus ancienne de Paris, date du XIe siècle. Très endommagé pendant la Révolution, l'intérieur fut entièrement restauré au XIXe siècle mais l'architecture est en grande partie restée intacte.

SE PROMENER

Flâner rue de Buci (à droite)
L'élégante entrée du
Bon Marché (ci-dessous)

Seine

Pont des Arts

Pont des Saints-Pères
QUAI MALAQUAIS
QUAI

5

Rue de Verneuil
Rue de Lille

L7

Rue de l'Université

École Nationale Supérieure des Beaux-Arts

Institut de France

Pont Neuf

Quai de l'Horloge

M7

Quai de Conti

Quai des Orfèvres

Quai de la Mégisserie

Palais de Justice

Musée de la Monnaie

4

R. des Beaux-Arts

Rue Visconti

R. Mazarine

Rue de Nevers

Rue Guénégaud

QUAI DES GRANDS AUGUSTINS

R. de Savoie

Sainte-Chapelle

Pl. St-André-des-Arts

Île de la Cité

Quai du Marché Neuf

Marché aux Fleurs

ST-GERMAIN-DES-PRÉS

R. de Seine

R. de l'Échaudé

R. Bonaparte

R. Jacob

R. Christine

Musée National Eugène Delacroix

6

7

St-Germain-des-Prés

St-Germain-des-Prés

R. de l'Abbaye

BD ST-GERMAIN

Rue de l'Ancienne Comédie

R. St-André des Arts

R. Suger

3

St-Michel Notre-Dame (RER)

St-Michel

QUAI ST-MICHEL

Place St-Michel

R. de la Huchette

St-Séverin

R. St-Séverin

R. de la Harpe

BD ST-GERMAIN

Maison de Verre

BD ST-GERMAIN

Rue St-Guillaume

R. de Grenelle

R. du Four

R. du Dragon

R. de Sèvres

R. de Rennes

R. du Vieux Colombier

R. Cassette

Place St-Sulpice

R. des Saints-Pères

R. du Sabot

R. Bernard Palissy

R. Princesse

R. Guisarde

R. Mabillon

R. Clément

FOUR

R. Lobineau

R. Mabillon

R. Gozlin

R. du Four

R. de Buci

R. Grégoire de Tours

R. Dauphine

R. Mazet

R. St-Benoît

Rue de Tournon

R. de Condé

R. Monsieur-le-Prince

R. Danton

R. Serpente

R. de l'Éperon

R. Hautefeuille

R. Pierre Sarrazin

Odéon

Odéon

Cluny La Sorbonne

Musée National du Moyen Âge

K8

Maison de Verre

R. de Sèvres

Sèvres-Babylone

R. Récamier

R. Cherche Midi

St-Sulpice

R. de Luynes

R. du Dragon

R. du Vieux Colombier

1

St-Sulpice

R. St-Sulpice

R. Palatine

R. Servandoni

R. Férou

R. Madame

R. d'Assas

R. de Fleurus

R. de Vaugirard

R. Garancière

R. Cassette

R. de Vaugirard

2

Palais du Luxembourg

R. Racine

R. de Vaugirard

R. de Médicis

R. Rotrou

R. Corneille

R. de Vaugirard

R. Monsieur-le-Prince

BD ST-MICHEL

R. de l'École de Médecine

R. Antoine Dubois

R. Larrey

R. Champollion

R. de la Sorbonne

R. Victor Cousin

R. Cujas

R. Le Goff

R. Toullier

R. Soufflot

R. Gay-Lussac

R. des Écoles

Pl. Marcelin Berthelot

6e Arr!

La Sorbonne

N8

Odéon-Théâtre de l'Europe

R. de Vaugirard

R. de Tournon

Jardin du Luxembourg

0   200 m

Luxembourg (RER)

BOULEVARD ST-MICHEL

BD RASPAIL

R. de Fleurus

R. Guynemer

R. Madame

R. d'Assas

R. Vavin

R. Auguste Comte

R. Michelet

L9

M9

PLACE SARTRE — BEAUVOIR

JEAN-PAUL SARTRE
1905 – 1980
SIMONE DE BEAUVOIR
1908 – 1986
PHILOSOPHES ET ÉCRIVAINS

Jean-Paul Sartre et Simone de Beauvoir
étaient de fidèles clients du Café de Flore

QUAND

C'est plus agréable de jour, quand les musées, jardins et églises sont ouverts. Le marché de la rue de Buci est fermé le lundi.

OÙ MANGER ?

Deux des plus célèbres cafés parisiens se trouvent sur le boulevard Saint-Germain, à la fin de la promenade, Les Deux Magots au n° 170 et le Café de Flore au n° 172. Mais vous trouvez de nombreux cafés et restaurants sur le chemin.

LE LONG DE LA SEINE

Une croisière sur la Seine est une manière très agréable de découvrir certains des plus remarquables monuments de la ville. C'est également une solution idéale si vous disposez de peu de temps. En une heure, vous pouvez avoir un bel aperçu de la capitale.

LA CROISIÈRE SUR LA SEINE

Distance : 11 km
Durée : Un peu plus d'une heure
Départ/arrivée : au square du Vert-Galant, au Pont-Neuf
Comment s'y rendre : 🚇 Pont-Neuf 🚌 24, 27, 58, 67, 70, 72, 74, 75. De la station de métro, traversez le Pont-Neuf. À mi-chemin, un panneau vous indique les Vedettes du Pont-Neuf. Descendez les quelques marches jusqu'au square du Vert-Galant, sur l'île de la Cité, et tournez à droite vers l'embarquement qui se situe juste là.

Le bateau part du square du Vert-Galant et se dirige vers l'ouest. Le premier pont s'appelle le pont des Arts. Le pont d'origine date de 1804 mais il a été entièrement reconstruit en 1984. C'est l'un des ponts les plus romantiques de Paris et un lieu de rassemblement populaire d'artistes. Sur la rive droite, s'élève ❶ musée du Louvre (▷ 118-123).

Le Louvre, l'un des plus grands musées du monde, fut jadis la résidence des rois et des reines de France. Il abrite aujourd'hui une immense collection d'art, des temps anciens jusqu'au XIXᵉ siècle.

Après être passé sous le pont du Carrousel et le pont Royal, vous admirerez la façade ❷ du musée d'Orsay (▷ 130-134), sur la rive gauche.

Une petite pause sur les marches qui descendent vers la Seine (à droite)
Le pont Alexandre III richement décoré (ci-dessous)

Ce musée, dans l'ancienne gare d'Orsay, est consacré aux œuvres d'art, de 1848 à 1914. Il présente notamment les plus grands tableaux impressionnistes du monde.

Vous passerez ensuite sous la passerelle de Solférino qui enjambe la Seine, du jardin des Tuileries au Musée d'Orsay, et le pont de la Concorde, construit avec des pierres de la prison de la Bastille détruite pendant la Révolution. Sur la rive gauche, s'élève le Palais-Bourbon (▷ 80) du XVIIIᵉ siècle où siège l'Assemblée nationale, et sur la rive droite ❸, la place de la Concorde (▷ 148).

La place de la Concorde, construite entre 1755 et 1775, est la plus grande place de Paris. En son centre se dresse le plus ancien monument de la capitale, un obélisque égyptien haut de 23 m et vieux d'environ 3 300 ans.

Le bateau passe maintenant sous le pont Alexandre III, construit en 1900 pour l'Exposition universelle afin de symboliser l'alliance franco-russe.

Sur la rive droite, s'élèvent le Grand Palais et le Petit Palais (▷ 95) et sur la rive gauche, au loin, ❹ les Invalides (▷ 99-101).

Les Invalides abritent le musée de l'Armée et sa collection d'uniformes militaires. La dépouille de Napoléon repose dans l'église du Dôme.

Après le pont des Invalides puis le pont de l'Alma et la passerelle Debilly, le bateau amorce un tournant vous permettant d'admirer la vue sur la ❺ tour Eiffel (▷ 164-169), sur la rive gauche.

La tour, symbole de Paris par excellence, fut élevée entre 1887 et 1889. Elle mesure 324 m de haut et accueille chaque année plus de six millions de visiteurs. De son sommet, la vue est à couper le souffle.

Le pont d'Iéna relie la tour Eiffel, sur la rive gauche, aux jardins du Trocadéro, sur la rive droite. Le bateau passe dessous avant de retourner vers l'île de la Cité. Vous pourrez contempler

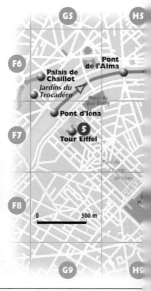

SE PROMENER

les péniches et les restaurants amarrés le long du fleuve. La coupole de l'Institut de France se détache sur votre droite avant de passer sous **6** le Pont-Neuf, côté sud.

Le Pont-Neuf est, comme son nom ne l'indique pas, le plus ancien pont de Paris. Il fut, au XVIIᵉ siècle, le premier pont construit sans maisons.

Les deux ponts suivants sont le pont Saint-Michel, qui mène au Quartier latin et à l'université de la Sorbonne (▷ 163), et le Petit Pont, le plus petit de Paris. Sur l'île de la Cité, se dresse **7** la majestueuse cathédrale de Notre-Dame (▷ 137-141).

Notre-Dame fut construite entre le XIIᵉ et XIVᵉ siècle et constitue un chef-d'œuvre d'art gothique. Admirez les tours, les arcs-boutants et la flèche, haute de 96 m.

Après plusieurs ponts, s'élèvent sur votre droite l'Institut du monde arabe (▷ 98) et les sculptures du musée de la Sculpture en Plein Air. Le bateau fait maintenant le tour de l'île Saint-Louis (▷ 98), si pittoresque. Après trois ponts, dont le romantique pont Marie, vous pourrez voir l'Hôtel de Ville (▷ 95), sur la rive droite. Le bateau passant de l'autre côté de l'île de la Cité (et à nouveau sous trois ponts), vous

passerez devant le plus ancien hôpital de Paris, l'Hôtel-Dieu, et la **8** Conciergerie (▷ 89-91).

À l'origine une partie du palais du Roi, la Conciergerie est devenue plus tard une prison. Plus de 2 600 de détenus incarcérés ici furent envoyés à la guillotine pendant la Révolution, dont la reine Marie-Antoinette. Admirez l'horloge du XVIᵉ siècle, la tour de l'Horloge, sur la façade.

Le bateau passe de nouveau sous le Pont-Neuf et la croisière revient à son point de départ.

RENSEIGNEMENTS PRATIQUES

☎ 01 46 33 98 38

🕐 Mars-fin oct. tlj 10 h, 11 h 15, 12 h et toutes les 30 min de 13 h 30 à 19 h, puis 20 h, 21 h, 21 h 30, 22 h et 22 h 30 ; nov.-fév., lun.-jeu., 10 h 30, 11 h 15, 12 h, 14 h, 14 h 45, 15 h 30, 16 h 15, 17 h, 17 h 45, 18 h 30, 20 h et 22 h, ven.-dim. 10 h 30, 11 h 15, 12 h, 14 h, 14 h 45, 15 h 30, 16 h, 17 h, 17 h 45, 18 h 30, 20 h, 21 h, 21 h 45, 22 h 30. Les horaires peuvent changer.

💺 Ad. 10 €, enf. (4-12 ans) 5 €, gratuit moins de 4 ans

📖 Prenez un plan du trajet gratuit à l'embarquement www.vedettesdupontneuf.com

Différentes compagnies proposent des promenades sur la Seine, dont les Bateaux parisiens (ci-dessus)

QUAND ?

Cette promenade est particulièrement belle le soir, quand les monuments sont illuminés. De jour comme

de nuit, faites-la plutôt par temps doux pour pouvoir rester sur le pont et bénéficier d'une meilleure vue.

OÙ MANGER ?

Un petit bar vous accueillera à l'embarquement et vous trouvez des machines distributrices de boissons et de friandises à bord.

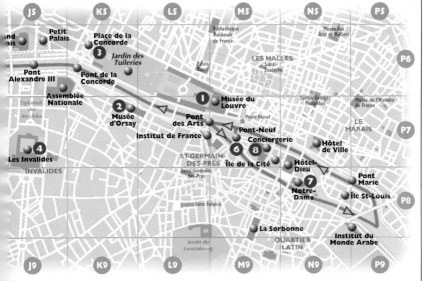

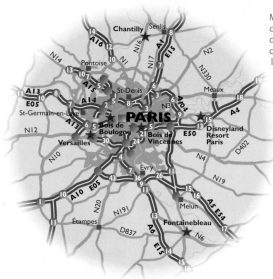

Même si vous ne passez que quelques jours à Paris, il serait dommage de ne pas voir ce que vous réserve le reste de l'Île-de-France. Les somptueux châteaux de Versailles et Fontainebleau, les œuvres d'art du château de Chantilly ou les bois de Boulogne et bois de Vincennes font d'agréables excursions. Si vous êtes accompagné d'enfants, emmenez-les à Disneyland Paris, à seulement une courte distance par le RER.

1. EXCURSION

BOIS DE BOULOGNE

Le bois de Boulogne, le « poumon de Paris », se situe à l'ouest de la capitale, un parc de 845 ha doté de lacs, de jardins fleuris et de cascades.

Parc de Bagatelle
✉ Route de Sèvres à Neuilly
☎ 01 40 67 97 00
🕐 Tlj horaires selon la période de l'année
🎫 Ad. 3 €, jeunes (7-25 ans) 1,50 €, gratuit moins de 7 ans
🚇 Pont de Neuilly, puis bus 43 ou 93 ; Porte Maillot, puis bus 244

Jardin d'Acclimatation
✉ Boulevard des Sablons
☎ 01 40 67 90 82
🕐 Juin-sept. tlj 10 h-19 h ; reste de l'an. 10 h-18 h
🎫 Ad. et enf plus de 3 ans 2,50 €, gratuit moins de 3 ans
🚇 Les Sablons
www.jardindacclimatation.fr

Jardin Shakespeare
✉ Pré-Catelan
🕐 Tlj horaires variables
🚇 Porte Maillot, puis bus 244

Jardin des Serres d'Auteuil
✉ 3, avenue de la Porte d'Auteuil
☎ 01 40 71 74 00
🕐 Tlj 10 h-17 h (18 h en été)
🎫 Ad. 1 €, enf. 0,50 €
🚇 Porte d'Auteuil

ESPACES VERTS
Le bois de Boulogne se situe à la limite extérieure du boulevard périphérique et attire coureurs, cyclistes et autres promeneurs qui veulent échapper à la ville une heure ou deux. Vous y trouverez des cafés et des restaurants, deux lacs bordés de cascades, des « folies », un théâtre en plein air, deux hippodromes et plus de 140 000 arbres.

Dans le parc de Bagatelle, un petit château, construit en 1775, domine un parc romantique dans le plus pur style anglais. Roseraie, parterres de fleurs, nymphéas… Plus au nord, le jardin

d'Acclimatation est particulièrement apprécié des enfants avec ses aires de jeux, un mini-golf, ses spectacles de marionnettes, un petit train et un dôme sous lequel on s'initie aux sciences et au multimédia, l'Explor@dome.

Le jardin Shakespeare, dans la partie sud, abrite un théâtre en plein air présentant des pièces en anglais et en français, ainsi qu'un jardin parsemé de fleurs, de plantes et d'arbres mentionnés dans les œuvres de Shakespeare.

Dans le jardin des Serres d'Auteuil, au sud, des serres du XIXe siècle sont consacrées à la culture de plantes tropicales. À quelques pas, s'étend le stade de Roland-Garros, temple du tennis.

HISTORIQUE
Comme le bois de Vincennes, à l'est de Paris (▷ 237), le bois de Boulogne fut un lieu de chasse au Moyen Âge, avant de devenir un lieu de promenades et de plaisirs au XVIIIe siècle. Le baron Haussmann, sous Napoléon III, s'est chargé de sa modernisation.

Le bois de Boulogne fait le bonheur des cyclistes

BOIS DE VINCENNES

Le bois de Vincennes est l'antidote à la frénésie de la ville. À seulement quelques stations de métro du centre de Paris, trois lacs, un château, un merveilleux parc floral et un grand zoo vous accueillent. L'été, revenir vers la capitale risque de vous sembler bien difficile…

INFORMATIONS PRATIQUES

Château de Vincennes
✉ Avenue de Paris, 94300 Vincennes
☎ 01 48 08 31 20
🕐 Mai-fin août tlj 10 h-12 h, 13 h 15-18 h ; reste de l'an. 10 h-12 h, 13 h 15-17 h. Vous pouvez circuler librement dans le parc, mais la visite de la chapelle se fait seulement lors de visites organisées. Réservation à la réception.
🎫 Parc : gratuit. Visite de 45 min : 4,60 € (gratuit moins de 18 ans) ; visite de 75 min : 6,10 € (gratuit moins de 18 ans)
www.monum.fr

Parc zoologique de Paris
✉ 53, avenue de Saint-Maurice, 75012
☎ 01 44 75 20 10
🕐 9 h-18 h en été (18 h 30 le dim.) ; 9 h-17 h 30 en hiver
🍴 🖥 🎫 5 € (gratuit moins de 4 ans)
www.mnhn.fr (cliquez sur parc zoologique)

Parc floral
✉ Esplanade du Château ☎ Mairie de Paris : information 3975
🕐 9 h 30-20 h en été ; 9 h 30-17 h en hiver
🎫 Ad. 3 €, enf. 1, 50 € ; plus cher le mer. après-midi, sam. et dim.
🖥 Deux cafés, ouverts tlj en été, mer., sam.-dim. en hiver
www.parcfloraldeparis.com

COMMENT S'Y RENDRE

Le **bois de Vincennes** est situé à 6 km à l'est de Paris
Métro : Château de Vincennes pour le château et le Parc floral ; Porte Dorée pour le Parc zoologique de Paris
Bus : 46, 56, 115, 118, 124, 318, 325 pour le château ; 46, 112 pour le Parc floral ; 46, 86, 325 pour le Parc zoologique

CHÂTEAU DE VINCENNES
Le château de Vincennes n'a pas toujours connu des jours tranquilles malgré son environnement paisible. Louis XIV y a passé sa lune de miel, Winston Churchill y a tenu une conférence de guerre et les Allemands y ont exécuté des prisonniers pendant l'Occupation. Aujourd'hui, vous pouvez vous y promener à votre guise et admirer tous ses styles architecturaux, de son donjon du XIVe siècle aux pavillons symétriques du Roi et de la Reine, de style classique, jusqu'au pavillon des Armes du XIXe siècle. Le donjon a été restauré et des visites du bureau de Charles V et de la chapelle, bâtie sur le modèle de la Sainte-Chapelle, sont organisées. Vous y verrez la deuxième cloche la plus ancienne de Paris, la cloche de Charles V (1369), d'un poids de 700 kg, et l'une des toutes premières horloges publiques de France. Des vitraux ont été brisés lors de la tempête de 1999, mais la rosace a miraculeusement tenu bon.

PARC ZOOLOGIQUE DE PARIS
On ne pense pas toujours à rendre visite aux girafes, aux pingouins, aux pandas quand on visite Paris mais ce serait bien dommage de ne pas le faire. Dans ce zoo, qui fait partie du Muséum national d'Histoire naturelle (▷ 127), vivent, dans une relative liberté, environ 1 200 animaux. Le Grand Rocher, haut de 65 m, abrite des mouflons à manchette, des loutres, des vautours. De son sommet, la vue s'étend sur tout le zoo et le bois de Vincennes et, au loin, sur Montmartre et la tour Eiffel.

PARC FLORAL
Ses jardins constituent un lieu de promenade très agréable après la visite du château de Vincennes. On peut y admirer des centaines d'espèces florales, que ce soit dans la vallée des Fleurs, dans le jardin des Dahlias ou celui des Iris. Le pavillon des Camélias est de toute beauté lors de leur floraison, début mars. Les enfants pourront profiter des attractions, du mini-golf et du théâtre pour enfants (certains jours seulement). Un festival de jazz s'y tient, de début juin à la fin juillet, et des concerts classiques y sont organisés en août et septembre.

HISTORIQUE
Le bois de Vincennes était une chasse royale, au XIIe siècle, et Philippe-Auguste l'avait ceint de murs sur une longueur de 12 km. Sous le règne de Louis XV, il devint un lieu populaire de promenade. Au XIXe siècle, le baron Haussmann le fit aménager dans le goût anglais prisé par Napoléon III, pour le plaisir de la classe ouvrière de l'Est parisien. Le domaine est alors reboisé et creusé de reliefs et de lacs. Les bois ont beaucoup souffert lors de la terrible tempête de 1999.

BON À SAVOIR
● Le zoo est très fréquenté le mercredi après-midi et le week-end. Il doit subir des transformations et il est préférable de vérifier son ouverture avant de s'y rendre.

Une rue bordée d'arbres près du château de Vincennes

CHANTILLY

Ce château Renaissance entouré de douves, digne d'un conte de fées, conjugue culture, nature et découverte.

Château de Chantilly-Musée Condé

✉ BP 70243, 60631 Chantilly

☎ 03 44 62 62 62

🕐 Musée et parc : mi-mars à fin oct. mer.-lun. 10 h-18 h (parc juil.-fin août tlj jusqu'à 20 h) ; reste de l'an. mer.-lun. 10 h 30-12 h 45, 14 h-17 h (parc 10 h 30-18 h)

💶 Chateau et parc : ad. 8 €, enf. (4-12 ans) 3,50 €, (13-17 ans) 7 €. Parc : ad. 4 €, enf. (4-12 ans) 2,50 €, (13-17 ans) 3, 50 €

🎧 Visites guidées uniquement ; audiophones 2 €

🛍 Grand choix, prix divers

🏪 Boutique

❓ Les Petits Appartements sur visite guidée uniquement. Tickets à la boutique www.chateaudechantilly.com (informations historiques et présentation des activités, des événements et des expositions temporaires)

Musée vivant du Cheval

✉ Grandes Écuries, BP 60242, 60631 Chantilly

☎ 03 44 57 40 40 ; office du tourisme tél. : 03 44 67 37 37

🕐 Avr.-fin oct. lun., mer.-ven. 10 h 30-18 h 30, sam., dim. et jours fériés 10 h 30-19 h (ouvert aussi mai-fin juin le mar. 10 h 30-17 h 30) ; reste de l'an. lun., mer.-ven. 14 h-18 h, sam., dim. et jours fériés 10 h 30-18 h 30. Dernière admission une heure avant la fermeture

💶 Ad. 8,50 €, enf. (4-12 ans) 6,50 €, (13-17 ans) 7,50 €

❓ Démonstrations équestres (30 min) 11 h 30, 15 h 30 et 17 h 30 (15 h 30 uniquement jours de semaine en hiver) www.museevivantducheval.fr (informations sur les spectacles, les événements et les démonstrations)

Chantilly est à 40 km au nord de Paris.

En train : Gare du Nord vers Chantilly-Gouvieux (30 min). Environ 30 min de marche de la gare au château. Quelques bus. Vous pouvez également prendre un taxi devant la gare (environ 6 €)

En voiture : Prenez l'autoroute du Nord (A1) et sortez à Survilliers-Saint-Witz. Prendre ensuite soit la N16 soit la N17

HISTORIQUE

Le château de Chantilly est un des plus beaux fleurons du patrimoine français. Il est entouré d'un parc magnifique avec, au fond, la forêt de Chantilly et il abrite une superbe collection d'œuvres d'art.

La commune de Chantilly est célèbre pour ses courses de chevaux. Son Musée vivant du Cheval est connu dans le monde entier.

Chantilly s'enorgueillit de deux grandes références culinaires : la crème du même nom bien sûr, et le chef Vatel, qui connut une fin tragique en 1671. Lors d'une réception offerte à Louis XIV et ses 600 courtisans, il se suicida de trois coups d'épée lorsque, ses fournisseurs ayant pris du retard, il se crut dans l'impossibilité de produire un repas digne du roi.

CHÂTEAU DE CHANTILLY

Chantilly fut fondé par un Romain, Cantilius, mais c'est le célèbre chef de l'armée française, le connétable Anne de Montmorency, qui a développé

ce site au XVIᵉ siècle. Il fit transformer le château médiéval en château Renaissance et ajouter le Petit Château.

Chantilly est ensuite passé aux mains de la puissante famille de Condé, au milieu du XVIIᵉ siècle, et le prince, connu sous le nom de Grand Condé, fit appel au paysagiste de Versailles, André Le Nôtre, pour créer le Grand Canal, les lacs, les cascades et le labyrinthe. Le château devint un lieu de festivités et Jean de La Fontaine et Molière y ont fait jouer leurs œuvres.

Pendant la Révolution, le Grand Château fut pillé, détruit et il servit même de prison. Vers 1830, Henri d'Orléans, duc d'Aumale, hérita de la propriété et confia la reconstruction du Grand Château à l'architecte Honoré Daumet. En 1886, le duc fit don de Chantilly à l'Institut de France, à condition que ses collections d'art soient préservées et le château ouvert au public. Le musée Condé ouvrit en avril 1898, moins d'un an après sa mort.

Une statue ailée sur l'île de l'Amour, dans les jardins à l'anglaise

Le château de Chantilly a été construit entre le XIVᵉ et le XIXᵉ siècle

MUSÉE CONDÉ

Les œuvres d'art et le mobilier qui y sont exposés couvrent les périodes de la Renaissance au XIXᵉ siècle. La collection comprend des chefs-d'œuvre de Raphaël, Jean Fouquet, Fra Angelico, Eugène Delacroix, Camille Corot, ainsi qu'une collection de porcelaines du XVIIIᵉ siècle et de dentelles du XIXᵉ siècle. Le cabinet des dessins est un des plus riches de France. Quelque 380 dessins, d'Antoine Watteau, Eugène Delacroix et Jean-Auguste-Dominique Ingres, sont exposés. La galerie de Psyché présente 42 remarquables vitraux du XVIᵉ siècle. Dans le Sanctuaire, les *Trois Grâces* de Raphaël (1500-1505) et 40 miniatures de Jean Fouquet (1445) sont exposées. La bibliothèque possède une importante collection d'ouvrages rares et précieux dont un exemplaire des *Très Riches Heures du Duc de Berry*, du XVᵉ siècle. La chapelle est ornée de magnifiques vitraux d'Écouen, et le mot Espérance décore le plafond.

La visite des Grands Appartements conduit dans la chambre de Monsieur le Prince, dans le Salon de musique et la Grande Galerie. Les Petits Appartements du duc et de la duchesse d'Aumale (visites guidées uniquement) furent décorés au XIXᵉ siècle de panneaux de bois, de marqueterie, de brocarts drapés, et de portraits de famille.

Le salon des Singes est un boudoir décoré de singes et de chinoiseries.

LE PARC

Le domaine couvre environ 115 ha et constitue un magnifique lieu de promenade. Vous découvrirez le Grand Canal, la cascade, le jardin anglo-chinois du XVIIIᵉ siècle, les jardins à la française de Le Nôtre, la Maison de Sylvie qui entretient le souvenir de la duchesse de Montmorency, et les romantiques jardins à l'anglaise, l'île de l'Amour, le temple de l'Amour et la cascade de Beauvais. Ne manquez pas non plus le château d'Enghien, adossé à la forêt, ainsi que l'aire de jeux pour les enfants, un enclos pour les kangourous et le Hameau, construit en 1774 pour le prince de Condé et dont s'est inspirée Marie-Antoinette.

Au printemps et en été, vous pourrez faire une promenade en bateau sur le canal, prendre une calèche ou monter dans le petit train pour découvrir les autres trésors du parc.

MUSÉE VIVANT DU CHEVAL

Les Grandes Écuries, construites pour Louis-Henri, duc de Bourbon, au XVIIIᵉ siècle, constituent l'autre fleuron architectural de Chantilly. D'après la légende, il était persuadé d'être réincarné en cheval après sa mort. Les étables, longues de 186 m, pouvaient accueillir 240 chevaux et plusieurs meutes pour la chasse au cerf et au sanglier. Elles abritent aujourd'hui le Musée vivant du Cheval, crée en 1982 par Yves Bienaimé. Ce musée est considéré comme le plus important et le plus beau de ce type. Vous pourrez y assister à des spectacles et des démonstrations équestres.

OÙ MANGER ?

Le château de Chantilly : Le restaurant et salon de thé La Capitainerie (*ouv. tte l'an. ; fermé mar. et le soir* ; tél. : 03 44 57 15 89).

Le Hameau : Le restaurant Les Goûters Champêtres sert des spécialités régionales (*mi-mar à mi-nov.* ; tél. : 03 44 57 46 21).

Le Parc : La Courtille propose des repas légers, des boissons et des glaces (*mars à mi-nov.* ; tél. : 03 44 57 46 21).

Le Musée vivant du Cheval : Le restaurant Le Carrousel (*avr.-fin nov. mer.-lun.* ; *réservations* 03 44 57 19 77).

DISNEYLAND® RESORT PARIS

Découvrez le monde magique de Disneyland, un enchantement pour les enfants de tous âges.

INFORMATIONS PRATIQUES

✉ BP 100, 77777 Marne-la-Vallée Cedex 4

☎ 01 60 30 60 30

🎫 Parc Disneyland® : mi-juil.-fin août tlj 9 h-23 h ; sept.-fin oct. lun.-ven. 10 h-20 h, sam.-dim. 9 h-20 h ; fin oct.-début nov. tlj 9 h-20 h ; début nov.- mi-déc. lun.-ven. 10 h-20 h, sam.-dim. 9 h-20 h ; mi-déc.-fin déc. tlj 9 h-20 h (31 déc. 9 h-1 h) ; jan.-mi-juil. lun.-ven. 10 h-20 h, sam.-dim. 9 h-20 h ; vacances scolaires 9 h-20 h

Parc Walt Disney Studios® : début avr.-fin août tlj 9 h-18 h ; sept.-fin oct. lun.-ven. 10 h-18 h, sam.-dim. 9 h-18 h ; fin oct.-début nov. tlj 9 h-18 h ; début nov. -mi-déc. lun.-ven. 10 h-18 h, sam.- dim. 9 h-18 h ; mi-déc.-fin déc. tlj 9 h-18 h ; jan.-fin mars lun.-ven. 10 h-18 h, sam.-dim. 9 h-18 h

🎟 Billet un jour (valable pour le parc et Walt Disney Studios) : ad. 41 €, enf. (3-11 ans) 30 €, gratuit moins de 3 ans. Billet trois jours « Passe-Partout » : ad. 109 €, enf. (3-11 ans) 80 €, gratuit moins de 3 ans. Les prix peuvent varier en fonction de la saison.

🏬 Les boutiques vendent produits dérivés, vêtements, jouets, livres, objets de décoration et cartes postales

🅿 8 € par jour ; gratuit si vous résidez dans un des hôtels de Disneyland Resort Paris

❓ Une taille et un âge minimum requis pour certaines attractions

www.disneylandparis.com
(informations en plusieurs langues, Vous pouvez aussi réserver des billets)

COMMENT S'Y RENDRE

Disneyland Resort Paris est situé à 32 km à l'est de Paris

En train : RER ligne A circule de Châtelet-les-Halles et Gare de Lyon à Marne-la-Vallée/Chessy (environ 40 min). La station est à 100 m des entrées pour le parc Disneyland et le parc Walt Disney Studios

En voiture : prenez l'A4 (autoroute de l'Est), en direction de Metz/Nancy. Prenez la sortie 14, pour les Parcs Disneyland

Des rencontres merveilleuses (encart, en haut à droite)
Les célèbres oreilles du monde de Disney (encart, à droite)
Le château de la Belle au Bois dormant (à droite)

HISTORIQUE

Disneyland Resort Paris attire chaque année plusieurs millions de visiteurs dans ses deux parcs, le parc Disneyland et le parc Walt Disney Studios. Ce parc à thème a ouvert ses portes en 1992, avec force publicité. Il constitue le quatrième parc Disney, après celui de Californie, de Floride et de Tokyo. Le parc Walt Disney Studios Park a ouvert en 2002. On y trouve également le village de loisirs Disney Village, sept hôtels et un golf de 27 trous.

DISNEYLAND® PARK

Le parc de 56 ha est divisé en cinq thèmes, chacun offrant des attractions spécifiques, des restaurants et des boutiques.

Main Street, USA vous fera remonter 100 ans en arrière, dans une ville américaine du début du XIXᵉ siècle. Vous assisterez à des parades avec des danseurs et, bien sûr avec les célèbres personnages des dessins animés de Disney (voir le site pour les dates et les horaires).

Fantasyland, particulièrement apprécié des plus jeunes, comprend une animation sur le thème du château de la Belle au Bois dormant, une promenade dans le labyrinthe d'Alice au pays des merveilles et Le Carrousel de Lancelot.

Vous affronterez les Pirates des Caraïbes à Adventureland, découvrirez l'île de l'Aventure et verrez le campement d'Indiana Jones et le Temple du Péril.

Frontierland, avec ses canyons, ses mines d'or et ses rivières, propose la visite de Fort Comstock et de ses attractions.

Dans le monde futuriste de Discoveryland, vous retrouverez le monde de Toy Story avec le tout récent « Buzz l'éclair bataille laser », de Star Wars (la guerre des

Au cœur de l'aventure avec Adventureland

étoiles) mais aussi « Chérie, j'ai rétréci le Public » et bien entendu le fameux Space Mountain Mission 2 qui vous fera atteindre une vitesse de 68 hm/h. Cette attraction est réservée à ceux qui n'ont peur de rien. Et avec le vaisseau Starspeeder 3000, vous partirez pour un voyage intergalactique.

PARC WALT DISNEY STUDIOS®

Le parc Walt Disney Studios est conçu sur le thème des studios Disney-MGM, en Floride.
Il est divisé en quatre zones de « production », chacune recréant l'atmosphère d'un vrai studio.
À votre arrivée, dominant le Front Lot, vous découvrirez un réservoir d'eau, haut de 33 m, couronné des fameuses oreilles de Mickey. Le Studio 1, dans cette zone, abrite un plateau de cinéma qui reconstitue un décor de rue. Place Art of Disney Animation est dédiée à la magie de l'animation. Un dessin animé en 3D vous montrera comment les artistes donnent vie aux personnages. Embarquez à bord d'un train à la Production Courtyard pour parcourir les coulisses des studios de production. Frissons et émotions vous attendent au cours de l'attraction Armaggedon dans le monde des effets spéciaux. Avec Rock 'n' Roller Coaster, une montagne russe délirante, vous serez catapulté, à 100 Km/h, pour enchaîner vrilles, loopings etc, avec la musique du groupe Aerosmith à fond dans les oreilles !
Avec Moteurs… Actions !, vous assisterez à des cascades spectaculaires, notamment au show Action Stunt Spectacular® qui met en scène voitures, motos et jet skis.

DISNEY® VILLAGE

Disney Village est situé entre les parcs Disney® et les hôtels Disney®. Le Village est animé d'une intense activité jusqu'aux petites heures du jour : des restaurants à thème, des bars, des boutiques, des artistes de rue et des cinémas multiplexes. Vous pouvez terminer votre visite par un dîner-spectacle très populaire, le Buffalo Bill's Wild West, ou danser toute la nuit au night-club, Hurricanes.

SE PROMENER

À SAVOIR

● Disneyland Resort Paris est facilement accessible de Paris.
● Consultez les points d'information (au City Hall du parc Disneyland et aux points d'accueil au parc Walt Disney Studios), qui vous renseignera sur les programmes, les horaires et les plans du site.
● Le système FASTPASS, gratuit, est valable sur les attractions les plus populaires du parc Disneyland et réduira votre temps d'attente.

OÙ MANGER ?

Une douzaine de restaurants vous attendent, français, italiens, anglais, bavarois et bien sûr américains. Restaurants traditionnels, self service et bars. Il est préférable de réserver dans les plus populaires.
Photos © Disney

FONTAINEBLEAU

Le château de Fontainebleau, grand rival de Versailles sur le plan de la grandeur et de l'histoire, offre l'avantage d'être moins fréquenté. Cette vaste demeure de 1 900 pièces, « maison des siècles, vraie demeure des rois » comme l'appelait Napoléon Ier, est nichée dans un magnifique domaine.

INFORMATIONS PRATIQUES

✉ Château de Fontainebleau, 77300 Fontainebleau

☎ 01 60 71 50 70/60

🕐 Salles Renaissance, Grands Appartements et Appartement de Napoléon Ier : juin-fin sept. mer.-lun. 9 h 30-18 h ; reste de l'an. mer.-lun. 9 h 30-17 h. Dernière admission 45 min avant la fermeture. Petits Appartements et musée Napoléon I : visite guidée uniquement. Musée chinois : se renseigner. Jardins : mai-fin sept. tlj 9 h-19 h ; oct. 9 h-18 h ; nov.-fin fév. tlj 9 h-17 h ; mars-fin avr. tlj 9 h-18 h

💶 Ad. 5,50 €, gratuit moins de 18 ans, gratuit pour une simple promenade dans les jardins. Petits appartements et musée Napoléon Ier : ad. 3 €, gratuit moins de 14 ans

🔗 Voir la brochure au bureau de vente des billets pour les horaires. Les audiophones sont disponibles en anglais, italien et japonais et coûtent 3 € en plus du ticket d'entrée

🚌 4 rue Royale (à côté de l'arrêt de bus du Château de Fontainebleau) ; tél. : 01 60 74 99 99

www.musee-chateau-fontainebleau.fr

COMMENT S'Y RENDRE

En train : Gare de Lyon à Fontainebleau-Avon, environ toutes les heures, sur la ligne du Transilien (environ 45 min). De la gare Fontainebleau-Avon, le bus A/B vous conduira au château en environ 15 min.

En voiture : prenez l'autoroute A6 à la porte d'Orléans et sortez à Fontainebleau.

HISTORIQUE

Fontainebleau a été témoin de grandes pages de l'histoire de France, dont la naissance de Louis XIII, en 1601 et l'abdication de Napoléon Ier, en 1814. Le site est devenu propriété royale au XIIe siècle quand les rois sont venus chasser sur ses 17 000 ha de forêts. Le donjon de la cour Ovale est le seul vestige de l'époque moyenâgeuse.

Le château a connu ses transformations les plus spectaculaires au XVIe siècle, quand François Ier entreprit sa reconstruction et sa rénovation pour s'adonner aux plaisirs de la chasse. Il fit appel aux plus grands artistes italiens et aménager des lacs et des canaux dans le parc.

Un siècle plus tard, les jardins furent redessinés par André Le Nôtre, le paysagiste de Versailles. Les souverains successifs ont laissé leur empreinte comme Napoléon qui fit entièrement remeubler le château, en 1804.

LES SALLES RENAISSANCE

François Ier voulait que Fontainebleau soit l'un des foyers artistiques majeurs de la Renaissance.

La salle de bal, commencée sous François Ier et terminée sous Henri II, mesure 30 m de long et est décorée de boiseries et de fresques illustrant des scènes de chasse et de la mythologie. De vastes fenêtres baignent la salle de lumière et la vue plonge sur la cour Ovale d'un côté et le Grand Parterre de l'autre. Une cheminée monumentale et les plafonds à caissons, inspirés des modèles italiens, sont dus à Philibert Delorme. Une musique Renaissance diffusée en permanence aide à imaginer les magnifiques fêtes qui se sont tenues ici. Dans la galerie François Ier, la grande fierté du roi, vous pourrez admirer des fresques peintes par l'artiste florentin, Rosso, un élève de Michel-Ange. Elles sont restées dissimulées pendant des années sous d'autres peintures, avant d'être redécouvertes au XXe siècle.

LES GRANDS APPARTEMENTS

Les Grands Appartements sont encore plus riches que les salles Renaissance. Pas un centimètre de murs et de plafonds qui ne soit richement décoré. Ne manquez pas les tapisseries dans le salon François Ier et la salle des Tapisseries tissées aux Gobelins. Le lit dans la chambre de l'Impératrice a été conçu pour Marie-Antoinette, bien qu'elle n'y ait jamais dormi.

Napoléon Bonaparte a transformé l'ancienne chambre du roi en salle du Trône, la seule salle existante encore en France avec son mobilier d'origine. La décoration et le mobilier sont un mélange extravagant de styles Louis XIII, Louis XIV et Louis XV.

L'APPARTEMENT INTÉRIEUR DE L'EMPEREUR

Cet appartement ne se découvre que sur visite organisée et révèle un aspect plus personnel de la vie de l'empereur, même

La galerie François Ier, richement décorée, date du XVIe siècle

Vous pouvez faire de la barque sur l'étang des Carpes, à la belle saison

la chasse. D'ici, une jolie promenade conduit au Grand Parterre, conçu par Le Nôtre, un jardin à la française qui possédait jadis un magnifique décor de buis. Juste derrière s'étend le Grand Canal, long de 1,2 km, commandée par Henri IV, en 1606. Un peu plus loin, l'étang des Carpes était à l'origine un marécage que François Ier fit transformer en pièce d'eau décorative, lançant ainsi la mode du miroir d'eau. Le bassin est peuplé de carpes réservées autrefois à la table du souverain.

À SAVOIR

● Il est possible d'acheter un billet combiné, train et ticket d'entrée au château.

● Les détenteurs de la Carte Musées-Monuments (▷ 307) bénéficient d'une entrée gratuite au château.

si Napoléon occupait les Petits Appartements, situés au rez-de-chaussée. La Petite Chambre à coucher est plus humble, avec son simple lit de camp, que la chambre cérémoniale. C'est dans le Salon Particulier que l'Empereur signa son abdication, sur la table ronde, le 6 avril 1814.

LE PARC

Le parc du château de Fontainebleau est de toute beauté et il vous faudra au moins une heure pour en faire le tour. Pour un circuit découverte (8 km), prenez une brochure au bureau d'information.

Partez de la cour du Cheval blanc, à l'entrée du château. Elle porte aussi le nom de cour des Adieux, en souvenir de la cérémonie de départ de Napoléon pour l'île d'Elbe, qui se déroula au pied de la statue équestre de Marc-Aurèle.

À droite de la cour (en faisant face au château), le jardin Anglais date du début du XIXe siècle. À gauche, dans le jardin de Diane s'élève la statue de la déesse de

OÙ MANGER

Vous ne trouverez pas de café, et il vous faut donc prévoir vos propres boissons. Les pique-niques sont autorisés dans le parc mais pas dans les jardins. Vous trouverez des cafés et des restaurants dans la ville.

Le château se reflète magnifiquement dans l'étang des Carpes

SE PROMENER

VERSAILLES

Versailles représente la quintessence du château royal, élevé à la gloire du Roi-Soleil, Louis XIV. Plus une ville qu'un château, il a constitué le siège du pouvoir pendant plus d'un siècle et a tenu les membres de la famille royale à l'écart de leurs sujets, jusqu'à l'explosion révolutionnaire. Aujourd'hui les envahisseurs, bien pacifiques, se contentent de visiter les majestueux appartements et les jardins ornés de fontaines.

INFORMATIONS PRATIQUES

✉ Versailles, 78000

☎ 01 30 83 78 00

🕐 Grands Appartements : avr.-fin oct. mar.-dim. 9 h-18 h 30 ; reste de l'an. jeu.-dim. 9 h-17 h 30. Grand et Petit Trianon : avr.-fin oct. 12 h-18 h 30 ; reste de l'an. tlj 12 h-17 h 30. Jardins : tlj 9 h-19 h. Grandes Eaux : fin avr.-fin sept. sam.-dim. 11 h-12 h, 15 h 30-17 h (et occasions particulières). Parc : tlj 8 h ou 9 h-tombée de la nuit. Jours fériés, téléphonez pour connaître les heures d'ouverture

📍 Voir Comment s'orienter, ci-dessous

🍴 La Flottille (tél. : 01 39 51 41 58) et La Petite Venise (tél. : 01 30 97 19 44)

☕ Café dans la cour de la Chapelle. Deux snacks dans le parc

📷 Visites guidées possibles. Réservez à 9 h. Audiophones pour les Grands Appartements (4,50 €) en 8 langues. Vous devrez laisser en dépôt un passeport, une carte de crédit ou un permis de conduire

♿ Entrée H pour les visiteurs à mobilité réduite. Un ascenseur conduit aux Grands Appartements

🚻 Gardez quelques pièces pour les toilettes

www.chateauversailles.fr (informations pratiques, histoire et photos. Vous y verrez aussi les dates et horaires des Grandes Eaux)

COMMENT S'Y RENDRE

En train : le RER ligne C vous conduit en 30 min à Versailles Rive-Gauche, ensuite trajet de 10 min à pied jusqu'au château. Un train partant de la gare Montparnasse conduit en 15 min à Versailles Chantiers, ensuite 20 min à pied. Un train de la gare Saint-Lazare conduit en 25 min à Versailles Rive-Droite, ensuite 15 min à pied. **En voiture** : prenez l'autoroute A13 jusqu'à la sortie Versailles-Château, puis suivez les indications.

COMMENT S'ORIENTER

● Nombreux sont ceux qui pensent être immédiatement frappés par la magnificence des lieux mais la première impression est souvent, au contraire, un peu confuse. Le château possède de nombreuses entrées et formules de billets, et quand vous commencez enfin votre visite, peu de salles ont des panneaux explicatifs. Il est donc préférable de louer un audiophone.

● Tout voir en une visite s'avère difficile, mais si vous le souhaitez, achetez un « forfait loisir Transilien » au départ des gares de Paris (*21,10 € avr.-fin oct., 17,90 € reste de l'an.*). Il comprend le titre de transport aller-retour jusqu'à Versailles Rive-Gauche ou Versailles Chantiers et le « Passeport un jour » pour un accès prioritaire, ouvre notamment l'accès aux Grands Appartements, à la chambre du Roi, aux jardins, au Grand et Petit Trianons, aux Grandes Eaux en saison et au musée des Carrosses. La visite des Petits Appartements n'est pas comprise.

● Pour une journée moins fatigante, limitez-vous aux Grands Appartements (*7,50 € ; entrée A*), qui comprennent la chambre du Roi, la galerie des Glaces et l'appartement de la Reine. Vous pourrez ensuite profiter des jardins (*3 € avr.-fin oct. ; gratuit reste de l'an. ; 6 € pendant les Grandes Eaux ; gratuit moins de 18 ans.*)

● Une autre option comprend la chambre du Roi (*4,50 €, audiophone compris ;*

SE PROMENER

entrée C ou C2 si vous avez un « passeport un jour ») ; les Petits Appartements (*réservations à l'entrée D ; 7,50 €, plus 4 €-8 € pour un parcours obligatoire*). Le Grand Trianon et le Petit Trianon (*5 €*) sont à 25 min de distance mais vous pouvez prendre le petit train (*ad. 5,50 € ; enf. (11-18 ans) 3,50 €, gratuit moins de 11 ans*).

● La Carte Musées-Monuments (▷ 307) donne un accès gratuit aux Grands Appartements, au Grand Trianon et Petit Trianon.

● L'entrée à Versailles est gratuite pour les moins de 18 ans et pour tous ; le premier dimanche du mois (octobre à fin mars).

La fontaine de Latone, avec en fond le Grand Canal (à droite)

Le traité de Versailles, mettant fin à la Première Guerre mondiale, fut ratifié dans la somptueuse galerie des Glaces (ci-dessous)

La cour de marbre

LE GRAND APPARTEMENT DU ROI

L'appartement du Roi, qui fait partie des Grands Appartements, consacre la gloire et la grandeur de Louis XIV. Les murs de marbre et les bronzes ciselés rivalisent avec ceux de la galerie des Glaces. Chaque salon est consacré à une divinité symbolisant les vertus et les devoirs de la royauté. Le dieu du soleil Apollon, étroitement lié à l'image de Louis XIV, donne son nom à la salle du Trône. Le plafond peint dans le salon d'Hercule représente 142 personnages.

LA GALERIE DES GLACES

La galerie des Glaces, qui fait également partie des Grands Appartements, est l'un des joyaux du château de Versailles. Plus de 350 miroirs posés sur 17 arcades reçoivent la lumière des 17 fenêtres ouvrant sur le jardin. Ces glaces sont d'une dimension exceptionnelle. Les arcades sont séparées par des pilastres de marbre. Le hall, long de 73 m, fut dessiné par Jules Hardouin-Mansart et terminé en 1686. Il est désormais consacré aux réceptions officielles. Le traité de Versailles y a été signé, en 1919. L'omniprésence de Louis XIV est manifeste dans les peintures du plafond de Charles Le Brun, qui illustrent des épisodes du règne du Roi-Soleil.

LA CHAMBRE DE LA REINE

La chambre de la Reine est parallèle aux appartements du Roi dont elle est séparée par la galerie des Glaces. Dans cette chambre, la reine devait accoucher en public pour apporter ainsi la preuve du sang royal de ses enfants. Marie-Antoinette fut la dernière reine à l'occuper et les portraits de ses ancêtres décorent les murs. Le lit à baldaquin est une copie. Un tableau émouvant de la reine en compagnie de ses trois enfants est accroché dans l'antichambre du Grand Couvert. Le berceau vide évoque le décès de sa plus jeune fille, Sophie, intervenu avant la réalisation du tableau.

LES FONTAINES

Versailles est célèbre pour ses fontaines et il est vraiment regrettable qu'elles soient la plupart du temps hors-service. Pour les voir couler en continu, visitez le parc pendant les Grandes Eaux musicales. La figure du dieu Apollon y joue un grand rôle. La fontaine Apollon, qui garde l'entrée du Grand Canal, montre le dieu soleil jaillissant des flots sur son chariot, symbolise l'ascension du règne du Roi-Soleil. Plus près du château, la fontaine de Latone représente la mère d'Apollon demandant à Jupiter de métamorphoser les habitants de Lycie en grenouilles. Ne manquez pas la fontaine de Neptune, après le Parterre Nord.

LE PARC

Versailles possède le plus grand parc de château d'Europe (100 ha), dessiné par André Le Nôtre en une géométrie si parfaite que même la nature a semblé vouloir obéir aux ordres du Roi-Soleil. Louis XIV commandait une flotte de bateaux sur le Grand Canal long de 1,6 km. Aujourd'hui, vous pouvez y louer des barques.

Parc de Versailles

Le hameau de la reine Marie-Antoinette, à proximité du Petit Trianon

greva très lourdement les finances du pays mais le château resta le centre du pouvoir jusqu'en 1789, une troupe de révolutionnaires ayant alors ramené Louis XVI de force à Paris.

● Les jours les plus fréquentés sont le mardi et le dimanche, ainsi que les jours fériés. Le château est fermé le lundi.

● Les billets achetés à l'avance (la carte Musées-Monuments ou le forfait Loisir Transilien) vous épargnent les files d'attente.

● Préparez-vous à de longues attentes pour l'achat des billets, prendre un audiophone ainsi que pour se rendre aux toilettes.

Vous trouverez un grand choix sur place, entre deux restaurants, un café et deux snacks. Il est préférable de réserver le dimanche, en été. Vous pouvez aussi pique-niquer dans le parc.

HISTORIQUE

Pavillon de chasse de Louis XIII, Versailles a connu des débuts relativement humbles. En 1661, Louis XIV décida de déménager la cour dans une région de marécages désertique, à 20 km au sud-ouest de Paris, une façon d'isoler la noblesse et ses ministres tout en surveillant du coin de l'œil la capitale.

Il fit appel aux plus grands architectes de l'époque, Louis Le Vau et Jules Hardouin-Mansart, et les travaux se poursuivirent jusqu'à sa mort, en 1715. Une ville vit le jour rapidement pour approvisionner la cour et les petits palais du Grand Trianon et du Petit Trianon furent élevés plus tard comme nids d'amour royal. Ce projet

VERSAILLES

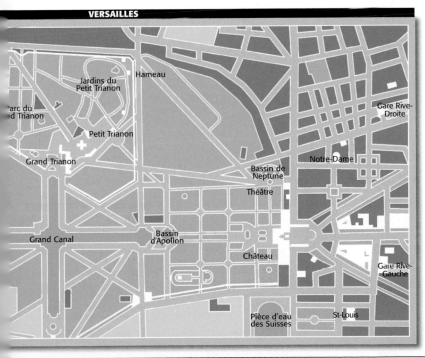

Une visite de Paris ne serait pas complète sans un tour en bateau-mouche (▷ 234-235). Des circuits en bus sont également organisés si vous voulez faire une rapide et confortable découverte de la ville. Vous pouvez aussi, pour sentir au mieux l'âme d'un quartier, l'arpenter à pied.

TOURS EN VÉLO

▷ 59.

CROISIÈRES

BATEAUX-MOUCHES

Tél. : 01 42 25 96 10 (réservations)
www.bateaux-mouches.fr
Embarquez au pont de l'Alma pour une promenade sur la Seine sur un bateau à toit de verre. Le trajet dure 1 h 10. Dîner-croisière possible.
🕐 Été tlj 10 h-23 h, ttes les 20-30 min ; hiver tlj 11 h, 14 h 30, 16 h, 18 h, 21 h
💶 Ad. 7 €, enf. (4-12 ans) 4 €, gratuit moins de 4 ans

BATEAUX PARISIENS

Tél. : 01 44 11 33 44
www.bateaux-parisiens.com
Faites une croisière d'une heure sur un bateau au toit de verre, le long de la Seine. Audiophones disponibles dans 12 langues. Dîner-croisière possible. Embarquement près de la tour Eiffel.
🕐 Avr.-fin oct. tlj 10 h-23 h ttes les 30 min (sauf 13 h 30 et 19 h 30) ; reste de l'an. 10 h-22 h ttes les heures
💶 Ad. 9,50 €, enf. 4,50 €, gratuit moins de 3 ans

CANAUXRAMA

Tél. : 01 42 39 15 00
www.canauxrama.com
Faites une croisière le long du pittoresque canal Saint-Martin, mis en vedette dans *Le Fabuleux Destin d'Amélie Poulain*. Le trajet dure 2 h 30, au départ du port de l'Arsenal, à la Bastille, et vous mène au parc de la Villette. Réservations obligatoires.
🕐 Tlj 9 h 45, 14 h 30 (en été les bateaux partent aussi de La Villette à 9 h 45, 14 h 45)
💶 Lun.-ven. ad. 14 €, enf. (6-12 ans) 8 €, gratuit moins de 6 ans ; sam., dim. 14 € pour tous

VEDETTES DU PONT-NEUF

Tel 01 46 33 98 38
www.pontneuf.net
Croisières le long de la Seine, au départ du Pont-Neuf. Le trajet dure 1 h et vous conduit face à la tour Eiffel, et autour de l'île de la Cité.
🕐 ▷ 235
💶 Ad. 10 €, enf. (4-12 ans) 5 €, gratuit moins de 4 ans

LES BUS TOURISTIQUES

Les cars rouges
Tél. : 01 53 95 39 53
www.carsrouges.com
Découvrez les principaux sites d'un bus panoramique, à deux étages. Il est possible de monter ou descendre en cours de route, à l'un des neuf arrêts. Le trajet, commenté, dure 2 h 15.
🕐 Tlj 9 h 30-début de soirée ttes les 10-20 min
💶 Billet valable deux jours consécutifs : ad. 22 €, enf. (4-12 ans) 11 €, gratuit moins de 4 ans

CITYRAMA TOUR

4, place des Pyramides
Tél. : 01 44 55 61 00
www.cityrama.com
Cityrama propose un tour de deux heures de la capitale sur des bus à deux étages. Commentaires enregistrés en 13 langues.
D'autres excursions sont également proposées pour voir Paris la nuit, Versailles et Giverny.
🕐 Tour de la ville : en été tlj 9 h 30, 10 h 30, 11 h 30, 13 h 30, 14 h 30, 15 h 30 ; en hiver tlj 9 h 30, 10 h 30, 13 h 30, 14 h 30
💶 Tour de la ville : ad. 30 €, gratuit moins de 12 ans

L'OPEN TOUR

Tél. : 01 42 66 56 56
www.paris-opentour.com

Trois circuits sont proposés sur ces bus à deux étages : Paris Grand Tour, Montmartre Grands Boulevards, Montparnasse/Saint-Germain et Bastille/Bercy. Vous avez la possibilité de monter et de descendre aux 40 points d'arrêt. Commentaires enregistrés.
🕐 Avr.-fin oct. tlj ttes les 10-15 min, premier bus 9 h 20, dernier départ 18 h ; reste de l'an. tlj ttes les 25-30 min, premier bus 9 h 45, dernier départ 16 h
💶 Pass OpenTour un jour : ad. 25 €, enf. (4-11 ans) 12 €, gratuit moins de 4 ans ; Pass OpenTour deux jours : ad. 28 €, enf. (4-11 ans) 12 €, gratuit moins de 4 ans

PARIS VISION

214, rue de Rivoli, 75001
Tél. : 01 42 60 30 01
www.parisvision.com
Paris Vision propose des tours en bus et minibus. De Paris Express Tour, un tour de la ville en deux heures avec des commentaires enregistrés, à des excursions à Versailles, Giverny et Chartres.
🕐 Tour découverte : tlj 9 h, 12 h et 15 h
💶 Tour découverte : ad. 19 €, enf. (4-11 ans) gratuit

À PIED

PARIS À PIED

140, boulevard Davout, 75020
Tél. : 01 40 30 26 35
www.parisapied.fr
Vous avez le choix entre 12 promenades de 3 heures dans les différents quartiers de Paris. Vous pouvez également faire organiser votre circuit sur mesure (devis sur demande).
💶 Ad. 20 €, moins de 15 ans 10 € ; réservations obligatoires

SE PROMENER

Se restaurer et se loger

MANGER À PARIS

Si le pays tout entier est réputé pour sa cuisine, Paris se targue d'être aussi la capitale de la gastronomie. On attendra d'un restaurant qu'il soit à la hauteur de cette réputation. La France assure souvent avoir inventé la grande cuisine et le guide Michelin distribue ses étoiles aux meilleurs restaurants. Figurer dans ce guide équivaut pour les restaurateurs à un prix d'excellence.

Des grands chefs cuisiniers comme Alain Senderens ou Guy Savoy dictent les tendances culinaires de demain. Alain Ducasse a ouvert en dehors de Paris un centre de formation où l'on apprend ses techniques de « cuisine fusion » (mariage des saveurs locales et étrangères). L'école le Cordon bleu, dans le centre de Paris, enseigne la cuisine classique. Si votre budget n'est pas à la hauteur des meilleurs grands restaurants parisiens, il vous reste des centaines d'établissements plus économiques qui proposent de la bonne cuisine régionale française, nord-africaine, libanaise ou japonaise. Prévoyez du temps pour le repas, bien manger est un art de vivre pour de nombreux Parisiens, qui aiment déguster sans se presser.

RESTAURANTS

Les restaurants sont plus chers que les brasseries ou les bistrots, car ils proposent une cuisine et un cadre plus raffinés et une bonne carte des vins. Pour une grande occasion, choisissez un restaurant étoilé au guide Michelin – chez Alain Ducasse, Guy Savoy, ou Guy Martin par exemple – et réservez assez longtemps à l'avance. Le menu dégustation, proposé dans les meilleurs restaurants, est un menu à prix fixe composé d'échantillons de divers plats. C'est une solution parfaite pour satisfaire au mieux sa curiosité gustative.

BRASSERIES ET BISTROTS

Dans les brasseries, on peut manger à toute heure. Certaines ont gardé leur cadre du XIXᵉ siècle. Vous trouverez l'incontournable steak-frites partout et, dans nombre de brasseries, une traditionnelle choucroute.

Les bistrots sont souvent des petits établissements gérés par une famille. On y mange de la cuisine traditionnelle, accompagnée d'un choix limité de vins. Des bistrots d'un nouveau type, sortes d'annexes de restaurants de grands chefs, ont tendance à se multiplier.

CAFÉS, BARS ET SALONS DE THÉ

Les cafés et les bars servent des boissons chaudes, des boissons alcoolisées ou non, et des sandwichs. La plupart ouvrent tôt le matin et ne ferment que tard le soir. Beaucoup ont des tables en terrasse.

Les salons de thé ouvrent vers midi – et ont souvent un charme discret et raffiné (voir Ladurée, ▷ 270).

PETITS PRIX

Si votre budget est modeste, déjeunez d'un menu du jour – une entrée, un plat, un dessert et un verre de vin pour deux fois moins cher qu'un dîner dans le même établissement. Le soir, la plupart des restaurants proposent des menus à prix fixe comprenant au minimum trois ou quatre plats – le meilleur menu est le menu *gastronomique*.

HORAIRES D'OUVERTURE

Habituellement, les restaurants servent de 12 h à 14 h 30 et, le soir, à partir de 19 h 30.

Les Parisiens qui travaillent ont en général une heure pour déjeuner, au restaurant de l'entreprise ou au bistrot du coin.

Dans les restaurants, on ne prend plus de commandes à partir de 22 h ou 23 h. La nuit, on peut souper dans une brasserie ou dans un établissement du quartier des Halles. Certains restaurants sont fermés le week-end et en juillet-août.

USAGES

Dans la plupart des restaurants, le service est compris, mais rien ne vous empêche de laisser un pourboire pour témoigner de votre satisfaction. Même si on s'habille de moins en moins pour sortir, il est de bon ton, dans certains restaurants chics, de faire un effort vestimentaire.

La loi exige que les cafés et les restaurants aménagent un espace réservé aux non-fumeurs dans leur établissement.

SE RESTAURER

PETIT GUIDE CULINAIRE PARISIEN

CUISINE RÉGIONALE FRANÇAISE

À Paris, on peut manger de la bonne cuisine régionale sans quitter la ville. le petit guide ci-dessous vous en offre un aperçu. Pour les noms des différents plats, voir Déchiffrer le menu,

Petit chèvre chaud

▷ 252-253. Pour les restaurants spécialisés dans la cuisine française régionale, voir Restaurants par spécialités, ▷ 255.

La Méditerranée

Le climat chaud du Languedoc-Roussillon ou de la Provence favorise la consommation de produits frais. La cuisine *à la provençale* comporte des fines herbes, de l'huile d'olive vierge et de l'ail. La *ratatouille* – tomates, oignons, courgettes et aubergines cuits à feu doux à l'huile d'olive – est typique de la région. Autrefois, la viande n'était pas très tendre (le bétail mangeait l'herbe desséchée des collines brûlées par le soleil) et on la faisait cuire longuement à la cocotte – daubes ou estouffades – pour l'attendrir et en faire ressortir le goût.

Pyrénées et sud-ouest

La cuisine du Sud-Ouest utilise certains produits de luxe dont la France s'enorgueillit – les truffes, les cèpes et le foie gras. Le confit d'oie est typique du Sud-Ouest (oie cuite conservée dans sa propre graisse). Le célèbre *cassoulet* est un ragoût de saucisses, de canard ou d'oie, avec des haricots blancs. Les noix, les pruneaux et le jambon de Bayonne – jambon cru conservé par salaison – sont particulièrement appréciés. La région possède de très bons vins, notamment des grands crus de Bordeaux et, en Charente, le célèbre Cognac.

Bretagne et Normandie

La Bretagne se tourne naturellement vers l'océan pour élaborer une cuisine excellente – huîtres, crustacés et poisson frais. Le homard à l'armoricaine est né dans les Côtes d'Armor. Les agneaux qui broutent l'herbe des prés salés de la baie du Mont Saint-Michel et de la presqu'île du Cotentin ont une chair légèrement salée. La Normandie est connue pour les pommes et le porc. On utilise chaque morceau de l'animal, même les boyaux, pour faire de l'*andouille*. Avec les pommes, on fabrique du cidre et du calvados (eau-de-vie de cidre). Les crêpes bretonnes sont très appréciées. Le camembert normand est l'un des fromages les plus réputés de France.

Camembert de Normandie

Alsace-Lorraine

Durant des siècles, cette région du Nord-Est de la France a été ballottée entre la France et l'Allemagne au gré des conflits. Le plat le plus connu en est la choucroute – choux fermenté, saucisse, jambon fumé et porc. Le cervelas (saucisson cuit) vinaigrette est souvent accompagné de vins blancs, comme le riesling ou le gewürztraminer. C'est dans cette région que fut inventée la quiche lorraine. Le munster est un fromage fermenté des Vosges, parfois agrémenté de cumin.

Jura et Alpes

Autrefois, ces régions montagneuses devaient être autosuffisantes dans la dure période de l'hiver, aussi préparaient-elles une cuisine adaptée à leur situation. Leur charcuterie a toujours une excellente réputation. Les gratins et les fondues sont des plats hivernaux traditionnels.

Bourgogne et nord du Rhône

Depuis le Moyen Âge, la cuisine bourguignonne accompagne de ses excellents vins des plats locaux comme le *bœuf bourguignon*, le *coq au vin* ou les *escargots*.

CUISINE VÉGÉTARIENNE

La cuisine française traditionnelle est à base de viande ou de poisson, mais certains restaurants sont spécialisés dans les plats qui excluent la viande (▷ 255).

CUISINE DU MONDE

Paris abrite de nombreux restaurants qui proposent de la cuisine étrangère, notamment italienne, belge, japonaise, chinoise ou thaïlandaise. Les plats nord-africains sont populaires et on trouve du couscous (semoule, viande, bouillon, légumes frais) dans tous les quartiers de Paris – *couscous aux brochettes d'agneau* ou au *méchoui*. Le *tajine* est un autre plat qui vient du Maroc, d'Algérie et de Tunisie. Il s'agit d'un ragoût de poulet ou de mouton cuit dans un plat en terre, avec des olives, des amandes, des pruneaux et du citron confit. Les restaurants asiatiques fleurissent partout dans la capitale, particulièrement dans le 13e arrondissement. Vous trouverez de bons restaurants casher dans le quartier du Marais.

GRANDE CUISINE

On appelle grande cuisine une cuisine d'excellente qualité réalisée par des chefs cuisiniers de très grand talent. Elle est aussi raffinée qu'elle peut être onéreuse. La nouvelle cuisine est d'une tendance plus légère.

SE RESTAURER

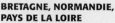
MÉDITERRANÉE

... à la languedocienne : tomates, aubergines, cèpes, ail.

... à la niçoise : huile d'olive, ail, tomates, oignons, fines herbes, olives, câpres, anchois, estragon.

... à la provençale : huile d'olive, ail, tomates, oignons, fines herbes.

Bouillabaisse : soupe de poisson servie avec aïoli (mayonnaise à l'ail) et rouille (aïoli au piment rouge).

Brandade de morue : purée de chair de morue dessalée à laquelle on ajoute du lait ou de la crème, de l'ail et de l'huile d'olive.

BRETAGNE, NORMANDIE, PAYS DE LA LOIRE

Agneau de pré-salé : agneau élevé dans des prairies découvertes par la mer.

Beurre blanc : beurre fouetté avec du vinaigre de vin blanc et des échalotes.

Chateaubriant : épaisse tranche de filet de bœuf, en général pour deux personnes avec échalotes, fines herbes et sauce au vin blanc.

Coquille saint-jacques : ce mollusque cuit, servi dans sa coquille avec une sauce à la crème recouverte de fromage râpé et de chapelure.

Cargolade : ragoût d'escargots à l'ailloli, arrosé d'un peu de vin.

Cassoulet : ragoût de haricots blancs et filets d'oie, de canard, de porc ou de mouton, avec de l'ail.

Daube : viande cuite à l'étouffée dans une marinade (mélange de vin et de vinaigre, avec des épices).

Foie gras à la toulousaine : foie d'oie en croûte.

Pistou : ail et basilic écrasés, huile d'olive, parmesan râpé.

Ratatouille : tomates, oignons, courgettes et aubergines cuits à feu doux avec de l'huile d'olive et de l'ail.

Salade niçoise : tomates, anchois, olives, poivrons, œufs durs, haricots verts.

Soupe de poisson : soupe de plusieurs espèces de poissons passées au tamis.

PYRÉNÉES ET SUD-OUEST

... à la basquaise : viande servie avec du jambon de Bayonne, des cèpes et des pommes de terre.

... à la bordelaise : avec une sauce au vin rouge (du Bordeaux si possible) accompagnée d'un assortiment de légumes.

... à la landaise : à la graisse d'oie et à l'ail.

... à la périgourdine : accompagnement d'une sauce aux truffes ou au foie gras, ou farcie de truffes ou de foie gras.

Confit de canard : morceaux de canard conservés dans leur graisse.

Foie gras : foie hypertrophié de canard ou d'oie engraissés par gavage, servi frais, cuit ou mi-cuit, entier ou pas, ou encore en conserve.

Lièvre à la royale : lièvre désossé et farci au bacon, cuit dans du vin et servi avec une sauce aux truffes.

Magret de canard : filet de canard grillé ou poêlé.

Cotriade : ragoût de poisson.

Crêpes et galettes : crêpes sucrées ou salées.

Far : sorte de flanc épais, le plus souvent aux pruneaux.

Homard à l'armoricaine : homard servi dans une sauce à la crème et au vin puis flambé.

Moules marinières : moules cuites avec un peu de vin blanc, des échalotes et du persil.

Noisette de porc aux pruneaux : filet de porc aux pruneaux.

Plateau de fruits de mer : assortiment de langouste, huîtres, crevettes, moules crues, crabes et bulots.

Sauce normande : sauce à la crème et au cidre.

Tarte Tatin : tarte aux pommes renversée après cuisson.

NORD ET ALSACE-LORRAINE

Baeckeofe : assortiment de viandes cuites dans le vin, pommes de terre, oignons.

Carbonnade flamande : bœuf cuit à feu doux dans la bière et les épices.

Chou rouge à la flamande : chou rouge cuit avec des pommes dans le vinaigre et le sucre.

Choucroute garnie : chou fermenté cuit dans du vin blanc avec du porc, des saucisses et du jambon fumé, servi avec des pommes de terre.

Jambon en croûte : jambon cuit entouré de pâte feuilletée.

Quiche lorraine : tourte garnie d'un mélange de crème et d'œuf, avec des lardons, des oignons et des fines herbes.

Salade de cervelas : cervelas coupé en tranche servie dans une vinaigrette.

Waterzoi : recette originaire de Belgique, à base de légumes cuits à feu doux avec du poisson ou du poulet auxquels on ajoute de la crème fraîche avant de servir.

BOURGOGNE ET NORD DU RHÔNE

Andouille : boyaux de porc ou de veau servis froids.

Andouillette : petite andouille qui se mange chaude, habituellement grillée.

Bœuf bourguignon : bœuf cuit à feu doux dans du vin rouge, avec des oignons et des champignons.

Boudin : charcuterie à base de sang et de gras de porc.

Coq au vin : coq cuit à feu doux dans du vin rouge avec des champignons et des oignons – idéalement à faire accompagner d'un vin de gevrey-chambertin ou d'un mercurey.

Fritelles de brocciu : beignets de brocciu à la farine de châtaigne.

Oursins : fruits de mer qui se mangent crus, très appréciés dans l'île.

Piverunata : épaule d'agneau à la poivrade.

Raffia : abats d'agneau à la broche ou rôtis.

Sanglier : porc sauvage ou demi-sauvage.

Tianu di fave : ragoût de porc aux haricots blancs.

SAUCES

Meunière : façon de servir le poisson frit dans du beurre, avec du beurre fondu, un jus de citron et du persil.

Escargots à la bourguignonne : escargots au court-bouillon et au four avec beurre d'ail et persil.

Jambon persillé : tranches de jambon et persil en gelée, servies froides.

Pommes à la lyonnaise : pommes de terre coupées en lamelles rondes, sautées dans une poêle avec des oignons.

Poulet de Bresse : poulet élevé dans la Bresse (considéré comme l'un des meilleurs de France).

Poulet au sang : poulet rissolé dans une sauce liée au sang de volaille en fin de cuisson.

Quenelles de brochet : mousse de brochet liée avec de l'œuf, de la farine ou de la mie de pain.

Saladier lyonnais : pieds de mouton, pieds de porc, langue de bœuf et tête de veau à la vinaigrette.

JURA ET ALPES

Diot : saucisses de porc.

Fondue : *savoyarde* – cubes de pain trempés dans différentes sortes de fromages fondus avec du vin blanc et parfois un fond de verre de kirsch ; *bourguignonne* – cubes de viande cuits dans de l'huile très chaude puis trempés dans différentes sauces.

Gratin dauphinois : couches fines de pommes de terre en rondelles cuites au four dans du lait, avec du gruyère râpé et une pincée de muscade en poudre.

Gratin savoyard : couches de rondelles de pommes de terre séparées par du gruyère râpé, mouillées de bouillon et cuites au four.

CORSE

Aziminu : sorte de bouillabaisse (voir Méditerranée).

Brocciu : fromage de brebis ou de chèvre uniquement fabriqué en Corse.

Fiadone : gâteau sucré au brocciu cuit au four avec un peu de citron râpé.

Béarnaise : jaune d'œuf, vinaigre, beurre, vin blanc, échalotes et estragon.

Béchamel : farine, beurre et lait. Sert souvent de base pour d'autres sauces – par exemple la sauce Mornay, avec du fromage râpé.

Chasseur : vin blanc, champignons, échalotes et fines herbes.

Demi-glace : sauce brune qui sert de base pour des sauces comme la sauce Madère.

Diane : crème et sauce au poivre.

COMMENT COMMANDER UN STEAK, À L'USAGE DE NOS AMIS FRANCOPHONES

Le porc se cuit plus que les autres viandes, l'agneau moins et le bœuf moins encore. Si vous commandez un steak, on vous demandera quel degré de cuisson vous souhaitez.

Bleu : à peine cuit, chaud à l'extérieur mais presque cru et tiède à l'intérieur.

Saignant : le steak est cuit jusqu'à ce qu'il commence à saigner ; il est chaud à l'intérieur.

À point : le steak est cuit jusqu'à ce qu'il cesse de saigner ; l'intérieur est rosé.

Bien cuit : la partie intérieure rosée est très mince. Insistez si vous désirez un steak *très cuit*.

SE RESTAURER

RESTAURANTS PAR QUARTIER

Les restaurants sont classés par ordre alphabétique, p. 260 à 278.

Auteuil
L'Auberge du mouton blanc
La Gare
La Grande Cascade
Tsé

Bastille
Le Bar à Soupes
Barrio Latino

Farnesina
Il Cortile
Ladurée
Maxim's
Toraya

Grands Boulevards
Brasserie Flo
Le Céladon
Le Grand Café
Hard Rock Café
Pomze
La Taverne

Vin des Pyrénées

Montmartre
Au pied du Sacré-Cœur
L'Oriental
Rose Bakery
Le Virage Lepic

Montparnasse
Le Ciel de Paris
La Coupole

Bistrot du Peintre
Blue elephant
Bofinger
Les Grandes Marches
Hippopotamus
Le Train Bleu

Belleville/Père-Lachaise
La Boulangerie
La Mère Lachaise

Bercy
Chai Numéro 33

Champs-Élysées
6 New York
L'Alsace
L'Appart
Asian
L'Avenue
Bistro romain
Chiberta
Dragons Élysées
Fermette Marbeuf 1900
Findi
Guy Savoy
Man Ray
Market
Pierre Gagnaire
Poona Lounge
Relais Plazza
Senso
Spicy Restaurant
Spoon Food and Wine
Taillevent
Tanjia
Toi
La Villa mauresque

Concorde
Buddha Bar
L'Envue

Grenelle
L'Ami Jean
Benkay
Bermuda Onion

Les Halles
Au pied de chameau
Au pied de cochon
Chez Vong
Georges
Joe Allen
Le Pharamond

Ile Saint-Louis
Nos ancêtres les Gaulois

Invalides
La Ferme Saint-Simon
Thoumieux

Quartier latin
Les Bouchons de François Clerc
Bouillon Racine
Mavrommatis
Le Pré Verre
Le Reminet
La Rôtisserie du Beaujolais
La Tour d'argent
La Truffière

Louvre/Palais Royal
Café Marly
Grand Colbert
Il Palazzo
Jean-Paul Hévin
Muscade

Le Marais
404
Le Pamphlet
Piccolo Teatro
Trésor

Mouffetard
Marty

Nation
Khun Akorn

République
Chez Jenny
Chez Prune

Saint-Germain-des-Prés
Alcazar
Au relais Louis XIII
Barroco
Boulangerie Paul
Café Cassette
Chez Paul
Coffee Parisien
Jacques Cagna
Le Paradis du fruit
Le Petit Saint-Benoît
Le Procope
La Rôtisserie d'en face
Villa Medici Da Napoli
Yugaraj
Ze Kitchen Galerie

Ternes
L'Auberge Dab
Le Bistrot d'à côté
Brasserie La Lorraine
Le Stübli
Le Verre bouteille

Trocadéro
Fakhr El dine
Tse Yang

Restaurants des environs
Chez Livio (Neuilly)
La Guinguette de Neuilly (Neuilly)
River Café (Issy-les-Moulineux)
Sébillon (Neuilly)

Américaines
Coffee Parisien
Hard Rock Café
Joe Allen

Belges
Bouillon Racine

Chinoises
Tse Yang

Bistrot français
Au pied du Sacré-Cœur

Maxim's
Muscade
Pierre Gagnaire
Le Procope
Relais Plazza
Senso
Taillevent
Toi
La Tour d'argent
La Truffière

Françaises régionales
L'Alsace

Japonaises
Benkay

Latino-américaines
Barrio Latino
Barroco

Libanaises
Fakhr El Dine

Nord-africaines
404
Au pied de chameau

Le Bistro d'à côté
Bistrot du Peintre
Les Bouchons de François Clerc
La Boulangerie
Café Cassette
Chez Paul
Chez Prune
La Guinguette de Neuilly
La Mère Lachaise
Le Petit St-Benoît
Le Pré Verre
Le Reminet
La Rôtisserie du Beaujolais
Le Verre Bouteille
Le Virage Lepic

Brasserie française
L'Auberge Dab
Bofinger
Brasserie Flo
Brasserie La Lorraine
Café Marly
La Coupole
Fermette Marbeuf 1900
Le Grand Café
Grand Colbert
Marty
Nos ancêtres les Gaulois
La Rôtisserie d'en face
Sébillon
Le Train Bleu

Françaises gastronomiques
Au relais Louis XIII
Le Céladon
Chiberta
Le Ciel de Paris
L'Envue
La Grande Cascade
Les Grandes Marches
Guy Savoy
Jacques Cagna

L'Ami Jean
L'Appart
Au pied de cochon
L'Auberge du mouton blanc
Chez Jenny
La Ferme Saint-Simon
Le Pamphlet
Le Pharamond
La Taverne
Thoumieux
Vin des Pyrénées

Cuisine fusion
6 New York
Bermuda Onion
Buddha Bar
Man Ray
Market
Spoon Food and Wine
Ze Kitchen Galerie

Grecques
Mavrommatis

Grill/Rôtisserie
La Gare
Hippopotamus

Indiennes
Poona Lounge
Yugaraj

Italiennes
Bistro romain
Chez Livio
Il Cortile
Farnesina
Findi
Il Palazzo
Trésor
Villa Medici Da Napoli

L'Oriental
Tanjia
La Villa mauresque

Panasiatique
Asian
Chez Vong
Dragons Élysées
Spicy Restaurant
Tsé

Salons de thé
Asian
Boulangerie Paul
Jean-Paul Hévin
Ladurée
Muscade
Le Stübli
Toraya

Thaïlandaises
Blue Elephant
Khun Akorn

Branchés
Alcazar
L'Appart
L'Avenue
Chai Numéro 33
Georges
Man Ray
Market
Pomze
Poona Lounge
Spoon Food and Wine
Tanjia

Végétariennes
Le Paradis du fruit
Piccolo Teatro
Rose Bakery

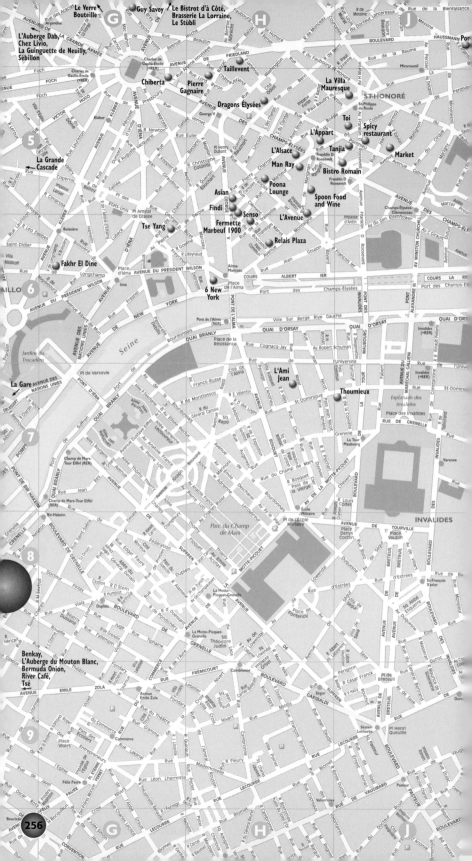

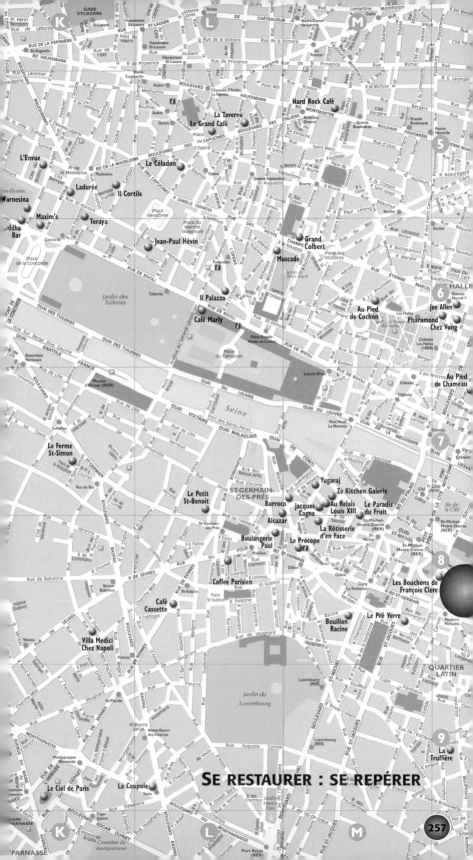

SE RESTAURER : SE REPÉRER

SE RESTAURER : SE REPÉRER

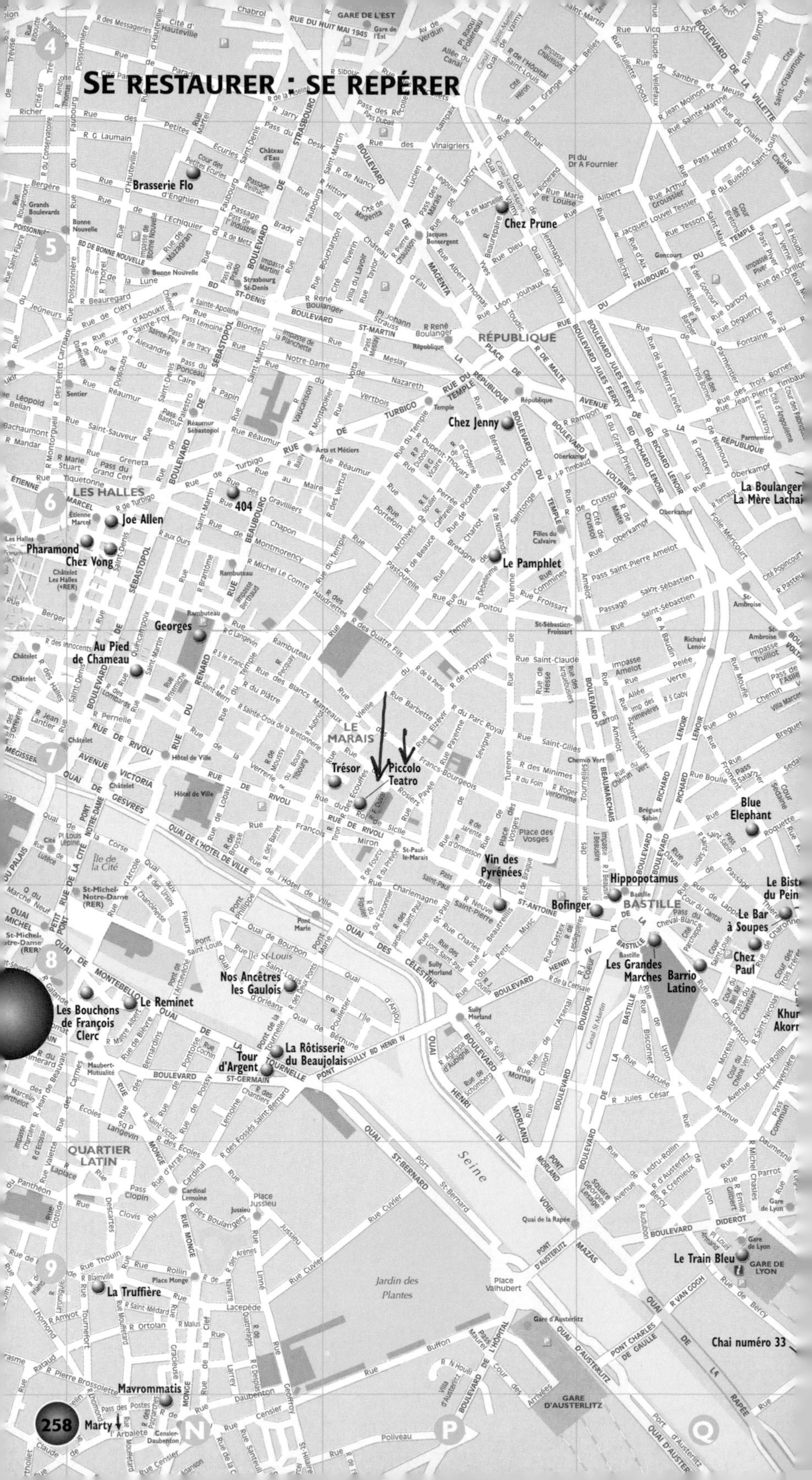

Brasserie Flo

Chez Prune

La Boulangerie
La Mère Lachai...

Chez Jenny

404

Joe Allen

Le Pamphlet

Pharamond
Chez Vong

Georges

Au Pied
de Chameau

LE MARAIS

Trésor

Piccolo
Teatro

Blue
Elephant

Vin des
Pyrénées

Hippopotamus

Le Bist...
du Pein...

Bofinger

BASTILLE

Le Bar
à Soupes

Les Grandes
Marches

Chez
Paul

Nos Ancêtres
les Gaulois

Le Reminet

Barrio
Latino

Khur...
Akorr...

Les Bouchons
de François
Clerc

La Rôtisserie
du Beaujolais

Tour
d'Argent

QUARTIER
LATIN

Le Train Bleu

GARE
DE LYON

La Truffière

Chai numéro 33

Mavrommatis

258 Marty

Au Pied du
Sacré Coeur

Le Virage Lepic

L'Oriental

Rose
Bakery

Hard
Rock Café

Brasserie Flo

La Taverne

Le Grand Café

Le Céladon

Ladurée

Il Cortile

Toraya

Jean-Paul
Hévin

Grand
Colbert

Muscade

Il Palazzo

Café
Marly

Au Pied
de Cochon

Pharamond

Joe Allen

Chez Vong

Au Pied
de Chameau

Georges

Les restaurants de A à Z

Les prix s'entendent pour un déjeuner (déj.) composé de deux plats pour une personne et pour un dîner (dîn.) de trois plats pour une personne, sans la boisson. Pour le vin, le prix correspond au prix de base d'une bouteille.

404
Plan page 258 N6
69, rue des Gravilliers, 75003
Le Marais
Tél. : 01 42 74 57 81
Cet élégant restaurant marocain a le même propriétaire que Momo, célèbre à Londres et installé dans Regent's Street. On y sert une excellente cuisine nord-africaine, avec tajines et coucous dans un décor berbère élégant.
🕐 Tlj 12 h-14 h 30, 20 h-minuit
🍽 Déj. 20 €, dîn. 40 €, vin 20 €
🚇 Arts et Métiers

6 NEW YORK
Plan page 256 H6
6, avenue de New York, 75016
Champs-Élysées
Tél. : 01 40 70 03 30
Ouvert en 2002, ce restaurant, nommé d'après son adresse, évoque une salle à manger

élégante de Manhattan. L'intérieur contemporain est calme et apaisant, avec ses lignes pures et son bois clair, ses lumières tamisées émanant de lampes en forme de bougies. Cuisine « fusion » – homard, risotto aux tomates séchées au soleil, millefeuille au chocolat noir et blanc et plats traditionnels comme le porc aux haricots en cocotte. La carte change tous les trois mois.
🕐 Lun.-ven. 12 h 30-14 h, 19 h 30-22 h 30, sam. 19 h 30-23 h
🍽 Déj. 35 €, dîn. 60 €, vin 23 €
🚇 Alma Marceau

ALCAZAR
Plan page 257 M7
62 rue Mazarine, 75006
Saint-Germain-des-Prés
Tél. : 01 53 10 19 99
www.alcazar.fr
Le bar-restaurant du designer

anglais Terence Conran, créateur d'Habitat, est fréquenté par une élégante clientèle parisienne.
L'un des secrets du succès de ce lieu raffiné : des poissons parmi les meilleurs de la capitale, une grande et belle salle à manger et un service

impeccable. Au menu, en dehors du poisson : de l'agneau grillé.
À l'étage, installés près du bar, des DJs internationaux sont aux platines et assurent une ambiance musicale très agréable. Idéal pour l'apéritif. Le dimanche, votre détente sera totale avec une formule comprenant à la fois un délicieux brunch, mais aussi un massage crânien en option.
🕐 Tlj 12 h-15 h, 19 h-2 h
🍽 Déj. 25 €, dîn. 60 €, vin 20 €
🚇 Odéon

L'ALSACE
Plan page 256 H5
39, avenue des Champs-Élysées, 75008
Champs-Élysées
Tél. : 01 53 93 97 00
www.restaurantalsace.com
Cette petite parcelle d'Alsace, ouverte 24 h/24, fait partie du paysage parisien. Cuisine traditionnelle de style brasserie, avec plateaux de fruits de mer, choucroute, strudel aux pommes et *gugelhupf* glacé. Décor régional chaleureux, avec banquettes confortables, marqueterie et grands miroirs. Jolie terrasse pour les beaux jours.
🕐 Tlj 24 h/24
🍽 Déj. 30 €, dîn. 50 €, vin 15 €
🚇 Franklin D. Roosevelt

L'AMI JEAN
Plan page 256 H7
27, rue Malar, 75007
Grenelle
Tél. : 01 47 05 86 89
L'arrivée de Stéphane Jugo a relancé ce bistrot déjà renommé. Les menus régulièrement remaniés par le chef proposent une cuisine française traditionnelle, plus des spécialités basques comme l'axoa – fines tranches de veau dans une sauce à la tomate épicée avec des oignons et des piments doux. Menu à prix fixe midi et soir, renouvelé tous les jours.
🕐 Mar.-sam. 12 h-14 h, 19 h-minuit
🍽 Déj. 28 €, dîn. 45 € (à la carte), vin 16 €
🚇 La Tour Maubourg

L'APPART
Plan page 256 H5
9-11, rue du Colisée, 75008
Champs-Élysées
Tél. : 01 53 75 42 00
La salle à manger originale et charmante de cette maison installée sur deux étages ressemble à une bibliothèque confortable, tapissée de livres, avec des tapis persans sur le parquet. Sa cuisine est inventive, avec des accents méditerranéens : veau sauté à la poêle avec une sauce moutarde à la crème et aux champignons. Avant le brunch du dimanche, atelier de pâtisserie pour les enfants, qui peuvent emporter leurs gâteaux à la maison.
🕐 Tlj 12 h 30-14 h 30, 19 h 30-minuit, dim. : brunch
🍽 Déj. 25 €, dîn. 45 €, vin 20 €
🚇 Franklin D. Roosevelt

ASIAN
Plan page 256 H5
30, avenue George-V, 75008
Champs-Élysées
Tél. : 01 56 89 11 00
www.asian.fr
Salon de thé dans la journée, cet établissement est aussi un agréable bar-restaurant à midi et le soir. Ravissant décor avec des colonnes en

bois clair, lampes chinoises murales et forêt de bambous. Cuisine orientale *Duel des Dragons* (lanières de thon et de saumon cru marinés dans le citron) ou *Chao Chao* (côtelettes de porc marinées pendant trois jours et glacées au miel).

🕐 Salon de thé : tlj 12 h-18 h. Restaurant : dim-ven. 12 h-15 h, 19 h 30-1 h, sam. 19 h 30-1 h
🍴 Déj. 35 €, dîn. 70 €, vin 25 €
🚇 George V

L'AUBERGE DAB
Plan page 256 F4
161 avenue Malakoff, 75016
Ternes/Porte Maillot
Tél. : 01 45 00 32 22
Élégante brasserie fréquentée par le personnel du Palais des Congrès tout proche au moment des foires-expositions. Cuisine traditionnelle : fruits de mer, poisson et viandes grillées. Box en bois, parfaits lorsqu'on veut un peu d'intimité. Jolie terrasse pour dîner au frais quand il fait beau.
🕐 Tlj midi-2 h
🍴 Déj. 40 €, dîn. 55 €, vin 15 €
🚇 Porte Maillot

L'AUBERGE DU MOUTON BLANC
Plan page 256 F9
40, rue d'Auteuil, 75016
Auteuil
Tél. : 01 42 88 02 21
Molière, Jean Racine et Jean de La Fontaine vinrent y discuter autour d'un verre de vin. Trois siècles plus tard, l'établissement n'a rien perdu de son charme. Panneaux de bois, brique apparente et service impeccable. Menu traditionnel, cuisine régionale : gigot d'agneau, tête de veau et steak tartare.
🕐 Tlj 12 h-15 h, 19 h-minuit
🍴 Déj. 29 €, dîn. 29 €, vin 12 €
🚇 Michel-Ange Auteuil

AU PIED DE CHAMEAU
Plan page 258 N7
20, rue Quincampoix, 75004
Les Halles
Tél. : 01 42 78 35 00
www.aupieddechameau.fr
Le décor des Mille et Une Nuits vous entraîne dans un souk marocain. Écheveaux de

laine multicolores suspendus au-dessus de vos têtes, bibelots et objets artisanaux, danseuses du ventre et club Casablanca au sous-sol si vous avez envie de danser. Cuisine marocaine : tajines (ragoût de viande et de légumes cuits dans un plat en terre) et couscous.
🕐 Tlj 12 h-14 h, 20 h-1h
🍴 Déj. 30 €, dîn. 45 €, vin 17 €
🚇 Châtelet

AU PIED DE COCHON
Plan page 257 M6
6 rue Coquillère, 75001
Les Halles
Tél. : 01 40 13 77 00
www.pieddecochon.com
Cette institution parisienne est pain béni pour les noctambules affamés. Le restaurant est ouvert tous les jours, 24 h/24, depuis 1946. Salle à manger pittoresque aux murs couverts de fresques, éclairage agréable. Cuisine régionale. Les pieds de porc sont le plat emblématique de la maison. Fruits de mer et soupe à l'oignon.
🕐 Tlj 24 h/24
🍴 Déj. 25 €, dîn. 50 €, vin 17 €
🚇 Les Halles

AU PIED DU SACRÉ-CŒUR
Plan page 259 L2
Square Caulaincourt, 75018
Montmartre
Tél. : 01 46 06 15 26
Comme son nom l'indique, ce restaurant est situé au pied de la basilique. La salle est chaleureuse – tons chauds, éclairage indirect et mobilier en bois. Par beau temps, des tables vous attendent sur la terrasse. Cuisine française traditionnelle (foie gras poêlé, steak au poivre) et innovations (poulet farci aux crevettes), en utilisant les meilleurs produits français.
🕐 Mar.-dim. 12 h-15 h, 19 h-minuit, lun. 19 h-minuit
🍴 Déj. 20 €, dîn. 35 €, vin 15 €
🚇 Lamarck-Caulaincourt

AU RELAIS LOUIS XIII
Plan page 257 M7
8 rue des Grands-Augustins, 75006
Saint-Germain-des-Prés
Tél. : 01 43 26 75 96
www.relaislouis13.com
Manuel Martinez, ancien chef à la Tour d'Argent (p. 276), a ouvert son propre restaurant en 1996 dans cette maison du XVIᵉ siècle. Les caves voûtées aux murs de brique apparente servent de salons particuliers ; à l'étage, la salle à manger et le salon ont un plafond à poutres apparentes.

Au menu : homard, foie gras, raviolis aux cèpes et mille-feuilles à la vanille et au whisky. Il ne faut pas se laisser impressionner par le décor, l'accueil est très chaleureux. À noter : une excellente carte des vins.
🕐 Mar.-sam.12 h-14 h 30, 19 h 30-22 h 30
🍴 Déj. 50 €, dîn. 85 €, vin 40 €-45 €
🚇 Odéon

L'AVENUE

Plan page 256 H6
41, avenue Montaigne, 75008
Champs-Élysées
Tél. : 01 40 70 14 91

Cette belle brasserie est un véritable repaire de stars de cinéma et de mannequins. C'est également la cantine des stylistes qui travaillent pour la maison Dior voisine. L'intérieur de cet établissement à la mode est contemporain et élégant, avec des fauteuils et des banquettes recouverts de velours lie de vin et des candélabres blancs. L'attraction principale est la clientèle de célébrités, mais le menu mérite votre attention, avec son mille-feuille de crabe ou son steak de thon au vinaigre balsamique. Le gâteau au chocolat est délicieux.
- ⏰ Tlj midi-1 h
- 🍴 Déj. 40 €, dîn. 70 €, vin 19 €
- 🚇 Alma-Marceau

LE BAR À SOUPES

Plan page 258 Q8
33, rue de Charonne, 75011
Bastille
Tél. : 01 43 57 53 79
www.lebarasoupes.com

Dans un décor coloré, ce restaurant du quartier branché de la Bastille propose tous les jours à sa clientèle six variétés de soupes fraîches : tomate à la crème et au piment rouge, potiron et bacon, pois chiches à l'orientale, lait de coco et carottes, entre autres délices. Le décor et le mobilier sont simples mais agréables, avec de grandes peintures représentant des légumes. Le restaurant est entièrement non-fumeur.
- ⏰ Lun.-sam.12 h-15 h
- 🍴 Bol de soupe 5 €
- 🚇 Bastille, Ledru-Rollin

BARRIO LATINO

Plan page 258 Q8
46, rue du Faubourg-Saint-Antoine, 75012
Bastille
Tél. : 01 55 78 84 75

Fréquenté par une clientèle branchée, ce bar-restaurant vous entraîne à Cuba ou dans ce qui ressemble plutôt à une version très kitsch de l'île. Ne manquez pas la mosaïque de Che Guevara au quatrième étage. Essayez une tequila spéciale ou un mojito dans l'un des bars à cocktails de l'établissement puis goûtez un plat mexicain – guacamole ou quesadillas de poulets (sortes de chaussons à la viande ou aux légumes).
- ⏰ Tlj midi-1 h
- 🍴 Déj. 19 €, dîn. 40 €, vin 15 €
- 🚇 Bastille

BARROCO

Plan page 257 M7
23, rue Mazarine, 75006
Saint-Germain-des-Prés
Tél. : 01 43 26 40 24

Le décor d'inspiration baroque espagnol ou portugais n'est pas une reconstitution sud-américaine folklorique. La salle est confortable, avec des fauteuils en velours rayé, des tables en bois, une vaisselle raffinée et une fausse bibliothèque. Cuisine brésilienne : poisson et fruits de mer

cuits dans du lait de coco, côtes d'agneaux aux patates douces. Musique vivante sud-américaine le mardi et le vendredi.
- ⏰ Mar.-sam. 19 h-2 h, dim., lun. 17 h-0 h 30
- 🍴 Dîn. 50 €, vin 16 €
- 🚇 Odéon

LE BENKAY

Plan page 256 F8
61, quai de Grenelle, 75015
Grenelle
Tél. : 01 40 58 21 26

Ce restaurant japonais raffiné est situé au quatrième étage de l'hôtel Novotel Paris Tour Eiffel. Il faut y aller pour son *teppan-yaki* et sa vue panoramique. À midi, les prix sont plus raisonnables que ceux du soir.
- ⏰ Tlj 12 h-14 h, 19 h-22 h
- 🍴 Déj. 30 €, dîn. 60 €, vin 23 €
- 🚇 Bir Hakeim

LE BEAUJOLAIS D'AUTEUIL

Plan page 256 F9
99, boulevard de Montmorency, 75016
Porte-d'Auteuil
Tél. : 01 47 43 03 56

Ce restaurant a tout du bistrot qu'aurait pu fréquenter Guimard. Nappes à carreaux et banquettes de velours créent une ambiance conviviale pour déguster de l'excellente cuisine française dans la plus pure et savoureuse tradition. Les œufs en meurette, tout particulièrement sont de petites merveilles. La taille des assiettes satisfera les plus gros appétits.
- ⏰ Tlj 12 h-15 h, 19 h 30-23 h
- 🍴 Menu 25 €, carte. 45 €, vin 16 €
- 🚇 Porte d'Auteuil

BISTRO ROMAIN

Plan page 256 J5
26, avenue des Champs-Élysées, 75008
Champs-Élysées
Tél. : 01 53 75 17 84

Le décor est baroque, avec des lumières tamisées et des draperies qui évoquent tout à fait un opéra italien. Le menu s'adresse davantage aux gourmands qu'aux gourmets (les assiettées de pâtes sont très copieuses). Carpaccio et mousse au chocolat à volonté. On trouve 12 établissements de cette

chaîne dans Paris.
- ⏰ Tlj 11 h 30-1 h
- 🍴 Déj. 15 €, dîn. 25 €, vin 14 €
- 🚇 Franklin D. Roosevelt

SE RESTAURER

BISTRO D'À CÔTÉ

Plan page 256 G4
10, rue Gustave Flaubert, 75017
Ternes
Tél. : 01 42 67 05 81
www.michelrostang.com
Cet établissement, qui fait partie d'une petite chaîne de restaurants créée par le chef Michel Rostang, propose une cuisine régionale de qualité. Les plats du jour sont définis en fonction des arrivages et des produits les plus appétissants du marché. Ils sont affichés, à l'ancienne, sur une grande ardoise : pieds de porc ou poulet avec une purée de pommes de terre d'une délicieuse simplicité. Le décor est typiquement de style bistrot, avec une intéressante collection de bibelots.
🕐 Tlj 12 h-15 h, 19 h-minuit
🍽 Déj. 30 €, dîn. 45 €, vin 15 €
🚇 Courcelles

BISTROT DU PEINTRE

Plan page 258 Q8
116, avenue Ledru-Rollin, 75011
Bastille
Tél. : 01 47 00 34 39
Ce bistrot Art nouveau a ouvert ses portes en 1903. Il est agréablement décoré : panneaux en bois, lumières tamisées, grands miroirs et nombreuses peintures, notamment une huile représentant la célèbre danseuse de french cancan surnommée La Goulue, qui fut notamment immortalisée par Toulouse-Lautrec. On a le choix entre les quelques tables du bar accueillant, la salle à manger à l'étage et la petite terrasse, qui permet de passer de très agréables moments au printemps et en été. Le bistrot propose une cuisine traditionnelle de bonne qualité. Vous trouverez au menu des entrées simples et savoureuses, telles la salade d'œufs pochés, de dés de bacon et d'endives ; les plats sont classiques mais réalisés avec savoir-faire comme le canard à l'orange ou steak tartare traditionnel.
🕐 Tlj 12 h-minuit
🍽 Déj. 25 €, dîn. 40 €, vin 11 €
🚇 Ledru Rollin

BLUE ELEPHANT

Plan page 258 Q7
43, rue de la Roquette, 75011
Bastille
Tél. : 01 47 00 42 00
www.blueelephant.com
Cet établissement situé dans le quartier branché de la Bastille fait partie d'une petite chaîne internationale de restaurants. Les tables sont joliment dressées au milieu de ce qui ressemble à une petite jungle, entourée de plantes luxuriantes et de jets d'eau. Le menu propose une cuisine thaïlandaise de qualité, préparée par une équipe de plus de 12 chefs. Le mélange des saveurs, avec des spécialités comme le soufflé au poulet dans des feuilles de banane ou le *chiang rai* (porc émincé aux poivrons verts), vous promet un voyage gustatif tout à fait délicieux...
🕐 Lun.-ven. 12 h-14 h 30, 19 h-minuit, sam.19 h-minuit, dim. 12 h-14 h 30, 19 h-23 h
🍽 Déj. 30 €, dîn. 50 €, vin 19 €
🚇 Bastille

BOFINGER

Plan page 258 Q8
5-7, rue de la Bastille, 75004
Bastille
Tél. : 01 42 72 87 82
Cette élégante brasserie serait la plus vieille de Paris.

Le décor Art nouveau est superbe, avec des vitraux au plafond, des miroirs, beaucoup de bois sculpté et de plantes. En plus de ce décor qui vous offre un voyage à travers le temps, la cuisine française de brasserie qui y est servie est classique et excellente (homard, huîtres, canard, steak tartare et choucroute).
🕐 Tlj midi-1 h
🍽 Déj. 22 €, dîn. 35 €, vin 22 €
🚇 Bastille

LES BOUCHONS DE FRANÇOIS CLERC

Plan page 258 N8
12, rue de l'Hôtel Colbert, 75005
Quartier Latin
Tél. : 01 43 54 15 34
www.lesbouchonsdefrancoisclerc.com
Gérée de main de maître par François Clerc, cette petite chaîne de restaurants (il y en a cinq à Paris) propose la carte des vins la moins chère et probablement l'une des plus complètes, avec 400 crus. Et le serveur saura vous guider au mieux. Un menu de gastronome à petits prix pour fins gourmets, dans un très agréable cadre du XVIIIe siècle, avec plafonds à la française, brique apparente et cave voûtée.
🕐 Lun.-ven. 12 h-14 h 30, 19 h-22 h 30, sam. 19 h-22 h 30
🍽 Déj. 30 €, dîn. 50 €, vin 12 €
🚇 Saint-Michel, Maubert Mutualité

BOUILLON RACINE

Plan page 257 M8
3, rue Racine, 75006
Quartier Latin
Tél. : 01 44 32 15 60
À l'étage, la grande salle à manger est claire et

chaleureuse. Installé dans un bâtiment historique classé, doté d'un décor intérieur Art nouveau, ce restaurant vaut bien une halte gourmande. Les chaises et les candélabres sont en fer forgé, les murs en carreaux vert émeraude et il y a de nombreux miroirs. L'excellente cuisine belge comprend du *waterzooi* (recette belge traditionnelle) et des croquettes de crevettes. Comme dans tout bon restaurant belge qui se respecte, le choix des bières est important.
🕐 Tlj 12 h-15 h, 19 h-23 h
🍽 Déj. 15 €, dîn. 35 €, vin 25 €
🚇 Cluny La Sorbonne, Odéon

LA BOULANGERIE

Plan page 258 Q6
15, rue des Panoyaux, 75020
Belleville/Père-Lachaise
Tél. : 01 43 58 45 45
www.restaulaboulangerie.com
Ce petit bistrot sans prétention propose une bonne cuisine dans une atmosphère conviviale. L'établissement est une ancienne boulangerie qui a conservé une partie de son cachet, notamment le carrelage du sol. Une collection de bibelots donne du caractère à ce restaurant qui sert des plats français traditionnels renouvelés tous les deux mois : canard à l'orange, steak grillé et gâteau au chocolat.
🕐 Lun.-ven. 12 h-14 h, 19 h 30-23 h, sam. 19 h 30-minuit
🍴 Déj. 15 €, dîn. 30 €, vin 14 €
🚇 Père-Lachaise, Ménilmontant

BOULANGERIE PAUL

Plan page 257 L8
77, rue de Seine, 75006
Saint-Germain-des-Prés
Tél. : 01 55 42 02 23
Cette boulangerie, située près d'un marché de fruits et légumes, très vivant, fabrique toutes sortes de pains, parmi lesquels du pain aux céréales, à l'oignon et même au bacon. Les clients peuvent déguster des pâtisseries et boire un thé, un café ou un chocolat chaud, installés sur des chaises en cuir devant des tables rustiques en bois. L'endroit sent bon le pain frais.
🕐 Tlj 7 h 30-20 h
🍴 Thé 3 €, une part de gâteau 4 €
🚇 Odéon, Mabillon

BRASSERIE FLO

Plan page 258 N5
7, cour des Petites Écuries, 75010
Grands Boulevards
Tél. : 01 47 70 13 59
La brasserie Flo représente une véritable institution

parisienne et existe depuis 1886. Elle est située dans un bâtiment classé. L'intérieur date du début du siècle dernier, avec des vitraux, des box en cuir vert et des caissons en bois au plafond. L'actrice Sarah Bernhardt était une cliente fidèle lorsqu'elle jouait au théâtre de la Renaissance tout proche. Au menu : steak, fruits de mer et spécialités alsaciennes, en particulier la choucroute. Au dessert, commandez des profiteroles ou un vacherin (glace et meringue).
🕐 Tlj 12 h-15 h, 19 h-1 h 30
🍴 Déj. 25 €, dîn. 40 €, vin 25 €
🚇 Château d'Eau

BRASSERIE LA LORRAINE

Plan page 256 G4
2, place des Ternes, 75008
Ternes
Tél. : 01 56 21 22 00

www.brasserielalorraine.com
Située à deux pas de l'Arc de Triomphe, cette brasserie explore la cuisine française régionale. Au menu, choucroute et escargots de Bourgogne. Ouvert depuis près de soixante-dix ans, l'établissement est connu pour ses fruits de mer (huîtres et oursins). Vous pourrez également commander des fruits de mer à emporter. Dans la salle à manger rétro, les sièges sont rouges et les lampes sont de style années 1950. Quand il fait beau, on peut dîner dehors.
🕐 Tlj 11 h 30-0 h 30
🍴 Déj. 35 €, dîn. 60 €, vin 20 €
🚇 Ternes

BUDDHA BAR

Plan page 257 K5
8, rue Boissy-d'Anglas, 75008
Concorde
Tél. : 01 53 05 90 00
Tout près de la place de la Concorde, ce restaurant est fréquenté par le monde

des affaires et de la mode et l'entrée dans l'établissement est très filtrée. L'intérieur est d'un exotisme kitsch et chic. Le bar, en haut, et le restaurant, en bas, sont gérés par un cuisinier sino-californien qui propose une cuisine fusion inventive et de grande qualité. Le menu change tous les quatre mois – canard à la pékinoise, thon séché en croûte au sésame, gâteau au chocolat, tourte au citron.
🕐 Lun.-ven. 12 h-15 h, 19 h 2 h, sam., dim. 19 h 2 h
🍴 Déj. 42 €, dîn. 60 €, vin 14 €
🚇 Concorde

CAFÉ CASSETTE

Plan page 257 L8
73, rue de Rennes, 75006
Saint-Germain-des-Prés
Tél. : 01 45 48 53 78
Cet établissement moderne, situé près de la place Saint-Sulpice, vous propose une terrasse extérieure et une terrasse couverte décorée de lampes orange,

ainsi qu'un bar et un salon confortable. On y propose trois menus : un pour le restaurant (tartare de saumon et steak grillé) ; un pour le café (salades et club sandwichs) ; le troisième pour ceux qui veulent juste un verre ou un dessert.
🕐 Tlj 7 h-1 h
🍴 Déj. 15 €, dîn. 25 €, vin 15 €
🚇 Saint-Sulpice, Rennes

CAFÉ MARLY

Plan page 257 L6
93, rue de Rivoli, 75001
Louvre/Palais-Royal
Tél. : 01 49 26 06 60

On a une très belle vue sur la pyramide du Louvre depuis cette élégante brasserie qui mêle avec goût minimalisme contemporain et style Napoléon III. Fauteuils à dossier décoré d'anneaux dorés, panneaux en bois noir à bord doré. Au menu : cuisine typique des brasseries, avec quelques innovations – thon en croûte au sésame ou steak tartare.
🕐 Tlj 8 h-2 h
🍽 Déj. 35 €, dîn. 50 €, vin 20 €
Ⓜ Palais-Royal/Musée du Louvre

LE CÉLADON

Plan page 257 L5
15, rue Daunou, 75002
Grands Boulevards
Tél. : 01 47 03 40 42
www.leceladon.com
L'intérieur du Céladon est dominé par le vert pâle, des bibelots en porcelaine au tissu qui recouvre les fauteuils Régence. Le chef Christophe Moisand propose une intéressante variation de plats classiques français – asperges vertes à la sauce aux noisettes, veau rôti accompagné de câpres et de tomates séchées et pour le dessert : poire William rôtie avec de la glace à la réglisse.
🕐 Lun.-ven. 12 h-14 h, 19 h 30-22 h
🍽 Déj. 45 €, dîn. 70 €, vin 17 €
Ⓜ Opéra

CHAI NUMÉRO 33

Plan page 258 Q9
33, cour Saint-Émilion, 75012
Bercy
Tél. : 01 53 44 01 01
www.chai33.com
En plein cœur du quartier rénové de Bercy, cet ancien entrepôt de vins et spiritueux offre un décor de style contemporain sur plusieurs niveaux – fauteuils en bois brun, tables en bois en forme de nénuphar, brique apparente et cave d'origine. Le sommelier vous fait visiter la cave ultramoderne et vous aide à choisir le vin le plus approprié au menu de votre choix. Parmi les classiques : poisson à la vapeur et pommes de terre ou steak tartare.
🕐 Tlj 11 h 45-15 h, 19 h-minuit
🍽 Déj. 20 €, dîn. 35 €, vin 15 €
Ⓜ Cour Saint-Émilion

CHEZ JENNY

Plan page 258 P6
39, boulevard du Temple, 75003
République
Tél. : 01 44 54 39 00
www.chez-jenny.com
L'alsacien Robert Jenny a fondé cette brasserie en 1930 à deux pas de la place de la République. On y déguste une variété de choucroutes dont une au champagne, ainsi que des fruits de mer et des spécialités comme la salade de saucisses

« Saveloy ». Pour le dessert, un *gugelhupf* (gâteau) glacé avec une crème renversée. Sur les murs, des fresques représentent des paysages du nord-est de la France. La marqueterie est l'œuvre de l'artiste régional Charles Spindler.
🕐 Tlj midi-minuit (jusqu'à 1 h ven. et sam.)
🍽 Déj. 25 €, dîn. 40 €, vin 14 €
Ⓜ République

CHEZ LIVIO

Plan page 256 F4
6, rue de Longchamp, 92200 Neuilly-sur-Seine
Neuilly
Tél. : 01 46 24 81 32
C'est un petit coin d'Italie chaleureux et convivial. Les tables sont installées sur la terrasse, qui est découverte dès que le temps le permet. Le décor est champêtre : carrelage noir et blanc au sol, chaises rouges en osier et nappes assorties. La cuisine italienne est traditionnelle et savoureuse : risotto aux champignons, pâtes fraîches et escalopes de veau panées. Chez Livio est l'un des restaurants les plus vivants de ce quartier chic de Neuilly.
🕐 Tlj 12 h-14 h 30, 19 h-22 h 45
🍽 Déj. 15 €, dîn. 30 €, vin 11 €
Ⓜ Pont de Neuilly

CHEZ PAUL

Plan page 258 Q8
13, rue de Charonne, 75011
Bastille
Tél. : 01 47 00 34 57

Ce charmant petit bistrot (à ne pas confondre avec le restaurant du même nom, rue de la Butte-aux-Cailles), était autrefois fréquenté par des artisans, quand la Bastille était encore dominée par l'industrie du meuble. Le quartier a changé mais a su garder une certaine authenticité, malgré une clientèle branchée. Dans ce lieu hors du temps, décoré de miroirs piqués offrant une atmosphère Belle Époque tout à fait charmante, vous pourrez vous régaler d'un foie gras maison aux poires confites, d'escargots de Bourgogne ou goûter un très bon gratin dauphinois (pommes de terre en rondelles cuites au four dans du lait) en accompagnement d'une bonne viande grillée.
🕐 Tlj 12 h-1 h
🍽 Déj. 20 €, dîn. 35 €, vin 13 €
Ⓜ Bastille

CHEZ PRUNE

Plan page 258 P5
36, rue Beaurepaire, 75010
République
Tél. : 01 42 41 30 47

Depuis la terrasse de ce bistrot, vous aurez une jolie vue sur le canal Saint-Martin. L'intérieur de l'établissement reflète la passion du propriétaire pour les objets d'occasion. On peut boire un verre, grignoter (essayez le plateau de fromages ou de viandes froides) ou prendre un brunch : croissants, œufs brouillés, jambon, saumon, jus d'orange, thé ou café.

🕐 Tlj 8 h-2 h
🍽 Plateau de fromages ou de viandes froides 7,50 €, brunch 15 €
🚇 Jacques Bonsergent, République

CHEZ VONG

Plan page 259 N6
10, rue de la Grande Truanderie, 75001
Les Halles
Tél. : 01 40 26 09 36

Cet élégant restaurant chinois est situé dans une rue piétonne au cœur des Halles. À l'intérieur, le décor se compose de lanternes et de bougies, de bois sombre, de murs en brique apparente et d'une profusion de plantes tropicales. Ce lieu dégage

un charme très agréable. Vai-Kuan Vong, chef et propriétaire des lieux, a créé un menu qui mêle cuisine cantonaise et vietnamienne. Le homard au gingembre et le pigeon sont excellents. Le canard pékinois, à commander à l'avance, est

exceptionnel et les vapeurs, faits maison, remarquables.
🕐 Lun.-sam. 12 h-14 h 30, 19 h-0 h 30
🍽 Déj. 30 €, dîn. 55 €, vin 15 €
🚇 Étienne-Marcel

CHIBERTA

Plan page 256 G5
3, rue Arsène Houssaye, 75008
Champs-Élysées
Tél. : 01 53 53 42 00
www.lechiberta.com

Le chef Éric Coisel propose des menus en fonction des saisons, mais la qualité et les prix sont élevés toute l'année. Essayez les truffes noires au champagne sur

toast, avec du beurre au madère. À l'intérieur, les teintes fauves dominent, les tables sont joliment dressées et il y a des peintures abstraites sur les murs.
🕐 Lun.-ven. 12 h-14 h 30, 19 h-22 h 30, sam. 19 h-22 h 30
🍽 Déj. 60 €, dîn. 100 €, vin 15 €
🚇 Charles de Gaulle-Étoile

LE CIEL DE PARIS

Plan page 257 K9
Tour Montparnasse, 33, avenue du Maine, 75015
Montparnasse
Tél. : 01 40 64 77 64
www.cieldeparis.com

Situé au 56e étage de la tour Montparnasse, ce restaurant est le plus haut d'Europe et la vue qu'il offre sur Paris est exceptionnelle. Les tons sombres dominent dans la salle à manger contemporaine, avec des fauteuils tulipe Knoll. Les créations culinaires du chef, Jean-François Oyon, sont impressionnantes. Le menu est établi selon la saison : filet de bœuf poêlé avec une sauce aux truffes, homard au risotto, crabe aux œufs de caille pochés et coquilles saint-jacques frites avec une purée au persil.
🕐 Tlj 12 h-14h 30, 19 h-22 h 45
🍽 Déj. 45 €, dîn. 54 €, vin 30 €
🚇 Montparnasse-Bienvenüe

LA COUPOLE

Plan page 257 L9
102, boulevard du Montparnasse
75014
Montparnasse
Tél. : 01 43 20 14 20

Véritable institution parisienne fondée en 1927, la Coupole a eu pour clients Pablo Picasso, Ernest Hemingway et Man Ray. Le décor de cette élégante brasserie Art déco évoque les beaux jours de Montparnasse. La salle immense est dotée de piliers ornés de fresques, de sculptures imposantes et d'un sol carrelé cubiste. Vous pourrez commander un plateau de fruits de mer, une choucroute ou un steak tartare, sans oublier le fameux curry d'agneau.
🕐 Tlj 8 h 30-1 h (sam. jusqu'à 1 h 30)
🍽 Déj. 23 €, dîn. 33 €, vin 20 €
🚇 Vavin

COFFEE PARISIEN

Plan page 257 L8
4 rue Princesse, 75006
St-Germain-des-Prés
Tél. : 01 43 54 18 18

Comme son nom l'indique, ce bistrot parisien propose une cuisine d'inspiration américaine, dans une rue piétonne du quartier de Saint-Germain-des-Prés. À l'intérieur : tables carrées et banquettes en bois ; ici et là, une photo de John F. Kennedy. L'endroit est idéal pour un brunch

dominical tranquille, avec des œufs Benedict, des ailes poulet et l'un des meilleurs cheeseburger de Paris.
🕐 Tlj midi-minuit
🍽 Cheeseburger 12 €, œufs Benedict 12 €, café 3 €
🚇 Mabillon, Saint-Germain-des-Prés

IL CORTILE

Plan page 257 K5
37, rue Cambon, 75001
Concorde
Tél. : 01 44 58 45 67
Le chef Tjaco van Eyken, qui s'inscrit dans la lignée d'Alain Ducasse, maîtrise parfaitement la cuisine italienne. Il utilise toujours les meilleurs ingrédients pour réaliser ses plats : cannelloni farcis au crabe et au homard, pancetta (bacon italien épicé), risotto aux chanterelles. Le décor est tout aussi raffiné, avec une fresque de style florentin sur l'un des murs et des tables agréablement dressées. En été, on dîne à la fraîche sur la terrasse, près d'une fontaine de style italien qui fait oublier Paris.
🕐 Lun.-ven.12 h-14 h 30, 19 h 30-22 h 30
🍴 Déj. 42 €, dîn. 70 €, vin 25 €
🚇 Concorde

DRAGONS ÉLYSÉES

Plan page 256 H5
11, rue de Berri, 75008
Champs-Élysées
Tél. : 01 42 89 85 10
Service impeccable et adresse chic pour ce restaurant installé à proximité

des Champs-Élysées.
Ce restaurant constitue un cadre idéal pour un repas d'affaire ou pour tout autre repas important. Au menu, des plats chinois mais aussi thaïlandais : crabe farci, rouleaux de printemps et porc à la pékinoise. Les poissons sortent tout droit d'un gigantesque aquarium de plus de 1 000 spécimens situé sous vos pieds. Vous aurez donc le plaisir de déjeuner ou dîner, assis sur une vitre qui vous permettra d'observer les mouvements colorés de cette multitude aquatique.
🕐 Tlj 12 h-14 h 30, 19 h-1 h

🍴 Déj. 25 €, dîn. 40 €, vin 14 €
🚇 George V

L'ENVUE

Plan page 257 K5
39, rue Boissy-d'Anglas, 75008
Concorde
Tél. : 01 42 65 10 49

L'intérieur de ce restaurant situé à deux pas des Champs-Élysées est dans les gris tachetés de rose et de bleu. La vaisselle assortie est signée Valérie Balard, copropriétaire du lieu. Sur les tables les fleurs sont fraîches. Le chef, Patrice Kelsen, propose une cuisine française innovante avec, entre autres délices, un canard à la poire et aux fraises ou un poulet à la coriandre servi avec de la semoule.
🕐 Lun.-sam. 8 h-2 h
🍴 Déj. 25 €, dîn. 40 €, vin 15 €
🚇 Concorde, Madeleine

FAKHR EL DINE

Plan page 256 G6
30, rue de Longchamp, 75016
Trocadéro

Tél. : 01 47 27 90 00
www.fakhreldine.com
Restaurant fréquenté depuis plus de 15 ans par une clientèle parisienne et libanaise. Au menu : *warak enab* (feuilles de vigne farcies au riz et au persil) et *kharouf mehchi* (agneau farci au riz). Essayez le traditionnel *meze*, assortiment de hors-d'œuvre chauds et froids. Très sucrés, les desserts sont excellents et le *baklava*, inoubliable (gâteau à base de pistaches et de miel).

🕐 Tlj 12 h-15 h, 19 h 30-22 h 30
🍴 Déj. 20 €, dîn. 30 €, vin 15 €
🚇 Trocadéro

FARNESINA

Plan page 257 K5
9, rue Boissy d'Anglas, 75008
Concorde
Tél. : 01 42 66 65 57
Le Farnesina est installé dans la partie piétonnière

de la rue Boissy-d'Anglas, à deux pas de l'hôtel Crillon. Les tables sont en bois clair et les fauteuils beiges sont l'œuvre d'un designer. Une collection de théières confère au lieu une atmosphère chaleureuse. Au menu : de la cuisine italienne classique, avec raviolis, carpaccio de bœuf avec roquette (ou *arugula*) et parmesan. Gardez une petite place pour le succulent tiramisu.
🕐 Lun.-ven.12 h 30-15 h, 19 h 30-23 h 30, sam.19 h 30-23 h 30
🍴 Déj. 45 €, dîn. 60 €, vin 20 €
🚇 Concorde

LA FERME SAINT-SIMON

Plan page 257 K7
6, rue de Saint-Simon, 75007
Invalides
Tél. : 01 45 48 35 74
www.fermestsimon.com
Décorée comme une élégante maison de campagne, avec poutres apparentes, candélabres et rideaux fleuris, cette « ferme » est entourée d'ambassades et de ministères. La cuisine du chef, Francis Vendehende, est à la fois rustique et raffinée – saumon fumé, rognons de veau, pâtes au foie gras, bar rôti aux champignons sauvages et polenta. Le menu change toutes les semaines et la carte des vins est remarquable.
🕐 Lun.-ven. 12 h 16 h, 19 h 30-22 h, sam. 19 h 30-22 h
🍴 Déj. 31 €, dîn. 45 €, vin 16 €
🚇 Rue du Bac

FERMETTE MARBEUF 1900

Plan page 256 H6
5, rue Marbeuf, 75008
Champs-Élysées
Tél. : 01 53 23 08 00
www.fermettemarbeuf.com

À l'intérieur du restaurant,
vous découvrirez un grand
nombre de vitraux, des carreaux
décoratifs sur les murs et
un bel éclairage. Dans un tel
décor, on en oublierait presque
de manger, mais l'excellente
cuisine du chef Gilbert Isaac
est là pour vous rappeler où

vous êtes. Essayez les filets
de bar grillé aux artichauts,
les ris de veau braisés, la soupe
de tomate froide à la mousse
d'avocat, les filets de sole
au basilic et aux pâtes fraîches.
Pour le dessert : un soufflé
au grand-marnier.
🕐 Tlj 12 h-15 h, 19 h-23 h 30
🍽 Déj. 25 €, dîn. 45 €, vin 15 €
Ⓜ Alma-Marceau

FINDI

Plan page 256 H5
24, avenue George V, 75008
Champs-Élysées
Tél. : 01 47 20 14 78
www.findi.net

Parmi la clientèle élégante,
on reconnaît des célébrités
qui séjournent à l'hôtel
Quatre Saisons George V tout

proche. Le cadre est moderne,
avec de riches tapis rouges
et des fauteuils magnifiques,
un éclairage tamisé et
une bibliothèque qui créent
une atmosphère intime.
La cuisine italienne propose
des lasagnes au beurre

GEORGES

Plan page 258 N7
Centre Georges-Pompidou,
Place Georges-Pompidou, 75004
Les Halles
Tél. : 01 44 78 47 99
www.centrepompidou.fr

Au dernier étage du Centre
Georges Pompidou, le
restaurant offre une vue
imprenable sur Paris. La salle
à manger est un bel exemple
d'art moderne de style
industriel, avec des lignes
pures et des structures
creuses en aluminium. Au
menu : nouvelle cuisine,
avec du carpuccino de
champignons (soupe légère
et mousseuse), et un
mille-feuille de crabe.
Gardez une petite place
pour le dessert : le gâteau au
chocolat fond littéralement
dans la bouche.
🕐 Mer.-lun. 12 h-2 h
🍽 Déj. 40 €, dîn. 50 €, vin 20 €
Ⓜ Rambuteau

de truffes et aux légumes,
des tagliatelles aux crevettes
et des escalopes de veau
fourrées à la scamorza
(mozzarella fumée), sauge et
polenta. Le restaurant possède
une épicerie fine qui vend
du salami, du vin et du fromage.
🕐 Tlj 12 h-15 h, 19 h-minuit
🍽 Déj. 30 €, dîn. 45 €, vin 25 €
Ⓜ George V

LA GARE

Plan page 256 F7
19, chaussée de la Muette, 75016
Auteuil
Tél. : 01 42 15 15 31

Le restaurant, abrité dans
une ancienne gare ferroviaire,
accueille les habitants
de ce quartier chic. Les tables
sont installées sur les anciens
quais et les clients sont assis
sur des banquettes de wagon
de chemin de fer. Au menu :
poulet, agneau ou bœuf
grillé, le service est rapide
et impeccable.
🕐 Tlj 12 h-15 h, 19 h-minuit
🍽 Déj. 25 €, dîn. 30 €, vin 17 €
Ⓜ La Muette

LE GRAND CAFÉ

Plan page 259 L5
4, boulevard des Capucines, 75009
Grands Boulevards
Tél. : 01 43 12 19 00
www.legrandcafe.com

Ce restaurant inauguré
en 1875, en même temps
que le Palais Garnier tout
proche, est ouvert jour et nuit
tous les jours de l'année.
Il accueille les spectateurs qui
sortent des théâtres ou de
l'Opéra, les amateurs de fruits

de mer et les noctambules
de tout poil. L'intérieur Art
nouveau possède une verrière
de style art déco et un
mobilier pittoresque. Au Grand
Café, le poisson est roi –
grillé, poché ou *meunière*
(beurre fondu et citron).
Pour les viandes, le chef
propose du bœuf charolais
au poivre ou grillé avec une
sauce béarnaise.
🕐 Tlj 24 h/24
🍽 Déj. 30 €, dîn. 45 €, vin 18 €
Ⓜ Opéra

GRAND COLBERT

Plan page 257 M6
2, rue Vivienne, 75002
Louvre/Palais Royal
Tél. : 01 42 86 87 88

Cette élégante brasserie
ouverte en 1830 est
typiquement parisienne.
Le bâtiment, classé, est très
haut de plafond et possède

un sol carrelé noir et blanc.
Sous les lampes de style Café
de Paris, une armée de serveurs
compétents vous accueille
dans leur uniforme noir
et blanc de garçon de café.
Au menu : plateau de fruits
de mer, choucroute et steak.
🕐 Tlj de midi à 1 h du matin
🍽 Déj. 25 €, dîn. 40 €, vin 14 €
Ⓜ Bourse

SE RESTAURER

LA GRANDE CASCADE

Plan page 256 F5
Allée de Longchamp, 75016
Auteuil (Bois de Boulogne)
Tél. : 01 45 27 33 51
www.lagrandecascade.fr
Napoléon III fit construire
ce pavillon au pied de
la Grande Cascade pour
faire une halte, lors de
ses promenades au bois
de Boulogne. L'endroit fut
transformé en restaurant
en 1900, comme l'indique
l'intérieur Belle Époque avec
ses candélabres et ses draperies
de velours. Les fenêtres de la
vaste salle à manger circulaire
donnent sur le bois. Le chef,
Richard Mebkhout, propose de
la cuisine française, notamment

des macaronis aux truffes noires
glacés au porto.
🕐 Tlj 12 h 30-14 h 30, 19 h 30-22 h 30
🍴 Déj. 80 €, dîn. 140 €, vin 25 €
Ⓜ Porte Maillot puis bus 244

LES GRANDES MARCHES

Plan page 258 Q8
6, place de la Bastille, 75012
Bastille
Tél. : 01 43 42 90 32
www.lesgrandesmarches.com

Le nom de l'établissement fait
référence à l'escalier extérieur
de l'opéra Bastille. Montez
au premier étage du restaurant
pour bénéficier de la vue
sur la place de la Bastille.
Le décor est moderne :
surfaces en acier et lumières
tamisées. Le chef Christian
Constant supervise la cuisine
française innovante, avec des
plats comme le poulet de

GUY SAVOY

Plan page 256 G4
18, rue Troyon, 75017
Champs-Élysées
Tél. : 01 43 80 40 61
www.guysavoy.com
Guy Savoy prétend
que la cuisine est l'art
de transformer la nourriture
en bonheur absolu. En effet,
on peut parler d'art lorsqu'on

déguste un pigeon poché
grillé, des abats de volaille
dans un millefeuille
de betterave et champignon
ou des langoustines
aux agrumes et aux petits
pois. L'art est également
présent sur les murs couverts
de peintures modernes.
Les nappes blanches sont
fines et les chaises sont
en bois noir. La clientèle vit
une véritable expérience
culinaire à deux pas
des Champs-Élysées.
🕐 Lun.-ven. 12 h-14 h, 19 h-22 h 30,
sam. 19 h-22 h 30
🍴 Déj. 200 €, dîn. 300 €, vin 90 €
Ⓜ Charles de Gaulle-Étoile

Loué aux pistaches et
à la sauce moutarde,
ou la lotte caramélisée
au beurre d'orange.
Les plateaux de fruits
de mer ce restaurant
sont renommés.
🕐 Tlj midi-minuit
🍴 Déj. 25 €, dîn. 40 €, vin 15 €
Ⓜ Bastille

LA GUINGUETTE DE NEUILLY

Plan page 256 F4
12, boulevard Georges-Seurat, 92200
Neuilly-sur-Seine
Neuilly
Tél. : 01 46 24 25 04
www.laguinguette.net
On dîne au bord de la Seine
dans ce restaurant de l'île
de la Grande Jatte.
Dans la plus pure tradition
française, les nappes sont

à carreaux rouge et blanc,
les murs sont décorés
de rames et de scènes
de pêche qui évoquent la vie
au bord d'une rivière. La cuisine
aussi est traditionnelle, simple
mais réussie : steak-frites
ou bar rôti aux légumes.
🕐 Tlj 12 h-14 h, 19 h 30-23 h
🍴 Déj. 30 €, dîn. 38 €, vin 17 €
Ⓜ Pont de Levallois ou Porte de
Champerret puis bus 163 ou 164

HARD ROCK CAFÉ

Plan page 259 M5
14, boulevard Montmartre, 75009
Grands Boulevards
Tél. : 01 53 24 60 00
www.hardrockcafe.com
L'établissement fait partie
de la déjà célèbre chaîne
internationale de restaurants.

On y déguste des hamburgers,
des fajitas grillées et des T-bones
texans en sirotant de la bière
à la pression et en écoutant
de la musique rock – la guitare
d'Eric Clapton ou des titres
originaux des Beatles.
Ce n'est pas le lieu pour
un dîner romantique mais
plutôt un excellent endroit
pour passer un moment
entre amis.
🕐 Tlj 11 h 30-2 h
🍴 Déj. 9 €, dîn. 30 €, vin 5
Ⓜ Grands-Boulevards

HIPPOPOTAMUS

Plan page 258 Q8
1, boulevard Beaumarchais, 75004
Bastille
Tél. : 01 44 61 90 40
www.hippopotamus.fr
Il y a une vingtaine
d'Hippopotamus à Paris,
spécialisés dans la viande
grillée. Salades, steak tartare et
carpaccio sont aussi au menu.
Commencez le repas par
un fromage de chèvres
sur toast ou par une terrine.
L'endroit est convivial
et les prix sont raisonnables.
🕐 Tlj 8 h-minuit et demi
🍴 Déj. 15 €, dîn. 25 €, vin 15 €
Ⓜ Bastille

JEAN-PAUL HÉVIN

Plan page 257 L6
231, rue Saint-Honoré, 75001
Rive droite
Tél. : 01 55 35 35 96
www.jphevin.com

La maison est gérée par Jean-Paul Hévin, meilleur ouvrier de France et premier prix international de la chocolaterie. Et ses prix

d'excellence, comme sa réputation, ne sont pas volés ! Son chocolat chaud est un régal. Il faut également goûter au gâteau au chocolat à l'orange ou à la framboise et à ses fameux macarons aux amandes et au chocolat, qui n'ont pas leur pareil. Le décor est dans les tons chocolat, avec des panneaux de bois et des meubles en rotin assortis. En un mot tout y est délicieux, le salon de thé et ce qu'on y goûte.

🕐 Lun.-sam. 12 h-19 h
🍴 Chocolat chaud 6 €, part de gâteau au chocolat 5 €
🚇 Tuileries

JACQUES CAGNA

Plan page 257 M7
14, rue des Grands-Augustins, 75006
Saint-Germain-des-Prés
Tél. : 01 43 26 49 39
www.jacques-cagna.com

Depuis plus de trente ans, Jacques Cagna réinvente la cuisine gastronomique, avec des côtes de veau accompagnées d'une sauce au gingembre et au citron vert

ou des langoustines grillées. Installé dans une maison du XVIIᵉ siècle, le restaurant est supervisé par Annie, la sœur du chef. L'intérieur est superbe, avec des plafonds à poutres apparentes, des panneaux en bois et des peintures flamandes.

🕐 Mar.-ven.12 h-14 h, 19 h 30-22 h 30, lun. et sam.19 h 30-22 h 30
🍴 Déj. 50 €, dîn. 100 €, vin 30 €
🚇 Saint-Michel, Odéon

JOE ALLEN

Plan page 259 N6
30, rue Pierre Lescot, 75001
Les Halles
Tél. : 01 42 36 70 13
www.joeallen.com

Ce bar-restaurant américain est situé en plein cœur du quartier des Halles. Les murs de brique créent décor chaleureux et le soir, on dîne aux chandelles. Depuis 1972, c'est le rendez-vous des gens du spectacle, attirés par les barmen professionnels et par la qualité de la cuisine cent pour cent américaine.

🕐 Tlj de 12 h à 1 h
🍴 Déj. 20 €, dîn. 30 €, vin 14,50 €
🚇 Étienne Marcel

KHUN AKORN

Plan page 258 Q8
8, avenue de Taillebourg, 75011
Nation
Tél. : 01 43 56 20 03

Ce restaurant thaïlandais propose un *larb neua* (bœuf cuit dans le citron et les épices) et un canard à la sauce curry rouge aux nouilles sautées. Les plats sont épicés selon votre goût. Le décor intérieur évite le kitsch mais ne manque quand même pas de dragons, de panneaux et de dossiers de chaise en bois sculpté… L'établissement dispose d'une terrasse agréable pour les beaux jours.

🕐 Mar.-dim. 12 h-14 h, 19 h 30-23 h
🍴 Déj. 24 €, dîn. 40 €, vin 15 €
🚇 Nation

MARKET

Plan page 256 J5
15, avenue Matignon, 75008
Champs-Élysées
Tél. : 01 56 43 40 90
www.jean-georges.com

Le décorateur d'intérieurs Christian Liaigre a créé un espace laqué assez dénudé, aux tons pastel, avec un mobilier et des panneaux en bois clair, orné d'objets d'art primitif. Le même minimalisme règne au menu, qui propose les produits du « Raw bar » (bar à aliments crus), notamment un grand choix d'huîtres, ainsi que de la cuisine fusion créée par le chef Jean-Georges Vongerichten. Essayez la pizza aux truffes noires ou la sélection de hors-d'œuvre avec, entre autres, brochettes de crevettes, roulé de homard au gingembre et thon cru. Le week-end, le restaurant propose un brunch.

🕐 Tlj 12 h-15 h, 19 h 30-0 h 30 (dim., lun. jusqu'à 23 h 30)
🍴 Déj. 32 €, dîn. 60 €, vin 24 €
🚇 Franklin D. Roosevelt

LADURÉE

Plan page 257 K5
16, rue Royale, 75008
Concorde
Tél. : 01 42 60 21 79
www.laduree.fr

Ce salon de thé, le premier créé à Paris, est ouvert depuis 1862. Boulangerie à l'origine, l'établissement s'est transformé en salon de thé grâce au succès grandissant de ses pâtisseries de qualité. À la fin du XIXᵉ siècle, le peintre qui fut chargé de la décoration utilisa les techniques employées dans la chapelle Sixtine et à l'Opéra Garnier. Ladurée offre les meilleurs thés et pâtisseries dans un décor élégant. Les macarons sont inoubliables.

Ils sont parfumés à la rose, au thé de Yunnan, à l'abricot ou au gingembre – les parfums changent selon les saisons.
- ⏰ Lun.-sam. 8 h 30-19 h, dim. 10 h-19 h
- ☕ Thé 7 €, 4 mini-macarons 5 €
- Ⓜ Concorde, Madeleine

MAN RAY

Plan page 256 H5
34, rue Marbeuf, 75008
Champs-Élysées
Tél. : 01 56 88 36 36
www.manray.fr

Le luxueux décor d'inspiration asiatique conçu par Cancio Martins est vaste et clair, décoré de statues de bouddhas géants, d'un plafond en mosaïque de verre et d'une petite cascade. Le bar est au niveau de la mezzanine. Le menu mêle les saveurs françaises, japonaises et thaïlandaises : sushis, viande grillée et poisson sauté. La jet set parisienne fréquente l'endroit depuis son ouverture, en 1999.
- ⏰ Tlj 19 h 30-minuit
- 🍴 Dîn. 35 €, vin 25 €
- Ⓜ Franklin D. Roosevelt

MARTY

Plan page 258 N10
20, avenue des Gobelins, 75005
Mouffetard
Tél. : 01 43 31 39 51

La brasserie de style 1930 située au premier étage propose des fruits de mer, du poisson et de la viande d'excellente qualité.
Au rez-de-chaussée, le restaurant est légèrement plus cher. C'est l'endroit idéal pour se restaurer après une visite de la manufacture des Gobelins (▷ 107).
- ⏰ Tlj midi-minuit
- 🍴 Déj. 30 €, dîn. 40 €, vin 13 €
- Ⓜ Les Gobelins

MAVROMMATIS

Plan page 258 N10
42, rue Daubenton, 75005
Quartier Latin
Tél. : 01 43 31 17 17
www.mavrommatis.fr

L'établissement est situé à l'angle de la rue Mouffetard grouillante de monde, dans un quartier où cafés et restaurants sont légion. Les deux frères, Andreas et Evagoras Mavrommatis, gèrent l'endroit. Le décor est élégant mais sans prétention, tout

COUP DE CŒUR

MUSCADE

Plan page 257 L6
36, rue Montpensier, 75001
Louvre/Palais Royal
Tél. : 01 42 97 51 36
www.muscade-palais-royal.com

Cet établissement de grande classe bénéficie d'une situation exceptionnelle dans les jardins du Palais Royal. L'intérieur est élégant, avec sol carrelé noir et blanc, et sièges Régence. Le menu de midi et l'un des menus du soir, sont d'inspiration méditerranéenne. Les pâtisseries sont la passion de la maison ; on peut les déguster pour le dessert ou l'après-midi, avec le thé. Essayez les macarons au chocolat, la *pastilla* au caramel de figue et de safran (pâtisserie du Moyen Orient), et le gâteau au gingembre et au citron. N'oubliez pas

les muffins, les gâteaux au chocolat et les tartes.
- ⏰ Salon de thé : mar.-dim. 10 h-11 h 30, 15 h-18 h (18 h-20 h sept.-fin avr)
- ☕ Thé 4 €, part de gâteau 6 €
- Ⓜ Pyramides, Palais-Royal/Musée du Louvre

de bois clair. Sur les tables, les fleurs sont fraîches. Tous les classiques de la cuisine grecque sont là, yaourt au miel, feuilles de vigne, moussaka

et le fameux *baklava* (gâteau au miel et aux pistaches).
- ⏰ Mar.-sam. 12 h-14 h15, 19 h-23 h
- 🍴 Déj. 30 €, dîn. 50 €, vin 20 €
- Ⓜ Censier-Daubenton

MAXIM'S

Plan page 257 K6
3, rue Royale, 75008
Concorde
Tél. : 01 42 65 27 94
www.maxims-de-paris.com

Ce restaurant Belle Époque fondé en 1893 par un garçon de café nommé Maxime Gaillard fut acheté par le couturier Pierre Cardin en 1981. L'établissement est une véritable institution parisienne,

copié dans le monde entier, à New York, à Pékin et à Genève. Le Maxim's parisien demeure à des années lumières des autres restaurants de la chaîne – un service soigné, une cuisine française raffinée et une situation géographique prestigieuse en font toute la classe.
- ⏰ Lun.-sam.12 h-14 h 30, 19 h 30-22 h 30
- 🍴 Déj. 130 €, dîn. 175 €, vin 40 €
- Ⓜ Concorde

LA MÈRE LACHAISE

Plan page 258 Q6
78, boulevard de Ménilmontant, 75020
Belleville/Père Lachaise
Tél. : 01 47 97 61 60

Ce bistrot convivial en vogue est resté authentique. Il possède deux salles de restaurant, l'une rétro avec un sol carrelé, du fer forgé et des tables en bois, l'autre plus contemporaine, avec des murs recouverts d'étoffe argentée. En été, les clients s'installent sur la grande terrasse. Au menu, une cuisine de qualité sans prétention : salades copieuses, tartares et tartes. Le dimanche, l'établissement propose un brunch. Le nom du restaurant s'explique par la proximité du cimetière du Père-Lachaise où sont enterrées de nombreuses célébrités, dont Jim Morrison (▷ 88).
- ⏰ Tlj 11 h-2 h
- 🍴 Déj. 15 €, dîn. 25 €, vin 12 €
- Ⓜ Père Lachaise

SE RESTAURER

NOS ANCÊTRES LES GAULOIS
Plan page 258 N8
39, rue Saint-Louis-en-l'Île, 75004
Île Saint-Louis
Tél. : 01 46 33 66 07
www.nosancetreslesgaulois.com
Ce restaurant, sorte de grande taverne, ne désemplit pas depuis son ouverture en 1969. L'atmosphère est rustique : pierre apparente sur les murs, poutres au plafond et outils agricoles décoratifs. L'idée est simple : un menu à prix fixe avec vin au tonneau à volonté et buffet de hors-d'œuvre à discrétion (viandes froides et salades), choix de kebabs grillés, côtes d'agneau, steaks et autres viandes cuites dans la cheminée. Déconseillé aux végétariens.
🕐 Tlj 19 h-1 h 30
🍴 Dîn. 35 € (vin compris)
Ⓜ Pont Marie

L'ORIENTAL
Plan page 259 M3
76, rue des Martyrs, 75018
Montmartre
Tél. : 01 42 64 39 80
www.loriental-restaurant.com
Bien que situé au cœur du quartier touristique de Montmartre, non loin du célèbre Moulin Rouge, ce restaurant nous emporte dans un monde différent : lanternes, mosaïques, rideaux et miroirs créent une atmosphère de palais marocain. La cuisine est nord-africaine, avec des *pastillas* (délicieux feuilleté, souvent fourré de viande et de légumes), *tajines* sophistiqués (ragoûts cuits dans un récipient conique en terre) – royal à l'agneau, aux amandes et aux dates, ainsi que les inévitables couscous et le thé à la menthe pour terminer.
🕐 Mar.-sam. 12 h-14 h 30, 19 h 30-22 h
🍴 Déj. 25 €, dîn. 35 €, vin 14 €
Ⓜ Abbesses, Pigalle

IL PALAZZO
Plan page 257 L6
7, rue de l'Échelle, 75001
Louvre/Palais Royal
Tél. : 01 42 60 30 21
www.leshotelsdeparis.com
Un petit coin d'Italie dans le prestigieux hôtel Normandy, près du Louvre. À l'intérieur, un mélange de styles baroque et contemporain, avec un plafond décoré de fresques et de draperies qui contrastent

avec les tons sourds du mobilier. La cuisine est une interprétation moderne de classiques italiens, avec une *schiacciata* (sorte de pizza) aux truffes noires, champignons et fromage, ou une anguille au risotto arrosée de Chianti.
🕐 Mar.-sam. 12 h-14 h 30, 19 h 30-23 h
🍴 Déj. 31 €, dîn. 70 €, vin 28 €
Ⓜ Palais-Royal

LE PAMPHLET
Plan page 258 P6
38, rue Debelleyme, 75003
Le Marais
Tél. : 01 42 72 39 24
Dans ce restaurant de confiance situé au cœur du Marais, l'atmosphère est conviviale. Le chef Alain Carrère, originaire du sud-ouest de la France, concocte une cuisine française régionale excellente : bar braisé avec des carottes, des poireaux et une sauce parfumée à la crevette, suivi de la recette du chef – *le pot de chocolat Guanaja*, avec une croûte de chocolat et une crème au chocolat très riche. Le menu d'un bon rapport qualité-prix change tous les jours.
🕐 Mar.-ven. 12 h-14 h, 19 h- 23 h 30, sam., lun. 19 h-23 h 30
🍴 Déj. 30 €, dîn. 45 €, vin 18 €
Ⓜ Filles du Calvaire

LE PARADIS DU FRUIT
Plan page 257 M7
29, quai des Grands-Augustins, 75006
Saint-Germain-des-Prés
Tél. : 01 43 54 51 42

Le concept de cette chaîne de restaurants ravira les végétariens et les amateurs de cuisine saine, puisqu'on compose son repas et ses boissons à partir d'un grand choix de fruits et de légumes frais : salades copieuses avec taramasalata, guacamole, fromage. Pour les carnivores : poulet aux épices à la broche. Il existe neuf Paradis du fruit à Paris. Celui-ci possède une petite terrasse sur les quais de la Seine.
🕐 Mar.-sam.12 h-2 h, dim., lun. midi-minuit
🍴 Déj. 15 €, dîn. 25 €, vin 12 €
Ⓜ Saint-Michel

LE PETIT SAINT-BENOÎT
Plan page 257 L7
4, rue Saint-Benoît, 75006
Saint-Germain-des-Prés
Tél. : 01 42 60 27 92
Ce restaurant du quartier de Saint-Germain-des-Prés n'a guère changé depuis les années 1930. Les murs sont couverts de photos des écrivains et des intellectuels qui l'ont fréquenté. Au menu : soupes traditionnelles, terrines et lapin à la moutarde. En été, on peut consommer à l'extérieur. Les cartes de crédit ne sont pas acceptées.
🕐 Sept.-fin juil. lun.-sam. 12 h-14 h 30, 19 h-22 h 30
🍴 Déj. 11 €, dîn. 16 €, vin 15 €
Ⓜ Saint-Germain-des-Prés

LE PHARAMOND
Plan page 259 N6
24, rue de la Grande-Truanderie, 75001
Les Halles
Tél. : 01 40 28 45 18
www.le-pharamond.com
Fondé en 1832, ce restaurant est installé dans un édifice

classé. L'intérieur est de style Art nouveau, avec des murs recouverts de céramique, un sol carrelé, d'immenses miroirs, des mosaïques et un superbe escalier en colimaçon. Il possède deux salles à

SE RESTAURER

manger et un salon privé au troisième étage. On y sert une cuisine normande traditionnelle : tripes à la mode de Caen au cidre et au calvados avec des pommes de terre. Le gâteau au chocolat fond dans la bouche. Véritable institution parisienne, le Pharamond incarne à lui seul la meilleure tradition des halles et l'identité forte de ce quartier.

🕐 Lun.-sam.12 h-14 h 30, 19 h 30-22 h 30
🍽 Déj. 25 €, dîn. 40 €, vin 15 €
🚇 Les Halles

PICCOLO TEATRO
Plan page 258 P7
6 rue des Écouffes, 75004
Le Marais
Tél. : 01 42 72 17 79

Aujourd'hui renommé, dans le pittoresque quartier du Marais, ce restaurant fut un pionnier de la cuisine végétarienne dès son ouverture en 1976. Le menu comprend des plats du monde entier agrémentés d'ingrédients exotiques, comme le *tempeh* indonésien (soja fermenté). Grand choix de gratins au fromage, de soupes et de salades. *Calling the Sun* (Appeler le Soleil) est un gratin d'aubergines, de mozzarella et de basilic.

🕐 Tlj 12 h-15 h, 19 h-23 h 30
🍽 Déj. 15 €, dîn. 25 €, vin 12 €
🚇 Saint-Paul

PIERRE GAGNAIRE
Plan page 256 H5
6, rue Balzac, 75008
Champs-Élysées
Tél. : 01 58 36 12 50
www.pierre-gagnaire.fr
La créativité de ce chef aux trois étoiles, originaire de la région lyonnaise, n'est plus à démontrer. Gagnaire s'adresse à tous nos sens et transforme l'art culinaire en une aventure

en perpétuelle évolution. Avec lui, même les ingrédients les plus simples en appellent à notre imagination. Essayez la marmelade d'oignons doux, le veau et le foie gras aux figues et au jambon cru, la crème d'oranges amères et de carottes ou la crème de panais et de chocolat.

🕐 Lun.-ven. 12 h-15 h, 19 h 30-22 h 30 ; sam., dim. 19 h 30-22 h 30
🍽 Déj. 125 €, dîn. 200 €, vin. 70 €
🚇 George V

POMZE
Plan page 256 J4
109, boulevard Haussmann, 75008

Grands Boulevards
Tél. : 01 42 65 65 83
www.pomze.com
La boutique, le restaurant et le bar sont consacrés… aux pommes ! La cuisine extrêmement inventive de Stéphane Oliver est basée sur ce fruit et propose un grand choix de cidres, de confitures, et de chutneys, ainsi que six jus de six variétés différentes de pommes. À croquer…

🕐 Lun.-ven. 8 h-23 h, sam. 10 h-23 h
🍽 Déj. et dîn. 32 €
🚇 Saint-Augustin

POONA LOUNGE
Plan page 256 H5
25, rue Marbeuf, 75008
Champs-Élysées
Tél. : 01 40 70 09 99
Ce restaurant associe cuisine indienne et clubbing parisien. Au menu : canard au poivre et au citron, naan au fromage et sandwich au poulet. Dans un décor élégant, le DJ maison entretient la bonne humeur jusqu'au petit matin.

🕐 Tlj 9 h-5 h
🍽 Déj. 38 €, dîn. 40 €, vin 19 €
🚇 Franklin D. Roosevelt

LE PRÉ VERRE
Plan page 257 M8
8, rue Thénard, 75005
Quartier latin
Tél. : 01 43 54 59 47
Les gourmets affluent dans ce bistrot charmant situé au cœur du Quartier latin. Ils sont attirés par la cuisine fusion franco-asiatique que pratique Philippe Delacourcelle, son inventivité, ses prix raisonnables et l'atmosphère vivante et décontractée qui règne dans son établissement. Pour commencer, essayez la soupe à la crème au citron servie froide, suivie d'un excellent porcelet dans un bouillon épicé avec du chou sauté.

🕐 Mar.-sam. 12 h-14 h, 19 h-22 h 30
🍽 Déj. 12 €, dîn. 25 €, vin 15 € (boisson comprise dans le prix fixe à midi)
🚇 Cluny-la-Sorbonne, Maubert-Mutualité

LE PROCOPE
Plan page 257 M8
13, rue de l'Ancienne-Comédie, 75006
Saint-Germain-des-Prés
Tél. : 01 40 46 79 00
www.procope.com

Cet ancien café parisien fondé en 1686 est devenu un restaurant élégant, jadis fréquenté par Voltaire et Rousseau. Benjamin Franklin y aurait rédigé l'ébauche de la Constitution américaine. Au menu : filet de bœuf, coq au vin et sorbet au basilic. Pour les amateurs de poisson, Le Procope propose une terrine de maquereau servie avec des pommes de terre, une soupe de poisson ou un plateau de fruits de mer bien garni.

🕐 Tlj midi-1 h
🍽 Déj. 30 €, dîn. 50 €, vin 15 €
🚇 Odéon

SE RESTAURER

RELAIS PLAZA
Plan page 256 H6
21, avenue Montaigne, 75008
Champs-Élysées
Tél. : 01 53 67 64 00
Le palace Plaza Athénée
abrite cet élégant restaurant
entièrement rénové en 2002.

La salle à manger Art déco
pleine d'objets curieux
propose un piano bar le soir.
Le chef Philippe Marc est
un élève du célèbre Alain
Ducasse. Il modifie son menu
de cuisine gastronomique
française tous les deux mois.
🕐 Tlj 12 h-14 h 30, 19 h-23 h 30
🍴 Déj. 43 €, dîn. 75 €, vin 30 €
Ⓜ Alma-Marceau

LE REMINET
Plan Page258 N8
3, rue des Grands-Degrés, 75005
Quartier latin
Tél. : 01 44 07 04 24
Ce restaurant minuscule est
situé sur la rive gauche, dans
la partie ancienne du Quartier
latin, à deux pas de Notre-
Dame. La cuisine inventive
est à la fois moderne et
traditionnelle (les escargots
par exemple). Le Reminet est
l'un des rares bistrots parisiens
ouverts le dimanche.
🕐 Jeu.-lun. 12 h-14 h30, 19 h30-23 h
🍴 Déj. 15 €, dîn. 20 €, vin 15 €
Ⓜ Maubert-Mutualité

RIVER CAFÉ
Plan page 256 F9
146, quai de Stalingrad,
92130 Issy-les-Moulineaux
Tél. : 01 40 93 50 20
www.lerivercafe.net
Cette grande péniche amarrée
au bord de la Seine offre
une vue magnifique sur l'île
Saint-Germain. Le décor est
parisien avec un soupçon
d'exotisme : parquet, plantes,
fauteuils de style café de Paris,
mobilier en rotin et de style
néocolonialiste. Le menu subit
les mêmes influences avec
une cuisine française raffinée
et délicatement épicée : canard

aux champignons, sauce
miel et citron, crevettes
au chutney de poire et
d'ananas, macarons
au chocolat avec une crème
à la goyave et à la mangue.
🕐 Tlj 12 h-14 h, 20 h-23 h. Fermé
le sam. midi. Brunch avec un spectacle
magique le dim.
🍴 Déj. 26 €, dîn. 31 €, vin 23 €
Ⓡ RER ligne C Issy-Val de Seine

ROSE BAKERY
Plan page 259 M4
46, rue des Martyrs, 75009
Montmartre
Tél. : 01 42 82 12 80
Ce restaurant de style anglais a
basé son succès sur la qualité
de ses produits biologiques et
sur ses recettes saines et
savoureuses : soupes, salades
et pâtisseries fraîches à
déguster sur place ou à
emporter. Brunch le week-end
et épicerie (City Organic) à
deux pas, rue Milton.
🕐 Mar.-dim. 9 h-19 h (dim. 9 h-18 h)
🍴 Déj. 12.50 €, le verre de vin 3,50 €
Ⓜ Notre-Dame-de-Lorette

LA RÔTISSERIE DU BEAUJOLAIS
Plan page 258 N8
19, quai de la Tournelle, 75005
Quartier latin
Tél. : 01 43 54 17 47
De la terrasse de ce bistrot
situé sur les quais, on a
une belle vue sur Notre-Dame.
Son propriétaire est le même
que celui de la Tour D'Argent
(p. 276), située en face. Cuisine
traditionnelle : escargots ou
pieds de porc. La viande grillée
est succulente.
🕐 Mar.-dim. 12 h-14 h, 19 h 30-22 h 15
🍴 Déj. 30 €, dîn. 40 €, vin 18 €
Ⓜ Maubert-Mutualité

LA RÔTISSERIE D'EN FACE
Plan page 257 M8
2, rue Christine, 75006
Saint-Germain-des-Prés
Tél. : 01 43 26 40 98
www.jacques-cagna.com
Dans cette annexe du restaurant
de Jacques Cagna, situé
de l'autre côté de la rue,
le célèbre chef dirige lui-même
la cuisine. La perfection est
aussi de mise dans le décor
décontracté d'une brasserie
élégante, avec banquettes
en cuir et rangées de petites
tables carrées. Au menu, veau,
porc et volailles… toutes
les viandes rôties, mais aussi
des escargots de Bourgogne

et des cuisses de grenouille
à l'ail et aux fines herbes.
🕐 Lun.-ven. 12 h-14 h, 19 h-23 h,
sam. 19 h-23h30
🍴 Déj. 25 €, dîn. 42 €, vin 20 €
Ⓜ Saint-Michel

SÉBILLON
Plan page 256 F4
20, avenue Charles de Gaulle,
92200 Neuilly
Tél. : 01 46 24 71 31
Le gigot d'agneau découpé
et présenté sur une table
roulante et les fruits de mer
dominent le menu de cette
institution parisienne ouverte
depuis presque un siècle.
L'élégant intérieur en bois
de style bistrot renforce
la convivialité du lieu.
L'humidificateur à cigares
et le service de voiturier
ajoutent de la classe
à l'établissement.
🕐 Tlj midi-minuit
🍴 Déj. 35 €, dîn. 50 €, vin 15 €
Ⓜ Porte Maillot

SENSO
Plan page 256 H6
Hôtel de la Trémoille,
15, rue de la Trémoille,
75008
Champs-Élysées
Tél. : 01 56 52 14 14
www.hotel-tremoille.com
Cet élégant restaurant offre
un cadre très agréable – murs
gris foncé contrastant avec
l'environnement ivoire et
la décoration des tables.
La cuisine française classique,
avec un soupçon méditerranéen,
varie en fonction des saisons
et de l'inspiration du chef
Frédéric Duca. L'escalope

de foie gras délicatement cuite
au vinaigre blanc de figue est
une spécialité de la maison.
Dans la journée, le bar
propose des repas légers,
avec un menu à prix fixe de 20 €.
🕐 Lun.-ven. 12 h-14 h30, 19 h-23 h,
sam. 19 h-23 h
🍴 Déj. 29 €, dîn. 60 €, vin 20 €
Ⓜ Alma Marceau

SE RESTAURER

SPICY RESTAURANT

Plan page 256 J5
8, avenue Franklin D. Roosevelt, 75008
Champs-Élysées
Tél. : 01 56 59 62 59
www.spicyrestaurant.com
Attendez-vous à une cuisine
innovante et à des explosions
de saveurs : courgettes
marinées dans l'huile d'olive
et servies avec du fromage
de chèvre à la tomate, saumon
avec des nouilles chinoises
à la sauce soja et menthe
fraîche, ou le pudding
au gingembre et caramel
avec de la glace à la vanille.
L'intérieur est aussi étonnant,
tout en pastel et brique
apparente, égayées de pots
d'épices aux couleurs vives
et de bouquets de piments
séchés. La terrasse est agréable.
🕐 Tlj 12 h-15 h, 19 h-minuit
🍽 Déj. 30 €, dîn. 45 €, vin 16 €
Ⓜ Franklin D. Roosevelt

SPOON FOOD AND WINE

Plan page 256 H5
14, rue de Marignan, 75008
Champs-Élysées
Tél. : 01 40 76 34 44
www.spoon.tm.fr
La décoration simple signée
Boifils mêle les lignes pures
et les murs pourpre foncé
qui contrastent avec les tons
pastel des coussins des chaises.
La créativité est aussi de mise
dans la cuisine où le célèbre
chef Alain Ducasse concocte
des menus personnalisés –
chacun choisit la sauce
et l'accompagnement
de ses plats. Au menu,
des mets d'influence française,
américaine et asiatique qui

n'oublient pas les végétariens.
La carte des vins propose
des bouteilles qui viennent
d'Amérique et du Nouveau
Monde, la Californie étant
bien représentée. Certains vins
sont servis au verre.
🕐 Lun.-ven. 12 h-14 h, 19 h-23 h
🍽 Déj. 50 €, dîn. 70 €, vin 35 €
Ⓜ Franklin D. Roosevelt

LE STÜBLI

Plan page 256 off G4
11, rue Poncelet, 75017
Ternes
Tél. : 01 42 27 81 86
www.stubli.com
Ce lieu est un ambassadeur
de l'Allemagne et de
l'Autriche depuis son
ouverture en 1956. Au-dessus
de la pâtisserie, le salon de
thé offre un décor viennois,
avec de nombreuses boiseries,
des tons beige et vert et un
éclairage tamisé. Au menu,
des pâtisseries traditionnelles
comme le strudel aux
pommes et la Forêt Noire,
accompagnées d'un chocolat
chaud. Le Stübli possède aussi
de l'autre côté de la rue
une épicerie fine qui vend

de la bière, de la viande froide
et du pain.
🍽 Salon de thé : mar.-sam. 9 h-
18 h 30, dim. 9 h-12 h 30
🍽 Chocolat viennois chaud 4 €, part
de Forêt Noire 4 €
Ⓜ Ternes

TAILLEVENT

Plan page 256 H4
15, rue Lamennais, 75008
Champs-Élysées
Tél. : 01 44 95 15 01
www.taillevent.com
Ce grand restaurant porte
le nom d'un cuisinier célèbre
au Moyen Âge. Aujourd'hui,
c'est le domaine du grand
chef Alain Solivérès. La salle
à manger est d'une élégance
discrète, avec des panneaux
en bois et des candélabres.
On y sert le meilleur de
la cuisine française, avec
du foie gras, du homard
et des truffes. Essayez
le « menu suggestion »
du chef (à midi seulement)
qui varie en fonction
des produits frais trouvés
au marché. La carte des vins
est exceptionnelle.
🕐 Lun.-ven. 12 h-14 h, 19 h 30-22 h
🍽 Déj. 110 €, dîn. 150 €, vin 24 €
Ⓜ Charles de Gaulle-Étoile, George V

TANJIA

Plan page 256 J5
23, rue de Ponthieu,
75008
Champs-Élysées
Tél. : 01 42 25 95 00
Ce restaurant marocain
appartient à Cathy et
David Guetta, anciens
propriétaires du night
club très prisé Les Bains,
maîtres incontestés des nuits
parisiennes et de la *jet-set*.
La salle à manger évoque
un palais marocain, avec
sa fontaine et sa mezzanine.
Au sous-sol, le salon appelle
à la détente, avec des divans
colorés et confortables
et des narguilés (pipes
orientales). Au menu :
tajine d'agneau aux poires
et couscous, parfois
préparés par un chef
marocain invité.
🕐 Tlj 12 h-15 h, 20 h-2 h
(fermé ven. soir et sam. midi)
🍽 Déj. 20 €, dîn. 50 €, vin 30 €
Ⓜ Franklin D. Roosevelt

LA TAVERNE

Plan page 259 L5
24, boulevard des Italiens,
75009
Grands Boulevards
Tél. : 01 55 33 10 00
www.taverne.com
Cuisine d'influence
alsacienne, avec choucroute,
lotte à la bière, mais aussi
tarte Tatin avec de la crème.
L'intérieur est décoré
de panneaux de bois clair
et de candélabres qui
lui confèrent une certaine
classe. Une tête de taureau
et une horloge énorme
évoquent le décor
d'une taverne. Le service
se poursuit tardivement
pour accueillir les spectateurs
des nombreux théâtres
du quartier.
🕐 Tlj 11 h-2 h
🍽 Déj. 20 €, dîn. 40 €, vin 10 €
Ⓜ Richelieu-Drouot, Opéra

THOUMIEUX

Plan page 256 J7
79, rue Saint-Dominique, 75007
Invalides
Tél. : 01 47 05 49 75

La brasserie, qui porte
le nom de la famille
propriétaire, est ouverte
depuis 1923, tout près
de la tour Eiffel. Les banquettes
confortables sont recouvertes
de velours et il y a de
nombreux miroirs dans
l'élégante salle à manger.

Le chef actuel, Christian Beguet,
propose une incursion dans
la grande cuisine du Sud-Ouest.
Le cassoulet et le canard
accommodé de différentes
façons sont un régal, ainsi
que le foie gras.
🕐 Tlj 12 h-15 h 30, 18 h 30-minuit
🍽 Déj. 30 €, dîn. 40 €, vin 13 €
Ⓜ Invalides

TOI

Plan p. 256 J5
27, rue du Colisée, 75008
Champ Élysées
Tél. : 01 42 56 56 58

L'atmosphère conviviale
de cet établissement en
pleine ascension, à deux pas
des Champs-Élysées, tient
beaucoup aux couleurs
chaudes des murs et
au mobilier contemporain.
Le chef, Hervé Nepple, a
travaillé aux côtés de Pierre
Gagnaire et de Guy Savoy.
On peut grignoter jusqu'à
18 h et essayer le brunch
du dimanche.
🕐 Tlj 12 h-23 h 45
🍽 Déj. 25 €, dîn. 40 €, vin 20 €
Ⓜ Franklin D. Roosevelt

LA TOUR D'ARGENT

Plan page 258 N8
15-17, quai de la Tournelle, 75005
Quartier Latin
Tél. : 01 43 54 23 31
www.latourdargent.com

Cette véritable institution
parisienne qui date de 1582
est connue comme l'un
des meilleurs restaurants
de France, voire du monde.
Il est situé au sixième étage
d'un bel immeuble qui
offre des vues imprenables
sur la Seine et sur Paris.
Les quenelles de homard
et, surtout, le canard sont
les vedettes du menu.
Si certains disent que
la cuisine a un peu perdu

de sa superbe, la cave
reste exceptionnelle.
🕐 Mer.-dim. 12 h-13 h 30, 20 h-
22 h 30, mar. 20 h-22 h 30
🍽 Déj. 70 €, dîn. 200 €, vin 70 €
Ⓜ Pont Marie

TORAYA

Plan page 257 K5
10, rue Saint-Florentin, 75001
Concorde
Tél. : 01 42 60 13 00
www.toraya-group.co.jp/paris

Succursale de l'une des plus
anciennes pâtisseries
japonaises, elle fut fondée
au XVIᵉ siècle, occupant
la fonction très enviée
de fournisseur de la famille
impériale du Japon. Derrière
la façade magnifique ornée
d'un tigre, symbole de
l'établissement, vous
découvrirez un salon
de thé élégant et chaud,
décoré de bois sombre
et de fauteuils en cuir blanc
et orange. Les pâtisseries
traditionnelles varient
en fonction des saisons –
pour exemple, le *Mayumi-No-
Mochi* en forme de feuille
n'est servi qu'en automne.
Ce sont de véritables œuvres
d'art miniatures aux formes

et aux goûts inattendus
(certaines même contiennent
de la pâte de haricots rouges,
ingrédient très traditionnel).
L'établissement est
entièrement non fumeur.
🕐 Lun.-sam. 10 h 30-19 h
🍽 Thé vert 4.20 €, gâteau japonais 4 €
Ⓜ Concorde

LE TRAIN BLEU

Plan page 258 Q9
Gare de Lyon, 75012
Bastille
Tél. : 01 43 43 09 06
www.le-train-bleu.com

Ce restaurant historique
vous ramène en 1900, année
de son inauguration en tant
que buffet de la gare !
C'est un superbe exemple
de style Belle Époque, avec
une profusion de moulures
dorées et de fresques.

Au menu : une cuisine
française dans son plus beau
classicisme, avec de la sole
meunière, de l'agneau rôti
accompagné d'un gratin
de pommes de terre et
de la crème brûlée.
🕐 Tlj 11 h 30-15 h, 19 h-23 h
🍽 Déj. 45 €, dîn. 80 €, vin 25 €
Ⓜ Gare de Lyon

TRÉSOR

Plan p. 258 P7
7-9, rue du Trésor, 75004
Le Marais
Tél. : 01 42 71 35 17

Ce restaurant italien,
situé dans une petite rue
tranquille du quartier du
Marais, possède une des plus
jolies terrasses de Paris.
Le blanc et le beige dominent

à l'intérieur, transformé en 2002. On y a ajouté deux éléments originaux : des aquariums remplis de poissons rouges dans les toilettes et un salon de massage shiatsu gratuit au sous-sol.

🕐 Tlj : 12 h-15 h, 19 h 30-22 h, mais on peut boire un verre tlj jusqu'à 2 h

🍽 Déj. 25 €, dîn. 40 €, vin 18 €

🚇 Saint-Paul, Hôtel de Ville

LA TRUFFIÈRE
Plan page 258 N9
4, rue Blainville, 75005
Quartier Latin

Tél. : 01 46 33 29 82
www.latruffiere.com
Vous pourrez dîner aux chandelles dans la cave voûtée du XVIIe siècle ou dans la jolie salle à manger aux poutres apparentes. Ici, la cuisine gastronomique française comporte des produits du Sud-Ouest : foie gras, canard et, bien sûr, truffes. Commencez par un foie gras de canard aux noix, avec vin rouge, gelée de gingembre et pommes au four, suivis d'un confit de canard accompagné d'un gâteau de purée de pommes de terre et de truffes noires. Les desserts sont remarquables. Large sélection de vins et belle collection de cognacs.

🕐 Mar.-sam. 12 h-14 h, 19 h-22 h 30

🍽 Déj. 19 €, dîn. 70 € (à la carte), vin 25 €

🚇 Place Monge

TSÉ
Plan page 256 F9
78, rue d'Auteuil, 75016
Tél. : 01 40 71 11 90
Depuis son ouverture en 2001, ce bar-restaurant accueille les noctambules du quartier résidentiel d'Auteuil. L'intérieur est décoré de lanternes et d'appliques chinoises et d'un mobilier en bois exotique sombre – il y a même un très ancien lit à baldaquin tibétain. L'établissement comporte un bar accueillant doté d'une cheminée, un fumoir et une terrasse sur le toit. La cuisine asiatique est de grande qualité, avec des influences japonaises, thaïlandaises et chinoises. Au menu : des sushis, des filets de canard à la sauce *teriyaki* (sauce de soja, saké et gingembre) et du thon au sésame à la broche.

🕐 Tlj 10 h-15 h (ven., sam. jusqu'à 4 h)

🍽 Déj. 35 €, dîn. 50 €, vin 20 €

🚇 Porte d'Auteuil

TSE YANG
Plan page 256 G6
25, avenue Pierre 1er de Serbie, 75016
Trocadéro
Tél. : 01 47 20 70 22
Dans cet élégant restaurant chinois de l'un des quartiers les plus chics de Paris, vous trouverez des fleurs fraîches

et des peintures murales extraordinaires. Le chef Yang Kui Fah interprète avec maestria les classiques de la cuisine asiatique. Les coquilles saint-jacques au vin jaune de riz et le canard à la pékinoise sont des incontournables. La maison propose un grand choix de vins français et de bières chinoises.

🕐 Tlj 12 h-14 h 30, 19 h 30-23 h 30

🍽 Déj. 30 €, dîn. 50 €, vin 26 €

🚇 Iéna

LE VERRE BOUTEILLE
Plan page 256 G4
85, avenue des Ternes, 75017
Ternes
Tél. : 01 45 74 01 02
www.leverrebouteille.com
Ce bistrot situé près de la place de l'Étoile reste ouvert jusqu'à l'aube. L'ambition du chef Patrick Ameline est de réaliser à la perfection une cuisine simple. Le fromage de chèvre chaud, le *croque country-style* et le gâteau au chocolat sont à se damner. Il y a un bon choix de vins, à commander au verre si vous ne désirez

pas une bouteille entière. L'atmosphère est celle d'un bistrot traditionnel, avec un long bar et des tables en bois rectangulaires aux pieds en fer forgé.

🕐 Tlj 12 h-15 h, 19 h-5 h

🍽 Déj. 20 €, dîn. 30 €, vin 18 €

🚇 Porte Maillot

LA VILLA MAURESQUE
Plan page 256 J5
5, rue du Commandant Rivière, 75008
Champs-Élysées
Tél. : 01 42 25 16 69
www.villamauresque.com
Tout près des Champs-Élysées, la propriétaire Fati Abouayoub a créé un restaurant élégant qui associe décoration mauresque et classicisme français. Dans l'élégante salle à manger, on est bien loin des souks – tables carrées en bois, murs brun sourd et éclairage tamisé. Au menu : le pigeon à la pastilla (feuilleté fourré) aux amandes et aux pistaches est la spécialité de la maison, mais le tajine de veau aux figues et aux noix n'a rien à lui envier.

🕐 Lun.-ven. 12 h-14 h 30, 20 h-22 h 30, sam. 20 h-22 h 30

🍽 Déj. 30 €, dîn. 50 €, vin 17 €

🚇 Saint-Philippe du Roule

VILLA MEDICI DA NAPOLI

Plan page 257 K8
11*bis*, rue Saint-Placide, 75006
Saint-Germain-des-Prés
Tél. : 01 42 22 51 96
www.villa-medici.com

Avec sa superbe moustache (voir photo sur Internet), Michele Napoli accueille ses clients depuis plus de 30 ans. Ces derniers reviennent régulièrement pour sa bonne cuisine italienne (pizzas, pâtes ou risotto). Le décor pseudo-italien domine la salle principale qui évoque le Colisée, avec des piliers, des arcades et des tables carrées ou rondes. Dans l'arrière-salle, les clients admirent le *pizzaiolo*. Une salle est réservée aux non-fumeurs.

🕐 Lun. sam. 11 h 30-14 h 30, 19 h-23 h
🍽 Déj. 20 €, dîn. 30 €, vin 18 €
🚇 Saint-Placide, Sèvres-Babylone

VINS DES PYRÉNÉES

Plan page 258 P8
25, rue Beautreillis, 75004
Le Marais
Tél. : 01 42 72 64 94

Dans ce restaurant, on remonte le temps jusqu'aux années 1930 : nappes en vichy, vieilles photos sur les murs et poupées anciennes dans une vitrine créent l'atmosphère rétro. Le menu traditionnel propose un mille-feuille de saumon, de la viande grillée (spécialité de la maison), de la crème brûlée et du gâteau au chocolat. La carte des vins comprend un choix de vins des Pyrénées.

🕐 Dim.-ven. 12 h-14 h 30, 20 h-23 h 30, sam. 20 h-23 h 30
🍽 Déj. 13 €, dîn. 25 €, vin 15 €
🚇 Saint-Paul

LE VIRAGE LEPIC

Plan page 259 L2
61, rue Lepic, 75018
Montmartre
Tél. : 01 42 52 46 79

Il faut réserver à l'avance dans cet accueillant bistrot montmartrois de la rue Lepic dominée par son moulin. Vous serez au cœur du quartier montmartrois, plein de charme et d'authenticité. Au menu : des viandes, des quiches délicieuses et une belle carte des vins. En été, on peut s'installer dehors.

🕐 Mer.-lun. 19 h-23 h 30
🍽 Dîn. 25 €, vin 15 €
🚇 Blanche/Abbesses

Dîner au frais dans un restaurant du quai Saint-Michel

YUGARAJ

Plan page 257 M7
14, rue Dauphine, 75006
Saint-Germain-des-Prés
Tél. : 01 43 26 44 91
www.yugaraj.com

Le Yugaraj est sans doute l'un des meilleurs restaurants indiens de la capitale. Les propriétaires français et indien commencèrent dans un premier restaurant ouvert en 1971. Le menu contient quelques surprises, comme des boulettes de crabe au milieu de mets plus traditionnels. Les crevettes géantes marinées dans les épices sont inoubliables.

🕐 Mar., mer., ven.-dim. 12 h-14 h, 19 h-22 h 30, jeu. 19 h-22 h 30
🍽 Déj. 30 €, dîn. 50 €, vin 22 €
🚇 Odéon

ZE KITCHEN GALERIE

Plan page 257 M7
4, rue des Grands-Augustins, 75006
Saint-Germain-des-Prés
Tél. : 01 44 32 00 32

Le parquet sombre adoucit l'atmosphère de la salle à manger contemporaine et fonctionnelle de ce restaurant branché situé près de la Seine. Le chef William Ledeuil, qui se forma avec Guy Savoy, est aux fourneaux. Sa cuisine fusion innovante associe les saveurs méditerranéennes et asiatiques. Le menu change tous les mois.

🕐 Lun.-ven. 12 h-14 h 30, 19 h-23 h, sam. 19 h-23 h
🍽 Déj. 21 €, dîn. 50 €, vin 18 €
🚇 Saint-Michel

LES CHAÎNES DE RESTAURANTS

Certains restaurants parisiens comptent parmi les meilleurs – et les plus chers – du monde.
Mais on trouve dans la capitale des chaînes de restaurants accueillantes et familiales
dont les prix sont abordables. Le tableau ci-dessous mentionne quelques-unes des chaînes
installées à Paris.

NOM	Prix moyen pour deux plats ou sandwiches	Alcool servi	Menu enfant	À emporter	Description
Bistro romain	20 €	✔	✔	✗	Cuisine italienne (▷ 262 pour le restaurant des Champs-Élysées).
Buffalo Grill	20 €	✔	✔	✗	Restaurant-grill qui propose poulet, steaks et salades.
Chez Clément	35 €	✔	✔	✗	Brasseries confortables avec huîtres, plateaux de fruits de mer, bœuf et porc rôti au menu.
Courtepaille	14 €	✔	✔	✗	Steak frites, poulet, salades.
El Rancho	18 €	✔	✔	✗	Restaurant tex-mex dans un cadre campagnard mexicain.
Hippopotamus	20 €	✔	✔	✗	Chaîne de restaurants-grills, avec 18 restaurants dans Paris (▷ 269 pour le restaurant de Bastille). Le steak est la spécialité de la maison.
Indiana Café	18 €	✔	✔	✗	Menu tex-mex, plus hamburgers et salades.
Léon de Bruxelles	20 €	✔	✔	✗	Brasseries de style belge qui servent de la bière, des gaufres, et des moules-frites.
Pizza Hut	15 €	✔	✔	✔	Chaîne réputée, qui propose des pizzas géantes.
La Taverne de Maître Kanter	25 €	✔	✗	✗	Douze restaurants proposent des plats alsaciens comme la choucroute, le poulet au riesling et des plateaux de fruits de mer.

RESTAURATION RAPIDE

NOM	Prix moyen	Alcool servi	Menu enfant	À emporter	Description
Lina's	14 €	✔	✗	✔	Sandwiches et salades raffinés dans un décor élégant.
Oh !... Poivrier !	20 €	✔	✔	✔	Sandwiches audacieux et copieux.
Paul	20 €	✔	✔	✔	Sandwiches et viennoiseries savoureux.
Pomme de pain	8 €	✗	✔	✔	Chaîne de sandwicherie.
Tarte Julie	10 €	✔	✔	✔	Vaste choix de tartes salées et sucrées.

DORMIR À PARIS

Paris offre un grand choix d'hôtels, des palaces comme le Ritz, aux petits hôtels en passant par un confortable trois-étoiles du Quartier latin. Beaucoup d'hôtels parisiens ont longtemps été considérés comme vieillots et médiocres, mais ces dernières années, on constate une nette amélioration. Des hôtels de charme sont apparus dans le quartier du Marais, autrefois bon marché, et à l'ouest de la capitale. Certains hôtels classiques se sont dotés de spas, incitant leur clientèle à se détendre après leurs visites de la ville.

SE LOGER

PALACES

Certains hôtels haut de gamme semblent tout droit sortis d'un autre âge. Leurs prix hors catégorie sont élevés mais il existe parfois des accords avec les agences de voyage pour bénéficier de réductions. Renseignez-vous avant votre séjour à Paris.

LES HÔTELS BON MARCHÉ

Paris est l'une des rares capitales européennes qui dispose d'hôtels agréables et abordables en plein centre-ville. Les prix baissent souvent en juillet et août, quand les voyages d'affaires se font plus rares et remontent en mai, juin, septembre et octobre, au moment des grandes foires.

Assurez-vous que le prix du petit déjeuner est inclus dans celui de la chambre. Il est parfois plus économique de prendre un café et un croissant au café du coin. Si vous voyagez dans votre voiture ou dans un véhicule de location, demandez si l'hôtel possède un parking et quel en est le prix. Se garer dans la rue est de plus en plus difficile et coûte cher.

Les hôtels situés à la périphérie et appartenant à une chaîne sont souvent plus économiques, mais ils n'ont pas le cachet d'un hôtel parisien et vous devrez passer du temps dans le métro ou le RER pour rejoindre le centre de la capitale. Voir p. 294 pour une sélection des chaînes d'hôtels.

DANS QUEL QUARTIER ?

Chaque quartier présente ses avantages et ses inconvénients et il vous appartient de choisir en fonction de vos priorités.

Dans le 8ᵉ arrondissement (Champs-Élysées, avenue George-V, avenue Montaigne et faubourg Saint-Honoré), vous trouverez de nombreux palaces et hôtels quatre étoiles, à deux pas des boutiques de grand luxe. Vous trouverez également des palaces dans le 1ᵉʳ arrondissement (Tuileries, Louvre, place Vendôme) et des hôtels deux ou trois étoiles dans les petites rues du quartier.

Plus au nord, le 9ᵉ arrondissement (Opéra, Grands Boulevards, faubourg Montmartre) est truffé d'hôtels, dont beaucoup n'ont que deux étoiles. Vous trouverez des boîtes de nuit et des boutiques dans le quartier.

Sur l'autre rive, Saint-Germain-des-Prés et le Quartier latin sont plus décontractés que la rive droite et plus proches du *vieux Paris*. Le quartier compte de nombreux hôtels deux et trois étoiles, des cafés et des restaurants. Là, vous êtes à pied d'œuvre pour visiter l'île de la Cité.

Si vous optez pour un quartier moins central, demandez s'il y a une station de métro ou de RER à proximité.

L'encadré Dormir par quartier, p. 281, vous aidera à choisir un hôtel dans le quartier de votre choix.

DORMIR AILLEURS QU'À L'HÔTEL

Pour choisir un autre type d'hébergement que l'hôtel, voir p. 281 l'encadré en haut de la page.

PRIX

Les prix des hôtels, pp. 286-293, s'entendent pour deux personnes dans une chambre double pour une nuit, sauf indications contraires.

CONSEILS POUR SE LOGER À PARIS

● L'Office du tourisme de Paris (tél. : 08 92 68 30 00) vous renseignera sur les conditions de séjour et de réservation.

Pour louer un appartement, contacter Home Rental Service, 120 avenue des Champs-Élysées, 75008 (tél. : 01 42 25 65 40 ; www.homerental. fr); et Paris Lodging, 25 rue Lacépède, 75005 (tél . : 01 43 36 71 69 ; www.parislodging.fr), ou directement par Internet : www. all-paris-apartments.com/fr,

www.pour-les-vacances.com ou www.homeholidays.com
● Pour les chambres d'hôtes, contacter France Lodge, 2 rue Meissonier, 75017 (tél. : 01 56 33 85 85).
● Si vous résidez en province ou à l'étranger, vous pouvez aussi échanger votre logement contre un appartement parisien, le temps des vacances. Contacter l'agence Intervac France, 230 boulevard Voltaire, 75011 (tél. : 01 43 70 21 22).

DORMIR PAR QUARTIER

Vous trouverez une liste alphabétique des hôtels pp. 286-293.
Ci-dessous : la liste par quartier.

Bastille
Auberge internationale des Jeunes
Corail Hôtel

Belleville/Père-Lachaise
Le D'Artagnan

Champs-Élysées
Hôtel Astrid
Hôtel du Bois
Hôtel Franklin Roosevelt

Ile Saint-Louis
Hôtel des Deux Îles

Invalides
Best Western Eiffel Park Hôtel
Grand Hôtel Lévêque
Hôtel de l'Avre
Hôtel la Bourdonnais
Hôtel Duc de Saint-Simon
Hôtel de Londres Eiffel
Relais Bosquet

Quartier latin
Hôtel Claude Bernard
Hôtel des Grandes Écoles
Hôtel du Levant
Hôtel du Panthéon
Minerve Hôtel
Relais Saint-Jacques
Les Rives de Notre-Dame

Louvre/Palais Royal
Hôtel Flor Rivoli
Hôtel Violet Louvre Rivoli
Hôtel Washington Opéra

Le Marais
Castex Hôtel
Hôtel Saint-Merry
Hôtel Saint-Paul-le Marais
Pavillon de la Reine

Montmartre
Hôtel des Arts
Hôtel Le Bouquet de Montmartre
Hôtel Prima Lepic
Hôtel Regyn's Montmartre
Terrass Hotel

Montparnasse
L'Atelier Montparnasse
Hôtel Delambre

Mouffetard
Hôtel Sunny

Opéra
Hôtel Ascot Opéra
Hôtel Lautrec Opéra
Hôtel Queen Mary
Ritz

Passy
Hameau de Passy
Hôtel Square

République
Auberge de Jeunesse Jules Ferry

Saint-Germain-des-Prés
Grand Hôtel des Balcons
L'Hôtel
Hôtel de l'Abbaye Saint-Germain
Hôtel Atlantis Saint-Germain-
des-Prés
Hôtel des Canettes
Hôtel Delavigne
Hôtel du Globe
Hôtel Lenox Saint-Germain
Hôtel Madison
Hôtel La Perle
Hôtel de Saint-Germain

Ternes
Hôtel de Neuville

En banlieue
Auberge de jeunesse Cité
des Sciences (après la porte
de Pantin au nord-est de Paris)
Auberge de jeunesse
Léo Lagrange (après la porte
de Clichy au nord de Paris)

SE LOGER

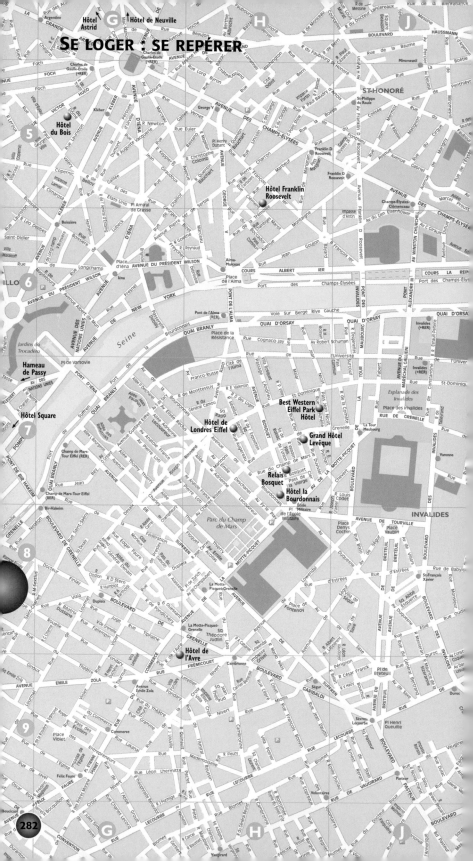

SE LOGER : SE REPÉRER

Hôtel Astrid

↑ Hôtel de Neuville

Hôtel du Bois

Hôtel Franklin Roosevelt

Hameau de Passy

Hôtel Square

Best Western Eiffel Park Hôtel

Hôtel de Londres Eiffel

Grand Hôtel Levêque

Relais Bosquet

Hôtel la Bourdonnais

Hôtel de l'Avre

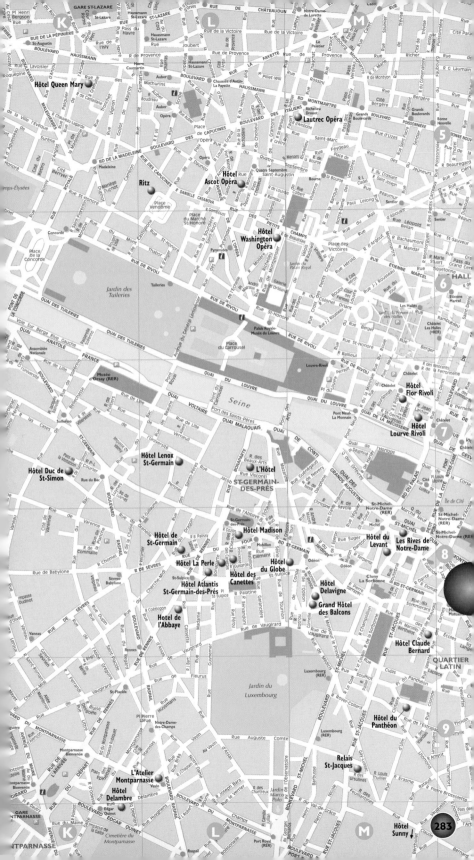

Hôtel Queen Mary

Ritz

Hôtel Ascot Opéra

Lautrec Opéra

Hôtel Washington Opéra

Jardin des Tuileries

Place de la Concorde

Seine

Hôtel Duc de St-Simon

Hôtel Lenox St-Germain

Musée d'Orsay (RER)

L'Hôtel

ST-GERMAIN-DES-PRÉS

Hôtel Flor Rivoli

Hôtel Lourve Rivoli

Hôtel de St-Germain

Hôtel Madison

Hôtel La Perle

Hôtel du Globe

Hôtel Atlantis St-Germain-des-Prés

Hôtel des Canettes

Hôtel du Levant

Les Rives de Notre-Dame

Hôtel Delavigne

Grand Hôtel des Balcons

Hotel de l'Abbaye

Hôtel Claude Bernard

QUARTIER LATIN

Jardin du Luxembourg

Hôtel du Panthéon

L'Atelier Montparnasse

Hôtel Delambre

Relais St-Jacques

Hôtel Sunny ↓

283

SE LOGER : SE REPÉRER

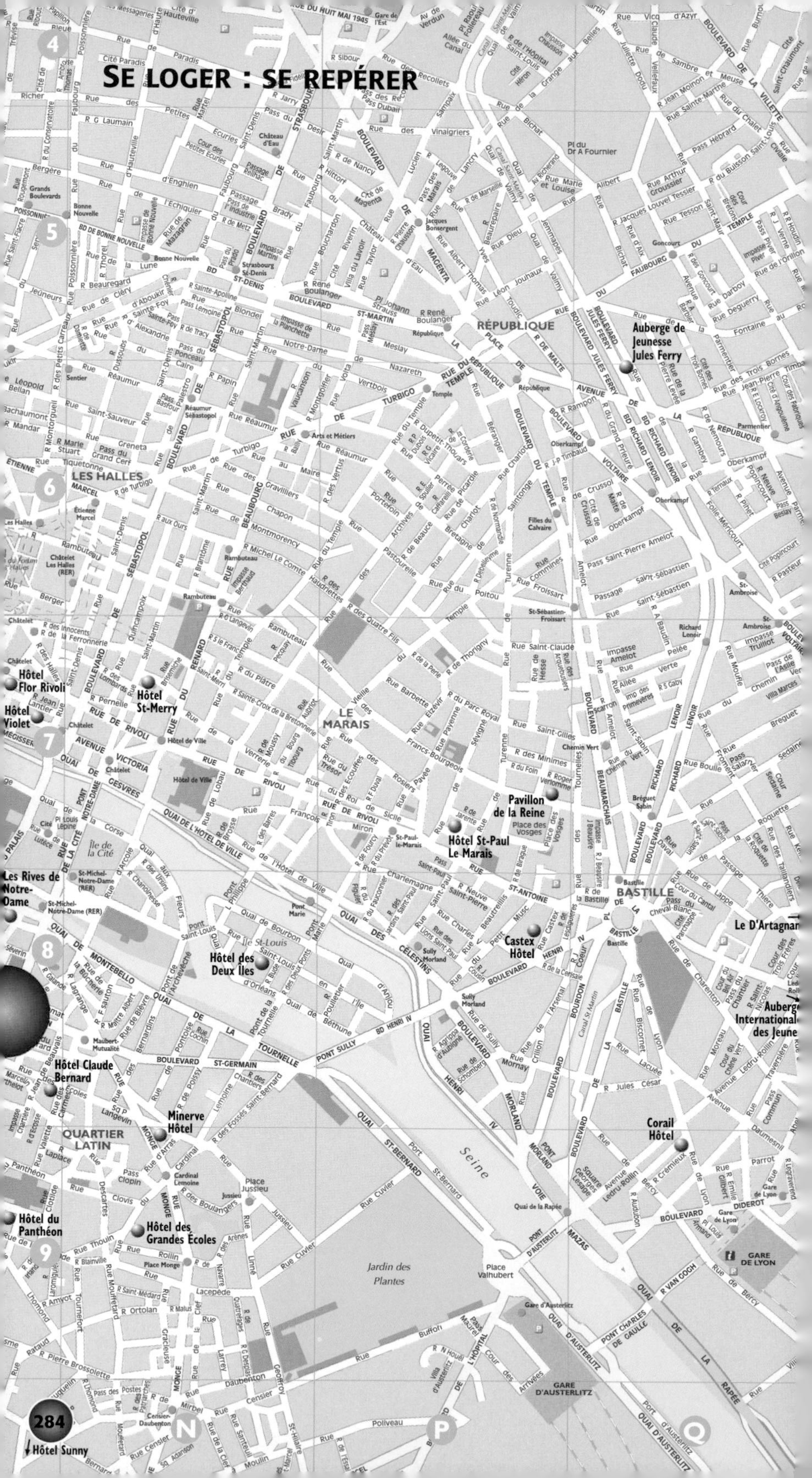

Auberge de Jeunesse Jules Ferry
Hôtel Flor Rivoli
Hôtel St-Merry
Hôtel Violet
Les Rives de Notre-Dame
Pavillon de la Reine
Hôtel St-Paul Le Marais
Castex Hôtel
Le D'Artagnan
Auberge Internationale des Jeunes
Hôtel des Deux Îles
Hôtel Claude Bernard
Minerve Hôtel
Corail Hôtel
Hôtel du Panthéon
Hôtel des Grandes Écoles
Hôtel Sunny
RÉPUBLIQUE
LES HALLES
LE MARAIS
BASTILLE
QUARTIER LATIN
Île de la Cité
Île St-Louis
Seine
Jardin des Plantes
GARE DE LYON
GARE D'AUSTERLITZ
4
5
6
7
8
9
N
P
Q

Les hôtels de A à Z

LE D'ARTAGNAN
Plan page 284 Q8
80, rue Vitruve, 75020
Ménilmontant
Tél. : 01 40 32 34 56
www.fuaj.org
Cette auberge de jeunesse occupe le septième étage d'un immeuble à proximité du cimetière du Père Lachaise. Elle comprend un bar (ouvert jusqu'à 2 h), une boutique de souvenirs, un accès à internet, des consignes électroniques, un cinéma gratuit, une salle de télévision et une laverie. Les chambres ont de trois à huit lits.
🖐 21 € par personne, petit déj. inclus
🛏 435 lits
🚇 Porte de Bagnolet

L'ATELIER MONTPARNASSE
Plan page 283 L9
49, rue Vavin, 75006
Saint-Germain-des-Prés
Tél. : 01 46 33 60 00
www.ateliermontparnasse.com

Cet hôtel trois étoiles rend hommage au beau Montparnasse des années 1930, avec des meubles d'époque et des mosaïques dans les salles de bains. La Coupole (p. 266) et le Dôme, autrefois lieux de prédilection des peintres, sont à deux pas. L'hôtel propose un service de blanchisserie, un service en chambre, télévision par câble, sèche-cheveux et minibar. La connexion à Internet est possible dans certaines chambres.
🖐 147€-152€, petit déj. non compris
🛏 17
🚇 Vavin

AUBERGE INTERNATIONALE DES JEUNES
Plan page 284 Q8
10, rue Trousseau, 75011
Bastille
Tél. : 01 47 00 62 00
www.aijparis.com

À deux pas de la place de la Bastille, cet hébergement est des plus économiques. L'équipement est minimum mais les chambres sont propres et l'atmosphère chaleureuse. Les chambres à quatre lits ont une salle de bains et une douche. Les chambres pour deux ou trois personnes partagent une salle de bains sur le palier. Coffre-fort et connexion à Internet. Les draps et les couvertures sont fournis.
🖐 Juil.-fin août 17 € par personne, petit déj. inclus ; sept.-fin oct., mars-fin jan. 15€ ; nov.-fin fév. 13€ 🛏 200 lits
🚇 Ledru-Rollin, Bastille

AUBERGE DE JEUNESSE CITÉ DES SCIENCES
Plan page 285 N4
24, rue des Sept Arpents, 93310 Le Pré Saint-Gervais
La Villette
Tél. : 01 48 43 24 11
www.fuaj.org
Dans un immeuble moderne près du parc de la Villette, elle propose (▷ 146-147) des dortoirs de quatre à six lits, consignes électroniques, connexions à Internet, terrasse. Salle de télévision, laverie, location de vélos et cuisine pour les clients.
🖐 19,50 € par personne, petit déj. inclus 🛏 184 lits
🚇 Hoche

AUBERGE DE JEUNESSE JULES FERRY
Plan 284 Q6
8, boulevard Jules Ferry, 75011
Canal Saint-Martin
Tél. : 01 43 57 55 60
www.fuaj.org
Idéalement située au bord du canal Saint-Martin, l'auberge comprend des dortoirs de six lits et quelques chambres pour couples. On y dispose d'une laverie, de consignes électroniques et de connexions à Internet. On peut prendre un petit déjeuner mais cuisiner n'est pas prévu.
🖐 19.50€ par personne, petit déj. inclus 🛏 99 lits
🚇 République

AUBERGE DE JEUNESSE LÉO LAGRANGE
Plan page 285 K2
107, rue Martre, 92110
Clichy
Tél. : 01 41 27 26 90
www.fuaj.org

Cette auberge de jeunesse située dans la banlieue nord-ouest de Paris propose des chambres de deux à six lits, une salle de télévision, une laverie, des consignes électroniques, des connexions à Internet et un bar/restaurant (ouvert en été).
🖐 19,50 € par personne, petit déj. inclus
🛏 338 lits
🚇 Mairie de Clichy

BEST WESTERN EIFFEL PARK HOTEL

Plan page 282 H7
17 bis rue Amélie, 75007
Invalides
Tél. : 01 45 55 10 01
www.eiffelpark.com
On doit la décoration exotique de cet hôtel trois étoiles aux voyages en Inde et en Chine de son propriétaire. Chaque chambre possède une touche personnelle, du tapis d'Orient à la commode chinoise, ainsi qu'un minibar, une connexion modem, un coffre-fort et un sèche-cheveux. Au rez-de-chaussée, le bar Art déco est superbe et le petit déjeuner est servi sur le toit (si le temps le permet) ou dans l'agréable jardin d'hiver.
🖐 130 €-185 €, petit déj. non compris
🛏 36 chambres
🔀
🚇 Latour-Maubourg

CASTEX HÔTEL
Plan page 284 P8
5, rue Castex, 75004
Marais
Tél. : 01 42 72 31 52
www.castexhotel.com
Situé tout près des quartiers historiques du Marais et de la Bastille, cet hôtel trois étoiles affiche un style XVIIe siècle avec des meubles d'époque dans les chambres et dans la salle du petit déjeuner aux murs de pierre et au plafond voûté. Les chambres, élégantes, ont le téléphone,

la télévision par satellite et un coffre-fort. Un service de télécopie est disponible.

🏷 100 €-140 €, petit déj. non compris
🛏 30
❄
🚇 Bastille

CORAIL HOTEL
Plan page 284 Q9
23, rue de Lyon, 75012
Gare de Lyon
Tél. : 01 43 43 23 54
www.corail-hotel.fr

Cet hôtel trois étoiles proche de la gare de Lyon attire une clientèle d'affaires, qui utilise le métro, le RER et les trains grandes lignes. Le quartier de la Bastille est à deux pas. Les chambres manquent un peu de caractère mais elles sont équipées d'un sèche-cheveux, d'un coffre-fort privé, du téléphone et de la télévision par satellite.

🏷 73€-78€, petit déj. non compris
🛏 50
❄ Dans les parties communes
🚇 Gare de Lyon

GRAND HÔTEL DES BALCONS
Plan page 283 M8
3, rue Casimir Delavigne, 75006
Saint-Germain-des-Prés
Tél. : 01 46 34 78 50
www.balcons.com

Cet hôtel deux étoiles est situé à côté du Luxembourg. Ses balcons sont fleuris. Le hall et les parties communes ont un côté 1900, avec des meubles d'époque et des vitraux. Les chambres, claires et spacieuses, possèdent une connexion modem, la télévision par câble, un coffre-fort et un sèche-cheveux.

🏷 100€-150€, petit déj. non compris
🛏 50
🚇 Odéon

GRAND HÔTEL LÉVÊQUE
Plan page 282 H7
29, rue Cler, 75007
Tour Eiffel
Tél. : 01 47 05 49 15
www.hotel-leveque.com

Les chambres de cet hôtel deux étoiles ont un accès direct à Internet, la télévision par satellite, un coffre-fort, un ventilateur et un sèche-cheveux. Elles sont insonorisées pour éviter les bruits du marché qui se tient dans la rue piétonne. L'hôtel est sans prétention mais agréable – il y a quelques jolis tableaux.

🏷 87 €-93 €, petit déj. non compris
🛏 50
❄
🚇 École militaire

HAMEAU DE PASSY
Plan page 282 F7
48 rue Passy, 75016
Passy
Tél. : 01 42 88 47 55
www.hameaudepassy.com

Cet hôtel deux étoiles est situé dans une impasse tranquille du quartier résidentiel de Passy. L'intérieur moderne est aménagé avec goût et les chambres donnent sur le jardin. Téléphone direct avec connexion modem et télévision par câble ; service de télécopie, coffres-forts privés à la réception et garage à proximité.

🏷 119€, petit déj. inclus
🛏 32
🚇 Passy, La Muette

HÔTEL DE L'ABBAYE SAINT-GERMAIN
Plan page 283 L8
10, rue Cassette, 75006
Saint-Germain-des-Prés
Tél. : 01 45 44 38 11
www.hotel-abbaye.com

Le calme règne dans cet hôtel trois étoiles bâti sur le site d'une ancienne abbaye, près du Luxembourg. Le salon et la plupart des chambres donnent sur une terrasse ; quatre suites ont une terrasse privée. Le mobilier est élégant et il y a une cheminée ancienne dans le salon. Bar, service en chambre, location de voitures

L'HÔTEL
Plan 283 L7
13, rue des Beaux-Arts, 75006
Saint-Germain-des-Prés
Tél. : 01 44 41 99 00
www.l-hotel.com

Ce palace quatre étoiles, situé dans un pavillon du XIXe siècle, fut entièrement rénové au début du millénaire. L'intérieur élégant et exubérant est l'œuvre de Jacques Garcia. Les chambres portent le nom de personnages célèbres,

comme Mistinguett et Oscar Wilde (qui rendit son dernier soupir dans cet hôtel en 1900). Le restaurant (fermé le dimanche, le lundi et en août) possède un dôme impressionnant.

🏷 280€-640€, petit déj. non compris
🛏 16 chambres, 4 suites
❄ 🍴 À l'intérieur
🚇 Saint-Germain-des-Prés

et blanchisserie. Sèche-cheveux, connexion WiFi, coffres-forts et télévision par satellite dans les chambres.

🏷 211€-313€, petit déj. inclus
🛏 37 chambres, 7 suites
❄
🚇 Saint-Sulpice, Sèvres-Babylone

HÔTEL DES ARTS
Plan page 285 L3
5, rue de Tholozé, 75018
Montmartre
Tél. : 01 46 06 30 52
www.hotel-des-arts.net

Cet hôtel deux étoiles est situé à côté du Sacré-Cœur et de la rue des Abbesses. L'intérieur chaleureux est joliment meublé. Les murs de la salle du petit déjeuner sont en pierre apparente. Dans les chambres : télévision par câble et satellite, coffre-fort et sèche-cheveux. Parking à proximité.

🏷 82€-110€, petit déj. non compris
🛏 50
🚇 Abbesses, Blanche

HÔTEL ASCOT OPÉRA
Plan page 283 L5
2, rue Monsigny, 75002
Opéra
Tél. : 01 42 96 87 66
www.ascot-hotel-paris.com
Ce charmant hôtel trois étoiles est situé dans une rue calme, à deux pas du Louvre, de l'Opéra, du Palais-Royal et des luxueux magasins de la place Vendôme. À la réception, l'atmosphère est conviviale dans un décor chaleureux. Un patio plein de fraîcheur est agrémenté de plantes ornementales. Les chambres sont accueillantes : éclairage indirect, mobilier assorti, sèche-cheveux, minibar, téléphone, télévision par satellite et connexion à Internet (WiFi possible). Parking privé.
100€-150€, petit déj. non compris
36
Quatre-Septembre, Pyramides

HÔTEL ASTRID
Plan page 282 G4
27, avenue Carnot, 75017
Champs-Élysées
Tél. : 01 44 09 26 00
www.hotel-astrid.com
Hôtel trois étoiles situé dans une avenue qui débouche sur la place Charles-de-Gaulle. Chaque chambre a un cachet particulier : romantique (montant de lit en cuivre, lustre et rideaux roses) ; rustique (meubles en pin, papier peint bleu). Coffre-fort, sèche-cheveux, connexion à

Internet, télévision par câble. Places de parking à proximité.
132€-142€, petit déj. non compris
40
Charles de Gaulle-Étoile

HÔTEL ATLANTIS SAINT-GERMAIN-DES-PRÉS
Plan page 283 L8
4, rue du Vieux-Colombier, 75006
Saint-Germain-des-Prés
Tél. : 01 45 48 31 81
www.hotelatlantis.com
Les chambres claires et spacieuses de cet hôtel deux étoiles donnent presque toutes sur la place Saint-Sulpice. Joli décor, tons doux, beaux meubles et couvre-lits matelassés ; téléphone, télévision par câble et satellite, connexion à Internet et sèche-cheveux. Les parties

communes sont harmonieuses. Une horloge comtoise rythme les petits déjeuners.
125€-165€, petit déj. non compris
27
Saint-Sulpice

HÔTEL DE L'AVRE
Plan page 282 G9
21, rue de l'Avre, 75015
Champ de Mars
Tél. : 01 45 75 31 03
www.hoteldelavre.com
Dans cet hôtel deux étoiles les détails sont importants. Les chambres possèdent un décor floral et la télévision par satellite. Au printemps et en été, on peut prendre le petit déjeuner dans le jardin.
73 €-83 €, petit déj. non compris

26
La-Motte-Picquet-Grenelle

HÔTEL DU BOIS
Plan page 282 G5
11, rue du Dôme, 75016
Champs-Élysées
Tél. : 01 45 00 31 96
www.hoteldubois.com
L'intérieur de cet hôtel trois étoiles évoque une élégante demeure anglaise. Meubles de style classique anglais et tons rouge foncé dans le salon où l'on sert le petit déjeuner.

Dans les chambres, sèche-cheveux, télévision par câble, coffre-fort et minibar. L'hôtel est dans un quartier élégant.
129 €-179 €, petit déj. non compris
41
Kléber, Charles de Gaulle-Étoile

HÔTEL LE BOUQUET DE MONTMARTRE
Plan page 285 L3
1, rue Durantin, 75018
Montmartre
Tél. : 01 46 06 87 54
www.paris-montmartre-hotel.com
Cet hôtel deux étoiles est au cœur du quartier d'Amélie Poulain à Montmartre (▷ 309). Le mobilier associe le kitsch et le style Louis XVI. Les chambres ont le téléphone mais pas la télévision, sont dotées d'une petite niche près du lit et de nombreux petits placards à vêtements. Elles sont éclairées par des appliques en forme de candélabre. Le petit déjeuner est servi dans une jolie salle à manger

agrémentée d'un papier peint imprimé façon brocart, de meubles d'époque et d'une profusion de lampes.
65 €, petit déj. non compris
36
Abbesses

HÔTEL LA BOURDONNAIS
Plan page 282 H7
111-113, avenue de la Bourdonnais, 75007
Tour Eiffel
Tél. : 01 47 05 45 42
www.hotellabourdonnais.com
Cet hôtel trois étoiles abrite le restaurant La Cantine des gourmets, qui propose une cuisine française excellente. L'hôtel ressemble à une maison bourgeoise confortable, avec un mobilier élégant et des objets d'art anciens. Les suites et les chambres à quatre

lits sont parfaites pour une famille. Toutes ont la télévision par satellite, un coffre-fort, le téléphone avec une connexion modem et un sèche-cheveux. Le petit déjeuner est servi dans le jardin d'hiver.

🛏 165 €, petit déj. non compris
🛏 57 chambres, 3 suites
♿
Ⓜ École militaire

HÔTEL DES CANETTES
Plan page 283 L8
17, rue des Canettes, 75006
Saint-Germain-des-Prés
Tél. : 01 46 33 12 67
www.parishotelcanettes.com
Cet hôtel deux étoiles est situé au cœur du quartier de Saint-Germain-des-Prés, entre le boulevard Saint-Germain, bordé de cafés et de boutiques, et la vaste place Saint-Sulpice. Il a été entièrement rénové et propose des prix justifiés : les chambres sont fonctionnelles mais agréablement décorées et l'une d'entre elles est très grande et peut accueillir cinq personnes. Le petit déjeuner est gratuit en juillet et en août.

🛏 101 €-116 €, petit déj. non compris
🛏 23
Ⓜ Saint-Germain-des-Prés, Mabillon

HÔTEL CLAUDE BERNARD
Plan page 283 M8
43, rue des Écoles, 75005
Quartier latin
Tél. : 01 43 26 32 52
www.paris-hotel-booking.com
Derrière la belle façade laquée rouge de cet hôtel trois étoiles se cache

un décor élégant. Les tons vifs et les fleurs créent une atmosphère chaleureuse. Les chambres avec balcon sont dotées de belles étoffes et de jolis meubles, de la télévision par câble et par satellite. L'hôtel

possède un bar, un restaurant et une borne Internet.

🛏 89 €-145 €, petit déj. non compris
🛏 34
♿
Ⓜ Maubert-Mutualité

HÔTEL DELAMBRE
Plan page 283 K10
35, rue Delambre, 75014
Montparnasse
Tél. : 01 43 20 66 31
www.hoteldelambre.com
Tout près de la tour Montparnasse, cet hôtel

trois étoiles offre un cadre agréable, avec des tons chauds, des objets en fer forgé et un mobilier d'époque recouvert de tissus modernes. Dans les chambres : téléphone, télévision par satellite et connexion modem, coffre-fort et service de blanchisserie. Il y a deux parkings à proximité.

🛏 85 €-115 €, petit déj. non compris
🛏 31
Ⓜ Vavin, Edgar Quinet, Montparnasse

HÔTEL DELAVIGNE
Plan page 283 M8
1, rue Casimir Delavigne, 75006
Saint-Germain-des-Prés
Tél. : 01 43 29 31 50
www.hoteldelavigne.com
Les chambres de cet hôtel trois étoiles possèdent un décor personnalisé, avec du rotin, des meubles anciens et du papier peint à fleurs ou façon brocart. Elles sont équipées du téléphone, de la télévision par satellite et d'un coffre-fort. L'hôtel propose un service de garde d'enfants et la connexion WiFi. Le salon est d'une sobriété classique, avec des meubles d'époque. L'établissement est situé près du jardin du Luxembourg.

🛏 100 €-130 €, petit déj. non compris
🛏 34
Ⓜ Odéon, Cluny

HÔTEL DUC DE SAINT-SIMON
Plan page 283 K7
14, rue de Saint-Simon, 75007
Invalides
Tél. : 01 44 39 20 20
www.hotelducdesaintsimon.com

Objets anciens et beaux meubles décorent ce trois étoiles dans une maison du XVIIIe siècle. À deux pas de l'agitation du boulevard Saint-Germain, l'endroit est calme. L'hôtel possède un bar et une terrasse, ainsi qu'un garage boulevard Raspail.

🛏 220 €-280 €, petit déj. non compris
🛏 29 chambres, 5 suites
♿ Dans certaines chambres
Ⓜ Rue du Bac

HÔTEL DES DEUX ÎLES
Plan page 284 N8
59, rue Saint-Louis en l'Île, 75004
Ile Saint-Louis
Tél. : 01 43 26 13 35
www.deuxiles-paris-hotel.com
Cet hôtel trois étoiles de l'île Saint-Louis est installé dans une maison du XVIIe siècle. Des tissus provençaux et des meubles en rotin peint

égaient les chambres confortables qui possèdent la télévision par câble et un sèche-cheveux. La connexion WiFi est disponible. Berthillon, le plus célèbre glacier de Paris, est à deux pas.

🛏 164 €, petit déj. non compris
🛏 17
♿
Ⓜ Pont-Marie, Saint-Michel

HÔTEL FLOR RIVOLI

Plan page 283 M7
13, rue des Deux-Boules, 75001
Châtelet
Tél. : 01 42 33 49 60
www.hotel-flor-rivoli.com

Cet hôtel deux étoiles se trouve près de la rue de Rivoli, l'une des rues commerçantes les plus longues de Paris. Il est assez confortable et relativement bon marché. Les chambres sont petites mais l'établissement est bien situé, près du musée du Louvre. Idéal pour ceux qui ont un petit budget et qui préfèrent le confort au cachet.

🛏 80 €, petit déj. non compris
🛏 20
🚇 Châtelet, Pont-Neuf

HÔTEL FRANKLIN ROOSEVELT

Plan page 282 H5
18 rue Clément-Marot, 75008
Champs-Élysées
Tél. : 01 53 57 49 50
www.hrooseveIt.com

Cet établissement est situé tout près des Champs-Élysées et de l'avenue Montaigne, adresse des grands couturiers célèbres dans le monde entier. L'éclairage tamisé, les étoffes rouges et le bois sombre créent une atmosphère luxueuse. La suite du sixième étage possède un grand lit et un jacuzzi. L'hôtel est doté d'un bar, d'un salon de lecture et d'un jardin d'hiver.

🛏 260 €-290 €, petit déj. non compris
🛏 48
🚇 Franklin D. Roosevelt, Alma-Marceau

HÔTEL DU GLOBE

Plan page 283 L8
15, rue des Quatre-Vents, 75006
Saint-Germain-des-Prés
Tél. : 01 43 26 35 50
www.hotel-du-globe.fr
Cet hôtel deux étoiles a beaucoup de caractère : poutres apparentes et meubles anciens dans les chambres

(certaines ont un lit à baldaquin), bergères du XVIIIᵉ siècle.
Le salon est décoré d'un miroir du XVIIIᵉ siècle. Les équipements modernes incluent la télévision, les connexions WiFi et le téléphone. L'hôtel n'est pas très loin du jardin du Luxembourg.

🛏 95 €-120 €, petit déj. non compris
🛏 14
🚇 Odéon

HÔTEL DES GRANDES ÉCOLES

Plan page 284 N9
75, rue du Cardinal-Lemoine, 75005
Quartier latin
Tél. : 01 43 26 79 23
www.hotel-grandes-ecoles.com
Véritable oasis de paix au cœur du quartier Latin, cet hôtel trois étoiles est un bijou, doté d'un jardin et situé au bout

d'une impasse. Le cadre évoque une élégante maison de campagne, avec des chaises en osier, des nappes en dentelle et du papier peint à fleurs dans la salle du petit déjeuner. Dans les chambres, les dessus-de-lit sont matelassés. Certaines chambres peuvent accueillir jusqu'à quatre personnes. L'hôtel propose un service de garde d'enfants et 15 places de parking fermées. On peut prendre le petit déjeuner sous les arbres du jardin.

🛏 105 €-130 €, petit déj. non compris
🛏 51
🚇 Cardinal Lemoine, Place Monge

HÔTEL LAUTREC OPÉRA

Plan page 285 M5
8-10, rue d'Amboise, 75002
Opéra
Tél. : 01 42 96 67 90
www.paris-hotel-lautrec.com
Cet hôtel trois étoiles porte le nom du célèbre peintre Toulouse-Lautrec qui y séjourna. Il est classé monument historique et possède une belle façade du XVIIIᵉ siècle. L'intérieur est plus moderne, avec des meubles en bois clair et des tentures bleu et jaune.

Certaines chambres ont des murs en brique apparente et des poutres, toutes sont équipées de la télévision par satellite.

🛏 151 €-181 €, petit déj. non compris
🛏 60
🚇
🚇 Richelieu-Drouot

HÔTEL LENOX SAINT-GERMAIN

Plan page 283 L7
9, rue de l'Université, 75007
Saint-Germain-des-Prés
Tél. : 01 42 96 10 95
www.lenoxsaintgermain.com

Le Lenox Club Bar de cet hôtel trois étoiles est très agréable, avec ses fauteuils et son étonnante collection d'instruments de jazz. Les chambres sont sobrement décorées de belles appliques et de tableaux ; elles possèdent un coffre-fort, le téléphone, un modem et la télévision par satellite. Quelques suites sont en duplex. Le petit déjeuner est servi dans une cave voûtée.

🛏 120 €-165 €, petit déj. non compris
🛏 34
🚇
🚇 Rue du Bac, Saint-Germain-des-Prés

HÔTEL DU LEVANT

Plan page 283 M8
18, rue de la Harpe, 75005
Quartier Latin
Tél. : 01 46 34 11 00
www.hoteldulevant.com
Cet hôtel trois étoiles au cœur du Quartier latin existe depuis plus de deux cents ans et est dirigé par la même famille depuis quatre générations. Le décor est moderne. Jeux d'échecs et journaux sont à la disposition de la clientèle. Les chambres sont équipées de la télévision par satellite et d'une prise Internet. Un service de blanchisserie est disponible.

🛏 95 €-150 €, petit déj. non compris
🛏 42 chambres, 4 suites
🚇
🚇 Cluny–La Sorbonne, Saint-Michel

SE LOGER

HÔTEL DE LONDRES EIFFEL
Plan page 282 H7
1, rue Augereau, 75007
Tour Eiffel
Tél. : 01 45 51 63 02
www.londres-eiffel.com
Cet hôtel trois étoiles, est très
confortable : fauteuils cosy dans

le salon et grands lits dans
les chambres. L'intérieur
est classique.
🛏 110 €-175 €, petit déj. non compris
🛏 30
🚭
🚇 École militaire

HÔTEL LOUVRE RIVOLI
Plan page 283 M7
7, rue Jean-Lantier, 75001
Châtelet
Tél. : 01 42 33 45 38
www.franceparishotelviolet.com
Dans cet hôtel trois étoiles
situé tout près du Louvre,

de Notre-Dame et du Centre
Georges-Pompidou, le salon
est accueillant, le jardin d'hiver
est agrémenté d'une fontaine et
le petit déjeuner est servi dans
une salle voûtée du XVIᵉ siècle.
🛏 145 €, petit déj. non compris
🛏 30
🚇 Châtelet

HÔTEL MADISON
Plan page 283 L8
143, boulevard Saint-Germain, 75006
Saint-Germain-des-Prés
Tél. : 01 40 51 60 00
www.hotel-madison.com
Albert Camus acheva
la rédaction de L'Étranger
en 1942 dans cet hôtel trois
étoiles. L'établissement est situé
à deux pas du célèbre café

Les Deux Magots. Le salon
XVIIIᵉ siècle est doté de bergères,
de tapisseries et de panneaux
en bois. Les chambres
possèdent des meubles

anciens, la télévision par
satellite, un minibar, un coffre-
fort et un sèche-cheveux.
🛏 155 €-230 €, petit déj. inclus
🛏 53 chambres, une suite
🚭
🚇 Saint-Germain-des-Prés

HÔTEL DE NEUVILLE
Plan page 282 G4
3, rue Verniquet, 75017
Wagram
Tél. : 01 43 80 26 30
www.paris-hotel-neuville.com
Cet hôtel trois étoiles est abrité
dans un édifice du XIXᵉ siècle
doté d'une belle terrasse.
Les chambres sont décorées
dans un style contemporain,
agrémenté d'une touche
romantique. Certaines ont
un lit à baldaquin et toutes ont
la télévision par câble et une
connexion à Internet. Essayez
d'avoir une chambre d'où l'on
aperçoit le Sacré-Cœur. L'hôtel
possède un garage, demandez
en arrivant s'il y a de la place.
🛏 160 €, petit déj. inclus
🛏 28
🚭
🚇 RER-métro Pereire

HÔTEL DU PANTHÉON
Plan page 283 M9
19, place du Panthéon, 75005
Quartier Latin
Tél. : 01 43 54 32 95
www.hoteldupantheon.com
Les panneaux dorés et les belles
étoffes créent une atmosphère
du XVIIIᵉ siècle dans cet hôtel
trois étoiles. Presque toutes
les chambres donnent sur
le Panthéon. Elles sont équipées
de la télévision par câble et
d'un minibar. À noter : un service
de blanchisserie et un parking.
🛏 168 €-243 €, petit déj. non compris
🛏 36
🚭
🚇 Cardinal Lemoine

HÔTEL DE LA PERLE
Plan page 283 L8
14, rue des Canettes, 75006
Saint-Germain-des-Prés
Tél. : 01 43 29 10 10
www.hotellaperle.com
Cet hôtel trois étoiles est
magnifiquement situé près

de la place Saint-Sulpice, dans
un immeuble du XVIIᵉ siècle
qui possède sa propre cour
intérieure. Chaque étage est
peint de couleurs différentes,
les tapis sont ornés de fleurs de
lis et les plafonds sont à poutres
apparentes. Connexion Internet,
télévision par câble et satellite
et service de blanchisserie.
🛏 160 €-230€ petit déj. non compris
🛏 38
🚭
🚇 Saint-Germain-des-Prés, Saint-
Sulpice, Mabillon

HÔTEL PRIMA LEPIC
Plan page 285 L3
29, rue Lepic, 75018
Montmartre
Tél. : 01 46 06 44 64
www.hotel-paris-lepic.com

Cet hôtel deux étoiles voisin
du Sacré-Cœur et de la place
du Tertre a été rénové en 2001.
Les chambres aux couleurs
vives sont meublées avec goût
– cinq d'entre elles ont un lit à
baldaquin. Toutes sont équipées
de la télévision, d'un sèche-
cheveux et d'une connexion
modem. L'hôtel propose trois
suites qui peuvent accueillir
jusqu'à quatre personnes.
🛏 100 €-129 €, petit déj. non compris
🛏 35 chambres, 3 suites
🚇 Blanche, Abbesses

HÔTEL QUEEN MARY

Plan page 283 K5
9, rue Greffulhe, 75008
Opéra
Tél. : 01 42 66 40 50
www.hotelqueenmary.com
Élégance est le mot d'ordre dans cet hôtel trois étoiles proche de l'Opéra Garnier – moulures au plafond, moquettes imprimées, peinture en trompe-l'œil dans la grande salle à manger. Les chambres spacieuses sont ornées de meubles en acajou et de tissus rouge foncé, elles possèdent la télévision par câble, la WiFi, un coffre-fort, un sèche-cheveux et un minibar. Une petite terrasse est à la disposition de la clientèle.
🛏 169 €-199 €, petit déj. non compris
🛋 35 chambres, 1 suite
🅿
🚇 Madeleine, Havre-Caumartin

HÔTEL REGYN'S MONTMARTRE

Plan page 285 M3
18 place des Abbesses, 75018
Montmartre
Tél. : 01 42 54 45 21
www.regynsmontmartre.com
Certaines chambres de cet hôtel deux étoiles offrent une vue sur le Sacré-Cœur, les autres sur la place des Abbesses et ses cafés animés. Toutes sont décorées avec soin et possèdent un petit bureau pour écrire, la télévision par satellite, un sèche-cheveux et une salle de bains rétro.
🛏 84 €-104 €, petit déj. non compris
🛋 22
🚇 Abbesses

HÔTEL DE SAINT-GERMAIN

Plan page 283 L8
50, rue du Four, 75006
Saint-Germain-des-Prés
Tél. : 01 45 48 91 64
www.hotel-de-saint-germain.fr
Le principal atout de cet hôtel deux étoiles est sa proximité avec la place Saint-Sulpice. Les chambres sont minuscules mais joliment décorées avec des meubles en bois peint. Vous pourrez également profiter d'un parking tout proche et utiliser le service de blanchisserie.
🛏 105 €-130 €, petit déj. non compris
🛋 30
🚇 Saint-Sulpice, Sèvres-Babylone

HÔTEL SQUARE

Plan page 282 F7
3, rue de Boulainvilliers, 75016
Passy
Tél. : 01 44 14 91 90
www.hotelsquare.com
Cet hôtel quatre étoiles situé près de la Seine fait partie d'un ensemble comprenant une salle de conférence, un salon de lecture et un restaurant, le Zebra Square. Au bar, on écoute de la musique et l'hôtel peut s'enorgueillir d'une galerie d'œuvres contemporaines. Les lignes pures, l'éclairage, les meubles et les objets d'art créent une atmosphère chaleureuse.
🛏 255 €-410 €, petit déj. non compris
🛋 22
🅿 🍽 À l'intérieur 🐶
🚇 RER Kennedy-Radio-France

HÔTEL SAINT-MERRY

Plan page 284 N7
78, rue de la Verrerie, 75004
Le Marais
Tél. : 01 42 78 14 15
www.hotelmarais.com
Si vous occupez la chambre neuf, vous dormirez sous un arc-boutant ! L'hôtel trois étoiles date de la Renaissance : c'était le presbytère de l'église Saint-Merry. Le décor est gothique – sculptures, boiseries finement décorées et plafonds à poutres apparentes.
🛏 160 €-230 €, petit déj. non compris
🛋 11 chambres, 1 suite
🚇 Hôtel de Ville, Châtelet

HÔTEL SAINT-PAUL LE MARAIS

Plan page 284 P7
8, rue de Sévigné, 75004
Le Marais
Tél. : 01 48 04 97 27
www.hotel-paris-marais.com
Cet hôtel trois étoiles est installé dans un ancien couvent du XVIIe siècle, près du musée Carnavalet. Le bar et le salon sont dotés de tapis et d'acajou. Les chambres possèdent la télévision par câble et le téléphone. Le petit déjeuner est servi dans une jolie salle voûtée à pierre apparente.
🛏 132 €-212 €, petit déj. non compris
🛋 27
🚇 Saint-Paul

HÔTEL SUNNY

Plan page 283 M10
48, boulevard du Port-Royal, 75005
Quartier latin
Tél. : 01 43 31 79 86
www.hotelsunny.com
Les tons pastel l'emportent dans les chambres de cet hôtel deux étoiles. La clientèle dispose de la télévision par satellite, d'un sèche-cheveux et d'un service de blanchisserie.
🛏 72 €-76 €, petit déj. non compris
🛋 37
🚇 Place Monge

HÔTEL WASHINGTON OPÉRA

Plan page 283 L6
50, rue de Richelieu, 75001
Palais Royal
Tél. : 01 42 96 68 06
www.hotelwashingtonopera.com
Mme de Pompadour, maîtresse de Louis XV, vécut dans cette demeure, devenue un hôtel quatre étoiles. Les chambres sont en style Directoire, certaines ont un lit à baldaquin ; les salles de bains sont en marbre.
🛏 215 €-275 €, petit déj. non compris
🛋 35 chambres, 3 suites
🅿
🚇 Palais-Royal/Musée du Louvre

MINERVE HÔTEL

Plan page 284 N9
13, rue des Écoles, 75005
Quartier latin
Tél. : 01 43 26 26 04
www.hotel-paris-minerve.com

L'atmosphère élégante et chaleureuse de cet hôtel trois étoiles est due à la qualité des matériaux utilisés. Certaines chambres ont un balcon et toutes disposent de la télévision par satellite. Des fresques modernes sépia représentent différents haut-lieux de France. Parking privé gardé (payant).
🛏 98 €-130 €, petit déj. non compris
🛋 54 (dans deux bâtiments)
🅿
🚇 Cardinal Lemoine, Jussieu

SE LOGER

PAVILLON DE LA REINE
Plan page 284 P7
28, place des Vosges, 75003
Le Marais
Tél. : 01 40 29 19 19
www.pavillon-de-la-reine.com
Comment trouver décor plus parfait pour un hôtel quatre étoiles que ce bâtiment du XVIIᵉ siècle, ancienne résidence d'Anne d'Autriche, épouse de Louis XIII ? L'intérieur a gardé une grande partie de son mobilier d'époque, avec une

cheminée imposante dans le salon. Dans la cave voûtée où l'on peut prendre le petit déjeuner, des tapisseries ornent les murs. Les chambres sont équipées de la télévision par câble et certaines ont un lit à baldaquin. Un bâtiment plus récent contient quelques chambres.

🛏 345 €-420 €, petit déj. non compris
🛎 34 chambres, 14 suites, 10 duplex
🕎
🚇 Bastille, Saint-Paul

RELAIS BOSQUET
Plan page 282 H7
19, rue du Champ de Mars, 75007
Tour Eiffel
Tél. : 01 47 05 25 45
www.relaisbosquet.com
Espace, élégance et confort qualifient cet hôtel trois étoiles situé près des Invalides et à 10 minutes à pied de la tour Eiffel. Le mobilier Directoire et les tons discrets créent

l'atmosphère. Les chambres sont équipées de la télévision par câble, du téléphone,

RITZ
Plan page 283 L5
15, place Vendôme, 75001
Opéra
Tél. : 01 43 16 30 70
www.ritzparis.com
Ce célèbre palace symbolise l'élégance et le luxe depuis son ouverture en 1898. Coco Chanel, Ernest Hemingway et Marcel Proust en étaient les hôtes réguliers. Lustres et meubles anciens créent l'atmosphère. L'hôtel possède

un club, plusieurs restaurants, trois bars et des salons privés, des salles de conférence, sans oublier l'école de gastronomie Ritz-Escoffier.

🛏 610 €-750 €, petit déj. non compris
🛎 135 chambres, 40 suites
🕎 🏊 🍽
🚇 Tuileries, Pyramides, Madeleine, Concorde

d'un coffre-fort, d'un minibar, d'un fer et d'une planche à repasser. La salle du petit déjeuner donne sur une jolie terrasse fleurie.

🛏 150 €-170 €, petit déj. non compris
🛎 40
🕎
🚇 École militaire

RELAIS SAINT-JACQUES
Plan page 283 M9
3, rue de l'Abbé-de-l'Épée, 75005
Quartier latin
Tél. : 01 53 73 26 00
www.relais-saint-jacques.com

L'édifice fut jadis un relais pour les pèlerins sur le chemin de

TERRASS HOTEL
Plan page 285 L3
12, rue Joseph-de-Maistre, 75018
Montmartre
Tél. : 01 46 06 72 85
www.terrass-hotel.com
Cet hôtel quatre étoiles possède une terrasse et des chambres avec une vue magnifique à partir du quatrième étage. Les chambres sont classiques, avec des tissus provençaux qui donnent une certaine chaleur. L'hôtel a un bar et un restaurant.

🛏 248 €-290 €, petit déj. non compris
🛎 88 chambres, 13 suites (2 étages non fumeurs)
🕎
🚇 Place de Clichy, Blanche

Saint-Jacques de Compostelle au nord-ouest de l'Espagne. C'est à présent un élégant hôtel quatre étoiles, avec son bar de style 1920 et un salon Louis XV. Dans les chambres spacieuses et confortables, le mobilier est de style XVIIIᵉ siècle. Depuis certaines chambres, on aperçoit le Panthéon. Quelques salles de bains sont équipées d'un jacuzzi. Connexion WiFi possible dans les chambres et le salon. Le transport à l'aéroport est assuré gratuitement.

🛏 195 €-250 €, petit déj. non compris
🛎 21 chambres, 1 suite
🕎
🚇 RER Luxembourg

LES RIVES DE NOTRE-DAME
Plan page 283 M8
15, quai Saint-Michel, 75005
Quartier latin
Tél. : 01 43 54 81 16
www.rivesdenotredame.com
Cet hôtel quatre étoiles, abrité dans une résidence du XVIᵉ siècle, offre de jolies vues sur la Seine et sur l'île de la Cité. Les plafonds à poutres apparentes, le marbre, les tapisseries et les meubles en fer forgé évoquent une villa provençale ou toscane. Les chambres sont spacieuses, deux d'entre elles proposent un canapé convertible, sans supplément pour les enfants de moins de 12 ans.

🛏 183 €-289 €, petit déj. non compris
🛎 9 chambres, 1 suite
🕎
🚇 Saint-Michel

SE LOGER

LES CHAÎNES HÔTELIÈRES

Nom de la chaîne d'hôtels	Description	Nombre d'hôtels à Paris	Numéros de téléphone et sites Internet
Best Western	Ce groupe, le plus important au monde, possède des hôtels dans différents quartiers de Paris. Chaque hôtel porte le nom mais possède son propre style.	58	0800 904 490 (France) 32 (0) 2 374 3185 (Belgique) 32 (0) 2 374 3185 (Suisse) **www.**bestwestern.com
Campanile	Cette chaîne d'hôtels avec restaurant possède près de 500 établissements en France.	7	0825 003 003 (France) **www.**campanile.fr
Châteaux & Hôtels de France	Hôtels de luxe et châteaux.	16	0892 230 075 (France) **www.**chateaux-hotels .com
Comfort Inn	Chaîne d'hôtels à service limité, qui revendique « le luxe à prix raisonnables ».	21	0800 912 424 (France) 0800 917 164 (Belgique) 0800 18993 (Suisse) **www.**comfortinn.com
Ibis	Chaine d'hôtels économiques, avec en général un restaurant, un bar et un accueil 24 h/24.	35	0892 686 686 (France) 0870 609 0963 (Royaume Uni) **www.**ibishotel.com
Intercontinental/ Holiday Inn	Groupe Intercontinental comprenant Holiday Inn et Holiday Inn Express.	26	0800 905 999 (France) 0800 405 060 (Royaume Uni) 1-800/465-4329 (États-Unis) **www.**ichotelsgroup.com
Kyriad	Hôtels confortables, prix raisonnables.	13	0825 003 003 (France) **www.**kyriad.com
Marriott	Dans Paris et aux environs : deux hôtels quatre étoiles, un hôtel cinq étoiles et un hôtel près de l'aéroport Roissy-Charles de Gaulle.	4	0800 908 333 (France) 0800 221 222 (Royaume Uni) 1-888/236-2427 (États-Unis) **www.**marriott.com
Mercure	Trois degrés de confort : simple, plus confortable et raffiné.	65	0825 883 333 (France) 02 643 5003 (Belgique) 022 567 5310 (Suisse) **www.**mercure.com
Novotel	Hôtels confortables, chambres assez spacieuses.	9	0825 884 444 (France) 02 643 5002 (Belgique) 022 567 5310 (Suisse) **www.**novotel.com
Radisson	Un hôtel Radisson à l'aéroport Roissy-Charles de Gaulle et un autre, avec une façade haussmannienne classique, sur les Champs-Élysées.	2	0800 916 060 (France) **www.**radisson.com
Relais & Châteaux	Chaînes de très beaux hôtels et de châteaux.	2	0825 323 232 (France) **www.**relaischateaux.fr
Relais du Silence	Hôtels de caractère paisibles, avec une nourriture de qualité.	1	01 44 49 90 00 (France) **www.**relais-du-silence.com
Sofitel	Hôtels confortables avec restaurant.	15	0825 885 555 (France) 02 643 5002 (Belgique) 022 567 5310 (Suisse) **www.**sofitel.com

SE LOGER

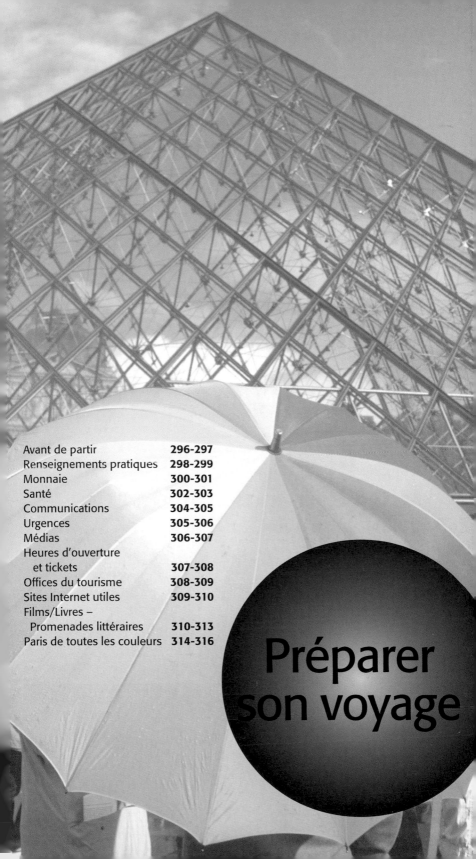

Préparer son voyage

CLIMAT

• Le climat parisien est un climat tempéré : les hivers sont frais mais rarement très froids, les étés chauds mais parfois pluvieux. Sachez qu'à Paris, quelle que soit la saison, un parapluie n'est jamais superflu.

• Le printemps est, dit-on, la meilleure saison pour visiter Paris mais il ne commence ici pas avant mai, quand les températures commencent à monter.

• L'été (juin à fin août) à Paris peut être merveilleux. Juin et juillet sont les meilleures périodes, les journées sont longues et les températures agréables. En août, la chaleur est parfois étouffante et orageuse et, souvent, les Parisiens viennent chercher un peu d'air sur les quais de Seine.

• Vous pouvez bénéficier de belles journées en automne (septembre à novembre).

• Voir Paris sous la neige est assez rare.

QUAND ?

• Le printemps est une excellente saison pour visiter Paris, quand les marronniers sont en fleur et la température douce.

• Si vous choisissez de venir en juillet, vous aurez à affronter de nombreux autres visiteurs, mais la météo est clémente et vous pourrez assister aux festivités de la Fête nationale. En août, la ville est plus calme, les Parisiens ayant déserté la capitale. Certains restaurants sont fermés tout le mois et les activités culturelles sont moins nombreuses.

• La météo est souvent agréable en automne, mais il est plus difficile de se loger car c'est la pleine période des salons et des foires. Si vous ne craignez pas le froid, décembre est un mois magique, les rues de la capitale étant illuminées.

• La plupart des monuments et musées sont fermés le 1er janvier, le 1er mai, le 1er novembre, le 11 novembre et le 25 décembre. Les jours fériés (▷ 305-306), les bus, trains et métro circulent moins fréquemment.

QU'EMPORTER ?

• N'oubliez pas votre passeport, vos billets de train ou d'avion, votre argent, vos cartes de crédit et les médicaments dont vous avez besoin. Vous avez également besoin de votre permis de conduire si vous projetez de louer une voiture, et des papiers d'assurance si vous voyagez avec votre propre véhicule (▷ 60-61). À part cela, vous trouverez tout ce dont vous avez besoin à Paris.

• Prenez des vêtements pour tous les temps, même en été. Emportez des chaussures confortables, un parapluie, un imperméable et des lunettes de soleil (au printemps et en été). En été, vous aurez également besoin de crème solaire. N'oubliez pas des vêtements un peu habillés si vous sortez le soir.

• Un petit sac à dos ou en bandoulière est pratique pour les visites. Sachez toutefois qu'ils sont tentants pour les pickpockets. Gardez votre argent bien caché et surveillez votre sac au restaurant ou dans la foule (voir Trouver de l'aide, ▷ 305-306).

• Emportez les adresses et les numéros de téléphone

LES FUSEAUX HORAIRES

VILLE	DÉCALAGE HORAIRE	HEURE À MIDI EN FRANCE
Amsterdam	0	midi
Berlin	0	midi
Bruxelles	0	midi
Chicago	-7	5 h
Dublin	-1	11 h
Johannesburg	+1*	13 h
Londres	-1	11 h
Madrid	0	midi
Montréal	-6	6 h
New York	-6	6 h
Perth, Australie	+7*	19 h
Rome	0	midi
San Francisco	-9	3 h
Sydney	+9*	21 h
Tokyo	+8*	20 h

L'heure d'été en France avance d'une heure le dernier dimanche de mars jusqu'au dernier dimanche d'octobre.
* Une heure de mois pendant l'heure d'été en France.

TEMPÉRATURES MOYENNES

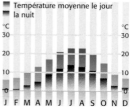

Température moyenne le jour
la nuit

JOURS AU-DESSUS DE 18 °C

Nombre de jours au-dessus de 18 °C
sous 0 °C

PRÉCIPITATIONS

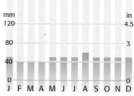

Moyenne pluviomètrique

SITES MÉTÉO ET NUMÉROS DE TÉLÉPHONE

ORGANISME	TÉLÉPHONE	NOTES	SITE
Météo France	0892 680 275, 0,34 € par minute (de France)	Météo sur Paris et le reste de la France	www.meteofrance.com
Office du tourisme de Paris		Propose un lien avec le site de Météo France, et des informations sur la qualité de l'air à Paris	www.parisinfo.com
Yahoo		Prévision quotidienne et à dix jours pour Paris et toute la France	fr.news.yahoo.com/meteo
Météo-Paris		Bulletins météo pour Paris et l'Île-de-France, ainsi que les tendances saisonnières.	www.meteo-paris.com

à composer en cas d'urgence, ainsi que celui nécessaire en cas de vol de vos cartes de crédit.
● Prenez des photocopies de vos pièces d'identité et gardez-les séparément des originaux, en cas de perte.
● Une trousse de premiers secours (crème antiseptique, pansements, antalgiques…) peut vous rassurer.
● Si vous portez des lunettes, prenez une paire de rechange ou votre ordonnance pour faire refaire une paire si nécessaire.
● Vous trouverez des pellicules photo partout mais il est préférable d'en emporter au moins une pour vos premiers clichés.

PASSEPORTS ET VISAS

● Les ressortissants de la Communauté européenne auront besoin d'une simple carte d'identité. Sinon, un passeport est nécessaire, valide au moins encore six mois après la date de votre retour, voire un visa pour certains ressortissants étrangers. Vous pouvez vous renseigner auprès de l'ambassade de France ou consulter le site officiel de l'Europe, www.europa.eu.int.
● Pour plus d'informations sur les visas et passeport, rendez-vous sur le site de l'Office du tourisme français (www.franceguide.com) ou celui de l'ambassade de France de votre pays (voir tableau ci-dessous).
● Une fois à Paris, emportez une photocopie de votre passeport et laissez l'original dans le coffre de l'hôtel. Notez toujours à part le numéro de votre passeport, en cas de vol ou de perte.

● Les règles concernant les passeports et visas sont parfois soumises à certains changements et il est préférable de les vérifier avant de partir.

LONGS SÉJOURS

● Les ressortissants de la Communauté européenne désirant rester plus de trois mois à Paris doivent obtenir une carte de séjour à la Préfecture de Police. Les ressortissants des autres pays doivent posséder une carte de séjour et un visa.
● Pour plus d'informations, appelez le Département de l'immigration au consulat de France dans le pays dont vous êtes ressortissant.

ASSURANCE

● Assurez-vous que vous avez une bonne assurance voyage et santé.
● Les visiteurs en provenance de pays n'appartenant pas à la Communauté européenne peuvent bénéficier de soins à un moindre coût grâce à la carte européenne d'assurance maladie mais une assurance privée est toutefois recommandée. Pour tous les autres, une bonne assurance est recommandée. Assurez-vous que votre assureur est joignable 24 h sur 24.

DOUANES

D'un autre pays d'Europe

Vous trouverez ci-après une charte des quantités que vous pouvez apporter en France des autres pays d'Europe, pour un usage personnel :

- 800 cigarettes ; ou
- 400 cigarillos ; ou
- 200 cigares ; ou
- 1 kg de tabac

- 110 litres de bière ; ou
- 10 litres de spiritueux ; ou
- 90 litres de vin (dont seulement 60 litres peuvent être pétillants) ; ou
- 20 litres de vin doux ; ou (comme le porto ou le sherry)

D'un pays hors de l'Europe

Vous avez le droit aux quantités énoncées ci-dessous seulement si vous voyagez avec elles sans intention de les vendre.

- 200 cigarettes ; ou
- 100 cigarillos ; ou
- 50 cigares ; ou
- 250 g de tabac

- 50 g de parfum

- 250 cc/ml d'eau de toilette

- 2 litres de vin

- 1 litre de spiritueux ou d'alcools supérieur à 22 % ; ou
- 2 litres de vins doux, de vins pétillants et autres liqueurs

- Jusqu'à 175 € d'autres produits

AMBASSADES DE FRANCE ET CONSULATS À L'ÉTRANGER

PAYS	ADRESSE	SITE
Australie	31 Market Street, Sain Martin's Tower, Level 26, Sydney, NSW 2000 Tél. : (02) 92 61 57 79	www.consulfrance-sydney.org
Canada	1, place Ville Marie, Bureau 2601, Montréal, Québec, H3B 4S3 Tél. : 514 878-4385	www.consulfrance-montreal.org
Allemagne	Pariser Platz 5, 10117 Berlin. Tél. : 590 03 90 00	www.botschaft-frankreich.de
Belgique	65, rue Ducale, 1000 Bruxelles. Tél. : 32 (2) 548 87 00	www.ambafrance-be.org
Italie	Via Giulia 251, 00186 Rome. Tél. : 06 68 60 11	www.ambafrance-it.org/consulat/rome
Nouvelle-Zélande	34-42 Manners Street, Wellington, 13th floor, PO BOX 11-343 Tél. : 644 384 25 55	www.ambafrance-nz.org
Suisse	Schossshaldenstrasse 46 BP 300, 3006 Berne Tél. : 031 359 21 11	www.ambafrance-ch.org
Espagne	Calle Marqués de la Ensenada 10, 28004 Madrid. Tél. : 91 700 78 00	www.consulfrance-madrid.org
Angleterre	21 Cromwell Road, London, SW7 2EN. Tél. : 020 7073 1200	www.frenchembassy.org.uk
USA (Los Angeles)	10990 Wilshire Boulevard, suite 300, Los Angeles, CA 90024 Tél. : 310/235-3200	www.consulfrance-losangeles.org
USA (New York)	934 Fifth Avenue, New York, NY 10021. Tél. : 212/606-3600	www.consulfrance-newyork.org

RENSEIGNEMENTS PRATIQUES

L'ÉLECTRICITÉ

• Le voltage en France est de 220 volts. Vous pourrez trouver des adaptateurs si besoin, notamment dans les aéroports et les drogueries.

LA BLANCHISSERIE

• Vous pouvez vous rendre dans une laverie automatique ou chez un teinturier.
• Les teinturiers sont faciles à trouver mais plus chers. Certains proposent un service économique, mais il est déconseillé pour un costume ou une robe fragile.

LES TOILETTES

• Tous les cafés ont des toilettes, parfois réservés aux consommateurs et il vous faudra donc commander un verre ou un café. Certains fonctionnent avec des pièces ou des jetons.
• On trouve nombre de toilettes autonettoyantes et payantes — avec des pièces de monnaie — dans tous les quartiers.
• Vous pourrez profiter des installations (en principe bien entretenues) des musées, des gares ou des sites touristiques

LES MESURES

• La France utilise le système métrique. Les distances sont énoncées en km, l'essence est vendue au litre et les aliments sont pesés en g et kg.

ESPACES FUMEURS

• Il est interdit de fumer dans les lieux publics — gares, cinémas, autobus et stations de métro.
• Selon la loi Évin, les restaurants et les cafés ont l'obligation d'aménager un espace non-fumeurs, mais il n'est pas toujours bien délimité, et il est encore très difficile de trouver un restaurant ou un café entièrement non-fumeurs.
• Certains taxis affichent un panneau ou un sigle signalant qu'il y est interdit de fumer.
• Certains hôtels disposent désormais de chambres « non-fumeurs » ; renseignez-vous au moment de la réservation.

LES ENFANTS

• À première vue, Paris n'est pas une ville faite pour les enfants, avec cette offre culturelle

CHARTE DE CONVERSION

DE	À	Multiplier par
Centimètres	Inches	0,3937
Inches	Centimètres	2.54
Mètres	Feet	3,2810
Feet	Mètres	0,3048
Mètres	Yards	1,0940
Yards	Mètres	0,9144
Kilomètres	Miles	0,6214
Miles	Kilomètres	1,6090
Hectares	Acres	2,4710
Acres	Hectares	0,4047
Litres	Gallons	0,2200
Gallons	Litres	4.5460
Grammes	Ounces	0,0353
Ounces	Grammes	28.35
Grammes	Pounds	0,0022
Pounds	Grammes	453.6
Kilogrammes	Pounds	2.205
Pounds	Kilogrammes	0,4536
Tonnes	Tons	0,9842
Tons	Tonnes	1,0160

pléthorique et son trafic intense. Mais de nombreuses attractions sont spécialement conçues pour le jeune public (▷ 221) et certains musées pour adultes organisent des ateliers et des visites pour les enfants. L'entrée dans les musées est souvent gratuite pour eux.
• Les parcs et les squares sont souvent dotés d'aires de jeux et les enfants apprécient beaucoup de prendre un bateau pour naviguer sur la Seine. Vous pouvez aussi les emmener voir un spectacle de marionnettes dans un parc, comme le jardin du Luxembourg, les mercredis, les samedis et les dimanches après-midi.
• Les restaurants ne voient pas toujours arriver les enfants d'un très bon œil et il est préférable de choisir un bistrot familial où le personnel est en général plus serviable. Les chaînes de restaurants, comme le Bistro Romain et Hippopotamus, ont souvent des menus pour les enfants d'un bon rapport qualité-prix.
• Juillet et août sont de bonnes périodes pour bénéficier des meilleurs tarifs pour les familles dans les hôtels, car ils sont alors moins fréquentés par les hommes d'affaires. Il est préférable de réserver à l'avance.
• Dans le métro et la plupart des bus, les enfants âgés de moins de 4 ans voyagent

LES TAILLES DE VÊTEMENTS

Le tableau ci-dessous indique les tailles en France comparées à celles en Angleterre et aux États-Unis.

G.-B.	France	É.-U.	
36	46	36	COSTUMES
38	48	38	
40	50	40	
42	52	42	
44	54	44	
46	56	46	
48	58	48	
7	41	8	CHAUSSURES
7.5	42	8.5	
8.5	43	9.5	
9.5	44	10.5	
10.5	45	11.5	
11	46	12	
14.5	37	14.5	CHEMISES
15	38	15	
15.5	39/40	15.5	
16	41	16	
16.5	42	16.5	
17	43	17	
8	36	6	ROBES
10	38	8	
12	40	10	
14	42	12	
16	44	14	
18	46	16	
20	46	18	
4.5	37.5	6	CHAUSSURES
5	38	6.5	
5.5	38.5	7	
6	39	7.5	
6.5	40	8	
7	41	8.5	

gratuitement, et ceux âgés entre 4 et 9 bénéficient de demi-tarifs. Manœuvrer une poussette dans le métro n'est pas une mince affaire avec les nombreux escaliers. Les déplacements en bus s'y prêtent mieux.
• Inter-Service Parents est un service gratuit par téléphone qui pourra vous renseigner sur les agences de baby-sitting et des activités pour les enfants (*tél. : 01 44 93 44 93 ; 9 h 30-12 h 30, 13 h 30-17 h*). Vous pouvez aussi contacter Baby Sitting Services (*tél. : 01 46 21 33 16 ; www.babysittingservices.com*).
• Les toilettes des grands magasins et des musées ont souvent des aménagements pour changer les bébés.

VISITEURS HANDICAPÉS

● Paris n'est pas une ville idéale pour les visiteurs à mobilité réduite mais certains hôtels ont des aménagements adaptés. Les musées et sites importants sont accessibles et le personnel est à même de vous aider. Les informations sont disponibles sur leurs sites.

● *Paris en fauteuil* donne de précieux renseignements sur la pratique du tourisme à Paris. Vous pouvez aussi consulter www.access-able.com

● Mobile en Ville (*tél. : 06 82 91 72 16 ; www.mobile-en-ville.asso.fr*) recense l'accessibilité des structures ouvertes au public et propose des balades dans Paris.

● L'Association des paralysés de France (*17, boulevard Auguste-Blanqui, 75013, Paris ; 01 40 78 69 00 ; www.apf.asso.fr*) vous renseignera sur les accès possibles en fauteuil. Pour les autres organismes susceptibles de vous renseigner.

LOCATION DE VOITURES

● Conduire à Paris n'est pas toujours facile (▷ 60-61) et en effraye plus d'un. Tout est question d'habitude et une fois découverte la façon peut-être un peu particulière de conduire des Parisiens, vous pourrez vous lancer. Si vous devez louer une voiture, réservez-la à l'avance. Vous pourrez également trouver à louer des voitures automatiques. Vérifiez que l'assurance complète est comprise.

● Prestige Limousines (*165, rue de la Convention, 75015 ; tél. : 01 40 43 92 92 ; www.prestige-limousines.fr*) loue des voitures avec chauffeur.

AVIS AUX CONDUCTEURS

● Pour les conducteurs étrangers, à chaque croisement sans feu ni stop, le véhicule prioritaire est celui qui vient par la droite.

● La limitation de vitesse – et sans avis contraire – est de 50 km/h dans la ville, de 80 km/h sur les boulevards périphériques, de 90 km/h sur les routes nationales, de 130 km/h sur les autoroutes par temps sec et de 110 km/h par temps de pluie.

● La mise en place d'un dispositif de contrôle automatisé grâce à un certain nombre de radars et la multiplication des contrôles volants sont venues renforcer le programme de sécurité routière.

● Depuis 2004, tous les usagers d'un véhicule à moteur sont invités à allumer leurs feux de croisement quand ils circulent de jour, hors agglomération.

● Le taux d'alcoolémie toléré au volant est de 0,5 g/litre de sang.

● Il est interdit de conduire après avoir fait usage de produits stupéfiants, quelle que soit la quantité absorbée.

● Jusqu'à l'âge de 10 ans, les enfants doivent avoir un siège de sécurité adapté.

● Si votre véhicule a été immobilisé ou enlevé par

Jour de soleil sur la pyramide du Louvre

la fourrière, adressez-vous au commissariat de police le plus proche.

● En cas de panne, consultez la documentation s'il s'agit d'une voiture de location, ou adressez-vous à un garage. Vous pouvez également vous adresser directement à la police au 17 ou à la gendarmerie. Sur les autoroutes et le périphérique, des bornes de secours sont placées à intervalles réguliers à cet effet.

● Pour plus de détails, consultez le site de la Sécurité routière, www.securiteroutiere.gouv.fr.

LOUEURS DE VOITURES

NOM	ADRESSE	TÉLÉPHONE	SITE
Ada	Réservation centrale	0825 169 169	www.ada-location.com
Avis	5, rue Bixio, 75007	01 44 18 10 50	www.avis.fr
Citer	43, place Louis Armand, 75012	01 40 04 90 04	www.citer.fr
Europcar	Réservation centrale	0825 358 358	www.europcar.fr
Hertz	Réservation centrale	01 41 91 95 25	www.hertz.fr
Rent-a-Car	79, rue de Bercy, 75012	01 43 45 98 99	www.rentacar.fr

LIEUX DE CULTE

Quelle que soit votre religion, vous trouverez une église, un temple, une mosquée ou une synagogue. Les églises catholiques sont cependant les plus nombreuses.

Catholique	Chaque arrondissement possède au moins quatre ou cinq églises (▷ 161-163 pour en savoir plus). Des offices quotidiens sont assurés à Notre-Dame (▷ 137-141) et au Sacré-Cœur (▷ 154-157).
Juif	Synagogue : 10, rue Pavée, 75004 ; tél. : 01 42 77 25 68. Métro : Saint-Paul.
Musulman	Mosquée : place du Puits-de-l'Ermite, 75005 ; tél. : 01 45 35 97 33. Métro : Jussieu, Place Monge, Censier-Daubenton.
Protestant	Cathédrale américaine : 23, avenue George-V, 75008 ; tél. : 01 53 23 84 00. Métro : Alma-Marceau. Église américaine : 65, quai d'Orsay, 75007 ; tél. : 01 40 62 05 00. Métro : Invalides. Église écossaise : 17, rue Bayard, 75008 ; tél. : 01 40 70 09 59. Métro : Franklin D. Roosevelt. Église anglicane Saint-Georges : 7, rue Auguste Vacquerie, 75016 ; tél. : 01 47 20 22 52. Métro : Charles de Gaulle-Étoile. Église anglaise : 5, rue d'Aguesseau, 75008 ; tél. : 01 47 42 70 88. Métro : Madeleine.
Russe orthodoxe	Saint-Alexandre-de-la-Néva : 12, rue Daru, 75008 ; tél. : 01 42 27 37 34. Métro : Courcelles.

MONNAIE (si vous résidez hors de la zone euro)

La France fait partie des douze pays d'Europe à avoir adopté l'euro comme monnaie officielle, en janvier 2002.

AVANT DE PARTIR

- Emportez de préférence à la fois de l'argent liquide, un chéquier et des cartes de crédit plutôt que de ne compter que sur un seul moyen de paiement.
- Vérifiez que votre carte de crédit offre bien une couverture nationale et est utilisable dans tous les distributeurs en France.
- Les traveller's chèques sont un moyen sûr de paiement et sont remboursés en cas de vol. La commission peut cependant être élevée lors de leur achat.

LES CARTES DE CRÉDIT

La plupart des restaurants, magasins et hôtels à Paris acceptent les cartes de crédit.

LES DISTRIBUTEURS

Vous trouverez des distributeurs partout dans la ville. La plupart acceptent la MasterCard, la Visa

CARTES DE CRÉDIT VOLÉES OU PERDUES

- Avant de partir, notez le numéro à composer en cas de perte ou de vol et gardez-le à part.

et la Diners Club. Vous aurez besoin de votre code confidentiel.

LES BANQUES

La plupart des banques à Paris sont ouvertes du lundi au vendredi, de 10 h à 17 h, mais ferment à midi les veilles de jours fériés. Seules les banques avec le panneau Change proposent ce service. N'oubliez pas votre passeport.

BUREAUX DE CHANGE

- Les bureaux de change ont de plus larges horaires d'ouverture que les banques mais leur taux de change est moins intéressant.
- Vous les trouverez dans toute la ville, dans les gares, les aéroports et certains grands magasins.

À SAVOIR

- Évitez de vous servir de grosses coupures pour payer les taxis et les petits achats dans les magasins.
- Ne portez jamais votre carte de crédit ou de l'argent dans une poche ou tout autre endroit facilement accessible.
- Gardez votre argent et vos traveller's chèques en sécurité à l'hôtel tant que vous n'en avez pas besoin.

- Évitez de changer des montants importants de Traveller's chèques à votre hôtel car le taux de change y est moins intéressant.

TRANSFERTS D'ARGENT

- Pour ceux qui ne résident habituellement pas en France, il est possible, en cas d'urgence, de faire transférer de l'argent depuis leur pays vers Paris, mais cela peut prendre du temps et coûter cher.
- De l'argent peut être transféré de banque à banque, ce qui prend

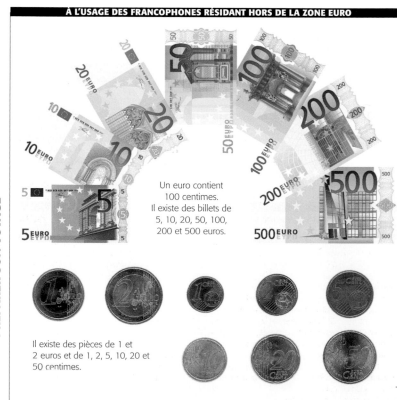

À L'USAGE DES FRANCOPHONES RÉSIDANT HORS DE LA ZONE EURO

Un euro contient 100 centimes. Il existe des billets de 5, 10, 20, 50, 100, 200 et 500 euros.

Il existe des pièces de 1 et 2 euros et de 1, 2, 5, 10, 20 et 50 centimes.

Les distributeurs donnent des consignes en plusieurs langues

BANQUES ÉTRANGÈRES		
NOM	**ADRESSE**	**TÉLÉPHONE**
American Express	11, rue Scribe, 75009	01 47 77 70 00
Bank of Scotland	10, rue Cimarosa, 75016	01 56 90 71 50
Barclays	21, boulevard de la Madeleine, 75001	01 44 58 32 32
Citibank	125, avenue des Champs-Élysées, 75008	01 53 23 33 60

environ deux jours ouvrés. Il est en général plus rapide de faire appel à Travelex (**www**.travelex.fr) ou Western Union (**www**.westernunion.com).

● Les postes délivrent également de l'argent (voir Postes, à droite).

BUREAUX DE CHANGE 24 H SUR 24

● Vous trouverez, sur les Champs-Élysées, un bureau de change ouvert 24 h sur 24 : Chèquepoint, 150, avenue des Champs-Élysées, 75008. Tél. : 01 42 56 48 63.

● Les aéroports de Roissy-Charles de Gaulle et d'Orly ont aussi des bureaux de change, généralement ouverts entre 7 h et 23 h 30.

RÉDUCTIONS

● Les étudiants et enseignants peuvent prendre contact avec la Confédération internationale de voyages pour étudiants (**www**.isic.org) de leur propre pays qui les renseignera sur les avantages qui leur sont offerts.

● Les seniors peuvent bénéficier de réduction dans les transports et les musées en montrant une pièce d'identité.

● Pour plus d'information sur le sujet, voir Tickets, ▷ 307.

TAXES

● Les non-résidents européens peuvent bénéficier d'une détaxe d'un montant de 12 % sur certains de leurs achats mais ils doivent pour cela dépenser plus de 175 € dans un seul magasin, en une seule fois.

● Demandez au magasin le formulaire adéquat, qui doit être rempli et tamponné par le vendeur.

● Présentez le formulaire à la douane quand vous quittez la France, ainsi que le reçu, pour qu'il soit tamponné.

● Souvenez-vous qu'il vous sera peut-être demandé de montrer les biens achetés à la Douane. Gardez-les donc à portée de main.

● Renvoyez le formulaire au magasin qui créditera votre carte ou vous enverra un chèque.

● Ne sont pas concernés les produits alimentaires et les boissons, les médicaments, le tabac, les pierres précieuses non montées, les œuvres d'art et les antiquités.

● Global Refund (*tél. : 01 41 61 51 51 ; www.globalrefund.com*) propose un service de remboursement.

LES POSTES

● La plupart des postes sont équipées d'au moins un distributeur.

● La liste des cartes acceptées est indiquée dans chaque agence.

● L'argent peut être transféré, via Western Union, dans la plupart des postes et ce service ne prend généralement que quelques minutes.

● Des mandats internationaux peuvent être envoyés de la plupart des postes (une commission est appliquée).

● La plupart des postes ont un bureau de change dans plusieurs monnaies, relativement courantes. Sinon, il faut commander les devises à l'avance.

POURBOIRES	
Restaurants (service inclus)	Monnaie *
Hôtels (service inclus)	Monnaie *
Cafés (service inclus)	Monnaie *
Taxis	10 %
Visites guidées	1 €-1,50 €
Porteurs	1 €
Coiffeurs	10 %
Vestiaires	0,30 €
Toilettes	Monnaie
Ouvreuses	0,30 €
* Ou plus selon la qualité du service	

Un quotidien ne vous ruinera pas (voir tableau ci-dessous)

LE PRIX DE PRODUITS QUOTIDIENS		
Un sandwich		3,80 €-5,20 €
Une bouteille d'eau minérale	(dans un magasin, 0,5 litre)	0,60 €-1,50 €
Café	(dans un café, expresso)	1 €-1,85 €
	(crème, grande tasse avec du lait)	1,85 €-2,25 €
Bière	(un demi-litre)	3,00 €-4,80 €
Verre de vin		2,15 €-3,10 €
Quotidien national		1 €-1,20 €
Quotidien international		1,50 €-2,30 €
Litre d'essence	(98 sans plomb)	1,36 €
	(diesel)	1,23 €
Ticket de métro	(à l'unité)	1,40 €
	(par ticket dans un carnet)	1,07 €
Pellicule	(36 photos)	7 €-8 €
20 cigarettes	(en moyenne)	4,80 €

SANTÉ

| LES NUMÉROS DE TÉLÉPHONE UTILES |

Numéro d'urgence européen
112

Samu
15

Centre Anti-Poison
01 40 05 48 48

SOS Dentistes (24 h sur 24)
01 43 37 51 00

SOS Médecins (24 h sur 24)
01 47 07 77 77

Police
17

Pompiers
18

AVANT DE PARTIR

● Les ressortissants des pays européens peuvent bénéficier de soins à un moindre coût à condition d'avoir rempli les formulaires nécessaires. Pour les citoyens anglais, il s'agit de la European Health Insurance Card ou Carte européenne d'assurance maladie (EHIC ; anciennement E111). Vous pouvez l'obtenir gratuitement dans tous les bureaux de poste. Emportez l'original et une photocopie qui sera conservée par l'hôpital ou le médecin. Une assurance privée complémentaire est par ailleurs vivement recommandée.
● Une assurance privée est une nécessité pour les non-ressortissants d'un pays européen.
● Vérifiez que vous êtes à jour avec le vaccin anti-tétanos. Emportez les médicaments dont vous avez besoin et éventuellement une trousse de premier secours. N'oubliez pas, en été, une crème solaire protectrice.

SI VOUS AVEZ BESOIN D'Ê-TRE SOIGNÉ

● Le système médical français est complexe. La Sécurité sociale rembourse à hauteur de 70 % les frais médicaux ceux qui cotisent. Ce sera également le cas si vous êtes ressortissant européen et porteur de la

PRÉPARER SON VOYAGE

VOYAGER DANS DES BONNES CONDITIONS DE SANTÉ

● Les visiteurs qui viennent de loin comme de Polynésie, des Antilles, du Canada ou de Guyane, peuvent souffrir des effets des vols longue distance. Les plus fréquents sont les problèmes de circulation, notamment dans les jambes, qui peuvent provoquer des embolies, un problème qui peut s'avérer extrêmement grave.

● Cette menace concerne particulièrement les personnes âgées, les femmes enceintes et celles qui prennent un contraceptif oral, les fumeurs et les personnes souffrant de surpoids. La position assise, à l'étroit, pendant une longue durée, et la déshydratation sont des facteurs à risques.

Pour minimiser les risques :
Buvez de l'eau (pas d'alcool) ;
Ne restez pas immobile de trop longues heures ;
Étirez-vous et bougez vos jambes régulièrement ;
Portez des bas de contention qui empêchent la dilatation des veines et diminuent les risques de formation d'un caillot.

LES EXERCICES

1 ROTATIONS DES CHEVILLES / **2 ÉTIREMENTS DES MOLLETS** / **3 MONTÉES DES GENOUX**

Soulevez vos pieds du sol. Dessinez un cercle en tournant un pied dans le sens des aiguilles d'une montre et l'autre dans l'autre sens.

Soulevez votre talon du sol et pointez le pied aussi haut que possible. Puis faites le mouvement dans l'autre sens, les doigts de pied vers le bas.

Montez la jambe, genou fléchi, en contractant bien les muscles de votre cuisse. Puis étendez la jambe, en appuyant sur le sol avec le pied.

Un autre risque est celui lié aux particules en suspension diffusées par l'air conditionné. Vous ne pourrez pas les éviter mais si vous êtes de santé fragile, demandez l'avis de votre médecin.

European Health Insurance Card ou Carte européenne d'assurance maladie. Assurez toutefois que le médecin est bien conventionné. Dans tous les cas, vous aurez à payer la consultation et le traitement. Pour être remboursé d'une partie du coût, envoyez la feuille de soins à la Caisse primaire d'assurance-maladie avant de quitter le pays. Appelez le 08 20 90 41 75 pour trouver les bureaux les plus proches.
● Si vous devez passer la nuit dans un hôpital public, il vous faudra payer 25 % des coûts

du traitement, ainsi qu'un forfait journalier. Ils ne sont pas remboursables. Il est préférable d'avoir une assurance privée en plus de la European Health Insurance Card ou Carte européenne d'assurance maladie.

TROUVER UN MÉDECIN

● Si vous avez besoin de voir un médecin, demandez à une pharmacie ou à votre hôtel. Les rendez-vous sont généralement pris à l'avance mais peu de médecins refusent de recevoir

HÔPITAUX AYANT UN SERVICE D'URGENCE

NOM	ADRESSE	TÉLÉPHONE
Hôpital Pitié Salpêtrière	47, boulevard de l'Hôpital, 75013	01 42 16 00 00
Hôpital Saint-Antoine	184, rue du Faubourg-Saint-Antoine, 75012	01 49 28 20 00
Hôpital Hôtel Dieu	1, place du Parvis Notre-Dame, 75004	01 42 34 82 34
Hôpital Cochin	27, rue du Faubourg-Saint-Jacques, 75014	01 58 41 41 41
Hôpital Tenon	4, rue de Chine, 75020	01 56 01 70 00

Tous ces hôpitaux sont publics et font partie du groupe des Hôpitaux de Paris (ces numéros de téléphone sont ceux du service des urgences).

un patient en urgence. Vous pouvez aussi appeler SOS Médecins (tél. : 01 47 07 77 77).

TROUVER UN HÔPITAL
● Paris compte de nombreux hôpitaux, dont vous trouverez la liste dans l'annuaire, à la rubrique Hôpitaux.
● Les hôpitaux privés (cliniques) sont plus chers et pas forcément plus performants que le service public. Vérifiez que vous êtes bien couvert par une assurance pour pouvoir être remboursé.

EAU DU ROBINET
● L'eau du robinet à Paris est tout à fait potable. Ne buvez pas l'eau d'une fontaine si elle est indiquée « eau non potable ».

LES PETITS DÉSAGRÉMENTS DU SOLEIL
● Le soleil peut taper fort de mai à septembre. Un fort indice de protection est recommandé.
● Il y a peu d'insectes à Paris mais vous pouvez vous munir d'un répulsif si vous vous promenez dans les environs.

OPTICIENS
● Il est conseillé aux porteurs de lunettes et de lentilles d'emporter leur ordonnance en cas de perte.

SOINS DENTAIRES
● Les citoyens européens peuvent être soignés à coût réduit s'ils sont détenteurs de la European Health Insurance Card ou Carte européenne

d'Assurance Maladie, mais une assurance complémentaire est recommandée. Pour se faire rembourser, suivre la même procédure que pour les soins médicaux.
● Les autres visiteurs doivent se renseigner auprès de leur assureur.
● Il est recommandé de faire une visite de contrôle avant de partir.

PHARMACIES
● Les pharmacies sont signalées par une croix verte lumineuse. La plupart sont ouvertes du lundi au samedi, de 9 h à 19 h ou 20 h, mais elles affichent en général sur leur vitrine les

pharmacies de garde.
● Les pharmaciens sont hautement qualifiés et peuvent apporter une première assistance et conseiller des médicaments.
● Ils ne sont pas habilités toutefois à prescrire des médicaments et une l'ordonnance d'un médecin pourra donc être nécessaire.
● Ils ne pourront pas vous fournir certains médicaments étrangers et il vous faudra donc les apporter en quantité suffisante.
● Vous trouverez des produits para-pharmaceutiques, mais ils sont souvent moins chers dans les supermarchés.
● En France, l'aspirine et les médicaments contre le rhume ne sont vendus qu'en pharmacies, jamais dans les grandes surfaces.

LES MÉDECINES ALTERNATIVES
Les médecines alternatives sont pratiquées en France mais certaines spécialités comme la chiropractie et la réflexologie ne sont pas encore très répandues.

OPTICIENS

Opticiens Krys	40, rue Saint-Honoré, 75001 ; tél. : 01 42 60 17 55 ; www.krys.com
Optic 2000	92, avenue des Ternes, 75017 ; tél. : 01 45 74 47 56 ; www.optic2000.fr
Lissac Opticien	114, rue de Rivoli, 75001 ; tél. : 01 44 88 44 44 ; www.lissac.com
Alain Afflelou	62, boulevard du Montparnasse, 75006 ; tél. : 01 40 49 07 45 ; www.alainafflelou.com
Optical Center	123-125 rue du Faubourg-Saint-Martin, 75009 ; tél. : 01 42 05 40 40 ; www.optical-center.com

MÉDECINES ALTERNATIVES

Association française de chiropractie, www.chiropratique.org

Association française d'acupuncture 3, rue de l'Arrivée, 75015, tél. : 01 43 20 26 26, www.acupuncture-france.com

Association Europe Acupuncture, www.aea-org.com

Centre de Santé Hahnemann, Homéopathie, Acupuncture, Ostéopathie et Plantes médicinales, 1, rue Vergniaud, 75013, tél. : 01 45 80 15 03

Naturosanté Site sur la santé au naturel, www.naturosante.com

LES PHARMACIES OUVERTES TARD LE SOIR

NOM	ADRESSE	TÉLÉPHONE	HORAIRES
Dhéry	84, avenue des Champs-Élysées, 75008	01 45 62 02 41	24 h sur 24
Drugstore Champs-Élysées	133, avenue des Champs-Élysées, 75008	01 47 20 39 25	Lun-ven. 8 h 30-2 h, sam. midi-2 h, dim. 10 h-2 h
Pharmacie centrale	52, rue du Commerce, 75015	01 45 79 75 01	Tous les jours jusqu'à minuit
Pharmacie des Arts	106, boulevard du Montparnasse, 75014	01 43 35 44 88	Tous les jours jusqu'à minuit
Pharmacie européenne	6, place de Clichy, 75009	01 48 74 65 18	24 h sur 24
Pharmacie internationale	1, rue Auber, 75009	01 42 65 88 29	Lun-ven. 8 h 30-20 h 30, sam. 10 h-20 h
Grande Pharmacie Daumesnil	6, place Félix Éboué, 75012	01 43 43 19 03	24 h sur 24

COMMUNICATIONS

LE TÉLÉPHONE

Numération en France

Tous les numéros de téléphone en France ont 10 chiffres. Le pays est divisé en cinq régions indiquées par les deux premiers chiffres (voir tableau, ci-dessous). Vous devez composer ces deux chiffres, même en appelant de la même zone.

Appels internationaux

Pour appeler la Belgique depuis la France, composez le 0032, puis composez le numéro.
Pour appeler la France depuis la Belgique, composez le 0033 puis enlevez le premier 0.
Pour appeler le Canada depuis la France, composez le 001, puis composez le numéro.
Pour appeler la France depuis le Canada, composez le 0033 puis enlevez le premier 0.
Pour appeler la Suisse depuis la France, composez le 0041, puis composez le numéro.
Pour appeler la France de la Suisse, composez le 0033 puis enlevez le premier 0.

Coût d'un appel

Les tranches les plus chères sont du lundi au vendredi, de 8 h à 19 h. Les numéros commençant par 08 ont une tarification spéciale. 0800 ou 0805 sont des numéros gratuits. 0810 et 0811 sont

CODES INTERNATIONAUX DEPUIS LA FRANCE

Australie	00 61
Belgique	00 32
Canada	00 1
Allemagne	00 49
Irlande	00 353
Italie	00 39
Pays-Bas	00 31
Nouvelle-Zélande	00 64
Espagne	00 34
Suède	00 46
Angleterre	00 44
États-Unis	00 1

PREFIXES

00	International
01	Île-de-France (dont Paris)
02	Nord-ouest de la France
03	Nord-est de la France
04	Sud-est de la France
05	Sud-ouest de la France
06	Téléphones mobiles
0800/0805	Numéros gratuits
08	Numéros à prix spéciaux

NUMÉROS DE TÉLÉPHONE UTILES

Renseignements
(nationaux)
12
(internationaux)
3212

À SAVOIR

● Quand vous réservez des billets de spectacle par téléphone ou en appelant des numéros de renseignements touristiques, sachez que les numéros commençant par 089 sont facturés plus cher.

GUIDE TARIFAIRE

TYPE D'APPEL	CHARGE MINIMUM	MINUTE SUPPLÉMENTAIRE
Local, heure de pointe	0,078 € (1 min)	0,028 €
Local, heure creuse	0,078 € (1 min)	0,014 €
National, heure de pointe	0,105 € (39 sec)	0,078 €
National, heure creuse	0,105 € (39 sec)	0,053 €
Vers l'Angleterre, heure creuse	0,12 € (15 sec)	0,12 €
Vers les É.-U., heure creuse	0,12 € (27 sec)	0,12 €

facturés au prix d'appels locaux. Les autres numéros commençant par 08 sont plus chers, voire beaucoup plus chers, que des appels nationaux. Ceux commençant par 0893, 0898 et 0899, sont particulièrement onéreux.

TÉLÉPHONES PUBLICS

● Tous les téléphones publics à Paris utilisent une carte de téléphone plutôt que des pièces. Vous pouvez acheter ces cartes (de 50 ou 120 unités) dans les postes, les bureaux de tabac, les marchands de journaux et les boutiques France Telecom. Certains téléphones acceptent aussi les cartes de crédit mais les appels sont facturés plus cher.
● Les numéros à composer en cas d'urgence sont gratuits.
● Les téléphones donnent les instructions en plusieurs langues, il suffit d'appuyer sur un bouton pour le sélectionner. Une clochette bleue signale que vous pouvez recevoir des appels extérieurs dans cette cabine.
● Les téléphones dans les cafés et les restaurants utilisent des cartes, des pièces ou sont mis en service par le personnel et dans ce cas, vous payez après la communication.
● Vérifiez les tarifs avant d'appeler du téléphone d'un hôtel, les tarifs pouvant être plus chers que ceux d'un téléphone public.

LES TÉLÉPHONES MOBILES

Vous pouvez généralement utiliser votre propre téléphone mobile, mais vous devez vérifier les points suivants avant de partir :

● Si vous vivez à l'étranger, contactez votre opérateur pour savoir si vous pouvez passer des appels de France.
● Vérifiez que vous n'avez pas besoin d'un code d'accès pour consulter votre messagerie.
● Assurez-vous que les numéros mémorisés dans votre carnet d'adresses le sont dans le format international.
● Vérifier le coût des appels, qui augmentent à l'étranger.
● Sur place, vous pouvez louer un téléphone mobile ou une carte SIM mais cette solution est assez onéreuse. Vous pouvez appeler la société Cellhire (*182, avenue Charles de Gaulle, Neuilly-sur-Seine, 92522 ; tél. : 01 41 43 79 40 ; www.cellhire.fr*).

L'ENVOI D'UNE LETTRE

● Les timbres sont vendus dans les bureaux de poste et de tabac. Les boîtes aux lettres, de couleur jaune, ont une section Paris-Banlieue et une fente Autres départements/étranger.
● Une lettre envoyée à l'étranger pourra mettre entre deux et cinq jours pour arriver, parfois plus.

LES TARIFS POSTAUX

En France	0,53 €
Vers l'Europe de l'ouest	0,55 €
Vers l'Europe de l'est	0,75 €
Vers les États-Unis	0,90 €
Vers l'Afrique	0,75 €
Vers l'Asie	0,90 €
Vers l'Australie	0,90 €

On trouve des boîtes aux lettres un peu partout

Précisez « par avion » sur l'enveloppe ou la carte postale.
● Un envoi en recommandé se fait d'un bureau de poste.
● Si vous envoyez un colis à l'étranger, deux tarifs sont proposés : prioritaire ou économique.

LES BUREAUX DE POSTE
● Les bureaux de poste sont généralement ouverts du lundi au vendredi de 8 h à 19 h, le samedi de 8 h à 12 h, mais certains bureaux sont ouverts plus tard.
● Les bureaux de poste sont plus fréquentés à l'heure du déjeuner et en fin d'après-midi.
● Vous y trouverez des téléphones, des photocopieurs, des fax et un accès Internet.
● Un service de Poste restante est à votre disposition, moyennant un tarif à vérifier sur place.
● Le bureau de poste du 52, rue du Louvre est ouvert 24 h sur 24. Les autres postes principales :

LES CYBERCAFES	
Xs Arena	43, boulevard de Sébastopol, 75001
	tél. : 01 40 13 02 60 ; www.xsarena.com
Xs Arena	17, rue Soufflot, 75005
	tél. : 01 43 54 55 55 ; www.xsarena.com
Cybercafé de Paris	15, rue des Halles, 75001
	tél. : 01 42 21 11 11 ; www.cybercafeparis.com

LES ESPACES INTERNET	
Cybersquare	1, place de la République, 75003
	tél. : 01 48 87 82 36 ; www.cybersquare-paris.com
Cyber Cube	5, rue Mignon, 75006
	tél. : 01 53 10 30 50 ; www.cybercube.fr
Cyber Espace Duriez	3, rue de La Boétie, 75008
	tél. : 01 47 42 91 49 ; www.duriez.fr

● Paris Île de la Cité, 1, boulevard du Palais, 75004.
● Paris Archives, 67, rue des Archives, 75003.
● Paris Hôtel de Ville, 9, place de l'Hôtel de Ville, 75004.
● Paris Bastille, 12, rue Castex, 75004.
● Paris Sorbonne, 13, rue Cujas, 75005.
● Paris Saint-Germain-des-Prés, 53, rue de Rennes, 75006.
● Paris Pigalle, 47, boulevard de Clichy, 75009.
● Paris Champs-Élysées, 71, avenue des Champs-Élysées, 75008.
● Paris Gare de Lyon, 25, boulevard Diderot, 75012.

LES MODEMS
● La plupart des hôtels ayant au moins deux étoiles ont des points modem. Le tarif téléphonique est appliqué. Vous pourrez avoir besoin d'un adaptateur de modem.
● Les TGV sont équipés de prises où vous pourrez recharger votre ordinateur.

L'ACCÈS INTERNET
● Les accès à Internet sont maintenant très répandus.
● Vous pourrez vous connecter dans les nombreux cybercafés.
● Certains hôtels, bibliothèques et bureaux de poste ont des accès à Internet.

URGENCES

Votre séjour se déroulera certainement sans problème mais assurez-vous toutefois, avant de partir, que vous bénéficiez d'une assurance qui vous couvrira en cas de problèmes de santé, de vol ou autres. Ne tentez pas les pickpockets, gardez argent et téléphone mobile bien cachés.

LA SÉCURITÉ PERSONNELLE
● Notez les numéros de vos traveller's chèques et conservez-les en sécurité, en cas de perte ou de vol.
● Ne transportez pas vos portefeuilles et téléphones mobiles dans une poche arrière ou tout endroit facilement accessible. Les sacs-ceintures attirent particulièrement les voleurs car ils savent qu'ils peuvent contenir des biens de valeur. Gardez toujours un œil sur vos sacs dans les restaurants, bars et

EN CAS D'URGENCE
Numéro des urgences européen
112
Samu
15
Police
17
Pompiers
18

dans le métro, et portez vos sacs en bandoulière contre vous, fermeture à l'intérieur quand vous marchez dans la rue.
● Les voleurs sont particulièrement actifs dans le métro, les aéroports, les gares, sur les marchés aux puces et dans les lieux touristiques. Soyez vigilant si quelqu'un vous bouscule, il cherche peut-être à détourner votre attention.
● Si vous êtes victime d'un vol,

contactez un commissariat pour porter plainte, afin d'être couvert par votre assurance. Conservez bien le rapport de police. Vous devez aussi contacter votre banque aussi vite que possible pour faire opposition.
● Paris n'est pas moins sûre pour les femmes que d'autres capitales européennes. Restez attentive, ferme et polie.
● Gardez vos biens de valeur à l'hôtel.
● De l'autre côté du périphérique, certaines communes peuvent être moins tranquilles. À moins d'être accompagné par quelqu'un qui connaît la localité, ou de savoir si cet endroit est sûr, il est parfois préférable de rester intra muros.

EN CAS DE PERTE OU DE VOL DU PASSEPORT
● Conservez toujours à part votre numéro de passeport et une

photocopie des pages principales. En cas de perte ou de vol, contactez la police, et ensuite votre ambassade.

POLICE

● Chaque arrondissement possède plusieurs postes de police, dont un principal ouvert 24 h sur 24. Ils sont parfois situés dans les mairies, ou à proximité de celles-ci. Vous pouvez vous adresser dans n'importe quel poste. Pour des renseignements sur le permis de conduire et les permis de résidence, rendez-vous à la Préfecture de Police centrale, dans l'île de la Cité.

● Différents types d'officiers de police peuvent vous accueillir. Les officiers de la Police de Paris portent un uniforme bleu et des casquettes bleu foncé. La Seine est sous le contrôle de la police maritime. Les manifestations sont sous la responsabilité des CRS.

INCENDIE

Les pompiers prennent en charge des urgences de nombreuses natures. Ils sont formés pour apporter les premiers secours.

URGENCES MÉDICALES

Voir p. 302.

OBJETS TROUVÉS

Le Bureau des objets trouvés est situé au 36, rue des Morillons, 75015 (*tél. : 0821 002 525 ou 01 55 76 20 00 ; lundi au jeudi de 8 h 30-17 h, vendredi 8 h 30-16 h 30*)

AMBASSADES ET CONSULATS

PAYS	ADRESSE	SITE
Belgique	65, rue Ducale, 1000 Bruxelles. Tél. : 32 (2) 548 87 00	www.ambafrance-be.org
Canada	35, avenue Montaigne, 75008 ; tél. : 01 44 43 29 00	www.amb-canada.fr
Allemagne	13-15, avenue Franklin-Roosevelt, 75008 ; tél. : 01 53 83 45 00	www.amb-allemagne.fr
Irlande	4, rue Rude, 75116 ; tél. : 01 44 17 67 00	www.embassyofirelandparis.com
Italie	51, rue de Varenne, 75007 ; tél. : 01 49 54 03 00	www.amb-italie.fr
Suisse	Schosshaldenstrasse 46 BP 300, 3006 Berne, tél. : 01 44 43 18 00	www.ambafrance-ch.org
Angleterre	35, rue du Faubourg-Saint-Honoré, 75008 ; tél. : 01 44 51 31 00	www.amb-grandebretagne.fr
États-Unis	2, avenue Gabriel, 75008 ; tél. : 01 43 12 22 22	www.amb-usa.fr

ANTENNES DE POLICE

ARRONDISSEMENT	ADRESSE	TÉLÉPHONE
1	place du Marché Saint-Honoré	01 47 03 60 00
2	18, rue du Croissant	01 44 88 18 00
3	4, rue aux Ours	01 42 76 13 00
4	2, place Baudoyer	01 42 72 46 70
5	4, rue de la Montagne Sainte-Geneviève	01 44 41 51 00
6	78, rue Bonaparte	01 40 46 38 30
7	9, rue Fabert	01 44 18 69 07
8	1, avenue du Général Eisenhower	01 53 76 60 00
9	14*bis*, rue Chauchat	01 44 83 80 80
10	72, rue du Faubourg St Martin	01 53 72 11 17
11	107, boulevard Voltaire	01 44 93 27 30
12	78, avenue Daumesnil	01 44 87 50 12
13	144, boulevard de l'Hôpital	01 40 79 05 05
14	112-116, avenue du Maine	01 53 74 14 06
15	250, rue de Vaugirard	01 53 68 81 00
16	58, avenue Mozart	01 55 74 50 00
17	19, rue Truffaut	01 44 90 37 17
18	79, rue Clignancourt	01 53 41 50 00
19	3, rue Erik Satie	01 55 56 58 00
20	6, place Gambetta	01 40 33 34 00

MÉDIAS

PRÉPARER SON VOYAGE

Pour tous les voyageurs résidant hors de France, voici quelques repères sur les principaux médias français.

LA TÉLÉVISION

● La France dispose de cinq chaînes de télévision non câblées : les chaînes publiques 2 et 3 (France 2, France 3), les chaînes privées 1 (TF1) et 6 (M6) et la chaîne franco-germanique ARTE (la 5). Elles diffusent toutes de la publicité, sauf ARTE.

● TF1 présente des informations, des films récents, des séries, des programmes de télé-réalité et des variétés.

● France 2 présente des informations, des films récents français et étrangers, des variétés et des documentaires.

● France 3, une chaîne à la fois nationale et régionale, présente des informations nationales et régionales, des documentaires, des films essentiellement français et, une fois par semaine, un film en version originale.

● ARTE est une chaîne culturelle franco-allemande qui diffuse tous les jours à partir de 19 h des émissions en français et en allemand. Les films étrangers sont présentés en version originale et vous pourrez également voir de nombreux documentaires culturels.

● M6 propose de nombreux films populaires à petits budgets, des séries américaines, ainsi que des programmes de télé-réalité.

● La télévision numérique n'a pas encore pris son essor en France. Pourtant, plus de 100 chaînes sont disponibles sur le câble et le satellite.

● France 3 diffuse un film en VO tous les dimanches soir, vers minuit.

● La plupart des hôtels proposent au moins quelques chaînes câblées dont la BBC World et CNN. Elles proposent certains de leurs programmes en plusieurs langues. Demandez à votre hôtel comment procéder. ARTE propose le choix entre l'allemand et le français pour ses émissions culturelles.

Selon l'équipement de votre hôtel, vous êtes susceptible de recevoir certaines des chaînes suivantes :

BBC Prime	Un mélange d'émissions de la BBC
Canal+	Films récents (certains en VO)
MTV	Chaîne consacrée à la musique contemporaine
MCM	Version française de MTV
Eurosport ou Infosport	Pour les grands événements sportifs
Planète	Documentaires sur la science et la nature
RAI Uno	Chaîne italienne
TVE 1	Chaîne espagnole
Euronews	Chaîne européenne d'informations
LCI	Chaîne française d'informations
Canal Jimmy	Diffuse des séries anglaises et américaines comme *Friends* et *NYPD Blue* en anglais notamment
Paris Première	Une chaîne branchée et culturelle avec des films en anglais
Canal J	Chaîne pour les enfants jusqu'à 20 h
Téva	Une chaîne pour les femmes avec des séries en VO comme *Sex in the City*

LA RADIO

- L'essentiel des stations de radio est accessible sur la FM. Quelques stations internationales sont sur LW. La réception à Paris est excellente.
Les principales stations :
- **Chérie FM** : 91.3 FM ; variété française, informations, reportages.
- **France Infos** : 105.5 FM ; journal toutes les 15 min.
- **France Musique** : 91.7 FM ; musique classique et jazz music, concerts, opéras, informations.
- **NRJ** : 100.3 FM ; pop française et étrangère, techno, rap, R & B.
- **Radio Classique** : 101.1 FM ; musique classique.
- **Skyrock** : 96 FM ; rap, hip-hop, R & B.
- **BBC Radio 4** : 198 kHz MW ; informations, reportages, dramatiques.
- **BBC Five Live** : 909 kHz MW ; informations et sport.
- **BBC World Service** : 648 kHz LW ; informations internationales.

JOURNAUX ET MAGAZINES

- Vous trouverez facilement des journaux étrangers dans les kiosques situés dans les zones touristiques. L'*International Herald Tribune* est disponible chez tous les marchands de journaux ainsi que *The Economist*, *USA Today* et *The Wall Street Journal*.
- *Pariscope* est l'hebdomadaire de spectacles le plus populaire. Ses concurrents sont *L'Officiel du Spectacle* et *Zurban*, plus branché et légèrement plus cher. Tous les trois paraissent le mercredi. *Time Out* publie un magazine trimestriel gratuit consacré à Paris disponible dans les librairies anglophones comme WH Smith, où vous trouverez aussi *Paris Voice*, un magazine gratuit en anglais.

Les quotidiens français ont tous une tendance politique assez claire.

Le Monde
Ce journal très renommé, de centre-gauche, comporte, depuis peu, des photos.

Libération
Un journal assez vivant, de gauche, avec un lectorat plutôt jeune.

L'Humanité
Journal de gauche.

Le Figaro
Journal assez conservateur.

Le Parisien
Ce quotidien est écrit dans un français relativement facile à comprendre pour des lecteurs étrangers.

la Croix
Quotidien chrétien qui aborde l'actualité nationale et internationale.

- Si vous cherchez un logement à Paris, sous forme d'échange ou de location pendant les vacances, consultez le *FUSAC*, une petite publication gratuite pour les anglophones qui paraît deux fois par mois.
- *Where*, un guide des spectacles anglophones, est distribué gratuitement dans les hôtels.
- Les principaux hebdomadaires sont *Le Nouvel Observateur*, *Le Point* et *L'Express*.
- Les principaux magazines féminins sont *Elle*, *Vogue* et *Marie-Claire*.
- Pour les potins, lisez *Paris Match*, *Voici* ou *Gala*.

HEURES D'OUVERTURE ET TICKETS

LES BILLETS

- Si vous voulez voir beaucoup de musées, la carte Musées-Monuments peut être intéressante (*www.intermusees.com*). Elle permet de visiter librement et sans attente 40 musées et monuments dans la ville, et 22 autres dans le reste de l'Île-de-France. La carte Un Jour coûte 18 €, la carte Trois Jours, 36 € et la carte Cinq Jours, 54 €. Vous pouvez les acheter dans les musées participants, à l'office du tourisme, dans les stations de métro et

Le nombre de jours fériés en France s'élève à 11 au cours desquels les métros, les bus et les RER circulent moins fréquemment et la plupart des magasins et musées sont fermés. Les plus strictement respectés sont le 1er janvier, 1er mai, 1er novembre, 11 novembre et 25 décembre. Il est préférable de vous renseigner avant pour vous assurer que vous pourrez effectuer votre visite.

1er janvier	Jour de l'An
Mars/avril	Lundi de Pâques
1er mai	Fête du travail
8 mai	Armistice de 1945
Un jeudi en mai	Jour de l'Ascension
Mai/juin	Lundi de Pentecôte
14 juillet	Prise de la Bastille
15 août	Jour de l'Assomption
1er novembre	Toussaint
11 novembre	Armistice de 1918
25 décembre	Noël

Banques	Lun. au ven. 10 h-17 h.	Les petites agences sont susceptibles de fermer à l'heure du déjeuner. D'autres sont ouvertes le samedi mais fermées le lundi. Les banques ferment à midi la veille des jours fériés.
Magasins	Lun. au sam. 9 h-19 h.	Les petites boutiques ouvrent plus tard. Les fermetures à l'heure du déjeuner sont rares, mais certains commerces ferment une heure ou deux. Le samedi est le jour où les magasins sont le plus fréquentés, et le dimanche la majorité d'entre eux sont fermés.
Musées	La plupart des musées nationaux sont fermés le mardi (le musée d'Orsay, qui ferme le lundi, est une exception). Les musées de la ville de Paris (dont le musée Carnavalet et le musée Cognacq-Jay) ferment le lundi.	L'entrée est souvent gratuite le premier dimanche du mois et les files d'attente peuvent donc être longues. Les grands musées proposent souvent une nocturne, où il y a moins de monde. Si vous voulez vous rendre dans un petit musée à l'autre bout de la ville, contactez-le pour connaître les heures d'ouvertures souvent particulières.
Restaurants	Le déjeuner est généralement servi entre 12 h-14 h ou 14 h 30 et le dîner entre 19 h 30-22 h ou 23 h.	Les Parisiens sortent généralement vers 21 h pour aller dîner. Les brasseries assurent un service toute la journée. Certains restaurants sont fermés en août.
Boîtes de nuit	L'ambiance ne commence vraiment qu'après minuit jusqu'à environ 5 h.	
Bureaux de poste	Lun. au ven. 8 h-19 h, sam. 8 h-12 h.	Certains bureaux restent ouverts tard (▷ 307).
Pharmacies	Lun. au sam. 9 h-19 h ou 20 h.	Toutes affichent une liste de pharmacies qui ferment tard et ouvrent le dimanche.

à la FNAC. Cette carte ne donne pas accès aux expositions temporaires.
● Les étudiants munis d'une carte d'étudiant internationale et les seniors peuvent bénéficier de réductions dans certains musées.
● Pour les billets de théâtre et concerts, ▷ 193.
● Pour des renseignements sur les métros, bus et RER, ▷ 47-48.
● La plupart des cinémas ont des tarifs réduits le lundi.

Des réductions sont valables certains jours pour les étudiants (et sur présentation de la carte d'étudiant internationale) et pour les seniors (sur présentation d'une pièce d'identité).
● Les théâtres offrent également des tarifs certains jours.
● La plupart des musées sont gratuits pour les moins de 18 ans et offrent des réductions aux jeunes âgées de 18 à 25 ans.

● Des billets saisonniers permettent de visiter le même site ou musée plusieurs fois au cours de votre séjour. Adressez-vous au musée ou monument concerné.
● Vous pouvez réserver des places pour la plupart des spectacles, pièces dramatiques, concerts et événements sportifs, à la FNAC (*www.fnac.com*) moyennant une petite commission.

OFFICES DE TOURISME

PRÉPARER SON VOYAGE

● Le principal office du tourisme, qui a été transféré rue des Pyramides, est une source inépuisable d'informations sur les sites à visiter, les expositions, l'hébergement, les activités pour les enfants… Vous pouvez aussi y acheter la carte Musées-Monuments et le passe *Paris Visite* pour le bus et le métro. Vous trouverez bien d'autres antennes dans la ville.
● L'Office du tourisme régional— Paris Île-de-France, possède des bureaux au Carrousel du Louvre et à Disneyland Resort Paris. Il couvre toute la région Île-de-France, y compris Versailles.
● En été, des kiosques d'informations fleurissent un peu partout dans la ville.

Office du tourisme et des congrès de Paris (Bureau des visiteurs)
25-27, rue des Pyramides, 75001
Tél. : 0892 683 000 (0,34 € par min)
Ouvert lun.-sam. 10 h-19 h, dim. et jours fériés 11 h-19 h. Fermé 1er mai
Métro : Pyramides
www.parisinfo.com

D'autres bureaux sont à votre disposition à la tour Eiffel (avr.-fin oct.), gare de Lyon, gare du Nord, Opéra (11, rue Scribe) et à Montmartre (21, place du Tertre).

Maison de la France
L'office du Tourisme français.
(Bureaux parisiens non ouverts au public.)
www.franceguide.com

Office du tourisme régional-Paris Île-de-France
Carrousel du Louvre (niveau bas)
Tél. : 0826 166 666
Ouvert mer.-lun. 9 h-19 h
Métro : Tuileries
www.pidf.com

Vous trouverez aussi un office du tourisme à Disneyland Resort Paris (Place François-Truffaut ; tél. : 01 60 43 33 33).

L'Office du tourisme français met à votre disposition un site – **www**.franceguide.com – mais ses bureaux à Paris ne sont pas ouverts au public. Certains de ses offices à l'étranger sont cités ci-dessous.

Australie
Level 13, 25 Bligh Street, Sydney, NSW 2000 ; tél. : (02) 9231 5244 ; email : info.au@franceguide.com

Canada
1981, avenue McGill College, Suite 490, Montréal, H3A 2W9 ; tél. : (514) 288 20 26 ; email : canada@franceguide.com

Allemagne
Zeppelinalee 37, 60325, Frankfurt ; tel : 0190 57 00 25 ; email : info.de@franceguide.com

Belgique
Avenue de la Toison d'Or, 1050 Bruxelles tél. : 0902 88025 ; email : info.be@franceguide.com

Suisse
c/o SNCF Rail-Europe, Rue de Lausanne, 1201 Genève tél. : 0900 900 699 ; email : info.ch@franceguide.com

Espagne
Plaza de España 18, Torre de Madrid 8a Pl. Of. 5, 28008, Madrid ; tél. : 807 117 181 ; email : info.es@franceguide.com

Angleterre
178 Piccadilly, London, W1J 9AL ; tél. : 09068 244 123 ; email : info.uk@franceguide.com

États-Unis (New York)
444 Madison Avenue, 16th floor, New York, NY10022 ; tél. : 410/286-8310 ; email : info.us@franceguide.com

États-Unis (Los Angeles)
9454 Wilshire boulevard, Suite 715, 90212, Beverly Hills, California ; tél. : 310/271-6665 ; email : info.losangeles@franceguide.com

SITES INTERNET UTILES

www.bateauxparisiens.com
Le site des transports touristiques sur la Seine. Une autre manière de découvrir la capitale.

www.chez.com/parisvisite
Pour préparer votre voyage et découvrir Paris avant de vous y rendre.

www.disneylandparis.com
Tous les renseignements sur les différents circuits et les modalités de réservation pour le grand parc d'attractions de Disneyland. Vous pourrez également y trouver des informations sur l'hébergement sur place.

www.franceguide.com
Vous trouverez quantité d'informations pratiques pour votre arrivée à Paris sur ce site géré par l'office du Tourisme français. Il propose également des visites d'autres régions de France (en français, anglais, allemand, italien, espagnol, hollandais, portugais).

www.intermusees.com
L'organisme qui gère la Carte Musées-Monuments pass (français, anglais).

www.lemonde.fr
Soyez au courant des grands faits de l'actualité sur le site du quotidien Le Monde (français).

www.meteofrance.com
Les prévisions météo à Paris et sur le reste de la France (français seulement).

www.monum.fr
Découvrez-en plus sur les grands monuments parisiens comme l'Arc de Triomphe, le Panthéon et Notre-Dame, sur le site du Centre des monuments nationaux (français, anglais).

www.pagesjaunes.fr
L'annuaire téléphonique en ligne sur toute la France (français, anglais).

www.paris.fr
Le site de la Mairie de Paris annonce des événements, explique comment découvrir au mieux la ville à vélo et donne quantité d'autres informations concernant notamment la gestion de la ville (français, anglais).

www.paris-ile-de-france.com ou www.pidf.com
Ce site de l'Office du tourisme régional-Paris Île-de-France propose des offres spéciales et des informations sur les événements, les hôtels, les transports, la météo… en Île-de-France (français, anglais, allemand, espagnol).

www.parisinfo.com
Le site de l'Office du tourisme

de Paris délivre des informations sur les sites touristiques, les restaurants, les magasins, les hôtels, les événements et les transports. Il propose des liens utiles avec d'autres sites (français, anglais).

www.ratp.fr
Le site de la Régie des transports parisiens, avec des conseils sur la façon de se déplacer dans Paris (français, anglais, allemand).

Aller au spectacle est une bonne manière de découvrir Paris

www.rmn.fr
Le site de la Réunion des musées nationaux, dont les plus grands musées de la capitale (français, anglais).

www.sortiraparis.com
Tous les bons plans pour organiser vos sorties.

D'autres sites sont énumérés dans les différentes rubriques de En route et Préparer son voyage.

FILMS/LIVRES

PARIS FAIT SON CINÉMA

Un monument important, une rue familière, l'ambiance d'un café ou du métro disent l'essentiel au spectateur : nous sommes à Paris. La ville n'est pas seulement le décor des histoires, elle est un personnage à part entière. Le cinéma a su la magnifier, en traçant, de film en film, le portrait vivant. Certains lieux de Paris sont ainsi devenus cultes. C'est le cas du quartier de Montmartre qui connaît un succès sans précédent depuis le triomphe au cinéma d'Amélie Poulain (▷ 18, 108-109).

● *Les enfants du paradis* (1945) de Marcel Carné. Une fresque d'un grand réalisme poétique pour nous conter les amours contrariées de Garance dans le Paris du XIXᵉ siècle, celui des Grands Boulevards.
● On retrouve aussi Paris dans *Hôtel du Nord* (1938) et le canal Saint-Martin. Peu importe que ces décors aient été réalisés en studio…
● Pour admirer des numéros de claquettes autour des principaux monuments parisiens, allez voir ou revoir *Un Américain à Paris* (1951), avec Gene Kelly et Leslie Caron, sur une musique de Gershwin.
● *Casque d'or* (1951) de Jean Becker, a pour décors le Belleville de la Belle Époque. Simone Signoret et Serge Reggiani y incarnent un couple inoubliable d'émotion.
● *Voici le temps des assassins* (1956), de Julien Duvivier, fait de Jean Gabin un patron de brasserie en plein cœur des Halles.
● *Drôle de frimousse* (1957) de Stanley Donen. Le charme d'Audrey Hepburn et de Fred Astaire au service d'un Paris hollywoodien. Musique de Gershwin, quand même.
● *Paris nous appartient* (1958) de Jacques Rivette. Un secret dangereux et un complot politique qui menacerait le monde entier... Paris est le théâtre d'une réalité investie par psychoses et fantasmes.

● Des *400 coups* (1958) au *Dernier métro* (1980), l'atmosphère de Paris nourrit la plupart des films de François Truffaut. Dès *Les 400 coups*, une fille venue à Paris pour un héritage, veut voir la tour Eiffel, l'apercevant toujours, sans pouvoir l'atteindre. Mais cette tour n'appartient pas au Paris familier de Truffaut, qui se cantonne à la rive droite de la Seine. Seules des nécessités de décors la lui feront traverser : le musée Rodin pour *Les Deux Anglaises et le Continent* (1971), l'Institut des sourds-muets pour *L'Enfant sauvage* (1969), la salle de classe des *400 coups* tournée à l'École technique de photographie et de cinéma de la rue de Vaugirard ou l'atelier du peintre Fergus dans *La Mariée était en noir*, rue du Val-de-Grâce.
● *À bout de souffle* (1959) de Jean-Luc Godard. Film emblématique de la Nouvelle Vague, où Jean-Paul Belmondo, qui vend le *Herald Tribune* sur les Champs-Élysées, persuade Jean Seberg de partir avec lui en Italie. Avant de mourir rue Campagne-Première, dans le 14ᵉ.
● Le romantisme de la ville-lumière exprimé par Audrey Hepburn, dans *Sabrina* (Billy Wilder, 1954), ou aux côtés de Cary Grant dans *Charade* (Stanley Donen, 1963).
● *Paris Blues* (1961) de Martin Ritt, avec Paul Newmann et Sidney Poitier. Deux jazzmen américains traversent la nuit parisienne.
● *Cléo de 5 à 7* (1963) d'Agnès Varda. La dérive d'une jeune chanteuse, Corinne Marchand. Une ode au Paris des années 1960 avec, en prime, le Paris d'avant la tour Montparnasse.
● Dans *Le Feu follet* (1963) de Louis Malle, un dandy désargenté (Maurice Ronet) fait une dernière virée à Paris pour vérifier que la fête est finie et que sa jeunesse n'est plus.
● Dans *Les Mauvaises fréquentations* de Jean Eustache (1964), deux jeunes dragueurs désœuvrés errent

Surfez sur Internet pour obtenir les dernières informations sur les événements à Paris

MOTS CLÉS POUR TROUVER LES SITES INTERNET

SITE TOURISTIQUE	SITE INTERNET	PAGE
Arc de Triomphe	**www.monum.fr**	76-79
Centre Georges-Pompidou	**www.centrepompidou.fr**	82-86
Conciergerie	**www.monum.fr**	89-91
Grande Arche	**www.grandearche.com**	94
Institut du monde arabe	**www.imarabe.org**	98
Invalides	**www.invalides.org**	99-101
Jardin du Luxembourg	**www.senat.fr**	102-103
Montmartre	**www.montmartrenet.com**	108-109
Mosquée	**www.la-mosquee.com**	110
Musée des Arts décoratifs	**www.ucad.fr**	111
Musée Carnavalet	**www.paris.fr/musees/musee_carnavalet**	114-115
Musée du Louvre	**www.louvre.fr**	118-123
Musée Marmottan-Monet	**www.marmottan.com**	124-125
Musée national d'Histoire naturelle	**www.mnhn.fr**	127
Musée national du Moyen Âge-Thermes de Cluny	**www.musee-moyenage.fr**	128-129
Musée d'Orsay	**www.musee-orsay.fr**	130-134
Musée Picasso	**www.musee-picasso.fr**	135
Musée Rodin	**www.musee-rodin.fr**	136
Notre-Dame	**www.monum.fr**	137-141
Opéra Palais Garnier	**www.opera-de-paris.fr**	142
Panthéon	**www.monum.fr**	144
Parc de la Villette	**www.cite-sciences.fr** et **www.cite-musique.fr**	146-147
Sacré-Cœur	**www.sacre-coeur-montmartre.com**	154-157
Sainte-Chapelle	**www.monum.fr**	158-160
Tour Eiffel	**www.tour-eiffel.fr**	164-169
Tour Montparnasse	**www.tourmontparnasse56.com**	170

un dimanche dans le quartier de la place Clichy. En 1973, il filmera à Saint-Germain-des-Prés le mal de vivre d'une jeune homme un peu bohème (Jean-Pierre Léaud) dans *La Maman et la Putain*.

• *Paris brûle-t-il ?* (1966), de René Clément : la libération de Paris en 1944, portée par une distribution exceptionnelle.

• *Jours tranquilles à Clichy* (1989) de Claude Chabrol. Au crépuscule de ses jours, l'écrivain Henry Miller se remémore son arrivée dans le Paris des Années folles.

• *La Discrète*, de Christian Vincent (1990). Fabrice Lucchini arpente les abords de la place Saint-Sulpice en proie au doute amoureux. L'église retrouve son heure de gloire avec *Da Vinci Code* de Ron Howard (2006) et son jeu de pistes dans la capitale.

• *Le Signe du lion* (1959) de Éric Rohmer raconte l'errance parisienne et estivale d'un homme plongé subitement dans la misère. Dans *Les Rendez-vous de Paris* (1994), trois variations sur le thème de l'amour dans trois quartiers de la capitale.

• *Jefferson in Paris* (James Ivory, 1995) : le Paris d'avant la Révolution.

• *Prêt-à-Porter* (1995) de Robert Altman offre une vision acide du milieu parisien de la mode et met en scène de nombreuses stars.

• Dans *Everybody Says I Love You* (1996), Woody Allen nous raconte en quatre saisons et en chansons ce qui se passe quand on dit « I love you » à Paris…

• Pour une vision plus quotidienne d'un quartier de Paris assez typique, la Bastille, *Chacun cherche son chat* (1997) de Cédric Klapisch.

• *Les Triplettes de Belleville* (2003) de Sylvain Chomet. Un ravissant film d'animation pour une course poursuite ébouriffante dans Paris.

• *Before Sunset* (2004) du réalisateur Richard Linklater. Ethan Hawke et Julie Delpy découvrent leurs sentiments avec Paris pour décor.

• *Paris, je t'aime* (2006) : dix-huit réalisateurs écrivent et réalisent chacun un film de cinq minutes illustrant le thème de la rencontre. Un Paris moderne, émouvant et drôle.

PARIS-PAGES

De nombreux écrivains ont considéré Paris comme personnage principal d'au moins une de leurs œuvres, sinon de toute leur œuvre. Leur Paris est traversé par les mouvements de l'histoire, les inquiétudes d'une époque, les interrogations d'une génération, les questions intimes. C'est aussi une ville dont l'aspect se modifie profondément : construction et destruc-

tions considérables, changements dans la population… Et pourtant, Paris ne perd jamais sa force ni son charme et c'est finalement très peu d'écrivains pour ne pas l'aimer.

• *Le Père Goriot* (1835) de Balzac pour le plaisir de la chute : « *Rastignac, resté seul, fit quelques pas vers le haut du cimetière et vit Paris tortueusement couché le long des deux rives de la Seine, où commençaient à briller les lumières. Ses yeux s'attachèrent presque avidement entre la colonne de la place Vendôme et le dôme des Invalides, là où vivait ce beau monde dans lequel il avait voulu pénétrer. Il lança sur cette ruche bourdonnant un regard qui semblait par avance en pomper le miel, et dit ces mots grandioses : – À nous deux maintenant !* »

• Incontournables : *Notre-Dame de Paris* (1831), *Les Misérables* (1862) de Victor Hugo. Paris comme décor de véritables tragédies.

• *Le Spleen de Paris* (1869) de Charles Baudelaire. C'est LA ville, Paris, qui lui inspira ce chef-d'œuvre intemporel.

• *Au bonheur des dames* (1883) d'Émile Zola. Ce grand roman couvre la période 1864-1869 et décrit le triomphe du grand commerce (le modèle du grand magasin ? Le Bon Marché…) sur l'entreprise familiale dans le Paris de Napoléon III.

• *Puissances de Paris* (1919) de Jules Romains. Infatigable marcheur, il nous rapporte sa singulière et poétique vision de la capitale.

• *Le Côté de Guermantes* (1922) de Marcel Proust propose l'observation du milieu aristocratique parisien à travers le regard d'un jeune homme de la bourgeoisie à la verve ironique.

• *Le Paysan de Paris* (1926) de Louis Aragon. Comme un paysan ouvrant à tout de grands yeux, le poète nous apprend à voir d'un regard neuf les immeubles les plus ordinaires, les affiches, les extraits de journaux… *Aurélien* (1944) est une chronique parisienne de l'entre-deux guerres dans laquelle Aragon décrit la toute nouvelle société surréaliste.

• *Nadja* (1928) d'André Breton est fait de ses déambulations dans un Paris insolite, seul ou en compagnie de ses amis (Aragon, Soupault ou Desnos…) jusqu'au moment il rencontre Nadja.…

• *Les Dernières Nuits de Paris* (1928) de Philippe Soupault. À la poursuite d'une étrange prostituée ordonnatrice de rituels mystérieux.

• *Faubourgs de Paris* (1933) d'Eugène Dabit déroule le fil de sa jeunesse, depuis les années précédant

la Grande Guerre jusqu'aux années 1930, et nous fait visiter les faubourgs, du marchand de lacets de la place des Fêtes au cinéma Cocorico.

• *Le Vin de Paris* (1947) de Marcel Aymé. Huit nouvelles qui se déroulent à Paris, pendant ou juste après l'occupation allemande.

• *Le Tout sur le tout* (1948) de Henri Calet. Un homme raconte le Paris populaire, en particulier le 14e arrondissement, celui des petits métiers et des rues sans grâce.

• Georges Simenon a situé une grande partie de son œuvre et des aventures de commissaire Maigret, dans le Paris de l'entre-deux-guerres.

• Dans *Mémoires d'une jeune fille rangée* (1958), Simone de Beauvoir nous fait vivre les années 1920-1930 aux côtés des penseurs prestigieux de l'époque (Simone Weil, Jean-Paul Sartre…). Une femme intelligente, au temps où les femmes n'avaient pas vraiment le droit de penser.

• *Zazie dans le métro* (1959) de Raymond Queneau. La jeune héroïne de cette œuvre hilarante n'a ni froid aux yeux ni la langue dans sa poche.

• *Paris est une fête* (1964) d'Ernest Hemingway et l'*Autobiographie d'Alice B. Toklas* de Gertrude Stein (1933) décrivent tous deux le Paris du début du xxe siècle, quand les collectionneurs pouvaient emporter des œuvres de Picasso ou Matisse pour une bouchée de pain.

• *La Belle Vie* (1968) de Dos Passos. Des Américains débarquent à Paris : Hemingway, Dos Passos, Fitzgerald… Et ce fut le coup de foudre.

• Le héros de Daniel Pennac, Benjamin Malaussène, vous invite à une visite guidée drôle et tendre de Belleville (*Au bonheur des ogres*, 1985 ; *La Fée Carabine*, 1997).

• *Zones* (1997) de Jean Rolin. Un journaliste parisien s'oblige, durant sept mois, à voyager dans Paris sans retourner chez lui ni parler à ses amis.

• *La forme d'une ville change plus vite, hélas, que le cœur des humains* (1999) de Jacques Roubaud. En piéton de Paris qui aime sa ville avec une grande nostalgie et en parcourt l'histoire, le poète Jacques Roubaud s'inscrit dans une riche tradition d'auteurs qu'il salut au passage.

• *La Place de l'Étoile* (1975), *Livrets de famille* (1977), *Dora Bruder* (1999), *Accident nocturne* (2002), *La Petite Bijou* (2005)… Patrick Modiano raconte des personnages habités par le manque et l'absence, qui ne pouvant supporter de vivre dans un monde où les repères s'effacent, semblent s'accrocher désespérément à la ville comme à une perche tendue, merveilleusement présente.

PROMENADES LITTÉRAIRES

Paris, au fil des siècles, a inspiré les écrivains et nombre d'entre eux y ont vécu, plus ou moins heureux, une semaine, une vie. Rien de plus tentant aujourd'hui que de s'attabler dans un café avec Voltaire et Diderot, de déménager avec Victor Hugo (il a changé plus de vingt fois d'adresse !), de jouer aux échecs avec Henry Miller à La Coupole, et de se réchauffer près du brassage au Flore en compagnie de Simone de Beauvoir, de raccompagner Colette chez elle en traversant les jardins du Palais-Royal, ou encore d'imaginer les séjours fastueux de Fitzgerald à l'Hôtel Ritz. Chaque rue de Paris est l'occasion de visiter l'œuvre d'un écrivain et de revivre son époque mais, puisqu'il faut bien choisir, voici cinq idées de promenades consacrées à des écrivains du XIXᵉ et XXᵉ siècle.

MONTMARTRE (▷ 71, 226)

Sur cette butte, qui conserve un petit air champêtre, s'opère avant la Première Guerre mondiale un grand brassage aristico-littéraire. Poètes et peintres coexistent dans un esprit propice à la naissance du surréalisme. La guerre dispersera les artistes et Montparnasse prendra le relais de la butte.

Le Montmartre de Pigalle

Max Jacob retrouvait très régulièrement Apollinaire à la Bibliothèque montmartroise, **boulevard de Clichy**, pour dévorer les aventures de Fantômas qu'ils trouvaient surréaliste avant l'heure. Roland Dorgelès a habité au **3, rue Camille-Tahan**. Apollinaire a reçu Picasso dans son appartement du 9, rue Léonie devenu aujourd'hui **4, rue Henner**.

Le Montmartre de la butte

Georges Courteline a habité au **89, rue Lepic**, entre 1890 et 1903. Au **13, place Émile Goudeau** se trouve le célèbre cabaret, le Bateau-Lavoir (▷ 71, 109, 226). C'est Max Jacob qui lui donna ce nom, faisant ironiquement référence à la présence d'un unique point d'eau. Picasso est le premier artiste à s'y être installé (il y peint *Les Demoiselles d'Avignon*), suivi de Van Dongen, Pierre Mac Orlan, Georges Braque, Apollinaire… Aristide Bruant racheta le lieu en 1903 pour le sauver de la démolition. Entièrement détruit par le feu en 1970, il abrite aujourd'hui encore des ateliers et des logements d'artistes. Le Lapin Agile (▷ 198), **4, rue des Saules**, fut le quartier général de « la bande à Picasso » : Max Jacob (qui habitait alors **17, rue Gabrielle**), Blaise Cendrars, Roland Dorgelès, Apollinaire… À l'endroit du **jardin des Abbesses**, rue des Abbesses, se tenait autrefois la mairie où Verlaine se maria. Après avoir longtemps habité rue Lepic, au **n°98**, face au Moulin de la Galette (▷ 108-109, 226), Céline

s'est installé au **4, rue Girardon**. Il cite ce lieu dans plusieurs de ses romans dont *D'un château l'autre*… **Place du Tertre** (▷ 108, 226), l'actuel restaurant la Bohème du Tertre fut fréquenté par les écrivains du quartier, du temps où il s'appelait le café Bouscarat.

MONTPARNASSE (▷ 110)

Après la grande époque de Montmartre, poètes et écrivains d'avant-garde se sont installés sur la rive gauche, particulièrement à Montparnasse. Le quartier est rapidement devenu le cœur de la vie intellectuelle et artistique européenne. Le carrefour Vavin devint le « nombril du monde ». Les excès de l'après-guerre s'y déployèrent avec allégresse et la culture américaine de l'époque y trouva ses racines.

Au **79, avenue Denfert-Rochereau** se tenait l'Union des jeunes poètes dont faisaient partie Nina Berberova et Marina Tsvetaeva. L'immeuble du **11, rue Schoelcher** a abrité Anaïs Nin. Un peu plus loin, Elsa Triolet a occupé, entre 1924 et 1929, une petite chambre de l'Hôtel Istria, au **29, rue Campagne-Première**. Elle servait de traductrice au jeune Maïakovski qui logeait dans le même hôtel.

C'est à La Coupole (▷ 110, 266), non loin de là, au **102, boulevard du Montparnasse**, qu'elle rencontra Aragon, en 1928 (ils s'installèrent ensuite au **5, rue Campagne-Première**). Dès lors, les surréalistes firent de cet ancien dépôt de bois et charbon, leur point de ralliement. Anaïs Nin et Henry Miller y jouaient aux échecs avec Lawrence Durrell. Jean Paulhan, directeur de la *Nouvelle Revue Française*, vécut au 9, rue Campagne-Première. Louis-Ferdinand Céline habitait l'Hôtel de la Paix, qui existe toujours au **225, boulevard Raspail**. Kiki de Montparnasse a séduit Hemingway et de nombreux surréalistes au cabaret-club Le Jockey, au **217, boulevard du Montpar-**

nasse. Il ne reste plus rien de la petite crémerie Chez Rosalie, **rue Campagne-Première**, à l'emplacement de la poste. Dans cette cantine de quartier, une mamma italienne accueillait les artistes sans le sou, venus manger un morceau en échange d'un dessin.

Rue de la Grande-Chaumière vécurent de nombreux artistes. Au **n°8**, une plaque indique l'atelier de Modigliani et de Gauguin situé au fond d'une petite cour. Plus haut sur le boulevard du Montparnasse, au **n°171**, La Closerie des Lilas est un refuge d'écrivains. Philippe Sollers aujourd'hui, Hemingway, Blaise Cendrars, Henry Miller naguère, y ont refait le monde. On peut y voir les noms de Hemingway (qui habitait à côté, **rue Notre-Dame-des-Champs**) et Jean-Paul Sartre, gravés sur leur table favorite. Apollinaire y a joué aux échecs contre Trotski.

Romain Rolland a habité, jusqu'à sa mort en 1944, **89, boulevard du Montparnasse**. La Rotonde, au **n°103**, était fréquentée par des célébrités comme Blaise Cendrars mais a été détrônée à partir des années 1920 par le Dôme, au **n°108**. C'est ici que s'arrêtaient Sylvia Beach, Fitzgerald, Ezra Pound (qui habitait au **70 bis, rue Notre-Dame-des-Champs**), Henry Miller. Après le dîner, ces écrivains se retrouvaient souvent au coin de la rue, au Dingo Bar (aujourd'hui L'Auberge de Venise) au **10, rue Delambre** ou au Rosebud, toujours ouvert, au **11 bis**.

Un peu plus loin, Henry et June Miller occupèrent une chambre au Grand Hôtel des Écoles (aujourd'hui Hôtel Lennox au **15, rue Delambre**, c'est là aussi que vécut Tristan Tzara. Toujours dans cette même rue, André Breton a vécu à l'Hôtel Delambre (▷ 289), **au n°35**. Le Sphinx, café-hôtel-maison close fréquentée notamment par Albert Londres et Henry Miller, se tenait au **31, boulevard Edgar Quinet**. Plus proche du jardin du Luxembourg, le **27, rue de Fleurus** a abrité Gertrude Stein et sa compagne Alice Toklas. Chaque jour, à 17 h, elles accueillaient et conseillaient de jeunes artistes et auteurs, tels Picasso ou Hemingway.

SAINT-GERMAIN
(▷ 74, 228, 232)

Après la Seconde Guerre mondiale, ce quartier devint un haut lieu de la vie intellectuelle et culturelle parisienne. Auteurs, philosophes, acteurs, musiciens se sont mélangés dans les boîtes de nuit et les brasseries, où la philosophie existentialiste a coexisté avec le jazz américain. Le quartier est aujourd'hui moins prestigieux sur le plan intellectuel qu'à la grande époque de Sartre et de Simone de Beauvoir, de Juliette Gréco, ou des cinéastes Godard ou Truffaut. Pourtant, les artistes y flânent toujours, appréciant l'ambiance des Deux Magots ou du Flore, tentant d'ignorer les magasins de mode qui ont remplacé les nombreuses librairies.

Odéon

Le restaurant favori de James Joyce, fréquenté aussi par Hemingway et Fitzgerald, était Michaud, à l'angle de **la rue Jacob et de la rue des Saints-Pères**, devenu aujourd'hui le Comptoir des Saints-Pères. Il ne faut pas hésiter à entrer pour admirer le comptoir et les boiseries intacts. Un peu plus loin, au **44, rue Jacob**, c'est à l'Hôtel Jacob et d'Angleterre que Benjamin Franklin a peaufiné le traité d'Indépendance des États-Unis. Le **27, rue Jacob** est le siège des éditions du Seuil. Henry Miller a résidé au **24, rue Bonaparte**, à l'Hôtel de Paris, aujourd'hui disparu, et à l'Hôtel Saint-Germain-des-Prés, **36, rue Bonaparte**, en 1930.

À l'Hôtel La Louisane, **60, rue de Seine**, de nombreux écrivains ont trouvé l'inspiration et Albert Cossery y vit depuis la Libération. La célèbre librairie Shakespeare and Company (▷ 183), fondée par Sylvia Beach, a ouvert ses portes en 1921, au **12, rue de l'Odéon**, et devint rapidement le centre de la vie culturelle anglo-saxonne à Paris. Six numéros plus haut, au **n°18**, elle occupait le 5ᵉ étage avec Adrienne Monnier. Robert Desnos vécut au **19, rue Mazarine** avant d'être déporté et de mourir dans le camp de Terezin. Au **20, rue Jacob**, Natalie Barney recevait André Gide, Paul Claudel, Fitzgerald, Hemingway, Marina Tsvetaeva…

Au **7, rue de l'Odéon**, La Maison des Amis du livre était le cadre de lectures publiques de manuscrits souvent inédits. Apollinaire, Jules Romains, Léon-Paul Fargue y ont croisé Aragon, Paul Valéry, André Gide… En 1935, Jacques Prévert a emménagé au 7ᵉ étage de l'Hôtel Montana, **28, rue Saint-Benoît**. Raymond Radiguet a vécu à l'Hôtel Foyot, **33, rue de Tournon**.

Saint-Germain

Roger Martin du Gard habitait au **9, rue du Cherche-Midi** et Eugène Dabit, au **n°71**. L'Hôtel Lutétia, **45, boulevard Raspail**, était une des étapes favorites de Klaus Mann dans les années 1930 et Malraux y occupa une chambre au début des années 1920 avant de s'installer au **44, rue du Bac**. Aujourd'hui, nombre d'écrivains et d'éditeurs y donnent encore leurs rendez-vous.

Entre 1928 et 1951, André Gide a habité au **1 bis, rue Vaneau**. C'est là qu'Albert Camus viendra souvent lui rendre visite. L'éditeur de nombre de ces grandes plumes se trouve à deux pas : Gallimard siège au **5, rue Sébastien-Bottin**.

Sur le boulevard Saint-Germain, proche de l'église, la brasserie Lipp, **151, boulevard Saint-Germain**, a accueilli Hemingway : il décrit ses célèbres pommes à l'huile dans *Paris est une fête*. Saint-Exupéry, André Gide, Alberto Moravia, André Malraux, Françoise Sagan, Alfred Jarry (qui commençait toujours ses repas par le dessert) ont également dîné au milieu des céramique que l'on doit au père de Léon-Paul Fargue.

Le fameux triangle d'or des lettres parisiennes s'étire ensuite au Flore (▷ 213), au **n°171**. Sartre y disposait, dit-on, d'une ligne téléphonique privée pour discuter avec ses éditeurs et Simone de Beauvoir affectionnait la place près du poêle. Juste à côté, aux Deux Magots (▷ 210), au **6, place Saint-Germain-des-Prés**, un ancien magasin de nouveautés, les surréalistes se réunissaient, protégés par les deux statues chinoises du comptoir. Entre les deux cafés, La Hune (▷ 187), au **170, boulevard Saint-Germain** attire toujours les amoureux des livres. Marguerite Duras a habité dans la rue qui longe la librairie, au **5, rue Saint-Benoît** (3ᵉ étage gauche). Elle y recevait Genêt, Michaux, Georges Bataille, Merleau-Ponty, Leibowitz, Claude Roy, Malraux…

QUARTIER DE L'OPÉRA
(▷ 230)

Ce quartier était bien connu des Américains expatriés, grâce au siège de l'American Express. C'est aussi non loin de là que les grands journaux ont installé naguère leurs quartiers généraux.

Dans les années 1920, le Café de la Paix, **5, place de l'Opéra**, voit passer Hemingway, Henry James, Tourgueniev, Dos Passos… Au **23, boulevard des Capucines**, Le Trou dans le mur, disparu aujourd'hui, était un petit bar très apprécié de Hemingway. George Orwell a connu des jours difficiles, à la recherche d'un travail, à l'Hôtel Scribe, en 1929. Au **5, rue Daunou**, existe toujours le Harry's Bar (▷ 211) jadis hanté par l'auteur de *Dans la dèche à paris et à Londres* et de *1984*, et par Fitzgerald. C'est à deux pas de là, au **22, avenue de l'Opéra**, que ce dernier et Zelda séjournaient, à l'Hôtel des Deux Mondes. **Place Vendôme** (▷ 149, 230), au bar du Ritz (▷ 9, 149, 293), Hemingway a commandé un jour soixante-treize martinis pour les soldats qui l'accompagnaient. Depuis le lieu porte son nom… Il finit par s'installer à l'hôtel, y recevant Malraux, Salinger, Sartre, Beauvoir, Orson Welles…

C'est dans une belle demeure du XIXᵉ siècle, au **61, rue Sainte-Anne**, que Marcel Proust passa les dernières années de sa vie avant de s'éteindre au **44, rue Hamelin** dans le XVIᵉ arrondissement. Sa chambre a été reconstituée au musée Carnavalet (▷ 114-115). Son appartement, occupé aujourd'hui par les bureaux de la banque Varin-Bernier, est ouvert au public le jeudi après-midi. Il avait auparavant vécu au **96, rue Fontaine** et **102, boulevard Haussmann**.

LE 16ᵉ ARRONDISSEMENT

Entre la fin des années 1920 et la guerre, Blaise Cendrars logeait souvent à l'Alma-Hôtel, **12, avenue Montaigne**. Son quartier général se tenait Chez Francis, une brasserie **place de l'Alma**. La famille Joyce logeait à l'Hôtel Powers, qui existe toujours au **rue François 1ᵉʳ**. Le Bœuf sur le toit est situé au **45, avenue Pierre 1ᵉʳ de Serbie**. Dans ce bar-dancing des années 1920, on pouvait croiser Cocteau, Aragon, Breton, Gaston Gallimard… Henri Barbusse habitait **105, rue de Courcelles**. À l'automne 1929, les Fitzgerald ont emménagé au **10, rue Pergolèse**. François Mauriac et René Crevel y étaient également élu domicile dans le 16ᵉ, le premier au **89, rue de la Pompe**, le second a vécu toute son enfance au **n°15**. Au **71, rue du Ranelagh** se trouve le lycée Molière où enseignait Simone de Beauvoir.

Vers 1930, Nina Berberova habitait **rue Beethoven** avant d'aller vivre en banlieue. Elle a sans doute croisé Nabokov qui logeait au **59, rue Boileau**. François Nourrissier, Françoise Chandernagor, Milan Kundera ont également choisi de vivre dans le 16ᵉ. Modiano vit dans le 6ᵉ arrondissement mais il a fait de ce quartier le cadre de nombre de ses romans, dont *Dora Bruder*.

PARIS DE TOUTES LES COULEURS

Comme toutes les grandes villes occidentales, Paris abrite de nombreuses communautés d'origines étrangères. À toutes les époques, terre d'accueil pour nombre de réfugiés fuyant guerres, révolutions ou répression, la ville s'est construite avec ces flux successifs d'immigrants. Nombre de Parisiens d'aujourd'hui sont d'origine italienne, espagnole, portugaise ou maghrébine. Et certaines communautés, déjà anciennes ou plus récentes, ont marqué la capitale de leur empreinte, enrichissant d'autant son éventail culturel. Paris est aussi une ville où on a plaisir à se sentir ailleurs.

SAINT-PARISBOURG

Si l'on repère certains « nouveaux Russes » aux abords des palaces et des boutiques de luxe, les autres, ceux de l'immigration des années 1920, sont dispersés un peu partout dans la capitale. L'église orthodoxe de la rue Daru demeure cependant un lieu de rassemblement majeur et, dans les 15e et 16e arrondissements, petites églises, boutiques, organisations et même véritables isbas témoignent de la présence de cette communauté importante en nombre mais aussi, très organisée et solidaire.

Lieux de culte
Cathédrale Saint-Alexandre-Nevski
12, rue Daru, 75008 🚇 Courcelles

Église Saint-Séraphin-de-Sarov
91, rue Lecourbe, 75015
🚇 Volontaires ou Vaugirard

Église de Tous les Saints
de la Terre russe
19, rue Claude-Lorrain, 75016
🚇 Exelmans

Musées, centres culturels et lieux singuliers
Centre culturel de Russie
61, rue Boissière, 75016
🚇 Boissière ou Victor-Hugo
Tél. : 01 44 34 79 79

Bibliothèque russe Tourgueniev
11, rue de Valence, 75005
🚇 Censier-Daubenton ou Gobelins
Tél. : 01 45 35 58 51

Musée Zadkine
100 bis, rue d'Assas, 75006
🚇 Vavin ou Raspail
Tél. : 01 55 42 77 20
www.paris.fr/musee/zadkine

Musée Lénine
4, rue Marie-Rose, 75014 🚇 Alésia
Tél. : 01 40 40 11 18

Villa Beauséjour
(isbas russes)
26, boulevard Beauséjour, 75016
🚇 Ranelagh

La Ruche
2, passage Dantzig, 75015
🚇 Convention

La Petite Russie (quartier)
22, rue Barrault, 75013
🚇 Corvisart

Musique et cinéma
Conservatoire russe de Paris
Serge-Rachmaninov
26, avenue de New-York, 75016
🚇 Place d'Iéna
Tél. : 01 47 23 51 44

Ciné-Club L'Oiseau de feu
61, rue Boissière, 75016
🚇 Boissière ou Victor-Hugo
Tél. : 01 44 34 79 79

Traiteurs
Petrossian
18, boulevard de Latour-Maubourg,
75007 🚇 Latour-Maubourg
Tél. : 01 44 11 32 22
www.petrossian.fr

Chez Dominique
19, rue Vavin, 75006 🚇 Vavin
Tél. : 01 43 27 08 80

Prestige
16 rue Lecourbe, 75015
🚇 Lecourbe
Tél. : 01 56 58 28 41

Thés
Kusmi-Thé
75, avenue Niel 75017
🚇 Péreire
Tél. : 01 42 27 91 46
56, rue de Seine, 75006
🚇 Mabillon ou Odéon
Tél. : 08 92 35 01 45
www.kusmitea.com

AU SOLEIL DE L'AFRIQUE ET DES ANTILLES

Deux Afriques coexistent à Paris : celle, très fidèle à ses traditions, du quartier de Château-Rouge (18e), et celle, plus occidentalisée, des étudiants urbains. La communauté antillaise, quant à elle, a tissé un réseau associatif extrêmement dense et efficace.

Musées
Musée du quai Branly (▷ 126)
37, quai Branly, 75007
🚇 Iéna, Alma-Marceau, Pont de l'Alma – RER C, Bir Hakeim
Tél. : 01 56 61 70 00
www.quaibranly.fr

Musée Dapper
35, rue Paul Valéry, 75016
🚇 Victor Hugo, Charles de Gaulle–Étoile, Kléber, Argentine
Tél. : 01 45 00 01 50
www.dapper.com.fr

Librairie
Présence africaine
25 bis, rue des Écoles, 75005
🚇 Maubert-Mutualité
Tél. : 01 43 54 15 88
www.presenceafricaine.com

Cinéma et Musique
Cinémathèque Afrique du ministère des Affaires étrangères
6, rue Ferrus, 75013
🚇 Glacière
Tél. : 01 43 13 11 15
www.diplomatie.gouv.fr

Cap-Vert Music
108, rue de Clignancourt, 75018
🚇 Simplon
Tél. : 01 42 62 92 12

Afric'Antilles Music
3, rue des Plantes, 75014
🚇 Mouton-Duvernet
Tél. : 01 45 42 43 52

Cours de danses africaines
Centre du Marais
41, rue du Temple, 75004
🚇 Hôtel-de-Ville
Tél. : 01 42 72 15 42
www.parisdanse.com

Tissus
Xuly.Bët
16, rue Elvézir, 75003 🚇 Saint-Paul
Tél. : 01 42 71 50 36

Traiteurs
Délices d'Afrique
24, rue du Père-Guérin, 75013
🚇 Place d'Italie
Tél. : 01 45 65 10 22

Les gourmandises de Misha
7, rue de la Folie-Méricourt, 75011
🚇 Saint-Ambroise
Tél. : 01 48 07 17 27

UN PARFUM D'EXTRÊME-ORIENT

La communauté parisienne d'Extrême-Orient est dominée en

nombre par les Chinois. Ils sont estimés à environ 400 000 en région parisienne, dont une grand part travaille et vit dans le 13ᵉ, entre la rue de Tolbiac et l'avenue d'Ivry. Mais certains quartiers connaissent des implantations nouvelles, comme dans le 11ᵉ arrondissement, autour du musée des Arts-et-Métiers (75003, ▷ 111) ou rue Montgallet (75012) où fleurissent les magasins d'informatique.

Centres culturels, musées et lieux insolites

Centre culturel de Chine
1, rue de La Tour-Maubourg, 75007
🚇 École-Militaire
Tél. : 01 53 59 59 20
www.cccparis.org

Musée Cernuschi (▷ 113)
7, avenue Vélasquez, 75008
🚇 Monceau ou Villiers
Tél. : 01 53 59 59 20
www.cernuschi.paris.fr

Musée national des arts asiatiques-Guimet (▷ 126)
6, place d'Iéna, 75016
🚇 Iéna ou Boissière
Tél. : 01 56 52 53 00
www.museeguimet.fr

Maison de la culture du Japon
(▷ 201-202)
100 bis, quai Branly, 75016
🚇 Bir-Hakeim
Tél. : 01 44 37 95 00
www.mcjp.asso.fr

Jardin japonais du musée Albert-Kahn
14, rue du Port,
92100 Boulogne-Billancourt
🚇 Boulogne-Pont-de-Saint-Cloud
Tél. : 01 46 04 52 80

Cinéma La Pagode
57 bis, rue de Babylone, 75007
🚇 Saint-François-Xavier
Tél. : 01 45 55 48 48

Artisanat d'art

Compagnie française de l'Orient et de la Chine
163 et 260 boulevard St Germain, 75006
🚇 Saint-Germain-des-Prés
Tél. : 01 45 48 00 18
et 01 47 05 92 82

Lieux de culte

Centre Teochew de méditation bouddhique
44, avenue d'Ivry, 75013
🚇 Porte-d'Ivry
Tél. : 01 45 82 06 01

Cours de calligraphie

Centre culturel chinois
78, rue Dunois, 75013
🚇 Chevaleret
Tél. : 01 45 82 96 78

Art du thé

École du thé
64, rue Vieille-du-Temple, 75004
🚇 Hôtel-de-Ville
Tél. : 01 43 56 96 38

Magasins d'alimentation et traiteurs

Tang Frères
48, avenue d'Ivry, 75013
🚇 Porte-d'Ivry
Tél. : 01 45 70 80 00

Paris Store
44, avenue d'Ivry, 75013
🚇 Porte-d'Ivry
Tél. : 01 44 06 88 18

Maisons de thé

Thés de Chine
20, boulevard Saint-Germain, 75006
🚇 Maubert-Mutualité
Tél. : 01 40 46 98 89

Mariage Frères
30, rue du Bourg-Tibourg, Paris 75004
🚇 Hôtel-de-Ville Tél. : 01 42 72 28 11
13, rue des Grands-Augustins, 75006
🚇 Odéon Tél. : 01 40 51 82 50
www.mariagefreres.com

AUX FRONTIÈRES DES INDES

Au rythme des soubresauts de la vie politique de leurs pays respectifs, des immigrants pakistanais — concentrés dans le passage Brady —, des Sri-Lankais — autour du quartier qu'ils ont nommé *Little Jaffna*, situé entre la gare du Nord et La Chapelle (75010) —, des Bengalis, et aussi des Mauriciens d'origine indienne, ont créé une communauté forte de plus de 50 000 personnes dans la capitale.

Lieux de culte

Dharma Sangh
18, rue du Bourg-Tibourg, 75004
🚇 Hôtel-de-Ville
Tél. : 01 42 72 28 11

Centres culturels, musées et lieux insolites

Maison des Indes
76, rue Bonaparte, 75006
🚇 Saint-Sulpice
Tél. : 01 4 51 95 16
www.maisondesindes.com

Vidéos

Wembley Vidéo
10, rue Jarry, 75010 🚇 Château-d'Eau
Tél. : 01 45 23 00 22

Massages ayurvédiques et yoga

Tapovan
9, rue Gutenberg, 75015
🚇 Charles-Michel ou Javel
Tél. : 01 45 77 90 59
www.tapovan.com.fr

Spa Cinq mondes
6, square de l'Opéra-Louis-Jouvet, 75009 🚇 Havre-Caumartin
Tél. : 01 42 66 00 60
www.cinqmondes.com

Meubles et objets pour la maison

Le Jardin moghol
53, rue Vieille-du-Temple, 75004
🚇 Saint-Paul
Tél. : 01 48 87 14 32

Sagas d'Orient
158, rue Saint-Martin, 75003
🚇 Rambuteau
Tél. : 01 44 59 63 62

Mode et étoffes

Mohanjeet
21, rue Saint-Sulpice, 75006
🚇 Saint-Sulpice
Tél. : 01 43 54 73 29

Indira
33 et 68, rue de Vaugirard, 75006
🚇 Rennes
Tél. : 01 45 48 88 20

Épiceries et traiteurs

Exotic Country Store
88-90, passage Brady, 75010
🚇 Château-d'Eau
Tél. : 01 45 23 01 50

Velan
83-87, passage Brady, 75010
🚇 Château-d'Eau
Tél. : 01 42 46 06 06

PROCHE OU MOYEN, DÉJÀ L'ORIENT

Un lien étroit unit les Égyptiens et les Français, et on estime à 10 000 le nombre de leurs ressortissants dans la capitale, en particulier dans le 16ᵉ arrondissement. Les exilés libanais se sont groupés dans le 15ᵉ surnommé *Liban Town*. La communauté turco-kurde évolue dans le 10ᵉ, entre les rues du Faubourg-Saint-Denis, d'Enghien, de l'Échiquier, d'Hauteville et de Mazagran. Arméniens, Irakiens, Iraniens, Afghans, n'ont pas réellement de quartier de prédilection.

Lieux de culte

Église maronite Notre-Dame-du-Liban
17, rue d'Ulm, 75005
🚇 RER Luxembourg
Tél. : 01 43 29 47 60
www.notredameduliban.org

Mosquée turque
64, rue du Faubourg-Saint-Denis, 75010
🚇 Château-d'Eau
Tél. : 01 45 23 55 12

Centres culturels et lieux insolites
Centre culturel d'Égypte
111, boulevard Saint-Michel, 75005
🚇 RER Luxembourg
Tél. : 01 46 33 75 67
www.culture-egypte.com

Le quartier « du Caire »
Rue, place et passage du Caire, rues d'Aboukir, de Damiette et du Nil, 75002
🚇 Sentier ou Réaumur-Sébastopol

Centre culturel arabe syrien
12, avenue de Tourville, 75007
🚇 École-Militaire
Tél. : 01 47 05 30 11

Maison de la Turquie
77, rue Lafayette, 75009
🚇 Poissonnière
Tél. : 01 42 80 04 74

Maison de la culture arménienne
17, rue Bleue, 75009 🚇 Cadet
Tél. : 01 48 24 46 57

Librairie
Les Lettres persanes
76, avenue de la République, 75011
🚇 Saint-Maur
Tél. : 01 43 57 43 64
www.lettrespersanes.lalibrairie.com

Cours de danses orientales
Compagnie Mille et Une Nuits
4 bis, Cité Véron, 75018 🚇 Blanche
Tél. : 01 42 01 68 01
www.danseorientale.free.fr/francais/cours.htm

Meubles et objets pour la maison
Akhesa
71, rue Galande, 75005
🚇 Maubert-Mutualité
Tél. : 01 40 46 92 28

L'Artisan du Liban
30, rue de Varennes, 75007
🚇 Sèvres-Babylone
Tél. : 01 45 44 88 57

Liwan
8, rue Saint-Sulpice, 75006
🚇 Odéon
Tél. : 01 43 26 07 40

Galerie Bamyan
24, rue Saint-Louis-en-l'Île, 75004
🚇 Pont-Marie
Tél. : 01 46 33 69 66

Traiteurs, épiceries et pâtisseries
Le Caire
63, rue de Belleville, 75019
🚇 Pyrénées ou Belleville
Tél. : 01 42 06 06 01

Les Délices d'Orient
52, avenue Émile-Zola, 75016
🚇 Charles-Michels
Tél. : 01 45 79 10 00

L'Orientale
36, rue du Laos, 75015
🚇 Cambronne
Tél. : 01 43 06 66 00

Feyrouz
8, rue de Lourmel, 75015
🚇 Dupleix
Tél. : 01 45 78 07 02

Noura
29, avenue Marceau, 75016
🚇 Alma-Marceau
Tél. : 01 47 23 02 20
www.noura.fr

Baklavaci
5, passage des Petites-Écuries, 75010
🚇 Château-d'Eau
Tél. : 01 45 23 39 70

Izraël
30, rue François Miron, 75004
🚇 Saint-Paul-Le Marais
Tél : 01 42 72 66 23.

Salons de thé orientaux
Café égyptien
2, rue de l'Arbalète, 75005
🚇 Censier-Daubenton
Tél. : 01 43 31 11 35

Le Salon égyptien
77, rue du Cardinal-Lemoine, 75005
🚇 Cardinal-Lemoine
Tél. : 01 43 25 58 99

LE SUD DU SUD
La Goutte d'Or, dans le 18e arrondissement, est le premier quartier nord-africain de Paris tant sur le plan démographique qu'historique. Belleville est également très méditerranéen. Un mélange de convivialité exubérante et de chaleur populaire émane de ces quartiers. Les musulmans fortement pratiquants ont choisi le haut de la rue Jean-Pierre-Timbaud (75011).

Musées et centres culturels
Institut du Monde arabe (▷ 98)
1, rue des Fossés-Saint-Bernard, 75005

🚇 Jussieu ou Cardinal-Lemoine
Tél. : 01 40 51 38 38
www.imarabe.org

Centre culturel algérien
171, rue de la Croix-Nivert, 75015
🚇 Félix-Faure
Tél. : 01 45 54 95 31
www.cca-paris.com

Lieux de culte
Grande Mosquée de Paris
(▷ 110)
2 bis, place du Puits-de-l'Ermite, 75005
🚇 Place-Monge
Tél. : 01 45 35 97 33
www.mosquee-de-paris.com

Musique
Comptoir du disque arabe
92, boulevard de Belleville, 75020
🚇 Belleville
Tél. : 01 46 36 48 98

Bazars
Nina Bazar
55, boulevard de Belleville, 75020
🚇 Belleville
Tél. : 01 47 00 39 47

Hammams
Les Bains du Marais
31-33, rue des Blancs-Manteaux, 75004
🚇 Rambuteau
Tél. : 01 44 61 02 02
www.lesbainsdumarais.com

Hammam de la Mosquée de Paris
39, rue Geoffroy-Saint-Hilaire, 75005
🚇 Place-Monge
Tél. : 01 43 31 18 14
www.mosquee-de-paris.com

Hammam Pacha
147, rue Gabriel-Péri, 93200 Saint-Denis
🚇 Saint-Denis-Université
Tél. : 01 48 29 19 66
www.hammampacha.com

Pâtisseries
La Bague de Kenza
106, rue Saint-Maur, 75011
🚇 Saint-Maur
Tél. : 01 43 14 93 15
233, rue de la Convention 75015
🚇 Convention
Tél. : 01 42 50 02 97

La Rose de Tunis
7, boulevard Ornano, 75018
🚇 Marcadet-Poissonniers
Tél. : 01 46 06 15 25
www.larosedetunis.com

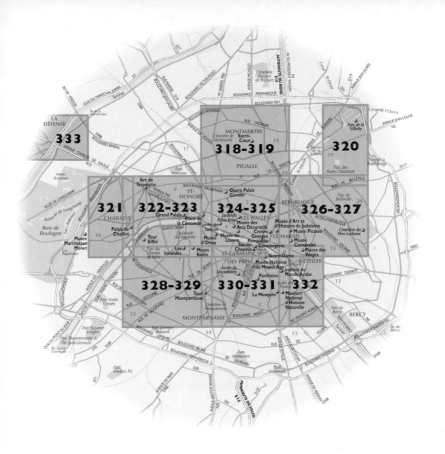

Légende	
Voie principale	
Autre voie	
Voie mineure/ruelle	
Voie ferrée	
Parc/jardin	
Monument important	
Site intéressant détaillé dans le guide	
Office de tourisme	
Station de métro	
Gare	
Parking	

318-333   0 ——————— 250 m

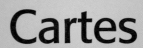

Cartes

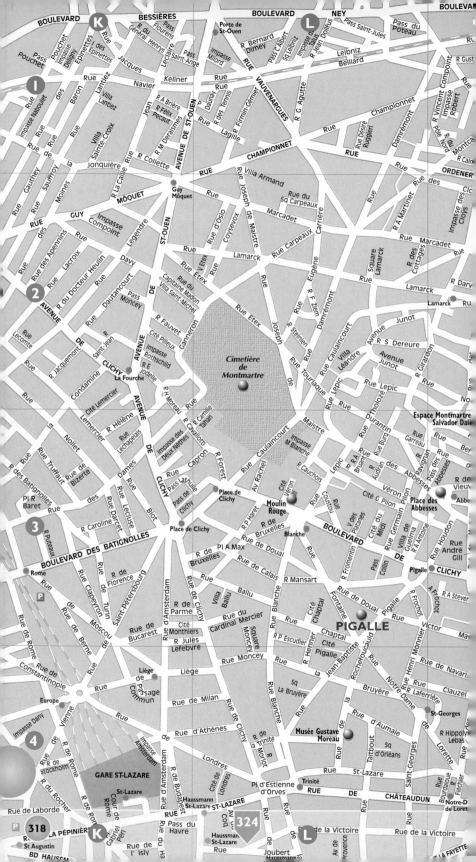

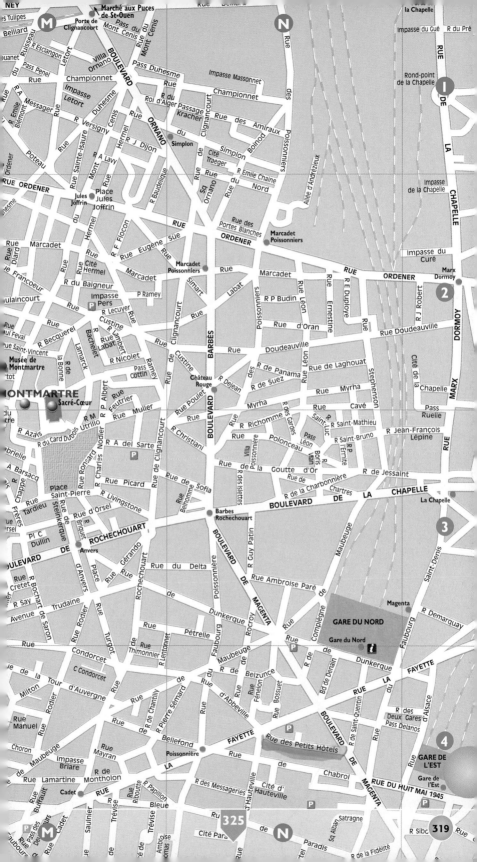

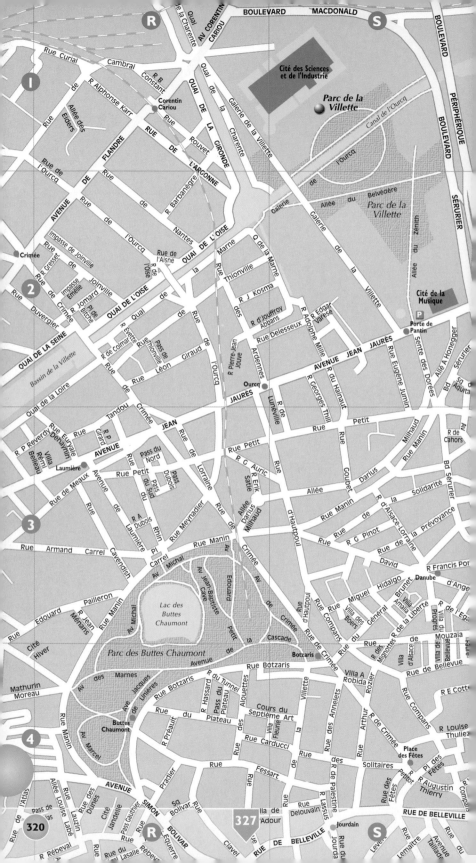

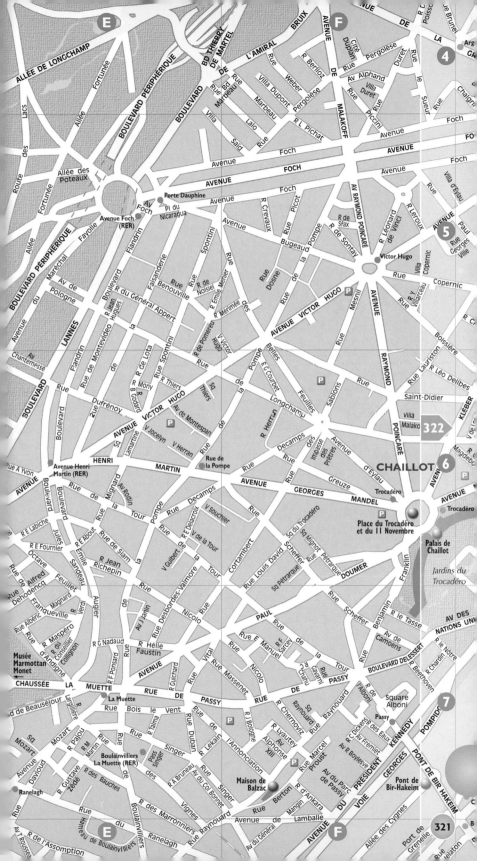

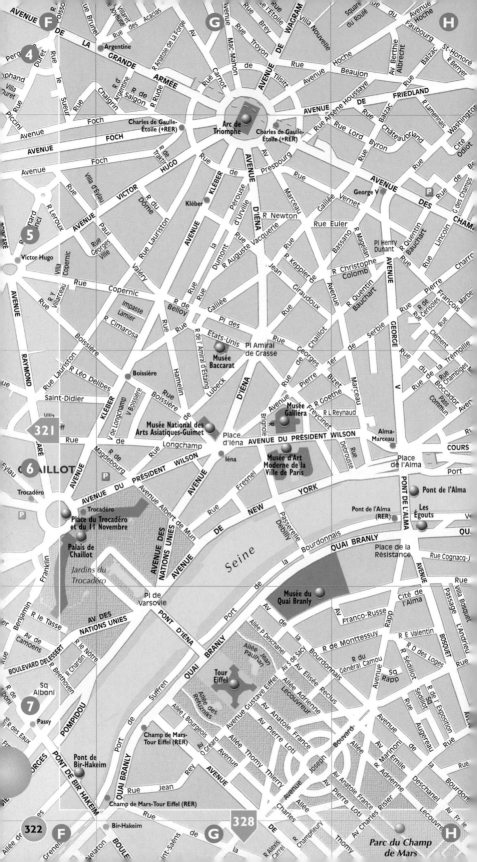

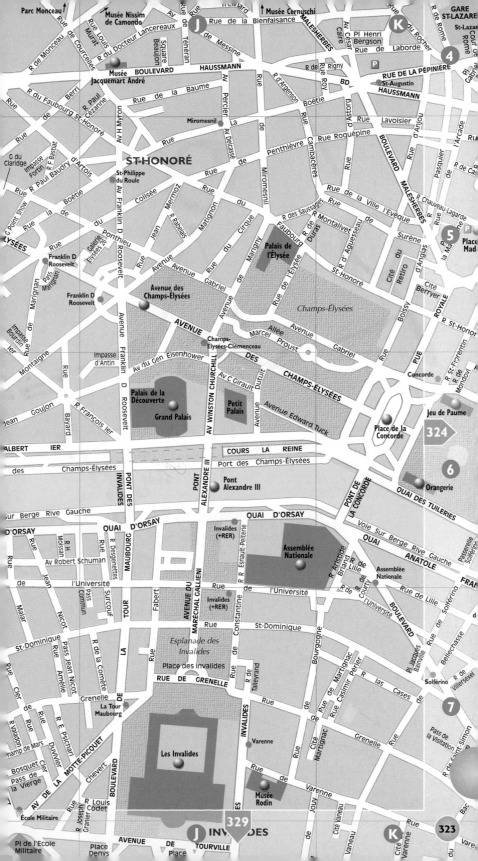

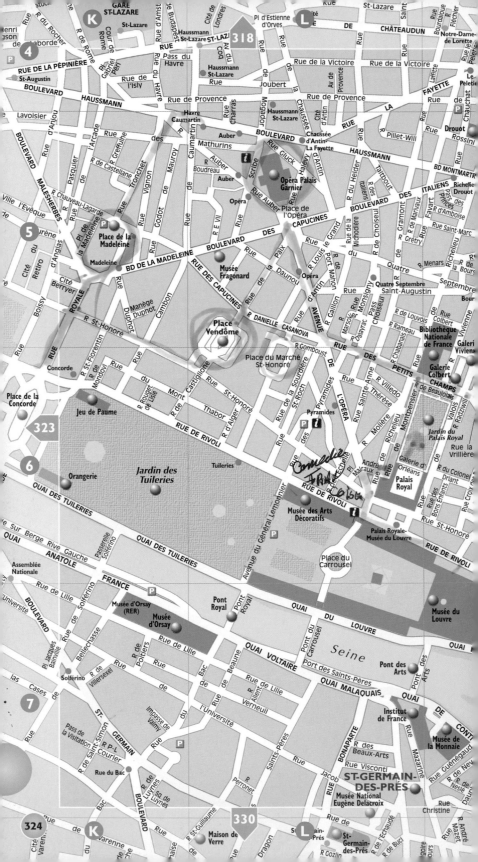

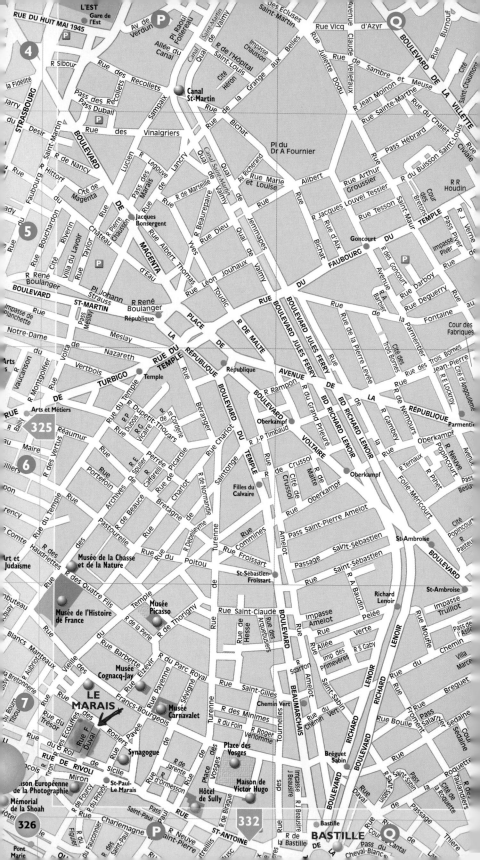

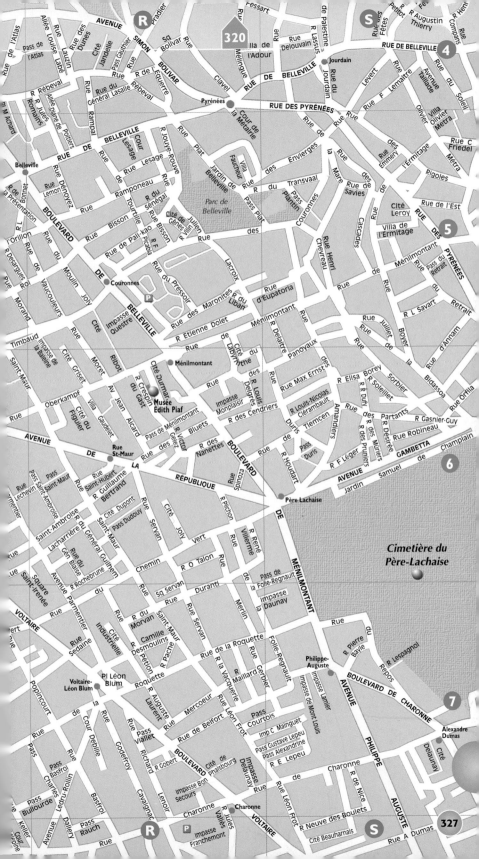

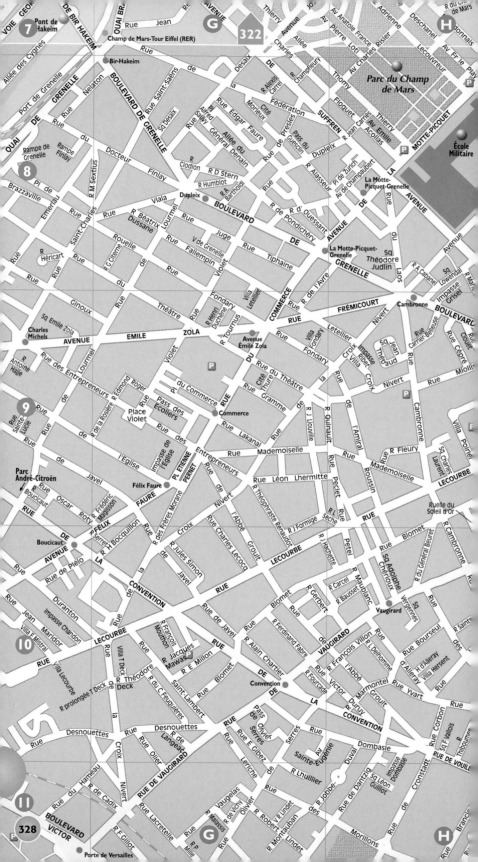

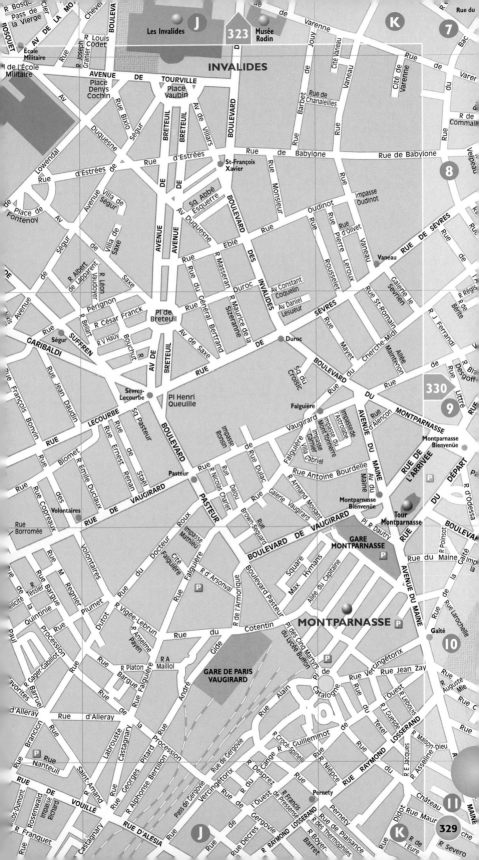

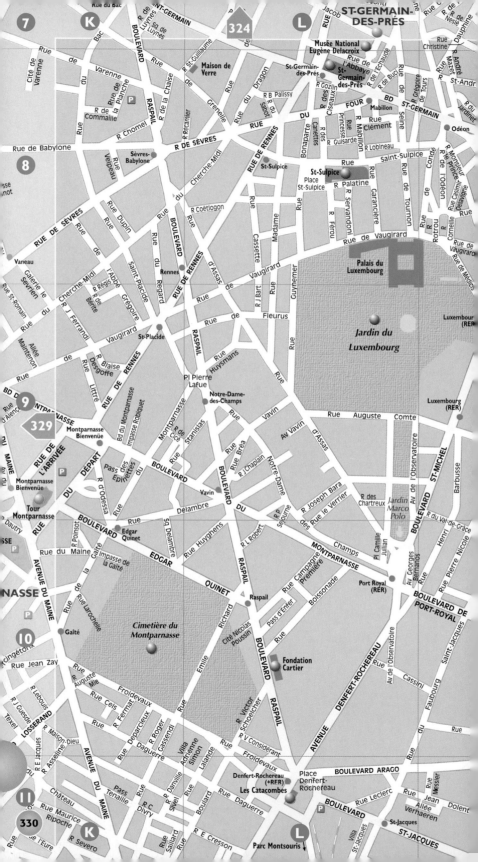

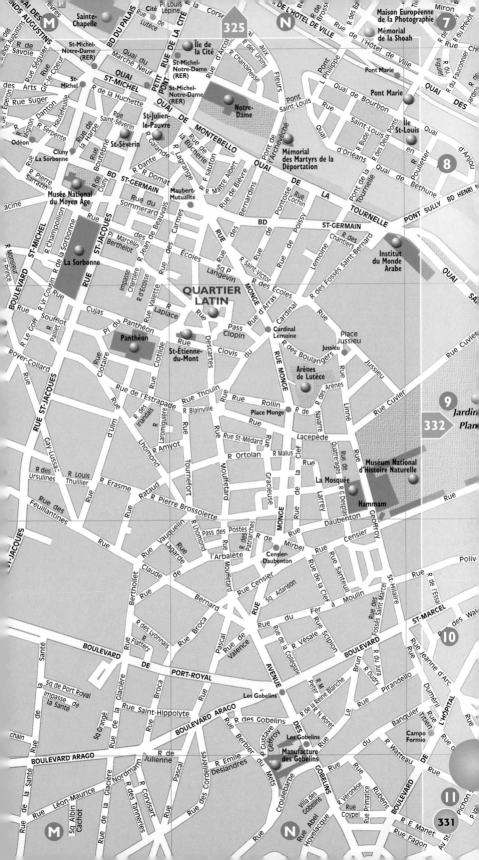

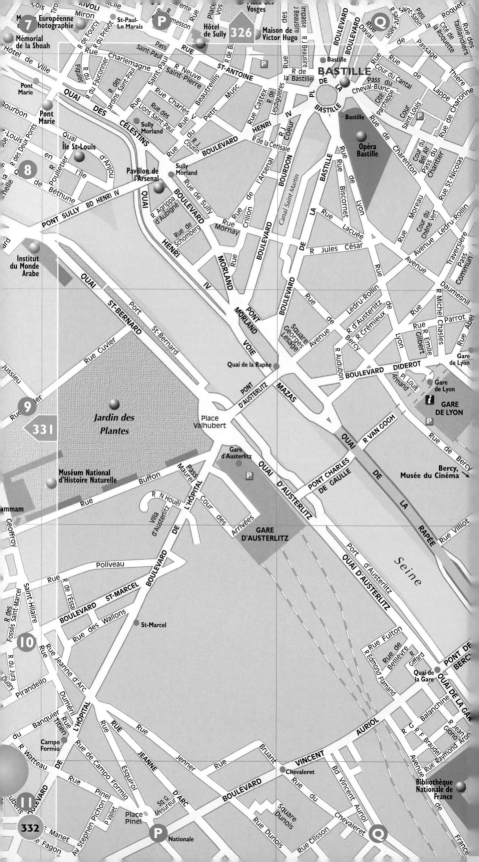

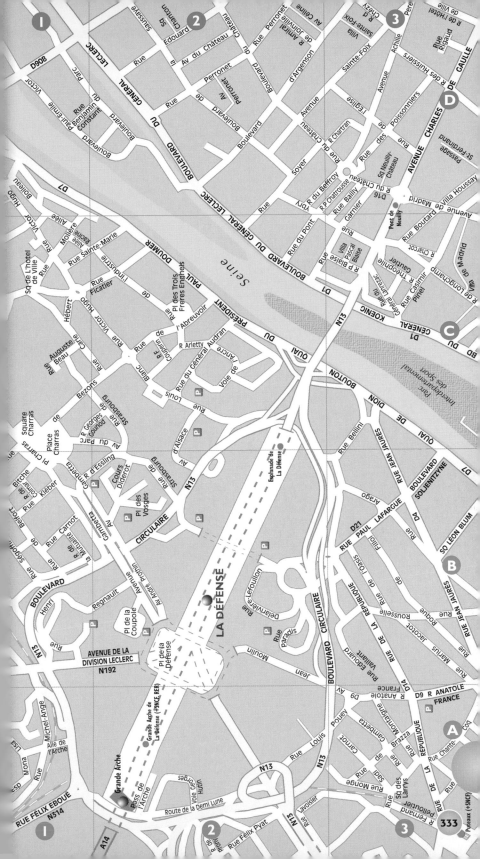

340 INDEX DES RUES

trains 56-57
handicapés, visiteurs 62
voir aussi voyager
Travail, fête du 222
travestis 19
Trocadéro 5
Turlure, Parc de la 8, 226

CRÉDIT PHOTOGRAPHIQUE

Abréviations des crédits photographiques :
AA = AA World Travel Library, h (haut), b (bas), c (centre), g (gauche), d (droit)

COMPRENDRE PARIS

5g AA/C Sawyer ; 5c AA/M Jourdan ; 5d AA/M Jourdan ; 8g AA/ W Voysey ; 8hd AA/C Sawyer ; 8chd AA/W Voysey ; 8cbd AA/C Sawyer ; 8bd AA/C Sawyer ; 9h AA/C Sawyer ; 9gh AA/C Sawyer ; 9ch AA/ C Sawyer ; 9cb Brasserie Lorraine ; 9ub AA/M Jourdan ; 9b Brand X Pictures ; 9d AA/M Jourdan ; 10hg AA/M Jourdan ; 10hc AA/J Tims ; 10hd AA/M Jourdan ; 10cg AA/M Jourdan ; 10bg AA/T Souter ; 10ghd AA/M Chaplow ; 10ucd AA/C Sawyer ; 10gcd AA/P Kenward ; 10ubd AA/T Souter ; 10bd AA/M Jourdan.

LA VIE PARISIENNE

11 AA/K Paterson ; 12/13b/g AA/M Jourdan ; 12hg AA/M Jourdan ; 12hc AA/M Jourdan ; 12hd AA/C Sawyer ; 12chg AA/M Jourdan ; 12c AA/B Rieger ; 12cd © "BE", Boulangepicier/Alain Ducasse. Photo: M de L'Ecotais ; 12cg AA/B Smith ; 12bg AA/C Sawyer ; 13hg AA/ M Jourdan ; 13hc AA/M Jourdan ; 13hd AA/C Sawyer ; 13cg AA/ T Souter ; 13cd Courtesy Le Train Bleu ; 13bg Rex Features Ltd ; 14/15 AA/K Paterson ; 14hg AA/M Jourdan ; 14hc AA/M Jourdan ; 14hd AA/ B Rieger ; 14chg AA/M Jourdan ; 14c AA/C Sawyer ; 14cd AA/M Jourdan ; 14g AA/B Rieger ; 15hg AA/M Jourdan ; 15hd AA/M Jourdan ; 15cg AA/P Kenward ; 15c AA/M Jourdan ; 15cd AA/M Jourdan ; 15bg AA/ M Jourdan ; 15d Rex Features Ltd ; 15b Rex Features Ltd ; 16/17b/g AA/K Paterson ; 16h AA/J Tims ; 16cg AA/C Sawyer ; 16c AA/M Jourdan ; 16cd AA/J Tims ; 16d Rex Features Ltd ; 16cg AA/M Jourdan ; 16bg AA/M Jourdan ; 17hg AA/T Souter ; 17hc AA/B Rieger ; 17hd AA/ M Jourdan ; 16/17 AA/J Tims ; 17c Courtesy Modus Publicity ; 17cd AA/M Jourdan ; 18/19b/g AA/M Jourdan ; 18hg Paramount/Kobal ; 18hc AA/K Paterson ; 18hd AA/T Souter ; 18cg Rex Features Ltd ; 18cd AA ; 18b AA/M Jourdan ; 19hg Courtesy Club Med ; 19c AA/T Souter ; 19hd AA/K Paterson ; 19cd AA/M Jourdan ; 20/1b/g AA/M Jourdan ; 20hg AA/M Jourdan ; 20hd AA/M Jourdan ; 20cg AA/K Paterson ; 20cg AA/K Paterson ; 20cd Courtesy Club Med ; 21hg AA/M Jourdan ; 21hd AA/C Sawyer ; 21cg AA/T Souter ; 21chd AA/M Jourdan ; 21cd AA/ T. Souter ; 21b AA/M Jourdan ; 22b/g AA/C Sawyer ; 22hg AA ; 22hd AA/T. Souter ; 22c AA/M Jourdan ; 22chd AA/M Jourdan ; 22cd AA/ M Jourdan.

HISTOIRE DE PARIS

23 AA ; 24/5 AA ; 24cg AA/K Paterson ; 24cd AA ; 24bg AA ; 25cg AA/ B Rieger ; 25cd AA ; 25bg Mary Evans Picture Library ; 25bd AA ; 26/7 AA/P Enticknap ; 26cg AA ; 26cd AA/P Enticknap ; 26bg AA ; 26bd AA/ J Tims ; 27cg Mary Evans Picture Library ; 27cd AA ; 27bg AA ; 27bc M Jourdan ; 27bd AA ; 28cg AA/D Noble ; 28cd Mary Evans Picture Library ; 28bg AA/D Noble ; 28/9 Mary Evans Picture Library ; 28/9b/g AA/R Moore ; 29cg AA ; 29cd AA ; 29bg AA ; 29c AA ; 29bd AA ; 30/1 AA/D Noble ; 30cg AA/P Kenward ; 30bg AA/M Jourdan ; 31cg AA ; 31c AA ; 31cd AA ; 31bc AA ; 31bd AA/M Jourdan ; 32/3 AA ; 32c AA ; 32bg AA/P Kenward ; 32/3 Mary Evans Picture Library ; 33cg AA ; 33c AA ; 33cg AA ; 33bc AA/K Paterson ; 33bd Mary Evans Picture Library ; 34/5 AA/M Jourdan ; 34cg AA ; 34c AA/J Tims ; 34bg AA ; 35cg AA ; 35c Mary Evans Picture Library ; 35cd AA ; 35b Mary Evans Picture Library ; 36/7 AA ; 36cg AA/M Jourdan ; 36bg Illustrated London News ; 36bc AA/M Short ; 36bd AA ; 37cg AA ; 37c Illustrated London News ; 37cd Illustrated London News ; 37bg AA ; 37bc AA/C Sawyer ; 37bd Mary Evans Picture Library ; 38/9 AA/C Sawyer ; 38cg AA ; 38cd Rex Features Ltd ; 38bg Illustrated London News ; 38bd Hulton Archive/Getty Images ; 38bc L'Après Midi d'un Faune par Debussy, costume de Nijinsky', 1912 par Leon Bakst, Bibliothèque Nationale/Bridgeman Art Library ; 39cg Illustrated London News ; 39c Rex Features Ltd ; 39hd Rex Features Ltd ; 39h AA/C Sawyer ; 39bd AA/K Paterson ; 40b/g AA/ M Jourdan ; 40cg AA ; 40cd Rex Features Ltd ; ; 40bg Getty Images ; 40bd Jean-Louis Margoche pour www.parisrama.com

EN ROUTE

41 AA/K Paterson ; 42/3 Digital Vision ; 43 AA/C Sawyer ; 44/45 Digital Vision ; 44 AA/C Sawyer ; 45hg AA/C Sawyer ; 45b AA/C Sawyer ; 46h Digital Vision ; 46b Digital Vision ; 47h AA/B Rieger ; 47c AA/C Sawyer ; 48h AA/B Rieger ; 48b AA/C Sawyer ; 49h AA/C Sawyer ; 49d AA/ T Souter ; 50/1h AA/C Sawyer ; 51 AA/C Sawyer ; 52/3 AA/C Sawyer ; 54/5 AA/M Jourdan ; 54 AA/M Jourdan ; 55 AA/M Jourdan ; 56/7 Digital Vision ; 56 AA/C Sawyer ; 57cg AA/C Sawyer ; 57bd AA/C Sawyer ; 58h Digital Vision ; 58cd AA/K Paterson ; 58bd AA ; 59h AA/ M Jourdan ; 59d AA/M Jourdan ; 60/1 Digital Vision ; 60 AA/T Souter ; 61 AA ; 62 AA/S McBride ; 63h Digital Vision ; 63b AA/M Adelman ; 64h Digital Vision ; 64d AA/C Sawyer.

LES SITES

65 AA/J A Tims ; 70g AA/C Sawyer ; 70d AA/C Sawyer ; 71g AA/C Sawyer ; 71d AA/C Sawyer ; 72g AA/M Jourdan ; 72d AA/J Tims ; 73g AA/C Sawyer ; 73d AA/M Jourdan ; 74g AA/C Sawyer ; 74d AA/ M Jourdan ; 75g AA/B Rieger ; 75d AA/C Sawyer ; 76 AA/M Jourdan ; 77h AA/J Tims ; 77cg AA/K Paterson ; 77cd AA/M Jourdan ; 77b AA/ P Kenward ; 78cg AA/K Glendenning ; 78c AA/M Jourdan ; 78cd AA/ J Tims ; 78b AA/M Jourdan ; 79g AA/M Jourdan ; 79d AA/M Jourdan ; 80h AA/M Jourdan ; 80b AA/P Kenward ; 81hg AA/M Jourdan ; 81hd AA/J Tims ; 82h AA/M Jourdan ; 82cg AA/M Jourdan ; 82c AA/ M Jourdan ; 82cd AA/M Jourdan ; 82b AA/J Tims ; 83 AA/T Souter ; 84/5 AA/M Jourdan ; 86 AA/M Jourdan ; 87hg AA/T Souter ; 87hd AA/C Sawyer ; 87b AA/C Sawyer ; 88hd AA/M Jourdan ; 88g AA/ J Tims ; 89h AA/J Tims ; 89c AA/T Souter ; 90/1 AA/T Souter ; 90 AA/ M Jourdan ; 92g AA/J Tims ; 92c AA/C Sawyer ; 92d AA/C Sawyer ; 93g AA/C Hatley par autorisation de la Fondation Cartier ; 93d AA/ J Tims ; 94h AA/J Tims ; 94g AA/J Tims ; 95h AA ; 95b AA/M Jourdan ; 96h AA/B Rieger ; 96c AA/K Paterson ; 96b AA/M Jourdan ; 97 AA/ C Sawyer ; 98h AA/C Sawyer ; 98b AA/M Jourdan ; 99h AA/ K Paterson ; 99cg AA/K Paterson ; 99cd AA/M Jourdan ; 100g AA ; 100d AA/B Rieger ; 101h AA/B Rieger ; 102h AA/P Enticknap ; 102cg AA/C Sawyer ; 102c AA/C Sawyer ; 102cd AA/M Jourdan ; 102b AA/M Jourdan ; 103 AA/M Jourdan ; 104h AA/K Glendenning ; 104g AA/T Souter ; 104b AA/M Jourdan ; 105h AA/C Sawyer ; 105d AA/ M Jourdan ; 106g AA/K Paterson ; 106c Tapisserie des Gobelins, Fin de Siècle de cinq a sept, d'après Eduardo Arroyo (GOBT1336), Courtesy Collection du Mobilier National, cliché Mobilier National. Photo: Mobilier National - Isabelle Bideau ; 106d AA/J Tims ; 107g AA/K Paterson ; 107d AA/K Glendenning ; 108h AA/M Jourdan ; 108g AA/M Jourdan ; 108d AA/M Jourdan ; 109g AA/M Jourdan ; 109d AA/M Jourdan ; 110h AA/ C Sawyer ; 110b AA/C Hatley ; 111g AA/P Enticknap ; 111d Courtesy Union Central des Arts Décoratifs. Photo: L Sully Jaulmes ; 112h AA/ M Jourdan ; 112b AA/M Jourdan ; 113g AA/K Glendenning ; 113d Vue du Canal de Santa Chiara, Venice (huile sur toile) par Canaletto, Musée Cognacq-Jay, Paris/Bridgeman Art Library ; 114h AA/K Paterson ; 114g AA/M Jourdan ; 114g AA/J Tims ; 115g AA/M Jourdan ; 115d AA/ K Paterson ; 116g AA/J Tims ; 116d Courtesy Musée Grévin ; 117g AA/ K Glendenning ; 117d AA/B Rieger ; 117b AA/P Kenward ; 118 AA/ M Jourdan ; 119h La Joconde, c.1503-1506 (huile sur toile) par Léonard de Vinci, Louvre, Paris/Bridgeman Art Library ; 119c Papyrus égyptien, Louvre, Paris/Bridgeman Art Library ; 119g AA/T. Souter ; 119d AA/ M Jourdan ; 120 AA/J Tims ; 121 AA/M Jourdan ; 122/3h AA/M Jourdan ; 124h Promenade près d'Argenteuil, 1873 (huile sur toile) par Claude Monet, Musée Marmottan, Paris, Bridgeman Art Library/ADAGP, Paris & DACS, London 2004 ; 124c Impression, Le Havre, 1872 (huile sur toile) par Claude Monet, Musée Marmottan, Paris, Bridgeman Art Library/ADAGP, Paris & DACS, London, 2004 ; 124b 'R' enluminé, décrivant Ste Catherine d'Alexandrie, vers XVe siècle par Luchino

Belbello, Musée Marmottan, Paris, Giraudon/Bridgeman Art Library ;
125 AA/J Tims, 126d AA/J Tims, 126g XVII° siècle (aquarelle sur papier)
école indiennne, Musée Guimet, Paris/Bridgeman Art Library ; 127g
AA/C Hatley ; 127d AA/J Tims ; 127b AA/C Hatley ; 128h AA/J Tims ;
128g *La Dame à la Licorne*, XV° siècle (tapisserie) École françaisel,
Musée National du Moyen Age et des Thermes de Cluny,
Paris/Bridgeman Art Library ; 128c Scène de l'Ancien Testament, XIII°
siècle (vitrail) École française, Musée National du Moyen Age et des
Thermes de Cluny, Paris/J. P. Zenobel/Bridgeman Art Library ; 128d
AA/M Jourdan ; 129 AA/K Paterson ; 130h *Bal du Moulin de la Galette*,
1876 (huile sur toile) par Pierre Auguste Renoir, Musée d'Orsay,
Paris/Giraudon/ Bridgeman Art Library ; 130g AA/P Enticknap ; 130c *Fin
d'Arabesque*, 1877 (huile et pastel sur toile) par Edgar Degas, Musée
d'Orsay, Paris/Bridgeman Art Library ; 130g AA/P Enticknap ; 131 AA/
M Jourdan ; 132h AA/M Jourdan ; 132b AA/T Souter ; 132/3 AA/
M Jourdan ; 133d AA/M Jourdan ; 133b AA/M Jourdan ; 133c Salle à
manger d'Adrien Benard à Champrosay, 1900-01 (photo) par Alexandre
Charpentier, Musée d'Orsay, Paris/Bridgeman Art Library ; 134b AA/
J A Tims ; 135g AA/M Jourdan ; 135d AA/M Jourdan/© Succession
Picasso/DACS 2004 ; 136 AA/M Jourdan ; 137h AA/K Paterson ; 137g
AA/C Hatley ; 137c AA/M Jourdan ; 137d AA/P Enticknap ; 138 AA/
C Sawyer ; 139g AA/P Enticknap ; 139c AA/C Sawyer ; 139d AA/C
Sawyer ; 140/1 AA/C Sawyer ; 141hd AA/P Enticknap ; 142h AA ; 142b
AA/M Jourdan ; 143 AA/K Paterson ; 144hg AA/M Jourdan ; 144hd AA/
J Tims ; 144b AA/M Jourdan ; 145g AA/K Paterson ; 145d AA/C Sawyer ;
146 AA/M Jourdan ; 147g AA/T Souter ; 147c AA/K Paterson ; 147d
AA/M Jourdan ; 148h AA/M Jourdan ; 148cg AA/M Jourdan ; 149hg
AA/M Jourdan ; 149hc AA/B Rieger ; 149hd AA/M Jourdan ; 149b AA/
M Jourdan ; 150h AA/M Jourdan ; 150cg AA/B Rieger ; 151hg AA/M
Jourdan ; 151c AA/M Jourdan ; 151d AA/T Souter ; 152h AA/C Sawyer ;
152cg AA/M Jourdan ; 152c AA/C Sawyer ; 152cd AA/C Sawyer ; 153g
AA/M Jourdan ; 153d AA/M Jourdan ; 154 Courtesy Sacré-Cœur de
Montmartre ; 155h AA/B Rieger ; 155cg AA/K Paterson ; 155c AA/K
Paterson ; 155cd AA/J Tims ; 155b AA/K Glendenning ; 156/7 AA/K
Paterson ; 158 AA/J Tims ; 159cga AA/J Tims ; 159h Courtesy Centre
des Monuments Nationaux ; 159c Courtesy Centre des Monuments
Nationaux ; 159cd Courtesy Centre des Monuments Nationaux ;
161g AA/M Jourdan ; 161d AA/K Paterson ; 162g AA/K Glendenning ;
162c AA/K Glendenning ; 162d AA/C Sawyer ; 163g AA/C Sawyer ;
163c AA/M Jourdan ; 163d AA/T Souter ; 164h AA/M Jourdan ;
164g AA/M Jourdan ; 164c AA/B Rieger ; 164d AA/J Tims ; 165 AA/J
Tims ; 166/7 AA/K Paterson ; 168 AA/T Souter ; 169 AA/M Jourdan ;
170h AA/C Sawyer ; 170cg AA/C Sawyer.

À FAIRE

171 AA M Jourdan ; 176h AA/C Sawyer ; 176g AA/C Sawyer ; 176d AA/C
Sawyer ; 177g AA/C Sawyer ; 177d AA/C Sawyer ; 178g AA/T Souter ;
178d AA/C Sawyer ; 179g AA/K Paterson ; 179d AA/ M Jourdan ; 180g
AA/C Sawyer ; 180d AA/M Jourdan ; 181g AA/C Sawyer ; 181d AA/
T Souter ; 182/3h AA/C Sawyer ; 182c AA/C Sawyer ; 183c AA/C Sawyer ;
184/5h AA/C Sawyer ; 184c Galeries Lafayette ; 185c AA/C Sawyer ;
186/7h AA/C Sawyer ; 186c AA/C Sawyer ; 187c AA/B Rieger ; 188/9h
AA/C Sawyer ; 188c AA/C Sawyer ; 189c AA/C Sawyer ; 190/1h AA/
C Sawyer ; 192h AA/C Sawyer ; 192c AA/C Hat/yer ; 193h AA/K
Paterson ; 193cg Digital Vision ; 193cd AA/M Jourdan ; 198/9h AA/
P Enticknap ; 199c AA/M Jourdan ; 200/1h Opéra Comique ; 200c AA/
C Sawyer ; 201c AA/B Rieger ; 202/3h Opéra Comique ; 202c Opéra
Comique ; 203c La Balle Au Bond ; 204/5h Elysée Monmartre ; 204c
Elysée Monmartre ; 205c AA/W Voysey ; 206/7h AA/K Paterson ; 206c
AA/B Rieger ; 207c AA/B Rieger ; 208h AA/K Paterson ; 208c AA/
T Souter ; 209h AA/T Souter ; 209cg AA/C Sawyer ; 209cd AA/C Sawyer ;
210/1h AA/T Souter ; 210c AA/C Sawyer ; 211c AA/K Paterson ; 213h
AA/T Souter ; 212c Lizard Lounge ; 213c AA/B Rieger ; 214/5h Brand X
Pics ; 214c Brand X Pics ; 215c Le Nouveau Casino/Luc Boegly ; 216/7h
AA/K Paterson ; 216cg AA/K Paterson ; 216cd AA/M Jourdan ; 217c
France Montgolfières/R Short ; 218/9h AA/K Paterson ; 218c Photodisc ;

219c Photodisc ; 220h Digital Vision ; 220cg Digital Vision ; 220cd
Lancôme Faubourg Saint-Honoré ; 221h AA/K Paterson ; 221cg AA/
M Jourdan ; 221cd Parc Astérix ; 22h AA/M Lynch ; 222cg Photodisc ;
222cd AA/M Lynch.

SE PROMENER

223 AA M Jourdan ; 224 AA/J Tims ; 225h AA/M Jourdan ; 225bg AA/
B Rieger ; 225bd AA/M Jourdan ; 227h AA/M Jourdan ; 227bg AA/
M Jourdan ; 227bd M Jourdan ; 228/9 AA/C Sawyer ; 229hg AA/
C Sawyer ; 229hd AA/C Sawyer ; 229bd AA/M Jourdan ; 230b AA/
M Jourdan ; 231hg AA/K Paterson ; 231hd AA ; 231bg AA/M Jourdan ;
231bd AA/M Jourdan ; 233hg AA/M Jourdan ; 233hd AA/M Jourdan ;
233bg AA/C Sawyer ; 233cd AA/M Jourdan ; 234c AA/M Jourdan ;
234b AA/B Rieger ; 235 AA/M Jourdan ; 236 AA/K Paterson ; 237 AA/
K Paterson ; 238 AA/D Noble ; 239 AA/C Hatley ; 240c © Disney ;
240cb © Disney ; 240/1 © Disney ; 241 © Disney ; 242 AA/M
Jourdan ; 243h AA/M Jourdan ; 243b AA/M Jourdan ; 244/5 AA/M
Jourdan ; 245 AA/M Jourdan ; 246 AA/M Jourdan ; 247 AA/M Jourdan ;
248hg AA/M Jourdan ; 248hc AA/M Jourdan ; 248hd AA/M Jourdan.

SE RESTAURER ET SE LOGER

249 AA/C Sawyer ; 250cg AA/C Sawyer ; 250c AA ; 250cd AA/C Sawyer
; 251h AA/E Meacher ; 251b AA/B Smith ; 252cg AA/T Souter ; 252cc
AA/M Jourdan ; 252cd AA/M Jourdan ; 253cg AA/M Jourdan ; 253cc
AA/ B Rieger ; 253cd AA/B Smith ; 253bd Rex Features Ltd ; 255cg
AA/E Meacher ; 255cc AA/C Sawyer ; 255cd AA/B Smith ; 256cg AA/
C Sawyer ; 256cc AA/T Souter ; 256cd AA/B Rieger ; 260cg AA/
C Sawyer ; 261hc AA/C Sawyer ; 261bc AA/C Sawyer ; 261d AA/C
Sawyer ; 262g AA/C Sawyer ; 262bd AA/C Sawyer ; 263c AA/C Sawyer ;
264bg AA/C Sawyer ; 264hd AA/C Sawyer ; 264bd AA/C Sawyer ;
265hg AA/C Sawyer ; 265c AA/C Sawyer ; 265d AA/C Sawyer ; 266cg
AA/C Sawyer ; 266bg AA/C Sawyer ; 266c AA/C Sawyer ; 266bd AA/
C Sawyer ; 267g AA/C Sawyer ; 267hd AA/C Sawyer ; 268hg AA/
C Sawyer ; 268hd AA/C Sawyer ; 269bg AA/C Sawyer ; 269d AA/
C Sawyer ; 270hg AA/C Sawyer ; 270bg AA/C Sawyer ; 270c AA/
C Sawyer ; 270bd AA/C Sawyer ; 271c AA/C Sawyer ; 271cb AA/
C Sawyer ; 271d AA/C Sawyer ; 272ch AA/C Sawyer ; 272bc AA ; 273cg
AA/C Sawyer ; 273d AA/C Sawyer ; 274hd AA/C Sawyer ; 275bg AA/
C Sawyer ; 275c AA/C Sawyer ; 275hd AA/M Jourdan ; 276hg AA/
C Sawyer ; 276cg AA/C Sawyer ; 276c AA/C Sawyer ; 276hd AA/
C Sawyer ; 277hg AA/C Sawyer ; 277cb AA/C Sawyer ; 277d AA/
C Sawyer ; 278c AA/C Sawyer ; 278b AA/T Souter ; 279cd AA/C Sawyer ;
279bg AA/B Rieger ; 279cbh AA/C Sawyer ; 279cbb AA/C Sawyer ;
279bd AA/T Souter ; 280cg AA/C Sawyer ; 280c AA ; 280cd AA/
C Sawyer ; 281cg AA/C Sawyer ; 281c AA/C Sawyer ; 281cd AA/
C Sawyer ; 286g AA/C Sawyer ; 286d AA/C Sawyer ; 287g AA/
C Sawyer ; 287c AA/C Sawyer ; 287d AA/C Sawyer ; 288bg AA/
C Sawyer ; 288hc AA/C Sawyer ; 288bc AA/C Sawyer ; 288d AA/
C Sawyer ; 289bg AA/C Sawyer ; 289c AA/C Sawyer ; 289hd AA/
C Sawyer ; 289bd AA/C Sawyer ; 290hg AA/C Sawyer ; 290c AA/C
Sawyer ; 290d AA/C Sawyer ; 291hg AA/C Sawyer ; 291cg AA/
C Sawyer ; 291hc AA/C Sawyer ; 291hd AA/C Sawyer ; 291bg AA/
C Sawyer ; 292d AA/C Sawyer ; 293cg AA/C Sawyer 293c AA/
C Sawyer ; 293bg AA/C Sawyer ; 293bc AA/C Sawyer.

PRÉPARER SON VOYAGE

295 AA/C Sawyer ; 299 AA/C Sawyer ; 301g AA/C Sawyer ; 301d AA/
B Rieger ; 305 AA/C Sawyer ; 309 AA/M Jourdan ; 310 AA M Jourdan.

COUVERTURE

Première de couverture : Harald Sund/Gettyimages
Quatrième de couverture : AA ; AA/M. Jourdan ; AA/B. Rieger ;
AA/C. Sawyer

Éditrices du projet
Kathryn Glendenning, Cathy Hatley

Maquettistes des AA Travel Guides
David Austin, Glyn Barlow, Alan Gooch, Kate Harling, Bob Johnson,
Nick Otway, Carole Philp, Keith Russell

avec la collaboration de
Nautilus Design, Jo Tapper

Recherche iconographique
Kathy Lockley, Carol Walker

Reproductions
Susan Crowhurst, Ian Little, Michael Moody

Fabrication
Lyn Kirby, Helen Sweeney

Cartographie
Département cartographique de AA Publishing

Principaux rédacteurs
Lindsay Bennett, Heidi Ellison, Colin Follett, Kathryn Glendenning, Cathy Hatley, Elisabeth Morris,
Michael Nation,
Josephine Perry, Laurence Phillips, Andrew Sanger, The Content Works

Édition des textes
Philippa Richmond

Mise à jour
Elisabeth Morris

Révision
Cambridge Publishing Management Ltd

**Édition originale : © Automobile Association Developments Limited 2004
Mise à jour en 2006.**

Les cartes de ce livre ont été réalisées à partir des données de © Tele Atlas N.V. 2003
et de la cartographie de © ISTITUTO GEOGRAFICO DE AGOSTINI, Novara
Cartes en relief : Mountain High Maps ® Copyright © 1993 Digital Wisdom, Inc
Satistiques météo : Weatherbase © Copyright 2003 Canty and Associates, LLC

Édition française : © Place des Éditeurs 2007

Directrice de projet
Bénédicte Servignat

avec la collaboration de
Christelle Chevallier

Réalisation
Les Éditions de l'Après-Midi

avec la collaboration de
Traduction : Christiane Crespin, Catherine Grive
Mise en pages : Shuana Ndiaye
Édition : Bulle Helardot
Révision : Catherine Grive, Marie-Paule Rochelois, Raphaëlle Santini
Coordination : Olivier Canaveso

Reliure et onglets plastifiés par autorisation de AA Publishing.
Photogravure : Keenes
Impression et reliure : Leo, Chine

Création graphique de la couverture
François Huertas, Aude Gertou

ISBN : 2-352-19006-1
Dépôt légal : premier trimestre 2007

A02763

DANS LA MÊME COLLECTION :